에듀윌과 함께 시작하면,
당신도 합격할 수 있습니다!

자소서와 면접, NCS와 직무적성검사의 차이점이 궁금한
취준을 처음 접하는 취린이

대학 졸업을 앞두고 취업을 위해 바쁜 시간을 쪼개며
채용시험을 준비하는 취준생

내가 하고 싶은 일을 다시 찾기 위해
회사생활과 병행하며 재취업을 준비하는 이직러

누구나 합격할 수 있습니다.
이루겠다는 '목표' 하나면 충분합니다.

마지막 페이지를 덮으면,

에듀윌과 함께
취업 합격이 시작됩니다.

누적 판매량 242만 부 돌파
베스트셀러 1위 3,615회 달성

공기업 NCS | 100% 찐기출 수록!

NCS 통합 기본서/실전모의고사
피듈형 | 행과연형 | 휴노형 봉투모의고사

매1N
매1N Ver.2

한국철도공사 | 부산교통공사
서울교통공사 | 국민건강보험공단
한국수력원자력+5대 발전회사

한국전력공사 | 한국가스공사
한국수자원공사 | 한국수력원자력
한국토지주택공사 | 한국도로공사

NCS 10개 영역 기출 600제
NCS 6대 출제사 찐기출문제집

대기업 인적성 | 온라인 시험도 완벽 대비!

20대기업 인적성 통합 기본서

GSAT 삼성직무적성검사
통합 기본서 | 실전모의고사

LG그룹 온라인 인적성검사

SKCT SK그룹 종합역량검사
포스코 | 현대자동차/기아

농협은행
지역농협

영역별 & 전공

공기업 사무직 통합전공 800제
전기끝장 시리즈 ❶, ❷

이해황 독해력 강화의 기술
PSAT형 NCS 수문끝

취업상식 1위!

공기업기출 일반상식

기출 금융경제 상식

다통하는 일반상식

* 에듀윌 취업 교재 누적 판매량 합산 기준(2012.05.14~2024.10.31)
* 온라인 4대 서점(YES24, 교보문고, 알라딘, 인터파크) 일간/주간/월간 13개 베스트셀러 합산 기준(2016.01.01~2024.11.05 공기업 NCS/직무적성/일반상식/시사상식/ROTC/군간부 교재, e-book 포함)
* YES24 각 카테고리별 일간/주간/월간 베스트셀러 기록

더 많은
에듀윌 취업 교재

취업 대세 에듀윌!
Why 에듀윌 취업 교재

기출맛집 에듀윌!
100% 찐기출복원 수록

주요 공·대기업 기출복원 문제 수록
과목별 최신 기출부터 기출변형 문제 연습으로 단기 취업 성공!

공·대기업 온라인모의고사
+ 성적분석 서비스

실제 온라인 시험과 동일한 환경 구성
대기업 교재 기준 전 회차 온라인 시험 제공으로 실전 완벽 대비

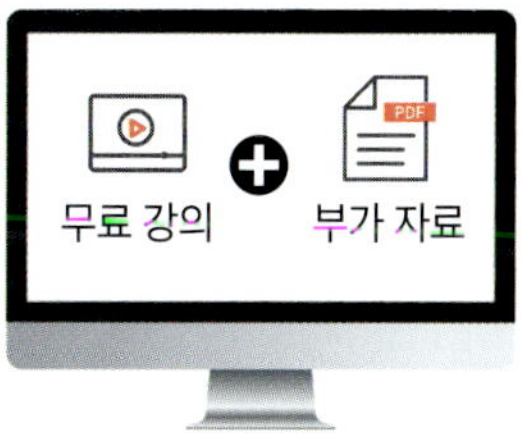

합격을 위한
부가 자료

교재 연계 무료 특강
+ 교재 맞춤형 부가학습자료 특별 제공!

eduwill

취업 교육 1위
에듀윌 취업 무료 혜택

교재 연계 강의

- 2024~2023년 기출복원 모의고사 문제풀이 무료특강(4강)
- 2024~2023년 코레일 공개 샘플문항 문제풀이 무료특강(4강)
- NCS 주요 영역 문제풀이(19강)

※ 2025년 1월 31일에 오픈될 예정이며, 강의명과 강의 오픈 일자는 변경될 수 있습니다.
※ 무료 특강 이벤트는 예고 없이 변동 또는 종료될 수 있습니다.

교재 연계 강의 바로가기

교재 연계 부가학습자료

다운로드 방법

STEP 1 에듀윌 도서몰 (book.eduwill.net) 로그인 ▸ STEP 2 도서자료실 → 부가학습자료 클릭 ▸ STEP 3 [2025 최신판 코레일 실전모의고사] 검색

- 철도법 실전모의고사 1회(PDF)
- 철도법 핵심개념 OX 문제(PDF)
- NCS 주요 영역 256제(PDF)
- 전공(경영학/기계일반/전기일반/토목일반/건축일반/건축설비/전기이론) 기출개념노트(PDF)

온라인모의고사 & 성적분석 서비스

참여 방법

하기 QR 코드로 응시링크 접속 ▸ 해당 온라인 모의고사 [신청하기] 클릭 후 로그인 ▸ 대상 교재 내 응시코드 입력 후 [응시하기] 클릭

※ '온라인모의고사 & 성적분석' 서비스는 교재마다 제공 여부가 다를 수 있으니, 교재 뒷면 구매자 특별혜택을 확인해 주시기 바랍니다.

온라인 모의고사 신청

모바일 OMR 자동채점 & 성적분석 서비스

실시간 성적분석 방법

STEP 1 QR 코드 스캔 ▸ STEP 2 모바일 OMR 입력 ▸ STEP 3 자동채점 & 성적분석표 확인

※ 혜택 대상 교재는 본문 내 QR 코드를 제공하고 있으며, 교재별 서비스 유무는 다를 수 있습니다.
※ 응시내역 통합조회
에듀윌 문풀훈련소 → 상단 '교재풀이' 클릭 → 메뉴에서 응시확인

• 2023, 2022, 2021 대한민국 브랜드만족도 취업 교육 1위 (한경비즈니스)/2020, 2019 한국브랜드만족지수 취업 교육 1위 (주간동아, G밸리뉴스)

에듀윌이
너를
지지할게

ENERGY

세상을 움직이려면

먼저 나 자신을 움직여야 한다.

– 소크라테스(Socrates)

최신판

코레일 한국철도공사
NCS + 전공 + 철도법
실전모의고사

eduwill

채용 정보

채용 일정

구분		공고일	서류 접수기간	필기시험	채용 인원
2024년	상반기	24. 03. 06.	24. 03. 18.~ 03. 20.	24. 04. 06.	817명
	하반기	24. 08. 28.	24. 09. 09.~ 24. 09. 11.	24. 10. 19.	• 공개경쟁: 147명 • 고졸: 175명 • 자격증: 217명
2023년	상반기	23. 02. 01.	23. 02. 13.~ 02. 15.	23. 03. 04.	1,261명
	하반기	23. 09. 13.	23. 09. 25.~ 09. 27.	23. 10. 21.	• 고졸: 165명 • 자격증: 100명

※ 단, 2023년 하반기의 경우 고졸 제한경쟁 기준으로 작성됨(일반공채 진행하지 않음)

채용 절차

입사지원서 접수 ▶ 서류전형 ▶ 필기시험 ▶ 체력심사 ▶ 실기시험 ▶ 면접시험 및 인성검사 ▶ 채용형 인턴

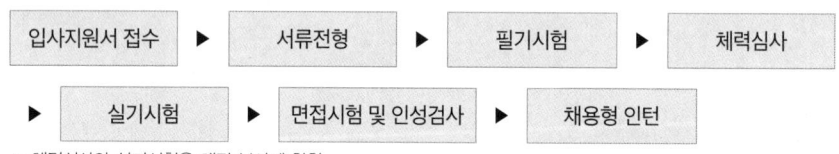

※ 체력심사와 실기시험은 해당 분야에 한함

2024년 하반기 채용 경쟁률

(단위: 명)

직렬		입사지원서 접수		필기전형		최종		최종 경쟁률
		응시 인원	선발 인원	응시 인원	선발 인원	응시 인원	선발 인원	
일반 공채	차량	1,336	341	129	60	36	31	43.10:1
	토목	571	260	125	48	41	26	21.96:1
	건축	507	340	182	83	51	45	11.27:1
	전기통신	570	282	123	57	36	28	20.36:1
전형 합계		2,984	1,223	559	248	164	130	-

최신 필기시험 구성 및 출제경향

구분	2024년 상반기	2024년 하반기
평가 과목 및 문항 수	① 직업기초능력평가(NCS) 25문항+직무수행능력평가(전공) 25문항 ② 직업기초능력평가(NCS) 50문항	① 직업기초능력평가(NCS) 30문항+직무수행능력평가(전공) 30문항+철도법령 10문항 ② 직업기초능력평가(NCS) 50문항+철도법령 10문항
시험 시간	60분	70분
직업기초능력평가 영역	의사소통능력, 수리능력, 문제해결능력	

※ ①: 공개경쟁채용, 자격증제한(사무영업_관제)경쟁채용 / ②: 보훈제한경쟁채용, 장애인제한경쟁채용
평가 과목은 직렬별 상이하며, 보훈 · 장애인 전형의 경우 직업기초능력평가만 시행함

구분	출제경향 및 기출 키워드
의사소통능력	모듈형 문항이 다수 출제되었다. 특히 의사소통과 관련된 읽기 모형, 화법, 경청 등의 개념을 묻는 문항이 출제되었다. 또한, 문서 작성법과 대화의 논리적 오류를 파악해야 하는 문항이 출제되었으며, 철도 사고 대처법 등을 묻는 문항도 출제되었다. 지문의 길이는 길지 않았고 가독성 또한 나쁘지 않은 편이었다. **[기출 키워드]** 하향식 읽기 모형, 비언어적 의사소통, 쉼, 연단공포증, 키슬러의 대인관계 의사소통 유형, 샌드위치 화법, 철도건널목 사고 대처, 기획서 특징, 허수아비의 오류 등
수리능력	논리적인 사칙연산이 필요한 응용수리 문항이 출제되었다. 자료해석 문항은 복잡한 계산이 많이 필요하지 않았으며, 철도 사업과 관련된 자료가 주로 출제되었다. **[기출 키워드]** 소금물, 수열, 거리·속도·시간, 일의 양, 경우의 수, 그래프 변환, 철도운송사업, 학교 진학률 등
문제해결능력	모듈형 문항이 다수 출제되었다. 특정 문항은 NCS 모듈 이론을 정확하게 알고 있어야 풀 수 있었다. 한편 명제, 참·거짓 판별 등의 논리추론형 문항이 출제되었으며, 순서·배열·매칭 등의 조건추리 문항도 출제되었다. **[기출 키워드]** 브레인스토밍, 시네틱스, 피라미드 구조, SWOT 분석, 문제해결 방법 순서, 원인분석, 달리기 순위 정하기, 직원 파견 및 출장 등

교재 구성

최신 출제경향을 완벽 반영하여 구성한 실전모의고사

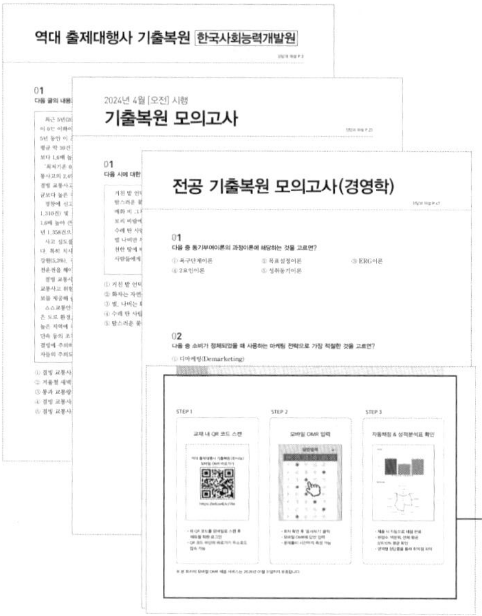

역대 출제대행사 기출복원 모의고사 3회분 +2024년 기출복원 모의고사 3회분

한국사회능력개발원 · 인크루트 · 휴노의 기출복원 문항과 2024년 4월과 10월에 시행된 한국철도공사 필기시험의 기출복원 문항을 수록하여 실전에 완벽 대비할 수 있도록 하였다.

NCS 실전모의고사 3회분

2024년 4월에 시행된 필기시험의 출제경향을 반영한 실전모의고사 1회분과 10월에 시행된 필기시험의 출제경향을 반영한 실전모의고사 2회분을 제공한다. NCS+철도법 문항 구성을 통해 변화하는 출제경향에 맞춰 학습할 수 있도록 하였다.

전공 기출복원 모의고사 1회분+실전모의고사 1회분

직무수행능력평가의 최신 출제경향과 기출 키워드를 반영하여 총 7과목(경영학, 기계일반, 전기일반, 토목일반, 건축일반, 건축설비, 전기이론)의 기출복원&실전모의고사를 수록하여 전공도 실전 대비가 가능하도록 하였다.

■ 모바일 OMR 채점 서비스 제공

NCS 회차당 수록되어 있는 QR 코드에 접속하여 점수 및 타 수험생들과의 비교 데이터를 확인할 수 있도록 모바일 OMR 채점 및 성적분석 서비스를 제공한다.

전 문항 상세한 해설이 담긴 정답과 해설

QUICK해설

학습한 문제 중 아는 문제의 경우, 정답과 정답에 대한 핵심 해설이 담긴 QUICK해설을 빠르게 확인하여 학습 시간을 효율적으로 관리할 수 있도록 구성하였다.

상세해설 · 오답풀이

수험생들이 어려운 문항까지 확실하게 파악할 수 있도록 상세한 해설과 오답풀이를 제공하고, 이를 통해 오답인 이유까지 완벽하게 이해할 수 있도록 하였다.

CONTENTS

차례

본문

정답과 해설

KORAIL

코레일

실전모의고사

역대 출제대행사 기출복원
[한국사회능력개발원]

※ 출제대행사가 '한국사회능력개발원'이었던 2020년의 기출복원 정보를 활용하여 실제 기출에 가까운 변형문제로 모의고사를 구성하였습니다.

영역		문항 수	권장 풀이 시간
직업기초능력평가	의사소통능력	25문항	30분
	수리능력		
	문제해결능력		

eduwill

모바일 OMR
자동채점 & 성적분석 무료

정답만 입력하면 채점에서 성적분석까지 한번에!

활용 GUIDE

실시간 성적분석 방법!

STEP 1 — QR 코드 스캔 ▶ STEP 2 — 모바일 OMR 입력 ▶ STEP 3 — 자동채점 & 성적분석표 확인

STEP 1

교재 내 QR 코드 스캔

역대 출제대행사 기출복원 [한사능]
모바일 OMR 바로가기

https://eduwill.kr/1lte

- 위 QR 코드를 모바일로 스캔 후 에듀윌 회원 로그인
- QR 코드 하단의 바로가기 주소로도 접속 가능

STEP 2

모바일 OMR 입력

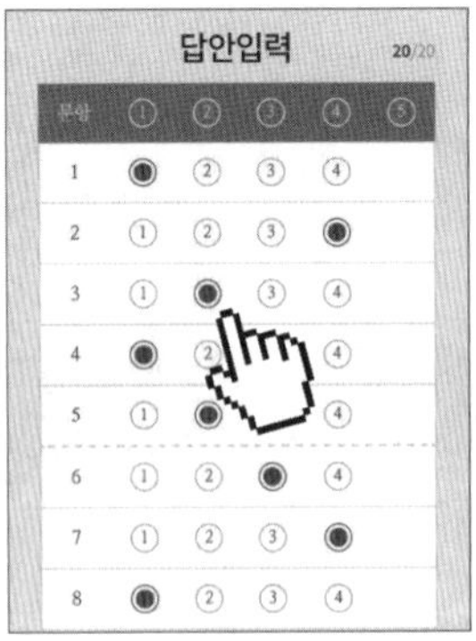

- 회차 확인 후 '응시하기' 클릭
- 모바일 OMR에 답안 입력
- 문제풀이 시간까지 측정 가능

STEP 3

자동채점 & 성적분석표 확인

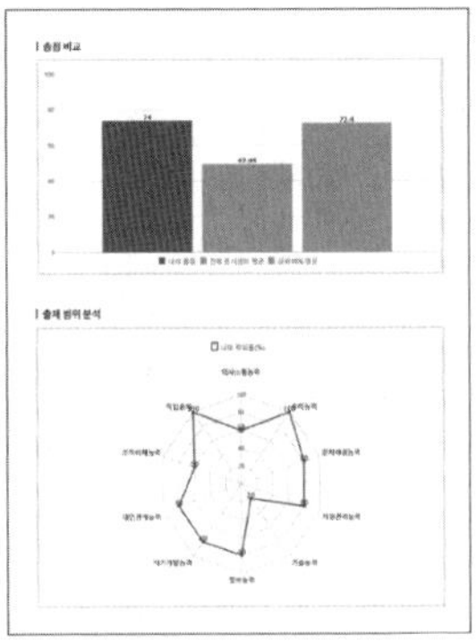

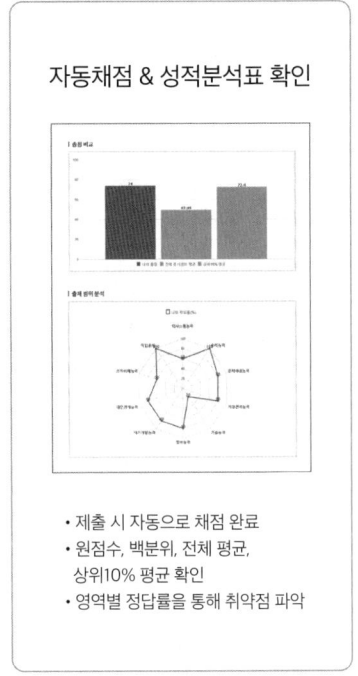

- 제출 시 자동으로 채점 완료
- 원점수, 백분위, 전체 평균, 상위10% 평균 확인
- 영역별 정답률을 통해 취약점 파악

※ 본 회차의 모바일 OMR 채점 서비스는 2026년 01월 31일까지 유효합니다.

정답과 해설 P.2

01

다음 글의 내용과 일치하는 것을 고르면?

최근 5년(2014년 1월~2018년 12월) 동안 기상관측 자료와 교통사고 자료를 분석한 결과, 겨울철 최저기온이 0℃ 이하이면서 일교차가 9℃를 초과하는 일수와 결빙 교통사고의 상관관계가 높은 것으로 나타났다. 최근 5년 동안 이 조건에 맞는 날은 평균 51.5일이었으며, 해당 관측일이 1일 증가할 때마다 결빙 교통사고가 하루 평균 약 59건 증가한 것으로 조사되었다. 또한 치사율(전체 사고 대비 결빙사고 사망률)도 전체 교통사고 평균보다 1.6배 높게 나타났다.

'최저기온 0℃ 이하이며 일교차 9℃ 초과' 관측일을 기준으로 최근 5년간 발생한 결빙 교통사고율은 전체 교통사고의 2.4%였다. 지역별로는 통과 교통량이 많고, 통행속도가 높은 충남(3.9%), 충북(3.8%), 강원(3.7%)의 결빙 교통사고율이 다른 지자체 평균보다 2.6배나 높았으며, 특별·광역시의 경우에는 인천광역시(3.1%)가 평균보다 높은 것으로 나타났다.

경찰에 신고된 도로 결빙·서리로 발생한 교통사고 건수 및 사망자 수는 최근 5년간 각각 6,548건(연평균 1,310건) 및 199명(연평균 40명)이며, 사고 100건당 사망자 수는 3.0명으로 전체 교통사고 평균 1.9명보다 1.6배 높아 큰 사고가 많은 것으로 나타났다. 또한 연도별 사고 건수는 2014년 1,826건, 2015년 859건, 2018년 1,358건으로 해에 따라 최대 2배 이상 차이가 나는 것으로 분석되었다.

사고 심도를 나타내는 치사율은 '최저기온 0℃ 이하이며 일교차 9℃ 초과' 관측일에서 평균 3.2%로 나타났다. 특히 치사율이 매년 감소하고 있는 가운데(2014년 3.9% → 2016년 2.9% → 2018년 2.2%), 충북(7.0%), 강원(5.3%), 전북(3.8%)은 전국 평균보다 1.4~2.2배 높게 나타나면서 해당 지역을 운전할 때 더욱 각별히 안전운전을 해야 할 것으로 보인다.

결빙 교통사고는 노면 상태를 운전자가 육안으로 확인하지 못하거나 과속하는 경우에 발생하기 때문에 결빙 교통사고 위험 구간 지정 확대, 도로순찰 강화 등의 대책 요구 및 결빙 구간을 조기에 발견하여 운전자에게 정보를 제공해 줄 수 있는 시스템(내비게이션, 도로전광판)의 확대가 시급한 상황이다.

△△교통안전문화연구소 이○○ 수석연구원은 "겨울철 급격한 일교차 변화에 따른 노면 결빙(블랙아이스)은 도로 환경, 지역 및 입지 여건 등에 따라 대형 사고로 이어질 위험성이 크다."라며 "지역별로 사고 위험이 높은 지역에 적극적인 제설 활동, 자동 염수분사 장치 및 도로 열선 설치 확대, 가변속도 표지 설치, 구간 속도 단속 등의 조치가 필요하다."라고 강조하는 한편, "운전자들도 블랙아이스 사고가 많은 겨울철 새벽에는 노면 결빙에 주의하여 안전운전을 해야 한다."라고 덧붙였다. 시설 정비와 시스템 강화도 중요하지만 개개인 운전자들의 주의도 사고 예방에 큰 도움이 되니 이번 기회에 운전 습관을 점검해 볼 필요성이 있다.

① 결빙 교통사고로 인한 인천광역시의 사망자 수는 전국 평균보다 많다.
② 겨울철 새벽에는 노면 결빙 때문에 위험하므로 가급적 운전을 피해야 한다.
③ 통과 교통량이 가장 많고 통행속도도 가장 높은 지역은 충남이다.
④ 결빙 교통사고 100건당 사망자 수는 평균 1.9명이다.
⑤ 결빙 교통사고의 발생에는 기온이 중요한 영향을 미친다.

02

다음 '신도시 교통사업'에 대한 글의 핵심 단어로 보기 어려운 것을 고르면?

도시화가 급속도로 진행되고 대도시와 위성도시 등 대도시권이 형성되면서 우리나라의 신도시에서는 여러 교통 문제가 발생하고 있다. 1, 2기 신도시가 건설된 지 시간이 꽤 지났지만 신도시는 여전히 좁은 도로와 수요에 못 미치는 대중교통 등으로 아침저녁이면 경기도에서 서울로 출퇴근하는 차들이 몰려 출퇴근 지옥이 연출되고 있다.

이러한 문제를 해결하기 위해 정부는 교통 분담금을 통해 광역 교통 시설을 확충하고 있다. 교통 분담금이란 정부나 지방 자치 단체에서 신도시, 재개발, 재건축 등 택지 개발이나 부동산 사업을 허가할 때 사업 시행자(건설사나 시행사)에게 광역 교통 시설 부담금을 물려서 이를 통해 여러 가지 교통 시설을 관리하고, 도로와 철도, 간선 급행 버스(BRT) 등의 광역 교통 시설 등을 확충하는 것이다. 이 제도는 신도시의 교통 문제 해결을 위한 예산을 확보하고, 개발 주체가 그 사회적 비용을 부담한다는 장점이 있다. 하지만 교통 분담금을 시행사나 건설사가 부담하는 게 아니라 실제로는 부동산 개발 시 분양 대금에 포함시켜서 청약 대상자한테 전가하게 된다는 단점도 있다.

한편, 정부는 신도시의 교통량 급증으로 교통사고 비율도 높아짐에 따라 도로교통안전사업을 시행하고 있는데, 그 대표적인 예가 어린이 보호 구역의 개선 사업이다. 새로 생긴 신도시에서는 학교 신설 단계에서 어린이 보호 구역을 지정하여 사업비 및 사고 감소 효과를 높이도록 하고 있으며, 향후 기존 시설의 유지·관리 위주로 사업을 진행하도록 전환할 예정이다. 어린이 보호 구역은 적절한 유지·관리가 이루어지지 않을 경우 다른 지역보다 더 위험한 지역이 되기 때문에 유지·관리를 강화하지 않고는 교통사고 감소 효과를 달성하기 어렵다. 따라서 정부는 기존 보호 구역의 유지, 관리를 위한 별도의 예산을 책정하여 투자하도록 해야 한다. 도로교통안전사업은 어린이 보호 구역 개선 사업 이외에도 노인 보호 구역, 교통사고 잦은 곳 개선 사업, 도로교통안전 진단 제도 등 다양하게 진행된다.

① 교통 분담금
② 사회적 비용
③ 신도시 교통 문제
④ 도로교통안전사업
⑤ 어린이 보호 구역 개선 사업

03

다음 글의 [가]~[마] 문단의 핵심 내용으로 옳지 않은 것을 고르면?

[가] 1990년대 중후반 한국의 1인당 국민소득이 만 달러 내외에서 벗어나지 못할 때, 세계의 외신들은 한국이 중진국 함정에 빠졌다는 진단을 내렸다. 1997년 한국이 다른 아시아 국가들과 마찬가지로 외환위기를 겪자 그러한 외신들의 진단은 기정사실로 굳어지는 듯 보였다. 그러나 외신들의 섣부른 진단과 달리 한국 경제는 중진국의 함정에서 빠져나왔다. 그리고 지금, 다시 한국에서는 성장의 정체를 우려하는 경제 위기론이 거세다. 수년째 1인당 국민소득이 2만 달러 내외에서 머무르고 있으며 빠르게 발전하는 중국과 인도의 경제 추격, 구글과 같은 파괴적 혁신 기업 등장으로 국내 경제의 기반이 불안정해지는 까닭이다.

[나] 이렇듯 글로벌 차원에서 전개되는 변화와 국내 경제 환경의 불안정성에 대응하기 위해서 공공 시스템의 개선이 필요하다. 이 중 하나로서 국가 혁신 시스템(National System of Innovation, NIS)을 다룰 필요가 있다. 혁신 시스템은 다른 어떤 국가 시스템 못지않는 국가 발전을 위한 핵심 동력이다. 따라서 경제를 활성화하기 위해서는 혁신 시스템의 업그레이드 및 혁신 활성화를 위한 제도적 조건의 개선이 시급하다.

[다] 그렇다면 혁신 시스템을 정비해야 하는 까닭은 무엇일까? 우선 사회경제적 제도에서 혁신에 대한 정책 개입의 근거와 혁신에 대한 통념들이 변화하였다. 그리고 세계가 발전하면서 미래 혁신에 관해 새로운 이슈들이 나오기 시작하였다. 아울러 글로벌 혁신 환경이 변화하였는데, 지금은 예전과 다르게 지속 가능한 성장과 고령화 및 환경 문제에 관해 혁신 시스템도 정비되어야 하는 실정이다.

[라] 혁신 시스템 정비에는 변화하는 자본주의도 한 몫을 한다. 산업화 초기의 자본주의 시대에는 너도나도 가난했다. 고도성장과 무한 경쟁의 자본주의 시대엔 회사가 쑥쑥 컸지만 주주들만이 열매를 차지했다. 그리고 이 자본주의에서 한 단계 더 진화한 새로운 자본주의 시대를 맞고 있다. 앞으로의 자본주의에서는 성공하는 기업과 사람은 더 성공하게 만들고 뒤처지는 기업과 사람은 낙오하지 않도록 끌어안고 가야 하며, 미래 세대를 위한 미래 가치를 고려해야만 한다.

[마] 우리는 4차 산업혁명을 마주하고 있다. 4차 산업혁명은 유례없이 빠른 발전 속도로 사회 전반에 변혁을 일으킬 것이다. 그리고 이러한 변화는 과거의 산업혁명들과 사뭇 다른 모습으로 우리의 삶을 바꿔 놓을 것이다. 이를 대비한 혁신 시스템의 개발로 오히려 국가의 나아갈 방향과 비전, 그리고 정책을 총괄적으로 재고하여 미래 개척에 한 발짝 나아가야 한다.

① [가]: 우리나라 경제의 희비
② [나]: 혁신 시스템의 필요성
③ [다]: 혁신 시스템을 정비해야 하는 이유
④ [라]: 자본주의 변이론의 한계
⑤ [마]: 4차 산업혁명에 대비한 혁신 시스템의 개발

[04~05] 다음 글을 읽고 이어지는 질문에 답하시오.

도시철도 차량은 높은 수송력을 가지고 정시성 및 높은 수준의 주행안전성을 확보하여 승객을 운송하는 대표적인 대중교통 시스템으로서 인구가 밀집한 도시는 물론 외곽지역의 도시와도 연결되는 중요 교통수단으로 발전하였다. 지금까지는 차량의 성능확보를 차량 제작의 기준으로 하여 완성차 검사 및 본선 시운전 등을 중심으로 진행하여 왔다. 하지만 최근 발생하는 열차의 탈선 및 충돌 등 국·내외에서 발생되고 있는 대규모 철도차량 사고내용을 보면 사고의 파급효과가 어느 교통수단보다도 크게 나타나고 있다.

사고발생 시 일어나는 인적·물적 피해로 인해 안전관리 기준 강화 및 이용자의 안전욕구 수준도 크게 증가하게 되었다. 따라서 본 연구를 통해 철도차량 제작 시 운영자 및 이용자(고객)들에게 위험요소가 노출되지 않도록 안전에 대한 내용들을 사전 예측·판단하여 위험요소를 제거하거나 허용 범위 안에서 관리되도록 하기에 이르렀다. 이것으로 인하여 성능 기반의 도시철도 차량 제작에서 안전 기반의 도시철도 차량의 개발로 전환되고 있다.

안전 기반 도시철도 차량 시스템의 설계 및 제작은 기본적으로 안전 요구조건의 선정과 단계별 분석을 통해 위험원 선정 및 저감 방안 수립, 검증 및 확인, 마지막으로 폐기 단계를 거치게 된다. 위험원의 식별은 설계 및 제작, 시운전 단계까지 모든 단계에서 진행되며, 특히 상세 설계 전 사전 위험분석을 통해 안전 설계의 기본 방향을 설정한다. 사전 위험분석은 시스템 안전 프로그램에서 정의하는 안전 관련 항목과 잠재적 사고 위험을 내재한 설비나 기능 위주로 평가를 진행하며, 특히 본 연구에서는 영향, 감전, 실족, 유독물질, 질식, 열소모, 폭발, 탈선, 화상, 고립, 상처의 11가지 고수준 위험원 리스트를 식별하여 사전 위험분석을 실시하였다.

사전 위험분석을 위한 대상 시스템은 표준규격의 대형 전동차를 적용하였으며, 가장 많이 운행되고 있는 DC 1,500V 전동차를 대상으로 진행하였다. 위험도 평가기준은 준정량적 방법으로 실시하였으며, 발생 빈도는 동종 시스템의 운행 경험을 통해 운행 주기별 고장 발생 빈도로 별도 정의하였다. 심각도는 가장 많이 적용하고 있는 항목을 적용하여 위험도 매트릭스를 작성하였다.

도시철도 차량 시스템에 적용되는 사전 위험분석을 실시한 결과 차량분야 109개의 위험원이 도출되었으며, 이 중 31개는 허용 불가능한 위험원으로 분류하였다. 정리된 위험원은 경감 및 사고 대책을 실시하여 위험도를 관리 범위 내로 낮추었으며, 몇 개 위험원의 경우는 세부설계 과정에서 분석되는 시스템 위험분석(System Hazard Analysis, SHA)에서도 같은 종류의 위험원으로 구분하여 관리토록 하였다.

이러한 연구 활동을 통하여 표준규격 전동차의 안전 요구사항을 도출하고 상세 설계 전 위험원을 제거할 수 있었다. 잔존하는 위험원은 상세 설계 단계에서 추적 관리를 통해 위험원 경감대책을 다시 적용하여 경감하는 것을 제안하며, 본 연구를 통해 일반론적 접근 방법으로 시스템 위험분석(System Hazard Analysis, SHA), 하부 시스템 위험분석(Sub System Hazard Analysis, SSHA), 인터페이스 위험분석(Interface Hazard Analysis, IHA)이 이루어질 수 있기를 기대한다.

04

주어진 글의 제목으로 가장 적절한 것을 고르면?

① 도시철도 차량시스템의 성능 개선에 관한 연구
② 도시철도 차량시스템의 안전관리 기준에 관한 연구
③ 도시철도 차량시스템의 사고 대처방안에 관한 연구
④ 도시철도 차량시스템의 사전 위험분석에 관한 연구
⑤ 도시철도 차량시스템의 표준규격 적절성에 관한 연구

05

주어진 글을 읽고 알 수 없는 내용을 고르면?

① 연구의 방법 ② 연구의 결론 ③ 연구의 목적
④ 연구의 한계 ⑤ 연구의 배경

[06~07] 다음 [지문1]은 「항공 산업부문의 혁신성장 연구」의 목차이다. 이를 바탕으로 이어지는 질문에 답하시오.

[지문1]

제1장 서론	제1절 연구의 필요성 및 목적
	제2절 연구의 범위 및 방법
	제3절 선행연구 고찰 및 본 연구의 차별성
제2장 항공산업 현황 및 생태계 분석	제1절 항공산업 현황 분석
	제2절 항공산업 생태계 분석
	제3절 분석결과 종합 및 정책적 시사점
제3장 항공산업의 혁신과 성장	제1절 혁신과 성장
	제2절 항공산업의 혁신 및 성장 사례 분석
	제3절 분석결과 종합 및 정책적 시사점
제4장 항공산업 부문 혁신성장 추진 방향 설정 및 전략 도출	제1절 항공산업 혁신성장 추진 방향 설정
	제2절 항공산업 전략 도출 방법 및 결과
	제3절 항공산업 혁신성장 추진 방향 및 전략 설정
제5장 항공산업 부문 혁신성장 세부 추진 전략	제1절 산업 부문 혁신성장 추진 전략
	제2절 정책 부문 혁신성장 추진 전략
제6장 종합결론 및 향후 과제	제1절 결론 및 시사점
	제2절 한계점 및 향후 연구

06

[지문1]이 [지문2]의 목차라고 할 때, [지문2]에 해당하는 [지문1]의 항목을 고르면?

> [지문2]
>
> 항공산업의 혁신성장 목표, 방향 그리고 전략을 설정하여 제시하였다. 항공산업 경쟁력 강화가 목표로서 이는 급격한 외부환경 변화에 대응할 수 있는 역량을 갖춘 상태를 포함한다. 혁신성장을 주도하는 주체는 산업이기 때문에, 혁신성장의 방향은 산업 주체들이 혁신을 이루어낼 수 있도록 산업환경을 조성하는 것이다. 또한, 정부는 혁신에 적시에 대응할 수 있도록 준비하는 방향이 필요하다. 이러한 혁신성장 방향하에 총 8가지 전략을 도출하였다. 해당 전략은 항공산업 현황 분석 결과, 항공산업 생태계 분석결과, FGI 수행결과, 이용자 수용성 조사결과, 부문별 SWOT 전략을 모두 고려하여 도출하였다. 추진 전략은 산업 부문과 정책 부문으로 구분되며 각 부문별로 4개 전략이 수립되었다. 산업 부문 혁신전략은 1) 다양한 사업모델 및 전략 수립, 2) 저소음 고효율 항공기 도입을 통한 신남방·신북방 노선확대, 3) 신개념 항공기 기술 개발, 4) UAV 활용 신규 서비스 발굴이다. 정책 부문의 혁신전략은 1) 사업자 간 공정한 경쟁환경 마련, 2) 항공산업 인프라 개선, 3) 항공 관련 분야 인력 양성, 4) 항공기 활용 신규 서비스를 위한 운수사업 관련 법제도 검토이다.

① 제2장 항공산업 현황 및 생태계 분석
② 제3장 항공산업의 혁신과 성장
③ 제4장 항공산업 부문 혁신성장 추진 방향 설정 및 전략 도출
④ 제5장 항공산업 부문 혁신성장 세부 추진 전략
⑤ 제6장 종합결론 및 향후 과제

07

[지문3]이 [지문1]의 서론의 일부라고 할 때, [지문3]의 [가]~[라] 문단을 [지문1]의 목차 순서에 따라 바르게 배열한 것을 고르면?

[지문3]

[가] 본 연구는 2019년 현재 가장 최신 시점의 자료를 참고하고자 하였으며, 공간적 범위는 우리나라 및 항공산업이 영위되고 있는 모든 지역 또는 나라를 포괄하고자 하였다. 항공산업의 혁신성장 방안을 제시하기 위하여 혁신과 성장에 대한 정의, 적용 사례에 대한 전반적인 검토와 함께 육상, 해운 등 교통 관련 타 산업의 사례 분석 및 비교를 수행하였으며, 전문가 및 일반 국민들의 항공산업의 혁신성장에 대한 설문조사를 통해 향후 정책 실현 방안을 제시하는 것이 본 연구의 내용적 범위이다.

[나] 본 연구에서는 정부의 혁신성장 개념과 정책 방향을 살펴보고, 항공산업 부문의 혁신 및 성장 사례를 검토하였으며, 이를 토대로 항공산업의 혁신성장에 대해 정의하고 관련 정책 방향을 수립하고자 하였다. 항공산업 생태계 구조 분석을 통해 항공산업을 구성하는 각 산업부문 현황 및 전망을 살펴보고 혁신 가능한 분야를 도출하였으며, 이를 기반으로 산업분야를 구분하여 항공산업 전문가/종사자 대상 설문조사 및 수용성 조사를 수행하였다. 이후 항공운송산업과 항공기 제조업/사용사업으로 산업 분야를 구분하여 추진 전략을 도출하였으며, 이를 산업 및 정책 혁신성장 전략으로 구분하여 제시하였다.

[다] 타 교통수단 대비 비교적 최근 대중화된 항공교통은 기술발전과 함께 전에 없던 다양한 변화가 일어나고 있다. 이러한 변화는 관련 산업을 이끌던 다양한 기업 간 M&A, 에어택시 등 신규 산업의 출현 등으로 나타나고 있다. 항공운송산업의 경우 2000년대 이후 미국과 유럽을 중심으로 기존 항공사들의 M&A가 지속적으로 이루어지는 상황에 있으며, 우리나라에서도 아시아나 항공이 유동성 위기를 겪으며 매각이 결정되고, 2019년 2분기 전 운송사업자가 영업적자를 보이는 등 장래를 알 수 없는 상황에 있다. 또한 조인트벤처(Joint Venture)를 통한 노선 효율화, A350, B787 등 중형 항공기 중심의 장거리 운항, A320NEO, B737MAX 등 소형 기체의 항속거리 증대 등으로 항공운송사업의 노선 및 비용구조 변화가 일어나고 있으며, 저비용항공사(Low Cost Carriers, LCC)와 대형항공사(Full Service Carriers, FSC)의 경계가 모호해지면서 양 서비스모델의 장점이 결합된 새로운 서비스 전략도 이루어지고 있다.

이러한 기술 발전과 함께 항공운송산업이 도심 진입을 도모하고 있으며, 플랫폼 사업자를 중심으로 한 비즈니스 모델이 출현하고 있다. 항공산업에서 발생하고 있는 이러한 변화들이 산업 및 경제 성장으로 이루어질 수 있도록 대응방안 마련이 필요하다고 할 수 있다. 특히, 항공산업이 국제성을 띠고 있는 만큼, 국내·외 선진사례 및 기술개발 동향을 참고하여 우리나라 특성에 적합한 정책 추진 방향을 제시해야 할 필요가 있다. 최근 들어 업계에서는 정부의 규제로 산업활동이 어렵다고 호소하고 있다. 기존 정책들이 산업활동에 어떠한 영향을 미치는지 살펴보고 경제 및 산업활성화를 강구할 수 있는 방안을 마련하는 것이 시급하다.

[라] 본 연구에서는 최근 우리나라에서 경제성장의 화두로 제시되고 있는 혁신성장이라는 용어를 기반으로 혁신과 성장이 항공산업에서 어떤 의미를 가지는지, 향후 항공산업의 혁신성장을 위해서는 어떠한 노력을 기울여야 하는지 고찰하였다. 항공산업의 기반을 이루고 있는 항공운송산업 및 항공기 제조업, 사용사업을 중심으로 항공산업의 생태계 분석을 수행하고, 육상, 해운 등 타 교통수단을 기반으로 하는 산업과의 연계관계 및 차이점을 분석하여 항공산업의 향후 발전방향을 제시하고자 한다. 특히 항공운송산업, 최신형 항공기, 드론, 수직 이착륙 전기항공기를 활용한 에어택시 등 항공산업 분야의 다양한 이슈를 도출하고, 혁신방안 도출 및 이슈별 추진 전략을 제시하고자 한다.

① [다] – [나] – [가] – [라]
② [다] – [라] – [가] – [나]
③ [다] – [라] – [나] – [가]
④ [라] – [가] – [다] – [나]
⑤ [라] – [다] – [나] – [가]

08

다음 글의 내용과 일치하는 것을 고르면?

사람들은 일반적으로 태양 에너지에 대해 하나의 발전 방법만을 생각하는 경우가 많지만, 태양 에너지를 이용한 기술 방법에는 여러 가지가 있다. 크게 분류하자면 태양의 열을 모아서 열기관을 통해 전력으로 변환하는 태양열 발전과, 태양빛이 태양 전지에 비춰질 때 발생하는 반응을 이용한 태양광 발전으로 나눌 수 있다. 그렇다면 태양광 발전은 어떤 원리로 전기를 생산해 낼까? 양전지가 빛을 흡수하면, 그 빛이 가지고 있는 에너지에 의해 반도체 내에서 전기를 갖는 입자인 정공(+), 전자(−)가 발생한다. 전자(−)는 N형 반도체로, 정공(+)은 P형 반도체로 이동하여 전위가 발생하게 되고 전극에 전구나 모터와 같은 부하를 앞·뒷면에 연결해 주면 전류가 흐르게 된다. 한편, 태양열 발전의 원리는 태양광에 비해 간단하다. 태양광선의 파동성질을 이용하여 태양열의 흡수·저장·열변환 등을 통하여 온수를 공급하게 된다. 태양열 시스템은 열매체의 구동장치 유무에 따라 자연형 시스템과 설비형 시스템으로 구분된다. 자연형 시스템은 온실과 같이 남측의 창문이나 벽면 등 주로 건물 구조물을 활용하여 태양열을 집열하는 장치이며, 설비형 시스템은 집열기를 별도 설치하고 펌프와 같은 열매체 구동장치를 활용해서 태양열을 집열하는 시스템으로 흔히 태양열 시스템이라 한다.

여기서 태양열이나 태양광 시스템은 모두 똑같이 태양 에너지를 이용하는 발전설비인 만큼 둘을 하나의 발전설비 시스템으로 합쳐 보는 생각을 해 봤을 것이다. 실제로 이런 발상이 제품으로 옮겨졌는데, 이를 복합패널 시스템(PVT)이라고 부른다. PVT(Photo Voltaic Thermal)란 태양광 모듈인 PV(Photo Voltaic)에 공기 혹은 액체 집열 모듈을 복합 구성한 시스템으로, PV 모듈 본연의 기능인 전기를 생산하며, PV 후면에서 발생되는 열을 열원으로 이용하여 건물의 환기용 난방 에너지 및 온수를 생산하는 열 병합 발전 시스템이다. 따라서 PVT 시스템은 전기가 필요한 거의 모든 곳에서 사용할 수 있으며 기존의 시스템에서 나타나는 과열 문제를 해결하여 발전 효율을 높여 준다.

PVT는 기본적으로 집열기(유리 덮개, PV 흡수판, 열전달기구, 열 절연재), 인버터(Inverter), 축열 장치, 보조 가열기로 구성되어 있다. 여기서 집열기는 액체식 평판형, 공기식 평판형, 건물 일체화형, 집광형으로 분류된다.

우선 액체식 평판형과 공기식 평판형 PVT 집열기는 유리 덮개가 있는 것과 없는 것으로 나뉜다. 액체식 평판형 PVT 집열기는 열전달 매체로 물과 글리콜을 사용하고, 주로 전기를 생산하거나 난방·냉방·온수를 생산한다. 공기식 평판형 PVT 집열기는 열전달 매체로 공기 플래넘을 사용하고, 마찬가지로 전기 생산과 난방 및 온수 생산이 가능하지만 냉방은 하지 못한다. 건물 일체화형 PVT 집열기는 PV를 건물의 외벽이나 지붕과 일체화시키고, PV 이면에 공기통로를 형성한다. 공기는 자연대류 또는 강제대류로 순환시킨다. 주로 전기를 생산하며, 가열된 공기는 난방이나 환기에 이용된다. 집광형 PVT 집열기는 반사경 또는 렌즈로 집광하고, 전기출력을 증강한다. 강제대류를 통해 PV를 냉각시킨다는 특징이 있으며, 태양 추적 장치가 달려 있다.

① 복합패널 시스템의 집열기 중 액체식 평판형 집열기의 가격이 제일 비싸다.
② 복합패널 시스템의 구조 중 건물 일체화형 집열기에는 태양 추적 장치가 달려 있다.
③ 복합패널 시스템의 구조 중 인버터는 있어도 되고 없어도 된다.
④ 복합패널 시스템은 해가 잘 드는 창문이나 벽면 등을 이용하여 태양열을 집열할 수 있다.
⑤ 복합패널 시스템 중 냉방으로도 사용 가능한 것이 있다.

09

다음은 표준 발음법 제5항에 대한 내용이다. 이에 대한 설명으로 옳지 <u>않은</u> 것을 고르면?

> 'ㅑ, ㅒ, ㅕ, ㅖ, ㅘ, ㅙ, ㅛ, ㅝ, ㅞ, ㅠ, ㅢ'는 이중 모음으로 발음한다.
> 다만 1) 용언의 활용형에 나타나는 '져, 쪄, 쳐'는 [저, 쩌, 처]로 발음한다.
> 다만 2) '예, 례' 이외의 'ㅖ'는 [ㅔ]로도 발음한다.
> 다만 3) 자음을 첫소리로 가지고 있는 음절의 'ㅢ'는 [ㅣ]로 발음한다.
> 다만 4) 단어의 첫음절 이외의 '의'는 [ㅣ]로, 조사 '의'는 [ㅔ]로 발음함도 허용한다.

① "만두를 쪄 먹다."에서 '쪄'는 [쩌]로 발음한다.
② "삶의 지혜가 필요하다."에서 '지혜'는 [지헤]로도 발음할 수 있다.
③ "가정의 행복이 전제되어야 한다."에서 '가정의'는 [가정이]로 발음한다.
④ "민주주의를 살려야 한다."에서 '민주주의'는 [민주주이]로 발음한다.
⑤ "우리의 소원은 통일"에서 '우리의'는 [우리에]로도 발음할 수 있다.

한사능 역대 출제대행사

10

김 대리는 대전으로, 이 대리는 부산으로 출장을 갔다. 두 사람은 출장 후 업무 미팅 때문에 대전에서 남쪽으로 200km 떨어진 K지점에서 만났다. 다음 내용을 참고하여 이 대리가 자동차를 타고 K지점으로 이동한 평균 속력을 고르면?(단, 대전과 K지점, 부산은 일직선상에 위치한다.)

> • 대전과 부산은 500km 떨어져 있다.
> • 김 대리와 이 대리는 각각 대전과 부산에서 동시에 출발하였다.
> • 김 대리가 탄 자동차의 속력은 평균 80km/h이었다.
> • 이 대리는 김 대리보다 K지점에 30분 늦게 도착하였다.

① 80km/h ② 90km/h ③ 100km/h
④ 110km/h ⑤ 120km/h

11

1,120km 길이의 노선에 역을 건설하려고 하는데, 출발지에서 각각 350km, 840km 떨어진 지점에는 환승역을 반드시 건설하고자 한다. 출발역부터 종착역까지 모든 역의 간격이 일정하도록 역을 건설할 때, 건설할 수 있는 역 개수의 최솟값을 고르면?

① 16개　② 17개　③ 18개　④ 19개　⑤ 20개

12

다음 두 수열의 빈칸에 공통으로 들어갈 알맞은 수를 고르면?

수열1:	2	5	( )	−2	−5	−3	2
수열2:	27	81	9	243	( )	729	1

① 1　② 2　③ 3　④ 5　⑤ 9

13

1시와 2시 사이에 시곗바늘의 시침과 분침이 서로 반대 방향으로 일직선에 가장 가까워지는 시각을 고르면?

① 1시 37.24분　② 1시 37.86분　③ 1시 38.18분　④ 1시 38.76분　⑤ 1시 39.36분

14

동양역과 서양역 사이의 거리는 100km이다. 두 역의 열차 모두 반대편 역까지 이동하는 데 1시간이 걸리고 동양역에서는 열차가 20분마다, 서양역에서는 열차가 15분마다 출발한다. 각 역에서 열차들이 오전 10시에 동시 출발하였을 때, 각 역에서 출발한 열차들이 50km 지점에서 두 번째로 만나는 시각을 고르면?

① 11시 10분 ② 11시 20분 ③ 11시 30분
④ 11시 40분 ⑤ 11시 50분

15

다음 [그래프]는 국내 코로나19의 치료 중인 환자 수와 누적 완치자 수에 대한 자료이다. 이에 대한 설명으로 옳지 않은 것을 고르면?(단, 완치자는 즉시 퇴원한다.)

[그래프] 국내 코로나19의 치료 중인 환자 수와 누적 완치자 수

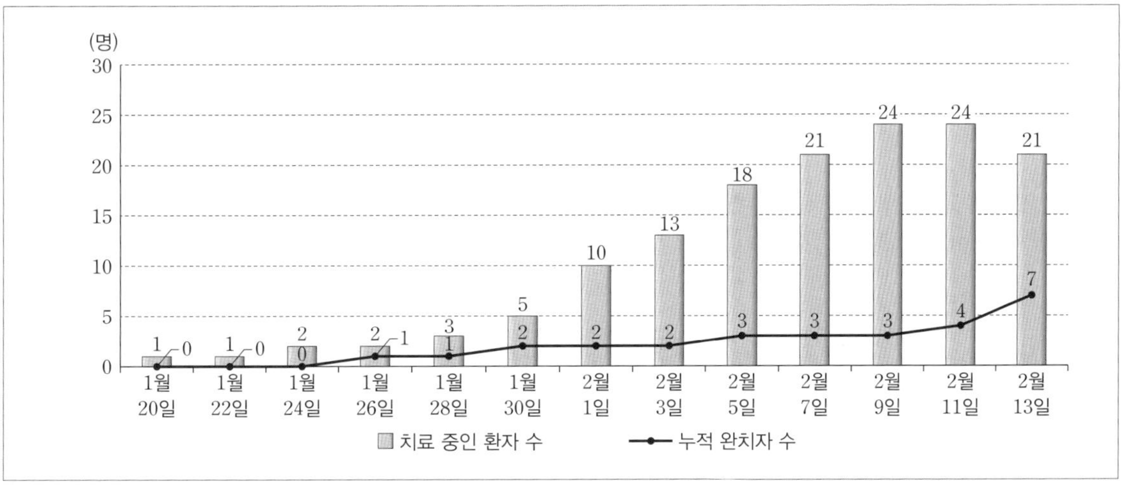

① 1월 20일부터 2월 13일까지 코로나19 누적 확진자 수는 28명이다.
② 2월 9일에서 11일로 넘어갈 때 추가 확진자는 없다.
③ 조사 기간 치료 중인 환자 수는 증가 추세에 있다.
④ 2월 5일부터 2월 9일까지 추가 완치자는 없다.
⑤ 2월 13일 완치자 수는 2월 11일 대비 3명 증가하였다.

16

다음 [표]는 돼지 열병 방역 유무 및 열병 발생 유무에 따라 축산업자가 얻는 수익을 정리한 자료이다. 열병 방역을 하지 않은 경우 돼지 열병이 발생할 확률은 80%이고, 열병 방역비는 500만 원이라고 한다. 열병 방역을 한 경우, 돼지 열병 발생 확률이 최대 몇 %일 때 방역을 해도 손해를 보지 않는지 고르면?

[표] 돼지 열병 방역 유무 및 열병 발생 유무에 따른 축산업자의 수익 (단위: 만 원)

구분	열병 발생	열병 발생하지 않음
열병 방역을 한 경우	2,500	3,000
열병 방역을 하지 않은 경우	2,000	3,000

① 45% ② 60% ③ 70%
④ 85% ⑤ 90%

17

A씨는 1월 2일(월)에 S전자 주식 100,000원 어치를 매수하였다. 다음 [표]는 S전자 주식의 전일 대비 가격 증감률을 기록한 것이다. 이를 바탕으로 A씨의 득실에 대한 설명으로 옳은 것을 고르면?(단, 주식 매매 비용은 없다.)

[표] S전자 주식의 전일 대비 가격 증감률

날짜	1월 3일(화)	1월 4일(수)	1월 5일(목)	1월 6일(금)	1월 9일(월)
증감률	10% 상승	20% 상승	10% 하락	20% 하락	10% 상승

① 1월 3일 10% 상승 후 매도하였다면 1,000원 이익을 본다.
② 1월 4일 20% 상승 후 매도하였다면 수익률은 30%이다.
③ 1월 5일 10% 하락 후 매도하였다면 수익률은 20%이다.
④ 1월 6일 20% 하락 후 매도하였다면 4,040원 손해를 본다.
⑤ 1월 9일 10% 상승 후 매도하였다면 4,544원 이익을 본다.

18

다음 [결론]이 반드시 참이 되기 위해 [전제2]에 들어갈 내용으로 옳은 것을 고르면?

> [전제1] 어떤 직원은 업무 능력이 좋다.
> [전제2] (   )
> [결론] 어떤 업무 능력이 좋은 직원은 H대학교를 졸업하였다.

① 어떤 직원은 H대학교를 졸업하였다.
② 모든 직원은 업무 능력이 좋다.
③ 모든 업무 능력이 좋은 사람은 직원이다.
④ 어떤 직원은 업무 능력이 좋지 않다.
⑤ 모든 직원은 H대학교를 졸업하였다.

19

K은행은 다음과 같은 조건으로 3명의 면접자에 대해 최종면접을 진행한다. 면접관들의 말이 모두 진실일 때, 합격자가 될 수 있는 사람을 바르게 나열한 것을 고르면?

[면접 진행조건]
- 최종면접의 면접관으로 회장, 사장, 이사, 인사팀장이 참석한다.
- 면접관은 각각의 면접자를 '상', '중', '하'로 평가한다.
- '상'을 2명 이상에게 받을 경우 자동 합격이며, '하'를 3명 이상에게 받을 경우 자동 탈락이다.
- '상'을 3점, '중'을 2점, '하'를 1점으로 하여 점수의 총합이 가장 높은 1명을 선발할 예정이나, 자동 합격자가 2명 이상이면 모두 선발한다.
- 3명 모두 자동 탈락일 경우 아무도 선발하지 않는다.
- 점수의 총합이 동점일 경우 회장에게 가장 높은 점수를 받은 사람이 합격한다.
- 면접자는 김 씨, 이 씨, 박 씨이다.

- 회장: 나는 이 씨에게 '하'를 주었고, 3명의 면접자에게 '상', '중', '하'를 골고루 주었어.
- 사장: 나는 2명에게 '중'을 주었고, 김 씨에게 회장님이 준 점수보다 낮은 점수를 주었어.
- 이사: 나는 모든 면접자에게 사장님이 준 점수보다 낮은 점수를 주었고 3명 전부 '하'를 주지는 않았어.
- 인사팀장: 나도 3명의 면접자에게 '상', '중', '하'를 골고루 주었지만, 모든 면접자에게 회장님과 다른 점수를 주었어.

① 김 씨　　② 이 씨　　③ 박 씨
④ 김 씨, 박 씨　　⑤ 김 씨, 이 씨, 박 씨

20

K시는 다음과 같은 음식점 평가 가이드 규정에 의거하여 K시 음식점 개정판을 발간하려고 한다. 이에 대한 설명으로 옳지 않은 것을 고르면?

> [음식점 평가 가이드 규정]
> - 음식점은 총 5가지 항목으로 평가하며, 평가 항목은 맛, 서비스, 가격, 인테리어, 꾸준함 순이다.
> - 각 항목마다 100점 만점으로 평가한 후, 각 항목에 0.2의 가중치를 곱한 점수의 총합으로 최종 점수를 산출한다.
> - 최종 점수에 따라 제외, ★, ★★, ★★★ 4가지 등급을 매기며, 상금 기준은 아래와 같다.
>   - 70점 미만: 개정판에서 제외, 상금 없음.
>   - 70점 이상~80점 미만: ★등급, 상금 1,000만 원
>   - 80점 이상~90점 미만: ★★등급, 상금 3,000만 원
>   - 90점 이상: ★★★등급, 상금 7,000만 원

① 5가지 항목의 점수가 각각 90점, 95점, 95점, 85점, 90점인 식당은 상금 7,000만 원을 받는다.
② 5가지 항목의 점수가 각각 85점, 75점, 70점, 90점, 85점인 식당은 ★★등급을 받는다.
③ 5가지 항목의 점수가 각각 90점, 70점, 80점, 60점, 65점인 식당은 다음 개정판에서 제외된다.
④ 서비스 항목의 가중치가 0.3, 인테리어 항목의 가중치가 0.1로 바뀌면 5가지 항목의 점수가 각각 90점, 70점, 85점, 75점, 95점인 식당은 상금 3,000만 원을 받는다.
⑤ 맛 항목의 가중치가 0.4, 가격과 꾸준함 항목의 가중치가 0.1로 바뀌면 5가지 항목의 점수가 각각 70점, 85점, 70점, 90점, 85점인 식당은 상금 1,000만 원을 받는다.

21

준하는 책상, 에어컨, 컴퓨터를 구매할 예정이다. 다음 [표]는 준하가 책상은 A, B가게, 에어컨은 C, D가게, 컴퓨터는 E, F가게 중 한 곳씩에서 구매하는 5가지 경우의 가격 총액을 비교한 자료이다. B가게에서만 10% 할인이 적용될 때, 옳은 것을 고르면?

[표] 책상, 에어컨, 컴퓨터를 구매하는 5가지 경우의 가격 총액

구분	경우1	경우2	경우3	경우4	경우5
책상	A가게			A가게	B가게
에어컨	D가게	D가게	C가게	C가게	C가게
컴퓨터	E가게	F가게	E가게	F가게	E가게
총액	106만 원	56만 원	82만 원	152만 원	127만 원

※ [표]의 빈칸은 준하가 책상을 구매할 가게를 결정하지 못함을 의미함

① A가게에서 책상을 24만 원에 판다면 컴퓨터 가격은 E가게가 F가게보다 26만 원 저렴하다.

② 에어컨을 D가게에서 26만 원에 판다면 E가게에서 파는 컴퓨터 가격이 C가게에서 파는 에어컨 가격보다 52만 원 저렴하다.

③ A가게 책상의 가격은 50만 원이다.

④ B가게에서 파는 책상의 할인 전 가격은 50만 원이다.

⑤ D가게가 C가게보다 에어컨을 10만 원 더 저렴하게 판다면 A가게와 B가게의 책상 가격차는 21만 원이다.

22

8층 빌라에 지운, 다은, 소현, 성문, 선유, 종현이 서로 다른 층에 살고 있다. 다음 [조건]이 모두 참일 때, 항상 옳은 것을 고르면?

조건

- 2층에는 지운이가 산다.
- 지운이는 다은이보다 아래층에 산다.
- 3층 또는 4층 중 하나는 비어 있다.
- 5층에는 소현이가 산다.
- 성문이의 위층 또는 아래층은 비어 있다.
- 다은이는 성문이와 종현이보다 위층에 살고 있으며, 다은이랑 성문이 사이에 종현이가 살고 있다.

① 성문이와 종현이는 인접한 층에 산다.
② 성문이는 4층에 살고 있다.
③ 선유는 지운이보다 아래층에 산다.
④ 지운이와 다은이 사이에는 3명 이상이 살고 있다.
⑤ 8층에는 선유가 산다.

23

황 팀장, 서 대리, 함 대리, 홍 대리, 오 대리는 각자 A~F업무 중 몇 개를 담당하고 있다. A~F업무 모두 각 담당자가 전부 참여하는 회의를 1시간씩 진행하고자 한다. 업무 담당표가 다음과 같을 때 회의가 모두 끝날 때까지 걸리는 최소 시간을 고르면?(단, 회의는 연속으로 진행하며 중간에 휴식 시간은 없다.)

구분	황 팀장	서 대리	함 대리	홍 대리	오 대리
A업무	○		○		○
B업무	○	○			
C업무			○	○	
D업무		○		○	
E업무				○	○
F업무			○		○

※ ○는 업무 담당자임을 뜻함

① 2시간　② 3시간　③ 4시간
④ 5시간　⑤ 6시간

24

우영, 은범, 해수, 대현이 모여 카드 게임을 하고 있다. 4명이 각자 갖고 있는 7장의 카드와 카드 게임의 [규칙]이 다음과 같을 때, 옳은 것을 고르면?

우영	◆1	♣7	♠Q	◆4	♣8	◆3	♣4
은범	♠J	♠6	♣5	◆9	♠K	♠3	♠2
해수	◆8	♥6	♥5	♣2	◆2	♣K	♥9
대현	♠8	♠5	◆Q	♥4	♥7	♣1	◆J

규칙

- 카드의 문양은 ♥, ♣, ♠, ◆로 네 가지이다.
- 카드는 1~10까지의 숫자와 J, Q, K로 구성되어 있고 J=11, Q=12, K=13으로 계산한다.
- ♥, ♣, ♠, ◆ 문양에 따라 숫자 또는 문자에 해당하는 숫자에 각각 ×1, ×2, ×3, ×4를 하여 점수로 한다.
- 7장의 카드 점수 총합을 최종 점수로 한다.

① 네 사람의 평균 점수는 130점 이상이다.
② 모든 사람이 100점을 넘었다.
③ 우영의 카드 중 점수가 가장 높은 카드와 대현의 카드 중 점수가 가장 낮은 카드의 점수 차이는 32점이다.
④ 대현의 점수보다 은범의 점수가 높다.
⑤ 해수의 카드 중 점수가 가장 낮은 카드는 5점이다.

25

본사의 임원 6명을 각각 지점 1~6으로 발령을 내고자 한다. 본사와 지점의 위치가 '본사 – 지점1 – 지점2 – 지점3 – 지점4 – 지점5 – 지점6' 순으로 일직선이라고 할 때, 다음 [조건]을 만족하는 임원 배치를 고르면?(단, 선택지의 순서는 '지점1 – 지점2 – 지점3 – 지점4 – 지점5 – 지점6' 순이다.)

조건

- 임원 6명은 가, 나, 다, 라, 마, 바이다.
- '다'와 '마'는 서로 인접하지 않은 지점으로 발령받으며, 2명 모두 '나'와는 인접한 지점으로 발령받는다.
- '라'는 '가'보다 본사에 더 가까운 곳에 발령받는다.
- '바'보다 본사와 더 가까운 지점에 발령받은 임원은 1명이다.
- '마'는 지점4에 발령받는다.

① 마 – 가 – 바 – 라 – 다 – 나
② 라 – 바 – 마 – 나 – 다 – 가
③ 다 – 바 – 나 – 마 – 라 – 가
④ 가 – 다 – 나 – 마 – 바 – 라
⑤ 라 – 바 – 가 – 마 – 나 – 다

KORAIL

코레일

실전모의고사

역대 출제대행사 기출복원
[인크루트]

※ 출제대행사가 '인크루트'였던 2023년의 기출복원 정보를 활용하여 실제 기출에 가까운 변형문제로 모의고사를 구성하였습니다.

영역		문항 수	권장 풀이 시간
직업기초능력평가	의사소통능력	25문항	30분
	수리능력		
	문제해결능력		

eduwill

모바일 OMR
자동채점 & 성적분석 무료

정답만 입력하면 채점에서 성적분석까지 한번에!

활용 GUIDE

실시간 성적분석 방법!

STEP 1 QR 코드 스캔 ▶ STEP 2 모바일 OMR 입력 ▶ STEP 3 자동채점 & 성적분석표 확인

STEP 1

교재 내 QR 코드 스캔

역대 출제대행사 기출복원 [인크루트]
모바일 OMR 바로가기

https://eduwill.kr/Mlte

- 위 QR 코드를 모바일로 스캔 후 에듀윌 회원 로그인
- QR 코드 하단의 바로가기 주소로도 접속 가능

STEP 2

모바일 OMR 입력

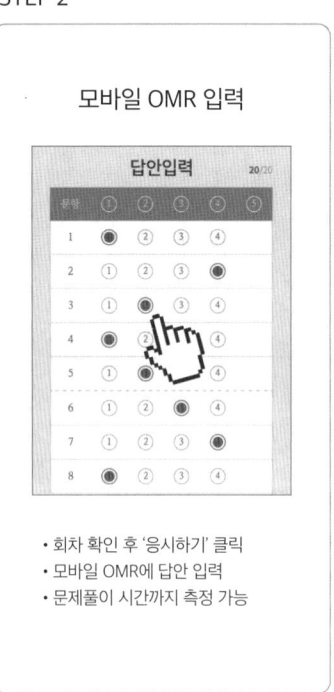

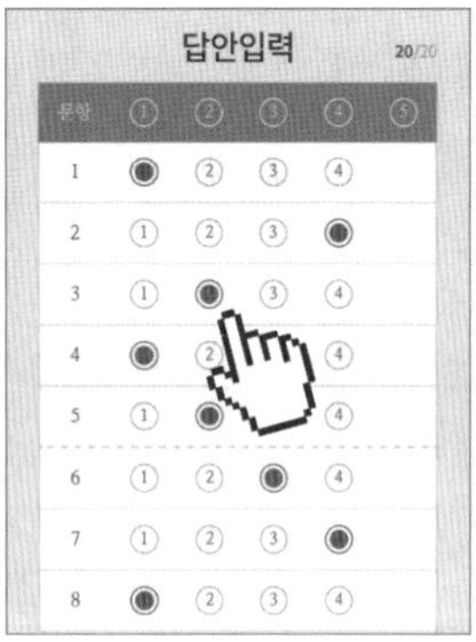

- 회차 확인 후 '응시하기' 클릭
- 모바일 OMR에 답안 입력
- 문제풀이 시간까지 측정 가능

STEP 3

자동채점 & 성적분석표 확인

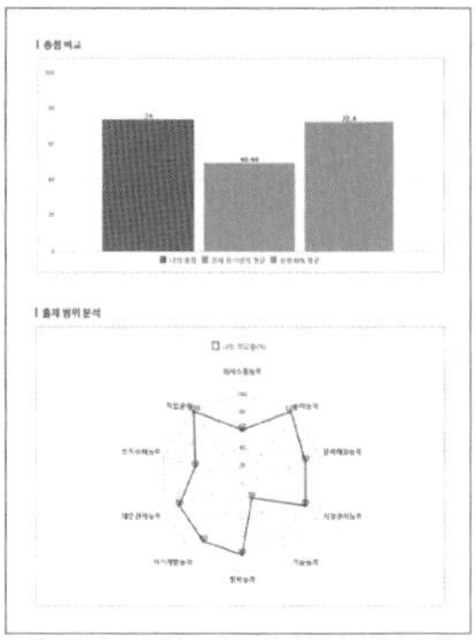

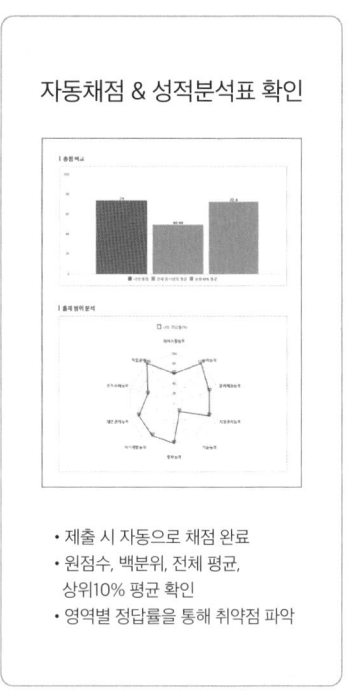

- 제출 시 자동으로 채점 완료
- 원점수, 백분위, 전체 평균, 상위10% 평균 확인
- 영역별 정답률을 통해 취약점 파악

※ 본 회차의 모바일 OMR 채점 서비스는 2026년 01월 31일까지 유효합니다.

역대 출제대행사 기출복원 인크루트

정답과 해설 P.9

[01~02] 다음 상황과 자료를 바탕으로 이어지는 질문에 답하시오.

한국철도공사 직원 O는 객차 출입문과 냉난방 장치에 대한 자료를 살펴보고 있다.

1980년대까지의 객차의 수동 출입문은 조금만 실수해도 치명적인 사고로 이어질 만큼 안전성 면에서 취약했다. 손님들이 열차에 타거나 내릴 때 이용하는 승강대는 3단 정도의 계단과 객차 안쪽으로 열리는 문, 스프링 장치가 있는 발판으로 이루어져 있는데, (㉠) 발판은 열차 운행 시 바닥으로 내려 승강대 입구를 막음으로써 외부로 통하는 문이 열리지 않도록 해주는 중요한 역할을 한다. 손님이 역에 내릴 때에는 발판 고정 장치를 살짝 밟아주면 스프링 작용에 의해 발판이 쉽게 들어올려지는데, 발판이 열려야 비로소 출입문을 당겨서 열 수 있는 구조이다. 문제는 열차 이동 중에도 쉽게 고정 장치를 풀 수 있어서 문 밑으로 뚫린 공간이나 열린 문을 통해 이용객이 추락할 위험이 있다는 것이었다. (㉡) 이런 문제점을 근본적으로 해결하기 위해 1994년부터 객차에 자동문을 설치하기 시작했다.

우리나라는 사계절이 뚜렷하기 때문에 냉난방 장치가 출입문 못지않게 중요하다. (㉢) 국내 철도에 기계식 냉방 장치(에어컨)가 처음 도입된 것은 1939년으로, 경성과 부산 사이를 달리던 특별한 급행열차 '아카쓰키'가 효시이다. (㉣) 일반 객차의 냉방은 천장에 매달린 선풍기가 맡았다. 겨울에는 난방차를 연결하여 물을 끓여 발생한 뜨거운 수증기를 객실에 보내는 방식을 썼다. 난방 장치가 증기식에서 전기식으로 전환된 것은 1984년부터였다. 즉, 비둘기호를 제외한 급행열차의 선풍기를 에어컨으로 교체하고, 기존 증기난방을 열선을 이용한 전기난방으로 바꾼 것이다. (㉤) 에어컨이 설치되면서 개방형 창문은 자연스럽게 밀폐형으로 바뀌었고, 그 후 통유리를 이용한 전망형 창문이 대중화되기 시작했다.

01

다음 중 직원 O가 주어진 자료를 이해한 내용으로 적절하지 않은 것을 고르면?

① 승강대는 계단, 문, 발판으로 구성되어 있다.
② 객차의 창문이 통유리로 대중화된 이유는 에어컨의 도입 때문이다.
③ 일반열차에 에어컨이 도입된 것은 자동문 설치보다 이전이다.
④ 1984년 이전 객차의 난방은 난방차가 물을 끓여 객실로 수증기를 보내는 증기식이었다.
⑤ 수동 출입문이 안전에 취약했던 이유는 열차 이동 중에도 쉽게 고정 장치를 풀 수 있었기 때문이다.

02

다음 중 ㉠~㉤에 들어갈 접속어로 적절하지 않은 것을 고르면?

① ㉠: 그중　② ㉡: 그래서　③ ㉢: 그래도　④ ㉣: 한편　⑤ ㉤: 이렇듯

[03~05] 다음 상황과 자료를 바탕으로 이어지는 질문에 답하시오.

한국철도공사 직원 K는 다음과 같은 보도자료를 살펴보고 있다.

한국철도공사(코레일)가 통합정보시스템 고도화, 차세대 기록관리시스템 구축 등이 포함된 2022년도 정보화사업 현황을 공개했다.

이번에 공개된 정보화사업은 6개 분야 18건이며 △시스템 고도화(47억 원) △인프라 구축·개량(11억 5,800만 원) △운영·유지관리(12억 원) △소프트웨어 개발(1억 5,800만 원) △정보화 컨설팅(13억 3,600만 원) △PC 및 SW 구매(22억 9,300만 원)로 구분된다. 이 중 시스템 고도화 및 인프라 구축·개량 분야의 사업에 정보통신공사업체들이 참여할 수 있을지 관심이 모아진다.

우선 차세대 철도운영정보시스템(XROIS)과 고속철도 통합정보시스템(IRIS)을 클라우드 기반 시스템으로 통합·구축하는 고도화 사업이 진행된다. 해당 사업은 오는 7월부터 2024년 12월까지 30개월 동안 24억 2,400만 원이 투입되며, 열차 운영 빅데이터를 통해 정확하고 빠른 정보 제공을 목표로 추진된다. 특히 현재 운영 중인 시스템 구성을 HTML5 웹 기반 시스템으로 전환해 사용자 편의성을 향상하고 보완취약점을 해소하는 데 중점을 두고 있다. 코레일은 오는 6월 입찰을 진행하고, 올해에는 시스템 분석 및 설계, 시스템별 화면 설계, 샘플 페이지 개발을 추진한다는 계획이다.

현재 코레일이 사용 중인 '표준기록관리시스템'도 개선될 전망이다. 2009년 정부로부터 무상으로 지원받아 사용하고 있는 표준기록관리시스템은 운영체계 및 데이터 호환 불가, 그룹웨어 서버 부하 발생, 보안 문제 등으로 인해 개선이 필요한 상황이다.

아울러 코레일은 다양한 유형의 기록정보 자원에 대한 체계적인 관리와 효율적인 활용을 위해 클라우드 기반의 차세대(지능형) 기록관리시스템을 구축키로 했다. 오는 4월 발주 예정인 차세대 기록관리시스템 구축 사업은 올해 연말까지 총 17억 2,900만 원이 투입되는 사업으로 클라우드 기반 운영환경 구축뿐만 아니라 핵심 데이터 전자기록 선별 기준 수립, 업무별·조직별 기록물 검색 서비스 제공을 위한 기록물 분류체계 표준화도 사업 내용에 포함돼 있다.

코레일 측은 "정부의 행정·공공기관 정보시스템 클라우드 전환 정책과 정부의 차세대 기록관리 모델을 반영해 관련 법령에 따라 시스템을 구축한다."라며, "내년에는 축적된 기록정보 활용을 위한 지능형 서비스도 개발할 예정이다."라고 밝혔다.

또한 보안사고 예방을 위한 효율적인 대응 시스템도 마련된다. 특히 코레일은 사이버 공격 형태가 단순 웹 해킹에서 교통·통신·전력 등 국가 기반시설에 대한 테러 성향의 사이버 공격으로 변화함에 따라 전문 보안관제 기업을 통해 사이버 침해 사고 및 자료 유출을 예방한다는 구상이다. 사이버안전센터 보안관제 용역은 △보안관제 및 헬프데스크 구축 △침해 사고 분석 대응 △취약점 점검 및 모의해킹 △대내·외 점검 지원 등이 핵심 사업 내용이다.

한편 코레일은 인프라 구축·개량 사업의 일환으로 'L3 스위치 교체사업'을 올해 연말까지 추진한다는 계획도 밝혔다. 논산역, 상주역, 부산진역, 곡성역, 군산역 등 16개소에 설치된 근거리 통신망에 사용되는 디지털 전송장치인 CSU와 일반 전화선을 사용해 데이터를 전송하는 근거리 통신망 DSL은 2Mbps 이하 저용량 네트워크 장비로 부품이 단종되고 서비스가 종료된 제품이다. 이에 코레일은 16개소에 설치된 L3 스위치 35대를 10Mbps 이상 장비로 교체하기 위해 3억 원의 예산을 투입한다. 특히 코레일은 대내·외 서비스 중요도를 고려해 승차권 발매기 대상 역에 우선 설치할 계획이다.

이밖에 노후화 및 성능저하 문제가 발생한 사무용 PC도 대폭 교체된다. 코레일이 밝힌 구매 수량은 업무용 PC 1,467대, 인터넷용 PC 1,445대, 보안장비 288대, 노트북 162대 등 총 3,362대로 나타났다. 사무용 PC 등 교체사업은 4월 입찰을 통해 5월부터 현장에 보급될 예정이다.

03

다음 중 직원 K가 주어진 자료를 이해한 내용으로 적절하지 않은 것을 고르면?

① DSL, CSU는 부품이 단종되고 서비스가 종료된 제품이다.
② 현재가 2022년이라면, 기존 표준기록관리시스템은 10년 이상 사용되고 있다.
③ 이번 정보화사업에서 두 번째로 많은 비용이 들어가는 분야는 정보화 컨설팅이다.
④ 이번 정보화사업에는 기록정보 자원들의 분류체계를 표준화하는 것도 포함되어 있다.
⑤ XROIS와 IRIS를 클라우드 기반 시스템으로 고도화하면 사용자들에게 빠른 정보를 제공할 수 있게 된다.

04

주어진 자료의 제목으로 가장 적절한 것을 고르면?

① 한국철도공사, 정보화사업 운영 현황 공개
② 한국철도공사, 2022년 전체 예산 사용처 공개
③ 한국철도공사, 낙후된 시스템 사용으로 위험 노출
④ 한국철도공사, 클라우드 시스템을 활용한 지능형 서비스 개발
⑤ 한국철도공사, 정보통신부와 협업하여 차세대 기록관리시스템 구축

05

다음 직원들의 대화 내용을 보고, 주어진 자료를 잘못 이해한 사람을 고르면?

> 직원 A: 이번 보도에서 운영관리와 소프트웨어에 관한 내용은 자세히 언급되지 않았군.
> 직원 B: L3 스위치를 올해 연말까지 교체할 예정이군.
> 직원 C: 코레일이 구매하겠다고 밝힌 사무용품에서 세 번째로 많이 구매하는 것은 보안장비군.
> 직원 D: 사이버 공격의 형태가 단순 웹 해킹에서 국가기반 시설을 공격하는 형태로 바뀌었군.
> 직원 E: 차세대 기록관리시스템에 투입되는 예산이 전체 예산의 30% 이상이군.

① 직원 A ② 직원 B ③ 직원 C
④ 직원 D ⑤ 직원 E

[06~07] 다음 상황과 자료를 바탕으로 이어지는 질문에 답하시오.

한국철도공사 직원 S는 혁신시제품 지정 과제 선정에 대한 보도자료를 살펴보고 있다.

한국철도공사, ○○청 혁신시제품 지정 과제 선정

한국철도공사가 ○○청에서 주관한 '수요자 제안형 혁신시제품 도전적 과제'로 철도차량 유지보수 작업자 보호를 위한 '전차선 자동단로기 및 접지 장치'가 선정됐다고 밝혔다. 수요자 제안형 혁신시제품 도전적 과제는 공기업 등이 필요한 혁신 아이디어를 먼저 제안하면, 민간 기업이 이에 부응하는 시제품을 개발한 다음 수요기관에 공급하는 방식으로 진행된다.

이번에 선정된 '전차선 전기회로 자동 개폐기(자동단로기 및 접지 장치)'는 차량 정비 작업이 진행되는 동안 작업자의 유무에 따라 해당 전차선의 전력 공급을 자동으로 제어하는 장치이다. 차량 정비 기지 안에서 이뤄지는 유지보수 작업의 안전성을 크게 높일 것으로 기대된다.

앞서 한국철도공사는 지난해에도 혁신시제품 과제를 3건 제안해 모두 선정됐고, 시제품 테스트를 거쳐 현장 적용을 추진하고 있다.

한국철도공사 관계자는 "한정된 예산으로 맞춤형 고성능·고효율 제품을 구입할 수 있고, 민간 분야의 기술 혁신과 성장을 지원하는 등 상생 협력할 수 있어 혁신시제품을 조달 업무에 적극적으로 활용하고 있다."라고 밝혔다.

'전차선 전기회로 자동 개폐기'를 혁신시제품 과제로 제안한 한국철도공사 벤처사업TF 세이퍼시스템 팀장은 "공공과 민간 분야의 상생 협력으로 철도 기술 혁신의 선순환을 이루는 시작이 되기를 바란다."라며 "작업자 보호를 통해 철도 안전이 실질적으로 강화될 수 있기를 기대한다."라고 말했다.

06

다음 중 직원 S가 주어진 자료를 이해한 내용으로 적절하지 않은 것을 고르면?

① 수요자 제안형 혁신시제품 도전적 과제는 공기업 등이 필요한 혁신 아이디어를 먼저 제안하면, 민간 기업이 시제품을 개발하는 방식으로 진행된다.
② 지난해 한국철도공사가 제안한 혁신시제품 과제는 모두 선정되었다.
③ 자동단로기 및 접지 장치는 작업자의 유무에 따라 해당 전차선의 전력 공급을 자동으로 제어하는 장치로, 차량 정비 기지 안에서 이뤄지는 유지보수 작업의 안전성을 크게 높이고 있다.
④ 혁신시제품은 민간 분야의 기술혁신과 성장을 지원하는 장점이 있다.
⑤ 혁신시제품을 통해 한정된 예산으로 맞춤형 고성능·고효율 제품을 구입할 수 있다.

07

다음 직원 S와 직원 B의 대화 내용을 보고, 빈칸에 들어갈 내용으로 가장 적절한 것을 고르면?

직원 S: 수요자 제안형 혁신시제품 도전적 과제로 철도 차량 유지보수 작업자 보호를 위한 전차선 전기회로 자동 개폐기가 선정되었네요.
직원 B: 네, 전차선 전기회로 자동 개폐기는 벤처사업TF 세이퍼시스템 팀장님이 혁신시제품 과제로 제안했어요.
직원 S: 한국철도공사가 혁신시제품 과제를 제안하는 이유는 뭔가요?
직원 B: (   )

① 작업자의 유무에 따라 해당 전차선의 전력 공급을 자동으로 제어하는 장치이기 때문이에요.
② 차량 정비 기지 안에서 이뤄지는 유지보수 작업의 안전성이 기대되기 때문이에요.
③ 공공과 민간 분야의 상생 협력으로 철도 기술 혁신의 선순환이 이루어졌기 때문이에요.
④ 공기업과 민간 분야가 상생 협력할 수 있기 때문이에요.
⑤ 작업자 보호를 통해 철도 안전이 실질적으로 강화되었기 때문이에요.

[08~09] 다음 상황과 자료를 바탕으로 이어지는 질문에 답하시오.

한국철도공사 직원 H는 사내 홈페이지에 게시할 홍보자료를 살펴보고 있다.

특급열차로 떠나는 낭만 설국여행: 스위스 편

[a] 생모리츠에서 출발한 빙하특급(열차)은 유네스코 세계문화유산인 알불라와 베르니나 라인을 지난다. 이곳이 유네스코 세계문화유산으로 등록된 이유는 철도가 자연환경, 사람들과 조화를 이루어 멋진 경관을 만들어냈기 때문이다. 스위스 알프스 쪽에 속하는 알불라 라인은 산악철도 역사에 있어 클래식한 기술을 이용해 만든 철도인 데 비해, 이탈리아에 가까운 베르니나 라인은 혁신적인 기술을 사용해 철도 역사에 한 획을 그은 철도다.

하이라이트는 계곡에 우뚝 서 있는 석회암 철도 육교 위를 달릴 때다. 육교는 무려 65m 위에 세워진 구름다리로, 바닥이 보이지 않는 다리의 웅장함에 벌어진 입이 다물어지지 않는다. 길이 136m에 5개의 아치와 기둥으로 이루어져 있는데 돌을 이용해 웅장하고도 고풍스럽다.

대자연의 풍광이 마음에 깊이 박히는 데는 기술의 도움도 있었다. 유리창이 아래부터 천장까지 통으로 이어져 파노라믹 뷰를 제대로 감상할 수 있었기 때문이다. 일반 열차와는 개방감이 달랐다. 창밖에 펼쳐진 눈 세상을 바라보던 옆자리 친구는 "내 인생 최고의 기차 여행"이라며 흥분을 감추지 못했다.

[b] 빙하특급은 그라우뷘덴주의 수도 쿠어를 지나, '스위스의 그랜드 캐니언'이라 불리는 라인 계곡으로 쑥 빠져 들어갔다. 라인 계곡의 깊이는 무려 400m로 압도적인 풍경이 펼쳐졌다. 웅장한 절벽과 울창한 숲을 지난 후에는 2,044m에 이르는 오버알프 패스에 접어들었다.

창밖에는 아무도 밟지 않은 눈이 알프스를 포근하게 덮고 있었다. 믿기지 않는 풍경에 나지막이 감탄사를 내뿜을 따름이었다. 달콤한 치즈케이크에 커피 향을 즐기며 사방이 눈으로 덮인 알프스의 풍광을 바라보자니 '인생은 아름다워'가 절로 흘러나왔다.

열차는 쉽게 접근할 수 있는 빙하로 알려진 론 빙하지역을 지나 브리그로 향했다. 도시로 들어온 열차는 숨을 고른 후 다시 설국으로 진입해 숨 막히는 자연의 속살을 보여줬다.

빙하특급은 단순한 관광열차가 아니었다. 기막힌 풍경만 보여주는 것이 아니라 맛있는 음식도 선보이기 때문이다. 식사를 미리 주문하여 음식을 좌석 전용 칸에서 맛볼 수 있었다. 열차에 요리사가 함께 탑승해 스위스 요리를 직접 만들어 코스로 요리를 제공했다. 샴페인과 아뮈즈 부슈로 시작해 고급스러운 코스 식사를 와인과 함께 즐겼다. 특급호텔 서비스가 부럽지 않을 정도로 서비스도 세심했다. 환상의 겨울왕국을 감상하면서 맛있는 요리를 맛보다 보니 세상 부러울 게 없었다.

08

다음 중 직원 H가 주어진 자료를 이해한 내용으로 적절하지 않은 것을 고르면?

① 빙하특급은 그라우뷘덴주의 수도 쿠어를 지난 직후 오버알프 패스에 접어든다.
② 알불라와 베르니나 라인이 유네스코 세계문화유산으로 등록된 이유는 철도가 자연환경, 사람들과 조화를 이루어 멋진 경관을 만들어냈기 때문이다.
③ 알불라 라인은 스위스 알프스 쪽에 속하며, 산악철도 역사에 있어 클래식한 기술을 이용해 만든 철도이다.
④ 빙하특급은 미리 주문하면 고급스러운 코스 식사를 좌석 전용 칸에서 맛볼 수 있다.
⑤ 빙하특급은 유리창이 아래부터 천장까지 통으로 이어져 파노라믹 뷰를 제대로 감상할 수 있어 일반 열차와는 다른 개방감을 가진다.

09

다음 중 [a], [b]의 전개 방식을 바르게 짝지은 것을 고르면?

	[a]	[b]
①	비교와 대조	확정
②	비교와 대조	과정
③	비교와 대조	인과
④	유추	과정
⑤	유추	인과

[10～12] 다음 상황과 자료를 바탕으로 이어지는 질문에 답하시오.

한국철도공사 직원 C는 월별 철도 운행장애 관련 자료를 살펴보고 있다.

[표1] 철도준사고 원인

(단위: 건)

구분	2X21년 1～10월	2X22년 1～10월	2X22년 10월
합계	52	49	10
미허가 구간 운행	13	15	6
정지신호 미준수	26	18	–
차량 고장	5	10	3
보수작업 구간 열차 주행	8	6	1

[표2] 운행장애 세부항목

(단위: 건)

구분	2X21년 1～10월	2X22년 1～10월				2X22년 10월			
	전체	계	고속	일반	도시	계	고속	일반	도시
합계	113	95	32	26	37	13	2	5	6
무정차 통과	5	6	–	–	6	1	–	–	1
운행지연	108	89	32	26	31	12	2	5	5
차량결함	65	52	19	21	12	9	2	5	2
– 부품결함/노후화	51	27	8	12	7	7	2	4	1
– 설계/제작결함	13	13	5	6	2	1	–	1	–
– 정보소홀 등	1	12	6	3	3	1	–	–	1
시설결함	16	20	8	2	10	2	–	–	2
– 부품결함/노후화	14	11	5	2	4	–	–	–	–
– 설계/시공결함	2	4	1	–	3	1	–	–	1
– 유지보수 미흡 등	–	5	2	–	3	1	–	–	1
인적과실	5	5	2	–	3	–	–	–	–
– 취급부주의	3	5	2	–	3	–	–	–	–
– 규정위반	2	–	–	–	–	–	–	–	–
기타	22	12	3	3	6	1	–	–	1
– 날씨 등	22	12	3	3	6	1	–	–	1

10

다음 중 직원 C가 주어진 자료를 이해한 내용으로 적절하지 않은 것을 고르면?

① 2X22년 1월부터 9월까지 발생한 시설결함 운행장애 세부유형은 3개이다.

② 2X22년 1월부터 9월까지 발생한 철도준사고는 39건이다.

③ 2X22년 1월부터 10월까지 무정차 통과 발생 건수는 전년 동기간 대비 증가했다.

④ 2X21년 1월부터 10월까지 발생하지 않은 운행장애 세부유형은 1개이다.

⑤ 2X22년 1월부터 10월까지 차량결함 운행장애 세부유형별 운행장애가 가장 많이 발생한 열차 종류는 일반열차로 동일하다.

11

주어진 자료를 바탕으로 다음 [표]의 ⓐ~ⓒ를 크기가 큰 순서대로 바르게 나열한 것을 고르면?

[표] 전년 동기간 대비 2X22년 1~10월의 운행장애 발생 증가율 (단위: %)

구분	차량결함	시설결함	인적과실
증가율	ⓐ	ⓑ	ⓒ

① ⓐ > ⓑ > ⓒ ② ⓑ > ⓐ > ⓒ ③ ⓑ > ⓒ > ⓐ
④ ⓒ > ⓐ > ⓑ ⑤ ⓒ > ⓑ > ⓐ

12

주어진 자료를 바탕으로 작성한 그래프 중 적절하지 <u>않은</u> 것을 고르면?

① 2X22년 10월 차량결함 운행장애 세부유형별 일반열차 발생건수 비중 (단위: %)

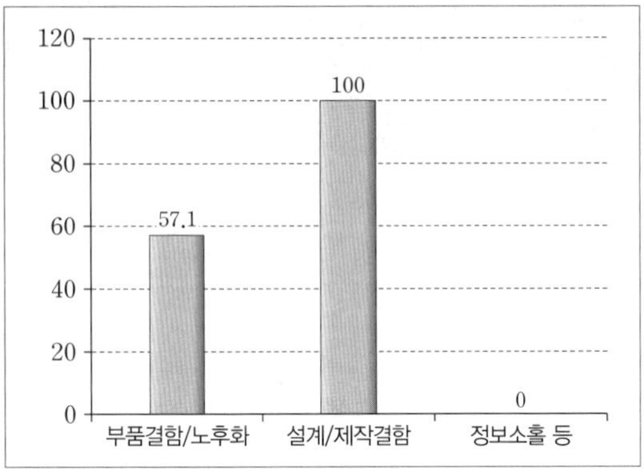

② 2X21년 1월부터 10월까지 시설결함 운행장애 세부유형별 발생건수 (단위: 건)

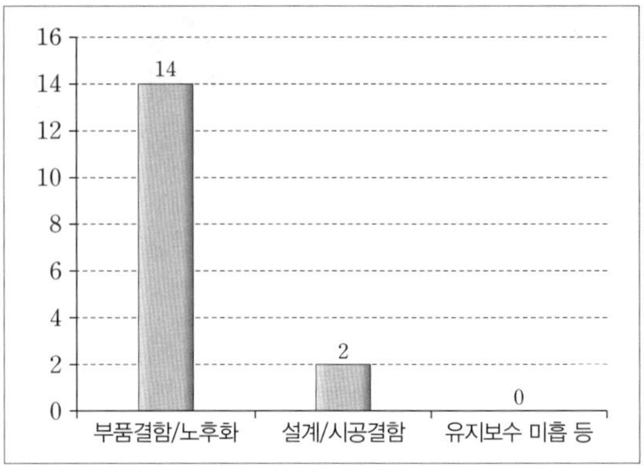

③ 2X22년 10월 철도별 운행장애 총발생건수 (단위: 건)

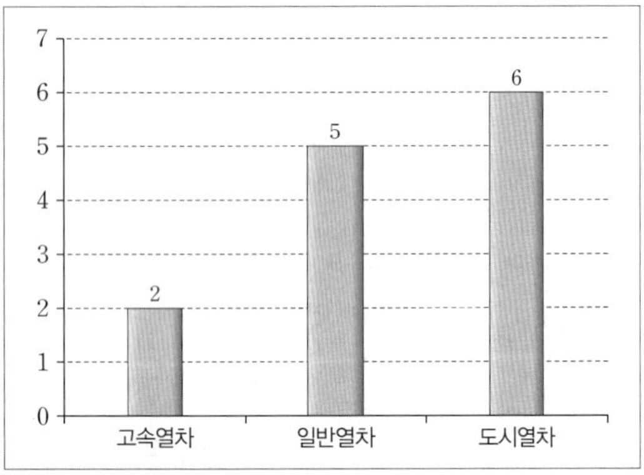

④ 2X22년 1~10월 철도준사고의 전년 동기간 대비 증가량 (단위: 건)

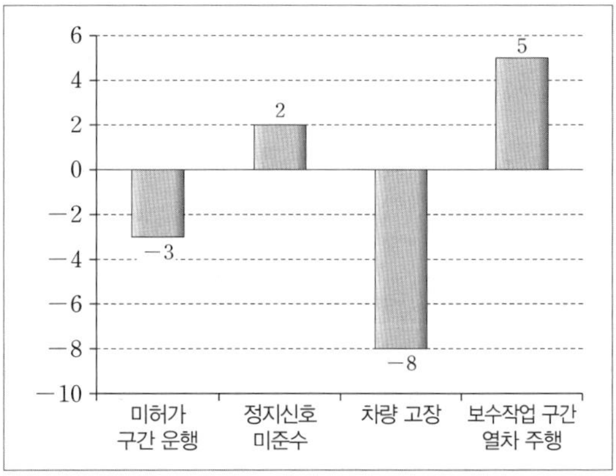

⑤ 2X22년 10월 열차별 운행장애 발생건수 중 운행지연 비중 (단위: %)

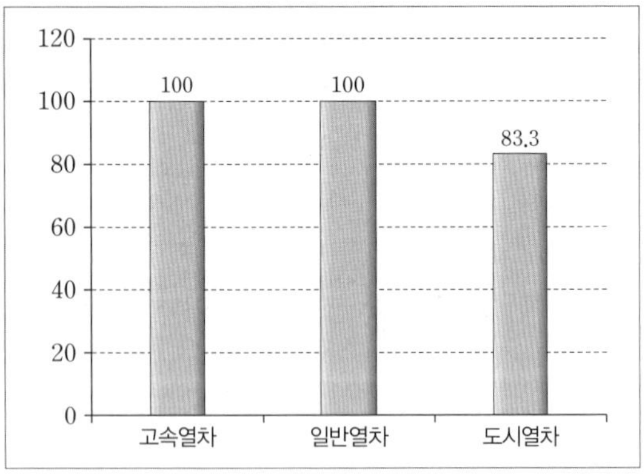

[13~14] 다음 상황과 자료를 바탕으로 이어지는 질문에 답하시오.

한국철도공사 직원 G가 철도안전 투자 공시 자료를 살펴보고 있다.

[표] 철도안전 투자 공시 (단위: 백만 원)

구분		2X20년	2X21년	2X22년	2X23년	2X24년	2X25년
계획	합계	1,683,310	1,797,000	2,041,550	1,918,682	1,851,641	1,527,749
	국세	901,710	871,850	613,160	536,900	727,600	663,000
	지방세	72,250	55,200	43,740	20,650	21,400	22,100
	자체수입	709,350	869,950	1,384,650	1,361,132	1,102,641	842,649
실적	합계	1,813,808	1,667,365	1,736,042			
	국세	991,881	819,539	521,186			
	지방세	27,455	47,472	24,057			
	자체수입	794,472	800,354	1,190,799			

※ 철도안전 투자는 철도 차량 및 시설 설치비, 철도안전 교육 훈련비 및 연구 개발비 등에 사용됨

※ (철도안전 투자 계획 비용 대비 철도안전 투자 실적 비용 비중)(%) = $\frac{\text{(철도안전 투자 실적 비용)}}{\text{(철도안전 투자 계획 비용)}} \times 100$

13

주어진 자료와 다음 [그래프]를 바탕으로 적절하지 않은 것을 고르면?

[그래프A] 철도안전 투자 계획 비용 (단위: 백만 원)

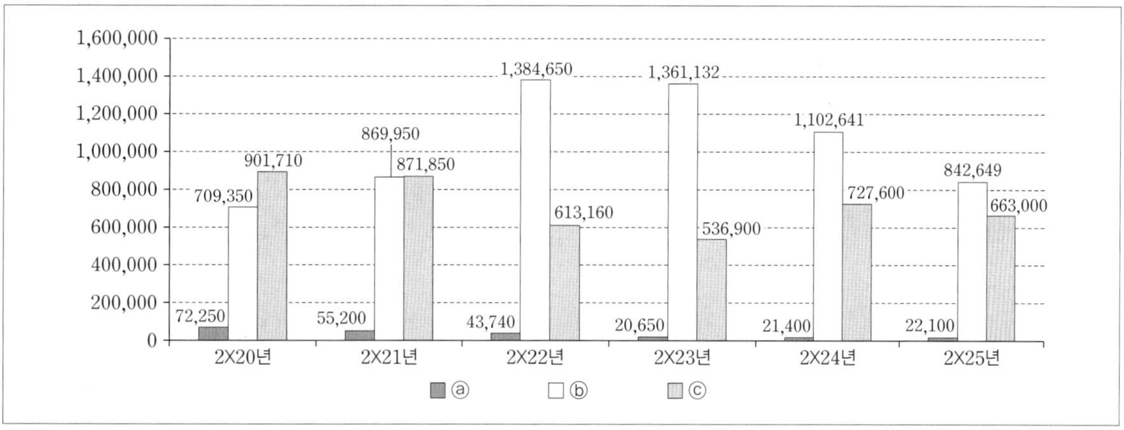

[그래프B] 철도안전 투자 실적 비용 (단위: 백만 원)

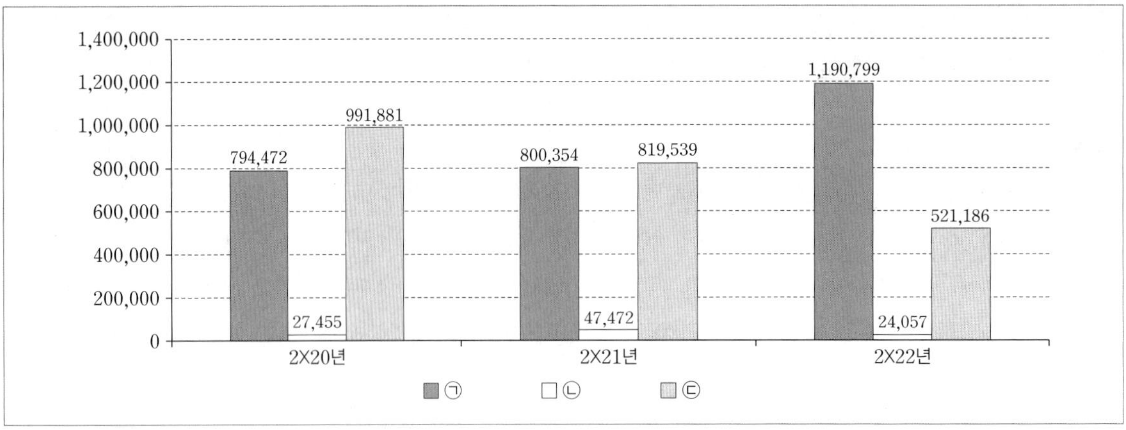

[그래프C] 철도안전 투자 계획 비용 대비 철도안전 투자 실적 비용 비중 (단위: %)

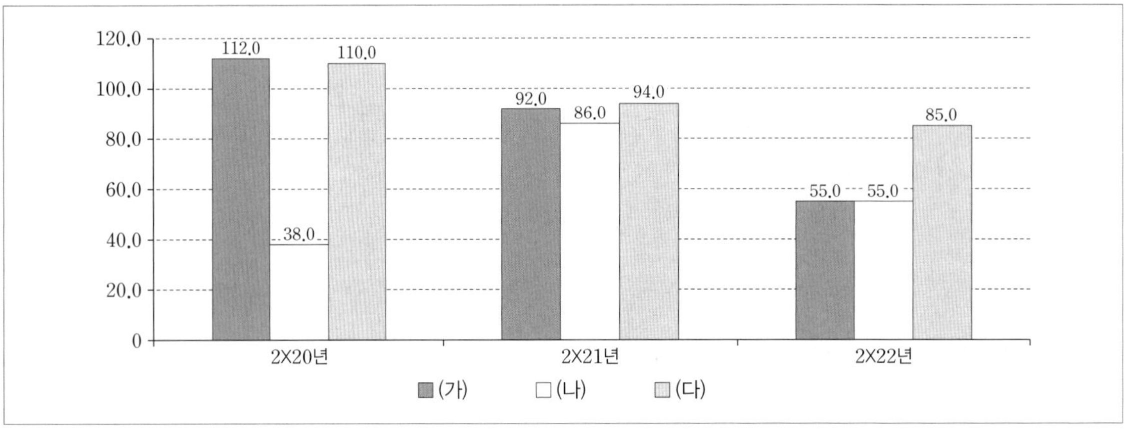

① [그래프B]의 ㉡ 항목은 철도안전 투자 실적 비용 중 지방세이다.

② [그래프C]의 (가) 항목이 자체수입일 경우, 2X21년은 잘못 표기되었다.

③ [그래프A]의 ⓐ 항목은 ⓒ 항목보다 매년 철도안전 투자 실적 비용이 더 낮다.

④ [그래프B]의 ㉢ 항목은 철도안전 투자 실적 비용 중 국세이다.

⑤ [그래프C]의 (나) 항목은 [그래프A]의 ⓐ 항목과 같다.

14

다음 중 직원 G가 주어진 자료를 이해한 내용으로 적절하지 않은 것을 고르면?

① 조사 기간 동안 철도안전 투자 계획 비용 중 지속적으로 증가하는 항목은 없다.
② 2X23~2X25년 중 철도안전 투자 계획 비용의 지방세 대비 국세 비중이 가장 높은 해는 2X24년이다.
③ 2X20~2X22년 동안 철도안전 투자 계획 비용이 많은 항목일수록 철도안전 투자 실적 비용이 많다.
④ 2X24년 철도안전 투자 계획 비용은 2X20년 대비 12% 이상 증가했다.
⑤ 자체수입의 철도안전 투자 실적 비용은 전년 대비 감소한 해가 없다.

15

직원 A, B, C가 과업 X를 혼자서 수행하면 완료하는 데 각각 10일, 15일, 12일이 소요된다. 직원 A와 B가 함께 5일 동안 과업 X를 수행한 뒤 C 혼자 남은 분량을 수행하려고 할 때, 직원 C가 수행해야 하는 기간을 고르면?

① 2일　② 3일　③ 4일
④ 5일　⑤ 6일

[16~17] 다음 상황과 자료를 바탕으로 이어지는 질문에 답하시오.

한국철도공사 직원 K는 여객열차 운영정보에 대한 자료를 살펴보고 있다.

[표1] 영업고시 기준

(단위: 개)

구분	소계	보통역	간이역		조차장	신호장	신호소
			역원배치	역원무배치			
여객 및 화물	36	34	–	2	–	–	–
여객	445	259	2	184	–	–	–
화물	45	28	–	14	3	–	–
기타	165	8	2	68	2	76	9

[표2] 사업본부별 편제 기준

(단위: 개)

구분	소계	보통역	간이역		조차장	신호장	신호소
			역원배치	역원무배치			
여객 및 화물	316	170	2	144	–	–	–
여객	272	129	–	143	–	–	–
화물	81	51	1	27	2	–	–
기타	40	–	–	–	–	33	7

16

다음 중 직원 K가 주어진 자료를 이해한 내용으로 적절하지 않은 것을 고르면?

① 신호소는 영업고시 기준 및 사업본부별 편제 기준의 구분과 관계없이 모두 기타에 속한다.
② 사업본부별 편제 기준의 화물에 속한 조차장 수는 영업고시 기준의 여객에 속한 역원배치 간이역 수와 같다.
③ 기타를 제외한 소계의 평균은 영업고시 기준보다 사업본부별 편제 기준이 더 낮다.
④ 역원배치 간이역은 영업고시 기준과 사업본부별 편제 기준의 속하는 항목이 다르다.
⑤ 영업고시 기준과 사업본부별 편제 기준의 역원무배치 간이역 수의 차이는 영업고시 기준 화물 합계보다 크다.

17

다음 [보기]와 같이 영업고시 기준 여객열차 운영정보가 변동되었다고 할 때, ⓐ−ⓑ의 절댓값으로 옳은 것을 고르면?(단, 소수점 둘째 자리에서 버림한다.)

보기

- '여객 및 화물'에서 역원배치 간이역과 조차장은 각각 2개 역이 증가하였다.
- '화물'에서 보통역은 3개 역, 역원배치 간이역은 1개 역, 신호소는 1개 역이 증가하였다.

[표] 영업고시 기준 전체 역 합계 대비 항목별 비중

여객 및 화물	여객	화물	기타
ⓐ	63.5%	ⓑ	23.5%

① 0.4%p
② 0.6%p
③ 0.8%p
④ 1.4%p
⑤ 1.6%p

[18~20] 다음 상황과 자료를 바탕으로 이어지는 질문에 답하시오.

한국철도공사 직원 Q는 열차 이용 고객에게 제공하고 있는 멤버십 유형 안내 자료를 살펴보고 있다.

- 멤버십 적용 기간: 상반기(1~6월), 하반기(7~12월)
  - 멤버십 등급은 매 반기 익월(7월, 1월)에 결정되며, 1년간 적립한 마일리지는 등급 결정일을 기준으로 함
- 등급 유형

구분	VVIP	VIP	비즈니스	패밀리	프렌즈
기준	직전 반기 적립한 마일리지가 8만 원 이상이거나 1년간 적립한 마일리지가 16만 원 이상인 고객	직전 반기 적립한 마일리지가 4만 원 이상이거나 1년간 적립한 마일리지가 8만 원 이상인 고객	1년간 적립한 마일리지가 2만 원 이상인 고객	철도회원으로 가입한 고객 중 최근 1년간 온라인 로그인 기록이 있거나, 회원으로 구매 실적이 있는 고객	철도회원으로 가입한 고객 중 최근 1년간 온라인 로그인 기록이 없거나, 회원으로 구매 실적이 없는 고객
할인	30%, 최대 6매/반기	30%, 최대 3매/반기	15%, 최대 2매/반기	10%, 최대 1매/반기	해당사항 없음
프로모션 참여	○	○	○	○	×
마일리지 적립	결제 금액의 5%	결제 금액의 5%	결제 금액의 5%	결제 금액의 5%	결제 금액의 5%
장애 할인	중증 장애 50%	중증 장애 50%	중증 장애 50%	중증 장애 50%	중증 장애 50%

- 프로모션 참여: 1번이라도 티켓 구매 이력이 있는 경우 중복 할인 가능
- 장애 정도가 심하지 않거나 장애 등급이 낮은 경우 30% 추가 할인
- 국가 유공자 별도 할인 적용 제외
- 중복 할인의 경우 등급 할인된 금액에 추가 적용

18

다음 중 직원 Q가 주어진 자료를 이해한 내용으로 적절하지 않은 것을 고르면?

① 열차를 한 번도 이용하지 않았어도 멤버십이 적용될 수 있다.
② 모든 등급에서 티켓 구매 시 적립되는 마일리지 비율은 동일하다.
③ 구매자 본인이 아니어도 할인 혜택을 받을 수 있다.
④ 프로모션 할인이 있을 때 누구나 할인 혜택을 받을 수 있다.
⑤ VIP 등급의 고객이 중증 장애인인 경우 최대 65%의 할인 혜택을 받는다.

19

다음 중 A씨의 2X23년 상반기 멤버십 등급을 고르면?(단, A씨는 2X22년 1월 1일에 철도회원으로 처음 가입하였고, 7월 티켓 구매 시 최대 할인을 적용했다.)

- 2X22년 1~6월 A씨 마일리지 적립 금액: 42,000원
- 2X22년 7~12월 구매 내역
  - 7월: 43,000원×6매
  - 8월: 20,000원×5매
  - 9월: 35,000원×9매
  - 10월: 30,000원×2매
  - 12월: 40,000원×1매

① VVIP
② VIP
③ 비즈니스
④ 패밀리
⑤ 프렌즈

20

다음 [보기]의 B씨가 부산행 편도 티켓을 구입하려고 할 때, 지불해야 하는 비용을 고르면?

보기

- B씨의 이번 티켓 구매는 2023년 상반기에 첫 구매이다.
- 작년 7~12월의 마일리지 적립금은 총 85,000원이다.
- 할인 적용이 가능하다.
- 부산행 티켓은 편도 50,000원이고 B씨는 장애 정도가 심하지 않다.

① 20,500원
② 24,500원
③ 28,500원
④ 32,000원
⑤ 35,000원

[21~22] 다음 상황과 자료를 바탕으로 이어지는 질문에 답하시오.

한국철도공사 직원 C가 화물 운임에 대한 자료를 살펴보고 있다.

1. 철도 화물 운임
   - 철도 화물 운임 방식: 화차 1량 단위로 하중에 따른 거리비례 방식
   - 일반 화물 운임 방식: 운송 거리(km) × 톤수(t) × 임률(45.9원)
2. 컨테이너 화물 운임
   - 컨테이너 화물 운임 방식: 운송 거리(km) × 규격별 임률(20피트, 40피트, 45피트)

   ※ 운송 거리가 100km 미만일 때 최저운임: 규격별·영공별 100km에 해당하는 운임과 실제 운송 거리에 따른 운임 중 더 높은 운임으로 산정

규격	20피트	40피트	45피트
영컨테이너	400원	800원	900원
공컨테이너	규격별 영컨테이너 임률의 75%		

3. 화물 운송 절차

		운송 신청		화차 적재 및 화물 운송		화물의 하화* 및 인도
화주	→	• 화물운송장 제출 • 운송 내역 신고	→	• 적재 통지 후 5시간 이내 적재(단, 화약류는 3시간 이내) • 시간 내 적재가 완료되지 않을 경우, 화차유치료 수수 • 화물운송통지서 교부	→	• 열차 도착 후 5시간 내 하화 후 당일 중으로 반출(단, 화약류는 3시간 내이며, 18시 이후 하화 시에는 다음 날 오전 11시까지 반출) • 인도 완료 후 화물 유치 시, 물류시설 사용료 납부
		운송 가능 여부 결정		**수탁검사 및 운송**		**하화 준비 및 인도 확인**
철도 회사	→	• 운송화물 적합성 평가 • 운송 조건 수락 여부(운송 내역 확인 후 운송 가능 시 배치 계획 수립 및 화차 수배 진행)	→	• 화물운송장 신고 사항과 현품 대조 확인 • 화물 상태·포장·적재방법 등 검사 • 발송기간: 화물 수취시점으로부터 12시간 • 수송기간: 400km마다 24시간 • 인도기간: 도착역에 도착한 시각으로부터 12시간	→	• 열차 도착 시 화물 하화선 차입 • 운송 중 화물 파손 등 이상 여부 확인 • 하화·인도 후 화물 인도명세서에 수령인 서명 날인

* 하화: 짐(을) 내림

21

다음 중 직원 C가 주어진 자료를 이해한 내용으로 적절하지 않은 것을 고르면?

① 컨테이너 화물의 경우, 규격별로 적용되는 임률이 상이하다.
② 철도회사는 화물 수송시점으로부터 최대 12시간 내에 발송해야 한다.
③ 철도회사는 운송 중 화물 파손 및 이상 여부를 확인해야 한다.
④ 화약류를 운송하려는 경우 적재 통지를 받은 후 3시간 안에 화차에 적재하지 않으면 화차유치료를 납부해야 한다.
⑤ 철도회사는 화주가 화물운송장 제출 및 운송 내역 신고를 완료해야 운송 가능 여부를 결정할 수 있다.

22

다음 [보기]에 따른 컨테이너 화물 운임으로 옳은 것을 고르면?

보기

화주	A 음료회사
운송 거리	1,200km
컨테이너 규격	40피트
운송 내역	700상자
영공 구분	영컨테이너

① 72만 원
② 80만 원
③ 81만 원
④ 96만 원
⑤ 108만 원

[23~25] 다음 상황과 자료를 바탕으로 이어지는 질문에 답하시오.

한국철도공사 직원 E는 기념주화 발행에 대한 자료를 살펴보고 있다.

2023년 국립공원 기념주화 발행

• 판매 가격: 액면 금액에 판매 부대 비용(케이스, 위탁판매 수수료 등)을 부가한 가격
 — 종별(A종/B종/C종) 단품: 62,500원
 — 세트(D종): 182,500원
• 발행 화종 규격: (모양) 원형, (재질) 은 99.9%, (지름) 35mm, (중량) 19.0g
• 발행량: 화종별 각 7,000장씩 총 21,000장* (* 국외분 10% 포함)
 (※ 21,000장을 단품과 세트 상품으로 구성하여 판매하며 세트 상품은 5,000세트 제작함)
• 발행 화종: 은화 50,000원화 3종 및 세트 1종

구분	도안	액면	비고
A종	가야산	50,000원	단품
B종	변산반도	50,000원	단품
C종	오대산	50,000원	단품
D종(세트 상품)	—	화종별 각 50,000원	A종·B종·C종 세트

• 예약 접수
 — 신청 자격: 대한민국 국민 및 출입국관리법에서 정한 외국인등록증을 소지한 외국인
 — 접수 기관: ○○은행, □□은행, 한국△△공사
 — 예약 신청 기간: 2023년 2월 18일 ~ 2023년 3월 10일
 — 접수 방법(※ 접수 방법에 관계없이 수량 변경 시에는 예약 취소 후 재신청)
  1. 창구 접수: 신분증을 지참하고 ○○은행, □□은행 영업점을 방문하여 신청 가능
   은행에 비치된 구입 예약 신청서 작성 및 예약금과 신분증을 창구에 제시 후 접수증을 교부함
   (※ 대리 신청 시 대리인 신분증과 신청인 신분증(또는 가족관계증명서) 확인)
  2. 인터넷 접수
   ① ○○은행 또는 □□은행의 계좌를 보유한 고객은 예약 접수 개시일 9시부터 마감일 23시까지 해당 은행 홈페이지에서 신청 및 예약금 입금 가능
   ② 한국△△공사 온라인 쇼핑몰 홈페이지에서는 가상계좌 방식으로 예약 접수 개시일 9시부터 마감일 23시까지 신청 및 예약금 입금 가능
• 배부 일정 및 기타 사항
 — 배부 일정: 2023년 4월 28일부터 예약자가 신청한 방법(은행 영업점 수령 또는 우편 배송)으로 배부
 — 수령 방법
  1. 영업점 방문수령: ○○은행, □□은행 각 영업점 방문수령(접수증 및 신분증 소지)
   (※ 대리인 수령 시, 대리인 신분증과 신청인 신분증(또는 가족관계증명서) 확인)
  2. 우편 배송: 착불 배송료 본인 부담(물품 무게 및 지역에 따라 배송료 상이)

• 예약 접수 유의사항
  – 신청 완료 후 익일 23시까지 입금해야 정상 주문처리됨
    (※ 접수 마감일에 신청 시 당일 23시까지 입금해야 정상 주문처리됨)
  – 1인당 화종별 최대 3장까지 신청 허용. 세트(D종)는 최대 3세트까지 허용
  – 예약 접수량이 발행량을 초과하였을 경우, 무작위 추첨으로 당첨자 결정
    (※ 당첨자 발표: 2023년 3월 30일 예정)
  – 비정상적인 경로(매크로 프로그램 등)나 방법으로 접수할 경우 예약 및 당첨이 취소될 수 있음
  – 예약 접수량이 발행량에 미달할 경우, 예약 접수량은 기존 예약자에게 그대로 판매되고 나머지 미달량은 한국△△공사가 온라인 쇼핑몰을 통해 상시 판매 예정

23

다음 중 직원 E가 주어진 자료를 이해한 내용으로 적절하지 <u>않은</u> 것을 고르면?

① 대리인이 창구에서 기념주화 예약을 하는 경우 대리인의 신분증과 신청인과의 가족관계증명서를 준비해야 한다.
② 국외분 세트 상품에 포함된 기념주화는 화종별로 2,100장이다.
③ 매크로 프로그램을 이용하여 기념주화를 신청할 경우 예약이 취소될 수도 있다.
④ 대한민국 국민이 아니더라도 기념주화 예약을 할 수 있다.
⑤ 단품 예약 시 기념주화를 1인당 최대 9장까지 예약할 수 있다.

24

기념주화 구입을 희망하는 고객 X의 예약 정보에 대한 내용으로 옳지 않은 것을 고르면?

[고객 X의 예약 정보]

예약 내역	A종, C종 각 1장	예약 접수 일시	2023년 3월 9일
접수 방법	인터넷 접수	접수 기관	□□은행
수령 방법	영업점 방문수령	대리 수령 여부	○

① 고객 X는 3월 10일 23시까지 □□은행의 본인 계좌를 통해 125,000원을 입금해야 한다.
② 고객 X가 기념주화를 추가로 예약하고 싶다면, 해당 예약을 취소한 후 다시 신청해야 한다.
③ 고객 X는 4월 28일 이후 □□은행에 방문하여 기념주화를 수령할 수 있다.
④ 대리인은 대리인 또는 신청인의 신분증을 제시하면 기념주화를 대리 수령할 수 있다.
⑤ 예약 접수량이 발행량을 초과한 경우, 고객 X는 기념주화를 수령하지 못할 수도 있다.

25

기념주화 구입을 희망하는 고객 Y의 예약 정보에 대한 내용으로 옳은 것을 고르면?

[고객 Y의 예약 정보]

예약 내역	D종	예약 접수 일시	2023년 2월 23일
접수 방법	창구 접수	접수 기관	○○은행
수령 방법	우편 배송	대리 수령 여부	×

① 고객 Y는 ○○은행의 가상계좌를 통해 예약금을 입금할 수 있다.
② 고객 Y는 D종을 최대 5세트까지 예약할 수 있다.
③ 고객 Y가 기념주화를 수령하기 위해서는 배송료를 별도로 지불해야 한다.
④ 예약 접수량이 발행량을 초과하였을 경우, 2023년 4월 28일부터 무작위 추첨 결과를 확인할 수 있다.
⑤ 예약 접수량이 발행량에 미달할 경우, 고객 Y는 한국△△공사의 온라인 쇼핑몰에서 기념주화를 구입해야 한다.

eduwill

코레일

실전모의고사

역대 출제대행사 기출복원 [휴노]

※ 출제대행사가 '휴노'였던 2021년의 기출복원 정보를 활용하여 실제 기출에 가까운 변형문제로 모의고사를 구성하였습니다.

영역		문항 수	권장 풀이 시간
직업기초능력평가	의사소통능력	25문항	30분
	수리능력		
	문제해결능력		

eduwill

모바일 OMR
자동채점 & 성적분석 무료

정답만 입력하면 채점에서 성적분석까지 한번에!

활용 GUIDE

실시간 성적분석 방법!

STEP 1 | QR 코드 스캔 ▶ STEP 2 | 모바일 OMR 입력 ▶ STEP 3 | 자동채점 & 성적분석표 확인

STEP 1

교재 내 QR 코드 스캔

역대 출제대행사 기출복원 [휴노]
모바일 OMR 바로가기

https://eduwill.kr/tlte

- 위 QR 코드를 모바일로 스캔 후 에듀윌 회원 로그인
- QR 코드 하단의 바로가기 주소로도 접속 가능

STEP 2

모바일 OMR 입력

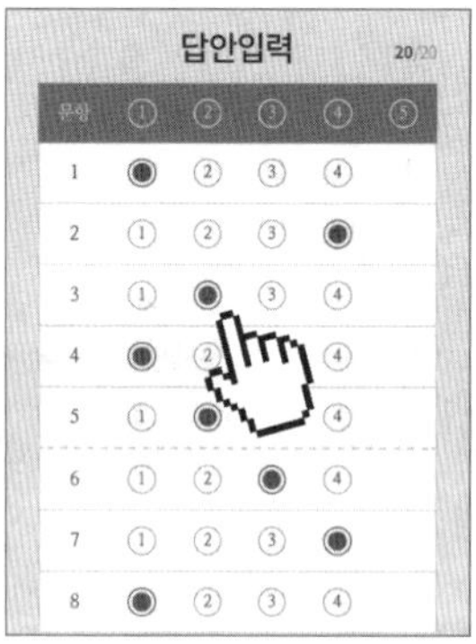

- 회차 확인 후 '응시하기' 클릭
- 모바일 OMR에 답안 입력
- 문제풀이 시간까지 측정 가능

STEP 3

자동채점 & 성적분석표 확인

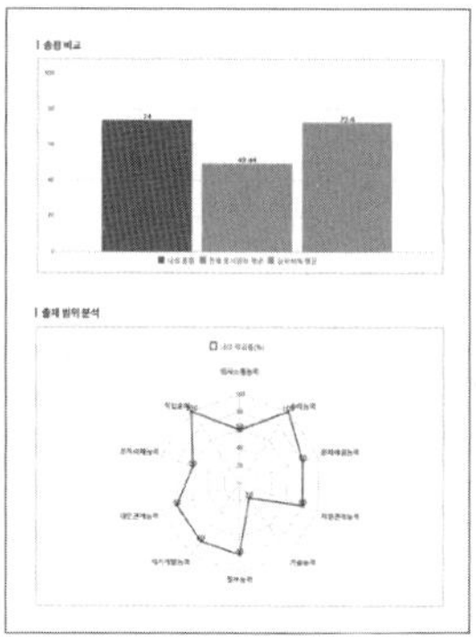

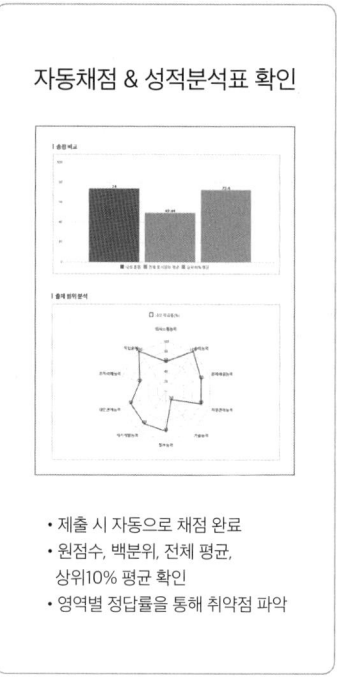

- 제출 시 자동으로 채점 완료
- 원점수, 백분위, 전체 평균, 상위10% 평균 확인
- 영역별 정답률을 통해 취약점 파악

※ 본 회차의 모바일 OMR 채점 서비스는 2026년 01월 31일까지 유효합니다.

역대 출제대행사 기출복원 휴노

정답과 해설 P.15

01

다음 글의 핵심 내용으로 옳은 것을 고르면?

대체의학이란 간단히 말하여 정통의학이 아닌 모든 치료법을 말한다. 증명되지 않은 비정통적·보조적인 요법으로, 과학자나 임상의사의 평가에 근거하여 증명되지 않았거나 현재 권장되지 않는 예방·진단·치료에 사용되는 검사나 치료의 방침을 통틀어 지칭한다. 이러한 치료법을 시술하는 사람들은 자신들의 시술이 효과가 있다는 것을 증명하기 위해, 오랫동안 끈질기게 힘겨운 투쟁을 벌여 왔다.

대체의학이 지닌 문제점의 일부는 상식에 반하는 그 치료법에 있다. 대체의학의 치료법들은 종종 치료하고자 하는 질환과는 아무 상관이 없는 것처럼 보인다. 그렇지만 대체의학의 효험을 보았다고 증언하는 사람들은 수도 없이 많다. 그렇다면 왜 이 의문스러운 치료법들은 엄격한 과학적 검증을 거치는 과정을 시도하지 않았는가? 그것은 말처럼 그렇게 쉬운 일이 아니기 때문이다. 우선 대체의학은 대개 치료에 목적을 두기보다는 예방에 목적을 두고 있다. 예컨대 영양 및 비타민 요법은 신체를 최적의 건강 상태로 유지하여, 감기나 암을 비롯한 질병이 침투하지 못하게 하는 것을 목표로 삼고 있다.

어쩌면 보다 중요한 요인일 수도 있는데, 대체의학에서 사용되는 치료법들은 엄격하게 통제된 실험으로 인해 검증이 어렵다는 사실을 지적할 수 있다. 예를 들면 미국 식품의약국의 승인을 얻으려면 이중맹검법이라는 테스트를 거쳐야 한다. 이 테스트에서는 똑같은 환자들로 이루어진 두 집단을 대상으로, 한 집단에는 진짜 약을 주고 다른 집단에는 가짜 약을 준다. 있을 수 있는 모든 선입견을 없애기 위해, 대상 환자들이나 실험자들로 하여금 연구가 끝날 때까지 어느 집단이 어떤 약을 복용했는지 알지 못하게 한다. 그래서 이중맹검법이란 이름이 붙었다. 이것은 오랜 시간을 거쳐 유효한 방법으로 증명된 과학적 연구 방법이다. 하지만 맹검법은 대부분의 대체의학 요법들에 대해서는 실시하기 곤란하다. 그것은 심장 절개 수술 같은 정통의학의 치료법에 대해 맹검법의 실시가 어려운 것과 마찬가지 이유에서이다.

그러나 대체의학의 효험에 대한 많은 사람들의 증언은 대체의학자들의 입지를 충분히 굳혀 준다. 대체의학자들은 확실한 과학적 증명이 부재한 상황에서, 그들이 겪은 특수한 경험들을 신뢰하는 것이다. 또한 정통의학이 질환의 원인은 확실하게 밝혀내지만 안전하고 확실한 치료법을 제시하지 못하고 있는 상황에서, 대체의학자들은 오히려 희망을 이야기하며, 수술이나 의약품보다 상대적으로 공포심이 적은 방식으로 치료하기 때문에 대체의학을 따르는 사람들이 늘어나는 것이다.

① 대체의학의 의미와 특성
② 대체의학의 역사와 전망
③ 대체의학의 비과학적 문제점
④ 대체의학과 정통의학의 관계
⑤ 대체의학의 문제와 해결방안

02

다음 글을 바탕으로 추론한 내용으로 적절하지 않은 것을 고르면?

4차 산업혁명은 최신 ICT의 결합으로 모든 사물과 산업을 제어하고 실재와 가상이 통합되는 초연결 지능화 융합사회를 가져올 것이다. 그리고 인구 감소 및 장수 사회화, 글로벌화 및 소득 증가, 가치관 및 문화 다양화, 기후 변화 등 메가트렌드와 결합하여 미래 도시를 크게 변모시킬 것이다.

4차 산업혁명은 정보통신, 물리학, 생물학, 기계공학 등의 기술과 산업 사이의 경계를 허무는 기술적 융합이 특징이다. 도시산업은 단순 제조업이나 서비스업 시대에서 디지털 기반의 첨단융합산업으로 재편될 것이다. 도시는 경제 및 인구 저성장기를 맞아 새로운 성장 동력 창출이 절실하여, 첨단융합산업을 통한 양질의 일자리 창출이 도시경쟁력의 핵심이 되고 있다. 개별 도시는 첨단융합산업에 매력적인 입지가 되기 위해서 고급 인력 조달과 암묵적 지식 획득이 용이하고, 교통·통신 등 기반서비스와 업무·생활환경이 양호한 환경 조성에 적극적으로 나설 것이다. 글로벌 도시의 공간에서는 첨단융합산업을 수용하기 적합하도록 업무 및 제조업, 쇼핑 및 여가 문화, 의료 및 복지 등 기능 복합화와 함께 고층화 및 지하화와 같이 3차원 입체적 이용이 두드러지게 나타날 것이다.

한편, 생산의 로봇화 및 무인화 그리고 그에 대한 원격제어가 보편화될 것이므로 생산시설의 공간적 분산이 이루어질 것이다. 미래 도시에서는 디지털화로 노동시간과 근무시간의 구분이 어렵게 되고, 재택근무의 활성화로 집과 사무실의 구분이 어려워질 것이다. 과거 도시계획의 십계명과 같은 엄격한 토지의 용도 구분 역시 그 의미를 상실하게 될 것이다. 유연근무, 온라인 서비스 등은 어느 한 곳에서 거주, 노동, 소비, 여가 등 여러 활동을 가능하게 하므로 탈공간화를 가속시킬 것이다. 여기에 자율주행의 보편화가 결합된다면 집과 직장의 거리가 유연해져서 주거입지의 분산화가 이루어질 것이다. 다만 주거입지의 공간적 분산이라는 대세 속에서도 의료, 업무 등에서 면대면 접촉의 필요성, 청년층이나 고령층의 도시 선호로 인하여 도심이나 간선 대중교통망 접근성이 높은 지역에 대한 주거 선호는 지속될 것이다.

초고속화, 디지털화 등으로 도시는 면적 확장에서 벗어나서 기능 중심으로 초연계될 것이다. 도시는 온라인 서비스 기능을 주고받으며 다른 모든 지역과 연계된다. 도시의 세력은 외형적인 산업입지나 주거지의 확산이 아니라, 도시가 제공하는 기능의 유형과 강도에 의해 결정된다. 초고속 ICT와 교통망으로 대도시 집중도가 완화되고 전국적으로 분산이 이루어질 것이다. 분산형 공간구조 속에서도 중추관리 업무와 자동화된 시설의 원격제어 업무가 이루어지는 공간은 긴급사태에 대한 신속한 대응이 가능한 중심도시나 전국을 대상으로 신속하게 교통 접근이 가능한 간선교통망 결절지에 집적될 것이다.

① 유연근무, 온라인 서비스 등은 탈공간화를 가속화시킬 것이다.
② 글로벌 도시의 공간은 기능 복합화와 3차원 입체적 이용이 두드러지게 나타날 것이다.
③ 도시는 기능 중심으로 연계되고 대도시 집중도가 완화될 것이다.
④ 융합시대의 도시 계획은 토지의 용도 구분을 우선시할 것이다.
⑤ 도시산업은 디지털 기반의 첨단융합산업을 중심으로 변화할 것이다.

03

다음 글의 논지를 강화하는 내용이 아닌 것을 고르면?

텔레비전이야말로 우리시대 문화를 파악할 수 있는 으뜸가는 문화 양식이다. 그런데 여기서 치명적인 사실은, 실제 세계가 텔레비전이라는 무대를 통해 상영되는 모습을 본떠 점차 각색된다는 점이다. 이는 단지 브라운관 속에서만 모든 담론이 오락적 요소로 전락한다는 뜻이 아니다. 현실 세계에서도 동일한 메타포인 오락적 요소가 활개 친다는 뜻이다. 인쇄술이 한때 정치, 신앙, 사업, 교육, 법 등 중요한 사회적 의사를 어떻게 관리할지 지시했듯이 이제는 텔레비전이 지휘를 맡는다.

텔레비전을 비롯한 여타 이미지 형식이 정보의 자유를 위협하는 형식을 이해하려면, 오웰이 아닌 헉슬리에 주목해야 한다. 조지 오웰은 아주 이성적으로 예측했는데, 국가가 노골적인 압제를 통해, 특히 책을 금지시켜 정보의 흐름을 통제하리라 생각했다. 책이 중요한 의사소통 수단이었던 곳에서는 항상 다양한 수준의 검열이 있었기에 오웰 나름대로 상당한 역사적 근거가 있었다. 하지만 텔레비전을 움직이는 사람들은 우리가 접하는 정보를 제한하기보다는 오히려 확대한다. 우리로 하여금 끊임없이 텔레비전에 몰두하도록 모든 수단을 동원한다. 그러나 우리가 접하는 이 매체는 정보를 극단적으로 단순화하고, 실체를 없애며, 역사성을 제거하고, 전후 맥락을 배제시켜 버린다. 즉, 오락이란 형태로 조립, 포장한 상품으로 정보를 제시한다.

이 모든 상황은 대중들이 일관성 없고 파편화된 사건에 적응해서 즐기다 보니 무관심해진 것뿐이다. 이게 바로 올더스 헉슬리가 예언했던 미래의 모습이다. 오웰과 달리 헉슬리는 모순에 무감각하고 기술이 주는 재미에 중독된 대중에게 아무것도 감출 필요가 없음을 간파했다. 헉슬리의 미래상에서는 인간에게서 자율성과 분별력, 그리고 역사를 박탈하기 위한 빅 브라더는 필요 없다. 사람들 스스로 압제를 환영하고, 자신들의 사고력을 무력화하는 테크놀로지를 떠받들 것이라고 내다봤다. 오웰은 누군가 서적을 금지시킬까 두려워했다. 헉슬리는 굳이 서적을 금지할 만한 이유가 없어질까 두려워했다. 또한 헉슬리는 지나친 정보과잉으로 인해 우리가 수동적이고 이기적인 존재로 전락할까 두려워했고, 비현실적 상황에 진실이 압도당할 것을 두려워했다.

이와 같이 문화적 풍조가 황폐화되는 방식에는 두 가지가 있다. 첫 번째, 통제로 인해 문화가 감옥이 되는 오웰식이다. 두 번째, 문화가 스트립쇼와 같이 저속해지는 헉슬리식이다. 지금 세계가 오웰이 비유적으로 묘사한 감시문화로 인해 손상되었다는 생각은 현실성이 없다. 반면 헉슬리는 기술문명이 발전된 시대에서는 의심과 증오로 가득한 적보다는 미소를 머금은 적으로 인해 정신적 황폐화가 야기될 가능성이 크다고 하였다. 헉슬리식 예언에서는 빅 브라더가 우리를 감시하지 않는다. 우리 스스로가 자청해서 바라본다. 감시자나 감옥문이나 진실부(Ministries of Truth) 따위는 필요 없다. 대중이 하찮은 일에 정신이 팔릴 때, 끊임없는 오락 활동을 문화적 삶으로 착각할 때, 진지한 공적 대화가 허튼소리로 전락할 때, 한마디로 국민이 관객이 되고 모든 공적 활동이 가벼운 희가극(Vaudeville)과 같이 변할 때 국가는 위기를 맞는다. 이때 문화의 사멸은 필연적이다.

올더스 헉슬리의 「멋진 신세계」에서는 사람들이 자신이 생각 없이 웃고만 있다는 사실 때문에 괴로워하지 않는다. 그보다는 자신이 무엇을 보고 웃는지, 왜 생각을 멈추었는지 모르기 때문에 고통스러워한다. 해결책은 텔레비전을 어떻게 볼 것인가 하는 데서 찾아야 한다. 정보가 조직되는 체계와 그 영향에 대한 깊이 있고 확실한 자각으로 매체의 신비를 벗겨내야만, 텔레비전이나 컴퓨터를 통해 어느 정도 통제할 희망이 있다는 뜻이다.

① 의미 있는 뉴스 대신 재미있는 뉴스를 선호한다.
② 정보는 소수에게 공개되고 권력자에게 독점된다.
③ 잘생기고 상냥한 뉴스 진행자의 뉴스를 신뢰한다.
④ 토론에서 논쟁을 벌이기보다는 강한 인상을 심는 데 더 신경을 쓴다.
⑤ 교육 프로그램에서는 복잡하고 길게 설명하는 대신 시각적으로 재현하여 가르친다.

04

다음 글의 빈칸 ㉠, ㉡에 들어갈 내용을 바르게 짝지은 것을 고르면?

'노동'이란 사전적 의미로는 '사람이 생존에 필요한 물자를 얻기 위해 체력과 정신을 이용하여 일을 하는 것'이다. 기계적인 노동을 모두 노예에게 맡겼던 고대 그리스인들은 노동이란 정신을 야비하게 만들고 인간으로서 덕을 행할 수 없게 만드는 것으로 보았다. 아리스토텔레스는 "온전한 삶이란 노동과 여가가 분리된 삶이다. 인간은 여가를 얻기 위해 일을 한다."라고 했다. 고대 로마제국의 키케로는 "수공업자는 지저분한 일을 하기 때문에 고상한 것이라고는 만들어 낼 수가 없다."라고 말했다. 또한 그는 일용근로자와 같은 미숙련 노동자의 일은 '자유로운 사람의 존엄성을 해치고 더럽히는 일'이라고 간주했다. 이와 함께 그는 돈 때문에 하는 일은 인격을 타락시킨다며 상인, 대부업자, 세관원을 경멸했다. 고대 그리스의 여가는 기독교의 시대인 중세로 넘어오면서 명상, 신을 향한 정신 집중, 종교서 탐독과 그로부터 제기되는 물음에 대한 성찰, 경건한 찬양과 기도로 바뀌었다. 토마스 아퀴나스에게는 '활동적인 삶'보다는 '관조적인 삶'이 더 중요했고, 명상은 육체적인 노동보다 훨씬 월등한 것이었다. 중세에는 당시의 사회 질서에 따라 고된 부역에 동원된 농노와 높은 공납의 의무를 진 농민이 인구의 대다수를 차지했다. 그들의 노동과 삶은 민네와 전투에 모든 힘을 집중한 귀족들의 경우와는 사뭇 달랐다. 당시 몇 안되는 교육기관으로서의 역할을 한 수도원은 이러한 상황을 신학으로 정당화했다. 신학에서 육체노동은 열등한 것이지만 종교적 의무로 간주되었고, 따라서 노동은 종교적 의무의 수행이라는 절대 목적하에 일반 민중에게 부과되었다. 하지만 이러한 상황은 영원히 지속될 수 없었다. 특히 수많은 도시에서 노동의 새로운 모범이 대두되기 시작했다. 유럽 전역에서 끊임없이 농민 봉기가 일어났다. 당시 부분자립 도시에서 사는 일부 수공업자와 상인들이 근면함으로 막대한 부를 쌓을 수 있었다는 사실은 노동의 의미와 가치를 분명히 증명해 보여주었다.

노동이라는 행위는 인류의 역사를 통해 계속되어 온 것이며 생존과 생활을 영위하기 위해서 반드시 필요한 일이나, 전통적으로 육체노동이 정신노동보다 열등하다는 편견이 있었다. 마르크스는 이때까지 경시되어왔던 노동의 의미를 규명하고 왜 노동이 철학적으로 경시될 수밖에 없는가를 이론적으로 밝혀낸다. 마르크스 이전에도 노동에 대한 (㉠)이 있었으나, 마르크스 시대가 도래하면서 마르크스는 노동에 대한 (㉡)을 시작한 것이다.

마르크스는 불변하는 인간 본성이 있다는 전제를 거부하였다. 그래서 그는 분석의 출발점을 인간의 사고나 본성이 아닌 인간이 실제로 살아가는 사회와 사회관계로 두었다. 그러므로 마르크스주의에서 인간에게 보편적으로 존재하는 것으로 인정되어지는 문제나 개념은 인간 사회라는 대상에서 추출한 것이다. 마르크스는 이러한 보편적 전제들의 출발점으로 '노동'을 상정한다. 노동은 인간이 본질이며 사회의 토대이다. 인간이 스스로 하나의 유적 존재가 되는 것은 바로 인간이 대상 세계를 상대로 노동한다는 사실에 있다. 이 생산을 통하여 자연은 그의 노동으로, 그의 현실로 나타난다. 인간과 자연과의 관계에 있어서 그 양자를 연결해 주는 가장 기초적인 활동이라는 점에서 이 명제는 타당하다. 노동이 포괄하는 인간의 생존을 위한 모든 활동은 필연적으로 직접적으로나 간접적으로 자신이 서 있는 환경을 바꾸는 것이다. 그리고 이것은 변화의 방향에 대한 뚜렷한 목표가 있고 여기에 의지와 지적능력이 투여된다는 점에서 동물들과도 구별된다. 자연의 역사가 하나의 종이 생겨나고 멸종하는 것이라면, 노동의 관점에서 인간의 역사는 같은 종이 그 욕구를 충족하기 위해 조직하는 방법의 변동에 관한 것이 된다. 마르크스주의는 개인과 자연을 잇는 노동이라는 개념을 중요한 것으로 설정하는 순간부터 이미 다른 철학에 비해 보다 실천적인 것이었다. 그리고 그것의 분석범주가 철저히 현실에 실재하는 관계에 대한 냉철한 분석에서 출발하면서 마르크스주의가 내포하는 의제들은 다시 현실에 대한 것으로 되돌아간다. 유물론은 사상의 기초와 새로운 세계관을 물질적 사회적 조건에서 나오는 결과로 이해함으로써

'존재가 사유를 규정한다.'는 유명한 명제를 낳았다. 의식을 변화시키라고 하는 요구는 결국 현존하는 세계에 대한 해석 방식을 변화시키라는 요구, 즉 세계를 다른 방식으로 인식하라는 요구일 뿐이다. 그러므로 마르크스주의에 있어 새로운 세계관은 새로운 상황하에서 나타날 수 있는 것이며 새로운 상황은 그 시대 모순하에서의 실천적 활동들에 의해 구축될 수 있는 것이다. 그리고 그 시대의 주요 모순이 투쟁하는 계급 사이의 모순인 한에서 그러한 변혁의 주체는 현실을 변화시키고자 하는 계급 자신이 된다. 개인의 인식에 있어서도 실천은 중요하다. 개인이 세계에 존재하는 모순을 느끼는 순간은 자신의 삶 속에서 실제로 그것과 마주칠 때이다. 그리고 그 모순이 심화되면 그것을 변화시키고자 하는 욕망을 느끼게 되고, 환경을 변화시키는 동시에 자기 자신 역시 변화된다. 여기서 이 두 변화를 연결하는 고리는 바로 혁명적 실천이다. 이러한 혁명적 실천은 그 모순이 사회 속에 광범위하게 잠재되어 있는 것일 경우 계급적 단위로 나타나게 된다. 지식인의 각성이 아니라 대중의 실천에서 새로운 세계로의 길을 찾는 것이다. 그것은 이전의 어떤 사상도 가지지 못했던 파괴력을 마르크스주의에 부여한다. 또한 실천에 대한 이러한 논의들은 마르크스주의에 대한 잘못된 이해를 바로잡는 것에도 도움을 준다. 마르크스는 변증법과 유물론을 통해 사회를 보다 객관화시키고 과학의 범주 안에서 관찰함으로써 자신의 이론에 설득력을 부여했다. 그래서 역사적으로 종종 그의 이론에 따라 자본주의가 내적 모순에 의해 저절로 무너질 것으로 보는 견해도 나타났다. 그러나 모순이 나타난 후 그것이 전개되는 과정에서 그 방향을 좌우하는 가장 중요한 요인은 혁명적 실천에 있을 것이다.

	㉠	㉡
①	소극적인 투쟁	물리적인 저항
②	소극적인 투쟁	적극적인 저항
③	물리적인 투쟁	소극적인 투쟁
④	물리적인 투쟁	이론적인 저항
⑤	이론적인 투쟁	적극적인 저항

05

다음 글을 바탕으로 추론한 내용으로 옳지 않은 것을 고르면?

흰 눈이 센 바람에 휘몰아치며, 영하 20~40℃를 넘나드는 히말라야 산을 등반하는 산악인들의 인내심과, 위험을 무릅쓰면서도 한발씩 내딛는 용기에 저절로 고개를 숙여 경의를 표하게 된다. 특히 자랑스런 한국의 남녀 등반인 이야기라면, 경의를 넘어서 뿌듯함과 감동까지 느끼곤 한다. 이런 얘기를 들으면서도, 필자는 조금은 다른 면을 생각하면서 고개를 갸웃거린 적이 있었다. 그런 힘든 등반을 하면서 입고 간 옷이 너무 무거웠다거나 보온이 덜 되어 추위를 견디기 힘들었다고, 혹은 통기성이 충분하지 못해 옷이 땀에 흠뻑 젖었다고 불평하는 것을 들어본 적이 없다. 이런 문제가 비교적 잘 해결되고 있는 것을 보면, 등반가들이 입은 옷은 무언가 특수한 처리가 되어 있는 것이 아닐까? 특히 방수와 통기성이라는 서로 모순인 조건을 만족시키는 것을 보니 등산복에 사용하는 특수한 천의 정체가 궁금해진다.

이런 옷감들의 제조에는 섬유를 만드는 고분자 재료의 화학 구조는 물론 물리적 구조 또한 매우 중요하다. 방수-통기성 의복에 사용된 천의 과학적 디자인은 바람, 비, 체열 손실로부터 우리 신체를 보호해 준다. 또한 이러한 기능과 동시에 편안한 착용감도 필수적이다. 방수와 수분 투과성을 동시에 지니는 직물은 크게 세 가지 종류가 있다. 첫 번째가 고밀도 천, 두 번째가 수지 코팅된 천, 마지막이 필름 적층 천이다.

고밀도 천으로 방수와 통기성을 지닌 천을 만들 때는 흔히 면이나 합성섬유의 가는 장섬유를 대상으로 하며, 능직법(綾織法)을 사용한다. 면은 물에 젖으므로 방수력이 폴리에스테르(폴리에스터)보다는 뒤지지만, 가는 면사를 사용해 능직법으로 짠 천은 물에 젖더라도 면섬유들이 횡축방향으로 팽윤해 천의 세공크기를 줄여 물이 쉽게 투과하지 못해 방수력이 늘어난다. 고밀도 천으로는 2차 세계대전 중 영국 맨체스터에서 개발된 벤타일(Ventile®)이 유명하다. 면과 다른 소수성 합성섬유의 경우에는 실의 굵기와 직조법으로 세공크기를 조절하여 방수력을 늘린다.

고밀도 천과는 다르게, 수지 코팅천은 기본 천 표면에 고분자 물질을 코팅하여 만든다. 코팅막은 미세 동공막 모양의 소수성 수지나 동공막을 지니지 않는 친수성 막을 사용하며, 미세 동공의 크기는 수증기 분자는 통과할 수 있으나 아주 작은 물방울은 통과할 수 없을 정도로 조절한다. 주로 사용되는 코팅 재질은 폴리우레탄이다.

마지막으로, 적층 방수-통기성 천은 얇은 막층이 천 가운데에 있으며, 이 적층이 방수-통기성을 컨트롤한다. 적층으로 사용하는 막에는 마이크로 세공막과 친수성 막이 널리 사용되고 있다. 마이크로 세공막의 세공크기는 작은 물방울 크기의 20,000분의 1 정도로 작아 물방울은 통과하지 못하지만, 수증기 분자는 쉽게 통과한다. 마이크로 세공막으로는 폴리테트라플루오르에틸렌과 폴리플루오르화비닐리덴이라는 플루오린(불소, 플루오르)계 합성수지 박막이 주로 사용되며, 대표적 천으로는 널리 알려진 고어-텍스가 있다. 친수성 막으로는 흔히 폴리에스테르나 폴리우레탄 고분자 내부에 친수성이 큰 폴리산화에틸렌을 포함할 수 있도록 화학적으로 변형을 가해 사용한다.

다음으로 직물 내에서 수증기가 어떻게 움직이는지 알아보자. 수분이 직물을 통해 이동하는 원리는 모세관을 타고 액체기둥이 올라가는 모세관 현상과 같은 원리이다. 모세관의 지름과 내면의 표면에너지에 따라 올라가는 액체기둥의 높이가 결정된다. 지름이 작을수록 액체가 모세관을 따라 잘 올라가는데, 직물에서 섬유가닥 사이의 작은 공간이 모세관 역할을 하기 때문에, 미세 섬유일수록 모세관의 크기가 작아 모세관 현상이 잘 일어난다. 모세관 내부 벽의 표면에너지는 화학구조가 결정하며, 친수성 섬유의 표면은 소수성 섬유 표면보다 표면에너지가 커 수분을 더 쉽게 흡수하지만, 소수성 섬유는 반대로 수분을 흡수하지 않는다.

등산복과 같은 기능성 특수복에서 수분의 제거는 체온을 조절하며 근육의 운동을 돕고, 피로를 지연시키기 때문에 매우 중요하다. 면 같은 천연섬유가 운동량이 약할 때에는 적합하지만, 운동량이 클 때는 폴리에스테르나 나일론 같은 합성섬유가 더 좋다. 합성섬유가 면보다 흡습성은 낮지만 오히려 모세관 현상으로 운동할 때 생기는 땀이 쉽게 제거되기 때문이다. 요즘은 폴리에스테르의 흡습성을 증가시키기 위해, 섬유 표면이 좀 더 큰 친수성을 띠도록 화학반응을 시키기도 하고, 표면을 친수성으로 코팅하기도 한다. 나일론 섬유는 가볍고 부드러운 촉감을 주며 강도도 커, 기본 천 재료로 많이 사용되며, 특히 폴리우레탄 코팅을 해 널리 사용된다. 나일론을 기초 직물로 한 섬유는 폴리에스테르보다 수분에 더 빨리 젖으며, 극세사로 천을 짜면 공기투과성이 낮아 체온보호 성능이 우수하다. 이런 이유 때문에 등산복보다는 수영복, 사이클링복에 많이 쓰인다. 운동 시 생기는 땀을 피부에서 빨리 제거하려면 흡습성이 좋은 면이나 비스코스 레이온 등이 유리해 보이지만, 이들은 수분을 붙들고 있으려는 특성이 강해 잘 마르지 않는다는 단점도 있다. 이런 이유 때문에 모양이 잘 변하지 않고, 빨리 마르는 합성섬유가 기초 직물로 더 넓게 쓰인다.

① 고어-텍스는 모양이 잘 변하지 않고 방수도 잘 된다.
② 등산복은 방수와 통기성이라는 모순적인 조건을 만족시켜야 한다.
③ 땀이 많이 나는 운동을 할 때에는 흡습성이 높은 면 재질의 운동복을 입어야 한다.
④ 소수성 섬유는 친수성 섬유에 비해 표면의 표면에너지가 작아서 수분을 흡수하지 않는다.
⑤ 고밀도 천, 수지 코팅된 천, 필름 적층 천은 방수와 수분 투과성을 동시에 지니는 직물이다.

06

다음 글의 각 문단의 중심 내용으로 옳지 않은 것을 고르면?

[가] 국산농산물과 수입농산물, 농산가공품의 공정한 유통질서를 확립해 생산자와 소비자를 보호할 목적으로 1993년 7월부터 본격적으로 도입한 제도가 '원산지 표시제'다. 최근에는 원산지에 따른 품질차이가 큰 커피가공품의 경우에도 특성에 따라 커피원두에 대한 원산지 표시제를 도입하는 등 지속적으로 관리감독이 강화되는 추세다. 한편 '샴페인'이라는 상품명은 프랑스 상파뉴아르덴주에서 생산된 발포성 백포도주를 제외한 다른 제품에는 붙일 수 없다. 하지만 실생활에서는 샴페인이 너무 유명해서 대표 명사화될 정도다. 이처럼 보르도 와인, 파르메산 치즈 등 지역의 이름과 상품이 연결되어 연상되는 것이 바로 지리적 표시제의 근간이다. 이처럼 원산지 표시제, 더 나아가 먹거리에 대한 표시제의 이점은 무엇일까? 원산지나 지리적 표시제품의 경우, 소비자 입장에서는 더 친근하게 여겨질 뿐만 아니라 품질에 대한 믿음 역시 강해져 구매로 이어질 가능성이 높은 편이다. 표시제는 단순한 제도 차원이 아닌 표시제의 실체에 대한 공감이 전제되어야 하며, 그 실체가 해당 품목의 부류를 대표할 수 있는 전형성을 갖추고 있어야 한다. 이러한 제품이 소비자들에게 반복적이고 지속적으로 노출될 경우 자연스럽게 뇌에 각인될 수 있다. 바로 단순노출 효과가 나타나기 때문이다.

[나] 소비자는 불확실한 상황에서 제품이나 서비스 구매에 따른 의사결정을 할 때 선택의 스트레스를 많이 받게 된다. 선택의 스트레스에 대한 원인으로 지적할 수 있는 것은 현 상황에서 제품이나 서비스의 선택을 위한 사용 가능한 정보가 부족하거나 정확하지 않은 경우다. 특히 구입하는 제품이 공산품이 아닌 먹거리인 경우 이러한 스트레스는 더욱 커지게 마련이다. 이때 상당수의 주부들은 마트에서 식료품을 구입하면서 원산지와 생산자 등이 명시된 제품을 주로 선택하게 된다. 그만큼 가시적으로 구분하기 어려운 상황에서 원산지는 하나의 믿음에 대한 징표로 작용된다고 여기기 때문이다.

[다] 원산지 효과는 제조지역이나 식품류의 생산지 혹은 생산자에 대한 신뢰를 바탕으로 특정 제품군의 대표성 이미지를 획득한 경우다. 흔히 '원조할머니 뼈해장국집' 또는 '원조맛집' 등의 간판만 보고 맛에 대한 신뢰가 높아져 손쉬운 선택을 하게 만드는 것이다. 행동경제학의 창시자인 아모스 트버스키와 다니엘 카너먼 교수가 역설한 '대표성 휴리스틱'의 한 예다. 원조나 대표성을 획득한 브랜드는 소비자 머릿속에서 최초상기도(Top of Mind)의 맨 위를 점할 가능성이 높아진다. 구매나 선택 상황에서 자발적으로 가장 먼저 떠오를 수 있기 때문이다. 당연히 매출도 늘게 된다. 특이한 점은 명품브랜드도 원조 혹은 대표성을 갖고 있기 때문에 구매가능성을 높인다는 것인데, 원산지나 지리적 표시제는 이러한 명품이미지를 구축하는 브랜드 자산 중 하나다. 다만, 원산지 효과보다 명품브랜드 효과가 더 포괄적이고 강렬하며, 심지어 중독현상을 유발시킬 정도다. 명품을 볼 때의 우리 뇌를 기능성 자기공명영상(fMRI)으로 촬영하면 측좌핵을 비롯한 쾌감중추를 직접적으로 자극시키는데, 이는 약물이나 게임중독 때 나타나는 정도와 유사하다. 심할 경우에는 독실한 종교인이 종교적 상징물을 볼 때 느끼는 감정의 정도와 유사할 정도라 한다. 가히 명품브랜드의 마력에서 벗어나기가 얼마나 어려운지 보여주는 사례다. 비록 원산지나 지리적 표시제가 명품보다는 중독성은 다소 떨어지더라도 선택을 손쉽게 해 준다는 점에서는 효과가 비슷하다 하겠다.

[라] 원산지나 지리적 표시제 혹은 환경인증제를 포함한 각종 인증 마크가 있는 경우, 일반 제품에 비해 가격이 10% 정도 비싸지만 판매량은 더 높다고 한다. 이처럼 소비자가 그 비용을 흔쾌히 감수하려는 이유는 뭘까? 또 소비자들이 비싸게 주면서 얻고자 하는 것은 뭘까? 이 역시 선택의 스트레스를 줄이려는 노력과 무관치 않다. 제품으로부터 얻게 될 이득보다 혹시나 발생할지 모르는 손실이나 손해를 더 두려워하는 소비자의 심리 때문이다. 즉, 똑같은 크기의 이득 혹은 손실이 발생한다면, 소비자는 이득보다 손실을 더 심

각하게 판단하게 된다. 가급적이면 그런 손실이 현실적으로 자신에게 나타나지 않기를 바라는 쪽으로 선택하거나 구매하게 되는 것이다. 이런 심리를 '손실회피성향(Loss Aversion)'이라 하는데 이런 관점에서 볼 때, 소비자들은 원산지나 지리적 표시제를 시행하는 농수산물이 10% 정도 더 비싸더라도 쉽게 구입한다. 먹거리의 경우 가시적 품질지표가 부족하기 때문에 손실회피성향이 더 강하게 나타날 수 있기 때문이다. 더욱이 먹거리는 사람의 생명이나 가족의 건강과도 직결되는 제품 특성으로 인해 품질이나 신뢰에 대한 관여가 높다. 따라서 비록 10% 더 비싼 가격을 치르더라도 혹 있을지 모를 손실을 회피할 수 있는 안전 장치로 가시적 표시인 원산지나 지리적 표시제를 선호하는 것이다. 뿐만 아니라 소비자는 가격과 품질 간의 연상 인식이 강하게 작용하기 때문에 비싼 만큼 품질 역시 더 좋을 것이라고 쉽게 믿게 된다. 더 비쌀수록, 널리 유명하거나 대기업이 만든 제품일수록 품질에 대한 신뢰는 상승하게 된다.

[마] 만약 원산지 효과가 소비자에게 부정적으로 비춰질 경우, 특히 이러한 제품이 먹거리일 경우 소비자들이 겪게 되는 심리적 고통은 이만저만이 아니다. 일반 제품에 대한 소비자들의 불만이나 불신은 제품불매운동처럼 극단적인 상황으로 이어질 가능성은 상대적으로 낮다. 하지만 먹거리처럼 원산지 표시가 매우 중요한 판단 지표로 작용되는 제품인 경우 소비자들의 불신은 매우 커진다. 단순히 불평불만에 그치지 않고 이보다 더 강력한 불평 행동을 하게 된다. 원산지를 속인 먹거리는 두 번 다시 구매목록에 오르지 못할 것이다. 따라서 원산지나 지리적 표시제를 시행하는 생산자 입장에서는 소비자들의 믿음과 신뢰를 얻기 위해서 더욱 막강한 책임감이 필수적이다. 원산지 혹은 지리적 표시제를 적용한다는 것은 곧바로 익명성을 탈피한 자신의 '이름'을 걸고 소비자와 약속을 하게 되는 것이다. 흔히 우리는 집단 속에서 익명성의 혜택을 받게 될 경우, 자신의 책임감은 현저히 저하되는 사회적 태만이 강화된다. 막스 링겔만(M. Ringelmann)은 개인이 아닌 집단 속에서 발생하는 이런 류의 책임감 회피를 '사회적 태만'이라고 지적했다. 사회적 태만과 관련된 밧줄 당기기 실험에서, 1명만 당길 때는 63킬로그램이었으나 8명이 함께 줄을 당길 때에는 248킬로그램이라는 결과가 나왔다. 즉 1인당 31킬로그램의 무게를 당긴 셈인데, 이는 한 명이 당길 수 있는 무게의 절반에도 못 미치는 것이다. 이것이 익명성 속에 숨은 사회적 태만의 결과다. 원산지 표시제는 이와 같이 익명성을 탈피시켜 궁극적으로 사회적 태만을 줄일 수 있는 방안이다. 결국 원산지나 지리적 표시제는 생산자에게 유리한 브랜드 자산 구축의 계기를 줄 수 있는 동시에, 생산자로 하여금 소비자에 대한 책임감 부여라는 '양날의 칼'로 다가올 것이다.

① [가]: 원산지 표시제가 갖추어야 할 요소
② [나]: 선택 스트레스 해결 측면의 원산지 표시제
③ [다]: 행동경제학의 '대표성 휴리스틱'의 예로서 원산지 효과
④ [라]: 손실회피성향 관점에서의 원산지 표시제
⑤ [마]: 원산지 표시제 시행에 있어 생산자의 책임

07

다음 글의 내용과 일치하지 않는 것을 고르면?

'포스트 구조주의'는 사물을 이분법적 대립으로 파악하고 구조의 근원과 중심을 추구했던 구조주의에서 탈피해 서양 철학에 대한 근본적인 비판을 시도한다. 포스트 구조주의를 대표하는 프랑스의 철학자 자크 데리다는 서양의 사상사를 통해 철학자들이 주요한 대립 개념들을 기반으로 자신들의 이론을 세웠다고 주장한다. 논리적인 것을 가장 우선시하는 '로고스 중심주의', 문자보다 음성을 우선시하는 '음성 중심주의', 눈앞에 드러난 것을 진실이라고 여기는 '현전 형이상학', 남성성을 여성성보다 우위에 두는 '남성 중심주의', 다른 지역보다 서구를 우위에 두는 '서구 중심주의' 등이 뿌리 깊게 깔려 있다는 것이다. 하지만 데리다는 이런 편협한 사고는 옳지 않을뿐더러 심지어 폭력적이라고 주장한다. 이성, 논리만 옳다는 생각이 차이를 무시하고, 남성 중심주의가 여성을 차별하고, 서구 중심주의가 식민지 지배와 전쟁을 초래했다는 것이다. 따라서 데리다는 모순을 낳는 서구 형이상학의 이항 대립구도를 해체하고 그 철학 체계를 처음부터 다시 쌓아 올릴 것을 주장한다. 바로 이것이 '탈구축' 또는 '해체주의'의 핵심 개념이다.

데리다에 의하면 철학적 언설의 기초가 되는 좀 더 중심적인 이원론 가운데 하나는 말과 문자 사이에 존재하는 이원론이다. 플라톤 이래로 지속되어 왔던 서구 형이상학의 경향을 '로고스 중심주의'라고 하는데, 태초에 로고스가 있었다고 하는 신약성서의 경우처럼 모든 것의 기원으로서의 로고스, 말은 완전한 존재를 보증하는 것으로 여겨져 왔다. 다시 말해 로고스 중심주의란 말이나 이성적 진리를 중심으로 이루어진 체계를 의미한다. 이성 중심주의는 로고스 중심주의이고, 로고스 중심주의는 음성 중심주의라고 볼 수 있다. 인간의 로고스는 인간의 이성으로부터 나오는데 전통적인 생각 안에서 이성은 영혼의 작용이다. 그리고 영혼의 사유는 이성적 작용으로서 밖으로 표출되는데 이때 표출되는 형태가 '음성'이다. 이 음성은 언어체계를 만들고 이것은 다시 문자로 표현된다. 기존의 철학체계에서는 모든 것이 영혼의 울림이 음성으로 드러나는 것에서 출발하여 음성 중심주의적 체계가 만들어지는 것으로 완결된다. 음성은 이른바 신의 계시를 상징하기도 한다. 소크라테스가 '신탁'을 받았다는 표현을 쓰는 것도 같은 맥락이다. 그래서 신적 질서를 뛰어넘지 못하는 전통적인 기존의 철학체계에서는 항상 이성 위에 음성이 있다. 소크라테스는 글 또는 문자는 살아 있는 지식으로서의 대화술과 비견될 수 없다고 보았으며 '파르마콘'과 같은 성질을 갖고 있다고 생각했다. 파르마콘은 치료제이지만 경우에 따라 독이 될 수도 있는 것을 가리키는데, 문자는 기록을 통해 우리의 기억을 보완하고 대신해 주지만 동시에 사람들의 기억력을 감퇴시키는 기능을 하기 때문이다. 또 플라톤은 말은 말하는 사람의 현전을 전제로 한다는 점에서 진리에 가깝다고 믿었던 반면 글 또는 문자는 글쓴이의 부재를 전제로 한다는 점에서 항상 왜곡의 가능성이 존재한다고 지적했다.

이러한 말과 문자의 위계질서를 데리다는 '대리 보충'의 개념을 통해 해체시킨다. 예를 들어 광범위한 국가에서는 왕이 모든 곳을 직접 다스릴 수 없으므로 지방 관리가 왕의 권력을 대신한다. 그런데 왕이 너무 멀리 있기 때문에 지방 사람들에게는 지방 관리야말로 강력한 권력자라고 할 수 있다. 이 경우 왕의 대리인인 지방 관리가 대리 보충물인가? 아니면 권력을 행사하려는 지방 관리의 명분으로 이용되는 왕이 대리 보충물인가? 데리다는 이것이 말과 문자의 관계에도 똑같이 적용된다고 주장한다. 말이 부재할 경우 문자가 말을 대신하므로 문자는 말의 대리 보충이 된다. 그런데 우리는 오늘날 고대의 위대한 철학자들의 말을 글로 접할 수밖에 없다. 그들은 이미 죽었고, 문자만이 시간을 초월하여 우리 앞에 있기 때문이다. 그들의 말이라는 믿음에서 글은 권위를 갖지만 정작 사람들의 사고에 영향을 끼치는 것은 말이 아니라 글이다. 그런 의미에서 기원이었던 그들의 말이 이제 글을 대리 보충하고 있는 것이다. 이로써 기원에 대한 믿음은 거부되고 말과 문자의 위계질서는 무너진다.

또한 데리다는 전통적 책 읽기의 해체를 주장한다. 저자는 책을 쓸 당시에 특정한 독자를 미리 연상할 수 없으며, 독자는 저자의 의도야 어떻든 그 책을 자기 마음대로 읽을 권리가 있다. 저자도 독자도 확정된 실체가 아니므로 저자에게서 독자에게로 의미가 순조롭게 흐른다는 것은 가능하지 않다. 전통적인 책 읽기에서는 독자가 책을 통해 저자의 의도, 진리를 발견할 수 있다고 믿었다. 하지만 데리다에 따르면 저자와 독자가 존재하지 않으므로 한 권의 책을 관통해 흐르는 일관된 내용, 진리, 전체 같은 것은 애초부터 없다. 독자는 단지 손에 들고 있는 책을 읽음으로써 직접 뭔가를 생산할 수 있을 뿐이다. 진리는 겉으로 드러날 수 있는 것이 아니고 단지 끝없는 해석만이 존재하는 것이다. 음성과 달리 문자는 반복 가능하며 흔적을 남긴다. 이러한 차연의 흔적을 읽어 내는 일이 바로 해체적 읽기이다.

여기서 '차연(Differance)'은 데리다가 도입한 새로운 용어로 '차이'와 '지연'이라는 뜻을 동시에 지닌다. 차이란 이미 만들어져 있는 어떤 것이 아니라 다른 것들과의 유동적인 관계에 의해 드러난다. 예를 들어 다른 사람과 나와의 차이는 이미 만들어진 것이 아니다. 우리는 살아가면서 매번 자신의 차이를 만들어 낸다. 마찬가지로 단어의 의미는 그 자체로 확정되어 있는 것이 아니다. 다른 단어와의 차이에 의해서 의미가 발생한다. 그리고 그 단어는 역시 또 다른 단어와의 차이를 통해 의미를 획득하게 된다. 따라서 차이를 통해 어떤 것의 의미를 결정한다는 것은 항상 진행 중이므로 안전한 차이 혹은 완전한 의미는 영원히 연기될 수밖에 없다.

① 소크라테스와 플라톤은 말이 글보다 로고스에 가깝다고 믿었다.
② 데라다는 서양 철학의 이원론적 체계에 대해 비판하였다.
③ 대리 보충은 기원을 대신해 기원의 한계를 보완해 주는 개념이다.
④ 데리다는 독자가 해체적 읽기를 통해 저자의 의도를 발견할 수 있다고 믿었다.
⑤ 소크라테스는 기억을 보완해 주는 한편 감퇴시키기도 하는 문자의 양면성을 파르마콘에 비유했다.

08

다음 글을 바탕으로 추론한 것으로 옳은 것을 고르면?

국토교통부는 2019년 3월 15일 오후 2시 오송 철도시설기지에서 철도종합시험선로의 준공식을 개최했다. 준공식에는 국토교통부 철도국장을 비롯해 한국철도시설공단, 한국철도기술연구원 등 국내 유관기관뿐만 아니라 국제철도협력기구(OSJD) 사무총장, 미국·중국·러시아 철도연구원 등 국내외 관계자 300여 명이 참석했다.

2009년 경부고속철도 2단계 건설 중 발생한 침목균열 사건은 철도 관련 종사자뿐만 아니라 일반국민들까지도 국내에서 개발된 철도용품 및 국외수입 철도용품에 대한 현장 성능시험의 필요성을 크게 느끼게 되는 계기가 되었다. 새로운 철도용품에 대한 현장 성능시험은 운영 중인 노선에서 수행하는 것이 최선이나, 운영 중인 영업선상에서 성능이 완전하게 검증되지 않은 제품에 대한 시험은 안전상의 이유와 영업 운행상의 지장 등의 이유로 큰 제약이 있었다. 철도기술은 다른 공학기술과 마찬가지로 '이론 및 수치 해석에 의한 설계적 측면에서의 검토, HW product 및 SW에 대해 실내모형·축소시험을 통한 성능검증, 실제 현장과 동일한 조건에서의 적용성·장기신뢰성 평가' 이상 3단계의 기술검증 절차를 통해 해당 기술이 완성되고 이후 상용화·실용화 단계로 넘어가는 것이 가장 이상적인 기술의 완성이라고 할 수 있다. 특히 최종 검증단계라고 할 수 있는 현장에서의 적용성·신뢰성 평가를 위해서는 시험선로로 지칭되는 시험 인프라의 확보가 절대적으로 요구되어 왔다.

세계 각국은 철도 신기술 개발에 있어서 시험선로에 대한 중요성을 인식하였으며 이미 중국, 미국, 러시아, 영국, 독일, 프랑스 등 해외 철도 선진국에서는 시험용 철도선로를 구축·운영하여 개발품에 대한 성능시험을 안전하고 신속하게 실시할 수 있도록 지원해 왔다. 반면, 우리나라는 개발품에 대한 성능시험을 시험용 철도선로가 아닌 KTX·전동차 등이 운행되고 있는 영업선로에서 실시함으로써 시험 중 사고의 위험에 노출되어 있고, 충분한 시험시간 확보도 곤란한 문제가 있었다.

시험선로를 구축할 때 고려해야 할 점은 첫째, 활용성 높은 시험선로 건설을 통한 수익성 확보이다. 시험선로를 통하여 수익성을 올릴 수 있을 것인가에 대해서는 비관적인 시각이 많다. 그만큼 시험선로를 통해 수익을 올리기 어렵다는 예상이 지배적이라는 말이다. 이를 극복하기 위해서는 우리가 국내시장보다는 해외시장을 염두에 두고 시험선로를 구축해야 할 필요성이 있다. 향후 우리의 주요 해외철도시장은 동남아시아, 중앙아시아, 몽골, 중동, 아프리카, 남아메리카 등이 될 것으로 예상되는데, 고속철도 기술개발 및 운영의 후발주자인 우리나라가 유럽, 일본, 중국과 경쟁해서 해외철도시장의 일정 부분을 확보하기 위해서는 우리 시험선로가 외국 시험선로보다 비교우위에 있는 부분이 있어야 한다. 둘째, 활용도 증대를 통한 수익성 향상을 위해서 현장시험 관련 국내 기준을 국제적 수준으로 재정리하고, 국제 기준 및 수준에 부합하는 시험이 가능하여야 한다. 셋째, 신속하고 정확하며 저렴한 시험을 실현하고 온라인 등을 활용한 현장으로의 접근성을 높임으로써 시험선로의 경쟁력을 향상시켜야 한다. 넷째, 수익성을 높이기 위하여 고속성과 함께 주요하게 고려할 사항이 복선화를 통한 시험 속도의 향상이다. 건설비용을 고려해야 하겠지만, 시험선로는 일반 철도 건설사업과 다른 각도에서 공격적인 선형조건(구배 30~50%, 최소곡선반경 50m 등)과 시설을 배치(분기측 최고속도 230km/h인 F65번 고속분기기 설치 등)할 수 있도록 확장성을 고려하는 것이 중요하다. 다섯째, 건설기간을 최대한 단축하는 공격적인 건설을 할 필요가 있다. 최근 국내에서는 한국철도기술연구원을 중심으로 다양한 궤도 시스템, 국산 체결구, 콘크리트궤도용 고속분기기, 콘크리트궤도용 강성노반, 무선통신기반 열차제어기술 등 철도용품 국산화 노력이 진행되고 있다. 이와 같은 연구결과가 시험선로 건설과 동시에 진행되도록 함으로써, 시험선로를 조기에 활용할 수 있도록 해야 한다.

국토교통부는 2014년부터 철도종합시험선로 구축사업에 착수하였으며, 2018년까지 총 2,399억 원을 투입해 충북 청원군~세종시 전동면 일대에 13km 연장의 시험용 선로를 구축했다. 철도종합시험선로에는 급곡선(회전반경 250m)·급구배(경사 35%) 및 교량(9개)·터널(6개) 등을 설치하여 국내외에서 요구하는 다양한 종류의 성능시험이 모두 가능하도록 하였으며, 특히 1개 교량은 새로운 교량형식·공법에 대한 시험이 가능하도록 교량의 교각·상부가 자유롭게 변경될 수 있는 구조로 구축했다. 또한 세계 최초로 고속·일반철도 차량용 교류전력(AC)과 도시철도 전동차용 직류전력(DC)을 모두 공급할 수 있도록 하고, 각종 철도신호·통신장치를 설치함으로써 KTX·전동차 등이 주행할 수 있다.

철도종합시험선로를 구축하고 본격적으로 운영함에 따라 우리나라 철도기술개발을 촉진하고 기술경쟁력을 제고하는 데 기여할 것으로 기대된다. 개발자는 철도종합시험선로에서 원하는 시간에 신속히 기술을 검증할 수 있고, 철도운영기관은 충분히 검증된 기술을 도입함으로써 기술 결함으로 인한 철도사고·장애 등 위험을 최소화할 수 있다. 또한, 기존에는 개발자가 해외 수출을 위해 현지에서 실시하던 성능시험을 앞으로는 철도종합시험선로에서 실시함으로써 성능시험에 소요되는 비용과 시간을 절감할 수 있다. 7월에는 철도종합시험선로에서 우리나라 기업이 호주에 수출할 전동차량에 대한 주행시험을 실시할 예정으로, 당초 호주 현지에서 실시하기로 했던 시험을 국내에서 실시함으로써 제품의 완성도를 더욱 높이고, 시험 시간도 단축할 수 있을 것으로 예상된다.

① 3월 15일 준공식에서 처음으로 호주에 수출할 전동차량에 대한 주행시험을 실시했다.
② 우리나라는 철도산업에서 시험용 철도선로를 구축·운영하는 선도적인 국가였다.
③ 철도종합시험선로 구축으로 실제 현장과 다른 통제된 조건에서 철도기술을 검증하여 안정성을 확인할 수 있다.
④ 철도종합시험선로 구축을 통해 성능시험을 해외 현지에서 시행함으로써 기존보다 더 높은 수익성을 기대할 수 있다.
⑤ 철도종합시험선로는 다양한 전력 공급 장치와 철도신호·통신장치가 설치되어 다양한 철도차량이 주행할 수 있다.

09

다음 글의 논지 전개 방식으로 적절한 것을 고르면?

최근 기본소득제에 대한 논란이 뜨겁다. 기본소득제의 도입을 세계 차원에서 논의하기 위해 만들어진 BIEN(Basic Income Earth Network)은 기본소득을 '자산조사와 근로에 대한 요구 없이 모든 개인에게 무조건 교부되는 주기적 현금'으로 정의한다. 최근 한국에서는 청년과 농민 등 일부 인구집단을 대상으로 현금을 지급하는 현금 지원 프로그램이 지방자치단체에 의해 제도화된 바 있다. 또한 코로나19 바이러스로 인한 경제 악화에 대응하기 위해 긴급재난지원금이 전 국민에게 지급된 바도 있다. 이러한 프로그램들이 완전한 기본소득제 도입을 위한 시작점이라는 평가가 있고, 차제에 전국민을 대상으로 하는 기본소득제의 도입이 필요하다는 주장도 제기되고 있다.

사회보장제도의 핵심기능이 무엇인가에 대한 서로 다른 두 개의 견해가 있다. 우선 소득계층들 사이의 수직적 재분배를 강조하는 견해가 있다. 이에 따르면 사회보장제도의 핵심기능은 고소득층으로부터 저소득층으로 소득을 이전하는 것이다. 이러한 견해를 가진 사람들은 한국의 사회보장제도가 경제사회적 약자보다 강자에게 더 후한 급여를 주고 있기 때문에 그 원래의 기능을 수행하지 못하고 있다고 비판한다. 기본소득제의 도입을 주장하는 사람들도 '모두를 위한 실질적 자유'를 위해서는 모든 특권적 자원의 향유로 얻어진 추가소득을 조세로 환수하여 모든 사회 구성원에게 평등하게 재분배해야 한다고 말한다. 사회보장제도이든, 복지국가 프로그램이든, 기본소득제이든 고소득자의 소득을 환수하여 현금으로 재분배하는 것이 가장 중요하다고 여기는 것이다.

하지만, 사회보장제도와 복지국가의 핵심기능을 소득계층들 사이의 수직적 재분배로 보는 생각이 낡은 것이라면 어떨까? 사실 사회보장제도의 핵심기능은 소득계층들 사이의 수직적 재분배가 아니라 사회위험의 분산이다. 더 나아가 소득계층들 사이의 수직적 재분배에서 사회위험 분산으로 그 기능이 전환되었기 때문에 그것이 질적, 양적으로 더 발전할 수 있었고, 사회 구성원들에게 더 많은 편익을 줄 수 있었다. 사회위험 분산의 기능을 잘 수행하는 제도는 재분배에도 긍정적인 효과를 산출한다. 일반적으로 고소득층보다는 저소득층이 사회위험에 더 많이 노출되어 있을 가능성이 큰 반면, 재원 부담은 지불 능력을 고려하여 이루어지기 때문이다. 사회위험 분산 기능은 복지를 통해 이득을 얻는 수혜자의 범위를 확장하는 경로를 통해 소득재분배 효과를 높이기도 한다. 또한, 사회위험 분산 기능은 복지를 통해 이득을 보는 사람들의 범위를 확장함으로써, '복지동맹'의 형성을 가능케 하고, 대의 민주주의하에서의 정치적 지속가능성도 높인다. 기본소득제를 주장하는 사람들은 기본소득제를 포함한 사회복지제도의 핵심기능을 주로 재분배와 관련하여 이해하는 것으로 보인다. 이는 소득계층들 사이의 재분배에서 위험집단들 사이의 사회위험 분산으로 발전해온 그간의 경과는 물론이고, 그러한 발전의 의미와 효과를 충분히 고려하지 않는 것이다.

기본소득제가 필요하다고 주장하는 사람들은 4차 산업혁명이 가져오고 있는 커다란 변화에 대해 사회보험을 근간으로 하는 사회보장제도는 적절하게 대응할 수 없다고 말한다. 그러나 이러한 주장은 사회보장제도에 대해 기술혁명이 가져올 변화를 지나치게 단순하게 보는 것이다. 지식과 정보에 기반을 둔 기술혁명이 가져오는 변화는 사회보험의 발전에 긍정적일 수도, 부정적일 수도 있다. 사회보험이 필요한 이유의 하나가 정보 불균형으로 인한 시장실패라는 점을 감안하면, 사회위험에 대한 빅데이터 정보의 축적과 활용은 사회보험을 사보험으로 대체할 가능성을 높일 수 있다. 반대로, 빅데이터 정보의 축적과 활용은 지금보다는 훨씬 더 정교하고 신속하게 사회위험을 분산하는 사회보험을 출현시킬 수도 있다.

기본소득제의 철학적 기초는 모두를 위한 실질적 자유라 한다. 기본소득제는 사회관계가 낳는 모든 특권적 자원에서 파생하는 추가소득의 재분배가 이를 실현할 수단이며, 사회보장제도와 복지국가의 한계를 극복할 수 있다고 한다. 과연 그러한가? 기본소득제를 주장하는 모든 사람들이 가장 중요하다고 생각하는 속성은 적용대상의 보편성과 급여자격의 무조건성이 아닐까 싶다. 하지만 적용대상과 급여자격의 최대치는 국적이나 영주권 같이 특정 정치공동체에서 시민권을 가진 사람들로 제한된다. 그러므로 모든 기본소득제의 정확한 이름은 '국민' 기본소득제, '원주민' 기본소득제이다. 보편적이지도, 무조건적이지도 않다. 공유권리라고 치장하지만 사실은 국적과 영주권일 뿐인 이러한 조건은 급여의 자격조건을 다시 개인의 속성과 관련한 것으로 되돌리는 것이다. 기본소득에 대한 자격조건을 가지지 못하는 이유가 국민이 아니라 외국인이어서, '동지'가 아니라 '이방인'이어서라면 발전이고, 진보인가?

기본소득제는 공유부를 창출한 사람들 중 일부만을 골라 수익을 배분하는 방식이기 때문에 찬성할 수 없다. 대한민국의 토지는 대한민국 국민의 것이므로, 거기서 나온 수익을 대한민국 국민만이 공유한다고 말할 수는 있지만, 대한민국 기업이 배출한 탄소 때문에 지구온난화가 심화된다면, 그 피해에 대한 보상은 대한민국 국민에게만 해야 하는가? 데이터는 더욱 그렇다. 플랫폼 기업이 전유하는 막대한 지대수익의 원천이 되는 자유·무료 노동을 대한민국 국민만이 제공하는 것은 아니기 때문이다. 환경이나 정보가 공유부라는 점을 인정한다 해도, 그 공유에 대한 권리를 특정 국민국가의 구성원으로만 제한하겠다는 발상은 옳지 않다. 가난한 개발도상국 국민들의 자유·무료노동을 잘 사는 선진국 국민들의 기본소득제 재원으로 사용하는 것은 정의에 부합하지 않기 때문이다.

① 중심 화제를 제시한 후 역사적 변천에 따라 서술하고 있다.
② 주어진 논제에 대한 주장에 반박하며 자신의 견해를 밝히고 있다.
③ 다양한 사례를 제시하고 그 사례에 공통되는 본질을 이끌어 낸다.
④ 다양한 가설의 장단점을 비교 분석한 뒤 종합하여 정리하고 있다.
⑤ 상반된 관점을 객관적으로 소개하고 독자의 판단을 이끌어내고 있다.

10

A씨의 사무실에는 뻐꾸기 시계가 있다. 다음 [상황]을 바탕으로 A씨가 퇴근한 시간으로 가능한 것을 고르면?

상황

- 뻐꾸기 시계는 정시가 되면 시계 안에서 뻐꾸기가 소리를 내며 나온다.
- 뻐꾸기는 시침이 가리키는 숫자만큼 '뻐꾹' 소리를 내고 시계 안으로 들어간다.
- A씨가 오전에 출근하여 오후에 퇴근할 때까지 뻐꾸기가 총 54번 '뻐꾹' 소리를 냈다.

① 오후 4시 30분
② 오후 5시 40분
③ 오후 6시 50분
④ 오후 7시 10분
⑤ 오후 8시 20분

11

다음 [조건]에 따라 오전 8시에 좌회전 신호에서 초록불로 바뀌었을 때, 오전 9시 신호등 상황으로 옳은 것을 고르면?

조건

- 10초 동안 빨간불이 켜진다.
- 그다음 20초 동안 좌회전만 가능한 좌회전 신호등이 켜진다.
- 그다음 1분 40초 동안 직진만 가능한 초록불이 켜지고 이후 빨간불이 켜지며 반복된다.

① 직진만 가능한 초록불에서 빨간불로 변경된다.
② 빨간불에서 좌회전만 가능한 좌회전 신호등으로 변경된다.
③ 좌회전만 가능한 좌회전 신호등이 켜진 상태이다.
④ 좌회전 신호등에서 직진만 가능한 초록불로 변경된다.
⑤ 직진만 가능한 초록불이 켜진 상태이다.

12

신입사원 H씨는 바이러스 예방과 관련하여 공적 마스크를 구입하였다. 다음 [보기]를 바탕으로 신입사원 H씨의 출생연도 끝자리가 될 수 있는 숫자와 공적 마스크를 구입 가능한 날짜를 바르게 짝지은 것을 고르면?

보기

- 공적 마스크는 3월 9일 월요일부터 주 1회 구입 가능하다.
- 신입사원 H씨는 판매 첫 주 평일에 공적 마스크를 구입하였고, 이 날로부터 36일 후에 공적 마스크를 구입하였다.
- 공적 마스크 5부제는 출생연도의 끝자리에 따라 구입 가능한 요일이 다르다. 월요일은 1, 6년생, 화요일은 2, 7년생, 수요일은 3, 8년생, 목요일은 4, 9년생, 금요일은 5, 0년생, 토/일요일은 출생연도 끝자리에 관계없이 주중에 못 산 사람 누구나 구입 가능하다.

①

출생연도 끝자리	구입 가능한 날짜
2	4월 20일

②

출생연도 끝자리	구입 가능한 날짜
3	4월 29일

③

출생연도 끝자리	구입 가능한 날짜
4	5월 7일

④

출생연도 끝자리	구입 가능한 날짜
5	5월 12일

⑤

출생연도 끝자리	구입 가능한 날짜
0	5월 15일

[13~14] 다음 [그래프]와 [표]는 서민 맞춤 대출 공급 실적에 대한 자료이다. 이를 바탕으로 이어지는 질문에 답하시오.

[그래프] 연도별 서민 맞춤 대출 공급액 (단위: 억 원)

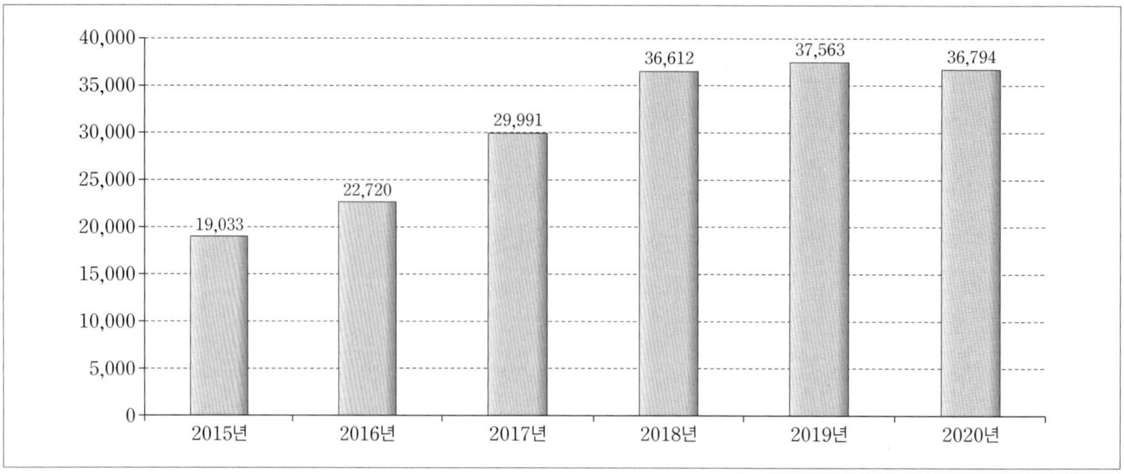

[표] 연도별 서민 맞춤 대출 공급 목표액 및 상반기 공급액 (단위: 억 원)

구분	2015년	2016년	2017년	2018년	2019년	2020년
공급 목표액	19,148	24,440	30,180	33,005	33,010	34,010
상반기 공급액	9,464	11,578	13,900	17,788	19,480	18,897

13

다음 [보기]에서 주어진 자료에 대한 설명으로 옳은 것의 개수를 고르면?

보기

㉠ 공급액이 공급 목표액을 초과한 해에 초과 달성액의 합은 11,000억 원 이상이다.
㉡ 조사 기간에 서민 맞춤 대출 공급 목표액과 공급액은 모두 매년 꾸준히 증가하고 있다.
㉢ 2016~2019년 중 공급액이 전년 대비 가장 많이 증가한 해는 2017년이다.
㉣ 2020년 공급액은 2016년 대비 60% 이상 증가하였다.

① 0개　② 1개　③ 2개　④ 3개　⑤ 4개

14

주어진 자료에서 2015년 서민 맞춤 대출 하반기 공급액은 (㉠)억 원이고, 2020년 하반기 공급액의 공급 목표액 달성률은 소수점 첫째 자리에서 버림하면 (㉡)%이다. 이때, 빈칸 ㉠, ㉡에 들어갈 값을 바르게 짝지은 것을 고르면?

	㉠	㉡
①	9,569	51
②	9,684	51
③	9,569	52
④	9,684	52
⑤	9,951	53

[15~16] 다음 [그래프]는 분기별 승용차 수출입액 및 수출입 대수 추이에 대한 자료이다. 이를 바탕으로 이어지는 질문에 답하시오.

[그래프1] 분기별 승용차 수출입액 (단위: 백만 달러)

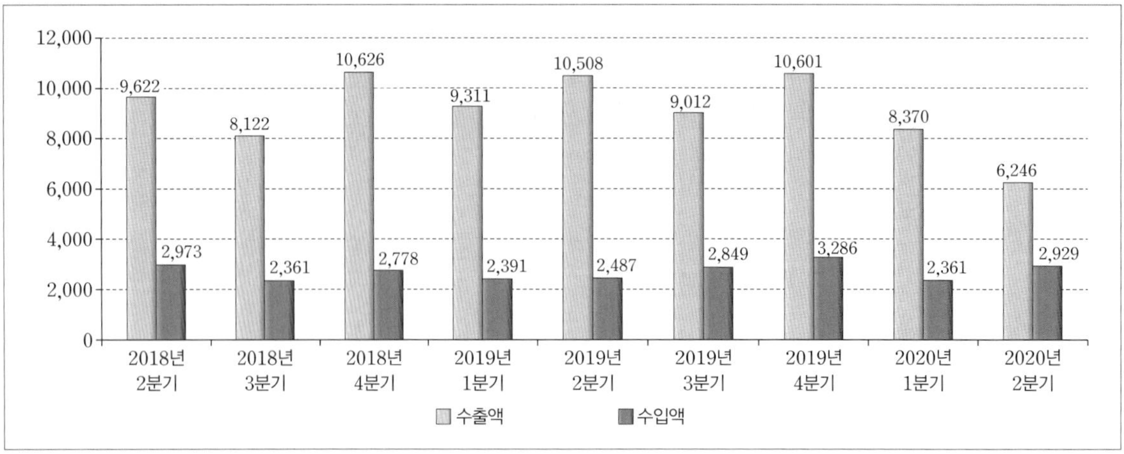

[그래프2] 분기별 승용차 수출 및 수입 대수 (단위: 천 대)

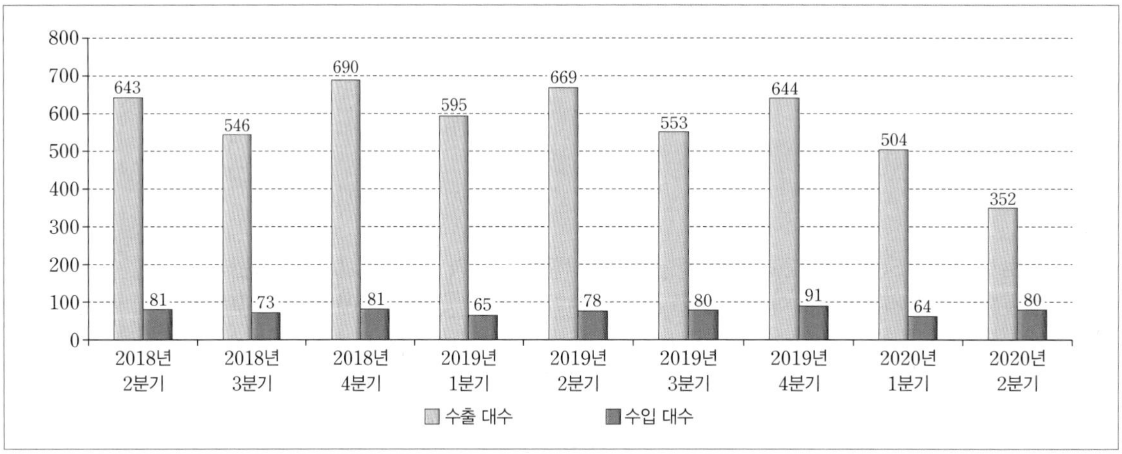

15

다음 [보기]에서 주어진 자료에 대한 설명으로 옳은 것을 모두 고르면?

보기

㉠ 2018년 4분기의 수출 대수 1대당 수출액은 15,400달러이다.
㉡ 2019년 2분기의 수입 대수는 전 분기 대비 12% 증가하였다.
㉢ 수입 대수 대비 수출 대수가 가장 적은 분기의 수입 대수 대비 수출 대수는 4.4대이다.
㉣ 2020년 2분기의 수입 대수 1대당 수입액은 2019년 3분기 수입 대수 1대당 수입액보다 900달러 이상 증가하였다.

① ㉠, ㉡ ② ㉡, ㉢ ③ ㉠, ㉡, ㉢
④ ㉠, ㉢, ㉣ ⑤ ㉠, ㉡, ㉢, ㉣

16

주어진 자료를 활용하여 다음 [그래프]와 [표]를 작성하였다. 이때, A, B, C 값의 합을 고르면?(단, 2018년 1분기 수출액은 동년 3분기와 동일하고, 2020년 3, 4분기 수입 대수는 각각 동년의 1, 2분기와 동일하다고 가정한다.)

[그래프] 연도별 승용차 수출입액 (단위: 백만 달러)

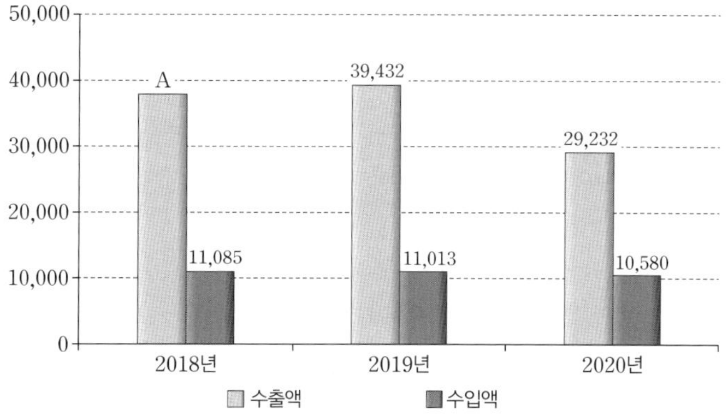

[표] 연도별 승용차 수출 및 수입 대수 (단위: 천 대)

구분	수출 대수	수입 대수
2018년	2,522	316
2019년	B	314
2020년	1,712	C

① 30,975 ② 35,432 ③ 39,241
④ 40,741 ⑤ 42,693

17

다음 [표]와 [그래프]는 1인 가구 비율과 1인 생활 지속 여부에 대한 자료이다. 이때, [보기]에서 주어진 자료에 대해 옳지 않게 설명한 사람의 수를 고르면?

[표] 성별 · 연령별 1인 가구의 비율 (단위: %)

구분	2019년		2020년	
	남성	여성	남성	여성
20대	8.2	4.2	15.1	15.5
30대	6.3	13.9	18.8	19.4
40대	18.6	29.5	22.1	35.5
50대	24.3	45.1	20.8	44.9

[그래프1] 앞으로 10년 이상 1인 생활 지속 예상 (단위: %)

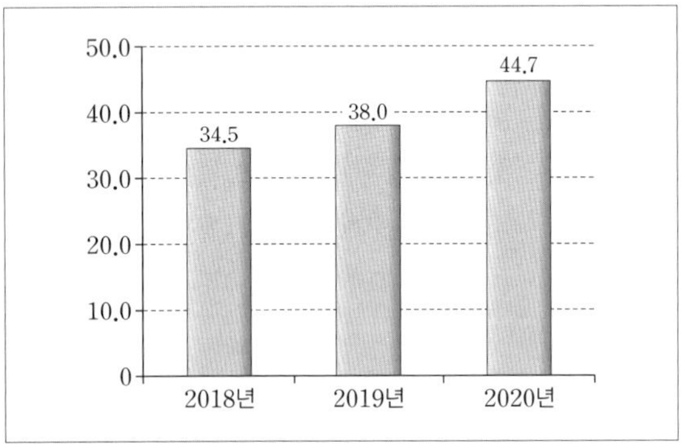

[그래프2] 앞으로 2년 이내 1인 생활 종료 예상 (단위: %)

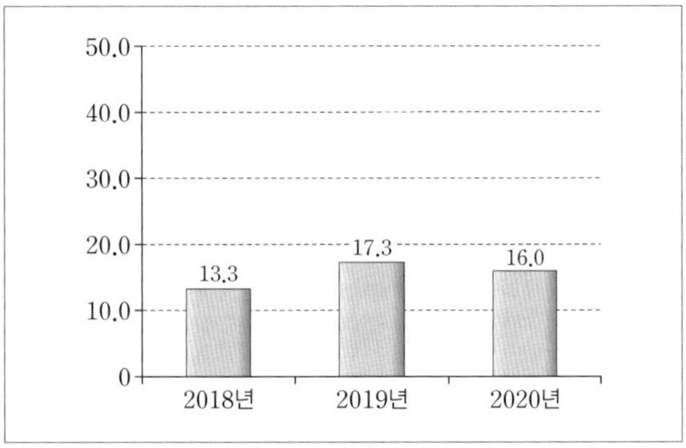

보기

- A: 2020년 50대 여성과 20대 여성의 1인 가구 비율의 차이는 50대 남성과 20대 남성의 1인 가구 비율의 차이의 6배 이상이다.
- B: 2019년에 여성의 연령대가 높아질수록 1인 가구의 비율이 높다.
- C: 2020년에 2년 이내에 1인 생활이 종료될 것으로 예상된다고 응답한 사람의 비율은 전년 대비 1.3%p 감소하였다.
- D: 2018~2020년에 1인 생활을 10년 이상 지속할 것이라고 예상하는 사람의 비율은 높아지고 있다.

① 0명 ② 1명 ③ 2명
④ 3명 ⑤ 4명

18

김 씨는 여러 가지 만성질환으로 인하여 약을 많이 복용한다. 김 씨가 약을 복용하는 [조건]이 다음과 같을 때, 옳지 않은 것을 고르면?

조건

김 씨가 복용하는 약은 A~E이고, 복용 정보는 다음과 같다.

약	복용 횟수	복용 시점	함께 복용할 수 없는 약	우선순위
A	2회	식후	B, C, E	3
B	4회	식후	A, C	1
C	3회	식전	A, B	2
D	3회	식전	-	5
E	4회	식후	A	4

- 약은 매일 아침식사, 점심식사, 저녁식사 식전/식후로 총 6회 복용할 수 있다.
- 1회당 최대 2개의 약을 복용할 수 있다.
- 함께 복용할 수 없는 약은 같은 식사 시점 전후에 복용할 수 없다.
- A, B, C, D, E약을 아침에 복용한다고 할 때, B약이 1순위이므로 B약을 아침 식후에 복용한다. 2순위인 C약과 3순위인 A약은 둘다 B약과 함께 복용할 수 없으므로 아침 식전 또는 식후에 복용하지 않는다. 4순위인 E약은 B약과 함께 복용할 수 있으므로 아침 식후에 복용하고, 5순위인 D약은 식전에 B약과 함께 복용할 수 있으므로 아침 식전에 복용한다.
- 약을 가장 처음 먹는 시점은 아침 식사 식전 또는 식후이며, 최대한 빠르게 모든 약을 복용하도록 한다.

① 주어진 약의 우선순위와 김 씨가 복용을 완료하는 약의 순서는 다르다.
② 김 씨가 가장 먼저 복용을 완료하는 약은 B이다.
③ E약은 항상 다른 약과 같이 복용한다.
④ 김 씨가 가장 마지막에 복용을 완료하는 약은 A이다.
⑤ 김 씨는 4일 안에 모든 약을 복용할 수 있다.

[19~20] 기획팀의 김 대리는 다음 자료와 휴가 일정을 고려하여 해외여행을 다녀오려고 한다. 이를 바탕으로 이어지는 질문에 답하시오.(단, 각 항공편의 운행 출발시각은 한국 시간을 기준으로 한다.)

- 휴가 기간: 2021. 02. 20.~ 2021. 02. 24.
- 휴가 후보지 현황: 태국, 베트남, 싱가포르
- 항공료는 400,000원을 초과할 수 없다.
- 적어도 2일(48시간) 동안 휴가지에 머무른다.
- 항공편에서 경유하는 경우, 기존 항공료에서 20%가 할인된다. 예를 들어 인천 C공항에서 베트남 A공항까지 가는데 중국 A공항을 경유하여 간다고 한다. 인천 C공항에서 중국 A공항까지 항공료가 16만 원이고, 중국 A공항에서 베트남 A공항까지 항공료가 8만 원일 경우, 총 항공료는 19만 2천 원이다.
- 편도 기준 경유 시 최대 대기 시간은 5시간이다.

[항공편]

구분		출발	도착	운행 출발시각	항공 소요시간	항공료
가는 편	TA001	인천 C공항	중국 A공항	2. 20. 03:00	3시간 10분	16만 원
	TA002	태국 A공항	싱가포르 A공항	2. 20. 05:00	2시간	7만 원
	TA003	중국 A공항	싱가포르 A공항	2. 20. 08:00	2시간 30분	15만 원
	TA004	인천 C공항	태국 A공항	2. 20. 14:00	5시간 30분	11만 원
	TA005	태국 A공항	베트남 A공항	2. 20. 20:00	2시간 10분	6만 원
	TA006	태국 A공항	중국 A공항	2. 20. 23:00	3시간 30분	10만 원
	TA007	중국 A공항	베트남 A공항	2. 21. 07:00	4시간	8만 원
	TA008	인천 C공항	베트남 A공항	2. 21. 18:00	5시간 20분	14만 원
오는 편	TA101	중국 A공항	인천 C공항	2. 22. 13:00	3시간 20분	18만 원
	TA102	싱가포르 A공항	베트남 A공항	2. 22. 15:00	4시간 10분	4만 원
	TA103	태국 A공항	싱가포르 A공항	2. 22. 20:00	2시간 20분	10만 원
	TA104	베트남 A공항	인천 C공항	2. 23. 04:00	4시간 40분	17만 원
	TA105	중국 A공항	태국 A공항	2. 23. 09:00	3시간 50분	12만 원
	TA106	베트남 A공항	싱가포르 A공항	2. 23. 15:00	1시간 40분	6만 원
	TA107	태국 A공항	인천 C공항	2. 23. 19:00	5시간 40분	16만 원
	TA108	싱가포르 A공항	인천 C공항	2. 23. 20:00	5시간 10분	15만 원

19

주어진 자료를 바탕으로 옳지 않은 것을 고르면?

① 휴가 기간에 싱가포르로 여행을 다녀올 수 있다.
② 중국 A공항, 싱가포르 A공항, 태국 A공항, 베트남 A공항을 모두 경유하여 여행을 다녀올 수 있다.
③ 대기 시간을 제외한 왕복 항공 소요시간이 가장 짧은 여행지는 베트남이다.
④ 여행지에 갈 때 한 번 경유하는 경우, 대기 시간을 포함하여 여행지에 가는 데 가장 오래 걸리는 시간은 8시간 10분이다.
⑤ 가장 저렴한 항공료로 다녀올 수 있는 여행지는 태국이다.

20

김 대리가 가장 저렴한 항공료로 베트남으로 여행을 갈 경우, 지출하는 총항공료를 고르면?

① 304,000원 ② 308,000원 ③ 320,000원
④ 324,000원 ⑤ 332,000원

21

소민이는 카페의 회전율을 알아보기 위하여 하루 동안의 고객 출입시간 및 시간별 매장 내 고객 수를 조사하였다. 다음 조사 결과를 바탕으로 옳지 않은 것을 고르면?

일행인 경우 같은 테이블에 앉고, 동시에 카페에 들어오며 동시에 카페에서 나간다. 만약 일행이 카페에 방문하였을 때 앉을 자리가 없다면 일행들은 카페에서 음료를 주문하지 않고 나간다. 테이블에 앉은 경우 1인당 음료를 1잔씩 주문한다. 단, 일행이 카페에 들어왔을 때 앉을 수 있는 테이블이 2개 이상인 경우 가능한 한 작은 테이블에 앉는다. 카페에는 테이블이 3개 있고, 각 테이블은 다음과 같이 일행을 수용할 수 있다.

테이블	2인용	4인용	6인용
착석 가능 인원	1명 이상 2명 이하	2명 이상 4명 이하	3명 이상 6명 이하

하루 동안 카페 방문 현황은 다음과 같다.

방문일시	방문자 일행 수	기존 고객	방문일시	방문자 일행 수	기존 고객
09:20	1명	0명	15:50	1명	2명
10:15	2명	1명	16:40	5명	0명
10:50	4명	3명	18:10	3명	5명
11:30	5명	3명	19:00	1명	8명
12:40	3명	7명	19:40	3명	8명
14:00	2명	5명	20:30	2명	8명

- 카페 영업시간은 9시부터 22시까지이다.
- 음료를 주문한 고객들은 카페에 최소 10분 이상 머무른다.
- 방문자 일행이 와서 음료를 주문하는 경우 기존 고객은 최소 10분 더 카페에 머무른다.

① 가장 처음 방문한 손님은 2시간 이상 카페에 머물렀다.
② 영업시간 중 카페에 머물러 있는 최대 인원은 10명이다.
③ 음료를 주문하지 못하고 나간 일행은 두 팀이다.
④ 오전 10시 55분에 카페에는 7명이 있다.
⑤ 영업시간 동안 판매한 음료의 개수는 홀수 개이다.

22

○○대학교 총학생회장은 다음 [조건]에 따라 각 부처의 국장을 선출하려고 한다. 이를 바탕으로 항상 옳지 않은 것을 고르면?

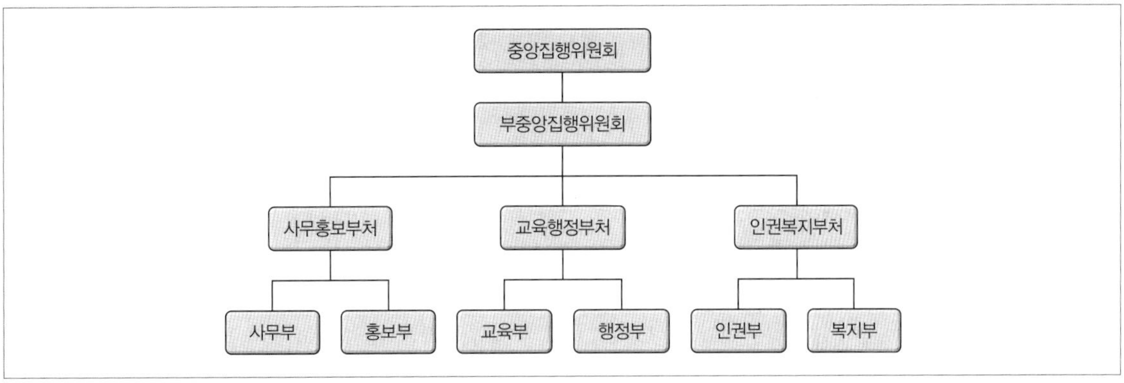

조건

- 중앙집행위원장, 부중앙집행위원장, 사무부장, 홍보부장, 교육부장, 행정부장, 인권부장, 복지부장을 각 1명씩 총 8명을 선출하며, 이 중 중앙집행위원장과 부중앙집행위원장은 간부 임원이다.
- 후보는 경영학과 출신 A, 경영학과 출신 B, 경영학과 출신 C, 교육학과 출신 D, 교육학과 출신 E, 사회복지학과 출신 F, 사회복지학과 출신 G, 사회복지학과 출신 H 8명이다.
- 사무홍보부처의 부장은 경영학과 출신, 교육부장은 교육학과 출신, 인권복지부처의 부장은 사회복지학과 출신으로 구성한다.
- B와 D는 같은 부처로 구성된다.
- F와 H는 같은 부처로 구성될 수 없다.

① 경영학과 출신의 사람이 행정부장이 된다.
② F가 복지부장이 되지 않으면 G는 인권부장이 된다.
③ 부중앙집행위원장이 될 수 있는 사람은 4명이다.
④ F가 복지부장이 된다면 H는 간부 임원이 된다.
⑤ 어떤 부처의 국장인지 확실히 알 수 있는 사람은 2명이다.

23

다음 글을 바탕으로 추론한 것으로 옳지 않은 것을 고르면?

탑은 부처의 사리를 안치한 신앙 대상물이다. 초기 불교는 탑 중심의 신앙이었기 때문에 탑을 사찰의 중심에 배치하였다. 이때는 목탑이 중심이었다. 그러나 차츰 금당 중심 신앙으로 옮겨갔으며 탑은 금당 앞에 두 개를 두는 것으로 약화되었다. 이때부터 석탑이 많이 만들어지기 시작했다.

현존하는 삼국시대 석탑은 백제의 익산 미륵사지 석탑과 부여 정림사지 5층석탑이 있고 신라 경주의 분황사 모전석탑이 있다. 삼국시대 석탑은 목탑 못지 않게 규모가 크며 목탑을 모방한 가구식 구조로 만들어졌다. 통일신라의 대표적인 석탑은 감은사지 3층석탑, 고선사지 3층석탑, 불국사 3층석탑, 다보탑 등이 있다. 남북국시대 통일신라는 삼국시대보다 탑의 규모가 작아졌으며 쌍탑으로 배치하는 것이 일반적이었다. 또 삼국시대에는 기단이 단층이었는데 통일신라는 이중기단이 일반적이었다. 고려시대가 되면서 탑은 더 왜소해지고 다양한 형태로 만들어졌으며, 조선시대에는 탑이 거의 만들어지지 않았다.

석탑 기단은 단층과 중층이 있으며 대부분 가구식기단이다. 이중기단일 경우에는 보통 아래 기단이 낮은데 이를 하대(下臺)라고 하고, 높은 위 기단을 상대(上臺)라고 하여 구분한다. 세부구성은 건물 가구식기단의 명칭과 같다. 즉, 바닥의 받침돌을 지대석, 기둥석을 탱주석, 모서리 기둥은 우주석이라고 부르고 기둥석 사이를 면석이라고 한다. 규모가 작은 경우에는 기둥석과 면석을 별도의 돌로 만들지 않고 조각으로 새김하여 모양만 내는 경우도 많다. 하대 갑석은 상대 지대석이 되며 상대의 구성도 하대와 같다.

기단 위에는 탑신석(塔身石)과 옥개석(屋蓋石)이 한 조가 되어 층을 이룬다. 탑신석의 경우 대개 모서리에 기둥을 새기는 것이 일반적이며, 면에는 문얼굴과 자물쇠를 조각하는 경우도 많다. 또 통일신라 후기부터는 탑신에 부처를 새기거나 기단에 안상이나 팔부신장을 새기는 등 장식화 경향을 보인다.

맨 위층 옥개석 위에는 높게 장식물이 올라가는데 이를 상륜부(相輪部)라고 한다. 목탑에서는 찰주에 동으로 장식하여 상륜을 만드는 것이 일반적이지만 석탑에서는 돌로 조각하여 만든다. 상륜은 복잡한 것에서 간단한 것까지 다양하며 모양에 따라 세부명칭이 붙는다. 가장 아래 방형의 상륜받침을 노반(露盤)이라고 하며 노반 위는 마치 산치탑과 같은 반구형을 올리는데 이를 사발을 엎어 놓은 것과 같다고 하여 복발(覆鉢)이라고 한다. 복발 위의 장식은 활짝 핀 꽃송이와 같다고 하여 앙화(仰花)라고 하며 앙화 위에는 마차 바퀴처럼 생긴 보륜(寶輪)이 여러 단 올라간다.

보륜 위에는 마치 왕관처럼 생긴 모자를 씌우는데 이를 보개(寶蓋)라고 하며 보개 위에는 꽃씨 주머니처럼 생긴 수연(水煙)이 있다. 수연 위에는 동그란 구슬모양의 장식이 올라가는데 이를 용차(龍車), 보주(寶珠)라고 한다. 실상사 석탑 상륜은 이러한 요소들이 모두 갖추어진 장식성이 강한 상륜이다. 상륜의 이러한 장식들은 모두 극락세계의 법륜과 금은보화 등 진귀한 보물을 상징한다.

탑 건립에 있어 가장 중요한 요소는 지대석의 크기이다. 지대석의 크기에 따라 모든 탑의 높이와 너비가 결정되며, 이것 자체가 한 사찰을 건립하는 기본 단위로 설정되기도 했다. 황룡사지 탑의 기단을 내접하는 원의 직경은 사찰의 동·서 길이의 1/6배에 해당한다. 불국사의 경우 다보탑과 석가탑의 기단 너비의 세 배가 불국사 전체를 세우는 기본 척도로 사용되었다. 이러한 예들을 통해 지대석의 크기가 사찰을 건립하는 기본 단위가 되었다는 사실을 확인할 수 있다.

지대석의 크기와 탑의 높이도 관련이 있다. 석탑 중에 최고로 꼽히는 석가탑을 예로 들어 알아보자. 지대석의 크기가 결정되면 지대석 한 변의 길이를 재어 땅과 수직적인 가상의 면(입면)에 정삼각형을 생각할 수 있다. 그 정삼각형의 꼭지점까지의 높이가 놀랍게도 석가탑의 1층 탑신의 높이와 정확히 맞아 떨어진다. 2층 탑신은 1층 지붕돌 전체 높이의 절반으로 설정되고, 3층 탑신은 2층 지붕돌 전체 높이의 절반으로 설정된다. 또한 1층 탑신의 너비와 높이는 금당의 너비와 길이의 1/10에 해당한다. 즉, 탑 각 층의 너비와 높이, 사찰의 기본 배치가 탑의 지대석의 크기에 의해 결정되는 것이다.

이것 말고도 석탑에는 시각적으로 드러나지 않지만 수치상으로 차이가 나는 부분이 있다. 기단 기둥의 수치를 재어 보면 안쪽 기둥에 비해 바깥쪽 모서리 기둥의 높이가 약간씩 높은 것을 알 수 있다. 이것을 귀솟음 기법이라 하는데 중심 기둥과 모서리 기둥의 높이를 같게 할 경우 발생하는 양쪽 끝이 중심보다 낮게 보이는 착시 현상을 방지하기 위함이다. 또한 기단과 탑신의 너비는 아래쪽이 넓고 위쪽으로 갈수록 좁아지는데 이것을 안쏠림이라 부른다. 안쏠림 기법은 기단과 탑신의 기둥을 수직으로 올리는 것이 아니라 약간 안쪽으로 기울게 만드는 것으로 이것 역시 수직으로 올렸을 때 착시 현상 때문에 윗부분이 넓게 보이는 것을 방지하기 위한 조상들의 슬기이다. 석탑에서 사각기둥의 기둥은 기둥의 위쪽이 아래쪽보다 작게 마름되게 하는 민흘림기둥으로 하여 미감을 더하였다. 이 민흘림기둥은 상승감과 안정감을 주게 하는 시각적인 효과가 있다. 정림사지 5층 석탑, 익산 미륵사지 석탑이 그 예이다.

우리 조상들의 슬기는 또한 탑의 지붕 아래 처마에서도 확인할 수 있다. 탑은 사리나 경전을 안치하는 장소이다 보니 석탑 내부에 습기가 차지 않도록 하는 것이 중요했다. 비가 내릴 때 목탑은 기와지붕 끝에 걸려 물이 수직으로 떨어지지만, 석탑은 빗물이 지붕돌 아래의 층급받침을 타고 바깥 표면을 타고 몸돌까지 흐르게 된다. 이것은 냄비의 국을 그릇에 따를 때 흘리지 않게 조심한다고 천천히 따르면 오히려 냄비 바깥 표면을 타고 국이 다 흘러 버리는 것을 생각하면 쉽게 이해될 것이다. 이런 경우에 빗물이 탑 안으로 스며들어 안치되어 있던 물품이 습기에 부식될 수도 있다. 이러한 불안을 없애려면 빗물이 몸돌로 흐르지 않게 하면 되는 것이다. 조상들은 빗물이 목탑에서와 같이 수직으로 떨어질 수 있게 방법을 고안했다. 바로 지붕 아래 물끊기홈이라는 홈을 파서 빗물이 그 홈을 통해 수직으로 떨어질 수 있도록 한 것이다. 매우 단순한 것 같지만 이렇게 작은 홈 하나를 파 넣음으로써 탑 안의 사리구나 경전을 보존하는 지혜를 발휘한 것이다.

① 석탑은 시대에 따라 규모와 형태가 다르다.
② 귀솟음 기법과 안쏠림 기법은 착시 현상을 방지한다.
③ 지대석의 크기에 따라 탑 각 층의 너비와 높이가 결정된다.
④ 탑의 지붕 아래 홈을 파서 빗물이 바닥으로 흐르는 것을 막는다.
⑤ 석탑 상륜의 장식들은 불교 법륜과 진귀한 보물을 상징한다.

24

김 대리가 비품 구입 비용을 처리하려고 하는데 영수증을 분실하였다. 다음 내용을 바탕으로 항상 옳지 않은 것을 고르면?

구분	구매수량	개(박스)당 가격	총합
알코올솜(박스)		800원	
종이컵(1,000개, 1박스)			
멸균주사기(박스)			80,000원
청진기(개)			
소독제(개)			
TOTAL 216,000원			

[구매정보]

- 청진기의 개당 가격은 소독제 2개를 살 수 있는 금액이다.
- 소독제의 개당 가격은 멸균주사기 1박스보다 1,500원이 더 비싸다.
- 알코올솜 9박스를 사는 금액으로 종이컵 2박스를 살 수 있다.
- 소독제 18개를 사는 금액으로 종이컵 20박스를 살 수 있다.
- 알코올솜 구매수량은 청진기 구매수량의 5배이다.
- 청진기와 소독제 구매금액은 동일하다.
- 종이컵 구매수량은 청진기 구매수량의 2배이다.

① 전체 금액으로 청진기만 구매하였다면 최대 27개를 살 수 있다.
② 전체 금액으로 한 품목만 최대로 구매한다면 알코올솜을 가장 많이 살 수 있다.
③ 소독제 개당 가격은 알코올솜 1박스의 5배이다.
④ 전체 금액으로 멸균주사기만 구매하였다면 최대 82박스 살 수 있다.
⑤ 전체 금액으로 알코올솜만 구매하였다면 최대 270박스 살 수 있다.

25

김 씨가 신재생에너지 설치계획서를 제출하기 위해 신재생에너지 설치계획서 제출 시 첨부 서류에 관한 안내 사항을 읽고 있다. 김 씨가 기관에 문의하지 않고 주어진 자료를 통해 알 수 있는 것을 고르면?

신재생에너지 설치계획서 제출 시 첨부 서류

1. 등기부등본(건물) 또는 건축물대장
   - 건축허가서 · 신고필증 인정
   - 대장상의 주소와 전산상 설치장소의 주소가 일치하게 입력
   - 공동지분인 경우 최대 지분 소유자가 신청자가 됨
2. 사업자등록증: 신청자가 개인이 아닌 법인의 경우에만 해당
3. 본인서명사실확인서
   - 신청자 본인이 발급받기 어려운 경우(해외거주, 건강악화 등) 가족이 대신 발급 후 가족관계증명서, 주택 소유주(신청자)의 동의서 제출
   - 신청자가 법인 등인 경우 법인 대표이사 또는 직원 명의로 본인서명사실확인서를 제출하여야 하며, 직원일 경우 재직증명서 및 대표이사 동의서 제출 필수
4. 표준 설치계약서
   - 표준 설치계약서상의 보조금액 등 총공사금액과 전산 신청서상의 금액 일치
5. 주택지원사업 안내확인서
   - 2장 분량의 신청자 확인서 제출(신청자 체크 여부 반드시 확인)
6. 증빙자료 확인
   - 태양광: 한전 전기사용량
   - 태양열: 주택 온수, 난방부하 계산 및 설계도
   - 지열: 지열이용검토서(17.5kW 초과 시)
   - 연료전지: 한전 전기사용량
7. 기타: 별도 추가 증빙이 필요한 서류

① 대리인 신청인 경우 본인서명사실확인서에 대리인이 서명 가능한지 여부
② 첨부 서류를 팩스로 보내는 것이 가능한지 여부
③ 태양광 설치 시 어느 기간의 한전 전기사용량을 제출해야 하는지 여부
④ 공동지분일 때 최대 지분 소유자가 아닌 나머지 지분 소유자에 대한 동의서가 필요한지 여부
⑤ 신청자가 법인인 경우 법인 대표이사가 아닌 사람이 신청 가능한지 여부

KORAIL

코레일

실전모의고사

2024년 4월 [오전] 시행
기출복원 모의고사

※ 2024년 4월 오전에 시행된 필기시험의 기출복원 정보를 활용하여 실제 기출에 가까운 변형문제로 모의고사를 구성하였습니다.

영역		문항 수	권장 풀이 시간
직업기초능력평가	의사소통능력	25문항	30분
	수리능력		
	문제해결능력		

eduwill

모바일 OMR
자동채점 & 성적분석 무료

정답만 입력하면 채점에서 성적분석까지 한번에!

활용 GUIDE

실시간 성적분석 방법!

STEP 1 — QR 코드 스캔 ▶ STEP 2 — 모바일 OMR 입력 ▶ STEP 3 — 자동채점 & 성적분석표 확인

STEP 1

교재 내 QR 코드 스캔

4월 [오전] 시행
기출복원 모의고사
모바일 OMR 바로가기

https://eduwill.kr/Rlte

- 위 QR 코드를 모바일로 스캔 후 에듀윌 회원 로그인
- QR 코드 하단의 바로가기 주소로도 접속 가능

STEP 2

모바일 OMR 입력

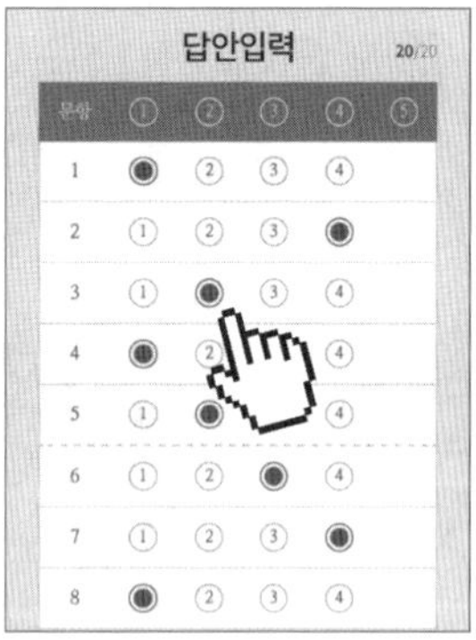

- 회차 확인 후 '응시하기' 클릭
- 모바일 OMR에 답안 입력
- 문제풀이 시간까지 측정 가능

STEP 3

자동채점 & 성적분석표 확인

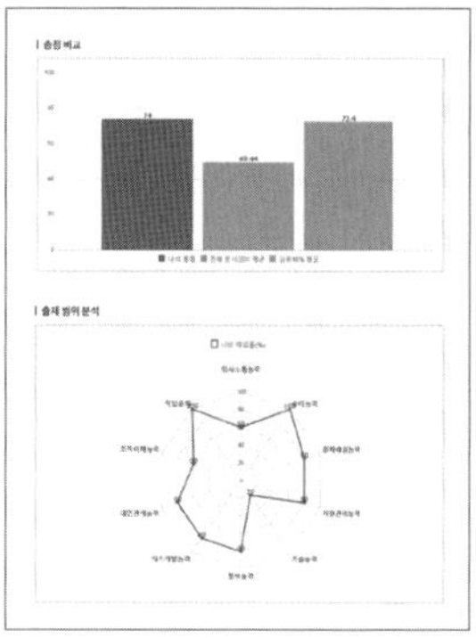

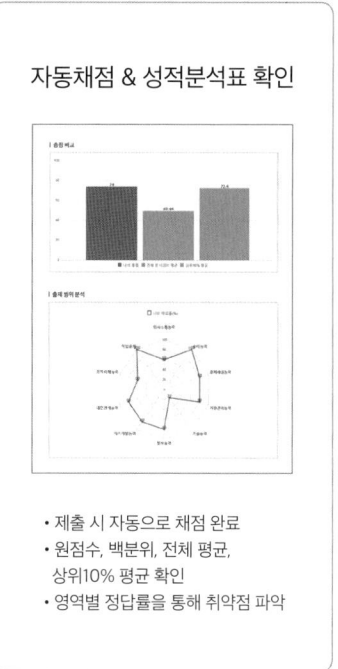

- 제출 시 자동으로 채점 완료
- 원점수, 백분위, 전체 평균, 상위10% 평균 확인
- 영역별 정답률을 통해 취약점 파악

※ 본 회차의 모바일 OMR 채점 서비스는 2026년 01월 31일까지 유효합니다.

기출복원 모의고사

정답과 해설 P.23

01

다음 시에 대한 설명으로 잘못된 것을 고르면?

거친 밭 언덕 쓸쓸한 곳에
탐스러운 꽃송이 가지 눌렀네.
매화 비 그쳐 향기 날리고
보리 바람에 그림자 흔들리네.
수레 탄 사람, 말 탄 사람 누가 보아주리
벌 나비만 부질없이 찾아드네.
천한 땅에 태어난 것 스스로 부끄러워
사람들에게 버림받아도 참고 견디네.

– 최치원 〈촉규화〉

① 거친 밭 언덕 쓸쓸한 곳은 화자의 상실감을 드러낸다.
② 화자는 자연물에 본인을 대입하여 동일시하고 있다.
③ 벌, 나비는 화자가 벼슬에 진출하는 데 도움을 줄 수 없는 대상을 말한다.
④ 수레 탄 사람은 하찮은 사람을 의미한다.
⑤ 탐스러운 꽃송이, 향기는 자신의 뛰어난 학문적 경지를 의미한다.

02

다음 중 사자성어의 의미가 잘못 연결된 것을 고르면?

① 수어지교(水魚之交): 물과 물고기처럼 떨어질 수 없는 친한 사이
② 결초보은(結草報恩): 은혜가 사무쳐 죽어서도 잊지 않고 갚음
③ 청출어람(青出於藍): 제자가 스승보다 더 나음
④ 지록위마(指鹿爲馬): 윗사람을 멋대로 주무르고 권세를 마음대로 휘두름
⑤ 각주구검(刻舟求劍): 사소한 일에 크게 화를 냄

03

다음 중 밑줄 친 단어의 띄어쓰기가 잘못된 것을 고르면?

① 애쓴 만큼 그 일은 잘 될 것이다.
② 그 집은 아이가 셋 뿐이다.
③ 씨름판에서 싸움이 벌어졌다.
④ 그 사람은 하나만 알고 둘은 모른다.
⑤ 그 집은 큰지 작은지 모르겠다.

04

다음 글에 대한 설명으로 옳지 않은 것을 고르면?

연경(燕京)의 아홉 개 성문 안팎으로 뻗은 수십 리 거리에는, 관청과 작은 골목을 제외하고는 길 양옆으로 모두 상점이 늘어서 있다. 시골 또한 마찬가지여서 점포가 늘어선 것이 마치 옷에 옷깃이 달린 것처럼 보인다. 상점마다 점포의 이름과 파는 물건의 품목을 가로세로 써서 걸었으므로, 금빛 글자가 휘황찬란하게 빛난다. 큰길에는 따로 판잣집을 가설하여 붉게 칠하여 놓았고, 골목 입구나 문 앞에는 제각기 돌이나 나무로 만든 기둥 따위를 세워 놓았다. 점포 안에는 늘 연극을 관람하는 인파처럼 사람들이 빽빽하게 들어차 있다. 또 동악묘(東岳廟)와 융복(隆福寺) 같은 곳에서는 특별한 날을 정해 시장을 여는데, 진귀하고 값진 보물들이 많아 없는 것이 없다.

우리나라 사람들은 중국에 시장이 번성한 것을 보고서는 대뜸 "오로지 말단의 이익만을 숭상하고 있다."라고 말한다. 이것은 하나만 알고 둘은 모르는 말이다. 상인은 사민(四民)의 하나에 속하지만, 이 하나가 나머지 세 부류의 백성을 소통시키기 때문에 열 가운데 셋의 비중을 차지하지 않으면 안 된다. 이제 사람이 쌀밥을 먹고 비단옷을 입고 있다면, 그 나머지 물건은 모두 무용지물로 치부할 수 있을 것이다. 그러나 무용지물을 사용하여 유용한 물건을 유통시키지 않는다면, 이른바 유용하다는 물건은 한곳에 묶여서 유통되지 않거나 그것만 유통되다가 결국 고갈될 것이다.

그렇지만 중국이 사치로 망한다고 할 것 같으면, 우리나라는 반드시 검소함을 숭상하다가 쇠퇴할 것이다. 왜 그러한가? 검소함이란 물건이 있음에도 불구하고 쓰지 않는 것이지, 자기에게 없는 물건을 스스로 끊어 버리는 것이 아니다. 현재 우리나라에는 진주를 캐는 집이 없고 시장에는 산호(珊瑚)의 가격이 정해져 있지 않다. 금이나 은을 가지고 점포에 들어가서는 떡과 엿을 사 먹을 수가 없다. 우리의 풍속이 검소함을 좋아하여 이렇게 된 것이겠는가? 재물을 사용할 방법을 알지 못해서 이렇게 된 것일 뿐이다. 재물을 사용할 방법을 알지 못하므로 재물을 만들어 낼 방법을 알지 못하고, 재물을 만들어 낼 방법을 알지 못하므로 백성들의 생활은 날이 갈수록 궁핍하여진다.

재물이란 우물에 비유할 수가 있다. 우물은 퍼내면 늘 물이 가득하지만, 길어 내기를 그만두면 물이 말라 버린다. 이와 마찬가지로 사람들이 화려한 비단옷을 입지 않으므로 나라에는 비단을 짜는 사람이 없고, 그로 인해 기술 또한 피폐해졌다. 이지러진 그릇을 사용하기를 꺼리지 않고 기교를 부려 물건을 만드는 것을 숭상하지 않으니, 나라에는 공장(工匠)과 도공의 기술이 형편없어졌다. 더 나아가 농업은 황폐해져 농사짓는 방법이 발달하지 않고, 상업을 박대하므로 상업 자체가 실종되었다. 사농공상(士農工商) 네 부류의 백성이 누구나 할 것 없이 다 곤궁하게 살기 때문에 서로를 구제할 방도가 없다.

중국은 우물이 아무리 크다고 해도 반드시 석판이나 나무판에 구멍을 뚫어서 덮는다. 우물 구멍은 작게 만들어 우물에 빠지는 것이나 먼지가 들어가는 것을 방지한다. 도르래를 설치하고 두 개의 두레박 통과 줄을 매달아서 하나는 왼편으로 움직이고 하나는 오른편으로 움직이게 한다. 하나가 위로 올라가면 다른 하나는 아래로 내려가게 만들었으니 보통 물을 푸는 것에 비하면 배나 많은 물을 풀 수가 있다.

– 박제가 〈시장과 우물〉

① 상업에 대해 부정적으로 생각하는 우리나라 사람의 통념을 비판한다.
② 재물을 우물에 비유하는 유추 방식을 활용한다고 볼 수 있다.
③ 중국의 사례를 통해 읽는 이의 이해를 쉽게 한다.
④ 화자는 화폐 개혁의 필요성을 주장하고 있다.
⑤ 비교와 대조의 기법을 사용하여 설득력을 높이고 있다.

[05~06] 다음 글을 바탕으로 이어지는 질문에 답하시오.

인터넷이 야기한 의사소통 환경의 변화 중 대표적인 것은 '글쓰기 공간(Writing Space)'의 확장을 들 수 있다. 이전의 소통 과정에서는 텍스트를 생산하는 데 한정된 매체를 사용하였으나 과학 기술이 발전하고 매체가 발달하면서 우리가 글쓰기를 할 때 활동하는 사용역(域) 또한 확장되었다.

이러한 글쓰기 공간 변화를 '플랫폼(Platform)'의 의미로 설명할 수 있다. 플랫폼은 '정거장' 또는 '승강장'이란 뜻으로 통용된다. 현실에서의 정거장은 '이용자'가 특정한 장소로 가기 위해 반드시 거쳐야 하고 그곳에는 승객을 태우기 위한 '운송 수단'이 반드시 존재한다는 것이다. 이 두 요소(이용자, 운송 수단)가 반드시 존재해야, 정거장이 정거장으로서 의미를 갖는다. 정거장, 즉 플랫폼은 사람과 운송 수단이 만나는 접점 또는 사람과 운송 수단을 매개하는 매개 지점의 기능을 하는 것이다.

글쓰기 공간이 인터넷을 통해 새로운 가상 공간 안에 존재하게 되면서 공간의 차원 역시 다양하게 분화되었다. 원래 플랫폼은 정보 기술(IT)분야에서 먼저 확산된 용어인데, '어떤 일을 하는 데 필요한 공통적인 구조'란 의미망을 가지고 컴퓨터 운영 체제(OS)와 같이 다양한 애플리케이션(Application)이 구동될 수 있는 환경을 가리키는 말로 쓰여 왔다. 현재는 '각각의 애플리케이션도 하나의 플랫폼으로 성장할 수 있다'는 서비스 플랫폼의 개념이 나오게 되면서, 블로그나 페이스북과 같은 소셜 네트워크 서비스(SNS) 각각도 하나의 독자적인 플랫폼으로 간주하게 되었다. 이 말은 그만큼 인터넷 공간이 다양하게 분파되고 있을 뿐 아니라 각각의 플랫폼이 구체적인 모습으로 형상화되고 있음을 의미한다.

글쓰기에도 이러한 플랫폼의 개념은 유효하게 적용될 수 있다. 플랫폼의 발달은 텍스트 생산 과정 역시 변화시키고 있기 때문이다. 광의의 의미로 본다면 공책과 화선지 등도 하나의 텍스트 플랫폼이라고 할 수 있는데, 이전에는 다른 플랫폼이라 구분하기 힘들 만큼 상호 간의 공통분모가 매우 컸다면, 지금은 각자가 다른 시스템과 다른 작동 기제를 갖고 있기 때문에 하나의 플랫폼이 다른 플랫폼과 연계되기가 쉽지 않다. 즉 예전에는 공책이든 화선지든 종이에 필기구를 가지고 글을 쓴다는 기본적인 속성에 크게 차이가 없었다. 그러나 지금의 플랫폼은 각자의 체계(System)와 틀(Frame)을 구축하고 있고, 또 의사소통 참여자(User)가 자유롭게 드나들 수 있는 공간성(Space)을 지녔으며, 그들의 상호 작용성(Interaction)에 따라 더 많은 참여자들을 유인할 수 있는 특징을 갖고 있다. 또한 다양한 기능(Module)과 양식(Modes)이 생겨나거나 사라지고, 또 시도되는 모습도 보인다. 그 자체가 진화하는 유기체적인 속성을 가지고 있다는 것이다.

앞서 이야기한 바와 같이 매체의 발달은 앞선 시대를 배척하는 방식이 아니라 이전의 것과 겹치고 포개지며 안정적인 형태를 잡아 간다. 이러한 특성은 다양한 플랫폼의 발전에서도 유사하게 보이는 특징이다. (㉠) 이러한 속성은 향후 새로운 플랫폼이 생성되는 과정에도 지속될 수밖에 없다. 왜냐하면 플랫폼에서 의사소통에 참여하는 주체는 결국 기존 질서에 적응하며 살아가는 '사람들'이기 때문이다. (㉡) 트위터는 전 세계적으로 이용되는 마이크로 블로그 플랫폼이지만 각 나라의 사용자들에 따라 다른 모습을 보인다. 예컨대 해외 트위터 이용자들은 주로 정보를 얻는 데 쓰지만, 우리나라의 경우 인맥을 넓히거나 친목을 다지는 도구로 사용하려는 측면이 강하다. 이는 기존에 사용하던 SNS의 성향이 트위터까지 전이되었기 때문이다. 그건 페이스북과 블로그, 인스타그램 등도 마찬가지이다. 같은 플랫폼을 사용하더라도 그것을 활용하는 주체들의 문화적 환경과 특성에 따라, 사용의 양상에 따라 서로 다른 개성을 띠게 된다는 것이다(우리나라의 공공 게시판에서 이루어지는 정치적 이슈에 대한 토론 및 분쟁 등도 역시 상당히 개성적인 부분이다).

– 김지연 〈 ㉢ 〉

05

주어진 글의 빈칸 ㉢에 들어갈 제목으로 가장 적절한 것을 고르면?

① 인터넷 시대의 글쓰기
② 플랫폼의 변화와 사용하는 사람들
③ 인터넷 의사소통의 특징
④ 플랫폼의 개요와 역사
⑤ 블로거의 글쓰기

06

주어진 글의 빈칸 ㉠, ㉡에 들어갈 내용을 바르게 짝지은 것을 고르면?

	㉠	㉡
①	그러나	예컨대
②	그러나	왜냐하면
③	그리고	예를 들어
④	그리고	즉
⑤	그래서	그럼에도 불구하고

07

다음 글을 읽고 이해한 내용으로 적절하지 <u>않은</u> 것을 고르면?

얼마 후 검은 안개가 몰려오더니 서쪽에서 동쪽으로 산등성이를 휘감았다. 나는 괴이하게 여겼지만, 이곳에까지 와서 한라산의 진면목을 보지 못한다면 이는 바로 산을 쌓는데 아홉 길의 흙을 쌓고도 한 삼태기의 흙을 얹지 못해 완성하지 못하는 것이 되어, 섬사람들의 웃음거리가 되지 않을까 하는 생각이 들었다.

마음을 굳게 먹고 곧장 수백 보를 전진해 북쪽 가의 오목한 곳에 당도하여 굽어보니, 상봉이 여기에 이르러 갑자기 가운데가 터져 구덩이를 이루었는데 이것이 바로 백록담이었다. 주위가 1리 남짓하고 수면이 담담한데 반은 물이고 반은 얼음이었다. 홍수나 가뭄에도 물이 줄거나 불지 않는데, 얕은 곳은 무릎에, 깊은 곳은 허리에 찼으며 맑고 깨끗하여 조금의 먼지 기운도 없으니 은연히 신선이 사는 듯하였다. 사방을 둘러싼 봉우리들도 높고 낮음이 모두 균등하니 참으로 천부의 성곽이었다.

석벽에 매달려 백록담을 따라 남쪽으로 내려가다가 털썩 주저앉아 잠깐 휴식을 취했다. 일행은 모두 지쳐서 남은 힘이 없었지만 서쪽의 가장 높은 봉우리가 최고봉이었으므로 조심스럽게 조금씩 올라갔다. 그러나 따라오는 자는 겨우 세 명뿐이었다.

최고봉은 평평하게 퍼지고 넓어서 그리 아찔해 보이지는 않았으나, 위로는 별자리에 닿을 듯하고 아래로는 세상을 굽어보며, 좌로는 부상(扶桑)을 돌아보고 우로는 서쪽 바다를 접했으며, 남으로는 소주와 항주를 가리키고 북으로는 내륙을 끌어당기고 있었다. 그리고 옹기종기 널려있는 섬들이 큰 것은 구름 조각 같고 작은 것은 달걀 같아 놀랍고 괴이한 것들이 천태만상이었다.

『맹자』의 "바다를 본 자에게는 다른 물이 물로 보이지 않으며 태산에 오르면 천하가 작게 보인다."라는 말에 담긴 성현의 역량을 이로써 가히 상상할 수 있다. 또 소동파에게 당시에 이 산을 먼저 보게 하였다면 그의 이른바, "허공에 떠 바람을 다스리고 신선이 되어 하늘에 오른다."라는 시구가 적벽에서만 알맞지는 않았을 것이다.

이어서 "낭랑하게 읊조리며 축융봉을 내려온다."라는 주자의 시구를 읊으며 백록담 가로 되돌아오니, 하인들이 이미 정성스럽게 밥을 지어 놓았다.

– 최익현 〈유한라산기〉

① 등산의 경위와 경험, 풍경, 정상에서의 감회 등에 대해 묘사 및 서술하였다.

② 한라산에서 뛰놀던 어린 시절을 회상하였다.

③ 화자는 주변 사람들의 시선을 의식하여 계속 등반하였다.

④ 최고봉에서 백록담으로 내려오는 과정은 간략하게 제시하였다.

⑤ 사실적인 묘사와 주관적인 감정의 표출이 절묘하게 어우러졌다.

08

다음 [보기]에서 밑줄 친 단어의 맞춤법이 잘못된 것을 모두 고르면?

보기

㉠ 날이 금세 따뜻해졌다.
㉡ 독수리가 병아리를 채갔다.
㉢ 오랜만에 동창을 만났다.
㉣ 그는 허구한 날 걱정이 많다.
㉤ 친구의 얼굴이 헬쓱하다.

① ㉠ ② ㉠, ㉡ ③ ㉡, ㉣
④ ㉡, ㉤ ⑤ ㉢, ㉤

09

다음 [보기]에서 단어의 발음이 잘못된 것을 모두 고르면?

보기

㉠ 결단력[결딴녁]
㉡ 몰상식[몰상씩]
㉢ 일단락[일딸락]
㉣ 물난리[물랄리]
㉤ 옷맵시[온맵시]

① ㉠, ㉡ ② ㉡, ㉢ ③ ㉡, ㉤
④ ㉢, ㉣ ⑤ ㉣, ㉤

10

다음을 계산한 값으로 옳은 것을 고르면?

$$865^2+865\times270+135\times138$$

① 1,000,105　② 1,000,205　③ 1,000,305
④ 1,000,405　⑤ 1,000,505

11

다음 빈칸에 알맞은 수를 고르면?

7	13	4	63
6	29	13	96
12	22	16	72
9	16	9	( )

① 28　② 48　③ 52
④ 63　⑤ 105

12

A~F 6개 팀이 토너먼트로 게임을 진행하려고 한다. 이 때, A팀과 B팀이 결승에서 만나는 경우의 수를 고르면?

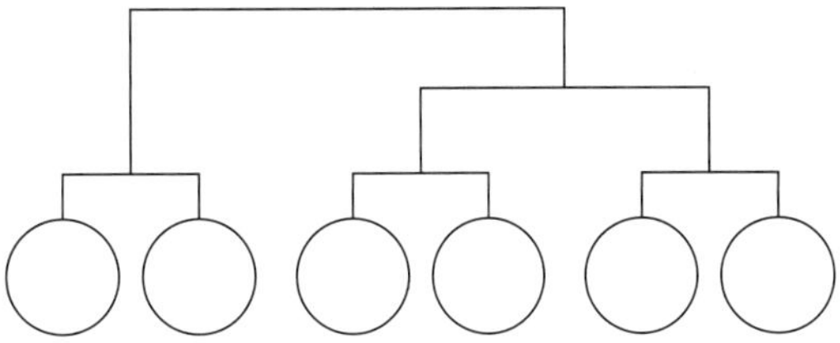

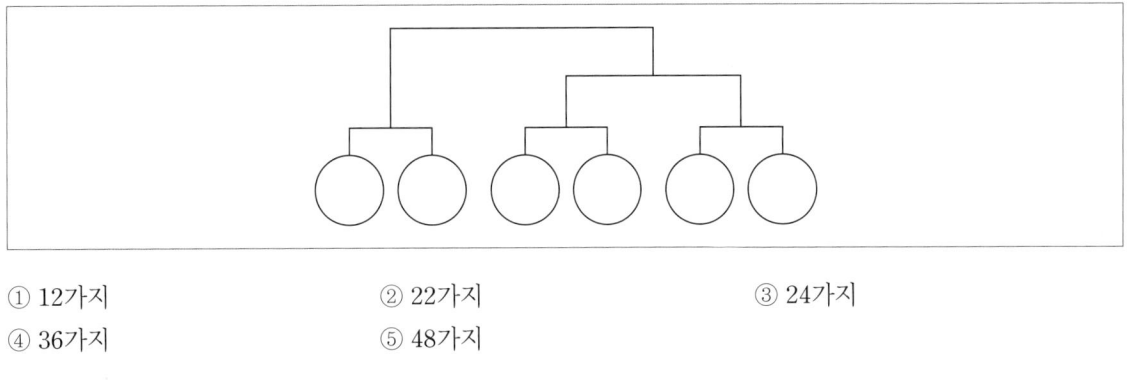

① 12가지 ② 22가지 ③ 24가지
④ 36가지 ⑤ 48가지

13

다음은 일정한 규칙에 따라 수를 나열한 것이다. 빈칸에 들어갈 수를 고르면?

1	6	13	22	33	46	61	78	97	( )

① 103 ② 105 ③ 108
④ 118 ⑤ 121

14

다음 글을 읽고 유추할 수 있는 내용으로 옳지 않은 것을 고르면?

> 한국철도공사(코레일)가 승강장 안전문(스크린도어) 유지보수 작업자의 사고 예방을 위한 안전망을 자체 제작했다. '승강장 안전문 안전망'은 전철 승강장 안쪽에서 안전문 정비 시 작업자가 선로 쪽으로 몸이 기울거나 떨어지는 것을 막아주는 넓은 그물 형태 안전용품이다.
>
> 안전망은 강력압착기 4개가 800kg 이상 무게를 견딜 수 있도록 안전문 강화유리에 고정돼 작업자를 보호한다. 간편하게 탈부착이 가능해 출입문이 열릴 때 바로 떼어내 승객 승하차에도 불편이 없도록 고안했다.
>
> 현재 수도권전철 작업현장에서 시범운영하고 있으며, 직원들의 개선의견을 반영해 안전문을 관리하는 모든 현장 소속에서 사용할 계획이다.
>
> 코레일은 안전망을 사용할 경우 진행할 수 있는 작업 범위 등의 기준을 별도로 지정하고 '안전망 사용절차' 등을 매뉴얼화해 현장에 보급한다는 방침이다.

① 안전망 도입 시 열차운행 중 긴급 정비가 필요할 때 작업자의 안전을 높일 수 있을 것으로 기대된다.
② 안전망을 사용하면 스크린도어의 모든 정비 작업이 안전하게 가능하다.
③ 스크린도어 정비 시 선로로 추락의 위험이 있었을 것이다.
④ 모든 작업장에 안전망이 도입되기까지는 시간이 걸릴 것으로 예상된다.
⑤ 안전망은 승객이 몰리는 출퇴근 시간에도 간단한 설치로 사용 가능하다.

15

다음 [표]는 차량별 1일 평균 교통거리에 대한 자료이다. 이에 대한 설명으로 옳지 않은 것을 고르면?

[표] 차량별 1일 평균 교통거리

(단위: km)

구분		2016년	2017년	2018년	2019년	2020년	2021년
전체	비사업	35.3	35	34.9	34.2	33.7	36
	사업	105.6	104.8	100	96.2	91.9	85.5
	전체	39.7	39.5	39.2	38.5	37.9	39.6
승용차	비사업	33.9	33.6	33.6	33.2	32.8	35.6
	사업	82.5	80.5	75.8	69	65.8	62.9
	전체	36.1	35.8	35.8	35.1	34.7	37.2
승합차	비사업	41.2	40.3	39.4	38.2	35.4	33
	사업	175.8	178.6	178.4	177.2	163.8	159.5
	전체	59.9	60.1	59.8	59.2	55.1	49.4
화물차	비사업	41.5	41.7	40.6	39.1	38.8	39.6
	사업	120.2	124.2	123.4	123.1	130.3	121.4
	전체	50.2	50.9	49.7	49.4	49.4	49.3
특수차	비사업	39.2	41	39.4	36.5	32.8	29.4
	사업	163.4	164.9	160.2	157	152.3	157.4
	전체	128.7	128	121.5	116.9	108.7	103.3

① 전체의 1일 평균 교통거리는 2021년을 제외하고 매해 전년 대비 감소한다.

② 2019년도에는 전년 대비 모든 차종에서 1일 평균 교통거리가 감소하였다.

③ 친환경 정책으로 승용차의 수는 점차 줄어들고 있다.

④ 사업용에서 1일 평균 교통거리는 승합차가 가장 크다.

⑤ 특수차는 전체적으로 1일 평균 교통거리가 꾸준히 감소하고 있다.

16

판매가 50만원인 제품의 예상 판매 개수는 10,000개다. 물건 개당 단가를 10,000원 올리면 판매 개수가 160개가 감소한다. 판매 금액이 최대일 때 물건의 판매가를 고르면?

① 56만원　② 57만원　③ 58만원
④ 59만원　⑤ 60만원

17

다음 글을 읽고 유추할 수 있는 내용으로 옳지 않은 것은?

> 도시와 농촌은 사회 및 경제적인 측면에서 큰 차이를 보입니다. 도시는 높은 인구 밀도와 다양한 경제 활동이 특징이며, 작은 지역에 많은 사람들이 밀집하여 거주합니다. 이에 따라 다양한 서비스와 문화시설이 발달하며, 교통 체증과 높은 생활비가 주요 문제입니다. 반면 농촌은 넓은 지역에 인구가 흩어져 살며, 농업이 주를 이루는데, 이로 인해 자연환경과 조용한 분위기를 즐길 수 있습니다. 농촌은 주로 자가용을 이용하여 이동하며, 교통 체증과 주차 문제는 드물지만 이동 거리가 먼 경우가 많습니다. 도시는 다양성과 문화적 요소가 풍부하며, 경제적 격차가 큰 경향이 있습니다. 반면 농촌은 전통적이고 소수의 지역 사회가 형성되어 있으며, 사람들 간의 관계가 더 밀접할 수 있습니다. 자연 환경, 경제적 격차 등에서도 두 지역은 큰 차이를 보입니다.

① 농촌은 도시와는 다르게 넓은 지역에 인구가 흩어져 있기 때문에 인구 밀도가 낮을 것이다.
② 도시는 다양한 문화시설, 교통 편의시설, 상업 시설 등이 밀집하여 있어 생활이 다양하고 편리하다.
③ 농촌의 경우 도시에 비해 상대적으로 교통 시설이 불편하다.
④ 도시의 경우 자연환경이 제한되어 있으며, 대기 오염의 문제가 발생할 가능성이 높다.
⑤ 도시가 농촌보다 이민자에 배타적인 성향을 나타낸다.

18

다음 [표]는 A, B제품에 대한 품질 평가 자료이다. 이를 바탕으로 작성한 그래프로 옳은 것을 고르면?

[표] A, B제품에 대한 품질 평가 자료 (단위: 점)

영역	디자인	기능	안전성	품질	가격
A제품	8	6	9	5	7
B제품	4	8	6	7	9

※ 항목별 만점 10점

① (단위: 점)

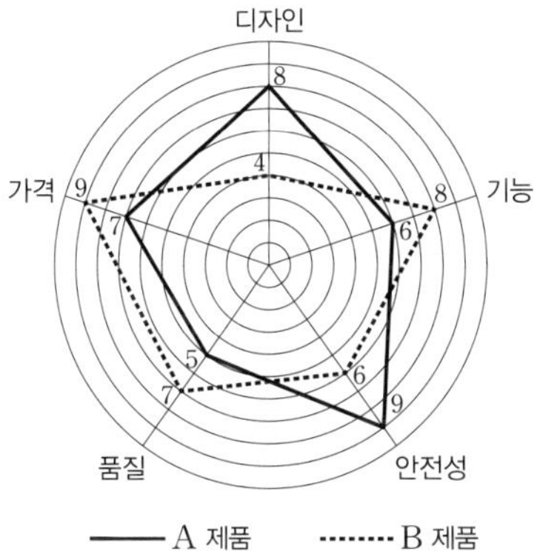

② (단위: 점)

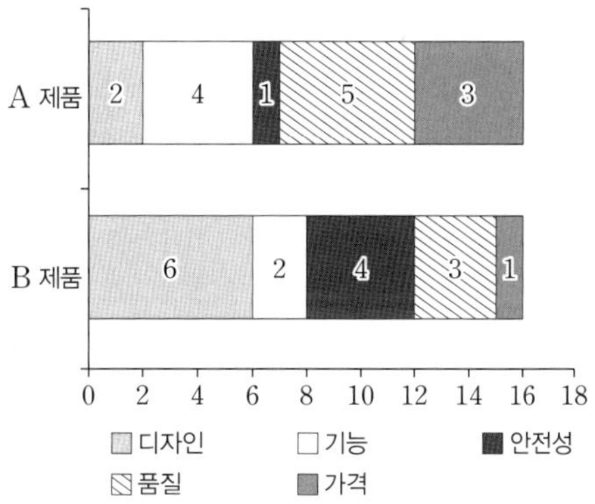

③ (단위: 점)

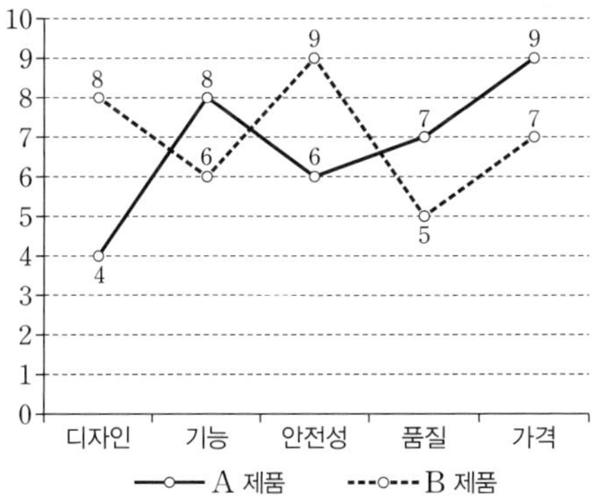

④ (단위: 점)

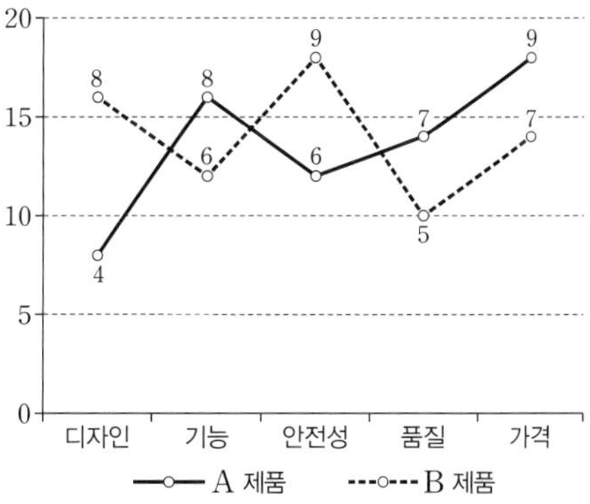

⑤ (단위: 점)

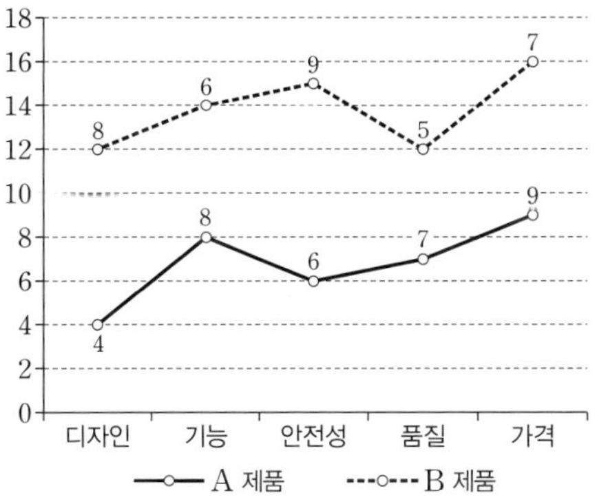

19

다음 [조건]이 모두 참일 때, 옳은 것을 고르면?

조건

- A는 D보다 빨리 도착한다.
- C는 E보다 앞서 도착한다.
- B는 A보다 먼저 도착한다.
- C는 1등이 아니다.
- E는 마지막이 아니다.

① B가 1등으로 도착하면 A는 2등이다.
② A가 2등일 때 D는 C보다 먼저 들어온다.
③ C가 5등일 가능성이 있다.
④ E가 3등이라면 A가 2등이다.
⑤ D는 4등이 될 수 있다.

20

다음 설명에 해당하는 논리적 사고의 구성 요소를 고르면?

다른 사람을 설득하는 과정에서 거부당할 수 있다. 자신의 주장이 받아들여지지 않는 원인 중에 상대 주장에 대한 이해가 부족하다고 하는 것이 있을 수 있다. 상대 주장에서 약점을 찾고 자신의 생각을 재구축한다면 상대를 설득할 수 있다.

① 설득
② 생각하는 습관
③ 상대 논리의 구조화
④ 구체적인 생각
⑤ 타인에 대한 이해

21

다음 [표]는 연령·가구·지역 규모별 평일 여가시간에 대한 만족도 조사이다. 이와 [보기]를 바탕으로 빈칸 ㉠~㉣에 들어갈 값을 바르게 짝지은 것을 고르면?

[표] 연령·가구·지역 규모별 평일 여가시간에 대한 만족도 조사 (단위: %)

구분		매우 불만족	불만족	만족	매우 만족
연령	15~19세	–	18.3	32.1	3.1
	20대	0.3	㉠	37.4	5.3
	30대	1	8.2	39.6	5.6
	40대	0.3	8.3	㉡	4.2
	50대	0.6	7.9	40.5	5.8
	60대	–	9	39.2	8
	70세 이상	1	7.7	41.2	10.3
가구	1인	0.1	㉢	37.5	6.9
	2인	0.3	8.8	39.1	8.6
	3인 이상	0.6	8.8	39.8	5
지역 규모	도시지역	0.1	6.3	㉣	7.1
	읍면지역	0.2	8.6	39.8	6.3

보기

- 다른 연령대와 비교하여 20대의 불만족 비율이 가장 낮다.
- 40대의 만족 비율은 70대 이상의 만족 비율보다 낮다.
- 거주 중 1인 가구의 불만족 비율이 가장 낮다.
- 도시지역이 읍면지역보다 만족 비율이 높다.

	㉠	㉡	㉢	㉣
①	8.5	39.7	8.2	42.3
②	6.7	40.3	8.3	45.6
③	8.1	40.5	9.5	35.7
④	7.5	46.9	8.5	39.0
⑤	9.5	47.1	9.4	37.6

[22~23] 다음은 열차 운행에 대한 자료이다. 이를 바탕으로 이어지는 질문에 답하시오.

열차는 다음과 같은 조건으로 운행된다.
- 각 역에서의 정차 시간은 10분이다.
- 환승 시 정차 시간은 15분이다.
- 출발 시간이 같은 경우 KTX－ITX－무궁화호 순으로 출발한다.
- 열차는 서로 추월할 수 없다. 후행 열차가 빠른 경우 선행 열차와 동시에 도착한다.

구분	KTX		ITX-새마을		무궁화	
	소요시간	정차유무	소요시간	정차 유무	소요시간	정차 유무
서울 → 오송	40분	일부정차	50분	○	80분	○
오송 → 대전	20분	○	30분	○	40분	○
대전 → 동대구	40분	일부정차	50분	○	90분	○
동대구 → 울산	20분	×	25분	○	70분	○
울산 → 부산	20분	○	25분	○	70분	○

열차	출발시간	예매가능여부			운임(서울 → 부산)		
		특실	일반	입석	특실	일반	입석
KTX101(동대구정차)	09:32	○	○	○	85,000	60,000	50,000
무궁화1207	09:53	×	○	×	42,000	30,000	25,000
ITX1005	10:22	×	○	○	56,000	40,000	34,000
KTX023(동대구정차)	10:27	○	○	○	85,000	60,000	50,000
KTX107(오송정차)	10:47	×	○	○	85,000	60,000	50,000

22

주어진 자료를 바탕으로 고객센터에서 할 수 있는 응대로 적절하지 않은 것을 고르면?

① ITX1005는 오송에서 KTX로 환승할 수 있습니다.
② 무궁화호는 울산에서 ITX로 환승이 불가합니다.
③ 4명이 단체로 예약할 경우 가장 저렴한 운임은 120,000원입니다.
④ 부산에 가장 빨리 도착하는 열차는 대전에서 11시에 탑승할 수 있습니다.
⑤ 오후 1시 전에 부산에 도착하고자 할 때는 KTX를 이용할 수 있습니다.

23

다음 중 마지막으로 부산에 도착하는 열차를 고르면?

① KTX101
② 무궁화1207
③ ITX1005
④ KTX023
⑤ KTX107

24

다음 글을 바탕으로 주무부처가 해야 할 일로 옳지 않은 것을 고르면?

강원도 전 지역에 대설특보가 발효되었다. 지역별로는 미시령 60.7cm, 향로봉 55.9cm, 진부령 42.5cm 등 높은 적설량을 기록했다. 계속 이어진 한파와 폭설로 강원도 소방본부에는 교통사고를 비롯해 47건의 신고가 잇따르고 도로 곳곳이 통제되는 등 피해가 속출했다. 각 시는 피해를 줄이기 위해 재난안전대책본부를 꾸리고 비상상황근무 체제에 돌입했다. 복지 사각지대가 없도록 신경 쓰며 식중독 및 수인성 감염병 집단발생 대비 비상보건대응 체계 구축 및 응급환자를 위한 비상응급진료 체계도 가동하기로 하였다. 또한 이번 폭설로 인력·장비를 총동원해 제설 작업에 나서고 있으나, 부족한 제설 장비로 인해 아직 제설을 실시하지 못한 곳도 많다고 전했다.

주요 관광지 여러 곳도 집중적으로 내린 눈으로 출입이 통제되어 축제 진행에 난항을 겪은 경우와 축제가 연기 또는 취소된 경우도 있었다. 한편, 당시 불법 주차로 인해 제설 작업에 차질이 생기기기도 했다.

① 교통이 불편한 산간 지역의 경우 폭설 상황 장기화에 대비해야 한다.
② 재해 인원을 관리할 수 있어야 한다.
③ 관광지의 눈부터 바로 치워 순차적으로 관광객을 유치할 수 있게 해야 한다.
④ 도로공사과 지방국토관리청에 제설장비 추가를 요청해야 한다.
⑤ 불법 주차된 차량에 과태료를 부과하여 제설 작업을 신속하게 진행 할 수 있게 하다.

25

다음 [표]는 시·도별 대중교통 접근 시간에 대한 자료이다. 이에 대한 설명으로 옳지 않은 것을 고르면?

[표] 시·도별 대중교통 접근 시간 (단위: %)

구분	5분 미만	5분 이상 10분 미만	10분 이상 15분 미만	15분 이상 20분 미만	20분 이상 25분 미만	25분 이상 30분 미만	30분 이상
전국	13.1	44.5	28.8	8.5	3.1	0.5	1.5
서울	13.1	42.9	29.8	8.9	3.1	0.6	1.5
부산	14.6	43.2	29.7	8.8	2.0	0.5	1.2
대구	13.8	45.0	28.7	8.1	2.7	0.4	1.3
인천	13.3	46.1	28.0	8.1	2.7	0.6	1.2
광주	14.3	45.0	28.1	9.2	1.9	0.5	1.0
대전	15.0	44.5	27.8	9.0	1.9	0.9	1.0
울산	16.1	44.2	27.1	8.7	1.8	1.4	0.8
세종	11.9	48.0	26.4	8.1	3.0	0.5	2.0
경기	11.2	51.9	26.4	7.4	2.5	0.2	0.4
강원	12.7	44.9	28.9	7.9	3.5	0.4	1.7
충북	13.5	44.5	28.0	8.7	3.4	0.4	1.4
충남	11.7	45.6	28.5	8.3	3.7	0.5	1.7
전북	12.0	45.7	28.5	8.7	2.9	0.6	1.7
전남	12.2	44.5	30.3	8.0	3.3	0.3	1.5
경북	12.7	42.7	28.9	10.1	3.7	0.6	1.4
경남	12.6	45.1	27.9	9.0	3.4	0.3	1.7
제주	12.2	45.4	28.6	8.3	3.3	0.6	1.7

① 대중교통 접근 시간이 짧아지더라도 여전히 대중교통 접근성이 좋지 않은 지역이 존재한다.
② 대중교통 접근 시간 10분 미만 기준으로 접근성이 가장 좋은 도시는 경기이다.
③ 대중교통 접근 시간이 20분 이상일 때 교통취약이라 한다면 충남이 충북보다 교통이 취약하다.
④ 대중교통 접근 시간이 30분 이상인 지역의 경우 응급상황에 대한 처치가 늦어질 수 있다.
⑤ 경북은 대중교통 접근 시간 10분 미만 기준으로 접근성이 가장 낮은 도시이다.

KORAIL

코레일

실전모의고사

2024년 4월 [오후] 시행
기출복원 모의고사

※ 2024년 4월 오후에 시행된 필기시험의 기출복원 정보를 활용하여 실제 기출에 가까운 변형문제로 모의고사를 구성하였습니다.

영역		문항 수	권장 풀이 시간
직업기초능력평가	의사소통능력	25문항	30분
	수리능력		
	문제해결능력		

eduwill

모바일 OMR 자동채점 & 성적분석 무료

정답만 입력하면 채점에서 성적분석까지 한번에!

활용 GUIDE

실시간 성적분석 방법!

STEP 1 QR 코드 스캔 ▶ STEP 2 모바일 OMR 입력 ▶ STEP 3 자동채점 & 성적분석표 확인

STEP 1

교재 내 QR 코드 스캔

4월 [오후] 시행
기출복원 모의고사
모바일 OMR 바로가기

https://eduwill.kr/Ylte

- 위 QR 코드를 모바일로 스캔 후 에듀윌 회원 로그인
- QR 코드 하단의 바로가기 주소로도 접속 가능

STEP 2

모바일 OMR 입력

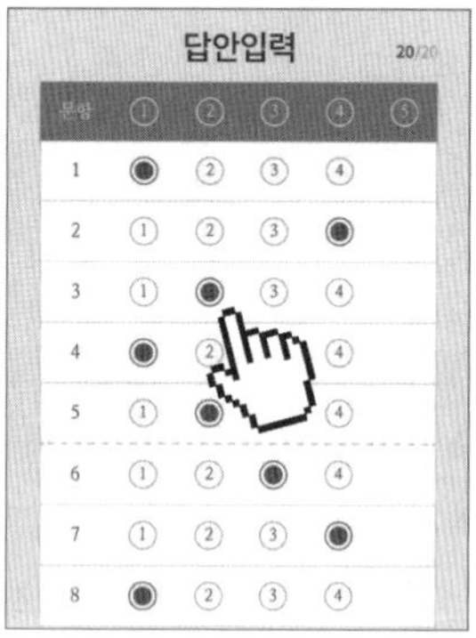

- 회차 확인 후 '응시하기' 클릭
- 모바일 OMR에 답안 입력
- 문제풀이 시간까지 측정 가능

STEP 3

자동채점 & 성적분석표 확인

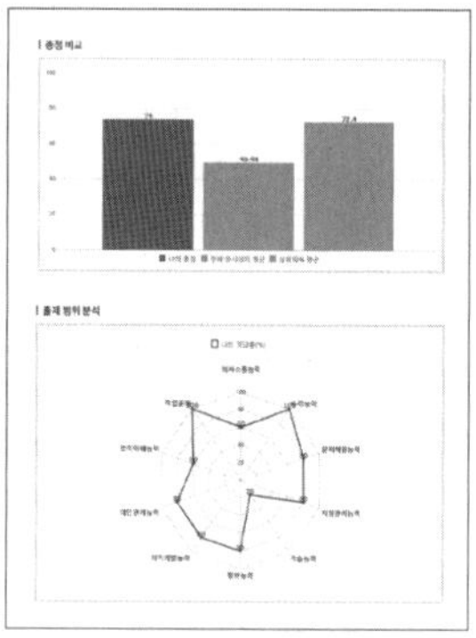

- 제출 시 자동으로 채점 완료
- 원점수, 백분위, 전체 평균, 상위10% 평균 확인
- 영역별 정답률을 통해 취약점 파악

※ 본 회차의 모바일 OMR 채점 서비스는 2026년 01월 31일까지 유효합니다.

2024년 4월 [오후] 시행
기출복원 모의고사

정답과 해설 P.28

01

다음 중 사자성어의 의미가 잘못 연결된 것을 고르면?

① 부화뇌동(附和雷同): 줏대 없이 남의 의견에 따라 움직임
② 간담상조(肝膽相照): 서로 속마음을 털어놓고 친하게 사귐
③ 표리부동(表裏不同): 겉으로 드러나는 언행과 속으로 가지는 생각이 다름
④ 인면수심(人面獸心): 사소한 일에도 크게 성을 내어 덤빔
⑤ 안분지족(安分知足): 편안한 마음으로 제 분수를 지키며 만족할 줄을 앎

02

다음 밑줄 친 단어의 표기가 잘못된 것을 고르면?

① 그는 파산하면서 모든 재산을 잃고 빈털터리가 되었다.
② 그녀는 며칠째 불면증으로 잠을 못 자서 핼쑥하다.
③ 그의 무례한 발언이 모두의 눈쌀을 찌푸리게 했다.
④ 친구가 나를 자꾸 피하는 것이 뭔가 켕기는 것이 있는 것 같았다.
⑤ 나는 친구에게 문제의 해결책에 대한 귀띔을 해주었다.

03

다음 밑줄 친 단어의 띄어쓰기가 옳은 것을 고르면?

① 그녀는 집 두채를 소유하게 되어 안정된 삶을 누리게 되었다.
② 그는 국장겸 과장으로서 부서의 모든 업무를 총괄하고 있다.
③ 아이의 엉뚱한 행동을 보고 난 그저 흐뭇하게 웃을 뿐이다.
④ 은연 중에 속뜻을 내비쳤지만 아무도 그 의미를 이해하지 못했다.
⑤ 두 시에서 부터 세 시 사이에 경기 결과 발표가 날 것이다.

04

다음 중 문장의 밑줄 친 부분을 바르게 발음한 것을 고르면?

① 그는 밭이랑[바치랑]을 가로지르며 농작물을 거두었다.
② 신선한 달걀을 먹기 위해 닭을[다글] 직접 키우기로 했다.
③ 그녀는 슬픔에 잠긴 친구를 껴안고[껴안코] 위로해 주었다.
④ 모든 시민은 평등하게 권리[권니]를 누릴 수 있어야 한다.
⑤ 날이 추워지니 홑이불[혼니불]만 덮으면 몸에 한기가 든다.

05

다음 글의 '붓'에 대한 설명으로 옳지 않은 것을 고르면?

저는 주로 붓으로 글씨를 쓰고 있습니다만 가끔 '매직펜'으로 줄을 긋거나 글씨를 쓸 일이 생깁니다. 이 매직펜은 매직잉크가 든 작은 병을 병째 펜처럼 들고 사용하도록 만든 편리한 문방구(文房具)입니다. 이것은 붓글씨와 달라 특별한 숙련이 요구되지 않으므로, 초보자가 따로 없습니다. 마치 피아노의 건반을 아무나 눌러도 정해진 음이 울리듯, 매직펜은 누가 긋더라도 정해진 너비대로 줄을 칠 수 있습니다. 먹을 갈거나 붓끝을 가누는 수고가 없어도 좋고, 필법(筆法)의 수련 같은 귀찮은 노력은 더구나 필요하지 않습니다. 그뿐만 아니라 휘발성이 높아 건조를 기다릴 것까지 없고 보면 가히 인스턴트 시대의 총아라 할 만합니다. 그러나 저는 이 모든 편의에도 불구하고 이것을 좋아하지 않습니다. 종이 위를 지날 때 내는 날카로운 마찰음 – 기계와 기계의 틈새에 끼인 문명의 비명 같은 소리가 좋지 않습니다. 달려들 듯 다가오는 그 자극성의 냄새가 좋지 않습니다.

붓은 결코 소리 내지 않습니다. 어머님의 약손같이 부드러운 감촉이, 수줍은 듯 은근한 그 묵향(墨香)이, 묵의 깊이가 좋습니다. 추호(秋毫)처럼 가는 획에서 필관(筆管)보다 굵은 글자에 이르기까지 흡사 피리 소리처럼 이어지는 그 폭과 유연성이 좋습니다. 붓은 그 사용자에게 상당한 양의 노력과 수련을 요구하지만 그러기에 그만큼의 애착과 사랑을 갖게 해 줍니다. 붓은 좀체 호락호락하지 않은 매운 지조의 선비 같습니다.

매직펜이 실용과 편의라는 서양적 사고의 산물이라면 붓은 동양의 정신을 담은 것이라 생각됩니다. 저의 벼룻집 속에는 이 둘이 공존하고 있습니다만, 이것은 제가 소위 '동도서기(東道西器)'라는 절충의 논리를 수긍하는 뜻이 아닙니다.

절충이나 종합은 흔히 은폐와 호도(糊塗)의 다른 이름일 뿐, 역사의 특정한 시점에서는 그 사회, 그 시대가 당면하고 있는 객관적 제 조건에 비추어, 비록 상당한 진리를 내포하고 있는 주장이라 하더라도 그 경중, 선후를 준별하고 하나를 다른 하나에 종속시키는 실천적 파당성(派黨性)이 도리어 '시중(時中)'의 진의이며 중용의 본도(本道)라고 생각됩니다.

저는 역시 붓을 선호하는 쪽입니다. 주로 도시에서 교육을 받아온 저에게 있어서 붓은 단순한 취미나 여기(餘技)라는 공연한 사치로 이해될 수는 없는 것입니다.

– 신영복 〈매직펜과 붓〉

① 붓은 쓸 때 날카로운 소리가 난다.
② 붓은 선비와 같다.
③ 붓은 사용할 때 노력과 수련을 필요로 한다.
④ 붓은 경우에 따라 선의 너비를 다르게 표현할 수 있다.
⑤ 붓은 글씨를 쓸 때 은근한 향이 난다.

06

다음 글을 읽고 이해한 내용으로 적절하지 않은 것을 고르면?

> 흉보기가 싫다마는 저 부인의 거동을 보소. 시집간 지 석 달 만에 시집살이가 심하다고 친정에 편지하여 시집 흉을 잡아내네. 계엄한 시아버지에 암상스런 시어머니라. 고자질 잘 하는 시누이와 엄숙한 맏동서며, 요사스럽고 간악한 아우 동서와 여우 같은 시앗년에 드세구나 남녀 하인 들며나며 흠구덕에 남편이나 믿었더니 열 번 찍은 나무가 되었구나. 여기저기 말이 많고 구석구석 모함이라. 시집살이 못 하겠다며 자살하려고 간수를 마치고 치마를 쓰고 내닫기도 하고 봇집을 싸 가지고 도망하기도 하며, 오락가락 견디지 못해 스님이나 따라갈까 긴 담뱃대를 벗 삼아서 들 구경이나 하여 볼까. 점치기로 세월을 보내는구나. 겉으로는 시름에 쌓여 있지만 속으로는 딴 생각에 얼굴 단장으로 일을 삼고 털 뽑기로 시간을 보낸다. 시부모가 타이르면 말 한 마디 지지 않고 남편이 나무라면 뒤받아 대꾸하고, 드나드는 초롱꾼에게 팔자나 고쳐 볼까. 양반자랑은 모두 하면서 색줏집이나 하여 볼까. 남문 밖 뺑덕어미처럼 천생이 저러한가 배워서 그러한가. 본데없이 자라나서 여기저기 무릎맞춤에 싸움질로 세월을 보내고, 남의 말 옮기기와 들어와서는 음식얘기, 조상은 안중에 없고 불공드리기로 일을 삼을 때, 무당, 소경을 불러다가 푸닥거리 하느라고 의복들을 다 내주어, 남편 모양을 볼 것 같으면 삽살개 뒷다리처럼 초라하고 자식 모습을 볼 것 같으면 털 빠진 소리개처럼 헐벗었다. 엿장사, 떡장사를 아이 핑계로 다 부르고 물레 앞에서 하품을 하고 씨아 앞에서는 기지개를 켠다. 이 집 저 집 이간질 시키고 음담패설을 하는 것으로 일을 삼는다. 남을 모함하고 골탕 먹이기, 살림살이는 줄어가고 걱정은 늘어간다. 치마는 짧아가고 허리통은 길어간다. 총 없는 헌 짚신에 어린 자식 들쳐 업고 혼인 장사(葬思) 집집마다 음식 추심(推尋) 일을 삼고 아이 싸움 어른 싸움에 남의 죄에 매 맞히기 까닭없이 성을 내고 이쁜 자식 두다리며 며느리를 쫒았으니 아들은 홀아비라. 딸자식을 다려오니 남의 집은 결딴이라. 두 손뼉을 두다리며 방성대곡(放聲大哭) 괴이하다. 머리 싸고 드러눕기. 관비정속(官婢定屬) 몇 번인가. 무식한 창생들아 저 거동을 자세보고 그릇 일을 알았거든 고칠 改(개)자 힘을 쓰소. 옳은 말을 들었거든 행하기를 위업(爲業)하소.
>
> – 작자미상 〈용부가〉

① 당대 여인들의 어렵고 고달픈 시집살이가 제재이다.
② 당대 여인들의 행동 개선에 대한 당부로 마무리하고 있다.
③ 불교와 미신을 경시하는 유교적 가치관이 드러나 있다.
④ 풍자를 통해 당대 여인의 바람직한 행실에 대해 직접적으로 교훈을 주고자 하였다.
⑤ 조선 후기 양반의 생활상에 대해서 비판하고 있다.

07

다음 글을 읽고 이해한 내용으로 적절하지 않은 것을 고르면?

갓의 폐단은 이루 다 말할 수 없다. 나룻배가 바람을 만나면 배가 기우뚱거리는데, 이때 조그마한 배 안에서 급히 일어나면 갓양태의 끝이 남의 이마를 찌르고, 좁은 상에서 함께 밥을 먹을 때에는 양태 끝이 남의 눈을 다치며, 여러 사람이 모인 자리에서는 난장이가 갓 쓴 것처럼 민망하다. 이는 사소한 일이지만 들에 가다가 풍우를 만나면 갓모자는 좁고 갓양태는 넓고 지투(紙套)는 경직하여, 바람이 그 사이로 들어오면 펄럭이는 소리가 벽력 같은데, 위로 갓이 말려 멋대로 펄럭인다. 양쪽 갓끈을 단단히 동여매면, 갓끈이 끊어질 듯 팽팽해져 턱과 귀가 모두 당겨 올라가고 상투와 수염이 빠지려 한다. 유의(油衣)는 치마같이 하여 머리에 써서 손으로 잡는 것인데, 바야흐로 비바람이 불어칠 때는 갓이 펄럭여 일정하지 않으므로 불가불 끈을 풀어 손으로 갓의 좌우를 부축해야 하는데, 빗물이 넓은 소매로 들어오므로 무거워서 들 수가 없다. 또 말이 자빠지려 할 경우 어떻게 손으로 고삐를 잡겠는가. 이렇게 되면 위의를 잃은 것을 부끄러워할 겨를은커녕 죽고 사는 것이 시각에 달리게 된다. 이는 다 갓모자가 좁아 머리를 덮지 못하고 갓양태가 넓어 바람을 많이 타기 때문이다.

일찍이 여진(女眞) 사람이 말 타는 것을 보았는데, 급한 비를 만나면 얼른 소매와 옷깃이 있는 유의(油衣)를 입고 또 폭건(幅巾)같이 부드러운 모자를 쓰고 채찍질하여 달렸다. 그러니 어찌 쾌활하지 않겠는가?

또 지금의 갓은 제작이 허술하여 갓모자와 갓양태의 사이에 아교가 풀어지면 서로 빠져버린다. 역관(譯官)들이 연경(燕京)에 들어갈 때 요동(遼東) 들판을 지나다가 비를 만나 갓양태는 파손되어 달아나고 다만 모자만 쓰고 가니, 중국 사람이야 우리나라 풍속에 이런 관이 있을 것이라 여기고 보통으로 보나, 같이 간 사람은 다 조소하는데 그렇다고 어디서 갓을 사겠는가. 매양 야중(野中) 행인들을 보니, 비를 만나도 갓 위에 씌울 것이 없는 사람들은 갓양태가 빠져나가고 부서질까 염려하여 풀을 뜯어 갓양태 아래에 테를 만들어 가리며, 또는 갓을 벗어 겨드랑에 끼고 한손으로는 상투를 잡고 허겁지겁 달린다. 대개 갓 하나의 값이 3~4백 냥이 되므로 갓을 생명처럼 보호하여, 그 군색하고 구차함이 한결같이 극에 달했다.

그리고 초립(草笠)의 생긴 모양도 지극히 괴이하다. 소년의 머리나 아전들의 기복(起復)에 일체 착용하고, 길흉에 구별이 없으니 이 무슨 예절인가. 또 빽빽하여 통풍이 안 되므로 바람이 불면 초립끈이 턱을 파고들어 할 수 없이 시원히 초립끈을 풀면 바람에 날려가 마치 종이연 모양으로 멀리 날아 올라간 곳을 모르게 된다. 나이가 좀 든 사람이 초립을 어깨 뒤로 드리우고 다니는 것은 더욱 가증스럽다. 또 공정(工程)도 어렵고 값도 비싸니 엄금하는 것이 좋다.

대저 나태한 풍습과 오만한 태도가 모두 갓에서 생기니, 어찌 옛 습속이라 하여 인순(因循. 낡은 인습을 버리지 않고 그대로 따름)하고 금하지 않을 수 있겠는가?

– 이덕무 〈갓의 폐단〉

① 글쓴이는 신분제 폐지를 주장하고 있다.
② 갓의 폐단이 나타나게 된 근본적인 이유는 갓의 형태이다.
③ 글쓴이는 실용성을 중시하는 사람이다.
④ 글쓴이는 사람에 따라 착용 방법을 다르게 해야 한다고 보았다.
⑤ 글쓴이는 갓을 비판하고, 구체적인 사례를 통해 설득력을 높였다.

08

다음 글의 빈칸 ㉠, ㉡에 들어갈 접속사를 바르게 짝지은 것을 고르면?

> 시대와 장소를 초월하여 사람들은 독서를 통해 생각과 삶을 윤택하게 해 왔고, 문화를 창조하고 발달시켜 왔다. 21세기 지식정보화 사회에서 독서는 삶을 꾸려가는 데 있어서 없어서는 안 될 지표이며, 독서력은 삶의 내용을 변화시키는 도구가 되기도 한다. 우리는 독서를 통해 정보를 얻는다. 또는 선인의 사상을 접하고 아름다운 글귀에 감동한다. (㉠) 이러한 경험을 통해 자아를 바라보고 타인과의 소통도 가능해지며, 지적 성장을 바탕으로 보다 풍요롭고 인간적인 삶을 추구한다.
>
> 이처럼 독서가 주는 이로움을 누리기 위해 사람들은 독서를 한다. 그런데 독서는 우리가 태어나면서 자연적으로 습득하는 행위가 아니다. 부단하게 듣고 말하고 읽고 쓰는 훈련을 거치면서, 독자가 주체적으로 의미를 구성하거나 혹은 타인과의 상호작용을 통해 텍스트를 이해하게 된다. 따라서 독서는 독자의 신체적, 인지적, 사회적 발달상황에 맞게 오랜 시간 학습해야 하는 행위인 것이다.
>
> 독서에 대한 연구는 오랜 시간 축적되어 왔으며, 현재도 진행형이다. 독서에 대한 정의 또한 여러 관점으로 바라볼 수 있다. 본고에서는 독서의 정의를 커뮤니케이션 측면을 중심으로 검토하고, 독서에 대한 지식과 인식들이 드러나 있는 인접 학문 영역에서 바라보는 독서의 다양한 측면에 대해 분석하였다. 직간접적으로 독서와 관련된 학문분야인 심리학, 두뇌과학, 언어학, 교육학, 출판학, 문헌정보학을 들 수 있다. 심리학과 두뇌과학은 독자의 개인적 의미구성의 과정을 중심으로, 교육학은 학습을 통한 독자의 성장을 중심으로, 언어학은 독자와 저자 혹은 저자가 생산한 기호의 집합체인 텍스트와의 의미소통과정을 중심으로 독서의 다양한 측면을 분석하였다. 출판학은 유통이라는 측면에서 독서를 다루며 문헌정보학은 자료이용과 관련한 모든 활동을 독서활동으로 볼 수 있다.
>
> 다양한 학문에서 바라보는 독서의 관점을 바탕으로 독서를 구성하는 저자, 텍스트, 독자, 맥락의 4개의 요소를 추출하였고, 구성주의적 관점에서 관계도를 완성하였다. 구성주의 관점에서 독서의 가장 중심을 차지하는 요소는 독자이다. (㉡) 저자의 발신 없이 독자는 존재할 수 없으며, 저자의 의도가 담긴 텍스트를 사실적으로 이해한 후에 독자 중심의 의미구성도 진정한 의미를 갖는다. 이러한 관계에서 독자와 저자 사이의 커뮤니케이션이 가능하다.
>
> – 남태우, 류반디 〈독서에 있어서 주요 요소에 관한 연구〉

	㉠	㉡
①	즉	하지만
②	그리고	그러나
③	그리고	또한
④	그럼에도 불구하고	반면
⑤	한편	그러나

09

다음 글의 내용과 일치하지 않는 것을 고르면?

독자는 텍스트를 읽고, 의미를 해석하는 주체이다. 구조주의의 관점에서는 독서의 문제를 문자로 된 텍스트 요인에서 찾아왔다. 그러나 독서란 어디까지나 상대적인 것이며, 독자의 신분에 따라 천태만상 다른 것이다. Fritz는 독자가 텍스트의 저작자를 완전히 망각한다고 하였다. 독자는 공동창작자이지 수신자가 아니라고 정의하기도 한다. 독자가 생산에 참여하는 소비자(Prosumer)의 입장이 된 것이다.

'저자가 어떤 주제로 썼는가.', '작가가 내게 전하려고 하는 것은 무엇인가.', '나는 그것에 대해 어떻게 생각하는가.'에 대한 답은 개인의 경험에 따라, 개인이 속해있는 사회의 관점에 따라 달라진다. 유통을 통해 생산물을 소비한다는 관점에서의 독자나 제공된 자료를 이용한다는 관점에서의 독자는 그 독자가 속한 사회의 영향권 내에 있음을 부인할 수 없다. 이를 사회 권력의 폭력으로 볼 수도 있다. 검열의 문제, 금서와 베스트셀러의 문제, 목록의 진정성의 문제 등 특히 민주화의 성장과정에 있었던 우리 지난 역사 연구에서 피해 갈 수 없는 논제이다.

사회의 영향에 대한 구성주의의 시각은 보다 유연하다. 독자가 타인들과의 상호작용으로 의미를 구성한다고 보는데, 사회적 참여가 이러한 상호작용을 제공한다는 것이다. Vygotsky는 개인의 인지 발달 역시 사회적 상호작용의 결과라고 한다. 사회는 독자가 의미를 구성하는 과정에서 영향력을 미칠 수 있는 맥락의 하나이다. 사회구성주의나 사회언어학에서는 맥락을 포괄적으로 보는데, 독자는 지역적인 문화, 공동체의 문화, 학교 문화, 교실 문화와 관련된 다차원적인 사회 문화적 맥락 속에서 독서 행위를 하게 된다.

독자는 개인의 능동적 활동으로 사고를 하나, 사회적 맥락의 영향을 받는다. 독자 개개인의 해석은 배경지식에 따라 다르지만, 독자의 경험의 종류와 깊이 또한 사회의 집단적 관점에 영향을 받는다. 급변하는 기술 환경 역시 독자에게 영향을 미치는 맥락이다. 인간 사회의 기술은 매체를 변화시킨다. 독자는 매체의 언어를 해독해야 한다. 그리고 매체 언어라는 상황적 맥락에 맞게 독해를 해야 한다. 생산 참여 소비자로서의 독서 행위의 주체는 독자이면서 저자이다. 저자는 다시 독자를 향해 의미를 전달한다. 이러한 저자와 독자 모두 활발하게 맥락과 상호작용을 한다.

① 구조주의 관점에서는 독서의 문제를 텍스트 요인에서 찾으려 한다.
② 독자는 단순히 수신자의 역할을 넘어서, 공동창작자의 역할을 한다.
③ 독자는 독서 행위에서 작가의 의도를 완벽히 이해하는 것이 중요하다.
④ 구성주의적 관점에서는 독자가 타인과의 상호작용을 통해 의미를 구성한다고 본다.
⑤ 사회적 맥락은 독자의 해석 과정에서 중요한 영향을 미친다.

10

다음을 계산한 값으로 옳은 것을 고르면?

$$\frac{1}{2}+\frac{1}{8}+\frac{1}{24}+\frac{1}{48}+\frac{1}{60}+\frac{1}{120}$$

① $\frac{7}{12}$　② $\frac{11}{15}$　③ $\frac{17}{24}$

④ $\frac{19}{24}$　⑤ $\frac{57}{80}$

11

다음 빈칸에 알맞은 수를 고르면?

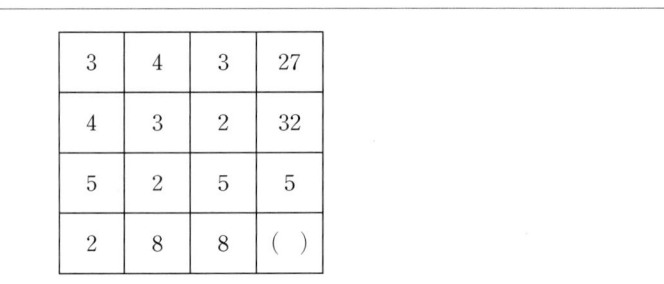

3	4	3	27
4	3	2	32
5	2	5	5
2	8	8	( )

① 22　② 26　③ 28

④ 32　⑤ 36

12

다음은 일정한 규칙에 따라 수를 나열한 것이다. 빈칸에 들어갈 수를 고르면?

30	32	39	41	57	59	84	86	(　　)

① 118　② 120　③ 128　④ 130　⑤ 136

13

A~E 5명이 다음과 같은 8개의 의자에 앉으려고 한다. 이때, A와 B가 서로 이웃하고, C와는 이웃하지 <u>않는</u> 경우의 수를 구하면?

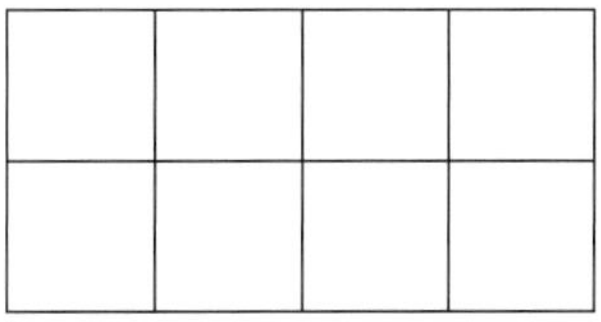

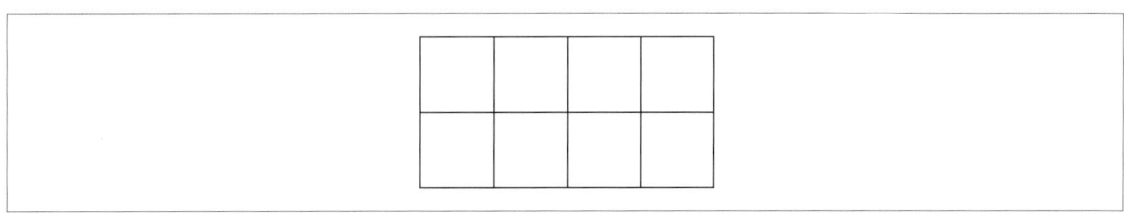

① 240　② 480　③ 560　④ 1,120　⑤ 1,280

[14~15] 다음 자료를 바탕으로 이어지는 질문에 답하시오.

열차는 다음과 같은 조건으로 운행된다.

• 각 역에서의 정차 시간은 10분이다.
• 환승 시 정차 시간은 15분이다.
• 출발 시간이 같은 경우 KTX－ITX－무궁화호 순으로 출발한다.
• 열차는 서로 추월할 수 없다. 후행 열차가 빠른 경우 선행 열차와 동시에 도착한다.

구분	KTX		ITX-새마을		무궁화	
	소요시간	정차유무	소요시간	정차유무	소요시간	정차유무
서울 → 오송	40분	일부정차	50분	○	80분	○
오송 → 대전	20분	○	30분	○	40분	○
대전 → 동대구	40분	일부정차	50분	○	90분	○
동대구 → 울산	20분	×	25분	○	70분	○
울산 → 부산	20분	○	25분	○	70분	○

열차	출발시간	예매 여부			운임(서울 ↔ 부산)		
		특실	일반	입석	특실	일반	입석
KTX101(동대구정차)	09:32	○	○	○	85,000	60,000	50,000
무궁화1207	09:53	×	○	○	42,000	30,000	25,000
ITX1005	10:22	×	○	○	56,000	40,000	34,000
KTX023(동대구정차)	10:27	○	○	○	85,000	60,000	50,000
KTX107(오송정차)	10:47	×	○	○	85,000	60,000	50,000

[내일로 두 번째 이야기]

1. 이용대상: 전 국민 누구나
2. 패스가격

구분	ADULT(일반)	YOUTH(만 29세 이하)	좌석지정	기타사항
연속 7일권	110,000원	80,000원	KTX: 1일 1회, 총 2회 일반열차: 1일 2회	–
선택 3일권	100,000원	70,000원	KTX: 1일 1회, 총 2회 일반열차: 1일 2회	유효기간 7일

※ 이용열차: KTX 좌석, 일반열차(ITX－마음, ITX－청춘, ITX－새마을, 무궁화, 누리로) 좌석 · 입석(자유석)
※ 해당 패스의 좌석지정은 별도의 공석 범위 내에서 이용되므로 일반좌석이 남아있더라도 별도 패스좌석 매진 시 이용이 불가할 수 있음
※ 입석(자유석) 이용 시 이용권을 반드시 발권해야 함

3. 이용기간: 연중운영

※ 단, 한국철도가 지정한 명절 대수송 기간 운영중지

4. 이용방법: 패스 구매일 익일부터 7일 이내 이용개시
5. 구매기간: 이용시작일 기준 7일전부터 구매 가능
※ 패스 구매와 동시에 좌석 지정권 및 입석(자유석)이용권 발매 가능
※ 권종별 연간 4회까지만 구매 가능

14

다음 중 부산에 세 번째로 도착하는 열차를 고르면?

① KTX101
② 무궁화1207
③ ITX1005
④ KTX023
⑤ KTX107

15

다음 내용을 바탕으로 회사원 A씨가 가장 저렴하게 이용할 수 있는 열차의 총운임을 고르면?

- 만 35세 회사원 A씨는 3월 한 달 동안 총 3회의 부산 출장 계획이 잡혔다.
- 출장은 1박 2일 일정으로 3월 3일, 7일, 28일에 출발하며, 모두 다음날 서울역으로 복귀한다.
- 열차는 KTX, 좌석은 일반석을 이용하며 서울역에서 출발하여 부산역에 도착한다.
- 회사원 A씨는 내일로 패스를 구매한 이력이 없다.

① 180,000원
② 200,000원
③ 300,000원
④ 330,000원
⑤ 360,000원

16

다음 [표]는 차량별 1일 평균 교통거리에 대한 자료이다. 이에 대한 설명으로 옳은 것을 고르면?

[표] 차량별 1일 평균 교통거리 (단위: km)

구분		2016년	2017년	2018년	2019년	2020년	2021년
전체	비사업	35.3	35	34.9	34.2	33.7	36
	사업	105.6	104.8	100	96.2	91.9	85.5
	전체	39.7	39.5	39.2	38.5	37.9	39.6
승용차	비사업	33.9	33.6	33.6	33.2	32.8	35.6
	사업	82.5	80.5	75.8	69	65.8	62.9
	전체	36.1	35.8	35.8	35.1	34.7	37.2
승합차	비사업	41.2	40.3	39.4	38.2	35.4	33
	사업	175.8	178.6	178.4	177.2	163.8	139.5
	전체	59.9	60.1	59.8	59.2	55.1	49.4
화물차	비사업	41.5	41.7	40.6	39.1	38.8	39.6
	사업	120.2	124.2	123.4	129.1	130.3	121.4
	전체	50.2	50.9	49.7	49.4	49.4	49.3
특수차	비사업	39.2	41	39.4	36.5	32.8	29.4
	사업	163.4	164.9	160.2	157	152.3	157.4
	전체	128.7	128	121.5	116.9	108.7	103.3

① 시간이 지나면서 환경오염은 심화되었다.
② 도로는 점차 확장되는 추세이다.
③ 친환경 정책으로 승용차의 수는 점차 줄어들고 있다.
④ 매년 특수차의 전체적인 1일 평균 교통거리는 감소하고 있다.
⑤ 노후 경유차 폐지 계획으로 화물차의 1일 평균 교통거리는 매년 감소하고 있다.

17

A기차는 길이가 200m이며, 속력 60km/h로 달리고, B기차는 길이가 300m이며, 속력 90km/h로 달린다. 두 열차가 하나의 터널을 완전히 통과하는 데 걸리는 시간의 비가 10:7일 때, 터널의 길이를 고르면?

① 1.0km　② 1.2km　③ 1.8km
④ 2.0km　⑤ 2.4km

18

다음은 A~E 5명이 회의실에 도착한 순서를 나타낸 것이다. 이때, 반드시 참인 것을 고르면?

- A가 B보다 먼저 도착했다.
- C가 D보다 늦게 도착했다.
- D보다 먼저 도착한 사람은 2명이다.
- E는 A보다 먼저 도착했다.

① A는 C보다 먼저 도착한다.
② B는 항상 C보다 먼저 도착한다.
③ D가 A보다 먼저 도착하는 경우도 있다.
④ C는 마지막에 도착하지 않는다.
⑤ A가 두 번째에 도착하면 B는 항상 네 번째에 도착한다.

19

다음은 교통수단별 수송 분담률을 나타낸 자료이다. 이를 바탕으로 작성한 그래프로 적절한 것을 고르면?

(단위: %)

구분	대중교통	철도	버스	택시	승용차
2019	43.0	20.0	23.0	2.8	54.1
2020	27.8	12.8	15.0	2.7	69.5
2021	28.6	16.3	12.3	2.4	69.0

※ 수송분담률=(해당 교통수단 여객수송실적÷육상교통수단 총여객수송실적)×100

①

(단위: %)

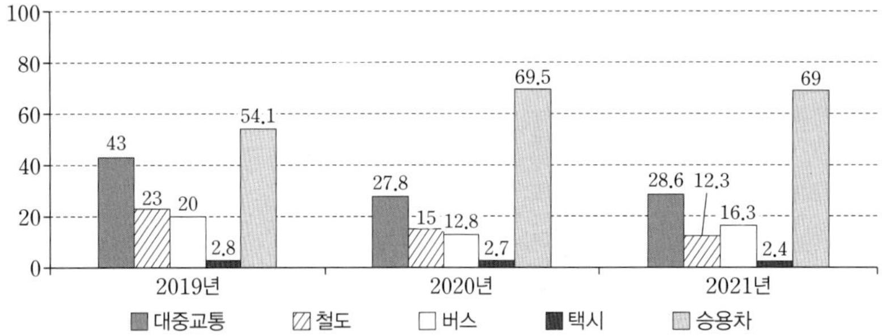

②

(단위: %)

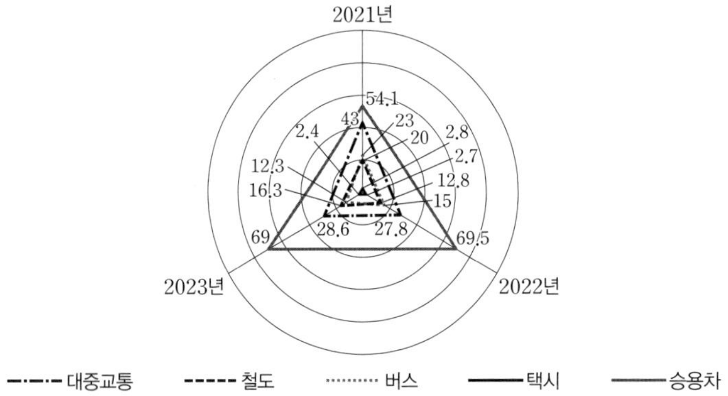

③

(단위: %)

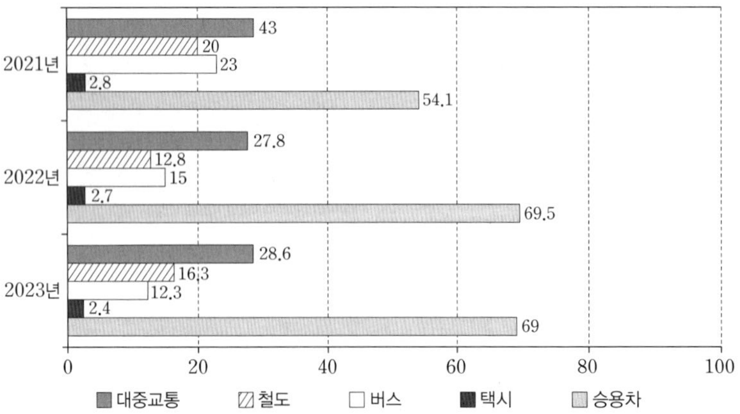

④ (단위: %)

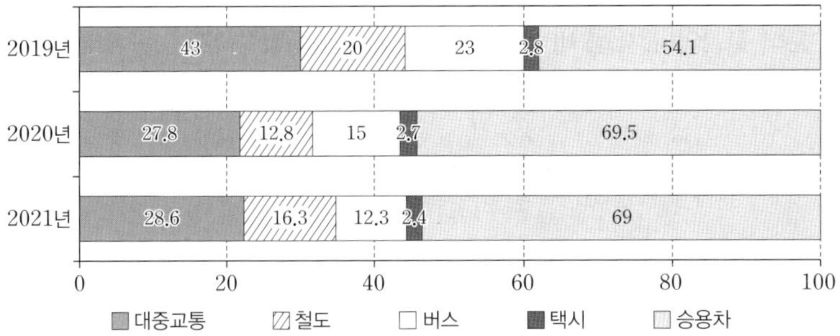

⑤ (단위: %)

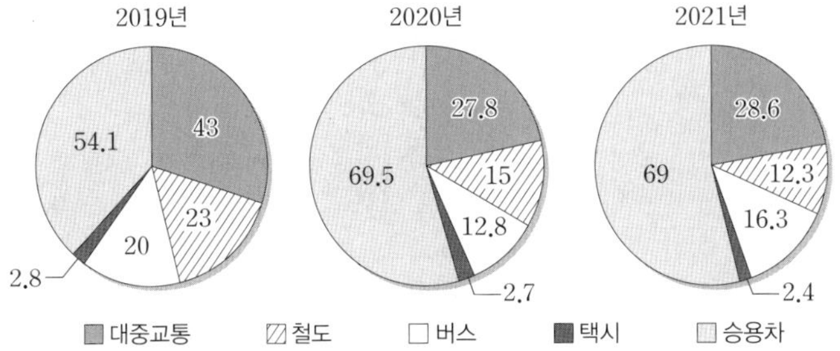

20

다음을 읽고 추론할 수 <u>없는</u> 것을 고르면?

텍스트 맥락은 특정한 문장, 단락, 또는 텍스트가 등장한 상황이나 배경을 의미한다. 이는 텍스트를 읽는 독자에게 제시된 글의 주변 환경을 설명하며, 해당 텍스트를 이해하는 데 매우 중요한 역할을 한다. 예를 들어 소설의 특정 장면에서 등장인물이 감정적인 대화를 나눈다면, 독자는 그들의 관계와 상황을 이해하는 데 텍스트 맥락이 큰 도움이 될 것이다.

반면에, 독자의 맥락은 텍스트를 읽는 개인적인 요소와 상호작용을 한다. 이는 독자의 감정, 지식, 경험 등과 같은 개인적인 배경을 나타낸다. 예를 들어, 경제학에 대한 전문적인 지식을 가진 독자는 경제 이론에 관한 글을 읽을 때 해당 내용을 더 잘 이해할 수 있을 것이다. 하지만 경제학에 대한 지식이 부족한 독자는 같은 내용을 이해하는 데 어려움을 겪을 수 있다.

따라서 텍스트 맥락과 독자의 맥락은 함께 작용하여 텍스트를 이해하는 데 중요한 역할을 한다. 텍스트 맥락은 글의 주변 환경을 설명하고, 독자의 맥락은 개인적인 요소와의 상호작용을 나타낸다. 이러한 맥락을 이해하는 것은 텍스트를 보다 깊이 이해하고 해석하는데 도움이 된다.

① 독자는 글을 읽을 때 자신이 가지고 있는 지식을 반영하여 읽는다.
② 텍스트 맥락이 독자의 맥락보다 중요하다.
③ 작가는 글을 쓸 때 독자들의 맥락을 고려하여 텍스트를 구성하고 설계해야 한다.
④ 텍스트 맥락을 이해하면 작가가 전달하고자 하는 메시지를 이해하는데 도움이 된다.
⑤ 텍스트 맥락은 텍스트가 속한 환경이나 상황을 의미한다.

21

다음은 어떤 공공기관에 대한 SWOT 분석 결과이다. 이를 바탕으로 도출한 전략 중 적절하지 않은 것을 고르면?

강점(Strengths)	약점(Weaknesses)
• 공공기관은 종종 법적 규제 및 정부 지원을 받아 안정적인 환경에서 운영될 수 있다. • 공공기관은 사회적으로 신뢰할 수 있는 기관으로 인식된다. • 공공기관은 종종 정부 예산 및 다른 자금원을 지원받아 자금 및 자원에 대한 상대적인 안정성을 갖고 있다.	• 일부 공공기관은 비효율성이나 관리 문제로 인해 업무 실행에 어려움을 겪을 수 있다. • 종종 정치적 영향을 받을 수 있으며, 이는 결정에 영향을 미칠 수 있다. • 기술 및 혁신의 부족으로 인해 현대화에 어려움을 겪을 수 있다.
기회(Opportunities)	**위협(Threats)**
• 공공기관은 디지털 전환을 통해 효율성을 높이고 서비스 제공을 개선할 수 있다. • 다른 기관 및 조직과의 파트너십을 통해 새로운 기회를 모색할 수 있다. • 공공기관은 시민 참여를 촉진하고 시민들의 의견을 수렴함으로써 더 나은 정책 및 서비스를 제공할 수 있다.	• 정부 예산의 감소나 재정 제약으로 인해 공공기관이 업무를 수행하는 데 제약이 생길 수 있다. • 민간 부문이나 다른 공공기관과의 경쟁, 그리고 사회적, 정치적 변화로 인해 공공기관은 더 빠른 변화와 적응이 필요하다. • 사이버 보안 위협과 개인 정보 보호에 대한 요구 사항이 증가함에 따라 공공기관은 보안 문제에 대응해야 할 필요성이 있다.

구분	강점(Strengths)	약점(Weaknesses)
기회 (Opportunities)	① 공공기관은 국가 발전을 위한 핵심적인 역할을 수행하며, 디지털화와 인공지능 기술의 발전을 통해 업무 프로세스를 효율화하여 국가 발전에 기여할 수 있다. 다른 기관 및 민간 부문과의 파트너십을 강화하여 시너지를 창출하고 협력하여 공공서비스의 품질을 향상 시킬 수 있다.	② 비효율적인 업무 프로세스를 개선하고 자동화를 통해 인력 및 자원을 효율적으로 활용할 수 있는 방안을 모색해야 한다. 기술 및 혁신 역량을 강화하기 위해 교육 및 훈련 프로그램을 개발하고, 외부 전문가들과의 협력을 통해 최신 기술 및 도구에 대한 접근성을 높여야 한다.
위협(Threats)	③ 공공기관은 재정 제약과 같은 위험 완화를 위해 다양한 자금원과 파트너십을 모색해야 한다. ④ 정치적, 사회적 변화 및 재정 제약과 같은 위험을 대비하기 위한 대응 능력을 향상시켜야 한다.	⑤ 비효율적인 조직 내부 프로세스를 개선하여 정책 실행력을 향상시키고 업무 효율성을 높일 수 있게 조직 문화 개선 및 업무 프로세스 재설계가 필요하다.

22

다음을 읽고 메인메세지로 옳은 것을 고르면?

- 식물이 주변에 존재하면 자연적인 환경 속에서 느끼는 평온함과 안정감이 우리의 마음을 안정시켜준다. 이는 스트레스를 줄이고 긍정적인 에너지를 유지하는 데 도움이 된다.
- 녹색 식물들은 공기 중 유해물질을 흡수하여 공기를 정화하는 역할을 한다. 실내 공기의 질이 향상되면 더 맑고 상쾌한 환경에서 일할 수 있어 생산성이 향상될 것이다.
- 식물들은 일상적인 돌발상황이나 감정적인 변화에 대한 대비책으로 작용할 수 있다. 식물들은 우리에게 안정감을 주고 예측 가능한 요소로서 우리의 정서적 안정을 지원한다.
- 식물을 관찰하고 돌보는 과정은 우리의 책임감을 키우고 자신감을 강화하는 데 도움이 된다. 이러한 능력은 업무나 일상생활에서 문제를 해결하고 목표를 달성하는 데 유익할 것이다.

① 식물을 활용하여 삶의 질을 높일 수 있다.
② 식물을 키우는 친환경적 행동으로 환경을 보호할 수 있다.
③ 식물의 자연적인 요소는 정서적 안정에 도움이 되고 생산성을 향상 시킬 수 있다.
④ 인간의 건강을 지키는데 식물의 도움을 받을 수 있다.
⑤ 직장 내 생산성 향상을 위해 식물을 키워야 한다.

23

다음 자료를 바탕으로 정부 차원에서 시행할 대책으로 적절하지 않은 것을 고르면?

출퇴근 시간 교통 혼잡이 문제로 대두되고 있다. 한 설문조사에 의하면 출퇴근 소요 시간이 평균 1시간 24분이 걸린다는 결과가 나왔다. 거주 지역별로 살펴보면, 경기권에 사는 직장인들의 출퇴근 소요 시간이 평균 1시간 42분으로 가장 길었다. 서울에 사는 직장인들은 평균 1시간 19분을, 지방 거주 직장인들은 1시간 1분을 출퇴근에 사용하고 있었다.

한편 경기도에서 서울로 출근하는 절반 이상이 승용차를 이용하는 것으로 조사됐다. 승용차를 이용한 경기도 내 출퇴근도 시·군 간 71.4%, 시·군내 75.3%로 나타났다. 경기도 전체 하루 평균 출퇴근 인원은 1,109만 명으로 18%인 200만 명이 서울로 통근한다. 이 중 승용차를 이용한 출퇴근은 55%, 대중교통을 이용한 출퇴근은 약 45%를 차지했다. 승용차를 이용한 출퇴근 시간이 대중교통보다 단축돼서 승용차를 이용한 출퇴근 비율이 높았다. 실제 서울 출퇴근 시 승용차를 이용하면 58.1분이 걸리지만, 대중교통은 78.3분이 소요되었으며, 경기도 내 출퇴근도 승용차 34분, 대중교통 71분으로 승용차와 대중교통의 편차가 컸다.

① 서울 통근자를 위한 광역버스 시설을 확대한다.
② 경기도 내에서의 대중교통 노선과 인프라를 확대한다.
③ 출퇴근 시간을 조절하여 혼잡한 시간을 피하도록 한다.
④ 버스 전용차로를 확대하여 대중교통 이용 시 교통 혼잡을 피할 수 있게 한다.
⑤ 도로의 속도 제한 규제를 완화하여 흐름을 빠르게 유도한다.

24

다음에서 범하고 있는 오류와 동일한 오류의 사례를 고르면?

> • TV를 보면 눈이 나빠진다.
> • 철수는 TV를 잘 안 본다.
> • 철수는 눈이 나쁘지 않다.

① • 당분을 많이 섭취하면 당뇨병에 걸릴 수 있다.
 • 영희는 당분이 많이 들어간 음식을 자주 먹는다.
 • 영희는 반드시 당뇨병에 걸린다.

② • 비가 올 때는 도로가 미끄러워 사고가 발생할 수 있다.
 • 따라서 오늘은 비가 오지 않았으므로 사고가 발생하지 않을 것이다.

③ • 대머리는 대개 나이가 많다.
 • 철수는 대머리이므로 나이가 많을 것이다.
 • 그러므로 철수는 나이든 사람들처럼 느릴 것이다.

④ • 지구는 평면이다.
 • 왜냐하면 지구를 보면 평면으로 보인다.

⑤ • 나무는 산소를 생산한다.
 • 왜냐하면 우리가 나무를 보면 그것은 산소를 생산한다.
 • 그러므로 나무는 산소를 생산한다.

25

다음 [표]는 지역별 대중교통 이용 현황에 대한 자료이다. 이에 대한 설명으로 옳은 것을 고르면?

구분	1주간 대중교통 이용횟수(회)	한 달 평균 대중교통 비용(원)	버스 이용률(%)	도시철도 이용률(%)	교통카드 이용률(%)	환승서비스 이용률(%)	환승 횟수(회)
서울	9.97	49,822	33.9	66.1	100	100	1.5
부산	9.83	49,295	57.2	42.8	99.6	100	1.51
대구	10.14	49,474	58.2	41.8	99.6	100	1.5
인천	9.75	49,843	52.5	47.5	99.7	100	1.5
광주	9.7	50,019	84	16	99.1	99.9	1.47
대전	9.59	50,949	78.2	21.8	99.6	100	1.49
울산	9.56	50,316	100	0	99.7	100	1.53
세종	9.51	50,858	100	0	99.7	5.9	1.64
경기	9.75	50,562	63.7	36.3	99.3	90.7	1.5
강원	9.48	50,525	98.3	1.7	93.1	13.6	1.49
충북	9.6	49,434	100	0	94.8	17.7	1.44
충남	9.55	50,310	94.2	5.8	94.8	17.5	1.46
전북	9.53	50,038	100	0	96	10.7	1.48
전남	9.45	50,377	100	0	90.4	20.5	1.44
경북	9.59	50,633	97.6	2.4	92.5	15.8	1.47
경남	9.56	50,326	94.5	5.5	95.1	15.4	1.52
제주	9.4	50,288	100	0	99.1	8.5	1.45

① 교통카드 이용률이 가장 낮은 지역은 환승서비스 이용률이 가장 낮다.
② 도시철도를 이용할 수 없는 곳은 환승 횟수가 적다.
③ 환승 횟수가 높을수록 한 달 평균 대중교통비용을 적게 지출한다.
④ 한 달 평균 대중교통비용이 가장 높은 지역은 환승 횟수가 1.5회 미만이다.
⑤ 환승서비스 이용률이 낮다는 것은 대중교통을 이용한 접근성이 좋다는 것을 의미한다.

KORAIL

코레일

실전모의고사

2024년 10월 시행 기출복원 모의고사

※ 2024년 10월에 시행된 필기시험의 기출복원 정보를 활용하여 실제 기출에 가까운 변형문제로 모의고사를 구성하였습니다.

영역		문항 수	권장 풀이 시간
직업기초능력평가	의사소통능력	30문항	40분
	수리능력		
	문제해결능력		
철도법령		10문항	

eduwill

모바일 OMR
자동채점 & 성적분석 무료

정답만 입력하면 채점에서 성적분석까지 한번에!

활용 GUIDE

실시간 성적분석 방법!

STEP 1 QR 코드 스캔 ▶ STEP 2 모바일 OMR 입력 ▶ STEP 3 자동채점 & 성적분석표 확인

STEP 1

교재 내 QR 코드 스캔

10월 시행
기출복원 모의고사
모바일 OMR 바로가기

https://eduwill.kr/xlte

- 위 QR 코드를 모바일로 스캔 후 에듀윌 회원 로그인
- QR 코드 하단의 바로가기 주소로도 접속 가능

STEP 2

모바일 OMR 입력

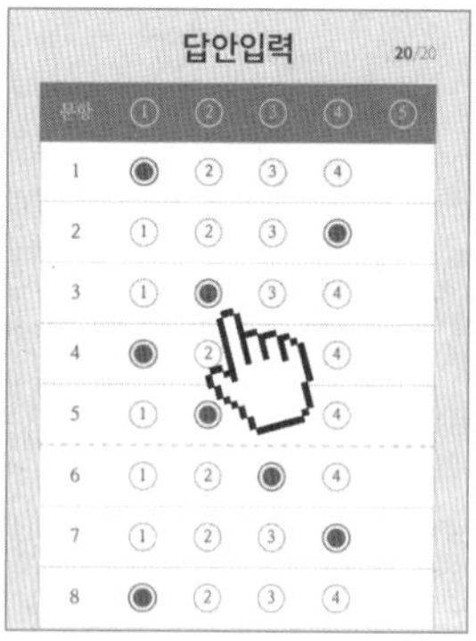

- 회차 확인 후 '응시하기' 클릭
- 모바일 OMR에 답안 입력
- 문제풀이 시간까지 측정 가능

STEP 3

자동채점 & 성적분석표 확인

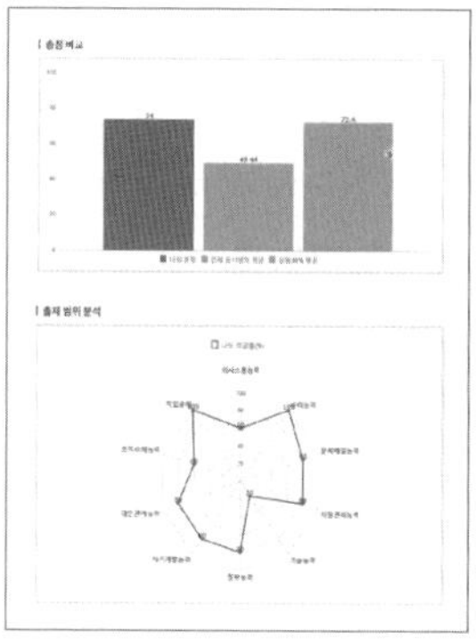

- 제출 시 자동으로 채점 완료
- 원점수, 백분위, 전체 평균, 상위10% 평균 확인
- 영역별 정답률을 통해 취약점 파악

※ 본 회차의 모바일 OMR 채점 서비스는 2026년 01월 31일까지 유효합니다.

기출복원 모의고사 NCS

정답과 해설 P.33

01

다음 글의 밑줄 친 ㉠에 대한 설명으로 옳지 않은 것을 고르면?

> ㉠ 하향식 읽기 모형이란 읽기를 할 때 의미 형성이 글 자체보다는 글에 대한 독자의 적극적인 가정이나 추측에서 비롯된다는 모형이다. 따라서 텍스트에 대한 해석도 독자가 하는 가정이나 추측에서 시작되며, 독자는 읽기 전부터 관련된 자신의 배경지식을 떠올리며 글을 읽게 된다.
>
> 하향식 읽기 모형에서 독자는 텍스트를 읽기 전에 이미 특정 주제나 내용에 대해 어느 정도 배경지식을 가지고 있다고 가정하므로 독자는 텍스트에서 제공되는 정보가 무엇을 의미하는지, 어떤 내용이 이어질지를 예상하면서 읽는다. 더불어 텍스트의 일부 정보만 가지고도 독자는 전체 내용을 추론하고 예측할 수 있다. 예를 들어, 문장이나 단어의 일부분을 보고 나머지 내용을 유추해 내는 방식이다. 하향식 읽기 모형은 텍스트의 개별적인 문자나 단어의 분석보다는, 상위 수준에서 텍스트의 전반적인 의미를 이해하는 과정을 중요시한다. 따라서 하향식 읽기 모형에서 독자는 텍스트를 읽으며 전체적인 맥락이나 주제를 먼저 파악하려고 한다. 독자는 자신이 가진 지식과 경험을 바탕으로 텍스트의 의미를 '재구성'한다. 텍스트에서 제공되는 정보가 불완전하더라도 독자는 이를 자신의 지식과 경험을 통해 채워나가며 전체 의미를 형성한다.
>
> 하향식 읽기 모형은 예측, 배경 지식 활성화, 텍스트 분석, 추론 및 확인의 과정으로 이루어진다. 독자는 텍스트를 읽기 전에 대략적인 내용과 주제를 예측하고 텍스트와 관련된 자신의 배경지식을 떠올리며, 그 지식을 바탕으로 읽기 시작한다. 이후 텍스트의 구체적인 내용을 읽으면서 예측한 내용이 맞는지 확인하거나 수정하며, 텍스트 내의 구체적인 정보나 단어들도 자신이 예측한 것과 일치하는지 아니면 새로운 정보를 얻었는지를 확인하고, 부족한 부분을 추론하여 채운다.
>
> 하향식 읽기 모형에서 의미의 원천은 글이 아닌 독자의 지적 배경이므로 독해에서 글의 내용과 독자의 배경지식이 많으면 많을수록 글에 대한 이해가 더 잘 되리라고 본다. 하향식 모형은 상향식 모형과는 달리 합리주의적이고 연역적인 성격의 모형이기 때문에 의미 지향적이라 할 수 있다. 따라서 하향식 읽기 모형은 특히 소설, 시, 문학적 텍스트 등에서 유용하며, 독자의 창의적이고 직관적인 해석을 이끈다.

① 글을 읽으면서 글의 신뢰성을 검증한다.
② 독자의 창의적이고 직관적인 해석을 도출한다.
③ 독자는 텍스트의 일부 정보만 가지고 전체 내용을 추론한다.
④ 독자는 텍스트와 관련된 자신의 배경지식을 떠올리며 이를 바탕으로 읽는다.
⑤ 텍스트의 정보가 부족하다면 독자의 자신의 지식을 더해 전체 의미를 형성한다.

02

다음 글에서 강조하는 직업기초능력을 고르면?

○○카드가 '고객의 소리(Voice Of Customer, VOC)'를 경청하며 서비스 개선에 앞장서고 있다. ○○카드는 VOC 경영 강화의 일환으로 지난해 말 '데일리 VOC 리포트' 제도를 신설했다. 데일리 VOC 리포트는 ○○카드 고객이 신용카드를 이용할 때나 고객센터와 통화할 때 경험한 불편 사항과 만족 사항, ○○카드와 관련한 제안, 질문, 칭찬 등 다양한 의견을 유형별로 자원화한 분석 자료다. 데일리 VOC 리포트는 매일 정해진 시간에 사내 협업 플랫폼인 팀즈를 통해 대표이사를 포함한 전사 임원과 팀장에게 공유된다. 리포트엔 서비스 관련 미흡한 부분이나 날카로운 비판의 목소리도 여과 없이 담겨 있다.

○○카드는 고객의 요구에 실시간으로 대응하고 있다. 리포트 내용 중 고객이 불편함을 느꼈거나 개선이 필요하다고 생각되는 부분에 대해서는 개선 의견이 실시간 댓글로 달린다. 관련 업무 담당자들은 해결책을 적극적으로 검토해 즉각적으로 개선 작업에 착수, 서비스에 반영하고 있다. 최근 ○○카드는 올해 1분기(1~3월) 데일리 VOC 리포트를 통해 실제 서비스를 개선한 사례를 공식 홈페이지를 통해 소개했다.

○○카드는 '법인카드 회원은 모바일 앱을 이용하기가 불편하다.'는 고객 의견을 반영해 법인카드 회원을 위한 페이지 이동 링크를 '디지로카' 앱 메인 화면 위쪽에 배치해 눈에 띄도록 바꿨다. 또 '디지로카 앱의 모빌리티 서비스를 통한 시외버스 예매 후, 모바일 발권이 되지 않는 여객사가 있어 불편하다.'는 의견에 모바일 발권 가능 여부를 예매 화면에 표시하도록 했고, '카드 이용 내역 조회 기간이 길었으면 좋겠다.'는 의견에 카드 이용 내역 조회 기간을 기존 6개월에서 12개월로 확대했다.

이달 9일에는 서비스 개선 의견을 보내준 고객을 대상으로 개선된 내용과 감사의 메시지를 담은 멀티미디어 메시지(MMS)도 발송했다. MMS에는 고객이 보내준 소중한 의견이 반영돼 서비스가 개선됐으며 앞으로도 고객 목소리에 귀 기울일 것을 약속하겠다는 내용이 담겼다. 더 좋은 ○○카드를 만드는 데 도움을 준 것에 대한 감사의 마음을 담은 소정의 엘포인트(L.POINT)도 함께 전달됐다.

○○카드는 매월 간담회를 열고 고객센터 현장의 의견을 청취한다. 교육 강사, 통화 품질 전문가와 소통하며 건의 사항을 취합해 상담사의 애로 사항 해결을 돕고 고객에게는 더 신속하고 정확한 상담 서비스를 제공하고 있다.

전문성 있는 상담 서비스를 제공하기 위해 고객의 문의 빈도가 높은 항목에 대해서는 상담 스크립트를 표준·최신화했다. 스크립트와 더불어 지식 관리 시스템 콘텐츠도 지속적으로 개선하고 있다. 지식 관리 시스템은 카드 상품과 서비스 등 다양한 정보를 담은 것으로 상담사가 고객 상담을 위해 수시로 활용한다.

○○카드 고객센터는 고객 불만을 신속하게 해소하기 위해 현업 부서 및 고객 보호 전담 부서와 긴밀하게 협력하고 있다. 고객이 민원 제기 시 내용을 신속하게 전달해 담당 부서와 대응 방안을 마련해 안내하고 있다. 특히 고객 민원 즉시 공유 프로세스를 통해 다양한 채널로 접수되는 고객의 불편 사항을 실시간 모니터링하고 적시 대응으로 민원 확대를 방지하고 있다. ○○카드 관계자는 "고객이 롯데카드에서 경험하는 모든 여정과 문제를 고민하고 있다."며 "진솔하고 정성스러운 조언과 충고를 발판 삼아 앞으로도 더 나은 서비스를 제공하도록 하겠다."고 말했다.

① 경청능력　② 문서이해능력　③ 문서작성능력
④ 수리능력　⑤ 문제해결능력

03

다음 중 기획서의 특징으로 옳지 않은 것을 고르면?

① 상대가 요구하는 것이 무엇인지 고려하여 작성한다.
② 목적 달성을 위한 핵심 사항이 정확하게 기입되었는지 확인한다.
③ 기획 내용이 한눈에 파악될 수 있도록 체계적으로 목차를 구성한다.
④ 효과적인 내용 전달을 위해 적합한 표나 그래프를 활용하여 시각화한다.
⑤ 아이디어의 설득을 위한 문서이므로 인용한 자료의 출처는 밝히지 않는다.

04

다음은 도요타 기업의 성공 사례에 관한 내용이다. 다음 [보기]에서 도요타 기업을 1위로 만들 수 있었던 CEO의 자질로 옳지 않은 것의 개수를 고르면?

렉서스를 만들기 전 도요타 자동차는 이미 소형차 시장에서 전 세계 시장의 8.1%를 차지하며, 소형차 시장 점유율 1위를 기록하고 있었다. 그 당시로서도 충분히 만족스러운 상황이었다. 그러나 도요타 자동차의 전 CEO인 도요타 에이지는 "우리는 고급차 시장을 장악하고 있는 벤츠와 BMW에 필적할 만한 세계 최고의 자동차를 만들고자 한다. 그들은 이미 전 세계적인 대기업이고 우리는 이제 막 중소기업 수준에 지나지 않지만, 여기서 만족할 수는 없다. 그대들의 도움이 필요한 상황이다. 할 수 있겠는가."라고 핵심 엔지니어들에게 물어보았다. 그런데 그들이 하나같이 '할 수 있다'라고 응답했다.

고급차 시장을 장악하지 않고는 진정한 승자라고 할 수 없음을 깨닫고 일부의 우려에도 불구하고 고급차 시장에 뛰어들기로 결정한 것이다. 당시 도요타의 고급차 시장 진출에 대해 주위에서는 맥도널드가 비프 웰링턴(고급 쇠고기 요리)을 만드는 것에 비유하면서, 소기업이 대기업을 상대로 칼을 빼어 드는 어리석은 결정이라고 비웃었다. 이미 고급차 시장을 장악하고 있던 BMW 7시리즈나 벤츠의 S클래스, GM의 캐딜락에 대적하기에는 도저히 역부족인 것으로 보였던 것이다.

그러나 6년 동안의 노력 끝에 이 무모해 보이던 도요타 에이지의 목표는 결국 2000년 고급차 시장에서 1위를 달리고 있던 GM의 캐딜락을 제치고 선두 자리를 빼앗았고, 이후 내내 1위 자리를 지킴으로써 성공적으로 달성되었다.

보기

㉠ 원대한 목표를 수립하고 이를 달성하기 위해 강하게 추진해 나갈 수 있어야 한다.
㉡ 사업 환경 변화에 따라 유연하게 사업구조를 변경할 수 있는 능력을 가져야 한다.
㉢ 정면으로 싸울 때와 우회하여 싸울 때를 구분하여 지혜롭게 전략을 선택하여야 한다.
㉣ 미래 가치의 투자를 위하여 현재 가진 성과를 포기할 수 있는 과감함을 가져야 한다.

① 0개 ② 1개 ③ 2개
④ 3개 ⑤ 4개

05

다음 S부장의 의사표현법으로 옳은 것을 고르면?

S부장: "이번에 제출하신 보고서 정말 좋았어요. 그런데 한 가지 아쉬운 점은 오타가 몇 개 보였어요. 앞으로 이런 작은 실수만 보완하면 말 그대로 완벽한 보고서가 될 거예요. 그러면 L대리도 더욱 돋보이게 됩니다."

① 설득 화법　② 칭찬 화법　③ 샌드위치 화법
④ 회유 화법　⑤ 압박 화법

06

다음 글을 바탕으로 공문서 작성 시 유의 사항으로 적절하지 않은 것을 고르면?

산불 특별재난지역 자원봉사자 지원 알림

□ 운임 할인: 산불 특별재난지역 선포지역 자원봉사자에 대하여 SRT운임 할인
□ 시행 일자: 2023. 4. 11.부터
□ 지원 대상: 산불 특별재난지역 관련 지원봉사자
□ 할인율: 운임 100% 할인
□ 대상 구간: SRT 이용 가능한 모든 구간
□ 적용 기간: 자원 봉사 확인증에 기재된 봉사기간의 전·후 1일까지
□ 이용 방법: 지원 봉사 이후 발급받은 자원봉사활동 확인서를 역 창구에 제출
※ 기타 자세한 문의사항은 SR고객센터(1800－1472)로 문의 바랍니다.

주식회사 에스알

① 공문서는 객관적이고 공식적이어야 하므로 감정적인 어조나 주관적인 의견은 피해야 한다.
② 공문서 작성 시 가장 중요한 것은 목적을 명확히 하는 것이다.
③ 공문서 작성 시에는 명확하고 간결한 문장을 사용해야 한다.
④ 공문서 작성 시에는 전문성을 유지하기 위해 다양한 종류의 양식을 사용해야 한다.
⑤ 공문서 작성 시에는 존중과 예의를 중시해야 한다.

07

다음은 의사표현에 영향을 미치는 비언어적 요소에 대한 설명이다. 빈칸에 들어갈 내용으로 적절하지 않은 것을 고르면?

의사표현에 영향을 미치는 비언어적 요소 중 말과 관련된 요소에는 장단, 발음, 속도, 쉼 등이 있습니다. 이 중 쉼은 대화 도중 잠시 침묵하는 것을 말하며 의도적인 경우와 비의도적인 경우로 나눌 수 있습니다. 또한 쉼을 사용하는 경우는 (   ) 등이 있습니다.

① 이야기의 전이 시
② 양해, 동조, 반문의 경우
③ 연단 공포증일 경우
④ 생략, 암시, 반성의 경우
⑤ 여운을 남길 때

08

다음은 지안이에 대한 동료들의 평가이다. 이를 바탕으로 지안이가 해당하는 키슬러의 대인관계 방식 유형을 고르면?

- 은지: "지안이는 항상 웃는 모습으로 팀 분위기를 살리려고 노력하는 것 같아."
- 정대: "팀 프로젝트를 하면 항상 다른 사람들이 하기 싫어하는 일을 지안이가 도맡아 하는 것 같아."
- 나라: "하지만 마음이 약한 건지 다른 사람들이 야근을 부탁하면 거절을 못해 몸이 상할까봐 걱정이야."

① 지배형 ② 복종형 ③ 사교형
④ 친화형 ⑤ 실리형

09

다음 글을 읽고 철도 건널목 사고를 예방할 수 있는 방법으로 적절하지 않은 것을 고르면?

> 한국교통안전공단이 올해 상반기 철도건널목 사고가 작년 동기 대비 증가해 대국민 철도건널목 사고 예방 홍보를 강화했다고 24일 밝혔다.
>
> 교통안전공단에 따르면 올해 철도건널목 사고는 상반기에 8건(사망 3명) 발생했으며 지난해 전체 철도건널목 사고 건수인 7건을 이미 초과했다.
>
> 교통안전공단이 2017년부터 최근 5년간 발생한 철도건널목 사고를 분석한 결과 57건 중 48건은(84.2%) 통행자(운전자)가 안전 수칙을 준수하지 않아 발생한 것으로 나타났다. 사고 원인으로는 △일단정지 무시 횡단 29건 △차단기 돌파·우회 14건 △건널목 통과 지체 5건으로 분석됐다.
>
> 이에 따라 교통안전공단은 철도건널목 사고 예방을 위해 TV와 라디오 등 미디어에 안전·예방 캠페인과 같은 정보를 송출했다고 밝혔다. 또 철도 유관기관과 협업해 건널목 앞 도로 시설 등에 대한 현장 조사와 시설 개선, 합동 캠페인을 추진하고 차량 내비게이션 앱에서 철도건널목 주의 알림을 제공하도록 협력했다.
>
> 한편 최근 10년간 철도 건널목사고는 총 108건(사망 26명·부상 37명) 발생했다. 차종별로는 △승용차 48건 △화물차 22건 △승합차·버스 12건 △이륜차 10건 등 순으로 많은 사고가 발생했다. 노선별로는 △충북선 20건 △경전선·동해남부선 각 14건 △중앙선 10건 등의 순으로 사고량이 많았다.
>
> 권용복 교통안전공단 이사장은 "철도건널목 사고 예방을 위한 안전 수칙 홍보를 강화함으로써 기본적인 철도건널목 안전 수칙 준수를 위한 전 국민의 관심과 적극적인 참여가 필요하다."며 "앞으로도 국민에게 철도 안전 문화를 확산할 수 있도록 적극적인 홍보와 시설 개선 등을 추진해 나가겠다."고 말했다.

① 건널목에 접근할 때 반드시 일단 정지 후 좌우를 살핀다.
② 차단기를 임의로 돌파하거나 우회하지 않는다.
③ 철도건널목 통과 시 열차가 통과하여 시야에서 사라진 뒤 건널목을 빠져나간다.
④ 철도건널목 사고 예방을 위해 철도 유관기관과 협력하여 캠페인을 적극적으로 시행한다.
⑤ 건널목 통과 전 철도 신호나 경고음의 상태를 확인하고 차단기가 올라갔을 때 통과한다.

10

다음 [보기]에서 밑줄 친 단어의 맞춤법이 잘못된 것을 고르면?

보기

㉠ 라면 면발이 불다.
㉡ 어따 대고 반말이야.
㉢ 아까의 흉잡혔던 대갚음을 하였다.
㉣ 쩨쩨하게 그러지 말고 같이 좀 쓰자.
㉤ 예부터 내려오는 우리나라의 풍습이야.

① ㉠　② ㉤　③ ㉠, ㉡
④ ㉡, ㉣　⑤ ㉡, ㉤

11

A~F의 6명이 원탁에 같은 간격으로 둘러앉아 회의를 진행하려고 한다. 다음 [조건]을 바탕으로 6명이 원탁에 둘러앉는 경우의 수를 고르면?

조건

- A, B, C는 남자이고, D, E, F는 여자이다.
- A와 D는 이웃하게 앉고, 여자끼리는 서로 이웃하지 않게 앉는다.

① 8가지　② 12가지　③ 16가지
④ 20가지　⑤ 24가지

12

농도가 15%인 소금물 200g과 농도가 20%인 소금물 300g을 섞었을 때, 소금물의 농도를 고르면?

① 17%　② 17.5%　③ 18%
④ 18.5%　⑤ 19%

13

다음은 일정한 규칙에 따라 수를 나열한 것이다. B−A의 값을 고르면?

12	−34	14	−14	18	6	26	26	(A)	(B)

① 1　② 2　③ 3　④ 4　⑤ 5

14

다음은 A~E열차가 이동한 거리를 나타낸 것이다. 이동거리가 긴 순서로 순위를 정할 때, C열차의 순위를 고르면?

A열차	시속 80km로 6시간 동안 이동
B열차	분속 2km로 150분 동안 이동
C열차	초속 25m로 3시간 30분 동안 이동
D열차	시속 100km로 4시간 동안 이동
E열차	분속 1.5km로 2시간 동안 이동

① 1위　② 2위　③ 3위　④ 4위　⑤ 5위

15

다음은 일정한 규칙으로 수를 나열한 것이다. 빈칸에 들어갈 수를 고르면?

3	10	14	( )
2	7	18	53
1	62	34	43
2	48	46	96

① 39　② 41　③ 43　④ 45　⑤ 47

16

A~E의 5명이 300m 깊이의 땅을 파려고 한다. 다음 [조건]을 바탕으로 마지막으로 땅을 파는 사람을 고르면?

조건

- C－E－A－D－B 순으로 반복해서 땅을 판다.
- A~E의 5명은 차례대로 하루 동안 3m, 2.5m, 4m, 5m, 1.5m만큼 판다.

① A　② B　③ C　④ D　⑤ E

[17~18] 다음은 2019~2023년 철도사고 현황에 대한 자료이다. 이를 바탕으로 이어지는 질문에 답하시오.

[표] 2019~2023년 철도교통사고 및 철도안전사고 현황 (단위: 건)

구분				2019년	2020년	2021년	2022년	2023년
철도교통사고	충돌			0	1	5	2	4
철도교통사고	탈선			6	3	12	18	26
철도교통사고	열차화재			0	0	0	0	0
철도교통사고	기타 철도교통사고	위험물사고		0	0	0	0	0
철도교통사고	기타 철도교통사고	건널목사고		15	8	7	13	4
철도교통사고	기타 철도교통사고	철도교통사상사고	여객	10	4	2	2	0
철도교통사고	기타 철도교통사고	철도교통사상사고	공중	24	18	16	24	18
철도교통사고	기타 철도교통사고	철도교통사상사고	직원	2	4	2	8	1
철도교통사고	기타 철도교통사고	철도교통사상사고	소계	36	26	20	34	19
철도교통사고	소계			57	38	44	67	53
철도안전사고	철도화재사고			1	0	3	3	4
철도안전사고	철도시선파손사고			4	1	1	0	0
철도안전사고	기타 철도안전사고	철도안전사상사고	여객	3	10	1	2	1
철도안전사고	기타 철도안전사고	철도안전사상사고	공중	1	2	5	3	0
철도안전사고	기타 철도안전사고	철도안전사상사고	직원	6	7	10	7	10
철도안전사고	기타 철도안전사고	철도안전사상사고	소계	10	19	16	12	11
철도안전사고	소계			15	20	20	15	15
합계				72	58	64	82	68

17

다음 [보기]에서 주어진 자료에 관한 설명으로 옳은 것을 모두 고르면?

보기

㉠ 탈선 사고는 해마다 꾸준히 증가하고 있다.
㉡ 2022년 철도안전사고는 전년 대비 30% 이상 감소하였다.
㉢ 5년간 철도안전사상사고 중 가장 큰 비중을 차지하는 항목은 '직원'이다.
㉣ 건널목 사고가 두 번째로 많았던 해에 철도교통사고 건수가 가장 많다.

① ㉠, ㉡ ② ㉠, ㉢ ③ ㉢, ㉣
④ ㉠, ㉡, ㉣ ⑤ ㉡, ㉢, ㉣

18

다음 중 주어진 자료를 바탕으로 작성한 그래프로 옳지 않은 것을 고르면?

① 연도별 철도교통사고 비중(단, 소수점 첫째 자리에서 반올림)

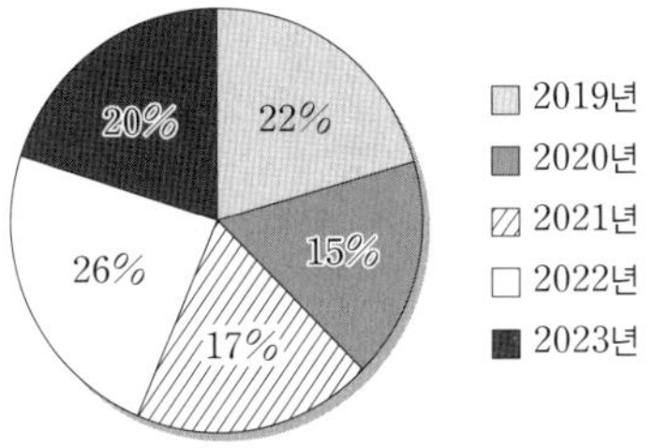

② 연도별 철도안전사상사고 현황

(단위: 건)

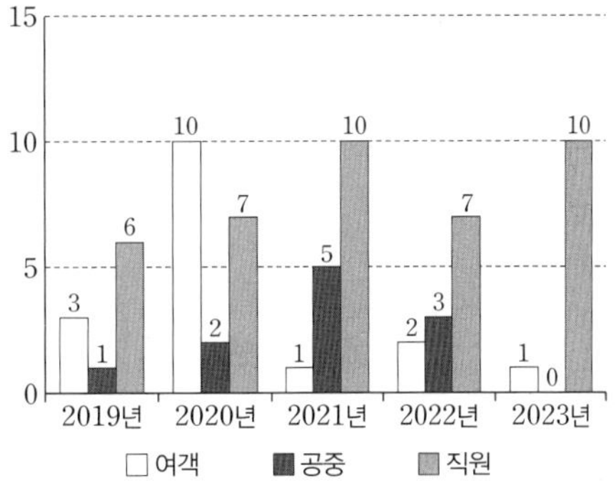

③ 연도별 철도사고 현황

(단위: 건)

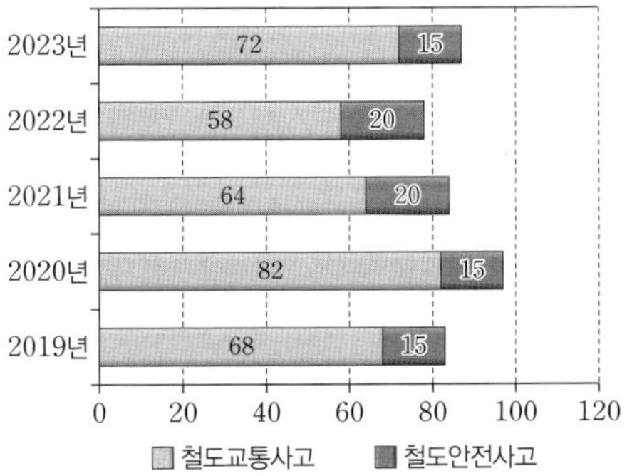

④ 연도별 건널목사고 비중(단, 소수점 첫째 자리에서 반올림)

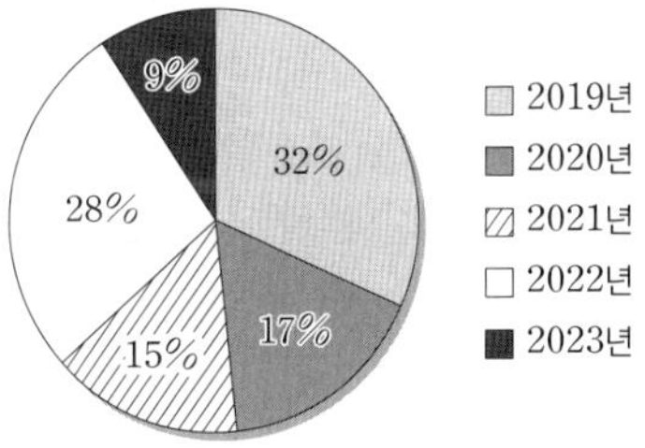

⑤ 탈선 및 기타철도안전사고 현황 (단위: 건)

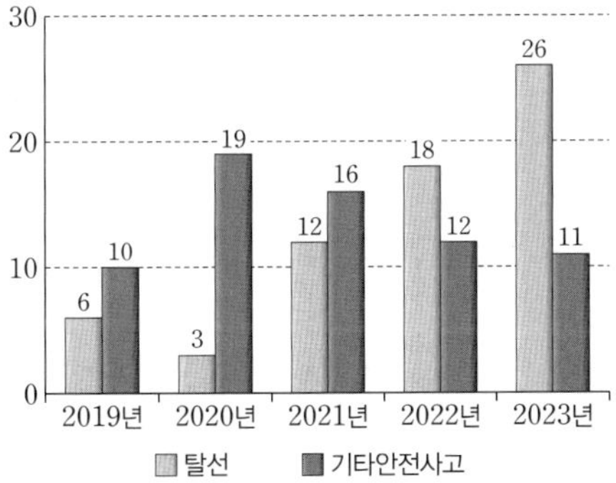

19

다음은 2020~2023년 초·중·고등학교 진학률에 대한 자료이다. 이에 대한 설명으로 옳지 않은 것을 고르면?

[표] 2020~2023년 초·중·고등학교 진학률 (단위: 명, %)

구분	진학자				진학률			
	2020년	2021년	2022년	2023년	2020년	2021년	2022년	2023년
초등학교 → 중학교 과정	474,688	450,896	431,698	454,592	100.0	100.0	100.0	100.0
중학교 → 고등학교 과정	444,042	411,471	426,078	467,067	99.7	99.7	99.7	99.6
고등학교 → 고등교육기관	362,888	322,246	326,986	313,012	72.5	73.7	73.3	72.8

※ 진학률(%) $= \frac{\text{(해당연도 졸업자 중 진학자)}}{\text{(해당연도 졸업자)}} \times 100$

※ 고등교육기관은 전문대학, 일반대학, 교육대학, 각종학교로 구분함

① 초등학교 졸업자는 100% 중학교로 진학한다.
② 중학교 졸업자는 99% 이상 고등학교로 진학한다.
③ 초등학교 졸업자 수가 가장 많았던 해는 2020년이다.
④ 2023년 고등학교 졸업자는 420,000명이 넘는다.
⑤ 매년 고등교육기관 진학률은 매년 증가하고 있다.

20

다음은 2020~2024년 기관별 정원 현황에 대한 자료이다. 이에 대한 설명으로 옳지 않은 것을 고르면?

[표] 2020~2024년 기관별 정원 현황 (단위: 명)

구분	2024년	2023년	2022년	2021년	2020년
한국철도공사	30,908	31,014	31,196	31,229	30,990
서울교통공사	17,228	17,228	16,838	16,766	17,069
부산교통공사	4,606	4,606	4,025	4,025	4,025
대구교통공사	3,100	2,993	3,020	2,952	2,954
인천교통공사	1,969	1,931	1,815	1,815	1,534

① 전반적으로 인원이 꾸준히 감소하는 기관은 없다.
② 2023년 전체 기관 정원은 3년 전 대비 1,300명 증가하였다.
③ 2024년 인천교통공사 정원은 4년 전 대비 435명 증가하였다.
④ 2023년 부산교통공사 정원은 전년 대비 14% 이상 증가하였다.
⑤ 2024년 전체 기관 정원 중 한국철도공사가 차지하는 비중은 50% 이상이다.

21

김 씨는 외식 산업을 주도하는 △△회사의 기획 부서에 근무 중이다. 그는 자신이 맡은 프로젝트 보고서에서 자사에 대한 SWOT 분석을 실시하여 관련 내용을 포함하려고 한다. 이때, SWOT 분석 내용으로 옳은 것을 [보기]에서 모두 고르면?

보기

㉠ 강점(Strengths): 일정한 가격 이상이면 고객의 집까지 배달을 해주는 서비스로 인해 소비자들에게 신뢰를 얻고 있다.
㉡ 약점(Weaknesses): 대부분의 경쟁업체가 보유하고 있는 디저트 메뉴에 대한 개발이 아직 진행되고 있지 않다.
㉢ 기회(Opportunities): △△회사가 얼마 전에 개발한 음식 A에 대한 선호도가 시장에서 지속적으로 올라가고 있다.
㉣ 위협(Threats): 경쟁업체들이 지속적으로 음식 A의 시장을 공략하고 있다.

① ㉠, ㉡, ㉢ ② ㉠, ㉡, ㉣ ③ ㉠, ㉢, ㉣
④ ㉡, ㉢, ㉣ ⑤ ㉠, ㉡, ㉢, ㉣

22

다음 명제가 모두 참일 때, 항상 옳은 것을 고르면?

- 사과를 좋아하면 배를 좋아한다.
- 바나나를 좋아하면 파인애플을 좋아한다.
- 사과를 좋아하지 않으면 파인애플을 좋아한다.

① 사과를 좋아하면 바나나를 좋아하지 않는다.
② 배를 좋아하면 사과를 좋아한다.
③ 파인애플을 좋아하면 사과를 좋아하지 않는다.
④ 파인애플을 좋아하지 않으면 배를 좋아한다.
⑤ 바나나를 좋아하면 사과를 좋아하지 않는다.

23

A~E 5명은 각각 월요일 또는 금요일 중에서 하루 연차를 사용했다. 이와 관련하여 이들은 다음과 같이 말하였는데, 월요일에 연차를 사용한 사람은 참을 말하였고 금요일에 연차를 사용한 사람은 거짓을 말하였다. 이때, 항상 참을 말한 사람을 고르면?

- A: "나는 월요일에 연차를 사용하였다."
- B: "나는 D와 같은 요일에 연차를 사용하였다."
- C: "B는 금요일에 연차를 사용하였다."
- D: "A와 C는 같은 요일에 연차를 사용하였다."
- E: "C는 거짓말을 하고 있다."

① A ② B ③ C ④ D ⑤ E

24

다음은 A~F 6개 팀의 계주 시합 결과를 정리한 것이다. 이를 바탕으로 1위를 차지할 가능성이 있는 팀을 바르게 짝지은 것을 고르면?

- B팀의 순위는 짝수이고, 6위가 아니다.
- F팀의 순위는 홀수이고, 1위가 아니다.
- D팀의 순위는 B팀의 순위 바로 다음이다.
- A팀의 순위는 F팀의 순위보다 높고, C팀의 순위는 E팀의 순위보다 낮다.

① A팀, C팀 ② A팀, E팀 ③ C팀, D팀
④ C팀, E팀 ⑤ D팀, E팀

25

한국철도공사에 근무 중인 A~F는 두 명씩 한 조를 이뤄 서산, 인천, 평택, 충주, 대구, 전주로 출장을 다녀와야 한다. 다음 [조건]을 바탕으로 서로 다른 직급의 직원들로 조를 구성한다고 할 때, 옳지 않은 것을 고르면?

조건

- 한 조당 두 지역으로 출장을 가야 하고, 각 조가 출장을 가는 지역은 서로 겹치지 않아야 한다.
- A, B는 사원, C, D는 대리, E, F는 과장이다.
- D대리는 평택과 대구로 출장을 간다.
- A사원은 충주에 출장을 가지 않고, 과장 E는 인천으로 출장을 간다.
- B사원은 서산으로 출장을 가고, 인천이나 평택으로는 출장을 가지 않는다.
- 직급이 사원인 직원은 전주로 출장을 가지 않고, 직급이 대리인 직원은 서산으로 출장을 가지 않는다.

① E과장은 전주로 출장을 간다.
② C대리는 인천으로 출장을 간다.
③ F과장은 인천과 대구로 출장을 가지 않는다.
④ 충주와 전주에는 서로 다른 조가 출장을 간다.
⑤ 충주로 출장을 가는 직원은 B사원과 E과장이다.

26

한국철도공사의 인사팀에서 근무 중인 박 과장은 신입사원을 대상으로 사내·외에서 발생할 수 있는 각종 문제들에 대한 기본적인 처리 절차에 대하여 교육하기 위해 [보기]와 같이 각 절차를 정리하였다. 다음 [보기]의 ㉠~㉣에 해당하는 문제해결 절차를 바르게 짝지은 것을 고르면?

보기

㉠ 선정된 문제를 분석하여 해결해야 할 것이 무엇인지를 명확히 하는 단계
㉡ 해결해야 할 전체 문제를 파악하여 우선순위를 정하고, 선정문제에 대한 목표를 명확히 하는 단계
㉢ 해결안 개발을 통해 만들어진 실행계획을 실제 상황에 적용하는 활동으로 당초 장애가 되는 문제의 원인들의 해결안을 사용하여 제거하는 단계
㉣ 문제로부터 도출된 근본 원인을 효과적으로 해결할 수 있는 최적의 해결 방안을 수립하는 단계

	㉠	㉡	㉢	㉣
①	문제 인식	문제 도출	해결안 개발	실행 및 평가
②	문제 인식	문제 도출	실행 및 평가	해결안 개발
③	문제 도출	문제 인식	실행 및 평가	해결안 개발
④	문제 도출	문제 인식	해결안 개발	실행 및 평가
⑤	문제 도출	실행 및 평가	문제 인식	해결안 개발

27

다음 설명에 해당하는 문제해결 방법을 고르면?

어떤 그룹이나 집단이 의사결정을 잘하도록 도와주는 일을 가리킨다. 깊이 있는 커뮤니케이션을 통해 서로의 문제점을 이해하고 공감함으로써 창조적인 문제해결을 도모한다. 구성원의 동기가 강화되고 팀워크도 한층 강화된다는 특징을 보인다.

① 소프트 어프로치
② 하드 어프로치
③ 퍼실리테이션
④ 코디네이터
⑤ 브레인스토밍

28

다음은 A기업의 '2024 겨울 신제품 출시'와 관련된 3C 분석 내용이다. A기업에서 전략 과제로 선택하기에 적절하지 않은 것을 고르면?

3C	상황분석
자사 (Company)	• 친환경 소재 개발 능력과 현대적인 디자인 역량 보유 • 신규 소재에 대한 시장 인지도 부족, 생산비용 증가로 인한 가격 경쟁력 저하 가능성 • 브랜드 이미지 강화(친환경 가치, 트렌디한 디자인 강조) • 신규 소재와 디자인이 시장에서 고객의 기대를 충족하지 못할 가능성 존재
고객 (Customer)	• 환경에 관심이 많고 최신 트렌드를 추구하는 젊은 소비자층 • 지속 가능성과 실용성을 겸비한 고품질 의류 선호 • 보온성과 경량성을 모두 만족시키는 제품 선호 • 일부 친환경 소재에 대한 신뢰 부족(성능 및 내구성)
경쟁사 (Competitor)	• 전통적인 구스다운 제조업체 및 친환경 패션 브랜드 • 오랜 신뢰와 높은 시장 점유율, 경쟁력 있는 가격 정책 • 친환경 소재 개발에서 뒤처짐

① 친환경 소재의 장점을 강조하며 트렌디한 디자인을 활용한 브랜드 이미지 강화
② 고객 신뢰 확보를 위하여 친환경 소재의 내구성과 보온성을 증명할 체험단 모집
③ 주요 경쟁사의 친환경 제품 출시 동향을 모니터링하고 분석하여 시장 트렌드 파악
④ 새로운 친환경 소재 개발에 대한 추가적인 연구개발 투자 확대
⑤ 생산 비용을 줄이기 위해 품질을 낮춰 원가 절감 전략 도입

29

△△백화점에서는 유료 주차장 두 곳을 운영 중이다. 다음 자료를 바탕으로 할 때, 문의 사항에 대한 답변으로 적절하지 않은 것을 고르면?

[표1] 시간대별 주차 요금 (단위: 원)

구분	토끼 주차장	기린 주차장
최초 1시간까지 (10분까지는 면제)	1,000	800
1시간 초과 시 30분당	500	600

[표2] 일별 주차 요금 (단위: 원)

구분	토끼 주차장		기린 주차장	
	주중	주말	주중	주말
1일	10,000	12,000	9,500	11,000
2일	18,000	22,000	19,000	21,000

① 문의 사항: "목요일에 3시간 주차하려고 합니다."
답변: "토끼 주차장을 이용하실 경우 요금은 3,000원입니다."

② 문의 사항: "금요일에 하루 주차하고 싶습니다."
답변: "기린 주차장의 이용을 부탁드리며, 요금은 9,500원입니다."

③ 문의 사항: "토요일에 잠시 40분만 주차할 수 있을까요?"
답변: "토끼 주차장에 자리가 있으니 이용하시면 되고, 요금은 1,000원입니다."

④ 문의 사항: "금요일, 토요일 이틀간 주차하려고 합니다."
답변: "기린 주차장의 이용을 부탁드리며, 요금은 21,000원입니다."

⑤ 문의 사항: "이번 주말 이틀간 더 저렴한 주차장에 주차하려고 합니다."
답변: "기린 주차장을 이용하시면 21,000원에 이용 가능하십니다."

30

다음 [대화]에서 B가 범하고 있는 논리적 오류를 고르면?

대화

- A: "최근 자료를 보면 우리나라 학생들의 비만률이 지속적으로 증가하고 있다고 합니다. 한 조사 기관에서 전국의 학부모와 학생을 대상으로 설문조사를 진행하여 그 원인을 분석해보니 튀김 위주의 레토르트 식품이 많은 것과 육류 위주의 식단 구성으로 인한 것이라는 결과가 나왔습니다. 이 결과를 가지고 전국의 여러 영양사들에게 문의해 보니 급식에 대한 지원이 부족하여 손질에 시간이 많이 드는 식단 구성이 어렵다는 답을 받았다고 합니다. 급식 영양이 불균형해서 걱정입니다. 급식에 대한 지원을 늘려야 합니다."
- B: "지원을 늘리면 우리나라 경제는 무너지고 결국에는 이집트처럼 될 것이 뻔합니다."
- A: "경제에는 어려움이 있을 수 있지요. 하지만 급식 영양이 불균형해지면 성장기 아이들의 발달에 문제가 생길 수 있고 결국 사회적 비용이 늘어날 것입니다."
- B: "영양이 불균형해지면 아이들은 괴로워질 것이고 우리나라는 더 이상 발전하지 않을 것이란 말씀이시군요."

① 허수아비의 오류
② 복합질문의 오류
③ 과대해석의 오류
④ 순환논증의 오류
⑤ 성급한 일반화의 오류

2024년 10월 시행

기출복원 모의고사 철도법

정답과 해설 P.39

01

철도산업발전법상 용어의 정의로 옳지 않은 것을 고르면?

① "철도"라 함은 여객 또는 화물을 운송하는 데 필요한 철도시설과 철도차량 및 이와 관련된 운영·지원체계가 유기적으로 구성된 운송체계를 말한다.
② "철도차량"이라 함은 선로를 운행할 목적으로 제작된 동력차·객차·화차를 말하며 특수차는 제외한다.
③ "선로"라 함은 철도차량을 운행하기 위한 궤도와 이를 받치는 노반 또는 공작물로 구성된 시설을 말한다.
④ "철도시설의 유지보수"라 함은 기존 철도시설의 현상유지 및 성능향상을 위한 점검·보수·교체·개량 등 일상적인 활동을 말한다.
⑤ "철도산업"이라 함은 철도운송·철도시설·철도차량 관련산업과 철도기술개발관련산업 그 밖에 철도의 개발·이용·관리와 관련된 산업을 말한다.

02

철도산업발전기본법상 국토교통부장관은 철도산업발전기본계획을 수립하고자 하는 때에는 미리 기본계획과 관련이 있는 행정기관의 장과 협의한 후 제6조에 따른 철도산업위원회의 심의를 거쳐야한다. 수립된 기본계획 변경(대통령령으로 정하는 경미한 변경은 제외한다)하고자 하는 때에도 또한 같다. 이때, 다음은 '대통령령으로 정하는 경미한 변경'을 나열한 것이다. 빈칸에 들어갈 내용으로 옳은 것을 고르면?

1. 철도시설투자사업 규모의 100분의 1의 범위 안에서의 변경
2. 철도시설투자사업 총투자비용의 100분의 1의 범위 안에서의 변경
3. 철도시설투자사업 기간의 (　　)의 기간내에서의 변경

① 1년　② 2년　③ 3년
④ 4년　⑤ 5년

03

철도산업발전기본법상 빈칸 ㉠, ㉡에 들어갈 내용을 바르게 짝지은 것을 고르면?

> (㉠): 철도청과 고속철도건설공단이 철도운영 등을 주된 목적으로 취득하였거나 관련 법령 및 계약 등에 의하여 취득하기로 한 재산·시설 및 그에 관한 권리
>
> (㉡): 철도청과 고속철도건설공단이 철도의 기반이 되는 시설의 건설 및 관리를 주된 목적으로 취득하였거나 관련 법령 및 계약 등에 의하여 취득하기로 한 재산·시설 및 그에 관한 권리

	㉠	㉡
①	운영자산	시설자산
②	운용자산	관리자산
③	운영자산	관리자산
④	기타자산	시설자산
⑤	운영자산	기타자산

04

한국철도공사법상 옳지 않은 것을 고르면?

① 공사의 주된 사무소 소재지는 정관으로 한다.
② 공사의 자본금은 22조원으로 하고, 그 전부를 정부가 출자한다.
③ 공사는 주된 사무소의 소재지에서 설립등기를 함으로써 성립한다.
④ 공사는 등기가 필요한 사항에 관하여는 등기하기 전에는 제3자에게 대항하지 못한다.
⑤ 정관으로 정하는 바에 따라 사장이 지정한 공사의 직원은 사장을 대신하여 공사의 업무에 관한 재판상을 제외한 재판 외의 모든 행위를 할 수 있다.

05

한국철도공사법상 손익금의 처리 순서로 옳은 것을 고르면?

ㄱ. 이월결손금의 보전(補塡)
ㄴ. 자본금의 2분의 1이 될 때까지 이익금의 10분의 2 이상을 이익준비금으로 적립
ㄷ. 자본금과 같은 액수가 될 때까지 이익금의 10분의 2 이상을 사업확장적립금으로 적립
ㄹ. 국고에 납입

① ㄹ － ㄱ － ㄴ － ㄷ
② ㄱ － ㄷ － ㄴ － ㄹ
③ ㄹ － ㄱ － ㄷ － ㄴ
④ ㄱ － ㄴ － ㄷ － ㄹ
⑤ ㄱ － ㄴ － ㄹ － ㄷ

06

한국철도공사법상 다음 빈칸에 들어갈 내용으로 옳은 것을 고르면?

사채의 발행액은 공사의 자본금과 적립금을 합한 금액의 (　　)를 초과하지 못한다.

① 1배
② 2배
③ 3배
④ 5배
⑤ 7배

07

철도사업법상 국토교통부장관은 철도사업자가 다음 각 호의 어느 하나에 해당하는 경우에는 사업계획의 변경을 제한할 수 있다. 빈칸에 들어갈 내용으로 옳은 것을 고르면?

1. 국토교통부장관이 지정한 날 또는 기간에 운송을 시작하지 아니한 경우
2. 노선 운행중지, 운행제한, 감차(減車) 등을 수반하는 사업계획 변경명령을 받은 후 (　　)이 지나지 아니한 경우
3. 개선명령을 받고 이행하지 아니한 경우
4. 철도사고의 규모 또는 발생 빈도가 대통령령으로 정하는 기준 이상인 경우

① 3개월
② 6개월
③ 1년
④ 3년
⑤ 6년

08

철도사업법상 면허를 발급받을 수 없는 자를 고르면?

① 피성년후견인
② 법인과 자연인
③ 파산선고를 받고 복권되지 아니한 사람
④ 면허에 붙인 부담을 위반한 경우
⑤ 대통령령으로 정하는 다수의 사상자가 발생으로 1회 철도사고로 사망자 5명 이상인 경우

09

철도사업법상 벌칙(형벌) 부과대상으로 옳은 것을 고르면?

① 면허를 받지 아니하고 철도사업을 경영한 자
② 여객운임, 여객요금의 신고를 하지 아니한 자
③ 철도사업약관을 신고하지 아니하거나 신고한 철도사업약관을 이행하지 아니한 자
④ 인가를 받지 아니하거나 신고를 하지 아니하고 사업계획을 변경한 자
⑤ 사업용 철도차량의 표시를 하지 아니한 철도사업자

10

철도사업법상 다음 설명에 해당하는 용어로 옳은 것을 고르면?

철도사업을 목적으로 설치하거나 운영하는 철도를 말한다.

① 전용철도 ② 사업용 철도 ③ 철도차량
④ 기관차량 ⑤ 운영철도

에듀윌이
너를
지지할게

ENERGY

비가 와야 무지개가 뜨고
밤이 깊어야 새벽이 오고
산고를 겪어야 아기가 태어납니다.
감동은 고난의 열매입니다.

– 조정민, 『인생은 선물이다』, 두란노

KORAIL

코레일

실전모의고사

실전모의고사 1회

※ 2024년 4월에 시행된 필기시험의 출제경향을 바탕으로 재구성한 실전모의고사입니다.

영역		문항 수	권장 풀이 시간
직업기초능력평가	의사소통능력	25문항	30분
	수리능력		
	문제해결능력		

eduwill

모바일 OMR
자동채점&성적분석 무료

정답만 입력하면 채점에서 성적분석까지 한번에!

활용 GUIDE

실시간 성적분석 방법!

STEP 1: QR 코드 스캔 ▶ STEP 2: 모바일 OMR 입력 ▶ STEP 3: 자동채점 & 성적분석표 확인

STEP 1

교재 내 QR 코드 스캔

실전모의고사 [1회]
모바일 OMR 바로가기

https://eduwill.kr/hlte

- 위 QR 코드를 모바일로 스캔 후 에듀윌 회원 로그인
- QR 코드 하단의 바로가기 주소로도 접속 가능

STEP 2

모바일 OMR 입력

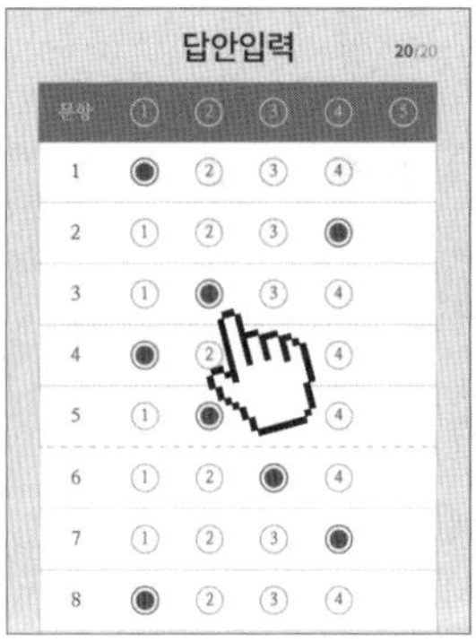

- 회차 확인 후 '응시하기' 클릭
- 모바일 OMR에 답안 입력
- 문제풀이 시간까지 측정 가능

STEP 3

자동채점 & 성적분석표 확인

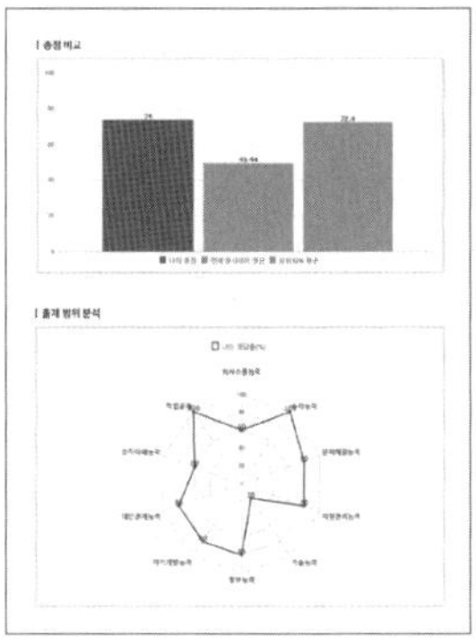

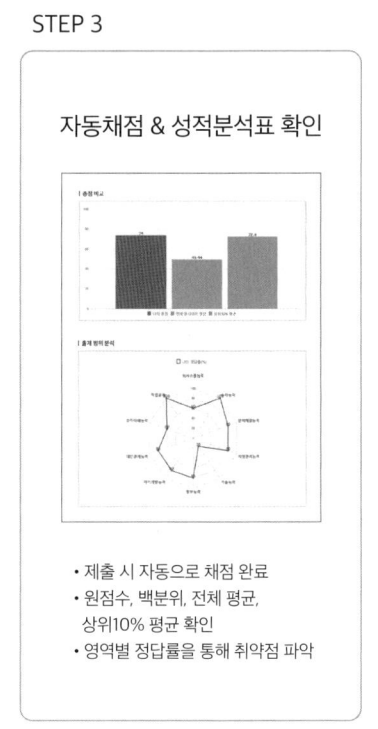

- 제출 시 자동으로 채점 완료
- 원점수, 백분위, 전체 평균, 상위10% 평균 확인
- 영역별 정답률을 통해 취약점 파악

※ 본 회차의 모바일 OMR 채점 서비스는 2026년 01월 31일까지 유효합니다.

실전모의고사 1회

정답과 해설 P.42

01

다음 중 사자성어의 의미가 잘못 연결된 것을 고르면?

① 절차탁마(切磋琢磨): 학문이나 인격을 갈고 닦음
② 호구지책(糊口之策): 입에 풀칠하듯이 겨우 먹고 살아가는 방책
③ 절치부심(切齒腐心): '이를 갈고 마음을 썩힌다'는 뜻으로, 대단히 분하게 여기고 마음을 썩임
④ 후안무치(厚顔無恥): 지금까지 아무도 손을 대거나 발을 디딘 일이 없음
⑤ 점입가경(漸入佳境): 일이 점점 더 재미있는 지경으로 돌아가는 것을 비유하는 말

02

다음 밑줄 친 단어의 띄어쓰기가 옳은 것을 고르면?

① 소년은 굶주림에 지쳐 길가에 떨어진 빵을 집어먹었다.
② 그는 나보다 나이는 어리지만 하는 행동이 형같다.
③ 말을 하지 않았다뿐이지 속일 마음은 절대 없었어.
④ 오늘은 네가 나에게 연필 한자루만 빌려줄 수 있니?
⑤ 너와 만날 때만큼은 나도 믿음직한 사람이 되고 싶었어.

03

다음 밑줄 친 단어의 표기가 잘못된 것을 고르면?

① 이것은 유명한 책이 아니오.
② 오늘따라 하늘이 몹시 하얘 보였다.
③ 시들은 꽃은 모두 일반 쓰레기로 버려라.
④ 오늘은 특별히 공원에 나가 봄바람을 쐐라.
⑤ 납작 엎드린 꼴이 우스워 한참을 바라보았다.

04

다음 문장에서 밑줄 친 부분을 바르게 발음한 것을 고르면?

① 오늘은 특별히 하늘이 더 맑네[막네]
② 노란 장미의 꽃말[꼳말]은 영원한 사랑이다.
③ 오늘도 씻지는 않고 머리만 긁고[글고] 있니?
④ 친구가 아끼던 색연필[생년필]을 잃어버렸어.
⑤ 풀잎[풀닙] 사이로 들어오는 햇살이 따뜻하구나.

05

다음 글에 대한 설명으로 적절하지 않은 것을 고르면?

> 첩첩한 돌 사이로 미친 듯 내뿜어 겹겹 봉우리에 울리니
> 사람 말소리야 지척에서도 분간하기 어렵네.
> 항상 시비하는 소리 귀에 들릴까 두려워하기에
> 일부러 흐르는 물로 하여금 온 산을 둘러싸게 했네.
>
> – 최치원 〈제가야산독서당〉

① 자연물을 주관적으로 변용하여 해석하고 있다.
② 현실 세계에 대한 화자의 기대감을 엿볼 수 있다.
③ 물의 역동성을 마치 생명이 있는 것처럼 표현하고 있다.
④ 외부 상황을 먼저 제시한 후 화자의 내면 세계를 드러내고 있다.
⑤ 세상의 시비하는 소리와 물소리를 대비하여 주제를 형상화하고 있다.

06

다음 글의 서술상 특징으로 적절하지 않은 것을 고르면?

> 내가 집이 가난해서 말이 없으므로 혹 빌려서 타는데, 여위고 둔하여 걸음이 느린 말이면 비록 급한 일이 있어도 감히 채찍질을 가하지 못하고 조심조심하여 곧 넘어질 것같이 여기다가, 개울이나 구렁을 만나면 내려서 걸어가므로 후회하였으나, 발이 높고 귀가 날카로운 준마로서 골짜기가 평지처럼 보이니 심히 장쾌하였다. 그러나 어떤 때에는 위태로워서 떨어지는 근심을 면치 못하였다.
>
> 아! 사람의 마음이 옮겨지고 바뀌는 것이 이와 같을까? 남의 물건을 빌려서 하루아침 소용에 대비하는 것도 이와 같거든, 하물며 참으로 자기가 가지고 있는 것이랴. 그러나 사람이 가지고 있는 것이 어느 것이나 빌리지 아니한 것이 없다. 임금은 백성으로부터 힘을 빌려서 높고 부귀한 자리를 가졌고, 신하는 임금으로부터 권세를 빌려 은총과 귀함을 누리며, 아들은 아비로부터, 지어미는 지아비로부터, 비복(婢僕)은 상전으로부터 힘과 권세를 빌려서 가지고 있다.
>
> 그 빌린 바가 깊고 많아서 대개는 자기 소유로 하고 끝내 반성할 줄 모르고 있으니, 어찌 미혹(迷惑)한 일이 아니겠는가? 그러다가도 혹 잠깐 사이에 그 빌린 것이 도로 돌아가게 되면, 만방(萬邦)의 임금도 외톨이가 되고, 백승(百乘)을 가졌던 집도 외로운 신하가 되니, 하물며 그보다 더 미약한 자야 말할 것이 있겠는가?
>
> 맹자가 일컫기를 "남의 것을 오랫동안 빌려 쓰고 있으면서 돌려주지 아니하면, 어찌 그것이 자기의 소유가 아닌 줄 알겠는가?" 하였다. 내가 여기에 느낀 바가 있어서 차마설을 지어 그 뜻을 넓히노라.
>
> – 이곡 〈차마설〉

① 글을 쓰는 동기를 밝히고 있다.
② 전문가가 규정한 개념을 언급하며 이해를 돕고 있다.
③ 친근한 일상적 소재를 사용하였다.
④ 경험을 통해 느낀 깨달음을 담고 있다.
⑤ 일반적인 통념에 의문을 제기하며 주장을 효과적으로 부각하고 있다.

실전 1회

07

다음 글의 내용과 일치하지 않는 것을 고르면?

콘크리트는 뛰어난 내구성 덕분에 수천 년 동안이나 건축 재료로 사용되어 왔으며, 지금도 현대 문명을 지탱하는 건축 재료 중 하나이다. 특히 고도의 건축술을 가진 고대 로마인들이 만든 '로마 콘크리트'는 2,000여 년이 지난 지금까지도 단단하게 구조물을 지탱하고 있다. 더 놀라운 점은 부두와 방파제, 즉 바닷물이 닿는 구조물에 쓰인 콘크리트가 아직도 건재하다는 것이다. 해양 콘크리트는 바닷물에 의한 화학적 작용, 파도에 의한 물리적 작용으로 인해 육상 콘크리트와 비교했을 때 일반적으로 더 쉽게 손상된다. 그러나 로마 콘크리트는 현재까지도 건재할 뿐만 아니라, 심지어 처음 건축됐을 때보다 내구성이 더 강해졌다. 그래서 오랫 동안 과학자들은 로마 콘크리트의 미스터리를 풀기 위해 수많은 분석을 거듭했다.

수년 동안 과학자들은 로마 콘크리트의 뛰어난 내구성의 비결이 '포졸란' 덕분이었을 것으로 추측해왔다. 로마 콘크리트 제조 당시 포졸란은 이탈리아 나폴리만 포주올리 지역의 화산재를 부르는 말이었지만, 이후 물과 서서히 반응해 물에 녹지 않는 화합물을 만드는 물질들을 한데 이르는 말로 확대됐다. 포졸란은 콘크리트를 제조할 때 조직을 더욱 치밀하게 만들어 내구성을 높이는 역할을 한다. 그동안은 로마 콘크리트에 쓰인 포졸란, 즉 나폴리만의 화산재가 특히 접착성이 좋아 내구성이 뛰어나다고 알려져 왔다. 하지만 이 가설은 단순히 내구성이 높은 것이 아니라, 시간이 지날수록 점점 강해지는 로마 콘크리트를 설명하기엔 부족했다.

이에 미국 메사추세츠공과대학(MIT) 건설환경공학과 연구팀은 로마 콘크리트에서 발견되는 수 밀리미터의 크기의 흰색 덩어리에 주목했다. 이 흰색 덩어리는 로마 콘크리트에서 공통으로 발견됐지만, 재료가 충분하게 섞이지 못하거나 제조 과정에서 들어간 이물질로 여겨졌다. 연구팀은 자체 개발한 고해상도 멀티 스케일 이미징 및 화학 매핑 기술을 사용해 이 흰색 덩어리를 정밀 분석했다. 분석 결과, 흰색 덩어리는 이물질이 아니었다. 이 흰색 덩어리는 '석회 쇄설암(lime clast)'으로, 다양한 형태의 탄산칼슘으로 이뤄졌으며, 고온의 열 반응으로 형성된 것이다. 여기서 주목할 점은 '고온의 열 반응'이다. 콘크리트의 재료 중 하나인 석회는 '생석회'와 '소석회' 두 종류가 있는데, 지금까지 로마 콘크리트에는 '소석회'만이 쓰였을 것으로 추측됐다. 소석회와 물과의 반응은 비교적 발열량이 작아 저온인 반면, 생석회는 소석회보다 반응성이 높아 물과 혼합하면 부글부글 끓어오른다. 따라서 로마 콘크리트에 생석회가 쓰였음을 알 수 있다. 생석회를 사용하면 소석회를 사용할 때보다 콘크리트 제조 과정이 까다롭다. 하지만 장점도 명확하다. 반응이 훨씬 빨라서 건축물을 짓는 시간을 단축할 수 있으며, 고온에서만 만들어지는 화합물을 생성할 수 있다. 이 중 하나가 바로 연구팀이 발견한 석회 쇄설암이다.

연구팀은 생석회로 석회 쇄설암이 포함된 콘크리트를 만든 뒤, 일부러 균열을 일으키는 실험을 진행했다. 균열이 일어난 콘크리트 샘플 틈 사이로 물을 흘려보내고 2주가 지나자, 석회 쇄설암이 포함된 콘크리트에서는 균열이 복구돼 있었다. 콘크리트 내부로 흘러 들어온 물과 석회 쇄설암 속 칼슘이 만나, 새로운 결정이 형성됐다. 이번 연구로 석회 쇄설암이 콘크리트에 '자가 치유' 능력을 보유했다는 사실이 밝혀졌다.

① 석회 쇄설암은 생석회로 콘크리트를 제조할 때 생성되는 화합물이다.
② 칼슘과 물이 만나 형성된 결정은 콘크리트의 내구성을 높일 수 있다.
③ 포주올리 외의 지역 화산재로 만든 화합물은 포졸란에 해당하지 않는다.
④ 이전에 석회 쇄설암은 로마 콘크리트에서 발견되는 이물질로 여겨졌다.
⑤ 콘크리트는 사용된 장소에 따라 손상 정도가 달라질 수 있다.

08

다음 작품에 대한 설명으로 적절하지 않은 것을 고르면?

새로 거른 막걸리 젖빛처럼 뿌옇고
큰 사발에 보리밥, 높기가 한 자로세
밥 먹자 도리깨 잡고 마당에 나서니
검게 탄 두 어깨 햇볕 받아 번쩍이네
옹헤야 소리 내며 발맞추어 두드리니
삽시간에 보리 낟알 온 마당에 가득하네
주고받는 노랫가락 점점 높아지는데
보이느니 지붕까지 나는 보리 티끌
그 기색 살펴보니 즐겁기 짝이 없어
마음이 몸의 노예 되지 않았네
낙원이 먼 곳에 있는게 아닌데
무엇하러 고향 떠나 벼슬길에 헤매리오.

– 정약용 〈보리타작〉

① 화자의 깨달음과 반성이 나타나고 있다.
② 선경후정(先景後情)의 방식으로 시상을 전개하고 있다.
③ 실생활과 관련된 시어를 사용하여 사실감을 높이고 있다.
④ 시각적, 청각적 심상을 통해 생동감 있게 표현하고 있다.
⑤ 자연물에 인격을 부여하여 노동의 즐거움을 형상화하고 있다.

09

다음 글의 빈칸 ㉠~㉢에 들어갈 접속사가 순서대로 바르게 연결된 것을 고르면?

최근 농지 위에 버섯재배사가 아닌 농업용 창고를 짓고 해당 건축물을 태양광 발전시설로만 악용하는 사례가 늘고 있다. 농업용 창고는 축사나 버섯재배사, 곤충사육사 등의 '농업용 시설'이 아니다. (㉠) 농업용 창고는 농림축산식품부가 산업통상자원부 및 지방자치단체·한국에너지관리공단 등과 실시하는 농업용 시설에 대한 태양광 시설 설치현황 전수조사의 대상에 포함되지 않는다.

농식품부는 태양광 시설을 설치하기 위해 버섯재배사나 곤충사육사 등으로 위장한 건축물에 태양광 시설을 설치하는 편법 사례가 늘자 해당 농업용 시설을 집중 점검해 농업경영 용도로 사용하지 않을 경우 농지 처분, 원상회복 명령, 고발 및 재생에너지공급인증서(REC) 발급 중단 등의 조치를 취하겠다고 발표한 바 있다. (㉡) 농업용 창고 위 태양광 발전시설에 대한 전수조사는 하고 있지 않다.

이와 관련해 일부 농가 지역에는 벽면 구조물 없이 기둥과 경사진 지붕으로만 이뤄진 농업용 창고가 준공을 앞두고 있다. 지역주민에 따르면 해당 창고 주인은 원래 버섯재배사를 지어 태양광을 설치하려 했으나 해당 관청 관리계획 조례에 따라 버섯재배사 등의 농업용 시설은 5년 이상 본래 목적에 맞게 사용해야 태양광 발전을 할 수 있으므로 개발행위허가 심의가 진행되는 도중에 용도를 농업용 창고로 변경한 것으로 파악된다.

해당 지역 이장은 "누가 저걸 농업용 창고로 보겠나. 그냥 태양광 패널 깔 목적으로 시멘트 붓고 기둥이랑 지붕 만들어 놓은 것밖에 안 된다"라며 "비 오면 옆으로 비가 다 들이칠 텐데 저기에 어떻게 곡식이며 비료 등을 보관하겠다는 건지 이해할 수가 없다. 저런 창고를 생전 처음 보는데 관청에 민원을 넣었더니 관계자가 와서 보고는 '농업용 창고로 쓰면 농업용 창고가 맞다'는 식으로 얘길했다"라고 지적했다.

한편 해당 지역 관청에서는 농업용 창고가 목적대로 이용되는지 철저히 확인하겠다는 방침이나, 그 판단 기준이 법·제도상에 명시돼 있지 않고 사실상 지자체 재량에 달려 있는 까닭에 논란은 쉽게 수그러들기 어려울 것으로 전망된다. (㉢) 농민들은 당초 농지전용이나 개발행위허가 등의 절차를 보다 강화해야 한다고 주장하고 있다.

	㉠	㉡	㉢
①	그래서	그러나	하지만
②	그래서	하지만	따라서
③	그리고	하지만	그러나
④	따라서	그래서	하지만
⑤	하지만	따라서	그래서

10

어떤 제품을 20개를 생산할 때 불량품이 4개가 나온다. 제품 20개가 담긴 상자에서 2개의 제품을 연속하여 꺼낼 경우, 적어도 하나는 불량품일 확률을 고르면?(단, 꺼낸 제품은 다시 넣지 않는다.)

① $\frac{1}{5}$ ② $\frac{1}{12}$ ③ $\frac{7}{19}$
④ $\frac{3}{19}$ ⑤ $\frac{16}{95}$

11

어떤 일을 A가 10시간 동안 한 후, 나머지를 B가 4시간 동안 하면 끝이 난다. 또, 이 일을 B가 3시간 동안 한 후, 나머지를 A와 B가 함께 5시간 동안 하면 끝이 난다. 이 일을 B가 혼자서 끝내기 위해 필요한 시간을 고르면?

① 4시간 ② 8시간 ③ 12시간
④ 15시간 ⑤ 16시간

12

다음은 일정한 규칙에 따라 수를 나열한 것이다. 빈칸에 들어갈 수를 고르면?

1	3	7	15	31	63	127	( )

① 217 ② 222 ③ 234
④ 244 ⑤ 255

13

다음 [표]와 보고서는 경제활동가능인구 및 경제활동인구에 관한 자료이다. 이에 대한 설명으로 옳지 않은 것을 고르면?

[표] 국가별 경제활동가능인구 및 경제활동인구 (단위: 천 명)

구분	2016년		2017년		2018년		2019년		2020년	
	경제활동가능인구	경제활동인구	경제활동가능인구	경제활동인구	경제활동가능인구	경제활동인구	경제활동가능인구	경제활동인구	경제활동가능인구	경제활동인구
한국	43,606	27,418	43,931	27,748	44,182	27,895	44,504	28,186	44,785	28,012
일본	110,780	66,480	111,080	67,200	111,010	68,300	110,920	68,860	110,800	68,680
캐나다	29,587	19,441	29,902	19,663	30,290	19,813	30,739	20,200	31,156	19,947
미국	253,538	159,187	255,079	160,320	257,791	162,075	259,175	163,539	260,329	160,742
프랑스	52,942	29,550	53,178	29,587	53,395	29,700	53,600	29,626	53,811	29,346
독일	70,551	43,041	70,715	43,285	70,790	43,382	70,694	43,773	70,405	43,367
이탈리아	52,058	25,770	52,053	25,930	52,027	25,970	51,993	25,941	51,977	25,214
영국	52,827	33,247	53,113	33,412	53,426	33,701	53,727	33,964	–	–

보고서

경제활동가능인구는 만 15세 이상의 인구이다. 경제활동가능인구 중 재화나 용역을 생산하기 위해 노동을 제공할 의사와 능력이 있는 사람은 경제활동인구라 하고, 경제활동인구는 현재 취업 상태에 있는지 여부에 따라 취업자와 실업자로 구분된다.

취업자는 매월 15일이 포함된 1주일 동안에 수입을 목적으로 1시간 이상 일한 사람과 본인 또는 가족이 소유·경영하는 농장이나 사업체에서 주당 18시간 이상 일한 무급 가족종사자를 뜻한다. 그밖에 일정한 직장이나 사업장은 가지고 있으나 일시적인 질병, 일기불순, 휴가, 노동쟁의 등의 사유로 조사 기간 중에 일을 하지 않은 사람도 취업자로 분류되며, 실업자는 매월 15일이 포함된 1주일 동안에 적극적으로 일자리를 구해 보았으나 1시간 이상 일을 하지 못한 사람으로서 즉시 취업이 가능한 사람을 말한다.

비경제활동인구는 만 15세 이상 인구 중 취업자도 실업자도 아닌 사람, 즉 일할 능력은 있어도 일할 의사가 없거나 일할 능력이 없는 사람, 이를테면 집안에서 가사에 종사하는 가정주부, 학생, 연로자와 불구자, 자발적으로 자선사업이나 종교단체에 관여하고 있는 자들이다. 한편 경제활동가능인구에 대한 경제활동인구의 비율을 경제활동참가율이라 한다.

① 2020년 경제활동참가율은 한국이 미국보다 높다.
② 영국을 제외하고, 캐나다의 만 15세 이상 인구가 매년 가장 적다.
③ 2018년 경제활동참가율은 프랑스가 독일보다 5.5%p 이상 높다.
④ 영국을 제외하고, 2017~2020년 미국의 전년 대비 경제활동인구 증감 추이가 동일한 국가는 총 4개이다.
⑤ 이탈리아의 만 15세 이상 인구 중 경제활동인구가 차지하는 비중은 2018년과 2019년이 각각 52% 미만이다.

[14~15] 다음 [그래프]는 2017~2023년 주민등록번호 변경 신청에 관한 자료이다. 이를 바탕으로 이어지는 질문에 답하시오.

[그래프1] 주민등록번호 변경 신청 (단위: 건)

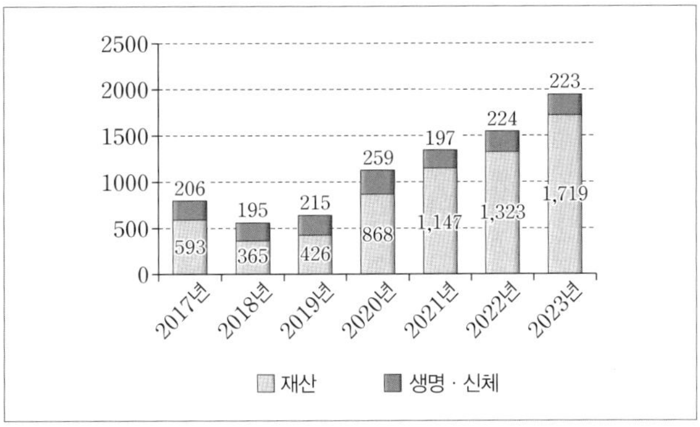

[그래프2] 주민등록번호 변경 의결 결과 (단위: 건)

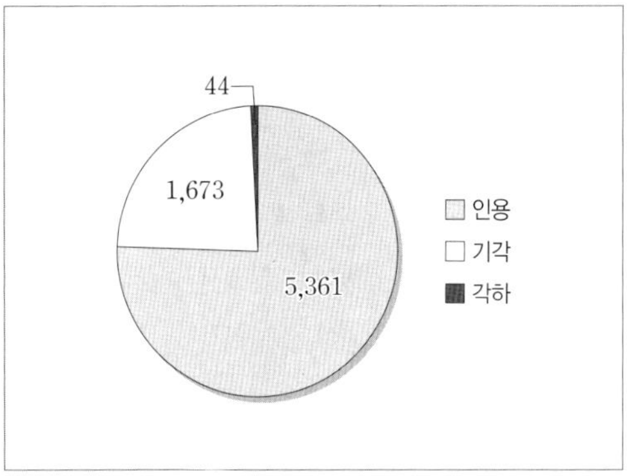

14

주어진 자료에 관한 설명으로 옳지 않은 것을 고르면?

① 주민등록번호 변경 의결 결과에서 기각 비율은 25% 미만이다.
② 2023년 주민등록번호 변경 의결 결과에서 인용 비율은 75% 이상이다.
③ 생명 · 신체에 관한 주민등록번호 변경 건수는 한 해 평균 220건 미만이다.
④ 주민등록번호 변경 신청 전체 건수가 처음으로 1,000건을 넘긴 해는 2020년이다.
⑤ 2023년 재산에 관한 주민등록번호 변경 신청 건수는 2년 전 대비 572건 증가하였다.

15

다음 빈칸 ㉠, ㉡에 들어갈 값을 바르게 짝지은 것을 고르면?(단, 소수점 둘째 자리에서 반올림한다.)

> 2019년 전체 주민등록번호 변경 건수 중 생명 · 신체에 관한 건수의 비중은 (㉠)%이고, 2020년 전체 주민등록번호 변경 건수 중 생명 · 신체에 관한 건수의 비중은 (㉡)%이다.

	㉠	㉡
①	33.5	23.0
②	33.5	24.1
③	33.5	24.8
④	34.2	23.0
⑤	34.2	24.1

실전 1회

[16~17] 다음 [표]는 2016~2019년 ICT 산업 생산(매출)액과 전체 및 ICT 산업 부문별 수출입 추이에 관한 자료이다. 이를 바탕으로 이어지는 질문에 답하시오.

[표1] 연도별 ICT 산업 생산(매출)액 (단위: 억 원)

구분		2016년	2017년	2018년	2019년
정보통신 방송기기	소계	3,090,158	3,427,550	3,679,382	3,218,685
	전자부품	1,797,250	2,190,079	2,380,249	1,963,110
	컴퓨터 및 주변기기	98,915	113,143	121,858	99,625
	통신 및 방송기기	516,795	442,646	415,747	396,963
	영상 및 음향기기	116,597	99,406	97,637	92,325
	정보통신응용기반기기	560,601	582,276	663,891	666,662
정보통신 방송서비스	소계	726,886	748,828	766,746	770,022
	통신서비스	380,107	380,211	372,784	359,141
	방송서비스	169,862	175,707	187,090	191,824
	정보서비스	176,917	192,910	206,872	219,057
소프트웨어 및 디지털콘텐츠		518,289	566,851	599,373	583,342
합계		4,335,333	4,743,229	5,045,501	4,572,049

[표2] 연도별 전체 및 ICT 산업 부문별 수출입 추이 (단위: 억 달러)

구분			2016년	2017년	2018년	2019년
수출	전체 산업		4,954	5,737	6,049	5,423
	(ICT 산업 비중, %)		32.80	34.43	36.44	32.60
	ICT 산업		1,625	1,975	2,204	1,768
		전자부품	990	1,403	1,660	1,268
		컴퓨터 및 주변기기	88	96	113	91
		통신 및 방송기기	300	226	176	144
		영상 및 음향기기	52	38	31	44
		IT응용, 기반기기	195	212	224	221
수입	전체 산업		4,062	4,785	5,352	5,033
	(ICT 산업 비중, %)		22.11	21.36	20.01	21.54
	ICT 산업		898	1,022	1,071	1,084
		전자부품	476	544	586	584
		컴퓨터 및 주변기기	99	119	129	115
		통신 및 방송기기	147	158	139	154
		영상 및 음향기기	27	29	30	46
		IT응용, 기반기기	149	172	187	185

16

주어진 자료에 대한 설명으로 옳은 것을 [보기]에서 모두 고르면?

보기

㉠ 2016년 ICT 산업 생산액 중 정보통신 방송서비스의 비중은 15% 미만이다.
㉡ 2016~2019년 동안 통신 및 방송기기의 생산액은 감소하고 있다.
㉢ 전년 대비 2019년 전체 산업의 수입액 증감률은 −10% 미만이다.
㉣ 2017~2019년 동안 전자부품 수출액의 증감률이 가장 큰 해는 2017년이다.

① ㉠, ㉡ ② ㉠, ㉢ ③ ㉡, ㉢ ④ ㉡, ㉣ ⑤ ㉢, ㉣

17

주어진 자료를 그래프로 변환한 것으로 옳지 <u>않은</u> 것을 고르면?

① 영상 및 음향기기 수입액 추이 (단위: 억 달러)

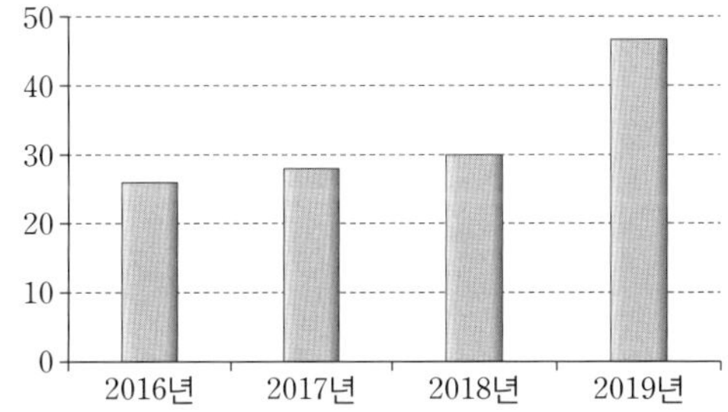

② 2018년 ICT 산업 매출액의 정보통신 방송서비스 항목별 비중 (단위: %)

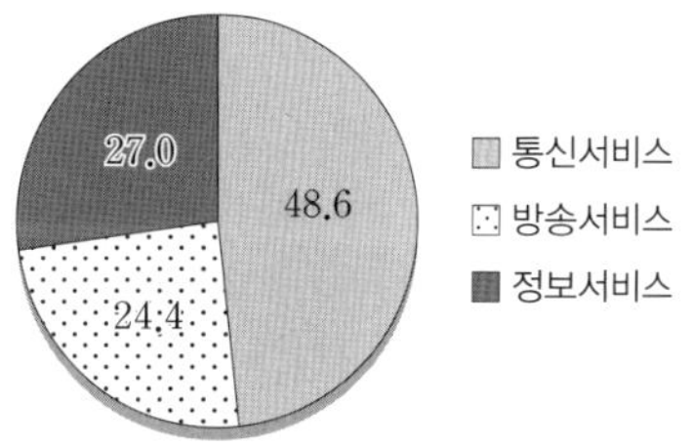

③ 전체 산업 중 ICT 산업 수출 및 수입 비중 (단위: %)

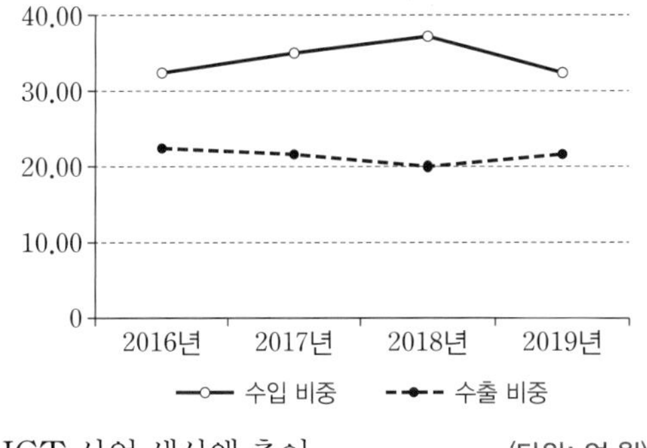

④ ICT 산업 수출액의 증가율 (단위: %)

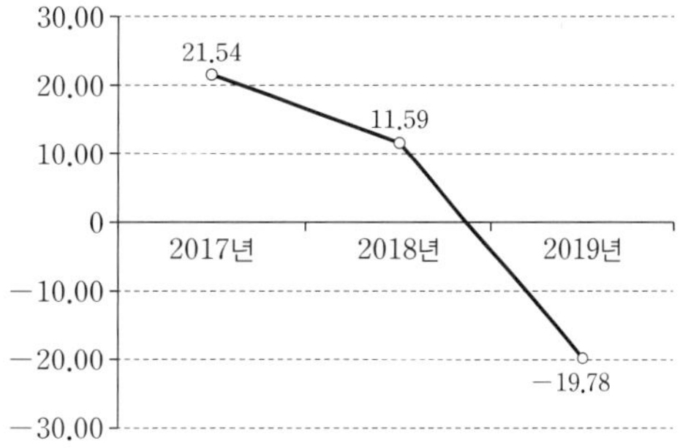

⑤ ICT 산업 생산액 추이 (단위: 억 원)

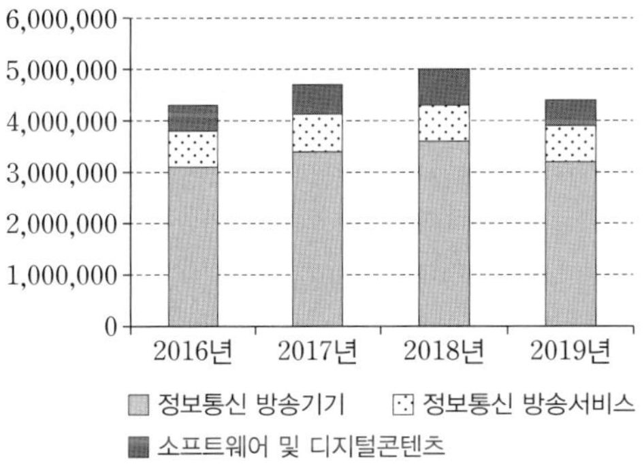

실전 1회

18

다음 (가), (나)의 사례에서 A사원과 B사원이 보이고 있는 논리적 오류를 바르게 짝지은 것을 고르면?

> (가) □□아이스크림 회사 마케팅 팀장이 A사원에게 광고를 하면 매출이 얼마나 오를지 검토하라고 지시했다. A사원은 과거 회사 데이터를 살펴봤다. 회사에서는 2015년까지 광고를 안 하다가 2016년에 처음으로 광고를 했는데 그해 매출이 전년 대비 40% 늘었다. 이를 본 A사원은 팀장에게 "광고 덕분에 2016년 매출이 전년 대비 40% 늘었습니다."라고 보고했다.
>
> (나) ○○회사에서 직장 내 성교육을 진행한다는 공고가 붙었다. 그리고 직장 생활을 하면서 겪었던 성희롱이나 남녀 차별적 행동에 대한 자유 의견을 사전 조사하였다. B사원은 직장 내에서 성희롱이나 남녀 차별이 있었다는 것을 증명할 수 없기 때문에 ○○회사에서는 남녀평등이 실현되고 있다고 적었다.

	(가)	(나)
①	거짓 딜레마의 오류	무지에의 호소 논증 오류
②	인과 관계의 오류	애매어의 오류
③	거짓 딜레마의 오류	애매어의 오류
④	인과 관계의 오류	무지에의 호소 논증 오류
⑤	인과 관계의 오류	거짓 딜레마의 오류

19

다음 상황에서 나타난 문제해결의 장애요인으로 가장 적절한 것을 고르면?

> 며칠 전 폭우로 인해 A역 내 일부 구역에서 누수가 발생하였다. 역 직원들은 빠르게 보수 작업을 진행하였으나, 일부 구역은 누락되었고 이 사실을 A역에서는 인지하지 못했다.
>
> 출장을 가기 위해 A역에 방문한 B씨는 보수가 누락된 구역을 지나가다 미끄러져 부상을 입었고, 구급차를 타고 응급실로 이송된 후 골절 진단을 받았다. 이로 인해 예정된 출장이 취소되었고 업무에 큰 차질이 발생하였다.

① 문제를 철저하게 분석하지 않은 경우
② 고정관념에 얽매이는 경우
③ 쉽게 떠오르는 단순한 정보에 의지하는 경우
④ 너무 많은 자료를 수집하려고 노력하는 경우
⑤ 문제해결의 우선순위를 잘못 정하는 경우

20

A~F가 각자 점심 메뉴로 쌀국수, 돈가스, 제육덮밥, 햄버거 중 한 개의 메뉴를 선택하려고 한다. 다음 [조건]을 바탕으로 항상 옳은 것을 고르면?

조건

- 2개의 메뉴는 2명이 선택하고, 나머지 2개 메뉴는 1명씩 선택한다.
- C는 햄버거를 선택한다.
- 제육덮밥을 선택한 사람은 2명이다.
- E는 A 또는 B와 같은 메뉴를 선택한다.
- F는 D와 다른 메뉴를 선택하고, 같은 메뉴를 선택한 사람이 있다.
- A는 혼자 점심을 먹으며, 돈가스를 선택하지 않았다.

① B는 E와 함께 돈가스를 먹는다.
② C는 혼자 점심을 먹는다.
③ D는 B와 함께 햄버거를 먹는다.
④ 햄버거를 선택한 사람은 2명이다.
⑤ F는 제육덮밥을 먹는다.

21

A, B, C, D, E가 마니또 게임을 하고 있다. 마니또 게임은 각자 이름이 적힌 쪽지를 뽑은 뒤 쪽지를 뽑은 사람이 해당 쪽지에 적혀 있는 사람의 마니또가 되어 몰래 잘해주는 게임이다. A, B, C, D, E가 마니또 게임을 두 번 하였고, 다음 [조건]에 따라 마니또가 되었다고 할 때, 옳지 않은 것을 고르면?

조건

- 1차와 2차 모두 자기 자신의 이름을 뽑은 사람은 없다.
- D는 1차와 2차 모두 같은 사람의 마니또이다.
- 1차에서 C의 마니또였던 사람이 2차에는 A의 마니또이다.
- 2차에서 C는 B의 마니또이다.
- A와 B가 뽑은 이름은 서로 겹치지 않는다.
- B는 1차에서 D의 마니또가 되지 않았다.
- A는 D의 마니또가 된 적이 없다.

① 1차에서 C의 마니또는 E이다.
② 2차에서 D의 마니또는 B이다.
③ A는 2차에서 E의 마니또가 되었다.
④ B는 1차에서 A의 마니또가 되었다.
⑤ E의 마니또는 1차와 2차 모두 같은 사람이다.

[22~23] 다음 [표]는 2023년의 가구 재정 상태 예상에 관한 설문조사 결과를 정리한 자료이다. 이를 바탕으로 이어지는 질문에 답하시오.

[표] 2023년 재정 상태 예상에 관한 설문조사 (단위: %)

구분		매우 좋아질 것	약간 좋아질 것	변화 없을 것	약간 나빠질 것	매우 나빠질 것
성별	남자	2.4	22.8	53.0	17.5	4.3
	여자	1.7	17.1	60.6	16.4	4.2
가구원수	1인	1.9	17.9	60.9	15.1	4.2
	2인	1.7	17.9	57.6	19.1	3.7
	3인	2.5	25.8	50.3	17.4	4.0
	4인 이상	3.3	26.5	47.3	17.6	5.3
혼인상태	미 혼	2.6	25.7	53.3	14.2	4.2
	배우자 있음	2.4	23.2	52.4	18.0	4.0
	사 별	0.9	6.5	74.7	15.1	3.7
	이 혼	2.1	17.3	54.6	20.0	6.0

22

주어진 자료에 대한 설명으로 옳은 것을 고르면?(단, 긍정적 답변 비율은 '매우 좋아질 것'과 '약간 좋아질 것'이라고 답한 비율, 부정적 답변 비율은 '약간 나빠질 것'과 '매우 나빠질 것'이라고 답한 비율이며, 모든 계산 값은 소수점 둘째 자리에서 반올림한다.)

① 2023년 재정 상태 예상을 부정적으로 답한 비율은 남자보다 여자가 더 높다.

② 가구원수에서 2023년 재정 상태 예상을 긍정적으로 답한 비율이 가장 높은 가구는 3인 가구이다.

③ 미혼일 경우 2023년 재정 상태 예상을 '변화 없을 것'이라고 답한 비율은 '매우 나빠질 것'이라고 답한 비율의 13배 이상이다.

④ 2023년 재정 상태 예상을 '매우 좋아질 것'이라고 답한 비율과 '매우 나빠질 것'이라고 답한 비율이 가장 낮은 혼인상태는 모두 사별이다.

⑤ 2인 가구의 조사인원이 5천 명일 때 '약간 나빠질 것'이라고 답한 사람은 '약간 좋아질 것'이라고 답한 사람보다 70명 더 많다.

23

설문조사 전체 인원 중 남자가 2만 명이고, 설문조사 전체 인원의 23%가 미혼이다. 2023년 재정 상태 예상으로 '변화 없을 것'을 답한 미혼의 인원을 고르면?(단, 남자와 여자의 설문조사 인원은 같고, 소수점 이하는 버림한다.)

① 약 4,824명 ② 약 4,843명 ③ 약 4,863명

④ 약 4,884명 ⑤ 약 4,903명

[24~25] 다음 [표]는 △△리조트의 숙박비 환급 기준에 대한 자료이다. 이를 바탕으로 이어지는 질문에 답하시오.

[표] △△리조트 숙박비 환급 기준

구분	숙박 예정일 기준 환급 요청일	숙박 예정일 기준 환급액	
		주중	주말
비수기	2일 전	전액	전액
	1일 전	90%	80%
	당일	80%	70%
성수기	10일 전	전액	전액
	7일 전	90%	80%
	5일 전	70%	60%
	3일 전	50%	40%
	1일 전 또는 당일	20%	10%

※ 성수기: 여름 7월 15일~8월 24일, 겨울 12월 20일~2월 20일
※ 주중/주말: 주중(일요일~목요일, 공휴일 당일), 주말(금요일, 토요일, 공휴일 전일)

24

다음 △△리조트 예약자 A, B, C는 동일한 숙박료와 예약 금액을 이체하였다. 이때, 환급액이 가장 적은 사람부터 순서대로 나열한 것을 고르면?

- A: 숙박 예정일 7월 29일(토), 환급 요청일 7월 24일(월)
- B: 숙박 예정일 12월 27일(일), 환급 요청일 12월 22일(화)
- C: 숙박 예정일 5월 16일(금), 환급 요청일 5월 15일(목)

① A, B, C ② A, C, B ③ B, A, C
④ B, C, A ⑤ C, B, A

25

다음 [상황]을 바탕으로 K씨 일행의 환급액을 고르면?

상황

K씨 일행은 2024년 8월 9~10일(1박)에 숙박할 △△리조트의 18만 원짜리 방 3개를 예약하였다. K씨 일행은 예약금으로 숙박비 전액을 입금하였는데, 사정상 일정을 취소해야만 해서 2024년 8월 6일 수요일 △△리조트에 환급 요청을 하였다.

① 108,000원 ② 216,000원 ③ 270,000원
④ 324,000원 ⑤ 378,000원

KORAIL

코레일

실전모의고사

실전모의고사 2회

※ 2024년 10월에 시행된 필기시험의 출제경향을 바탕으로 재구성한 실전모의고사입니다.

영역		문항 수	권장 풀이 시간
직업기초능력평가	의사소통능력	30문항	40분
	수리능력		
	문제해결능력		
철도법령		10문항	

eduwill

모바일 OMR
자동채점 & 성적분석 무료

정답만 입력하면 채점에서 성적분석까지 한번에!

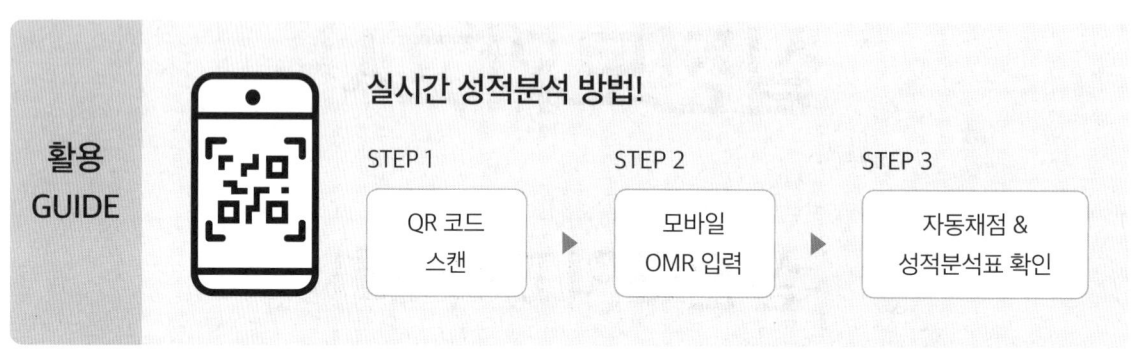

활용
GUIDE

실시간 성적분석 방법!

STEP 1
QR 코드 스캔

▶

STEP 2
모바일 OMR 입력

▶

STEP 3
자동채점 & 성적분석표 확인

STEP 1

교재 내 QR 코드 스캔

실전모의고사 [2회]
모바일 OMR 바로가기

https://eduwill.kr/Dlte

- 위 QR 코드를 모바일로 스캔 후 에듀윌 회원 로그인
- QR 코드 하단의 바로가기 주소로도 접속 가능

STEP 2

모바일 OMR 입력

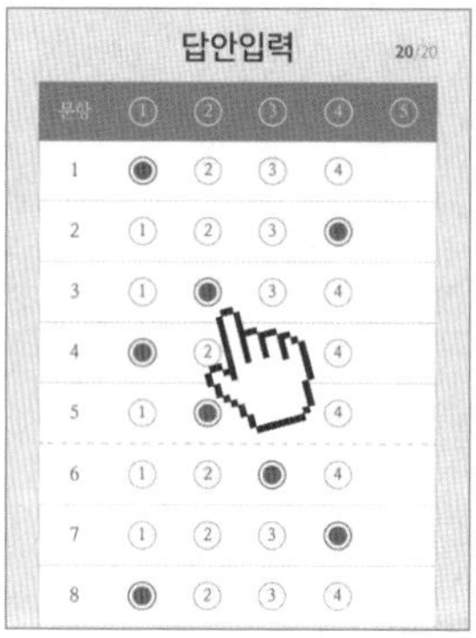

- 회차 확인 후 '응시하기' 클릭
- 모바일 OMR에 답안 입력
- 문제풀이 시간까지 측정 가능

STEP 3

자동채점 & 성적분석표 확인

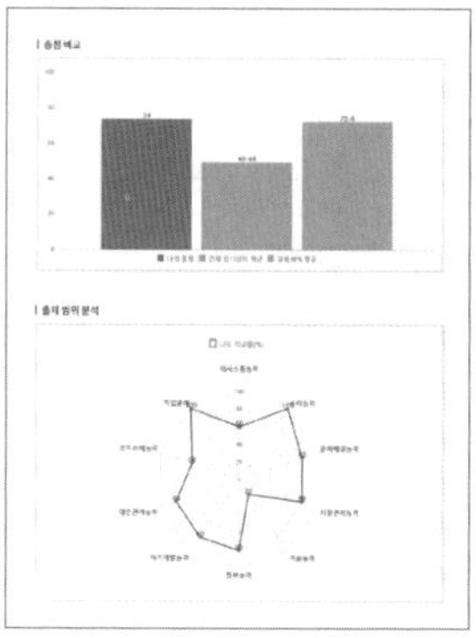

- 제출 시 자동으로 채점 완료
- 원점수, 백분위, 전체 평균, 상위10% 평균 확인
- 영역별 정답률을 통해 취약점 파악

※ 본 회차의 모바일 OMR 채점 서비스는 2026년 01월 31일까지 유효합니다.

실전모의고사 2회 NCS

정답과 해설 P.48

01

다음 글의 내용과 일치하지 않는 것을 고르면?

> 하향식 모형은 1970년대 상향식 모형에 대한 비판으로, 인지 심리학으로부터 읽기에 관한 새로운 관점으로 등장한 모형이다. 이는 읽기를 수동적인 언어 해석의 과정이 아니고 독자가 가정하고 유추하는 능동적인 과정으로 보았다. 하향식 모형에서 의미는 텍스트에 고정된 것이 아니고, 독자에 의해 재구성되는 것이다. 의미의 원천은 글이 아닌 독자의 지적 배경이다. 하향식 모형은 연역적인 성격의 모형이기 때문에 의미 지향적이라 할 수 있다. 큰 단위의 의미 또는 맥락이 작은 구성단위인 문자의 인식에 영향을 준다고 하여 '하향식'이라 한다.
>
> 하향식 모형에서의 듣기 과정은 담화가 발생하는 상황이나 문맥, 그리고 화제에 대한 청자의 배경지식 또는 스키마를 이용하여 화자의 의도된 의미를 파악하는 것으로 본다. 교사는 배경지식과 스키마를 활성화할 수 있는 듣기 유형의 문제를 제공하여 연습하게 하여야 한다. 하향식 듣기 훈련의 유형은 정서적 반응 식별, 문장의 개요, 주제 파악 등의 낮은 수준의 활동에서 효과적인 듣기 책략 활용법, 주제와 모티브를 평가하며 듣기, 주제와 전체적인 방향 예측하기 등으로 청자의 능동적 개입이 더 많아지는 활동으로 나아간다.
>
> 하향식 모형의 읽기 과정은 읽는 사람이 사전에 가지고 있는 배경 정보를 활용하여 읽기의 내용을 추론하고 이해하는 활동이다. 따라서 학습자의 사전 지식이 활성화가 되어 내용을 잘 유추할 수 있도록 하는 연습이 필요하다. 하향식 읽기 연습을 위해서 읽기 전에 배경지식을 보충하거나 관련 지식을 떠올리는 활동, 글의 내용을 대략 미리 훑어보고서 예측하거나 질문을 만들어 보는 활동, 문자적 의미와 의도된 의미 구분하는 활동, 학습자가 적극적으로 생각하게 하는 활동, 내용을 전체적으로 이해하는 활동 등을 많이 할 필요가 있다.

① 하향식 모형은 글을 읽으면서 글의 표면적 의미를 검증하고 이해하는 수동적 과정이다.
② 하향식 모형에서 읽기 과정은 독자의 배경 정보를 활용하여 내용을 추론하고 이해하는 활동이다.
③ 하향식 모형은 상향식 모형에 대한 비판을 배경으로 등장하였다.
④ 하향식 모형에서 의미는 고정된 것이 아니고 독자의 지적 배경에 의해 재구성되는 것이다.
⑤ 하향식 모형에서 듣기 과정은 담화가 발생하는 상황이나 문맥, 청자의 배경 지식을 이용하여 화자의 의도된 의미를 파악하는 것이다.

02

다음 글에서 L조직이 성과를 내기 위해 강화한 능력을 고르면?

> 의사소통은 내가 상대방에게 메시지를 전달하는 과정이 아니라 상대방과의 상호작용을 통해 메시지를 다루는 과정이다. 따라서 성공적인 의사소통을 위해서는 내가 가진 정보를 상대방이 이해하기 쉽게 표현하는 것도 중요하지만, 상대방이 어떻게 받아들일 것인가에 대한 고려가 바탕이 되어야 한다.
>
> L조직은 최근 사내 게시판에 '고객의 소리함'을 신설하여 고객이 서비스를 받고 작성한 피드백을 문서로 기록하여 공유하기 시작했다. 특히 구체적인 피드백을 제시한 일부 고객에게는 매니저급의 직원을 파견해 직접 대면하고 추가적인 질의응답을 통해 개선 사항을 더 받기도 했다. 이후 임원부터 직원까지 모두가 이 내용을 공유받으면서 고객이 부정적으로 평가한 내용들은 적극 개선하고, 긍정적으로 평가한 내용들에 기반하여 자사의 리조트에 관련 프로그램과 컨텐츠를 신설하였다. 이 결과 L조직의 리조트는 MZ고객들의 눈길을 사로잡았으며 소셜미디어에서 여러 번 화제가 되며 고객의 경험을 더 직관적이고 다채롭게 만들었다는 평을 들었다. 이 과정에서 L조직의 리조트는 최근 전년 동기 대비 예약률이 150% 이상 상승하는 눈에 띄는 성과를 냈다.

① 경청능력 ② 문서이해능력 ③ 문서작성능력
④ 의사표현능력 ⑤ 기초외국어능력

03

다음 중 공문서의 기능과 작성법에 대한 설명으로 옳지 않은 것을 고르면?

① 부정문이나 의문문의 형식은 피한다.
② 마지막에는 반드시 '끝'자로 마무리한다.
③ 날짜 다음에 괄호를 사용할 경우에는 마침표를 찍지 않는다.
④ 최종 결재권자의 결재 이전부터 문서로서의 기능을 갖추고 있다.
⑤ 엄격한 규격과 양식에 따라 정당한 권리를 가진 사람이 작성해야 한다.

04

다음은 의사표현에 어려움을 겪고 있는 김 과장의 사례이다. 이를 바탕으로 [대화]에서 김 과장의 사례에 대해 가장 적절한 대안을 제시한 사람을 고르면?

> 영업 마케팅팀의 김 과장은 요즘 새로 입사한 박 사원 때문에 골머리를 앓고 있다. 이에 영업 능력에 비해 열정적으로 일을 하지 않는 박 사원과 면담을 하기로 했다. 평소 말주변이 없는 김 과장은 어떻게 하면 박사원에게 자신의 의견을 효과적으로 전달할 수 있을지 고민이다.

대화

- A사원: "직설적으로 업무 태만에 대해서 이야기해야 박 사원이 이해할 것 같아요."
- B사원: "술 한 잔 하시면서 일을 할 수 있도록 달래주는 것이 좋을 것 같아요."
- C사원: "처음엔 김 사원에 장점에 대해서 이야기한 후 문제점과 해결 방안을 같이 이야기하는 건 어떨까요?"
- D사원: "칭찬은 고래도 춤추게 한다고 합니다. 감싸고 보듬어 주세요."
- E사원: "회사에 도움이 안 되는 사람이니 그냥 해고한다고 하는 것이 좋을 것 같아요"

① A사원 ② B사원 ③ C사원
④ D사원 ⑤ E사원

실전 2회

05

다음 [대화]에서 을이 범한 논리적 오류로 가장 적절한 것을 고르면?

대화

- 갑: "아이들이 혼자 길을 다니게 해서는 안 됩니다."
- 을: "안 됩니다. 교육을 위해서라도, 아이들을 집 안에만 가두어서 키울 수는 없습니다."

① 과대 해석의 오류 ② 애매성의 오류 ③ 허수아비의 오류
④ 성급한 일반화의 오류 ⑤ 분할의 오류

06

다음 글을 바탕으로 [보기]의 지하철 화재 발생 시 대피 요령에서 옳지 않은 것의 개수를 고르면?

최근 수인분당선 기흥역에서 고색행 전동차가 정차하던 중 차량 전기 공급 장치에서 화재가 발생하였고, 지하철 4호선 안산역에서 당고개 방면으로 향하는 전동차에서 연기가 나 시민 300여 명이 대피하는 일이 발생했다. 지하철 화재는 언제든지 발생할 수 있으며, 화재가 발생하면 대피가 매우 어려운 상황이므로 신속한 대처는 필수다.

화재 발생을 인지하면, 전동차 내에 설치된 비상 통화 장치를 사용해 기관사에게 화재 사실을 알리는 것이 가장 중요하다. 신고 문구는 "기관사님, 5522호에서 화재가 났습니다. 도와주세요."와 같이 칸 위치 번호를 정확하게 전달하는 것이 핵심이다. 이를 통해 기관사는 열차를 멈추고 더 큰 화재를 예방할 수 있기 때문이다. 또한, 소화기를 이용해 초동 대처를 하는 것도 중요한데, 소화기를 사용할 때는 안전핀을 뽑고, 불을 향해 호스를 맞추어 분말을 골고루 뿌린다. 소화기는 전동차의 양 끝에 비치되어 있어 사용할 수 있다.

화재 상황에서 전동차의 문이 자동으로 열리지 않으면, 비상 개폐 장치를 통해 수동으로 문을 열 수 있다. 만약 스크린 도어가 열리지 않으면, 스크린 도어의 패닉 바를 밀어서 탈출하면 된다. 스크린 도어는 안쪽에서만 열 수 있다는 점도 알아둘 필요가 있다. 또한, 화재로 인한 연기로 시야가 확보되지 않을 때는 코와 입을 막을 수건이나 티슈 등을 활용하여 호흡기를 보호하고, 유도등을 따라 신속하게 대피한다. 만약 지상으로 대피가 불가능한 경우에는 전동차 진행 방향을 확인하고 동일한 방향의 터널로 대피하는 것이 안전하다.

보기

[지하철 화재 발생 시 대피 요령]

㉠ 전동차 내 비상 통화 버튼을 눌러 승무원에게 신고합니다.

㉡ 여유가 있다면 객차마다 2개씩 비치된 소화기를 이용하여 불을 끕니다.

㉢ 출입문이 자동으로 열리지 않으면 수동으로 문을 엽니다.

㉣ 스크린 도어가 열리지 않는 경우 망치를 이용하여 스크린 도어를 깨고 밀고 나갑니다.

㉤ 코와 입을 수건, 티슈 등으로 막고 비상구로 신속히 대비합니다.

㉥ 지상으로 대피가 여의치 않을 때는 전동차 진행 반대 방향 터널로 대피합니다.

① 1개　② 2개　③ 3개　④ 4개　⑤ 5개

07

다음은 김 사원이 겪고 있는 고충에 관한 사례이다. 이를 바탕으로 김 사원이 해당하는 키슬러의 대인관계 의사소통 유형을 고르면?

> 김 사원은 지난달 입사한 신입 사원이다. 오랜 취업 준비 후에 입사한 만큼, 업무로도 인정받고 동료들과 잘 지내고 싶은 욕구로 가득하다. 열정적으로 일도 하고 동료들의 일에 많은 관심을 가져보지만, 원하는 만큼 반응이 오는 것 같지 않아 속상하다. 어제는 동료들이 자신을 피하고 무시하는 것 같아서, 자신도 모르게 순간적으로 흥분하며 언성을 높여버렸다. 이대로는 조직 생활에는 어려움이 있을 것 같아서 오늘은 심리상담가를 찾아가 의사소통에 관한 상담을 받았다. 상담가는 키슬러의 의사소통 양식을 활용해 검사한 후, "심리적으로 안정이 필요하며, 지나친 인정 욕구가 있으므로, 그 근원에 대한 성찰이 필요하다."라는 처방을 제시해 주었다.

① 사교형　② 친화형　③ 실리형
④ 지배형　⑤ 복종형

08

다음 사례에서 나타난 민수의 의사표현 기법으로 가장 적절한 것을 고르면?

> 민수는 같은 반 리사와 친구가 되고 싶다. 연락처를 알아내서 SNS을 통해 친해지고 싶지만, 왠지 리사에게 물어보면 알려주지 않을 것 같다. 일단 민수는 리사에게 영화를 보자며 데이트 신청을 했다. 리사는 부담스러워하면서 거절했다. 마지막으로 민수는 SNS 친구가 되고 싶다며 연락처를 알려달라고 했고, 리사는 미안한 마음에 연락처를 알려주었다.

① 문 안에 한 발 들여놓기 기법　② 얼굴 부딪히기 기법　③ 낮은 공 기법
④ 환심 사기 기법　⑤ 관심 끌기 기법

09

다음 중 문서 이해의 절차를 순서대로 바르게 나열한 것을 고르면?

> ㉠ 문서가 작성되게 된 배경과 주제를 파악하기
> ㉡ 문서의 목적을 이해하기
> ㉢ 상대방의 의도를 도표나 그림 등으로 메모하여 요약, 정리하기
> ㉣ 문서에서 이해한 목적 달성을 위해 취해야 할 행동을 생각하고 결정하기
> ㉤ 문서에 나타난 정보를 밝혀내고, 문서가 제시하고 있는 현안 문제를 파악하기
> ㉥ 문서를 통해 상대방의 욕구와 의도 및 내게 요구되는 행동에 관한 내용을 분석하기

① ㉠－㉡－㉢－㉣－㉤－㉥　② ㉠－㉡－㉢－㉤－㉥－㉣　③ ㉠－㉡－㉤－㉥－㉣－㉢
④ ㉡－㉠－㉢－㉤－㉣－㉥　⑤ ㉡－㉠－㉤－㉥－㉣－㉢

10

다음 중 기획서 작성 방법에 대한 설명으로 적절하지 않은 것을 고르면?

① 기획 목적과 전달하고자 하는 핵심 메시지가 정확히 도출되었는지 확인한다.
② 글의 내용이 한눈에 파악되도록 체계적으로 목차를 구성한다.
③ 효과적인 전달을 위해 내용을 시각화하고 인용한 자료의 출처가 정확한지 확인한다.
④ 기획서 내용에 문제가 없다면 제출 전 검토는 생략해도 무관하다.
⑤ 6W3H 분석에 따라 작성한다.

11

남자 4명, 여자 2명으로 구성된 육상 계주 팀이 어느 육상대회에 참가하였다. 대회 규정상 여자 선수가 두 번 연속으로 뛸 수 없다고 할 때, 계주 순서를 결정하는 경우의 수를 고르면?

① 96가지 ② 120가지 ③ 180가지
④ 240가지 ⑤ 480가지

12

다음은 일정한 규칙에 따라 수를 나열한 것이다. 빈칸에 들어갈 수를 고르면?

11	4	6	
4	5	0	−4
8	−3	−10	5
−1	2	16	−2

① −1 ② −2 ③ −3
④ −4 ⑤ −5

13

다음은 일정한 규칙에 따라 수를 나열한 것이다. 빈칸에 들어갈 수를 고르면?

7	−1	9	−19	47	−113	(　)

① 269　② 273　③ 277　④ 281　⑤ 285

14

어느 과일 가게에서 사과 1개를 3,000원에 판매하면 하루에 사과를 100개 판매할 수 있다. 가격을 50원 인하할 때마다 판매량이 10개씩 증가한다고 할 때, 총판매금액이 최대가 되기 위한 사과 1개의 가격을 고르면?

① 1,750원　② 1,900원　③ 2,150원　④ 2,400원　⑤ 2,650원

실전 2회

15

다음 [조건]을 바탕으로 두 팀에 작용하는 중력의 크기 차를 고르면?

조건

- 가 팀의 몸무게는 120kg이고, 나 팀의 몸무게는 145kg이다.
- 뉴턴의 제1법칙 F=Ma는 힘의 크기가 무게와 가속도의 곱으로 계산되는 것을 의미한다. 그리고 힘의 단위 $N=kg\times m/s^2$이다.
- 지구의 중력가속도는 $9.8m/s^2$이다.

① 218N　② 226N　③ 234N　④ 238N　⑤ 245N

16

다음 [표]는 주요 교통지표의 변화에 대한 자료이다. 이를 바탕으로 옳지 않은 것을 고르면?

[표1] 2019~2023년 운전면허 소지자 및 자동차 등록 수 (단위: 만 명, 만 대)

구분	2019년	2020년	2021년	2022년	2023년
운전면허 소지자	3,264	3,319	3,372	3,413	3,443
자동차 등록 수	2,367	2,436	2,491	2,550	2,594

[표2] 2019~2023년 교통경찰관 및 교통사고 사망자 (단위: 명)

구분	2019년	2020년	2021년	2022년	2023년
교통경찰관	10,487	10,694	10,781	10,702	10,668
교통사고 사망자	3,349	3,081	2,916	2,735	2,551

① 2022년 교통사고 사망자는 3년 전 대비 614명 감소하였다.
② 2023년 자동차 등록 수는 2019년 대비 10% 이상 증가하였다.
③ 운전면허 소지자 및 자동차 등록 수는 해마다 꾸준히 증가한다.
④ 5년간 교통사고 사망자 중 2020년이 차지하는 비중은 20% 이상이다.
⑤ 교통경찰관이 가장 많은 해의 자동차 등록 수는 2,500만 대 미만이다.

17

다음 [그래프]는 2019~2023년 연도별 출입항 항공기 및 선박의 증감 추이에 대한 자료이다. 이를 바탕으로 [보기]에서 옳은 것을 모두 고르면?

[그래프1] 연도별 출입항 항공기 증감 추이 (단위: 천 대)

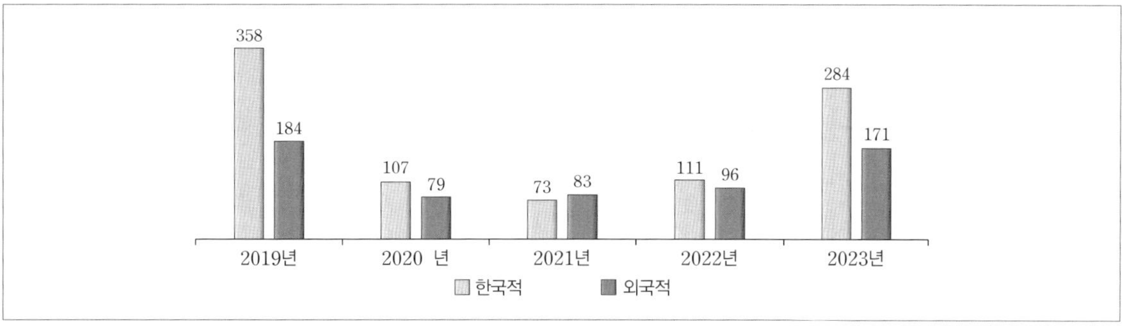

[그래프2] 연도별 출입항 선박 증감 추이 (단위: 천 척)

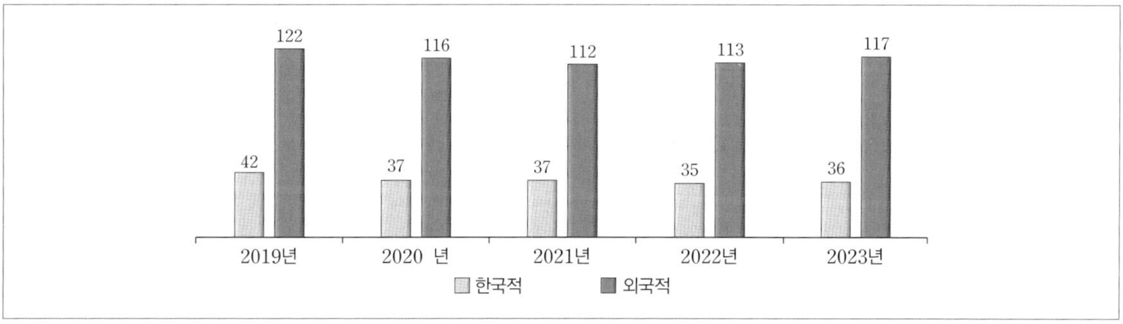

보기

㉠ 항공기에 비해 선박은 COVID−19의 영향을 덜 받았다고 할 수 있다.
㉡ 2023년 출입항 항공기 중 한국적 항공기가 차지하는 비중은 60% 이상이다.
㉢ 한국적 항공기는 항상 외국적 항공기보다 입출항이 많고, 선박은 그 반대이다.
㉣ 5년간 외국적 출입항 선박 수의 평균은 한국적 출입항 선박 수의 평균의 3배 이상이다.

① ㉠, ㉡　② ㉠, ㉢　③ ㉡, ㉣
④ ㉠, ㉢, ㉣　⑤ ㉡, ㉢, ㉣

실전 2회

[18~19] 다음 [그래프]는 2013~2022년 A국가의 연도별 외국인 주민 현황에 대한 자료이다. 이를 바탕으로 이어지는 질문에 답하시오.

[그래프] 2013~2022년 외국인 주민 현황

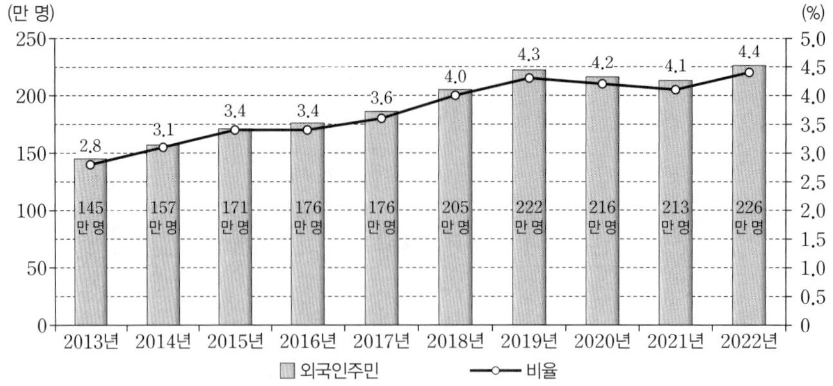

18

다음 [보기]에서 주어진 자료에 관한 설명으로 옳은 것을 모두 고르면?

보기

㉠ A국가의 전체 인구수는 2015년보다 2016년이 더 많다.

㉡ 2022년 외국인 주민 수는 2013년 대비 58% 이상 증가하였다.

㉢ 2년 전 대비 외국인 주민 수의 증가량은 2015년이 2019년보다 낮다.

㉣ 2014년부터 2022년까지 외국인 주민 수 비율이 전년 대비 가장 크게 변화한 연도는 2018년이다.

① ㉠, ㉢　② ㉡, ㉣　③ ㉠, ㉡, ㉣

④ ㉠, ㉢, ㉣　⑤ ㉡, ㉢, ㉣

19

A국가의 2014년 대비 2021년의 전체 인구수 증가율을 고르면?(단, 전체 인구수는 천 명 단위에서 반올림한다.)

① 1.8%　② 2.6%　③ 3.1%

④ 3.7%　⑤ 4.0%

20

다음 [표]는 국내 5대 도시 방문자에 대한 자료이다. 이를 바탕으로 옳은 것을 고르면?

[표1] 2022년 5대 도시 방문자 연령대 (단위: %)

구분	강릉	경주	부산	여수	전주
20대	37.56	25.1	39.26	27.7	39.4
30대	19.4	24.4	20.78	23.2	19.5
40대	16.9	21.6	16.58	19.0	16.3
50대	13.69	14.6	12.59	15.2	12.71
60대 이상	12.49	14.3	10.79	14.9	12.01

[표2] 2022년 5대 도시 방문객 방문 비율 (단위: %)

구분	강릉	경주	부산	여수	전주
전체 비율	11.76	19.9	40.7	14.0	13.62
평균 비율	16.49	23.6	28.1	13.6	18.74

① 20대는 강릉으로의 여행을 가장 선호한다.
② 5대 도시 방문자는 30~40대가 과반수이다.
③ 경주는 30대에게 인기가 좋다.
④ 가장 많은 방문객이 방문하는 도시는 과반수의 방문객이 방문한다.
⑤ 60대 이상은 5대 도시 주요 관광지의 관광을 선호하지 않는다.

21

다음 명제가 모두 참일 때, 항상 옳은 결론을 고르면?

전제 1	모든 원수는 외나무다리에서 만난다.
전제 2	사이다를 마시면 원수이다.
결론	

① 외나무다리에서 만나면 원수이다.
② 사이다를 마시지 않으면 원수이다.
③ 모든 원수는 사이다를 마시지 않는다.
④ 외나무다리에서 만나지 않으면 사이다를 마신다.
⑤ 외나무다리에서 만나지 않으면 사이다를 마시지 않는다.

22

다음은 SWOT 분석에 대한 설명과 분석 결과 사례이다. 이를 바탕으로 수립한 대응 전략으로 가장 적절한 것을 고르면?

SWOT 분석은 내부 환경요인과 외부 환경요인의 2개의 축으로 구성되어 있다. 내부 환경요인은 자사 내부의 환경을 분석하는 것으로 분석은 다시 자사의 강점과 약점으로 분석된다. 외부 환경요인은 자사 외부의 환경을 분석하는 것으로 분석은 다시 기회와 위협으로 구분된다. 내부 환경요인과 외부 환경요인에 대한 분석이 끝난 후에 매트릭스가 겹치는 SO, WO, ST, WT에 해당되는 최종 분석을 실시하게 된다. 내부의 강점과 약점을, 외부의 기회와 위협을 대응시켜 기업의 목표를 달성하려는 발전전략의 특성은 다음과 같다.

- SO전략: 외부 환경의 기회를 활용하기 위해 강점을 사용하는 전략 선택
- ST전략: 외부 환경의 위협을 회피하기 위해 강점을 사용하는 전략 선택
- WO전략: 자신의 약점을 극복함으로써 외부 환경의 기회를 활용하는 전략 선택
- WT전략: 외부 환경의 위협을 회피하고 자신의 약점을 최소화하는 전략 선택

강점(Strength)	• 풍부한 해외 조직 관리 경험 • 자사 해외 네트워크 및 유통망 다수 확보
약점(Weakness)	• 순환 보직으로 잦은 담당자 교체 • 브랜드 이미지 관리에 따른 업무 융통성 부족
기회(Opportunity)	• 현지에서 친숙한 자사 이미지 • 현지 정부의 우대 혜택 및 세제 지원 약속
위협(Threat)	• 일본 경쟁업체와의 본격 경쟁체제 돌입 • 위안화 환율 불안에 따른 환차손 우려

내부 환경 / 외부 환경	강점(Strength)	약점(Weakness)
기회(Opportunity)	① 세제 혜택을 통하여 환차손 리스크 회피 모색	② 타 해외 조직의 운영 경험을 살려 업무 효율성 벤치마킹
위협(Threat)	③ 다양한 유통채널을 통하여 경쟁체제 우회 극복	④ 해외 진출 경험으로 축적된 우수 인력 투입으로 업무 누수 방지 ⑤ 자사의 우수한 이미지를 내세워 경쟁 우위 선점

23

사장, 김 팀장, 박 대리, 이 대리, 김 사원이 출장을 계획하고 있다. 다음 [조건]을 바탕으로 항상 함께 출장을 가는 직원끼리 짝지은 것을 고르면?

조건

- 사장이 출장을 가지 않으면 박 대리와 이 대리 중에서 반드시 한 명은 출장을 간다.
- 김 팀장이 출장을 가면 김 사원은 출장을 가지 않는다.
- 대리가 출장을 가면 사원은 항상 함께 출장을 간다.
- 출장은 반드시 2명씩 함께 가도록 한다.

① 사장, 박 대리
② 사장, 이 대리
③ 김 팀장, 이 대리
④ 박 대리, 이 대리
⑤ 이 대리, 김 사원

24

△△시에는 A~G 7개 구가 있다. 다음 [조건]을 바탕으로 동수가 많은 구 순으로 나열한 것을 고르면?

조건

- A구는 D구의 동수보다 적다.
- B구는 A구보다 동수가 적다.
- E와 F구의 동수의 합은 G구의 동수와 같다.
- F구의 동수는 A와 D구의 동수의 합보다 많다.
- C구의 동수는 E, F, G의 3개 구의 동수 합보다 많다.
- F구의 동수는 A, D, E 3개 구의 동수 합보다 많다.

① C>G>E>F>A>D>B
② C>G>F>D>A>E>B
③ E>G>C>F>A>D>B
④ G>C>E>F>B>D>A
⑤ G>C>F>D>E>A>B

25

다음 글에서 윌리엄 맥나이트(William L. McKnight)가 가장 중요하게 생각한 것을 고르면?

> 1907년, 3M은 20살의 경영학 전공 학생이었던 윌리엄 맥나이트(William L. McKnight)를 사서로 채용했다. 그는 입사 후 고속 승진을 계속하여 1929년에 사장에 임명되었고 1949년에는 최고 경영자로 선임됐다. 다국적기업 3M의 기업문화를 정착시킨 그의 경영철학은 다음과 같다.
>
> "실수는 일어날 수 있다. 올바른 생각을 가진 사원이 저지르는 실수는 장기적으로 볼 때 경영진이 권한을 내세워 사원에게 일하는 방식을 일일이 지시하는 실수보다는 심각하지 않다. 실수를 저질렀을 때 경영진이 이를 심하게 비판하는 것은 사원의 자발성을 죽이는 행위다. 우리가 성장을 계속하기 위해서는 자발적인 사람이 반드시 필요하다."
>
> 그의 최대 공헌은 그가 종업원들의 자발성과 혁신을 장려하는 기업풍토를 창조함으로써 3M 고유의 경영철학을 세웠다는 점이다. 말하자면 그의 경영철학은 3M의 조직문화의 근간이 되고 있다. 그는 직원 개인의 자율성과 자발성을 격려하고, 위험의 감수 그리고 실패할 자유에 대한 신념을 전파시킴으로써 3M으로 하여금 많은 다양한 아이템과 사업의 관리 및 꾸준한 성장을 가능케 했다. 그가 천명한 경영의 기본 방침은 그의 어록에 고스란히 녹아 있다.

① 창의적 사고　② 비판적 사고　③ 분석적 사고
④ 논리적 사고　⑤ 관료적 사고

26

다음 [대화]에서 영수가 범한 논리적 오류로 가장 적절한 것을 고르면?

대화

- 영수: "이번에 개봉한 겨울왕국2 봤어?"
- 철이: "아니, 아직 안 봤어. 너는 봤어?"
- 영수: "나도 아직 안 봤어. 나랑 같이 보러 갈래?"
- 철이: "글쎄, 난 만화영화를 별로 좋아하지 않아서 좀 고민이야."
- 영수: "그래도 같이 보자. 이미 1,000만 관객 수를 돌파했단 말이야."

① 과대 해석의 오류　② 대중에 호소하는 오류　③ 애매어 사용의 오류
④ 성급한 일반화의 오류　⑤ 분할의 오류

27

다음은 특정 도형과 수의 대응 관계를 나타낸 것이다. 이를 바탕으로 [그림]에서 2021에 대응하는 도형을 고르면?

- 각 수가 있는 칸의 가장 위쪽 칸에 위치한 도형이 해당 수에 대응하는 도형이다. 예를 들어 아래의 [그림]에서 12에 대응하는 도형은 ■이다.
- 처음은 자연수 1부터 시작하여 왼쪽에서 오른쪽으로 기재한다. 단, 마지막 칸에 다다랐을 때 해당 칸의 밑 칸에 '?' 기호를 기재하며, 다음 칸부터 그 반대 방향으로 다시 수를 기재한다.
- 위 규칙을 반복적으로 적용하여 차례대로 자연수를 기재한다.

[그림]

★	●	◆	■	▲
1	2	3	4	5
9	8	7	6	?
?	10	11	12	13
17	16	15	14	?
?	18	19	20	21
25	24	23	22	?
?	…			

① ★　② ●　③ ◆
④ ■　⑤ ▲

28

다음 [보기]에서 창의력을 키우기 위한 방법을 모두 고르면?

보기

㉠ 생각나는 대로 전부 쓰고, 조합하거나 수정해 보시오.
㉡ 사고의 전개에서 전후 관계가 일치하고 있는가를 살펴보시오.
㉢ 제시되는 정보들 중 비슷한 것과 다른 것들을 구별해 보시오.
㉣ 다른 사람의 아이디어에 자극을 받고 아이디어가 개선된다면 조합해 보시오.
㉤ 다른 사람의 논리에서 약점을 찾고 자신의 생각을 재구축해 보시오.

① ㉠, ㉡, ㉢　② ㉠, ㉡, ㉣　③ ㉠, ㉢, ㉣
④ ㉠, ㉡, ㉢, ㉣　⑤ ㉠, ㉡, ㉢, ㉣, ㉤

[29~30] △△공기업에 근무 중인 오 과장은 파리 출장을 위해 다음 자료를 참고하여 비행기 표를 예약하려고 한다. 이를 바탕으로 이어지는 질문에 답하시오.

[표1] 인천–파리 항공편

항공편	출발 시각(인천)	도착 시각(파리)	비고
A12	2024. 05. 11. 17:55	2024. 05. 12. 04:05	1회 경유–상하이
B263	2024. 05. 12. 19:45	2024. 05. 13. 05:45	1회 경유–런던
C4867	2024. 05. 12. 20:00	2024. 05. 13. 03:45	1회 경유–프랑크푸르트
D83Z	2024. 05. 13. 21:30	2024. 05. 14. 07:15	1회 경유–뮌헨
E485	2024. 05. 13. 23:30	2024. 05. 14. 09:00	1회 경유–상하이

[표2] 한국 기준 현재 시차

시차	+1	0	−1	−7	−8	−17	−14
도시	시드니	서울 인천	상하이	뮌헨, 프랑크푸르트, 파리	런던	로스엔젤레스	뉴욕

29

오 과장은 인천공항에서 파리공항까지 이동 시간이 가장 짧은 항공편을 이용할 계획이다. 주어진 항공편 중 오 과장이 이용할 항공편을 고르면?

① A12
② B263
③ C4867
④ D83Z
⑤ E485

30

오 과장은 파리에 도착 후 1시간 뒤에 서울 본사에 있는 하 부장과 30분 동안 화상회의를 진행하였다. 하 부장의 2024년 5월 셋째 주 일정이 다음과 같을 때, 오 과장이 이용한 항공편을 고르면?

<table>
<tr><th>시간</th><th>11일</th><th>12일</th><th>13일</th><th>14일</th><th>15일</th></tr>
<tr><td>08:00~09:00</td><td></td><td rowspan="2">전략 회의</td><td></td><td></td><td rowspan="2">주간 회의</td></tr>
<tr><td>09:00~10:00</td><td rowspan="2">외근</td><td></td><td rowspan="2">외부 미팅</td></tr>
<tr><td>10:00~11:00</td><td>업무 보고</td><td>외부 미팅</td><td></td></tr>
<tr><td>11:00~12:00</td><td></td><td></td><td></td><td></td><td>전략 회의</td></tr>
<tr><td>12:00~13:00</td><td colspan="5">점심시간</td></tr>
<tr><td>13:00~14:00</td><td></td><td></td><td></td><td></td><td rowspan="2">시장 조사</td></tr>
<tr><td>14:00~15:00</td><td rowspan="3">성과보고회</td><td>외부 미팅</td><td></td><td rowspan="2">신입 교육</td></tr>
<tr><td>15:00~16:00</td><td></td><td>전략 회의</td><td></td></tr>
<tr><td>16:00~17:00</td><td colspan="2">지점 방문</td><td colspan="2">지점 방문</td></tr>
</table>

① A12 ② B263 ③ C4867
④ D83Z ⑤ E485

실전 2회

실전모의고사 2회 철도법

정답과 해설 P.55

01

다음 중 한국철도공사법상 설립등기사항으로 옳지 않은 것을 고르면?

① 자본금
② 대리·대행인의 권한을 제한한 때에는 그 제한의 내용
③ 임원의 성명 및 주소
④ 공고의 방법
⑤ 주된 사무소 및 하부조직의 소재지

02

한국철도공사법상 대부받거나 사용·수익의 허가를 받은 국유재산을 전대(轉貸)하고자 하는 경우에는 여러 사항이 기재된 승인신청서를 국토교통부장관에게 제출하여야 한다. 이때, 기재해야 하는 사항으로 옳지 않은 것을 고르면?

① 전대재산의 표시(도면을 포함한다)
② 전대를 받을 자의 비용 납부계획서
③ 사용료 및 그 산출근거
④ 전대기간
⑤ 전대를 받을 자의 전대재산 사용목적

03

다음 [보기]에서 한국철도공사법상 채권에 기재해야 하는 사항으로 옳은 것을 모두 고르면?

보기
㉠ 사채의 이율 ㉡ 사채상환의 방법 및 시기 ㉢ 사채모집의 위탁을 받은 회사가 있을 때에는 그 상호 및 주소 ㉣ 사채의 발행가액 또는 그 최저가액

① ㉠, ㉡
② ㉡, ㉢
③ ㉡, ㉣
④ ㉠, ㉡, ㉣
⑤ ㉠, ㉡, ㉢, ㉣

04

다음 [보기]에서 철도사업법상 면허의 기준으로 옳은 것을 모두 고르면?

보기

㉠ 해당 사업의 시작으로 철도교통의 안전에 지장을 줄 염려가 없을 것
㉡ 해당 사업의 운행계획이 그 운행 구간의 철도 수송 수요와 수송력 공급 및 이용자의 편의에 적합할 것
㉢ 신청자가 해당 사업을 수행할 수 있는 행정적 능력이 있을 것
㉣ 해당 사업에 사용할 철도차량의 대수(臺數), 사용연한 및 규격이 국토교통부령으로 정하는 기준에 맞을 것

① ㉠
② ㉡
③ ㉡, ㉣
④ ㉠, ㉡, ㉣
⑤ ㉠, ㉡, ㉢, ㉣

05

철도사업법상 다음 빈칸에 들어갈 내용으로 옳은 것을 고르면?

국토교통부장관은 철도사업자가 다음 각 호의 어느 하나에 해당하는 경우에는 면허를 취소하거나, (　　　) 이내의 기간을 정하여 사업의 전부 또는 일부의 정지를 명하거나, 노선 운행중지·운행제한·감차 등을 수반하는 사업계획의 변경을 명할 수 있다. 다만, 제4호 및 제7호의 경우에는 면허를 취소하여야 한다.

① 1개월
② 3개월
③ 6개월
④ 8개월
⑤ 12개월

06

다음 중 철도사업법상 벌칙(형벌) 부과대상으로 옳지 않은 것을 고르면?

① 우수서비스마크 또는 이와 유사한 표지를 철도차량 등에 붙이거나 인증 사실을 홍보한 자
② 등록을 하지 아니하고 전용철도를 운영한 자
③ 사업계획의 변경명령을 위반한 자
④ 여객 운임·요금의 신고를 하지 아니한 자
⑤ 국토교통부장관의 인가를 받지 아니하고 공동운수협정을 체결하거나 변경한 자

07

철도사업을 경영하려는 자는 지정·고시된 사업용철도노선을 정하여 국토교통부장관의 면허를 받아야 한다. 이 경우 국토교통부장관은 철도의 공공성과 안전을 강화하고 이용자 편의를 증진시키기 위하여 국토교통부령으로 정하는 바에 따라 필요한 부담을 붙일 수 있다. 이때, 면허에 붙인 부담을 위반한 철도사업자에 대한 과징금으로 옳은 것을 고르면?

① 1,000만 원　② 500만 원　③ 300만 원
④ 200만 원　⑤ 100만 원

08

철도산업발전기본법상 다음 빈칸 ㉠, ㉡에 들어갈 내용을 바르게 짝지은 것을 고르면?

> 제10조(실무위원회의 구성 등)
> ① 위원회의 심의·조정사항과 위원회에서 위임한 사항의 실무적인 검토를 위하여 위원회에 실무위원회를 둔다.
> ② 실무위원회는 위원장을 포함한 (㉠)인 이내의 위원으로 구성한다.
>
> 제6조(철도산업위원회)
> ① 철도산업에 관한 기본계획 및 중요정책 등을 심의·조정하기 위하여 국토교통부에 철도산업위원회(이하 "위원회"라 한다)를 둔다.
> ③ 위원회는 위원장을 포함한 (㉡)인 이내의 위원으로 구성한다.

	㉠	㉡
①	20	25
②	25	20
③	20	30
④	30	20
⑤	15	20

09

철도산업발전기본법상 다음 빈칸에 들어갈 내용으로 옳은 것을 고르면?

> 제34조의 2(사용허가에 따른 철도시설의 사용료 등)
> ① 철도시설을 사용하려는 자가 법 제31조 제1항에 따라 관리청의 허가를 받아 철도시설을 사용하는 경우 같은 조 제2항 본문에 따라 관리청이 징수할 수 있는 철도시설의 사용료는 「국유재산법」 제32조에 따른다.
> ② 관리청은 법 제31조 제2항 단서에 따라 지방자치단체가 직접 공용·공공용 또는 비영리 공익사업용으로 철도시설을 사용하려는 경우에는 다음 각 호의 구분에 따른 기준에 따라 사용료를 면제할 수 있다.
> 1. 철도시설을 취득하는 조건으로 사용하려는 경우로서 사용허가기간이 1년 이내인 사용허가의 경우: 사용료의 전부
> 2. 제1호에서 정한 사용허가 외의 사용허가의 경우: (   )

① 사용료의 100분의 30
② 사용료의 100분의 50
③ 사용료의 100분의 60
④ 사용료의 100분의 80
⑤ 사용료의 전부

10

다음 중 철도산업발전기본법상 3년 이하의 징역 또는 5천만 원 이하의 벌금에 처하는 자로 옳은 것을 고르면?

① 거짓이나 그 밖의 부정한 방법으로 철도시설 사용허가를 받은 자
② 허가를 받지 아니하고 철도시설을 사용한 자
③ 비상사태에서 국토교통부장관의 임시열차의 편성 및 운행 조정·명령을 위반한자
④ 비상사태에서 국토교통부장관의 철도서비스 인력의 투입 조정·명령을 위반한자
⑤ 국토교통부장관의 승인을 얻지 아니하고 특정 노선 및 역을 폐지하거나 철도서비스를 제한 또는 중지한 자

KORAIL

코레일

실전모의고사

실전모의고사 3회

※ 2024년 10월에 시행된 필기시험의 출제경향을 바탕으로 재구성한 실전모의고사입니다.

영역		문항 수	권장 풀이 시간
직업기초능력평가	의사소통능력	30문항	40분
	수리능력		
	문제해결능력		
철도법령		10문항	

eduwill

모바일 OMR
자동채점 & 성적분석 무료

정답만 입력하면 채점에서 성적분석까지 한번에!

활용 GUIDE

실시간 성적분석 방법!

STEP 1 QR 코드 스캔 ▶ STEP 2 모바일 OMR 입력 ▶ STEP 3 자동채점 & 성적분석표 확인

STEP 1

교재 내 QR 코드 스캔

실전모의고사 [3회]
모바일 OMR 바로가기

https://eduwill.kr/Tlte

- 위 QR 코드를 모바일로 스캔 후 에듀윌 회원 로그인
- QR 코드 하단의 바로가기 주소로도 접속 가능

STEP 2

모바일 OMR 입력

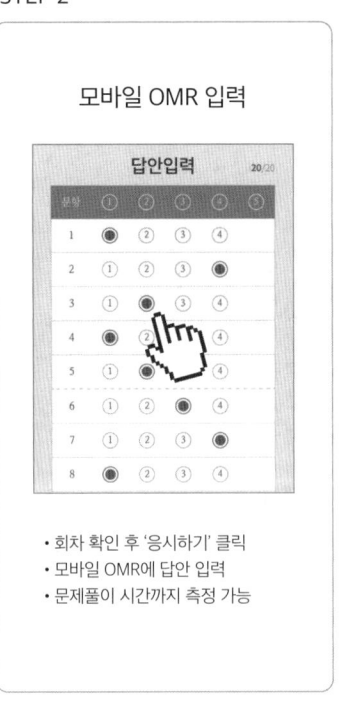

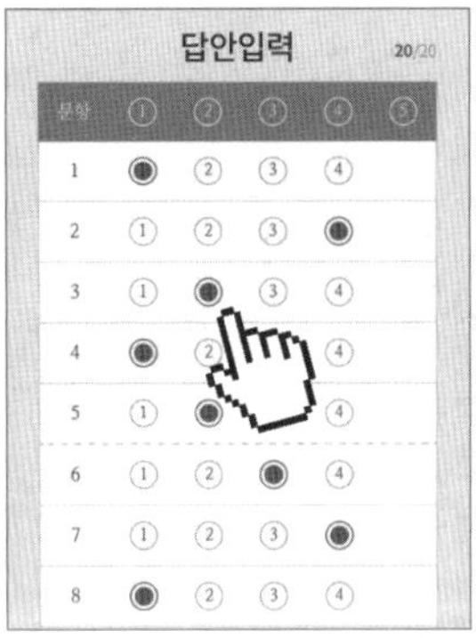

- 회차 확인 후 '응시하기' 클릭
- 모바일 OMR에 답안 입력
- 문제풀이 시간까지 측정 가능

STEP 3

자동채점 & 성적분석표 확인

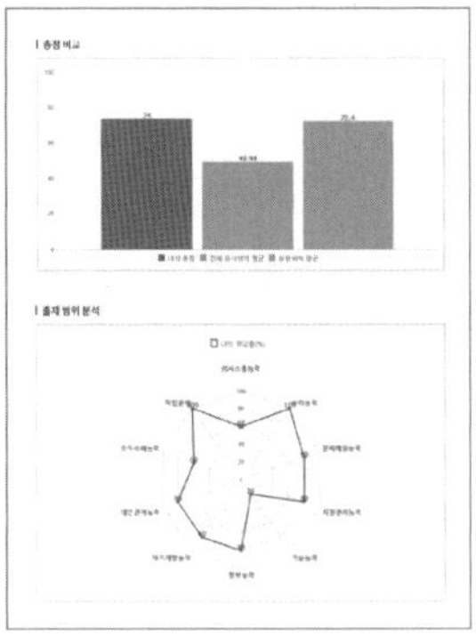

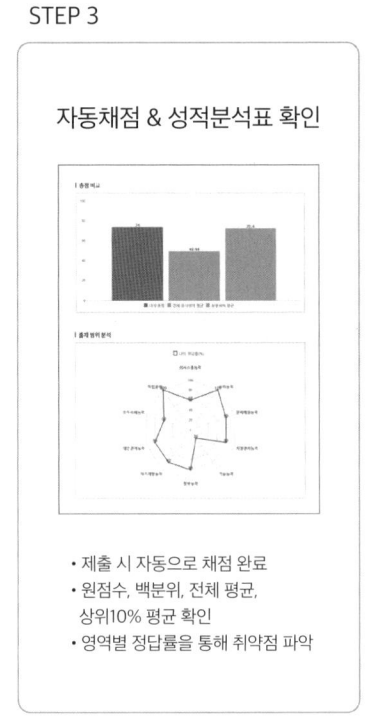

- 제출 시 자동으로 채점 완료
- 원점수, 백분위, 전체 평균, 상위10% 평균 확인
- 영역별 정답률을 통해 취약점 파악

※ 본 회차의 모바일 OMR 채점 서비스는 2026년 01월 31일까지 유효합니다.

실전모의고사 3회 NCS

정답과 해설 P.58

01

다음 밑줄 친 단어의 표기가 잘못된 것을 고르면?

① 그녀는 나와의 약속을 번번히 어겼다.
② 소금을 쏟아서 올해 김치는 더 짭짤하다.
③ 이것은 설탕이요, 저것은 소금이다.
④ 김밥에 깍두기를 먹고 체한 것 같아요.
⑤ 그는 자물쇠로 책상 서랍을 잠가 놓았다.

실전 3회

02

다음 문서 작성법에 해당하는 문서의 종류를 고르면?

[작성 전 유의 사항]
- 목적을 달성할 수 있는 핵심 사항이 정확하게 기입되었는지 확인한다.
- 상대에게 어필해 상대가 채택하게끔 설득력을 갖춰야 하므로 상대가 요구하는 것이 무엇인지 고려하여 작성한다.

[작성 시 유의 사항]
- 내용이 한눈에 파악되도록 체계적으로 목차를 구성하도록 한다.
- 내용의 표현에 신경을 써야 한다.
- 효과적인 내용 전달을 위해 적합한 표나 그래프를 활용하여 시각화하도록 한다.

① 설명서　② 기획서　③ 보고서
④ 공문서　⑤ 계획서

03

다음 글의 중심 내용으로 가장 적절한 것을 고르면?

> 교통서비스는 경제·사회 발전에 필수적인 요소이지만 이로 인해 환경 오염, 교통사고, 교통 혼잡, 기후 변화 등 삶의 질을 변화시키는 부정적인 영향도 발생한다. 이러한 부정적인 영향은 교통서비스 이용에 수반되는 비용임에도 불구하고 이용자가 비용을 부담하지 않기 때문에 발생한다. 이는 과도한 교통서비스 수요를 초래하여 필요 이상의 교통 시설 투자를 유도하게 만든다. 그러므로 교통 정책을 수립할 때는 긍정적인 효과 이외에도 이러한 부정적인 영향에 의한 사회적 비용도 고려해야 한다.
>
> 교통서비스로 인해 발생하는 사회적 비용을 줄이는 정책은 결과적으로 사회복지를 향상시키므로 사회적 비용을 시장가격 구조에 반영하는 정책이 필요하다. 더욱이 교통 시설 공급비용의 증대가 정부 재정에 큰 부담을 주고 있는 실정에 필요한 교통 시설 규모를 줄여 정부의 재정 부담을 낮추는 정책은 선진국에서도 중요성이 부각되고 있다.
>
> 따라서 교통 부문에서 발생하는 사회적 비용을 교통 세제를 통하여 교통 시설 이용자에게 부담시키는 방안을 도입하는 것이 중요하다. 교통 관련 사회적 비용을 교통 가격에 교통 비용으로 내재화시키면 교통수단 간 수요의 전이가 일어나서 교통 시설이 효율적으로 이용될 수 있고, 교통 시설 투자의 효율성도 증대된다. 아울러 교통 시설 이용으로 발생하는 환경 오염, 교통사고, 교통 혼잡 등 부정적인 영향도 줄일 수 있다.
>
> 그럼에도 불구하고 우리는 이제까지 이러한 교통 부문에서 발생하는 사회적 비용을 교통 가격으로 교통 시장 구조에 반영시키는 정책은 등한시해왔다. 이것은 교통서비스가 공공재로 인식되어 정부가 교통 시설 서비스를 공급해야만 한다고 생각해왔기 때문이다. 그러나 시장경제에 의한 자원의 효율적 배분의 중요성이 사회 전반에 확산되면서 점차 시장가격 구조에 의한 교통 가격 결정이 설득력을 얻고 있다.

① 교통서비스의 효율적 배분
② 교통 관련 사회적 비용의 내재화 방안
③ 교통 수단 간 수요의 전이
④ 교통서비스의 부정적인 영향
⑤ 교통 시설 공급비용의 증대로 인한 정부 재정 부담

04

다음 [대화]에서 A의 말을 바르게 경청하지 못하는 B의 행동 요인을 고르면?

대화

- A: "요즘 무슨 좋은 일 있어? 혈색이 왜 이리 좋아지는 거야?"
- B: '이 사람이 갑자기 나한테 왜 이러지? 내가 우스워 보여서 그러는 건가? 아니면 나한테 뭔가 잘못한 게 있나?'

① 짐작하기
② 대답할 말 준비하기
③ 걸러내기
④ 판단하기
⑤ 다른 생각하기

05

다음 글을 통해 추론할 수 없는 것을 고르면?

심리학자인 미셸은 아동의 절제력에 관한 실험을 진행했다. 4세 아동들을 방으로 데려가 마시멜로 사탕을 하나씩 나눠준 후, 선생님이 돌아올 때까지 먹지 않고 있으면 상으로 하나를 더 주겠다고 제안했다. 아동들은 선생님이 나가자마자 먹기도 하고, 중간에 먹기도 했으며, 끝까지 참고 기다리기도 하였다. 그리고 이 실험에 참여한 아동들을 15년 후에 다시 보았을 때 오래 참은 아동일수록 높은 학업 성취도를 보였으며, 삶의 만족도도 높게 나타났다. 미셸 박사는 이 실험에서 아동이 보인 행동, 즉 즉각적인 욕구 만족이나 보상을 스스로 지연하고, 그 과정에서 발생하는 좌절을 인내하는 능력을 '만족지연 능력'이라 불렀다.

정신분석 이론에서는 충동적 욕구를 따르는 원초아(id)의 쾌락 원리보다 유용성을 고려하는 자아(ego)의 현실 원리가 우세할 때 만족지연 능력이 생긴다고 본다. 발달 과정에서 만족지연 능력은 문화적 영향력보다 충동을 억제하려는 자아의 강도에 의해 형성된다. 아동이 성숙하고 자발적인 자제력을 갖게 되면서 만족지연 능력이 발달한다는 것이다.

인지발달 이론에서는 아동이 즉각적인 보상을 선택하는 이유를 지연된 보상이 더 가치 있을 수 있다는 가치적 측면을 고려하지 못하기 때문이라고 설명한다. 즉각적인 작은 보상과 일정 시간 지난 후 받을 큰 보상이라는 선택 상황에서 두 측면을 동시에 고려하는 인지적 능력, 즉 사건을 구조화하고 현실을 이해하는 능력이 향상되면 만족지연 능력도 향상된다고 본다.

그렇다면 사회학습 이론에서는 만족지연 능력을 어떻게 보는가? 이 이론에 따르면 아동은 사회적 강화를 통해 만족을 지연하는 행동이 더 가치 있고 적절하다는 것을 인식하게 된다. 특히 지연된 보상이 실현될 것이라는 기대나 신뢰감은 약속 이행에 대한 과거의 경험에 크게 의존한다는 것이다. 만족지연 능력은 개인의 직접적인 경험 외에도 또래나 부모, 교사 등 사회적 모델들의 행동을 관찰함으로써 학습된다고 할 수 있다.

① 만족지연 능력은 아동기에 핵심적으로 계발해야 하는 발달 과업이다.
② 사회학습 이론에 따르면 만족지연 능력은 교육으로 내면화할 수 없는 능력이다.
③ 한 개인의 학문적 성취와 사회적 적응을 위한 발달의 기초는 어릴 때 형성된다.
④ 인지발달 이론에 따르면 만족지연 능력이 강해지는 것은 아동의 인지적 성장이 반영된 것이다.
⑤ 정신분석 이론에 따르면 충동을 억제하려는 자아의 강도가 강한 사람일수록 높은 성취도를 보일 것이다.

06

다음 [대화]에서 환자가 범한 오류로 가장 적절한 것을 고르면?

대화
• 의사: "음주와 흡연은 고혈압과 당뇨를 유발할 수 있으니 조절하십시오." • 환자: "에이, 의사 선생님도 술 드시고, 담배 피시잖아요."

① 과대 해석의 오류 ② 애매성의 오류 ③ 피장파장의 오류
④ 성급한 일반화의 오류 ⑤ 분할의 오류

07

다음 글의 빈칸 ㉠~㉢에 들어갈 내용을 바르게 짝지은 것을 고르면?

옛날에 석가모니께서 여러 가지 말로 부처가 되는 도리를 설법하시다가 도저히 말로는 표현할 길이 없는 오묘한 진리를 설명해야 할 순간이 이르렀다. 그러자 석가모니께서는 문득 묘안이 떠오르셨다. 마침 연못에 은은한 향기를 뿜으며 피어 있는 연꽃을 하나 따서 설법을 듣는 제자들에게 들어 보이신 것이다. 말로는 설명할 수 없는 것을 이 행동으로 전달하려고 하신 것인데, 이때에 가섭 존자라는 제자 한 명만 석가모니의 이 행동의 의미를 알아듣고 조용한 미소로 대답을 하였다고 한다. 이 고사는 사자성어 '염화시중'의 배경이 되는 이야기로, 언어로는 불가능한 설명의 한 가지 방법으로서 오늘날 세상 사람들에게 이해되고 있다. (㉠) 언어는 우리의 오묘하고도 신비한 생각들을 섬세하게 나타내는 데에는 터무니없이 부족한 도구이다. (㉡) 불교의 선종에 속하는 승려들 가운데에는 교리를 학문적으로 탐구하고 이론의 소용돌이 속에서 고민하기보다는 무념무상의 참선을 오래 계속하다가 문득 깨달으면 된다고 하여, '불립 문자'라는 말을 내세우며 불경 공부에 다소 게을러도 좋다는 주장을 하는 분들이 있었다. 도대체 말이 필요 없을 바에야 글로 적어 놓은 문자라는 것이 무슨 필요가 있겠느냐 하는 생각에서 '문자로 적어 놓지 않는다'라는 의미의 '불립 문자'를 강조하기에 이른 것이다. (㉢) 이렇듯 불립 문자를 주장하고 나서는 선승들도 자기가 불법을 깨달았다고 느끼는 순간, 그 감동과 느낌을 시로 짓든가 한두 마디의 말로 나타내고 그것을 적어 후세에 전하고 있다. 아무리 불립 문자를 주장한다고 해도 문자로부터 완전히 벗어날 수 없는 것이 선승들의 한계였다고 해도 과장이 아니다. 유명한 선승들은 모두 그들의 정신적 편력을 후배들이 짐작할 수 있도록 어록을 남겨 놓고 있다. 이와 같이 언어는 분명 인간의 생각과 감정을 모두 섬세하게 표현해 낼 능력은 없지만, 한편으로 인간의 생각은 그 대부분이 언어를 통하지 않고서는 나타내고 전달할 방법이 없다.

	㉠	㉡	㉢
①	이처럼	그러나	즉
②	예컨대	그러나	즉
③	이처럼	그래서	즉
④	예컨대	그래서	그런데
⑤	이처럼	그래서	그런데

08

다음 글의 내용과 일치하지 않는 것을 고르면?

우리의 신체는 눈만이 빛을 인식하고 받아들일 수 있게 진화해 왔다. 그래서 눈이 손상되거나 다른 이유로 기능을 잃게 되면, 우리는 그 즉시 빛 한 점 없는 어둠 속에 갇히게 된다. 하지만 눈 자체가 세상을 인식하는 것은 아니다. 눈동자를 지나 눈알 안쪽으로 파고든 빛은 망막의 시각 세포에 의해 전기적 신호로 변환된다. 그리고 이 신호가 시신경을 통해 눈의 반대편, 즉 뒤통수 쪽에 위치한 뇌의 시각 피질로 들어가야만 우리가 비로소 세상을 '본다'고 느낀다.

시각 피질은 단일한 부위가 아니라 현재 밝혀진 것만 약 30개의 영역으로 구성된 복합적인 영역이다. 시각 정보를 가장 먼저 받아들이고 물체의 기본적인 이미지인 선과 경계, 모서리를 구분하는 V1, V2 영역을 비롯하여 형태를 구성하는 V3, 색을 담당하는 V4, 운동을 감지하는 V5, 그리고 이 밖의 다른 영역이 조합되어 종합적으로 사물을 인지한다.

이들은 각각 따로따로 의미 있는 존재가 아니다. 여러 개의 악기가 모여 각자가 정확한 순간에 정확한 음을 연주해야 제대로 된 음악을 전할 수 있는 오케스트라처럼, 모든 영역이 각자의 역할에 맞게 일시에 조율되어야 세상을 바라볼 수 있다. 같은 피아니스트가 같은 곡을 동일하게 연주해도 피아노 건반이 몇 개 사라지거나 음이 제대로 조율되지 않으면 결과물이 달라지는 것처럼, 우리의 눈이 같은 것을 보더라도 시각 피질의 각 영역이 제대로 조율되지 않으면 세상을 같게 볼 수 없다.

뇌의 많은 영역이 오로지 시각이라는 감각 하나에 배정되어 있음에도, 세상은 워낙 변화무쌍하기 때문에 눈으로 받아들이는 모든 정보를 뇌가 빠짐없이 처리하기는 어렵다. 그래서 뇌가 선택한 전략은 선택과 집중, 적당한 무시와 엄청난 융통성이다. 우리는 쥐의 꼬리만 봐도 벽 뒤에 숨은 쥐 전체의 모습을 그릴 수 있으며, 빨간색과 파란색의 스펙트럼만 봐도 그 색이 주는 이미지와 의미까지 읽어 낼 수 있다. 하지만 이것은 때와 장소, 현재의 관심 대상과 그 수준에 따라 달라진다. 앞에서 보았듯이 우리는 하나에 집중하면 다른 것은 눈에 뻔히 보여도 인식하지 못하고 지나칠 수 있다. 즉, 우리는 정말로 보고 싶은 것만 보고 보기 싫은 것에는 눈을 질끈 감는 것이다.

① 눈은 시각 정보를 수용하는 역할을 할 뿐, 이를 인식하는 것은 뇌의 역할이다.
② '본다'는 것은 눈동자, 망막, 시각 피질 등의 기관이 관련된 복합적인 행위이다.
③ 시각 피질의 각 영역은 각각의 기능이 있지만 이들이 따로 분리되어 기능하는 것은 아니다.
④ 뇌의 많은 영역이 시각에 배정되어 있지만, 눈으로 수용되는 모든 정보를 처리하기는 어렵다.
⑤ 인간의 뇌는 물체의 부분을 통해 전체를 파악할 수 있고, 시각적 정보의 다층적 의미를 언제나 이해할 수 있다.

09

다음 글의 내용과 일치하지 않는 것을 고르면?

기업의 사회적책임(CSR: Corporate Social Responsibility) 이행은 기업의 존속을 좌우할 정도로 중요한 경영 화두가 되었다. 환경, 빈곤, 보건, 복지, 식수, 일자리, 고령화 등 사회적으로 산적한 문제를 해결하기 위해 기업이 좀 더 적극적으로 참여하고 사회적 기여를 하도록 요구하는 정부와 국민의 기대치도 그만큼 높아졌다. 조금 더 가격이 비싸더라도 사회적, 윤리적 상품을 구매하려는 윤리적 소비가 증가하고, 주요 기관의 투자자 등이 경제적 의사 결정을 할 때 기업의 사회적·환경적 성과에 가치를 두는 사회책임투자(Socially Responsible Investment)를 활성화하고 있는 것도 기업이 사회적책임 이행을 외면할 수 없는 강력한 요인이 되었다.

근래에는 이러한 추세에 더해 다양한 사회 문제를 기업의 핵심 비즈니스와 연계하여 해결하려는 공유가치창출(CSV: Creating Shared Value)로까지 기업의 사회적책임 영역이 확대되고 있다. 일방적 기부나 단순 일회성 봉사 활동을 넘어서 기업이 추구하는 사익과 사회가 추구하는 공익을 연계하려는 기업들이 증가하고 있다.

공유가치창출을 가장 보편화한 대표적인 사례가 공익 연계 마케팅 또는 코즈 마케팅(Cause Marketing)이라 불리는 활동이다. 소비자가 특정 제품과 서비스를 구매하면 기업이 그 판매 수익금의 일부를 공익 기금으로 조성하여 각종 사회 문제해결을 위한 재원으로 활용하는 등 소비자의 직접 참여를 이끌어 내는 마케팅 기법이다. 아메리칸익스프레스의 '자유의 여신상 복원 프로젝트', 코카콜라의 '북극곰 돕기 캠페인' 등이 대표적 사례이다. 또, 우리나라의 농협네트웍스의 경우에도 주력 사업인 건축, 토목, 전기, 통신, 인테리어 분야의 우수한 전문 인력과 기술을 활용하여 공유가치창출형 코즈 마케팅을 실천하고 있다. 기업의 핵심 비즈니스 역량과 농촌 고령화, 주택 노후화 등의 농촌 사회 문제를 연계하여 매월 실시하고 있는 '농가 노후 주택 주거 환경 개선 사업'도 그 예다.

① 정부와 국민은 사회적 문제 해결에 기업이 동참하기를 기대하고 있다.
② 사익을 배제하고 사회의 공익을 우선하려는 기업들이 증가하고 있다.
③ 사회책임투자의 활성화는 기업이 사회적책임을 이행하게 하는 요인 중 하나이다.
④ 아메리칸익스프레스, 코카콜라, 농협네트웍스에서는 코즈 마케팅을 실천하고 있다.
⑤ 제품을 선택할 때 가격보다 사회적, 윤리적 상품인지 여부를 따지는 소비자가 증가하고 있다.

10

다음 글의 내용과 일치하지 않는 것을 고르면?

모든 단어들은 의미를 지닌다. 따라서 단어들의 관계는 의미를 중심으로 관찰할 수 있다. 단어의 의미 관계는 계열 관계와 결합 관계로 나눌 수 있다. '(　　) 음식'에서 괄호 안에 넣을 수 있는 단어들은 '차가운', '뜨거운', '시원한'처럼 다양하다. 이들은 선택 가능한 단위로서 '시원한'과 '차가운'은 서로 비슷한 의미를 가지고 있는 의미 관계인 유의 관계를, '뜨거운'과 '시원한'은 의미상 서로 짝을 이루어 반대되거나 대립하는 의미 관계인 반의 관계를 맺고 있다. 이처럼 문장의 동일 위치에 넣을 수 있는 선택항들이 맺고 있는 관계를 계열 관계라 한다. 따라서 유의 관계, 반의 관계, 상하 관계를 모두 계열 관계로 볼 수 있다. 상하 관계란 한 단어의 의미가 다른 단어의 의미를 포함하는 단어 간 관계를 가리킨다. 상하 관계를 맺고 있는 단어들은 상위어, 하위어로 지칭되며, 상위어보다 하위어가 의미 자질을 더 많이 갖는다. 그리고 계층적 구조 내에서는 계층을 달리해도 단어들의 위계 관계가 유지된다. '생물–사람–남자'에서 '생물'과 '사람', '사람'과 '남자'는 모두 상하 관계를 맺고 있는데, 이러한 계층적 위계 관계에서 '생물'과 '남자' 역시 상하 관계를 맺고 있다고 할 수 있다. 상하 관계를 맺고 있는 단어들은 하위어가 상위어를 함의하지만 그 역은 성립하지 않는다. 따라서 '사람은 고기를 먹는다.'에서 '사람' 대신 하위어인 '남자'로 교체하면 의미상 문제가 없지만, 상위어인 '생물'로 교체하면 의미상 문제가 생긴다.

결합 관계는 한 문장 안에서 단어들이 동시에 등장하는 양상에 주목한다. 문장 내 단어들은 문법적, 의미적으로 결합 관계를 맺고 있는데 특별한 경우 이 단어들의 결합 관계가 어색한 경우가 있다. 이러한 제약을 공기(共起) 제약이라고 한다. 공기 제약을 위반한 예로는 '색깔 없는 주황색'이 있다. 주황색에 '빨강과 노랑의 중간색'이라는 색깔과 관련된 의미가 포함되어 있는데도 그것과 모순되는 '색깔 없는'이라는 수식어가 부정하고 있기에 단어들의 결합 관계가 자연스럽지 않다. 이 경우 유의어로 대체하여 공기 제약의 위반에서 벗어날 수 있기도 하지만, '색깔 없는 주황색'에서 '주황색'의 유의어인 '다홍색'으로 대체하여도 같은 의미상 모순이 발생하여 공기 제약의 위반에서 벗어나지 못하는 경우도 있다.

① '사람'이 '남자'보다 항상 더 많은 수의 의미 자질을 가진다.
② '생물'은 '사람'을 함의하지 않지만, '남자'는 '사람'을 함의한다.
③ '차가운', '뜨거운', '시원한'은 모두 '바람' 앞에 위치할 수 있는 선택 가능한 단위로, 서로 계열 관계를 맺는다.
④ '거대한 작음'은 '거대한'과 '작음'이 의미상 모순되는 표현이라는 점에서 문장 내 단어들의 결합 관계가 자연스럽지 않다.
⑤ '적은 온도'를 '낮은 온도'로 바꾸는 것은 공기 제약의 위반에서 벗어난 경우이다.

11

다음 빈칸 □에 연산 +, −, ÷, ×을 한 번씩만 사용하여 구할 수 있는 최댓값을 고르면?

5 □ (−5) □ 4 □ (−4) □ 6

① 6
② 7.5
③ 21
④ $\frac{111}{4}$
⑤ 39

12

다음 식을 계산한 값으로 옳은 것을 고르면?

$275^2+275\times250+125\times130$

① 160,225
② 160,325
③ 160,425
④ 160,525
⑤ 160,625

13

어떤 물건의 원가를 50% 늘려서 정가로 정했더니 잘 팔리지 않아 정가의 20%를 할인하여 팔았더니 600원의 이익이 생겼다. 이 물건의 원가를 고르면?

① 2,800원
② 3,000원
③ 3,200원
④ 3,400원
⑤ 3,600원

14

길이가 250m인 A기차는 200km/h의 속력으로 일정하게 달리고, 길이가 200m인 B기차는 245km/h의 속력으로 일정하게 달린다. 두 열차가 어느 터널을 완전히 통과하는 데 걸린 시간의 비가 5:4일 때, 터널의 길이를 고르면?

① 1,800m ② 1,950m ③ 2,150m
④ 2,250m ⑤ 2,400m

15

다음과 같이 A~F의 6개 야구팀이 토너먼트 경기에 참여하였다. A팀이 1조에 배정되어 우승하는 경우의 수를 고르면?

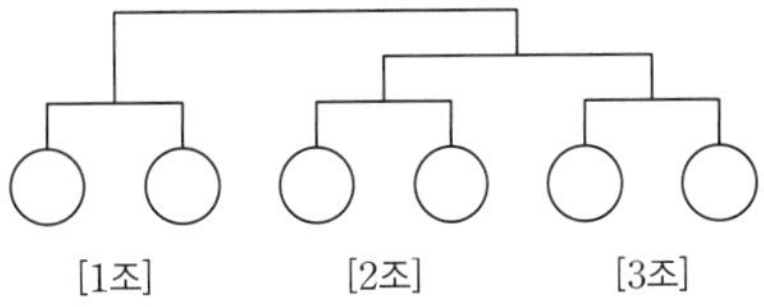

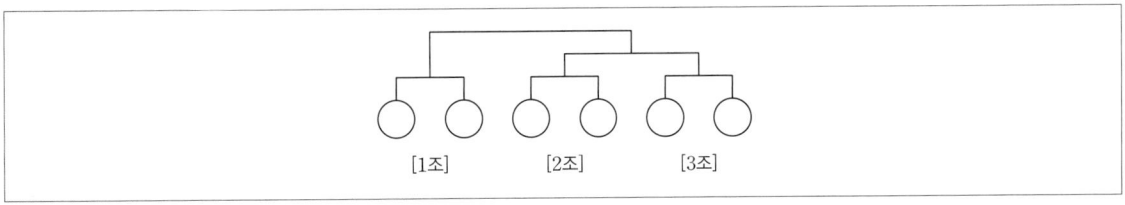

① 12가지 ② 24가지 ③ 30가지
④ 42가지 ⑤ 60가지

실전 3회

[16~17] 다음 [표]는 2017~2020년 지역별 40대 여성의 창농 건수 및 지원 금액에 대한 자료이다. 이를 바탕으로 이어지는 질문에 답하시오.

[표] 2017~2020년 지역별 40대 여성의 창농 건수 및 지원 금액 (단위: 건, 백만 원)

구분	2017년		2018년		2019년		2020년	
	건수	금액	건수	금액	건수	금액	건수	금액
서울	8	179	10	211	13	270	15	342
부산	1	19	1	23	3	49	6	112
대구	2	44	2	31	2	34	2	41
인천	5	57	3	99	4	103	4	86
광주	1	15	5	73	6	93	5	55
대전	3	64	2	19	2	19	2	21
울산	2	49	3	67	3	70	3	87
세종	1	17	1	35	–	–	1	22
경기	10	293	16	383	14	380	15	441
강원	15	398	12	373	10	282	17	660
충북	6	115	8	169	7	167	9	277
충남	16	351	14	347	17	434	19	636
전북	8	162	10	237	9	193	13	415
전남	13	313	12	296	12	298	18	468
경북	14	306	15	313	15	329	16	445
경남	9	223	9	247	10	275	9	312
제주	6	195	6	177	5	104	5	180
합계	120	2,800	129	3,100	132	3,100	159	4,600

16

다음 [보기]에서 주어진 자료에 대한 설명으로 옳은 것을 모두 고르면?

보기

㉠ 2019년에 창농 1건당 평균 지원 금액은 전년 대비 감소하였다.
㉡ 2020년의 3년 전 대비 지원 금액의 증가율은 창농 건수의 증가율보다 높다.
㉢ 4개 연도에 모두 창농 건수 상위 3개 지역에 속하는 곳은 2곳이다.
㉣ 2020년 지원 금액이 전년보다 감소한 지역은 3곳이다.

① ㉠, ㉡　② ㉡, ㉢　③ ㉢, ㉣
④ ㉠, ㉡, ㉣　⑤ ㉠, ㉢, ㉣

17

다음 중 연도별 평균 창농 건수와 지원 금액을 나타낸 그래프로 옳은 것을 고르면?

①

(단위: 백만 원, 건)

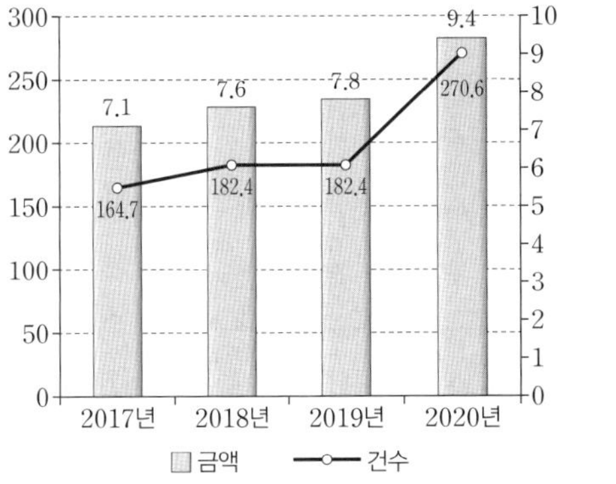

②

(단위: 백만 원, 건)

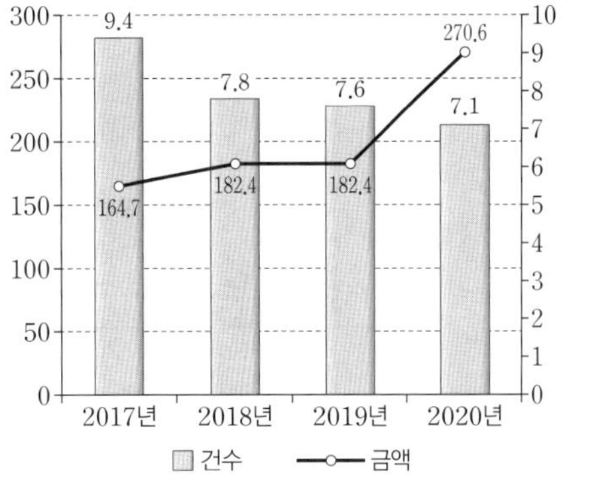

③

(단위: 백만 원, 건)

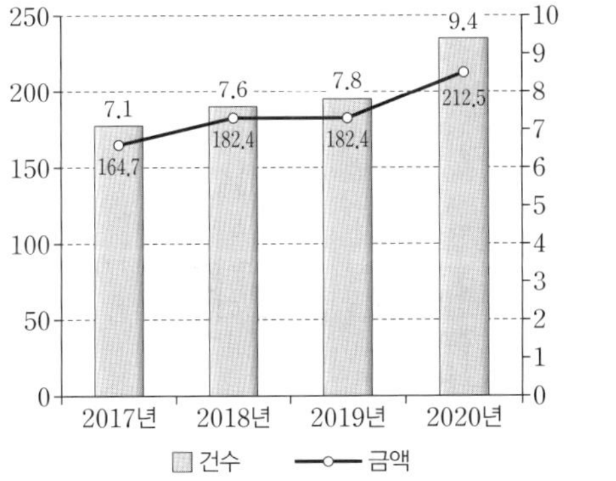

④

(단위: 백만 원, 건)

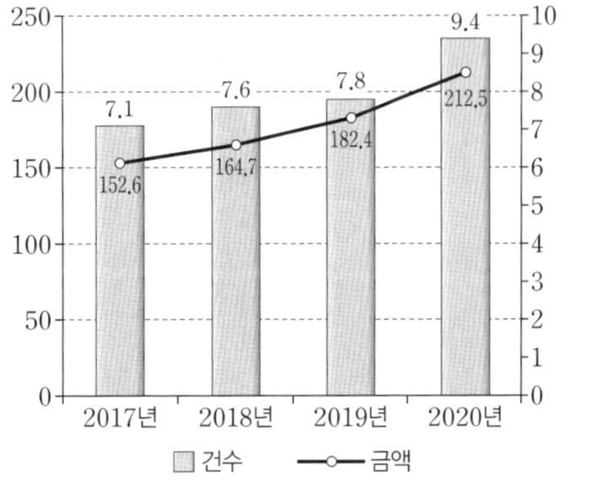

⑤

(단위: 백만 원, 건)

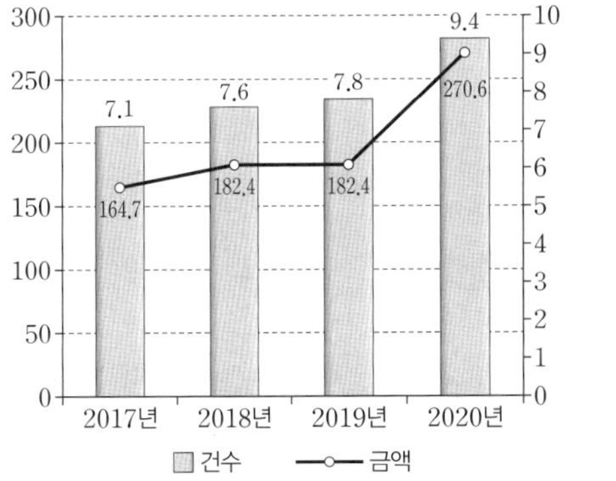

[18~19] 다음 [그래프]는 2016년~2024년 학교급별 학교 수 및 학생 수에 대한 자료이다. 이를 바탕으로 이어지는 질문에 답하시오.

[그래프1] 연도별 학교급별 학교 수 (단위: 개교)

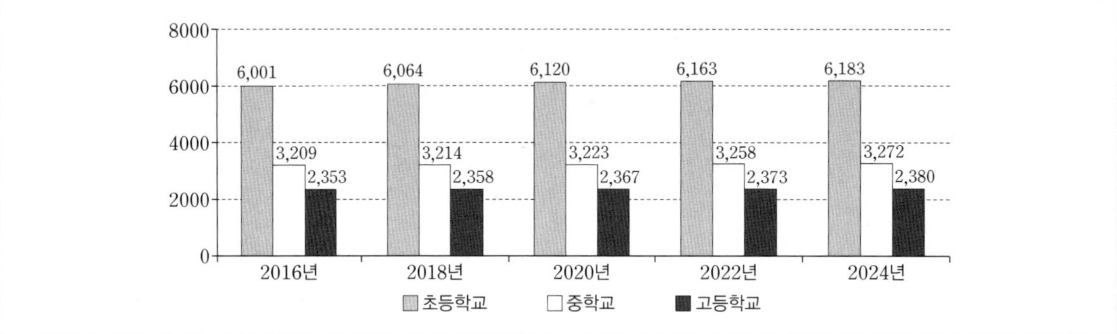

[그래프2] 연도별 학교급별 학생 수 (단위: 천 명)

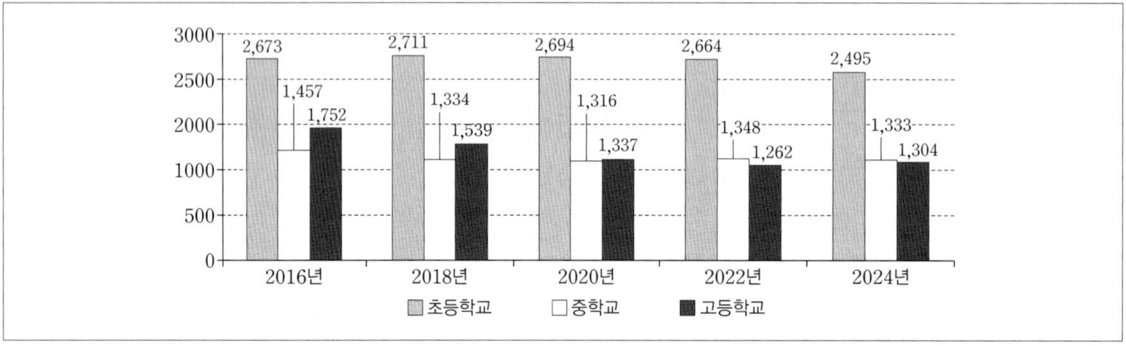

18

주어진 자료를 바탕으로 다음 [보고서]를 작성하였다. 밑줄 친 ㉠~㉣ 중 알 수 없는 것의 개수를 고르면?

[보고서]

조사한 바에 따르면 ㉠ 학교급별로 학교 수는 초·중·고를 모두 통틀어 한 번도 학교 수가 줄어든 적이 없다. 따라서 학교급별 학생 수를 고려하였을 때, 전반적으로 학급당 학생 수 또한 줄었다고 생각할 수 있다. 특히 ㉡ 2020년의 경우 초·중·고 모두에서 학생 수가 2년 전 대비 감소하였고, 학교 수는 오히려 모두 증가하였으므로 학급당 학생 수는 학교급별로 모두 감소하였음을 확인할 수 있다.

전반적인 사회 문제로 대두되는 만큼 학생 수는 전반적으로 감소 추세이다. ㉢ 고등학생의 경우 2024년의 학생 수가 2016년 대비 25% 이상 감소하여 큰 폭으로 줄었고, ㉣ 2024년 초등학생의 경우 2년 전 대비 그 수가 16만 명 이상 감소하였다.

① 0개 ② 1개 ③ 2개
④ 3개 ⑤ 4개

19

2년 전 대비 전체 학생 수의 감소율이 높은 순서대로 연도를 나열한 것을 고르면?

① 2020년, 2022년, 2024년
② 2020년, 2024년, 2022년
③ 2022년, 2020년, 2024년
④ 2024년, 2020년, 2022년
⑤ 2024년, 2022년, 2020년

20

다음 [표]는 2019~2023년 4대 중증환자 이송 현황에 대한 자료이다. 이를 바탕으로 옳은 것을 고르면?

[표] 2019~2023년 4대 중증환자 이송 현황 (단위: 건)

구분	2019년	2020년	2021년	2022년	2023년
심정지	30,786	31,650	33,225	35,073	33,608
심혈관	132,854	122,997	166,866	204,353	211,880
뇌혈관	85,985	109,049	97,847	149,771	165,586
중증외상	18,073	14,770	13,884	13,573	13,382

① 심정지 환자 이송 건수는 해마다 증가한다.
② 2021년 심혈관 환자 이송 건수는 해당 연도 전체 이송 건수의 50% 미만에 해당한다.
③ 2023년 심혈관 환자 이송 건수는 2020년 대비 70% 이상 증가하였다.
④ 중증외상 환자 이송 건수는 2019년 대비 2023년에 5,000건 이상 감소하였다.
⑤ 2019년 뇌혈관 환자 이송 건수는 해당 연도 전체 이송 건수의 35% 이상이다.

21

다음 사례에 해당하는 것을 고르면?

A기업은 새롭게 출시한 1인 가구용 밀키트의 판매량 저조 문제를 분석 중이다. 해당 제품은 2030 세대를 타깃으로 하여 유행하는 메뉴를 기반으로 했고, 냉동 보관 후에도 신선도를 유지하는 기술을 적용하여 경쟁사와의 차별화를 시도했다. 그러나 소비자 피드백에서 "1만 원 가격에 비해 양이 부족하다."는 지적이 나왔고, "5천 원을 더 지불하더라도 배달 음식이 맛, 양, 편의성 측면에서 더 낫다."는 평가를 받았다. 이를 통해 A기업은 제품의 가성비와 소비자 만족도 부족이 판매량 저조의 주요 원인임을 파악했다.

① Framing
② Designing
③ Gathering
④ Interpreting
⑤ Issue Tree

22

다음 중 창의적 사고에 대한 설명으로 적절하지 않은 것을 고르면?

① 발산적 사고로서 아이디어가 많고 다양하고 독특한 것을 의미한다.
② 새롭기만 하면 되는 것이 아니라, 유용하고 가치 있어야 한다.
③ 창의적 사고를 위한 교육 훈련을 통해 사고력뿐 아니라 성격, 태도 등 전인격적인 가능성까지 개발할 수 있다.
④ 기존의 정보들을 특정한 요구 조건에 맞거나 유용하도록 새롭게 조합시키는 것도 창의적 사고이다.
⑤ 주제의 본질과 닮은 것을 힌트로 발상해 나가는 자유연상법은 창의적 사고 훈련에 도움이 된다.

23

다음 중 Logic Tree를 작성할 때 주의해야 할 사항으로 옳지 않은 것을 고르면?

① MECE 원칙을 준수하여 중복과 누락을 방지한다.
② 하위 요소의 세분화 수준은 문제 해결에 필요한 범위로 제한한다.
③ 분석의 균형을 맞추기 위해 필요하지 않은 요소도 포함한다.
④ 핵심 문제와 논리적으로 연결된 하위 요소로 구성한다.
⑤ 실행 가능성을 고려하여 현실적인 분석 결과를 도출한다.

24

승기는 장미, 국화, 튤립을 이용하여 꽃다발을 만들어 수지에게 선물하려고 한다. 승기가 주어진 [조건]의 상황을 바탕으로 꽃다발을 구성할 때, 항상 옳지 않은 것을 고르면?

조건

- 장미, 국화, 튤립을 조합하여 구성할 수 있는 꽃다발의 전체 개수는 58개이다.
- 국화만으로 구성된 꽃다발은 튤립만으로 구성된 꽃다발의 3배이다.
- 장미만으로 구성된 꽃다발은 국화만으로 구성된 꽃다발보다 2개 더 적다.
- 튤립만으로 구성된 꽃다발은 3개이고, 튤립이 포함되지 않은 꽃다발은 22개이다.
- 장미만으로 구성된 꽃다발은 국화와 튤립으로만 구성된 꽃다발의 개수와 같다.
- 세 종류의 꽃으로 구성된 꽃다발은 장미와 국화로만 구성된 꽃다발보다 4개 더 많다.

① 국화만으로 구성된 꽃다발 개수는 9개이다.
② 두 가지 꽃으로만 구성된 꽃다발 개수는 총 29개이다.
③ 세 종류의 꽃으로 구성된 꽃다발 개수는 15개이다.
④ 장미만으로 구성된 꽃다발 개수는 7개이다.
⑤ 한 종류의 꽃으로 이루어진 꽃다발 개수는 총 20개 미만이다.

25

다음 [조건]의 명제가 모두 참일 때, 항상 옳지 않은 것을 고르면?

조건

- 여성 직원은 건강하다.
- 운동을 잘하는 직원은 부지런하다.
- 부지런하지 않은 직원은 건강하지 않다.
- 업무능력이 뛰어나지 않은 직원은 운동을 잘하지 않는다.

① 건강한 직원은 운동을 잘한다.
② 여성 직원은 업무능력이 뛰어나다.
③ 부지런하지 않은 직원은 여성 직원이다.
④ 업무능력이 뛰어난 직원은 운동을 잘한다.
⑤ 운동을 잘하는 직원은 업무능력이 뛰어나다.

26

다음은 2024년 하반기 한국철도공사에 입사한 신입 사원인 가영, 나은, 다미, 라희, 미애의 대화이다. 이들은 서로 다른 부서에 배치되었고 각자 배치된 부서에 관하여 대화를 나누었는데, 그들이 말한 내용 중 하나는 참이고 다른 하나는 거짓이다. 이를 바탕으로 신입 사원과 배치 부서가 바르게 연결된 것을 고르면?

- 가영: "나는 재무부에 배치되었고, 나은이는 총무부에 배치되었다."
- 나은: "라희는 인사부에 배치되었고, 나는 기획부에 배치되었다."
- 다미: "가영이는 기획부에 배치되었고, 나는 인사부에 배치되었다."
- 라희: "나는 총무부에 배치되었고, 미애는 영업부에 배치되었다."
- 미애: "나는 영업부에 배치되었고, 다미는 기획부에 배치되었다."

① 가영: 기획부
② 나은: 재무부
③ 다미: 영업부
④ 라희: 총무부
⑤ 미애: 인사부

27

다음은 한국철도공사의 보안 경비요원의 근무에 대한 자료이다. 이를 바탕으로 [보기]에서 옳은 것을 모두 고르면?(단, 다음 주 근무 시간표는 변경될 수 있다.)

- 주간, 야간 각각 4명의 보안 경비요원이 근무를 번갈아 가면서 한다.
- 주간에는 갑, 병, 무, 기가 근무를 한다.
- 야간에는 을, 병, 무, 기가 근무를 한다.
- 한 직원이 같은 날 주간, 야간 모두 근무할 수는 없다.
- 어제 주간 근무를 한 직원은 오늘 주간 근무를 할 수 없으며, 야간의 경우도 동일하다.(단, 어제 주간 근무를 하고 다음 날 야간 근무를 하는 것은 가능하며, 반대의 경우도 가능하다.)
- 한 직원은 일주일에 최대 2회까지 주간 근무를 할 수 있으며 야간의 경우도 동일하다. 주·야간 합하여 한 직원이 주간 2회, 야간 2회 근무하는 것까지 가능하다.

[표] 한국철도공사 보안 경비요원의 이번 주 근무 시간표

구분	월요일	화요일	수요일	목요일	금요일	토요일	일요일
주간	무		갑				무
야간		병	기	무		기	을

보기

㉠ 금요일 주간에는 병이 근무할 수 있다.
㉡ 목요일 주간에는 기가 근무할 수 있다.
㉢ 월요일 야간에는 을이 근무할 수 있다.
㉣ 일주일 동안 야간 근무를 한 번만 하는 사람은 무이다.

① ㉠, ㉡　② ㉠, ㉣　③ ㉡, ㉢
④ ㉠, ㉢, ㉣　⑤ ㉡, ㉢, ㉣

실전 3회

28

다음 글의 밑줄 친 그래프로 옳은 것을 고르면?

맬서스는 『인구론』이라는 책에서 빈곤 문제의 원인에 대해 인구는 기하급수적으로 증가하고, 식량은 산술급수적으로 증가한다는 주장을 펼쳤다.

맬서스의 주장은 다음과 같다. 인구는 제한되지 않으면 등비급수적으로 증가한다. 예를 들어, 암수 두 마리가 평생에 걸쳐서 네 마리의 새끼를 낳는다고 가정하면(실제로는 더 많은 새끼를 낳을 수도 있다.), 다음 세대의 개체 수는 네 마리가 되고, 그다음 세대의 개체 수는 여덟 마리가 되고, 그다음 세대의 개체 수는 열여섯 마리가 된다.

반면에 식량은 기껏해야 등차급수적으로 증가한다. 예를 들어, 재배 기술이 발전하고 경작지가 조금씩 늘어난다고 해도 곡식의 수확량이 해마다 두 배씩 늘어나지는 않는다. 그래서 올해 수확량이 100톤이었다면 내년에는 120톤, 내후년에는 130톤으로 등차급수적으로 증가를 한다.

이를 그래프로 나타내면 확실하게 알 수 있다. 초반의 몇 년간은 식량의 증가가 인구의 증가를 지탱할 수 있지만, 특정 해부터는 식량의 증가량보다 인구의 증가가 월등히 많아져서 이때부터 사람들은 기아에 시달리게 된다. 이로부터 알 수 있는 사실은, 식량의 증산은 제한이 되어 있는 반면 인구는 폭발적으로 증가할 수 있다는 것이다.

결국 맬서스는 모든 인간이 편안하고 행복하게 사는 완전한 사회란 현실적으로 불가능하며, 그 이유는 식량보다 인구가 훨씬 더 빠른 속도로 증가하기 때문이라고 주장한다.

①
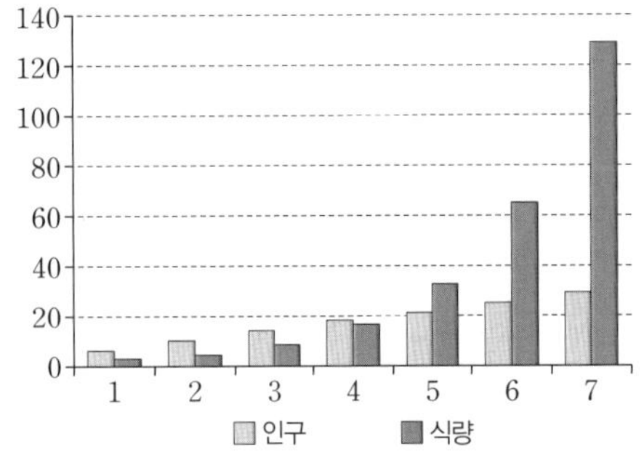

②
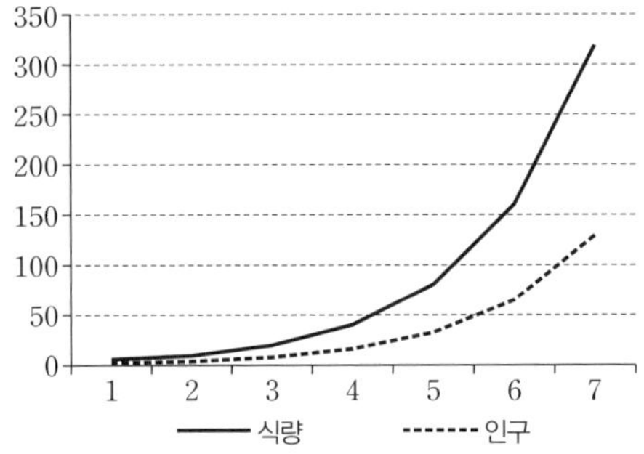

③
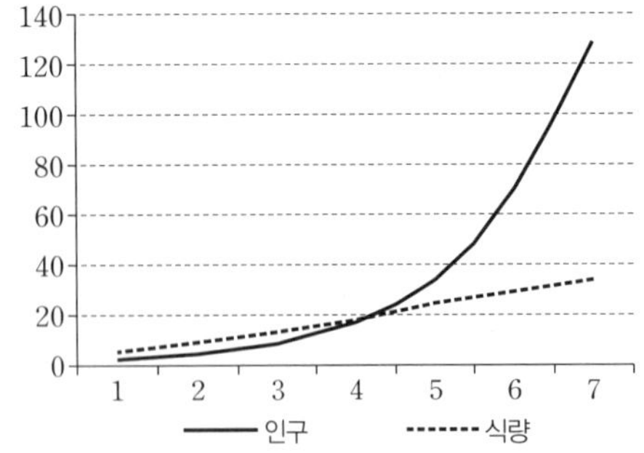

④
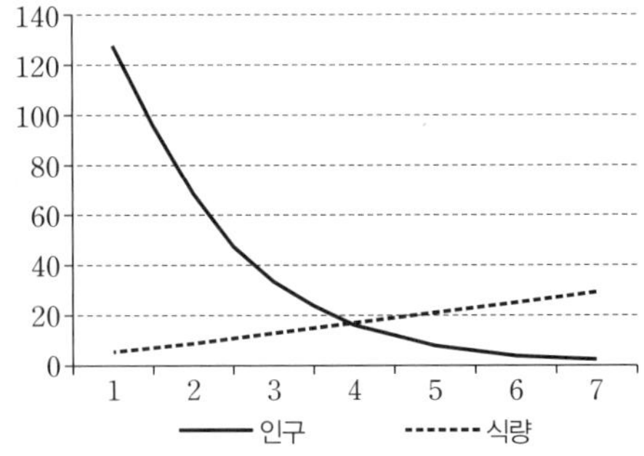

⑤

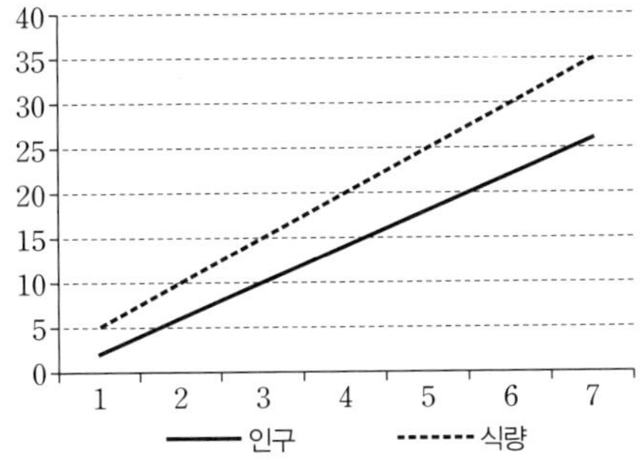

실전 3회

29

K공사는 금번 채용에서 △△직군에 지원한 5명의 면접자 A~E 중 1명을 최종적으로 선발하고자 한다. 다음 자료를 바탕으로 △△직군에 최종 선발되는 사람을 고르면?

- 면접 심사를 통해 가장 높은 평가를 받은 1명을 최종적으로 채용한다.
- 면접 심사
  - 평가 총점은 면접자별 평가 항목의 점수와 가중치를 곱한 값이며, 총점이 80점 이하인 경우 불합격 처리한다.
  - 문제해결능력 점수가 50점 미만이면 불합격 처리한다.
  - 평가 총점이 같을 경우 성실성 점수가 더 높은 면접자를 우선순위로 채용한다.

[표] 평가 항목에 따른 면접자별 점수

평가 항목	가중치	면접자별 점수(점)				
		A	B	C	D	E
문제해결능력	30%	40	100	80	80	60
성실성	50%	120	100	140	100	120
창의성	20%	200	150	80	140	50

① A ② B ③ C ④ D ⑤ E

30

심사위원 A~E는 올해 활약이 뛰어났던 야구 선수 심창용, 마병호, 왕현진, 박대호 중에서 최우수 타자를 선정하였다. 심사위원은 각자 1명씩 선정하여 투표하였는데, 박대호만 심사위원 2명에게 선택을 받아 최우수 타자로 선정되었다. 다음 자료를 바탕으로 박대호 선수의 성적으로 가능한 것을 고르면?

[표] 야구 선수 4명의 성적 (단위: 개)

선수＼항목	타율	홈런 수	안타 수	타점 수	출루율
심창용	0.350	35	186	125	0.400
마병호	0.334	42	180	110	0.390
왕현진	0.321	35	180	107	0.406
박대호	0.323	( )	( )	( )	( )

대화

- A: "타율이 가장 높은 선수에게 투표했어."
- B: "홈런을 가장 많이 친 선수에게 투표했어."
- C: "출루율이 가장 높은 선수에게 투표했어."
- D: "타점 수가 가장 많은 선수에게 투표했어."
- E: "안타 수가 가장 많은 선수에게 투표했어."

	홈런 수(개)	안타 수(개)	타점 수(개)	출루율
①	38	191	128	0.392
②	38	185	128	0.392
③	43	191	128	0.408
④	43	185	120	0.408
⑤	43	191	120	0.408

실전모의고사 3회 철도법

정답과 해설 P.64

01

한국철도공사법상 다음 빈칸 ㉠, ㉡에 들어갈 내용을 바르게 짝지은 것을 고르면?

> 이 법은 한국철도공사를 설립하여 철도 운영의 전문성과 (㉠)을 높임으로써 철도산업과 (㉡)의 발전에 이바지함을 목적으로 한다.

	㉠	㉡
①	발전성	국민경제
②	경영성	공공복리
③	효율성	공공복리
④	발전성	공공복리
⑤	효율성	국민경제

02

다음 중 한국철도공사법상 사채의 발행에 관한 내용으로 옳지 <u>않은</u> 것을 고르면?

① 공사는 기획재정부장관의 승인을 거쳐 사채를 발행할 수 있다.
② 사채의 발행액은 공사의 자본금과 적립금을 합한 금액의 5배를 초과하지 못한다.
③ 국가는 공사가 발행하는 사채의 원리금 상환을 보증할 수 있다.
④ 사채의 소멸시효는 원금은 5년, 이자는 2년이 지나면 완성한다.
⑤ 예산이 확정되면 2개월 이내에 해당 연도에 발행할 사채의 목적·규모·용도 등이 포함된 사채발행 운용계획을 수립하여 이사회의 의결을 거쳐 국토교통부장관의 승인을 받아야 한다.

03

철도사업법상 철도사업자 또는 그 소속 종사자의 고의 또는 중대한 과실에 의하여 1회의 철도사고로 25명의 사망자가 발생한 경우의 과징금으로 옳은 것을 고르면?

① 5,000만 원 ② 4,000만 원 ③ 2,000만 원
④ 1,000만 원 ⑤ 500만 원

04

다음 중 한국철도공사법상 국토교통부장관이 공사 업무에 대하여 지도·감독하는 사항으로 옳지 않은 것을 고르면?

① 연도별 사업계획 및 예산에 관한 사항
② 철도서비스 품질 개선에 관한 사항
③ 그 밖에 다른 법령에서 정하는 사항
④ 철도시설·철도차량·열차운행 등 철도의 안전을 확보하기 위한 사항
⑤ 철도안전계획의 이행에 관한 사항

05

철도산업발전기본법상 다음 빈칸에 들어갈 내용으로 옳은 것을 고르면?

> 제46조(특정노선 폐지 등의 공고) 국토교통부장관은 법 제34조 제3항의 규정에 의하여 승인을 한 때에는 그 승인이 있은 날부터 (　　) 이내에 폐지되는 특정노선 및 역 또는 제한·중지되는 철도서비스의 내용과 그 사유를 국토교통부령이 정하는 바에 따라 공고하여야 한다.

① 1월　② 2월　③ 3월
④ 6월　⑤ 1년

실전 3회

06

철도사업법상 다음 빈칸에 들어갈 내용으로 옳은 것을 고르면?

> 제24조(철도화물 운송에 관한 책임) ① 철도사업자의 화물의 멸실·훼손 또는 인도(引導)의 지연에 대한 손해배상책임에 관하여는 「상법」 제135조를 준용한다.
> ② 제1항을 적용할 때에 화물이 인도 기한을 지난 후 (　　) 이내에 인도되지 아니한 경우에는 그 화물은 멸실된 것으로 본다.

① 2주　② 3주　③ 3개월
④ 6개월　⑤ 3년

07

다음 [보기]에서 철도사업법상 국토교통부장관이 2014년 1월 1일을 기준으로 3년마다(매 3년이 되는 해의 기준일과 같은 날 전까지를 말한다.) 그 타당성을 검토하여 개선 등의 조치를 하여야 하는 것으로 옳은 것을 모두 고르면?

보기

㉠ 여객 운임 · 요금의 신고 등
㉡ 부가 운임의 상한
㉢ 전용철도 운영의 개선명령
㉣ 철도서비스의 품질 향상도

① ㉠ ② ㉡, ㉣ ③ ㉠, ㉡, ㉢
④ ㉠, ㉡, ㉣ ⑤ ㉠, ㉡, ㉢, ㉣

08

철도사업법상 다음 빈칸에 들어갈 내용으로 옳은 것을 고르면?

제15조(사업의 휴업 · 폐업) ① 철도사업자가 그 사업의 전부 또는 일부를 휴업 또는 폐업하려는 경우에는 국토교통부령으로 정하는 바에 따라 국토교통부장관의 허가를 받아야 한다. 다만, 선로 또는 교량의 파괴, 철도시설의 개량, 그 밖의 정당한 사유로 휴업하는 경우에는 국토교통부령으로 정하는 바에 따라 국토교통부장관에게 신고하여야 한다.
② 제1항에 따른 휴업기간은 ( )을 넘을 수 없다. 다만, 제1항 단서에 따른 휴업의 경우에는 예외로 한다.

① 1개월 ② 2개월 ③ 3개월
④ 6개월 ⑤ 9개월

09

철도산업발전기본법상 다음 빈칸 ㉠, ㉡에 들어갈 내용을 바르게 짝지은 것을 고르면?

> 제27조(철도산업구조개혁시행계획의 수립절차 등)
> ① 관계행정기관의 장은 법 제18조 제5항의 규정에 의한 당해 연도의 시행계획을 (㉠)까지 국토교통부장관에게 제출하여야 한다.
> ② 관계행정기관의 장은 전년도 시행계획의 추진실적을 (㉡)까지 국토교통부장관에게 제출하여야 한다.

	㉠	㉡
①	전년도 2월말	매년 11월말
②	전년도 11월말	매년 2월말
③	전년도 12월말	매년 1월말
④	매년 1월말	매년 12월말
⑤	매년 2월말	매년 11월말

10

철도산업발전기본법상 다음 빈칸에 들어갈 내용으로 옳은 것을 고르면?

> 제42조(국가부담비용의 정산) ① 제41조 제2항의 규정에 의하여 국가부담비용을 지급받은 철도운영자는 당해 반기가 끝난 후 (   ) 이내에 국가부담비용정산서에 다음 각호의 서류를 첨부하여 국토교통부장관에게 제출하여야 한다.
> 1. 수입 · 지출명세서
> 2. 수입 · 지출증빙서류
> 3. 그 밖에 현금흐름표 등 회계 관련 서류

① 5일 ② 10일 ③ 20일
④ 30일 ⑤ 60일

KORAIL

코레일

실전모의고사

전공 기출복원 모의고사

영역		문항 수	페이지	권장 풀이 시간
직무수행능력평가 전 직렬 2024년 기출 키워드 포함	경영학	30문항	P.234~243	30분
	기계일반	30문항	P.244~255	
	전기일반	30문항	P.256~267	
	토목일반	30문항	P.268~279	
	건축일반	30문항	P.280~290	
	건축설비	30문항	P.291~301	
	전기이론	30문항	P.302~311	

※ 경영학, 기계일반, 전기일반, 토목일반, 건축일반, 건축설비, 전기이론 과목의 2024년 기출 키워드를 바탕으로 재구성한 기출복원 모의고사입니다.

※ 지원하시는 직렬에 따라 전공과목을 선택하여 풀이하시기 바랍니다.

eduwill

전공 기출복원 모의고사(경영학)

정답과 해설 P.67

01

다음 중 동기부여이론의 과정이론에 해당하는 것을 고르면?

① 욕구단계이론
② 목표설정이론
③ ERG이론
④ 2요인이론
⑤ 성취동기이론

02

다음 중 소비가 정체되었을 때 사용하는 마케팅 전략으로 가장 적절한 것을 고르면?

① 디마케팅(Demarketing)
② 리마케팅(Remarketing)
③ 전환적 마케팅(Conversional Marketing)
④ 신제품 개발(Product Development)
⑤ 다각화(Diversification)

03

다음 중 직무성과가 외부에서 쉽게 관찰될 수 있는 형태일 때 성과를 측정하는 방법으로 가장 적절한 것을 고르면?

① 관찰법
② 면접법
③ 종업원 기록법
④ 워크샘플링법
⑤ 경험법

04

다음 중 지각 정보 처리 모형의 조직화 원리에 해당하지 않는 것을 고르면?

① 폐쇄성　　② 단순성　　③ 근접성
④ 개별화　　⑤ 전경과 배경

05

다음 중 조직원을 적합한 직무에 배치하거나 경력 개발 계획을 수립하는 데 활용할 수 있는 제도를 고르면?

① 직능자격제도　　② 자기신고제도　　③ 직무순환제도
④ 평가센터제도　　⑤ 기능목록제도

전공 기출복원

06

다음 중 인적자원의 공급예측에 대한 설명으로 적절하지 않은 것을 고르면?

① 마코프 분석은 현재 인력상태를 기준으로 미래의 인적자원 공급 상황을 체계적으로 예측할 수 있다.
② 전문가들의 경험과 판단에 기초하여 인적자원 공급 상황을 체계적으로 예측할 수 있다.
③ 정부 발표의 통계 수치의 추이를 분석하여 인적자원의 공급을 예측할 수 있다.
④ 조직 내 중요한 직위에 대해 현재의 인력과 대체할 수 있는 후보자를 파악하여 인력 공백에 대비한다.
⑤ 직원이 보유한 기능과 기술을 목록화하여 적합한 인재를 공급할 수 있도록 한다.

07

다음 중 조직시민행동 유형의 하나로서 직무수행 중에 발생할 수 있는 갈등을 미리 막으려는 행동으로 가장 적절한 것을 고르면?

① 이타적 행동 ② 예의적 행동 ③ 시민의식
④ 스포츠맨십 ⑤ 성실성

08

다음 중 제품 품질을 간접적으로 보증하는 방법으로 가장 적절한 것을 고르면?

① 샘플 검사 ② 전수 검사 ③ 무검사
④ 품질 인증 ⑤ 싱고 시스템

09

다음 중 적시생산(JIT) 시스템에 대한 설명으로 적절하지 않은 것을 고르면?

① 비교적 적은 품종의 제품을 생산할 때 더 효과적으로 운영될 수 있다.
② 시각적 통제를 강조한다.
③ 생산활동에서 낭비적인 요인들을 제거하는 것이 목적이다.
④ 소수의 협력적 공급업자를 추구한다.
⑤ 가동준비(Set−up)시간의 충분한 증가가 이루어져야 한다.

10

다음은 프로세스별 특징을 정리한 것이다. 이에 대한 설명으로 적절하지 않은 것을 고르면?

	비교 내용	개별 작업 프로세스	뱃치 프로세스	라인 프로세스	연속 프로세스
①	제품 개념	고객화	준-표준화	표준화	매우 높은 표준화
②	생산량	적음	중간	많음	매우 많음
③	산출의 변동성	매우 높음	중간	낮음	매우 낮음
④	설비의 유연성	매우 낮음	낮음	중간	매우 높음
⑤	단위당 비용	매우 높음	높음	낮음	매우 낮음

11

다음 중 기계적 조직과 유기적 조직에 대한 설명으로 적절하지 않은 것을 고르면?

① 기계적 조직은 안정적이고 단순한 환경에 적합하다.
② 의사결정 권한이 상층부에 집중화되어 있을수록 기계적 조직에 가깝다.
③ 기계적 조직은 유기적 조직보다 일반적으로 공식화의 정도가 높다.
④ 유기적 조직에서는 수평적 의사소통이 빈번하다.
⑤ 내용이 유사하고 관련성이 높은 업무들을 결합하는 조직은 유기적 조직에 가깝다.

12

다음 중 테일러의 과학적 관리법에 대한 설명으로 적절하지 않은 것을 고르면?

① 차별적 성과급을 통한 동기 부여로 작업능률을 증가시켰다.
② 분업의 원리를 적용하여 업무를 세분화하고 작업절차를 표준화하였다.
③ 감독자를 과업 성격에 따라 기능별로 나누어 근로자를 관리하도록 한다.
④ 시간과 동작 연구를 통하여 표준 작업량을 설정하였다.
⑤ 작업능률과 생산성을 향상시키는 최선의 방법이 존재할 수 있다고 주장하였다.

13

다음 중 동기부여이론에 대한 설명으로 가장 적절한 것을 고르면?

① 2요인이론에 의하면 작업환경을 개선할 경우 종업원의 만족도가 높아진다.
② 공정성이론에 의하면 임금 수준 그 자체가 만족도를 결정하는 핵심 요소가 된다.
③ 기대이론에 의하면 종업원이 선호하는 보상 수단을 제공할 때 수단성이 높아진다.
④ 직무특성이론에 의하면 과업의 분화가 많이 될수록 과업정체성이 낮아진다.
⑤ 매슬로우의 욕구이론에 따르면 상위욕구의 충족이 좌절되면 그보다 하위 단계의 욕구를 충족시키려 한다.

14

다음 중 집단의 응집성을 높이는 요인으로 가장 적절한 것을 고르면?

① 구성원들이 서로 경쟁하는 상황이 많을수록
② 집단 내 의사소통이 줄어들수록
③ 다른 집단과의 경쟁이 심화될수록
④ 집단의 크기가 커질수록
⑤ 집단 내 구성원의 다양성이 높을수록

15

다음 중 분배적 협상(Distributive Negotiation)과 통합적 협상(Integrative Negotiation)에 대한 설명으로 적절하지 않은 것을 고르면?

① 분배적 협상은 제로섬(Zero−Sum) 게임의 형태이며, 통합적 협상은 윈윈(Win−Win)을 추구한다.
② 통합적 협상은 서로의 이해가 하나로 일치하도록 노력한다.
③ 분배적 협상은 상대편을 자신의 목표점 가까운 곳에 타협하는 데 초첨을 맞춘다.
④ 통합적 협상은 장기적인 관계의 초점을 두고, 당사자 간의 신뢰를 구축하는 것이 중요하다.
⑤ 두 협상 모두 분배 가능한 자원의 양은 고정되어 있다.

16

다음 중 관리도(Control Chart)를 활용한 통계적 품질관리에 대한 설명으로 적절하지 않은 것을 고르면?

① 관리도는 이상변동의 발생으로 인해 공정이 안정 상태를 벗어났는지를 판단하는 도구이다.
② 관리도는 통계적 기법을 통해 품질 문제의 원인을 직접 파악할 수 있다.
③ 관리한계의 폭을 넓히면 소비자 위험이 커진다.
④ 품질특성의 산포가 줄어들게 되면 타점들이 중심점을 중심으로 분포를 보이게 된다.
⑤ 공정이 안정 상태를 유지할 때, 공정 내에는 우연변동만이 존재한다.

17

다음 중 e-비즈니스 기업의 장점으로 적절하지 않은 것을 고르면?

① 데이터 기반 의사결정을 통해 맞춤형 마케팅을 강화할 수 있다.
② 글로벌 시장에 대한 접근성을 통해 확장된 시장 기회를 창출할 수 있다.
③ 고객의 위치와 시간대에 상관없이 운영할 수 있어 의사결정의 유연성을 높인다.
④ 실시간 고객 피드백을 통한 즉각적인 대면 의사결정이 가능하다.
⑤ 실시간 데이터 분석을 통해 빠르게 의사결정을 내릴 수 있다.

18

다음 중 직무평가에 사용되는 책임 요소로 적절하지 않은 것을 고르면?

① 도전성
② 관리감독
③ 기계설비
④ 직무개선
⑤ 책임성

19

제품의 수명주기 중 성장기의 특징으로 가장 적절한 것을 고르면?

① 고객의 다수가 혁신자이다.
② 매출액 대비 판매촉진 비중이 감소한다.
③ 제품수정 전략을 통해 판매를 자극하고자 한다.
④ 현금을 신속하게 회수하여 기업의 투자를 수확한다.
⑤ 시장 점유율을 유지하면서 이윤 극대화를 추구한다.

20

집단성과 배분(Gainsharing) 유형 중 생산 판매가치 기준으로 성과를 배분하는 제도로 가장 적절한 것을 고르면?

① 스캘론 플랜(Scalon Plan)
② 럭커 플랜(Rucker Plan)
③ 임프로셰어(Improshare)
④ 프로핏 셰어링(Profit Sharing)
⑤ 종업원 지주제(ESOP)

21

다음 중 재고의 목적에 대한 설명으로 적절하지 <u>않은</u> 것을 고르면?

① 안전재고는 갑작스러운 수요 증가나 공급 지연에 대비하기 위한 완충 역할을 한다.
② 폭염으로 인한 에어컨 수요 상승에 대비한 재고는 예상재고 목적에 의한 것이다.
③ 안전재고가 0이면 조달기간 중 품절률은 100%이다.
④ 오늘날 산업계에서는 주기재고를 줄여나가는 것이 추세가 되고 있다.
⑤ 안전재고를 감소시키기 위해서는 공급업체의 납품소요시간을 감소시키는 것이 중요하다.

22

다음 중 인바운드 텔레마케팅의 특징으로 적절하지 않은 것을 고르면?

① 고객의 능동적인 활동으로, 기업의 광고 및 우편에 반응해 전화하는 것이다.
② 홈쇼핑 방송을 통해 제공된 상품에 대한 문의 전화를 받는 것도 인바운드 텔레마케팅의 예이다.
③ 인바운드 텔레마케팅은 주로 광고를 통해 고객을 유치하고 적극적으로 판매를 촉진한다.
④ 고객 불만 처리 및 사후 서비스를 제공하는 데 활용된다.
⑤ 인바운드 텔레마케팅은 고객의 요청에 따라 필요한 정보를 제공하고 문제를 해결하는 역할을 한다.

23

다음 중 데이터베이스 마케팅에 대한 설명으로 적절하지 않은 것을 고르면?

① 고객의 구매 이력과 선호도를 분석하여 맞춤형 마케팅 전략을 수립한다.
② 기존 고객의 이탈을 방지하고, 충성도를 높일 수 있다.
③ 고객 정보가 수집되기 때문에 개인정보 유출에 대한 위험이 존재할 수 있다.
④ 모든 고객에게 동일한 마케팅을 반복하여 대중적인 브랜드 인지도를 높이는 데 중점을 둔다.
⑤ 신제품 개발 및 표적 시장 진출 전략을 수립할 수 있다.

24

다음 중 위원회제도에 대한 설명으로 적절하지 않은 것을 고르면?

① 위원회 구성원들이 각기 다른 전문성을 바탕으로 협력하여 문제를 해결할 수 있다.
② 조직 내 부서 간 갈등을 조정하고 이해관계를 조율하는 데 유리하다.
③ 의사결정 과정에서 집단의 창의성을 촉진하여 복잡한 문제 해결에 기여할 수 있다.
④ 구성원들의 참여를 통해 조직의 정책과 전략에 대한 책임감을 강화하는 역할을 한다.
⑤ 다양한 구성원의 의견을 모으는 과정으로 인해 의사결정 속도가 느릴 수 있다.

25

다음 중 다양한 평가 기법을 결합하여 피평가자의 능력, 성격 등을 다각적으로 분석하고, 인재 선발과 개발에 활용하는 평가 방식을 고르면?

① 360도 피드백　　② 패널면접　　③ 중요사건법
④ 쌍대비교법　　⑤ 종합센터평가

26

다음 중 설비 배치에 대한 설명으로 가장 적절한 것을 고르면?

① 공정별 배치에서 작업장 배치는 제품의 공정순서에 따른다.
② 공정별 배치는 대량생산을 통한 원가의 효율성이 제품별 배치보다 상대적으로 높다.
③ 제품별 배치는 제품설계변경에 대한 유연성이 공정별 배치보다 상대적으로 높다.
④ 제품별 배치는 설비의 활용률이 공정별 배치보다 상대적으로 높다.
⑤ 다품종 소량생산의 경우 제품별 배치를 선택하면 생산능력 부족이 초래된다.

27

다음 중 소비자가 자극에 노출되었을 때, 자신이 기억 속에 가지고 있던 스키마(Schema)를 기반으로 자극을 이해하는 현상을 고르면?

① 지각적 균형　　② 지각적 범주화　　③ 지각적 방어
④ 지각적 조직화　　⑤ 지각적 경계

28

다음 중 공급사슬망(Supply Chain)에서 발생하는 채찍효과를 감소시키기 위한 방법으로 적절하지 않은 것을 고르면?

① 공급사슬 전반에서 재고 수준을 높여 안전재고를 확보한다.
② 정보기술을 활용하여 실시간 수요 정보를 공급망 전반에 공유한다.
③ 유통업자의 재고를 공급자가 직접 모니터링할 수 있는 공급자 재고관리를 도입한다.
④ 생산 및 운송에 드는 공급사슬망 리드타임을 줄인다.
⑤ 대량 주문 할인을 제공하여 재고회전율을 높인다.

29

다음 중 가격전략에 대한 설명으로 가장 적절한 것을 고르면?

① 게임기를 저렴한 가격으로 판매한 후 게임 소프트웨어를 높은 가격으로 판매하는 전략을 혼합 묶음 가격전략이라 한다.
② 가격차별전략은 유보가격이 높은 세분시장에서는 낮은 가격을 받는다.
③ JND(Just Noticeable Difference)는 변화 전 가격수준에 따라 가격변화의 지각이 달라진다는 개념이다.
④ 묶음 가격(Bundling Pricing)은 상품들이 상호 대체재인 경우에 효과적이다.
⑤ 프로스펙트 이론에 따르면 혜택은 분리하여 제시할 때 소비자가 더 큰 가치를 느낀다.

30

다음 중 비교경영연구에서 홉스테드(Hofstede)가 주장한 국가 간 문화 분류 차원으로 적절하지 않은 것을 고르면?

① 고맥락(High Context)과 저맥락(Low Context)
② 개인주의(Individualism)와 집단주의(Collectivism)
③ 방임(Indulgence)과 절제(Restraint)
④ 권력격차(Power Distance)
⑤ 불확실성 회피성향(Uncertainty Avoidance)

전공 기출복원 모의고사(기계일반)

정답과 해설 P.72

01

다음 중 테일러(Taylor)의 공구수명식에 대한 설명으로 옳지 않은 것을 고르면?

① $VT^n=C$(V: 절삭속도[m/min], T: 공구수명[min], C: 공구수명 상수, n: 공구와 공작물에 의한 지수)

② C는 공구수명이 1분일 때의 절삭속도이다.

③ 절삭속도에 대한 공구수명을 대수좌표에 그리면 지수 n값을 그래프에서 구할 수 있다.

④ 절삭속도가 2배가 되면 공구수명은 4배로 증가한다.(단, $n=0.5$)

⑤ 세라믹의 n값은 고속도강의 n값보다 크다.

02

SI 기본 단위인 길이는 [m], 질량은 [kg], 시간은 [s]로 물리량을 표시할 때, 옳지 않은 것을 고르면?

① 동력: $[m^{-3} \cdot kg \cdot s^{-3}]$

② 응력: $[m^{-1} \cdot kg \cdot s^{-2}]$

③ 힘: $[m \cdot kg \cdot s^{-2}]$

④ 에너지: $[m^2 \cdot kg \cdot s^{-2}]$

⑤ 압력: $[m^{-1} \cdot kg \cdot s^{-2}]$

03

2.0[m/s]의 속도로 이동하는 흰색 당구공이 이동선상에 정지되어 있는 빨간색 당구공과 충돌한다. 충돌에 대한 반발계수가 0.8일 때, 충돌 후 빨간색 당구공의 속도[m/s]를 고르면?(단, 두 당구공의 질량은 200[g]으로 같고, 운동량은 보존된다.)

① 1.5[m/s] ② 1.8[m/s] ③ 2.0[m/s]
④ 2.2[m/s] ⑤ 2.5[m/s]

04

각속도 50[rad/s]로 회전하던 원판이 있다. 이 원판이 일정한 각가속도로 각속도가 증가하여 10초 후 각속도가 200[rad/s]가 되었을 때, 각가속도의 값[rad/s^2]을 고르면?

① 15[rad/s^2] ② 20[rad/s^2] ③ 25[rad/s^2]
④ 30[rad/s^2] ⑤ 35[rad/s^2]

05

온도 10[℃], 압력 200[kPa]인 일정량의 이상기체가 있다. 압력을 일정하게 유지하면서 부피가 처음 부피의 2배로 되었을 때, 기체의 온도[℃]를 고르면?

① 217[℃] ② 293[℃] ③ 338[℃]
④ 435[℃] ⑤ 480[℃]

06

원형 봉에 축방향 인장하중 P가 작용할 때, 직경 d의 감소량 δ을 고르면?(단, 봉은 길이 L, 직경 d, 세로탄성계수 E, 푸아송 비 μ이다.)

① $\delta=\frac{P\mu}{2\pi dE}$

② $\delta=\frac{4PE}{\pi d\mu}$

③ $\delta=\frac{4P\mu}{\pi dE}$

④ $\delta=\frac{4\pi P\mu}{dE}$

⑤ $\delta=\frac{4\pi P\mu}{3dE}$

07

기체 체적이 정압과정으로 초기 체적 0.1[m^3], 초기 압력 150[kPa]인 기체를 가열하여 0.3[m^3]이 되었을 때, 이 과정 동안 시스템이 외부에 한 일[kJ]을 고르면?

① 10[kJ]

② 20[kJ]

③ 30[kJ]

④ 40[kJ]

⑤ 50[kJ]

08

다음 [보기]와 같은 특성을 가진 열처리로 옳은 것을 고르면?

보기
• 공구강의 경도를 향상시키는 처리방법이다. • 경화된 강 중에 남아있는 잔류 오스테나이트를 마르텐사이트화시킨다. • 시효(Aging)에 의한 치수 및 형상 변화를 방지할 수 있다.

① 풀림 처리(Annealing)

② 심냉 처리(Sub−Zero Treatment)

③ 세라다이징(sheradizing)

④ 침탄 처리(Carburizing)

⑤ 불림 처리(Normalizing)

09

물이 흐르고 있는 원형 배관에서 관경이 $\frac{1}{3}$로 감소되었을 때, 배관 속 물의 속도는 몇 배로 증가하는지 고르면?(단, 배관 속의 물은 비압축성, 정상류로 가정한다.)

① 2배　② 4배　③ 8배
④ 9배　⑤ 32배

10

밀도 1,000[kg/m³], 점성계수 2.0[kg/(m·s)]인 액체가 지름 40[cm], 길이 100[m]인 수평 원관 내를 평균속도 0.5[m/s]로 흐른다. 이때, 레이놀즈 수와 관 마찰계수를 고르면?

① 레이놀즈 수: 80, 관 마찰계수: 0.64
② 레이놀즈 수: 100, 관 마찰계수: 0.55
③ 레이놀즈 수: 100, 관 마찰계수: 0.64
④ 레이놀즈 수: 90, 관 마찰계수: 0.6
⑤ 레이놀즈 수: 100, 관 마찰계수: 0.55

11

다음 [보기]에서 계의 고유진동수에 영향을 미치는 것을 모두 고르면?

보기

㉠ 계의 초기조건
㉡ 진동물체의 질량
㉢ 계의 스프링 계수
㉣ 계를 형성하는 재료의 탄성계수

① ㉠, ㉡　② ㉠, ㉡, ㉢　③ ㉠, ㉡, ㉣
④ ㉡, ㉢, ㉣　⑤ ㉠, ㉡, ㉢, ㉣

12

길이 40[mm], 지름 20[mm]인 철제 원통에 압축하중 30[kN]이 작용하여 길이가 0.04[mm] 줄어들고 지름이 0.06[mm] 늘어났을 때, 푸아송 비를 고르면?

① 3　　② 3.4　　③ 4
④ 4.2　　⑤ 5.5

13

다음 중 마무리 가공에 대한 설명으로 옳지 않은 것을 고르면?

① 래핑(Lapping)은 랩(Lap)을 이용하여 평면이나 원통면에 주로 사용하는 공정이다.
② 배럴가공(Barrel Finishing)은 정지된 가공물에 숫돌을 압착하여 진동을 시키면서 가공하는 공정이다.
③ 호닝(Honing)은 공구를 이용하여 구멍의 내면을 정밀하게 다듬질하는 경우에 주로 사용하는 공정이다.
④ 화학기계적 연마(Chemical－Mechanical Polishing)는 마모와 부식의 복합 작용을 이용하여 가공물 표면에서 소재를 제거하는 공정이다.
⑤ 다이캐스팅법(Die Casting Process)은 금형이 정밀하고 용융점이 낮은 금속에 적합하다.

14

길이가 300[cm], 지름 20[mm]인 둥근 연강막대에 40[kN]이 하중이 걸릴 경우 늘어나는 양[cm]을 고르면?(단, 연강의 세로탄성계수 $E=2.1\times10^7$[N/cm^2]이다.)

① 0.45[cm]　　② 0.18[cm]　　③ 0.09[cm]
④ 0.9[cm]　　⑤ 1.05[cm]

15

다음 [조건]을 바탕으로 주어진 진동계에서의 감쇠비(Damping Ratio)를 고르면?

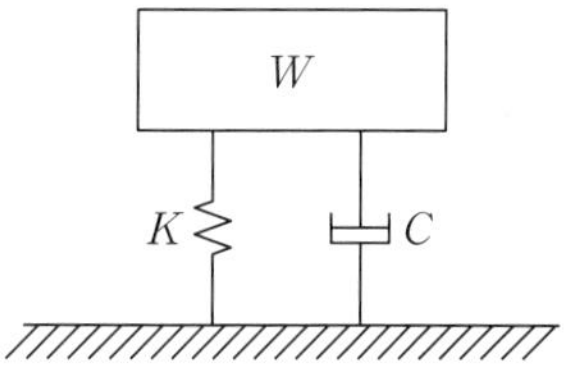

조건

- 무게 W: 20[N]
- 댐핑 계수 C: 0.05[N·s/cm]
- 스프링 정수 K: 0.3[N/cm]
- 중력가속도(g): 10[m/s]

① $\frac{5}{2\sqrt{30}}$ ② $\frac{5}{\sqrt{60}}$ ③ $\frac{7}{2\sqrt{60}}$

④ $\frac{5}{2\sqrt{60}}$ ⑤ $\frac{7}{2\sqrt{30}}$

16

다음 [보기]에서 내연기관에 사용되는 윤활유 점도에 대한 설명으로 옳은 것을 모두 고르면?

보기

㉠ 절대점도의 단위로 Pa·s 또는 Poise를 사용한다.
㉡ SAE 번호는 윤활유의 사용가능한 외기온도를 나타내는 지표가 된다.
㉢ 점도지수(Viscosity Index)가 높은 것일수록 온도변화에 대한 점도변화가 크다.
㉣ SAE 번호가 높을수록 윤활유의 점도가 높다.
㉤ 점도지수(Viscosity Index)란 온도에 따른 점도의 변화를 나타내는 척도이다.

① ㉠, ㉡, ㉢ ② ㉡, ㉢, ㉣ ③ ㉠, ㉡, ㉢, ㉣

④ ㉠, ㉡, ㉣, ㉤ ⑤ ㉠, ㉡, ㉢, ㉣, ㉤

17

다음 [보기]에서 아크 용접 결함인 언더컷의 주요 발생원인을 모두 고르면?

보기

㉠ 아크 길이가 너무 길 때
㉡ 전류가 너무 낮을 때
㉢ 용접봉 선택이 부적당할 때
㉣ 용접 속도가 너무 빠를 때

① ㉠, ㉡, ㉢
② ㉠, ㉡, ㉣
③ ㉠, ㉢, ㉣
④ ㉡, ㉢, ㉣
⑤ ㉠, ㉡, ㉢, ㉣

18

실린더가 6개인 4사이클 기관에서 행정 길이가 30[mm]이고, 실린더 지름이 40[mm]일 때, 총배기량을 고르면?(단, 단위는 [cc]로 한다.)

① 6π[cc]
② 72π[cc]
③ 85π[cc]
④ 97π[cc]
⑤ 110π[cc]

19

다음과 같이 수평면에 놓인 50[kg] 무게의 물체에 힘 $P=500$[N]으로 5초 동안 잡아 당겼다. 이때의 물체 속도[m/sec]를 고르면?(단, 상자와 바닥면 간의 마찰계수는 0.2이고, 중력가속도는 10[m/s^2]이다.)

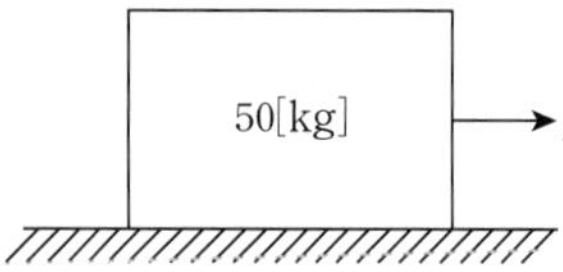

① 10[m/sec]
② 25[m/sec]
③ 40[m/sec]
④ 50[m/sec]
⑤ 60[m/sec]

20

저온 30[℃], 고온 500[℃]의 온도 범위에서 작동하는 카르노사이클 열효율을 고르면?

① 45.5%　② 50.6%　③ 55.8%
④ 60.8%　⑤ 65.9%

21

다음 중 가솔린기관과 디젤기관의 특징으로 옳지 <u>않은</u> 것을 고르면?

① 가솔린기관은 연료소비율이 높고 열효율이 낮다.
② 디젤기관 연료의 착화성을 나타내는 것은 옥탄가이다.
③ 디젤기관의 압축비는 일반적으로 15~23 정도이다.
④ 디젤기관은 연소속도가 느린 경유나 중유를 사용하므로 기관의 회전속도를 높이기 어렵다.
⑤ 가솔린기관의 연소실 내 최대압력은 35~45bar 정도이다.

전공 기출복원

22

마찰면의 안지름은 60[mm], 바깥지름은 80[mm]인 단판 클러치의 전달 토크가 14.7[kN·mm]일 때, 축방향으로 마찰면을 미는 힘 W을 고르면?(단, 단위는 [N], 마찰계수 $\mu=0.2$이다.)

① 1,900[N]　② 2,000[N]　③ 2,100[N]
④ 2,200[N]　⑤ 2,300[N]

23

봉의 외경 선삭에서 다음 [조건]으로 가공하였을 때, 재료제거율[cm^3/min]을 고르면?(단, π는 3으로 하고 가공 전후의 평균 지름, 평균 절삭속도를 이용하여 재료제거율을 계산한다.)

조건

- 가공 전후의 평균 지름: 100[mm]
- 봉을 절삭깊이: 1[mm]
- 이송속도: 0.4[mm/rev]
- 주축 회전속도: 1,000[rpm]

① 30[cm^3/min] ② 60[cm^3/min] ③ 90[cm^3/min]
④ 100[cm^3/min] ⑤ 120[cm^3/min]

24

드럼 지름 D=200[mm], 밴드의 길이 l=500[mm], a=50[mm]인 밴드 브레이크가 있다. 브레이크 드럼축에 300[kN·mm]의 토크가 작용할 때, 드럼축의 우회전을 멈추기 위해 브레이크 레버에 가해야 하는 힘 조작력 F의 값[N]을 고르면?(단, $e^{\mu\theta}$=4로 한다.)

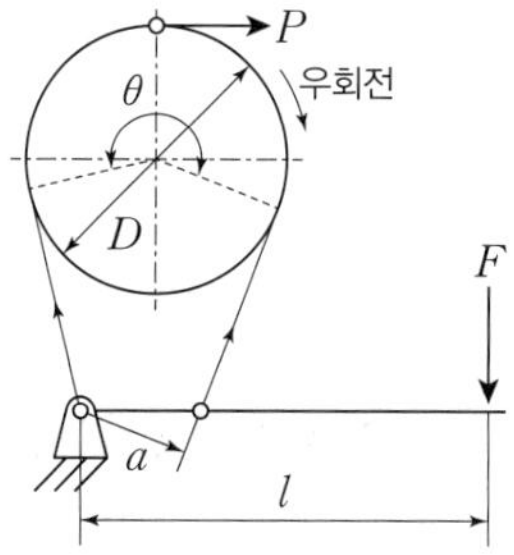

① 40[N] ② 60[N] ③ 80[N]
④ 100[N] ⑤ 120[N]

25

승용차가 반경 50[m]의 원형으로 된 도로를 30[m/s]의 속도로 달리고 있을 때, 반경방향으로 작용하는 가속도 $[m/s^2]$를 고르면?

① $9[m/s^2]$
② $18[m/s^2]$
③ $24[m/s^2]$
④ $36[m/s^2]$
⑤ $40[m/s^2]$

26

다음 [보기]에서 옳은 것을 모두 고르면?

보기

㉠ 물의 높이 1[m]는 압력으로 나타낼 때 약 9.8[kPa]이다.
㉡ 절대압력은 게이지 압력과 그때의 대기압의 합이다.
㉢ 베르누이 정리에 의하면 유속이 빠른 곳이 정압이 작다.
㉣ 유적선이란 하나의 유체 입자가 시간의 흐름에 따라 이동한 궤적을 말한다.
㉤ 마찰손실은 관의 길이, 손실계수(마찰계수)에 비례하고 관경에 반비례한다.

① ㉠, ㉡
② ㉠, ㉡, ㉢
③ ㉠, ㉡, ㉢, ㉣
④ ㉠, ㉢, ㉣, ㉤
⑤ ㉠, ㉡, ㉢, ㉣, ㉤

27

어느 물체가 경사도 30도의 경사면에 정지된 채 놓여 있다. 이 물체가 미끄러지지 않기 위한 경사면과 물체와의 마찰계수 μ 범위로 옳은 것을 고르면?

① $\mu \geq \frac{\mathrm{COS}30^\circ}{\mathrm{SIN}30^\circ}$
② $\mu \leq \frac{\mathrm{SIN}30^\circ}{\mathrm{COS}30^\circ}$
③ $\mu \geq \frac{\mathrm{SIN}30^\circ}{\mathrm{COS}30^\circ}$
④ $\mu \geq \mathrm{COS}30^\circ$
⑤ $\mu \leq \frac{\mathrm{COS}30^\circ}{\mathrm{SIN}30^\circ}$

28

다음 [보기]에서 펌프(Pump)에 대한 설명으로 옳은 것을 모두 고르면?

보기

㉠ 특정 조건에서 송출량 및 송출압력이 주기적으로 크게 변화하는 현상을 서징현상(Surging)이라 한다.
㉡ 고속 회전하는 임펠러 끝단에서의 유체의 속도가 고속이 될 경우 공동현상(캐비테이션)이 발생할 수 있다.
㉢ 원심펌프의 회전수가 3배 증가하면 양정은 9배 증가한다.
㉣ 축류 펌프는 유량이 크고 저양정인 경우에 적합하다.
㉤ 벌류트 펌프는 날개차의 외주에 맴돌이형 유로인 벌류트 케이싱을 가지고 있는 펌프로 비용적형 펌프이다.

① ㉠, ㉡, ㉢
② ㉡, ㉣, ㉤
③ ㉠, ㉡, ㉢, ㉤
④ ㉡, ㉢, ㉣, ㉤
⑤ ㉠, ㉡, ㉢, ㉣, ㉤

29

다음과 같이 반지름 2[m], 폭 3[m]인 1/4 원형의 수문 AB가 있다. 이때 수문이 받는 수평성분 힘 F_H과 수직성분 힘 F_V은 약 몇 [kN]인지 고르면?

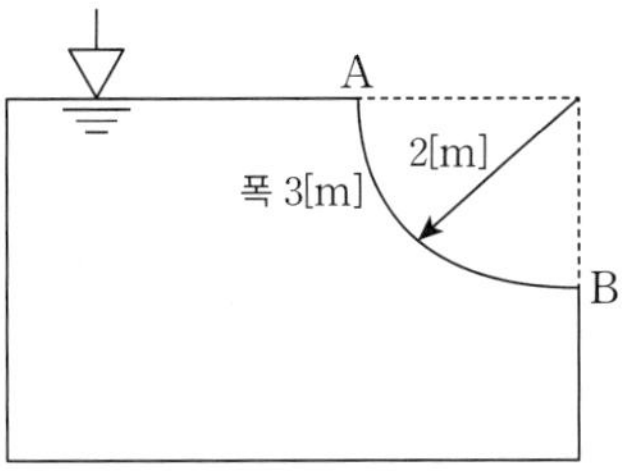

① $F_H=24.4$[kN], $F_V=46.2$[kN]
② $F_H=24.4$[kN], $F_V=92.4$[kN]
③ $F_H=58.8$[kN], $F_V=46.2$[kN]
④ $F_H=58.8$[kN], $F_V=92.4$[kN]
⑤ $F_H=68.8$[kN], $F_V=72.2$[kN]

30

다음 중 물리량에 대한 설명으로 옳지 않은 것을 고르면?

① 각속도: 회전운동을 하는 물체가 단위 시간에 움직이는 각도
② 각속도: $\omega=2\pi f$[rad/s] (f: 진동수)
③ 속도와 각속도의 관계: $v=r\omega$
④ 각속도와 회전수와의 관계: $\omega=\frac{2\pi n}{60}$(n: rpm)
⑤ 각운동량: 한 원점에 대해 선운동량이 돌고 있는 정도를 나타내는 물리량, $L=I\omega^2$(L: 각운동량, I: 관성모멘트, ω: 각속도[rad/s])

전공 기출복원

전공 기출복원 모의고사(전기일반)

정답과 해설 P.77

01

평행한 두 도선 사이의 거리가 1[m]이고, 서로 반대 방향으로 같은 크기의 2[A] 전류가 흐른다. 이때 두 도선 사이에 작용하는 힘의 크기[N/m]와 작용하는 힘의 종류를 고르면?(단, 진공 상태이다.)

① 8×10^{-5}[N/m], 반발력
② 8×10^{-7}[N/m], 반발력
③ -8×10^{-5}[N/m], 흡인력
④ 8×10^{-7}[N/m], 흡인력
⑤ -8×10^{-7}[N/m], 반발력

02

다음 중 히스테리시스 곡선에 대한 설명으로 옳지 <u>않은</u> 것을 고르면?

① 히스테리시스 루프 면적이 클수록 손실은 작아진다.
② 히스테리시스 곡선에서 종축은 자속밀도를 나타낸다.
③ 영구자석에 쓰이는 철의 특징으로 히스테리시스 루프 면적은 커야 한다.
④ 히스테리시스 곡선의 종축과 만나는 점은 잔류자기이다.
⑤ 히스테리시스 곡선의 횡축과 만나는 점은 보자력이다.

03

3[A]의 전류가 흐르고 있는 무한장 직선 도체로부터 5[m] 떨어진 P점의 자계의 세기[AT/m]를 고르면?

① $\frac{0.1}{\pi}$[AT/m]　② $\frac{0.2}{\pi}$[AT/m]　③ $\frac{0.3}{\pi}$[AT/m]

④ $\frac{0.4}{\pi}$[AT/m]　⑤ $\frac{0.5}{\pi}$[AT/m]

04

다음 중 비례 적분 미분 제어(PID) 방식에 대한 설명으로 옳지 않은 것을 고르면?

① PI 동작에 미분 동작을 추가한 제어 방식이다.

② 전달함수는 $G(s)=K\left(1+\frac{1}{T_i s}+T_D s\right)$이다.

③ 제어 장치의 정확도를 개선시킬 수 있다.

④ 제어 장치의 속응성도 개선시킬 수 있다.

⑤ 잔류편차가 발생한다.

전공 기출복원

05

변압기의 등가회로 작성에 필요한 시험 중에서 무부하 시험으로 구할 수 없는 것을 고르면?

① 철손　② 여자전류　③ 여자어드미턴스

④ 자화전류　⑤ 동손

06

주어진 함수 $f(t)=e^{-2t}\sin 2t$의 라플라스 변환식으로 옳은 것을 고르면?

① $\frac{1}{(s+2)^2+2^2}$
② $\frac{2}{(s+2)^2+2^2}$
③ $\frac{2}{(s+1)^2+2^2}$
④ $\frac{1}{(s+1)^2+1^2}$
⑤ $\frac{2}{(s+1)^2+1^2}$

07

슬립이 4[%], 4극, 주파수 60[Hz]인 유도전동기의 회전자 속도[rpm]를 고르면?

① 1,440[rpm]
② 1,520[rpm]
③ 1,728[rpm]
④ 2,042[rpm]
⑤ 2,234[rpm]

08

가공전선로의 지지물과 지지물의 간격(경간)은 100[m], 전선의 무게는 4[kg/m], 수평장력은 500[kg]일 때, 전선의 처짐 정도(이도)가 몇 [m]인지 고르면?

① 5[m]
② 10[m]
③ 15[m]
④ 20[m]
⑤ 25[m]

09

다음과 같은 회로에서 합성정전용량은 몇 [μF]인지 고르면?($C_1=3[\mu F]$, $C_2=4.5[\mu F]$, $C_3=1.5[\mu F]$)

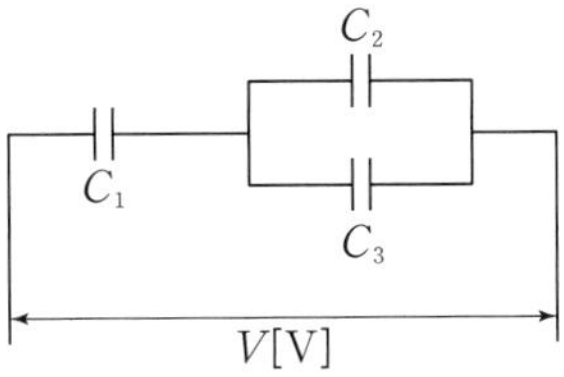

① $2[\mu F]$　② $2.5[\mu F]$　③ $4[\mu F]$
④ $5.5[\mu F]$　⑤ $9[\mu F]$

10

다음 중 삼각함수 $2\cos 3t$의 라플라스 변환으로 옳은 것을 고르면?

① $\frac{s}{s^2+9}$　② $\frac{2s}{s^2+9}$　③ $\frac{2s}{s^2+3}$
④ $\frac{2}{s^2+9}$　⑤ $\frac{2}{s^2+3}$

11

단위계단함수 $u(t)$에서 T만큼 시간 지연된 함수의 라플라스 변환으로 옳은 것을 고르면?

① $\frac{1}{s}e^{Ts}$　② se^{-Ts}　③ $\frac{1}{s}e^{-Ts}$
④ $\frac{2}{s}e^{+Ts}$　⑤ $\frac{s}{2}e^{-Ts}$

12

다음 중 전기부식(전식)의 방지 대책으로 옳지 않은 것을 고르면?

① 변전소 간의 간격을 넓힌다.
② 레일본드의 양호한 시공을 한다.
③ 레일과 침목 사이에 절연층을 설치한다.
④ 장대레일을 채택한다.
⑤ 배류장치를 설치한다.

13

동기발전기에서 병렬운전 시 기전력의 파형이 다를 때 나타나는 현상으로 옳은 것을 고르면?

① 무효순환전류가 흐른다.
② 동기화 전류가 흐른다.
③ 난조가 발생한다.
④ 고조파 순환전류가 흐른다.
⑤ 수수전력이 발생한다.

14

다음 중 중성점 직접 접지방식의 특징으로 옳은 것을 고르면?

① 지락전류가 작다.
② 보호 계전기 동작이 가장 확실하다.
③ 유도장해가 가장 작다.
④ 저감절연이 어렵다.
⑤ 지락 사고 시 건전상 전위 상승이 매우 크다.

15

다음 중 직류송전 방식에 대한 설명으로 옳지 않은 것을 고르면?

① 전력 손실이 적다.
② 계통의 안정도가 매우 높다.
③ 표피효과가 발생하지 않는다.
④ 코로나 손실이 매우 크다.
⑤ 전압의 승압과 강압이 어렵다.

16

전동기를 발전기로 동작시켜 발생하는 기전력을 전원 전압보다 크게 함으로써 전력을 전원에 보내면서 제동시키는 방식으로 옳은 것을 고르면?

① 발전 제동
② 회생 제동
③ 역상 제동
④ 와전류 제동
⑤ 극수변환 제동

17

다음 △전선연결(결선)에서 한 상의 임피던스가 $Z=3+j4[\Omega]$, 선간전압이 100[V]일 때, 선전류[A]와 상전류[A]를 바르게 짝지은 것을 고르면?

① 상전류$=20$[A], 선전류$=20\sqrt{3}$[A]
② 상전류$=20\sqrt{3}$[A], 선전류$=20$[A]
③ 상전류$=20$[A], 선전류$=20$[A]
④ 상전류$=10$[A], 선전류$=10\sqrt{3}$[A]
⑤ 상전류$=20\sqrt{3}$[A], 선전류$=20\sqrt{3}$[A]

전공 기출복원

18

다음과 같은 회로에서 저항 R[Ω]과 전체 전압 V[V]를 바르게 짝지은 것을 고르면?($I_1=2$[A], $I_2=4$[A])

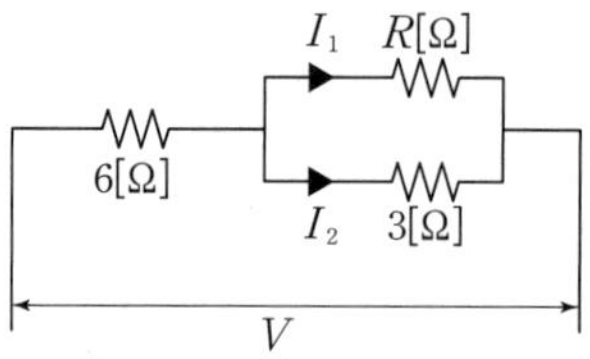

① $R=3$[Ω], $V=48$[V]
② $R=6$[Ω], $V=48$[V]
③ $R=6$[Ω], $V=24$[V]
④ $R=3$[Ω], $V=24$[V]
⑤ $R=6$[Ω], $V=12$[V]

19

OSI 7계층 모델에서 3계층에 해당하며, 라우팅 기능을 담당하는 계층으로 옳은 것을 고르면?

① 물리 계층
② 데이터 링크 계층
③ 전송 계층
④ 네트워크 계층
⑤ 세션 계층

20

임피던스 $Z=3+j4$[Ω], 순시 전압 $v=100\sqrt{2}\sin\left(377t+\frac{\pi}{3}\right)$[V]일 때, 전력은 몇 [W]인지 고르면?

① 800[W]
② 1,200[W]
③ 1,600[W]
④ 2,400[W]
⑤ 3,600[W]

21

다음과 같이 회로에서 5[Ω]에 걸리는 전압이 10[V]일 때, 전체 전압 V는 몇 [V]인지 고르면?

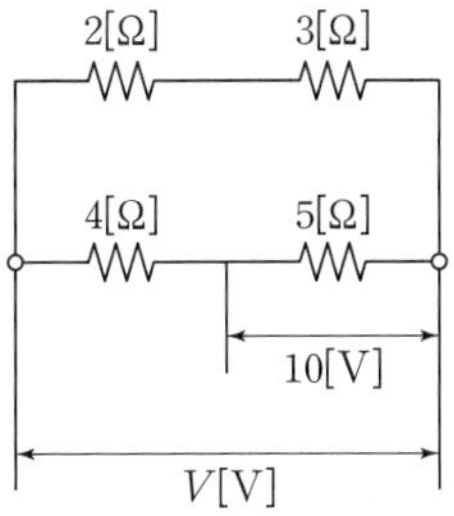

① 12[V] ② 14[V] ③ 16[V]
④ 18[V] ⑤ 20[V]

22

다음과 같은 시퀀스 회로에서 실선이 나타내는 의미로 옳은 것을 고르면?(단, X_1, X_2는 계전기를 의미하며, PB_1, PB_2는 푸쉬버튼 스위치이다.)

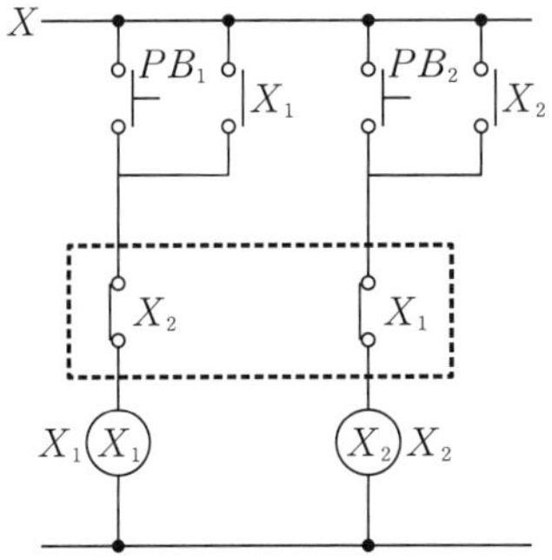

① 자기유지 회로 ② 인터록 회로 ③ 병렬 우선 회로
④ 단안정 회로 ⑤ 정역전 회로

전공 기출복원

23

다음과 같은 브리지 회로에서 전체 전류 I는 몇 [A]인지 고르면?

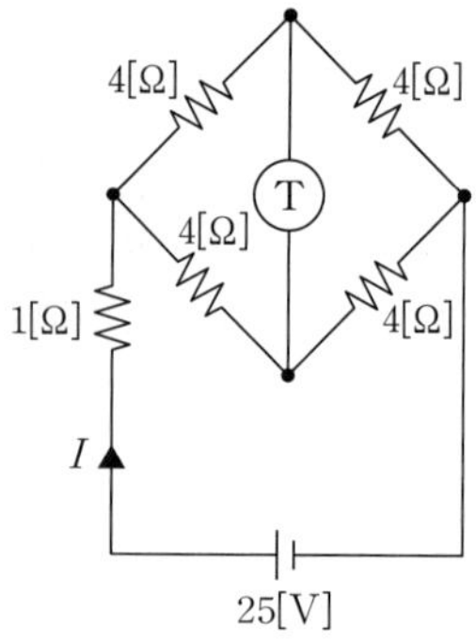

① 1[A]　　② 2[A]　　③ 3[A]
④ 4[A]　　⑤ 5[A]

24

다음과 같이 (a)회로에서 (b)회로로 등가 변환 시 등가 전압 V_{ab}[V]와 등가 저항 R_{ab}[Ω]을 고르면?

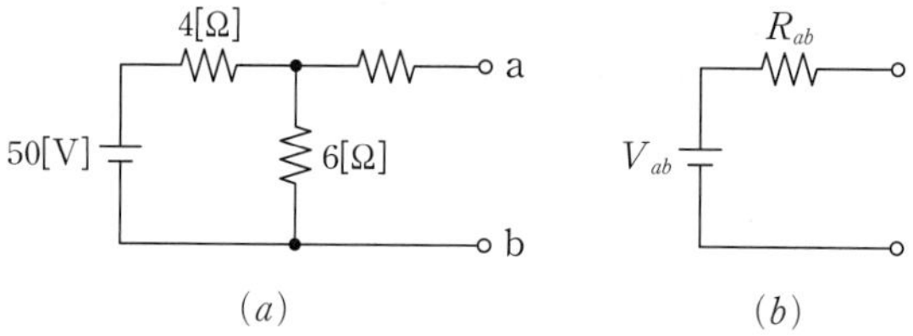

① $V_{ab}=30$[V], $R_{ab}=9.4$[Ω]
② $V_{ab}=40$[V], $R_{ab}=9.4$[Ω]
③ $V_{ab}=50$[V], $R_{ab}=9.4$[Ω]
④ $V_{ab}=30$[V], $R_{ab}=7.4$[Ω]
⑤ $V_{ab}=20$[V], $R_{ab}=7.4$[Ω]

25

다음 중 3상 전선로의 1선당 작용 정전 용량 C를 고르면?(단, C_s는 대지 정전 용량, C_m는 선간 정전 용량이라 한다.)

① $C=C_s+C_m$[F]　② $C=C_s+2C_m$[F]　③ $C=C_s+3C_m$[F]
④ $C=3C_s+C_m$[F]　⑤ $C=2C_s+C_m$[F]

26

다음과 같이 3개의 전하 Q_A, Q_B, Q_C가 일직선상에 있다. 이때, Q_B가 받는 힘[N]을 고르면?(단, 진공 상태이며 $Q_A=6[\mu C]$, $Q_B=3[\mu C]$, $Q_C=5[\mu C]$이다.)

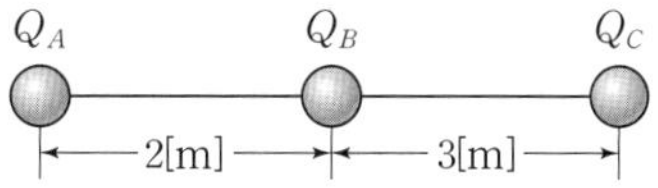

① 25.5×10^{-3}[N]　② 25.5×10^{-2}[N]　③ 2.55×10^{-3}[N]
④ 25.5×10^{-4}[N]　⑤ 255×10^{-6}[N]

전공 기출복원

27

다음과 같은 회로도에서 부하 2.4[Ω]에 흐르는 전류는 몇 [A]인지 고르면?

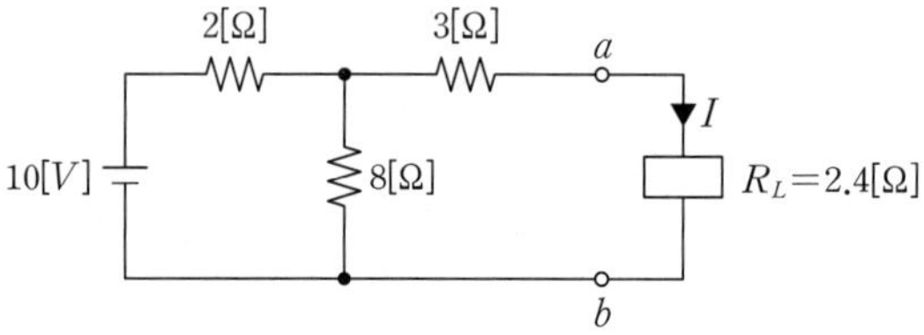

① $\frac{8}{7}$[A]　② $\frac{9}{7}$[A]　③ $\frac{10}{7}$[A]

④ $\frac{11}{7}$[A]　⑤ $\frac{12}{7}$[A]

28

주파수 60[Hz], 4극 유도전동기의 슬립이 8[%]일 때, 유도전동기의 회전자 속도는 몇 [rpm]인지 고르면?

① 1,236[rpm]　② 1,656[rpm]　③ 2,468[rpm]

④ 3,812[rpm]　⑤ 4,418[rpm]

29

다음 중 플리커 현상에 대한 경감 대책으로 옳지 않은 것을 고르면?

① 직렬콘덴서를 설치한다.
② 강압기를 사용한다.
③ 굵은 배전선을 사용한다.
④ 루프배전방식을 채택한다.
⑤ 전용선으로 공급을 한다.

30

다음 중 전력 원선도에서 알 수 없는 사항을 고르면?

① 전력 손실
② 송전 효율
③ 송·수전단 전압 사이의 상차각
④ 수전단측 역률
⑤ 코로나 손실

전공 기출복원 모의고사(토목일반)

정답과 해설 P.82

01

다음 중 교량의 가설공법으로 이동식 비계공법(MSS; Movable Scaffolding Method)에 대한 설명으로 옳지 않은 것을 고르면?

① MSS는 프리스트레스트 콘크리트 교량 가설공법이다.
② MSS는 수심이 깊은 곳 등에서 동바리가 필요 없는 교량의 상부구조 가설공법이다.
③ MSS는 가설 중의 상부구조 중량을 이동식 비계를 통해서 지반에 직접 전달하는 공법이다.
④ MSS는 상부구조를 제작하는 거푸집, 비계 등을 교각 위에서 다음의 경간으로 이동하면서 가설한다.
⑤ MSS는 거푸집 자체를 이용하면서 한 지간씩 콘크리트를 타설하고 프리스트레스를 도입한다.

02

1단고정 타단 롤러인 부재의 강비가 k일 때, 해당 부재의 유효강비를 고르면?

① $1.0k$　② $\frac{1}{2}k$　③ $\frac{3}{2}k$
④ $\frac{3}{4}k$　⑤ $2.0k$

03

길이가 5.0[m]이고, 직사각형 단면을 가진 양단고정 기둥의 세장비 λ 값을 고르면?(단, 단면의 회전반경은 4[cm]이다.)

① 62.5 ② 85.5 ③ 100
④ 125 ⑤ 140

04

길이가 2[m]이고, 지름이 25[mm]인 원형단면 기둥에 연직하중 75[kN]이 고정하중으로 작용한다. 기둥이 옥외에 있을 때, 크리프 변형률 ε_c을 고르면?(단, 콘크리트의 탄성계수 E_c=20,000[MPa]이고, π는 편의상 3으로 한다.)

① 0.010 ② 0.012 ③ 0.014
④ 0.016 ⑤ 0.018

05

밖은 얇은 외관으로 하고 그 내부에 굳는 심대의 내관을 넣어서 지반 속으로 동시에 내외관을 쳐박은 후, 내관을 빼내고 그 위치에 콘크리트를 다져 넣는 방법으로 콘크리트 말뚝을 만드는 방법을 고르면?

① 프렌키 말뚝(Franky Pile)
② 레이몬드 말뚝(Raymond Pile)
③ 페데스탈 말뚝(Pedestal Pile)
④ 심플렉스 말뚝(Simplex Pile)
⑤ 프리팩트 콘크리트 말뚝(Prepact Concrete Pile)

06

다음 중 사질토 개량공법으로서 바이브로플로테이션(Vibro-flotation) 공법에 대한 설명으로 옳은 것을 고르면?

① 느슨한 사질지반에 인공지진, 즉 다이너마이트를 폭발시킬 때 발생하는 충격력을 이용하는 방법이다.

② 느슨한 모래지반에 충격 또는 진동으로 지반에 모래를 압입하여 지반을 개량하는 공법이다.

③ 느슨한 모래지반에 노즐의 물을 분사하는 동시에 수평방향의 진동을 일으켜 모래를 채우면서 다지는 공법이다.

④ 포화된 지반 속에 방전전극을 삽입한 후 여기에 고압전류를 흐르게 하고, 이에 따라 발생하는 충격력에 의해 모래지반을 다지는 공법이다.

⑤ 지반의 특성을 목적에 맞도록 개량하기 위해 지반 속으로 관입한 주입관을 통해 약액을 주입시켜 모래지반을 고결시키는 공법이다.

07

2경간 연속보에서 B점의 휨모멘트[kN · m]는 얼마인지 고르면?(단, 단면의 휨강성 EI는 일정하다.)

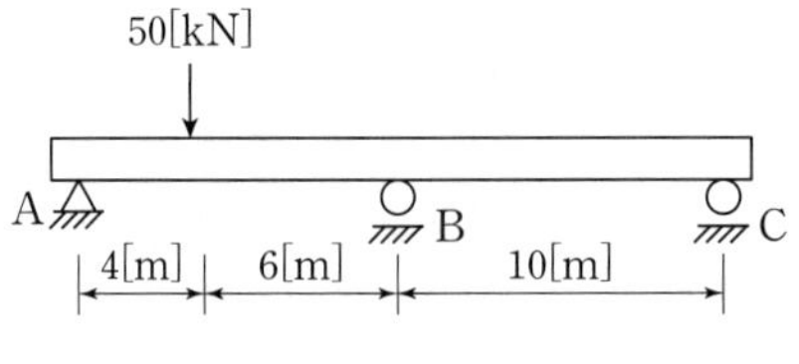

① -76[kN · m]　② -68[kN · m]　③ -54[kN · m]

④ -48[kN · m]　⑤ -42[kN · m]

08

단철근 직사각형보가 폭 $b=400$[mm], 유효깊이 $d=700$[mm], 인장철근 단면적 $A_s=1,360$[mm^2], 콘크리트 설계기준강도 $f_{ck}=20$[MPa], 철근의 항복강도 $f_y=400$[MPa]일 때, 중립축의 위치[mm]를 고르면?

① 100[mm] ② 150[mm] ③ 200[mm]
④ 250[mm] ⑤ 300[mm]

09

직접전단 시험 결과 수직응력이 120[kN/m^2]일 때 전단저항력이 100[kN/m^2]이었고, 수직응력이 240[kN/m^2]일 때 전단저항력은 180[kN/m^2]이었다. 이때, 흙의 점착력[kN/m^2]을 고르면?

① 10[kN/m^2] ② 20[kN/m^2] ③ 30[kN/m^2]
④ 40[kN/m^2] ⑤ 50[kN/m^2]

10

다음 중 긴 노선에 쓰이는 측량방법으로 옳은 것을 고르면?

① 노선측량 ② 하천측량 ③ 터널측량
④ 수준측량 ⑤ 각측량

11

다음 중 점토입자에 결합되어 있는 물에 관한 설명으로 옳지 않은 것을 고르면?

① 자유수(Free Water)는 점토입자의 전극의 영향을 받지 않고 자유롭게 이동할 수 있는 물로서 건조로 쉽게 분리될 수 있다.

② 결합수(Bound Water)는 점토입자와 결합된 상태로 존재하여 자유롭게 이동하거나 증발하지 않는다

③ 점토입자 표면의 음극이 물입자를 당겨서 점토입자 표면에 포집된 모든 물을 이중층수(Double Layer Water)라고 한다.

④ 점토에 의하여 가장 강하게 연결되어 있는 가장 안쪽에 있는 층의 이중층수를 흡착수(Adsorbed Water)라고 하며, 이는 점토가 소성을 띠게 한다.

⑤ 이중층 내에 있는 흡착수는 110℃ 이상으로 끓이면 쉽게 증발되는 성질을 가지고 있다.

12

어느 흙의 액성한계 $\omega_L=30[\%]$, 소성한계 $\omega_P=12[\%]$, 자연함수비 $\omega_N=15[\%]$일 때, 소성지수 PI를 고르면?

① 3[%] ② 10[%] ③ 15[%]
④ 18[%] ⑤ 27[%]

13

다음 중 오차에 해당되지 않는 것을 고르면?

① 기계의 눈금 오차

② 온도나 습도 변화로 인한 오차

③ 주변 진동으로 인한 오차

④ 관측자가 눈금을 잘못 읽은 오차

⑤ 경사지 측정에서 줄자가 수평으로 안 된 오차

14

상향구배 5/1,000, 하향구배 −50/1,000일 때, 곡선반경이 2,000[m]인 경우의 종곡선장을 고르면?

① 60[m] ② 80[m] ③ 90[m]
④ 100[m] ⑤ 110[m]

15

다음 중 철도 노선측량에 쓰이는 곡선 종류에 대한 설명으로 옳지 않은 것을 고르면?

① 반향곡선은 평면곡선으로 공통 접선의 반대방향에 반경의 중심을 갖는 곡선이다.
② Sine 체감곡선은 캔트(Cant)의 체감에 반파장정현곡선을 이용한 완화곡선으로 도로에 많이 이용된다.
③ 3차포물선은 클로소이드와 근사성이 적으며, 계산이 용이한 완화곡선으로 철도에 많이 이용된다.
④ 렘니스케이트곡선(Lemniscate)은 곡선의 반경이 동경에 반비례하여 변화하는 완화곡선으로 주로 시가지 철도 또는 지하철도에 많이 이용된다.
⑤ 클로소이드곡선(Clothiod)은 직선과 원곡선 사이에 반경이 무한대인 직선에서 곡선으로 들어오면 곡률이 곡선장에 비례하는 완화곡선으로 고속도로에 많이 이용된다.

16

다음 중 높이가 같은 점을 이은 것으로 지표면의 기복을 나타내는 지형 표시법을 고르면?

① 점고법 ② 등고선법 ③ 채색법
④ 음영법 ⑤ 우모법

17

다음 4경간 연속보를 구조해석 할 때 필요한 방정식의 개수를 고르면?

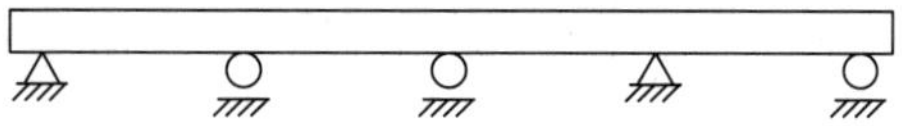

① 3개 ② 4개 ③ 5개
④ 7개 ⑤ 7개

18

다음과 같이 이축응력을 받고 있는 요소의 체적변화율을 고르면?(단, 이 요소의 탄성계수 $E=2\times10^5$[MPa], 푸아송비 $\nu=0.3$이다.)

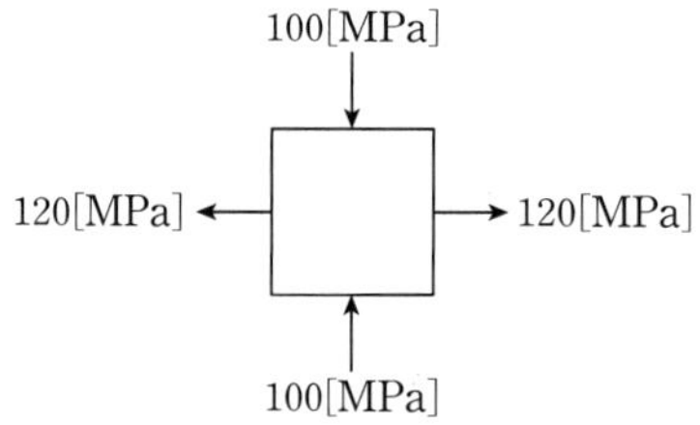

① 4×10^{-4} ② 4.4×10^{-4} ③ 4×10^{-5}
④ 4.4×10^{-5} ⑤ 4.8×10^{-5}

19

다음과 같이 자중을 포함한 등분포하중 w가 작용하는 단순 지지된 프리스트레스트 콘크리트 보가 있다. 이 보의 경간 중앙에서 단면 하단의 콘크리트 응력을 0이 되게 하는 프리스트레스 힘 P[kN]를 고르면?(단, 긴장재는 콘크리트 보의 단면 도심에 배치되어 있으며, 콘크리트 보의 단면적은 긴장재를 무시한 총단면적을 사용한다.)

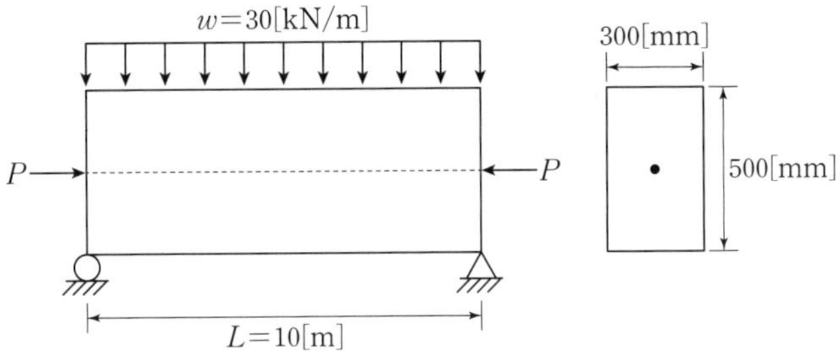

① 3,000[kN]　② 3,500[kN]　③ 4,500[kN]
④ 6,000[kN]　⑤ 7,000[kN]

20

흙의 비중이 2.70, 함수비가 30[%], 간극비가 0.90일 때, 포화도를 고르면?

① 100[%]　② 90[%]　③ 80[%]
④ 70[%]　⑤ 60[%]

21

길이가 500[mm], 지름이 50[mm]인 강봉 양단에 축하중이 작용하여 길이가 0.1[mm], 지름이 0.001[mm]로 변형되었을 때, 강봉부재의 푸아송 비를 고르면?

① 0.1 ② 0.2 ③ 0.25
④ 0.3 ⑤ 0.4

22

다음 중 부마찰력에 대한 설명으로 옳지 않은 것을 고르면?

① 부마찰력을 줄이기 위하여 말뚝표면을 아스팔트 등으로 코팅하여 타설한다.
② 지하수의 저하 또는 압밀이 진행 중인 연약지반에서 부마찰력이 발생한다.
③ 점성토 위에 사질토를 성토한 지반에 말뚝을 타설한 경우에 부마찰력이 발생한다.
④ 말뚝이 연약지반을 관통하여 견고한 지반에 박혔을 때 발생한다.
⑤ 부마찰력은 말뚝 아래 방향으로 작용하는 힘이므로 결국에는 말뚝의 지지력을 증가시킨다.

23

다음 중 복철근 직사각형보에서의 압축철근 배치 효과로 옳지 않은 것을 고르면?(단, 보는 정모멘트(+)만을 받고 있다고 가정한다.)

① 전단철근 등 철근을 조립할 때 시공성을 향상시킨다.
② 크리프 현상에 의한 처짐량을 감소시킨다.
③ 보의 연성거동을 감소시킨다.
④ 보의 압축에 대한 저항성을 증가시킨다.
⑤ 전반적으로 보의 강성 또한 약간 증대된다.

24

다음 중 옹벽의 설계에 대한 설명으로 옳지 않은 것을 고르면?

① 캔틸레버식 옹벽의 저판은 전면벽과의 접합부를 고정단으로 간주한 캔틸레버로 가정하여 단면을 설계할 수 있다.
② 캔틸레버식 옹벽의 전면벽은 저판에 지지된 캔틸레버로 설계할 수 있다.
③ 부벽식 옹벽의 전면벽은 3변 지지된 2방향 슬래브로 설계할 수 있다.
④ 부벽식 옹벽의 저판은 부벽 사이의 거리를 경간으로 가정한 직사각형보 또는 T형보로 설계할 수 있다.
⑤ 전도 및 지반반력에 대한 안정조건은 만족하지만, 활동에 대한 안정조건을 만족하지 못할 경우에는 활동방지벽 혹은 횡방향 앵커 등을 설치하여 활동저항력을 증대시킬 수 있다.

25

다음 중 지오이드(Geoid)에 대한 설명으로 옳은 것을 고르면?

① 육지와 행양의 지형면을 의미한다.
② 육지와 해저의 요철을 평균한 매끈한 곡면이다.
③ 회전타원체와 같은 것으로 지구의 형상이 되는 곡면이다.
④ 평균해수면을 육지 내부까지 연장했을 때의 가상적인 곡면이다.
⑤ 실제 지구 형상에 가장 가까운 회전타원체이다.

26

다음 중 최소자승법에 의하여 제거되는 오차를 고르면?

① 정오차
② 우연오차
③ 개인오차
④ 기계오차
⑤ 누적오차

27

다음 중 지성선에 관한 설명으로 옳지 <u>않은</u> 것을 고르면?

① 지성선은 지표면이 다수의 평면으로 구성되었다고 할 때 평면간 접합부, 즉 접선을 말하며 지세선이라고도 한다.

② 철(凸) 선을 능선 또는 분수선이라 한다.

③ 경사변환선이란 동일 방향의 경사면에서 경사의 크기가 다른 두 면의 접합선이다.

④ 최대경사선은 지표의 임의의 한 점에 있어서 그 경사가 최대로 되는 방향을 표시한 선으로 등고선에 직각으로 교차한다.

⑤ 요(凹) 선은 지표 외 경사가 최대로 되는 방향을 표시한 선으로 유하선이라고 한다.

28

다음과 같은 수중지반에서 Z지점의 유효연직응력[kN/m²]을 고르면?(단, 물의 단위중량 $\gamma_w=10$[kN/m³], 흙의 포화 단위중량은 $\gamma_{sat}=18$[kN/m³]으로 한다.)

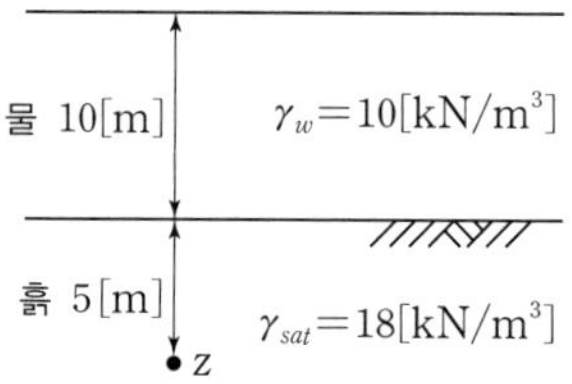

① 20[kN/m²]　② 40[kN/m²]　③ 60[kN/m²]
④ 80[kN/m²]　⑤ 100[kN/m²]

29

콘크리트의 설계기준압축강도 $f_{ck}=28$[MPa]일 때, 콘크리트의 배합강도 f_{cr}를 고르면?(단, 압축강도 시험횟수는 14회이고, 콘크리트구조 설계(강도설계법) 일반사항을 적용한다.)

① 30.5[MPa]
② 35.8[MPa]
③ 36.5[MPa]
④ 51.5[MPa]
⑤ 52.5[MPa]

30

다음과 같은 외팔보에서 B점의 처짐을 고르면?(단, 보의 휨강성 EI는 일정하며, 자중은 무시한다.)

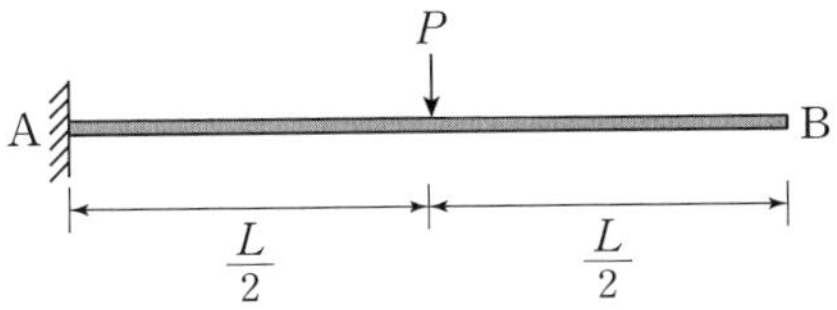

① $\dfrac{5PL^3}{24EI}$
② $\dfrac{PL^3}{36EI}$
③ $\dfrac{5PL^3}{36EI}$
④ $\dfrac{PL^3}{48EI}$
⑤ $\dfrac{5PL^3}{48EI}$

전공 기출복원 모의고사(건축일반)

정답과 해설 P.86

01

다음 중 고대 그리스의 시설 아고라(Agora)와 유사한 기능을 갖는 로마 시대의 건축물을 고르면?

① 도무스(Domus) ② 인슐라(Insula) ③ 포럼(Forum)
④ 판테온(Pantheon) ⑤ 콜로세움(Colosseum)

02

다음 중 C. A 페리의 근린주구 이론에 대한 설명으로 옳은 것을 고르면?

① 중학교, 교회 등 커뮤니티 센터를 마을의 중심부에 둔다.
② 주구 중심에 있는 중학교와 반경 400m 보행거리를 제시하였다.
③ 중학교 한 개를 운영할 수 있는 인구를 제안하였다.
④ 간선도로 경계를 두고, 간선도로가 내부로 통과하지 못하도록 한다.
⑤ 상가 등은 단지의 중심부에 두도록 한다.

03

다음 중 건축계획적 사무공간 코어 등의 배치 설명으로 옳지 <u>않은</u> 것을 고르면?

① 승강기, 계단실, 화장실은 가능한 근접시킬 것이다.
② 승강기 홀은 가급적 중앙에 집중하고 코어 내 공간은 각 층마다 같은 위치에 집중한다.
③ 사무소 건물 내에 다소의 용도 변경이 있을 때 가변적으로 활용될 수 있도록 전기배선 공간은 코어 외부에서 처리한다.
④ 코어는 사무실과는 달리 생산성, 수익성이 낮은 부분이므로 코어 면적은 기능적으로 만족할 정도의 규모로 계획하는 것이 일반적이다.
⑤ 샤프트나 공조실은 계단 또는 설비실들 사이에 갇혀 있지 않도록 계획하고, 코어의 구조는 내력 구조체로 한다.

04

다음 중 병원건축의 간호단위에 대한 설명으로 옳지 않은 것을 고르면?

① 질병의 종류와 무관하게 또는 같은 질병의 환자를 단계적으로 구분하여 간호하는 것을 PPC(Progressive Patient Care) 방식이라 한다.
② 일본 노인병원의 경우 병동 간호 스테이션 부근에 중환자병실을 설치하는 사례도 있다.
③ 중환자실의 배치형태는 개방형을 주로 한다.
④ 중간 간호단위(Intermediate Care Unit), 집중 간호단위(Intensive Care Unit), 자가 간호단위(Self Care Unit), 장기 간호단위(Long Term Care Unit) 등으로 구분한다.
⑤ 24시간 전문적인 처치와 간호가 요구되는 중환자실의 간호단위는 중진부에 속한다.

05

다음 중 안드레아 팔라디오(Andrea Palladio)와 가장 연관된 것을 고르면?

① 로마의 성 베드로 성당의 돔
② 템피에토
③『건축의 다섯 오더』
④『건축4서』
⑤『건축론』

06

다음 중 규정에 따른 성능기반설계법에 대한 설명으로 옳은 것을 고르면?

① 성능기반설계법은 선형해석법을 사용하여 설계하는 기법이다.
② 규정된 시스템 계수를 적용하기 어려운 구조물과 다양한 성능수준을 만족하고자 하는 구조물의 내진설계에 적용할 수 있다.
③ 건축물의 성능수준을 기능수행, 즉시복구, 위치유지, 붕괴방지로 구분하고 있다.
④ 구조요소의 성능수준을 거주가능, 위치유지, 붕괴방지 수준으로 구분하고 있다.
⑤ 비구조요소의 성능수준을 기능수행, 거주가능, 즉시복구로 구분하고 있다.

07

다음 [보기]에서 철강제품의 제조과정 중 제강과정에 대한 설명으로 옳은 것을 모두 고르면?

보기

㉠ 내부 강재의 질이 균질하지 못한 강을 림드강이라 한다.
㉡ 탈산과정을 거쳐 강재 내부의 질이 균질되게 처리된 강을 킬드 강이라 한다.
㉢ 블룸, 빌렛, 슬래브 형태의 강괴는 압연과정을 거쳐 강재로 제작·성형된다.
㉣ 냉간압연은 얇은 두께의 강판을 상온에서 프레스를 사용해 찍어내는 방식이다.
㉤ 열간압연은 강재를 고온으로 가열하고 회전하는 롤러 사이를 여러 번 반복 통과시켜 형태를 만든다.

① ㉠
② ㉠, ㉡
③ ㉠, ㉡, ㉢
④ ㉠, ㉡, ㉣, ㉤
⑤ ㉠, ㉡, ㉢, ㉣, ㉤

08

지진구역 Ⅰ, Ⅱ 구역 중 Ⅱ 구역에 속하는 지역만 나열한 것을 고르면?

① 동해, 강릉, 춘천, 제주
② 서울, 인천, 양양, 속초
③ 횡성, 평창, 춘천, 제주
④ 수원, 부산, 제주, 춘천
⑤ 인천, 수원, 춘천, 속초

09

다음 중 단면의 주축과 압축재 설계에 대한 설명으로 옳은 것을 고르면?

① 단면 내에서 임의 방향의 도심축에 대한 단면 2차모멘트가 최대 또는 최소가 되지 않는 한 쌍의 직교축을 단면의 주축(Principal Axis)이라 한다.
② 주축에 대한 단면 2차모멘트를 주단면 2차모멘트라고 한다.
③ 대칭인 단면의 주축에 대한 단면 상승모멘트 I_{xy}는 0이 될 수 없다.
④ 주축에 대한 단면 2차모멘트는 도심을 지나는 다른 어떤 축에 대한 그것보다 최대 또는 최소가 될 수 없다.
⑤ 단면이 대칭인 경우 그 대칭축에 대한 단면 상승모멘트는 절대 0이 될 수 없다.

10

다음 [조건]을 바탕으로 포아송 수를 고르면?

조건

- 강봉의 직경 20mm
- 강봉 길이 50cm
- 축방향 인장력을 작용시킨 결과 길이는 0.05cm 늘어났고 직경은 0.0005cm 줄었다.

① 0.04 ② 0.4 ③ 4
④ 40 ⑤ 400

11

다음 중 얕은기초구조 설계기준에 의한 기초유형의 용어 정의가 옳은 것을 고르면?

① 전면기초: 상부구조물의 기둥 또는 벽체를 지지하면서 그 하중을 말뚝이나 지반에 전달하는 기초 형식
② 복합기초: 두 개 이상의 기둥으로부터의 하중을 하나의 기초판을 통하여 지반으로 전달하는 구조체
③ 확대기초: 상부구조물의 여러 개의 기둥 또는 내력벽체를 하나의 넓은 슬래브로 지지하는 기초 형식
④ 연속기초: 벽체를 지중으로 연장한 기초로서 길이 방향으로 긴 기초
⑤ 줄기초: 벽 아래를 따라 또는 일련의 기둥을 묶어 띠모양으로 설치하는 기초의 저판에 의하여 상부 구조로부터 받는 하중을 지반에 전달하는 형식의 기초

12

다음 중 철근의 종별 항복강도 제한규정으로 옳지 않은 것을 고르면?

① 원칙: 600MPa 이하(철근 콘크리트 구조물의 경우 원칙적인 항복강도제한)
② 전단: 500MPa 이하(원칙적인 경우)
③ 전단: 600MPa 이하(벽체와 용접이형철망의 경우)
④ 뚫림전단: 400MPa 이하(보가 없는 슬래브와 기초의 뚫림전단파괴에 대한 검토공식으로 계산상 전단철근의 항복강도는 규정 값을 초과할 수 없음)
⑤ 합성구조용: 550MPa 이하(다만, 매입형 합성기둥의 강도산정은 매입형 합성부재 제한사항을 따름)

13

다음 중 콘크리트 구조물의 휨 설계 기본가정으로 옳지 않은 것을 고르면?

① 철근과 콘크리트의 변형률은 중립축부터 거리에 비례하는 것으로 가정할 수 있으며, 다만 깊은보는 비선형 변형률 분포를 고려하여야 하거나 스트럿-타이 모델을 적용할 수도 있다.

② 휨모멘트 또는 휨모멘트와 축력을 동시에 받는 부재의 콘크리트 압축연단의 극한변형률은 콘크리트의 설계기준압축강도가 40MPa 이하인 경우에는 0.0033으로 가정하며, 40MPa을 초과할 경우에는 매 10MPa의 강도 증가에 대하여 0.0001씩 감소시킨다.

③ 철근의 응력이 설계기준항복강도 f_y 이하일 때 철근의 응력은 그 변형률에 E_s를 곱한 값으로 하고, 철근의 변형률이 f_y에 대응하는 변형률보다 큰 경우 철근의 응력은 변형률에 관계없이 f_y로 하여야 한다.

④ 콘크리트의 인장강도는 구조설계 규정에 해당하는 경우를 제외하고는 철근콘크리트 부재 단면의 축강도와 휨강도 계산에서 무시할 수 있다.

⑤ 콘크리트 압축응력의 분포와 콘크리트변형률 사이의 관계는 직사각형으로 가정해야 한다.

14

다음 중 띠철근과 나선철근의 배치규정으로 옳지 않은 것을 고르면?

① 띠철근은 모든 모서리에 있는 종방향철근과 하나 건너 있는 종방향철근이 135° 이하로 구부린 띠철근의 모서리에 의해 횡지지되어야 한다.

② 띠철근을 따라 횡지지된 인접한 축방향철근의 순간격이 150mm 이상 떨어진 경우에 추가 띠철근을 배치하여야 하며, 구조물 단면이 원형인 경우에는 원형띠철근을 사용할 수 있다.

③ 기초판 또는 슬래브의 윗면에 연결되는 기둥의 첫 번째 띠철근 간격은 다른 띠철근 간격의 1/2 이하로 하여야 한다.

④ 현장치기콘크리트 공사에서 나선철근 지름은 10mm 이상으로 하여야 한다.

⑤ 나선철근의 순간격은 25mm 이상 75mm 이하이어야 한다.

15

다음 중 강구조 접합부 설계 관련 용어 정의 및 규정이 옳지 않은 것을 고르면?

① 접합부: 2개 이상의 부재 사이에 힘을 전달하는 데 사용되는 구조요소 또는 조인트의 집합체

② 파스너: 볼트, 리벳 또는 다른 연결기구 등을 총괄해서 지칭하는 용어

③ 스캘럽: 용접접합부에 있어서 용접이음새나 받침쇠의 관통을 위해 또한 용접이음새끼리의 교차를 피하기 위해 설치하는 원호상의 구멍이며, 용접 접근공이라고도 한다.

④ 단순접합: 설계도서에서 별도 지정이 없는 한 작은보, 큰보 또는 트러스의 단부접합은 일반적으로 반력에 따른 전단력에 대해서만 설계한다.

⑤ 기둥이음부의 고장력볼트 및 용접이음은 이음부의 응력을 전달함과 동시에 이들 인장내력은 접합재 압축강도의 1/2 이상이 되도록 한다.

16

다음 중 녹막이 칠에 적합하지 않은 도료를 고르면?

① 광명단

② 크레오소트유

③ 아연분말 도료

④ 역청질 도료

⑤ 징크로메이트

전공 기출복원

17

다음 중 아스팔트 방수공사에 대한 설명으로 옳은 것을 고르면?

① 아스팔트의 용융 중에는 최소한 30분에 1회 정도로 온도를 측정하며, 접착력 저하 방지를 위하여 200℃ 이하가 되지 않도록 한다.

② 아스팔트 프라이머의 품질로서 건조시간은 8시간 이내로 하고, 비중은 용제계는 1 이상, 에멀션계는 1.05 이상으로 유지해야 한다.

③ 지붕방수에는 침입도가 작고 연화점(軟火点)도 작은 것을 사용한다.

④ 아스팔트 용융 솥은 가능한 한 시공장소와 먼 곳에 설치한다.

⑤ 방수용 아스팔트의 종별 용융온도는 1종일 경우 180~190℃ 정도로 유지한다.

18

다음 중 바깥방수와 비교한 안방수의 특징으로 옳지 <u>않은</u> 것을 고르면?(단, 지하 1층 바닥 부분의 방수 공사로 한정한다.)

① 공사가 간단하다.
② 공사비가 비교적 싸다.
③ 보호누름이 필요하다.
④ 수압이 큰 곳에 이용된다.
⑤ 하자 발생 시 보수가 간편하다.

19

다음 중 매스콘크리트와 재료 선정에 대한 설명으로 옳지 <u>않은</u> 것을 고르면?

① 평판구조의 두께가 0.8m 이상, 하단이 구속된 벽의 경우 0.5m 이상이면 매스콘크리트라고 한다.
② 프리스트레스트 콘크리트 구조물 등 부배합의 콘크리트가 쓰이는 경우에는 더 얇은 부재라도 구속조건에 따라 대상이 될 수 있다.
③ 굵은 골재의 최대 치수는 작업성이나 건조수축 등을 고려하여 되도록 작은 값을 사용하여야 한다.
④ 배합 시 잔골재율을 낮추고 흡수율이 낮고 온도팽창이 작은 석회석 골재를 사용한다.
⑤ 소요의 품질을 만족시키는 범위 내에서 단위 시멘트량이 적어지도록 배합을 선정하여야 한다.

20

다음 중 콘크리트에 포졸란 혼입 시의 특징으로 옳지 <u>않은</u> 것을 고르면?

① 시공연도(Workability) 개선 효과
② 재료, 분리, Bleeding 감소
③ 수밀성 향상
④ 단위수량 증대, 수화열 증대
⑤ 초기 강도 감소, 장기 강도 증가

21

다음 중 스터드 필릿용접 규정으로 옳은 것을 고르면?

① 용접덧살은 높이 1mm, 폭 1.5mm 이상으로 한다.
② 용접부의 균열 및 슬래그 혼입이 없어야 한다.
③ 깊이 2.5mm 이상의 언더컷은 없어야 한다.
④ 스터드의 마무리 높이는 설계 치수의 ±10mm 이내로 한다.
⑤ 스터드의 기울기는 15° 이내로 한다.

22

다음 중 미장공사 결함 원인 및 대책으로 옳지 <u>않은</u> 것을 고르면?

① 백화현상을 방지하기 위해서는 물시멘트비(W/C)를 낮추어 시공하는 것이 좋다.
② 미장면의 균열 발생을 방지하기 위해서는 경화 시 물 뿌리기를 금지해야 한다.
③ 미장재료 탈락현상을 방지하기 위해서는 접착력 증진을 위한 보조재료를 사용하는 것이 좋다.
④ 미장바름은 가능한 한 얇게 여러 번 바르는 것이 좋다.
⑤ 콘크리트 바닥면의 바닥은 정벌두께를 24mm로 보며, 바탕면의 상태에 따라 ±10%의 오차를 둘 수 있다.

23

다음 중 타일 대형(내부일반)의 줄눈 폭으로 옳은 것을 고르면?

① 2~3mm
② 3~4mm
③ 4~5mm
④ 5~6mm
⑤ 9~10mm

24

다음 중 6층 이상의 거실면적 합계가 9,000m^{2}이고, 층수가 10층인 병원에 설치할 수 있는 승용승강기의 최소 대수를 고르면?(단, 8인승 승강기를 기준으로 한다.)

① 2대　　② 3대　　③ 4대
④ 5대　　⑤ 6대

25

부설주차장의 주차단위구획과 접하여 있는 주차형식을 결정하려고 한다. 해당 차로의 너비를 4m로 계획할 경우 허용할 수 없는 경우의 주차형식을 고르면?(단, 총주차대수 규모가 8대 이하인 자주식 주차장으로 지평식에 한한다.)

① 교차주차
② 45° 대향주차 또는 평행주차
③ 직각주차
④ 60° 대향주차 또는 평행주차
⑤ 평행주차

26

다음 건축법의 빈칸 ㉠~㉣에 들어갈 내용을 바르게 짝지은 것을 고르면?

> 허가권자는 (㉠)시설 또는 (㉡)시설에 해당하는 건축물의 건축을 허가하는 경우 당해 대지에 건축하고자 하는 건축물의 용도·규모 또는 형태가 (㉢)환경 또는 (㉣)환경 등 주변 환경을 감안할 때 부적합하다고 인정하는 경우에는 이 법 또는 다른 법률의 규정에 불구하고 건축위원회의 심의를 거쳐 건축허가를 하지 아니할 수 있다.

	㉠	㉡	㉢	㉣
①	위락	주거	교육	생산
②	위락	숙박	주거	교육
③	위락	상업	생산	제조
④	공업	교육	제조	교육
⑤	상업	공업	상점	공장

27

다음은 특별건축구역 가이드라인 규정에 따른 특별건축구역 내 특례 적용이 가능한 건축물의 용도별 적용규모이다. 이에 대한 설명으로 옳지 <u>않은</u> 것을 고르면?

① 문화 및 집회시설: 2,000m^2 이상
② 업무시설: 3,000m^2 이상
③ 노유자시설: 500m^2 이상
④ 공동주택: 50세대 이상
⑤ 운수시설: 2,000m^2 이상

28

다음은 건축법령에 따른 지역의 일조권 확보에 대한 규정이다. 빈칸 ㉠~㉣에 들어갈 내용을 바르게 짝지은 것을 고르면?

(㉠)주거지역이나 (㉡)주거지역에서 건축물을 건축하는 경우에는 건축물의 각 부분을 (㉢) 방향으로의 인접 대지경계선으로부터 다음 각 범위에서 건축조례로 정하는 거리 이상을 띄어 건축하여야 한다. 높이 (㉣)m 이하인 부분은 인접 대지경계선으로부터 (㉤)m 이상, 높이 (㉣)m를 초과하는 부분은 인접 대지경계선으로부터 해당 건축물 각 부분 높이의 2분의 1 이상을 이격하여 건축한다.

	㉠	㉡	㉢	㉣	㉤
①	전용	일반	정북	10	1.5
②	일반	준	정남	8	1.5
③	전용	준	정북	10	1.5
④	전용	일반	정북	9	1.5
⑤	전용	일반	정남	8	1.8

29

다음 중 건축법령 등에 따른 건축물의 면적 등의 산정방법으로 옳지 않은 것을 고르면?

① 층고는 방의 바닥구조체 윗면으로부터 위층 바닥구조체의 윗면까지의 높이로 한다.
② 처마높이는 지표면으로부터 건축물의 지붕틀 또는 이와 비슷한 수평재를 지지하는 벽·깔도리 또는 기둥의 상단까지의 높이로 한다.
③ 지하주차장의 경사로는 건축면적에 산입하지 않는다.
④ 옥상·옥외 또는 지하에 설치하는 물탱크 등 유사한 것은 바닥면적에 산입하지 아니한다.
⑤ 단열재를 외벽의 외측에 설치하는 공법을 적용한 건물은 외벽 중 외측 내력벽의 중심선을 기준으로 산정한 면적을 바닥면적으로 한다.

30

다음 그림과 [조건]은 2개소 이상의 직통계단을 설치하는 건물의 규정을 나타낸 것이다. 이에 대한 설명으로 옳지 않은 것을 고르면?

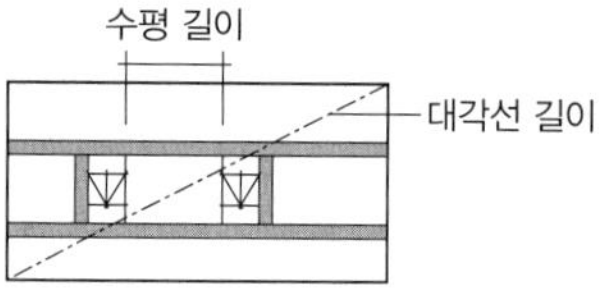

조건

㉠ 외벽 각 변 중 긴 길이는 72m이다.
㉡ 평면 그림에서 대각선길이는 90m이다.
㉢ 피난층이 아닌 층이다.
㉣ 공동주택이 아니며, 지하층이 아니며, 공장도 아니다.

① 가장 멀리 위치한 직통계단 2개소의 출입구 간의 가장 가까운 직선거리(수평길이)는 45m 이상이 되어야 한다.
② 스프링클러 또는 그 밖에 이와 비슷한 자동식 소화설비를 설치한 경우에는 30m 이상이 되어야 한다.
③ 각 직통계단 간에는 각각 거실과 연결된 복도 등 통로가 있어야 한다.
④ 주요구조부가 내화구조 또는 불연재료의 건축물인 경우 가장 먼 거실에서 계단실까지 직선거리가 50m 이하가 되어야 한다.
⑤ 조건의 외벽 각 변 중 긴 길이는 계단 수평길이(직선거리) 규정에 영향을 미치지 않는다.

전공 기출복원 모의고사(건축설비)

정답과 해설 P.90

01

다음 [보기]에서 급탕 설비에 대한 설명으로 옳지 않은 것을 모두 고르면?

보기

㉠ 급수 및 급탕설비의 배관 시험은 수도직결방식일 경우 최소 1MPa, 60분간 실시해야 한다.
㉡ 중앙식 급탕방식은 초기에 설비비가 많이 소요되며, 가열장치의 총용량을 크게 해야 한다.
㉢ 중앙식 급탕방식은 긴 배관이 필요 없으므로 배관에서의 열손실이 적다.
㉣ 급탕설비에서 복관식을 설치하면 설비비용은 저렴하나 즉시 뜨거운 물이 나오기 어렵다.
㉤ 기수혼합식은 증기를 열원으로 하는 급탕방식으로 열효율이 높다.

① ㉠, ㉤
② ㉠, ㉢, ㉣
③ ㉡, ㉢, ㉣
④ ㉠, ㉡, ㉢, ㉣
⑤ ㉠, ㉡, ㉢, ㉣, ㉤

02

다음 설명과 가장 관계가 깊은 것을 고르면?

- 밀폐가 된 용기에 있는 비압축성 유체에 힘을 가할 때 압력은 유체의 모든 지점에 같은 크기의 압력으로 전달된다는 원리이다.
- 유체의 압력은 어느 방향이나 동일하므로, 작은 힘을 가해 무거운 물체를 올릴 수 있게 해준다는 유압 장치의 원리이다.

① 뉴턴의 점성법칙
② 베르누이의 정리
③ 보일–샤를의 법칙
④ 오일러의 상태방정식
⑤ 파스칼의 원리

03

급수펌프에 대한 용량을 검토하려고 할 때, 펌프의 축동력을 고르면?(단, 펌프의 전양정은 61.2m, 양수량은 $60m^3$/h, 효율은 50%이다.)

① 약 5kW ② 약 10kW ③ 약 20kW
④ 약 30kW ⑤ 약 40kW

04

건축물의 설비기준 등에 관한 규칙상 공동주택과 오피스텔의 난방설비를 개별난방방식으로 하는 경우에 대한 기준으로 적합하지 <u>않은</u> 것을 고르면?

① 보일러는 거실 외의 곳에 설치하되, 보일러를 설치하는 곳과 거실 사이의 경계벽은 출입구를 제외하고는 내화구조의 벽으로 구획할 것
② 보일러실의 윗부분에는 그 면적이 $0.5m^2$ 이상인 환기창을 설치하고, 보일러실의 윗부분과 아랫부분에는 각각 지름 10센티미터 이상의 공기흡입구 및 배기구를 항상 열려있는 상태로 바깥공기에 접하도록 설치할 것(다만, 전기보일러의 경우에는 그러하지 아니함)
③ 보일러실과 거실 사이의 출입구는 그 출입구가 닫힌 경우에는 보일러가스가 거실에 들어갈 수 없는 구조로 할 것
④ 공동주택의 경우에는 난방구획을 방화구획으로 구획할 것
⑤ 보일러의 연도는 내화구조로서 공동연도로 설치할 것

05

다음 중 증기난방의 설명으로 옳은 것을 고르면?

① 예열시간이 느리다.
② 리턴 콕과 증기트랩은 필수적이다.
③ 스팀해머가 발생할 수 있지만 배관 지름이 작아도 무방하고 전체 설비비용은 낮은 편이다.
④ 표준방열량이 낮아서 상당 방열면적은 작아진다.
⑤ 열용량이 커서 간헐난방에 적합하다.

06

다음 중 급탕배관에 이용하는 신축이음쇠의 종류에 대한 설명으로 옳지 않은 것을 고르면?

① 슬리브형(Sleve Type): 배관의 고장이나 건물의 손상을 방지한다.
② 벨로즈형(Belows Type): 온도 변화에 따른 관의 신축을 벨로즈의 변형에 의해 흡수한다.
③ 볼 조인트(Ball Joint): 2개 이상의 엘보(Elbow)를 이용하여 신축을 흡수한다.
④ 신축곡관(Expansion Lop): 고압 옥외 배관에 사용할 수 있으나 1개의 신축길이가 길다. 다만, 고장이 거의 나지 않는다.
⑤ 스위블 조인트(Swivel Joint): 방열기 근처의 조인트로 이용되는 것으로서 접합부품의 회전으로 신축을 흡수하는데, 누수의 우려가 크다.

07

다음 중 배관을 휘거나 구부려 연결하는 데 쓰이는 배관 부속류로 구성된 것을 고르면?

① 플러그, 캡　② 엘보, 벤드　③ 크로스, 티
④ 소켓, 플랜지　⑤ 크로스, 캡

전공 기출복원

08

다음 중 청소구(Clean Out)의 설치 위치로 적절하지 않은 곳을 고르면?

① 배수 수평주관 및 배수 수평지관의 기점
② 배수 수평주관과 옥외배수관의 접속장소와 가까운 곳
③ 배수 수직관의 최하부
④ 배수관이 45° 이하의 각도로 방향을 바꾸는 곳
⑤ 수평배관이 길 경우 관경이 100mm 이하는 15m 이내, 100mm 초과는 30m 이내마다 설치

09

외관상 배관으로 불리는, 배관용 탄소강관에 아연도금을 처리한 배관 중 상수도 급수를 목적으로 제작되는 배관을 고르면?

① SPP　　② SPPW　　③ SPPS
④ SPS　　⑤ STH

10

옥내소화전설비의 배관설비로서 배관 내 사용압력이 1.2MPa 이상일 경우에 사용하기 적절한 것을 고르면?

① 배관용 탄소 강관(KS D 3507)
② 이음매 없는 구리 및 구리합금관(KS D 5301)
③ 배관용 Sts(스테인리스) 강관(KS D 3576)
④ 일반 배관용 Sts(스테인리스) 강관(KS D 3595)
⑤ 배관용 아크 용접 탄소강 강관(KS D 3583)

11

다음 중 배관 및 밸브 설비에 대한 설명으로 옳지 않은 것을 고르면?

① 신정통기관은 배수수직관의 상부를 그대로 연장하여 대기에 개방하는 것으로, 배수수직관의 관경보다 작게 해서는 안 된다.
② 글로브밸브는 배관 내 공기의 체류를 유발하거나 또는 유체 마찰저항이 크므로 슬루스 밸브를 사용하는 것이 좋다.
③ 콕 밸브는 플러그 밸브라고 하여 원뿔형에 구멍을 뚫어 90도로 돌려 개폐하는 방식이며, 체크밸브는 유체를 한 방향으로 흐르게 하고 반대 방향으로는 흐르지 못하게 하는 밸브이다.
④ 급탕배관의 경우 신축·팽창을 흡수 처리하기 위해 강관은 20m, 동관은 30m마다 신축이음을 1개씩 설치하는 것이 좋다.
⑤ 대변기의 플러시 밸브에서 버큠 브레이커(Vacuum Breaker)의 역할은 오염된 물이 역사이펀작용으로 인해 음용수 계통(상수 계통)으로 역류하는 것을 차단하여 급수계통을 오염으로부터 보호해 주는 것이다.

12

양수 펌프의 회전수를 기존보다 2배 증가시켰을 경우 양정의 변화로 옳은 것을 고르면?

① 2배 감소
② 2배 증가
③ 4배 증가
④ 8배 증가
⑤ 변화 없음

13

다음 중 변전실에 대한 설명으로 옳지 않은 것을 고르면?

① 안전한 곳을 선정해야 한다면 부하의 중심에서 멀리 설치하는 것이 좋다.
② 외부로부터 전력의 수전이 용이해야 한다.
③ 발전기실과 가능한 한 근접한 장소에 설치한다.
④ 용이한 장소에 설치하여 간선의 배선과 점검·유지보수가 용이하면 좋다.
⑤ 침수의 피해가 없는 곳에 설치해야 한다.

14

다음 중 펌프의 양정과 유량에 대한 설명으로 옳지 않은 것을 고르면?

① 펌프가 물과 같은 액체를 어느 정도까지 높이 또는 멀리 보낼 수 있는가를 나타내는 것을 펌프의 양정이라고 한다.
② 일반적으로 펌프의 양정은 높이로 표현하며, m 단위를 사용한다.
③ 동일한 펌프가 많은 양의 물을 보낼 때에는 적은 양의 물을 보낼 때보다 더 낮은 높이까지만 송수가 가능하다.
④ 양정곡선은 대체로 양정과 유량이 비례하는 것으로 곡선으로 표현된다.
⑤ 유체의 속도가 빠르면 유량이 커지나, 저항력(관 내 마찰손실수두는 속도의 제곱에 비례)도 같이 커지게 되어 실제 유량은 예상보다 적다.

15

다음 중 단열재의 열전도저항이 1.5m^2·K/W이고 열전도율이 0.01W/m·K일 때의 단열재 두께를 고르면?

① 15mm ② 30mm ③ 40mm
④ 45mm ⑤ 60mm

16

다음 중 피난용승강기 설치기준에 대한 설명으로 옳은 것을 고르면?

① 승강장의 벽체를 제외한 부분은 해당 건축물의 다른 부분과 내화구조의 바닥 및 벽으로 구획할 것
② 승강장은 각 층의 내부와 연결될 수 있도록 하되, 그 출입구에는 30+방화문 또는 30분방화문을 설치할 것
③ 실내에 접하는 부분의 마감은 난연재료로 할 것
④ 배연설비와 제연설비를 모두 갖추어야 할 것
⑤ 정전 시 별도의 예비전원 설비는 초고층 건축물의 경우에는 2시간 이상, 준초고층 건축물의 경우에는 1시간 이상 작동이 가능한 용량일 것

17

다음 중 연결송수관설비의 화재안전성능기준으로 옳은 것을 고르면?

① 연성계란 대기압 이하의 압력을 측정하는 계측기를 말하며, 진공계란 대기압 이상의 압력과 대기압 이하의 압력을 측정할 수 있는 계측기를 말한다.
② 연결송수관설비의 송수구는 지면으로부터 높이가 1.2m 이상 1.5m 이하의 위치에 설치한다.
③ 송수구에는 그 가까운 곳의 보기 쉬운 곳에 송수압력범위를 표시한 표지를 한다.
④ 송수구는 연결송수관의 수직배관마다 반드시 2개 이상을 설치한다.
⑤ 주 배관의 구경은 50mm 이상의 것으로 하되, 주 배관의 구경이 50mm 이상인 옥내소화전설비의 배관과는 겸용할 수 있다.

18

다음 중 옥외소화전설비의 화재안전기준으로 옳지 않은 것을 고르면?

① 특정소방대상물에 설치된 옥외소화전(2개 이상 설치된 경우에는 2개의 옥외소화전)을 동시에 사용할 경우 각 옥외소화전의 노즐선단에서의 방수압력이 0.25MPa 이상이고, 방수량이 350L/min 이상이 되는 성능의 것으로 한다.

② 옥외소화전설비의 수원은 그 저수량이 옥외소화전의 설치개수(옥외소화전이 2개 이상 설치된 경우에는 2개)에 $7m^3$를 곱한 양 이상이 되도록 해야 한다.

③ 펌프는 전용으로 하되, 다른 소화설비와 겸용하는 경우 각각의 소화설비의 성능에 지장이 없을 때에는 그렇지 않다.

④ 펌프의 흡입 측에는 압력계를 체크밸브 이전에 펌프 토출 측 플랜지에서 가까운 곳에 설치하고, 토출 측에는 연성계 또는 진공계를 설치하되, 수원의 수위가 펌프의 위치보다 높거나 수직회전축펌프의 경우에는 연성계 또는 진공계를 설치하지 않을 수 있다.

⑤ 기동용수압개폐장치 중 압력챔버를 사용할 경우 그 용적은 100L 이상의 것으로 한다.

19

다음 중 팬코일유닛방식(FCU; Fan Coil Unit system)에 대한 설명으로 옳지 않은 것을 고르면?

① 실내용 소형 공조기(Fan Coil Unit)를 각 실에 설치하여 중앙 기계실로부터 냉·온수를 공급하는 방식이다.

② 각 실의 개별제어에 적합한 방식이나, 다수 유닛을 분산 설치하여 보수관리가 곤란하다.

③ 팬코일유닛의 증설만으로 장래 부하 증가에 대비할 수 있다.

④ 오염에 대한 자체 정화능력이 크지 않기 때문에 상시 오염이 발생하는 장소에는 적합하지 않다.

⑤ 호텔 로비, 극장이나 방송국 스튜디오 등 실용적이 큰 실에 적합하다.

20

다음 중 스프링클러설비의 화재안전성능기준으로 옳지 않은 것을 고르면?

① 습식스프링클러설비란 가압송수장치에서 폐쇄형스프링클러헤드까지 배관 내에 항상 물이 가압되어 있다가 화재로 인한 열로 폐쇄형스프링클러헤드가 개방되면 배관 내에 유수가 발생하여 습식유수검지장치가 작동하게 되는 스프링클러설비이다.

② 준비작동식스프링클러설비란 가압송수장치에서 준비작동식유수검지장치 1차 측까지 배관 내에 항상 물이 가압되어 있고, 2차 측에서 폐쇄형스프링클러헤드까지 대기압 또는 저압으로 있다가 화재발생시 감지기의 작동으로 준비작동식밸브가 개방되면 폐쇄형스프링클러헤드까지 소화수가 송수되고, 폐쇄형스프링클러헤드가 열에 의해 개방되면 방수가 되는 방식의 스프링클러설비이다.

③ 송수구는 구경 65mm의 쌍구형으로 설치하고, 지면으로부터 높이가 1.5m 이상 1.8m 이하의 위치에 설치한다.

④ 송수구의 가까운 부분에 자동배수밸브(또는 직경 5mm의 배수공) 및 체크밸브를 설치한다.

⑤ 스프링클러설비의 음향장치 및 기동장치는 습식유수검지장치 또는 건식유수검지장치를 사용하는 설비에 있어서는 헤드가 개방되면 유수검지장치가 화재신호를 발신하고 그에 따라 음향장치가 경보되도록 한다.

21

다음 [보기]에서 신에너지를 모두 고르면?

보기
㉠ 수소에너지 ㉡ 폐기물에너지 ㉢ 연료전지를 통한 에너지 ㉣ 원자력에너지 ㉤ 바이오에너지

① ㉠, ㉡　② ㉠, ㉢　③ ㉣, ㉤
④ ㉠, ㉡, ㉢　⑤ ㉠, ㉡, ㉢, ㉣, ㉤

22

실내의 환경조건의 변화로서 등온가습을 하였을 때, 습공기선도에서의 변화로 옳지 않은 것을 고르면?

① 엔탈피가 증가
② 비체적 증가
③ 절대습도 증가
④ 포화수증기압 증가
⑤ 노점온도 증가

23

다음 설명에 해당하는 엘리베이터(승강기)의 작동 부품(장치)을 고르면?

카의 하강 속도가 기기의 일정 부하 이상에 이르면 승강기 근처에서 가이드 레일을 잡아 강제적으로 카를 정지시키는 장치이다. 조속기의 동작에 의하여 작동되며, 엘리베이터를 안전하게 잡아주는 장치이다.

① 조속기
② 상하 리미트 스위치
③ 도어 인터록 스위치
④ 비상정지장치
⑤ 세이프티 슈(Safety Shoe)

24

평균재현주기 500년에 해당하는 국가수준의 지진구역계수 Z 값에 '0.07'을 사용하는 경우를 고르면?

① 서울
② 인천
③ 원주
④ 동해
⑤ 제주

25

6층 이상인 건축물로서 배연설비를 해야 하는 용도의 경우로 옳지 않은 것은?

① 제2종 근린생활시설 중 공연장, 종교집회장 용도로 사용되는 바닥면적의 합계가 300m^2 이상인 경우
② 문화 및 집회시설
③ 종교시설
④ 교육연구시설 중 학교
⑤ 노유자시설 중 아동 관련 시설, 노인복지시설(노인요양시설은 제외)

26

다음 중 제1종 근린생활시설이 아닌 것을 고르면?

① 의원 ② 이용원 ③ 세탁소
④ 목욕장 ⑤ 일반음식점

27

다음 중 건축법 시행령상 직통계단을 2개소 이상 설치하여야 하는 경우가 아닌 것을 고르면?(단, 각각의 건축물은 총 지상 4층이고, 피난층 또는 지상으로 통하는 출입구가 있는 층은 1층이며, 각 경우는 해당 용도 및 규모로만 4층에 계획한다.)

① 내과 병원의 용도로 쓰는 층으로서 그 층의 해당 용도로 쓰는 거실의 바닥면적의 합계가 200m^{2}인 경우
② 장애인 의료재활시설의 용도로 쓰는 층으로서 그 층의 해당 용도로 쓰는 거실의 바닥면적의 합계가 200m^{2}인 경우
③ 제2종 근린생활시설 중 종교시설의 용도로 쓰는 층으로서 그 층에서 종교집회장의 용도로 쓰는 바닥면적의 합계가 300m^{2}인 경우
④ 4세대의 공동주택의 용도로 쓰는 층으로서 그 층의 해당 용도로 쓰는 거실의 바닥면적의 합계가 500m^{2}인 경우
⑤ 제2종 근린생활시설이 아닌 위락시설로 쓰이는 층으로서 그 층에서 주점에 해당하는 용도로 쓰이는 바닥면적의 합계가 200m^{2}인 경우

28

다음은 비피난 층에서 계단실 또는 피난층 계단실에서 출입구까지의 보행 최대거리에 대한 기준이다. 빈칸에 들어갈 내용으로 적절하지 않은 것을 고르면?

> 지하층에 설치하는 것으로서 바닥면적의 합계가 300m^2 이상인 (　　)은 주요 구조부가 내화구조 또는 불연재료임에도 30m 이하로 해야 한다.

① 공연장　② 집회장　③ 교육장
④ 관람장　⑤ 전시장

29

공연장의 개별관람실 바닥면적이 1,000m^2이며 출구에 대한 설치규정에서 1개 출구의 유효너비가 모두 1.8m일 때, 출구 개소는 최소 몇 개 이상 필요한지 고르면?

① 2개 이상　② 3개 이상　③ 4개 이상
④ 5개 이상　⑤ 6개 이상

30

다음 중 건축법령상 용도분류로서 단독주택에 속하는 것을 고르면?

① 공관(公館)　② 아파트　③ 연립주택
④ 다세대주택　⑤ 기숙사

전공 기출복원 모의고사(전기이론)

정답과 해설 P.94

01

직류발전기에서 유기되는 기전력은 몇 [V]인지 고르면?(단, 자극수는 10, 자속은 0.01[wb], 전기자 도체수는 60, 회전수는 600[rpm]이며 단중 파권이라 한다.)

① 10[V]　② 20[V]　③ 30[V]
④ 40[V]　⑤ 50[V]

02

다음 중 $R-L-C$ 직렬 공진회로에 대한 설명으로 옳지 않은 것을 고르면?

① 직렬공진 조건은 $wL=\frac{1}{wC}$이다.

② 직렬공진 주파수 $f=\frac{1}{2\pi\sqrt{LC}}$[Hz]이다.

③ 직렬공진에서의 어드미턴스 $Y=\frac{L}{CR}$이다.

④ 직렬공진에서의 전류는 최대가 된다.

⑤ 직렬공진에서의 첨예도(=양호도) $Q=\frac{1}{R}\sqrt{\frac{L}{C}}$이다.

03

전압과 전류가 다음과 같을 때, 전력은 몇 [W]인지 고르면?

$$V=40+j30[\text{V}],\ I=30+j10[\text{A}]$$

① 500[W]　② 1,000[W]　③ 1,500[W]
④ 2,000[W]　⑤ 2,500[W]

04

다음 중 전기력선에 대한 특징으로 옳지 않은 것을 고르면?

① 전기력선은 양전하에서 시작해서 음전하에서 끝난다.
② 두 개의 전기력선은 서로 교차하지 않는다.
③ 전기력선은 등전위면과 수직으로 교차한다.
④ 임의의 점에서의 전계의 세기는 전기력선의 밀도와 같다.
⑤ 전기력선은 자신만으로 폐곡선을 이룬다.

05

다음 중 인덕턴스 L[H], 자기저항 R_m에 대한 설명으로 옳지 않은 것을 고르면?

① 인덕턴스는 권수 N의 제곱에 비례한다.
② 인덕턴스는 자기저항 R_m에 반비례한다.
③ 자기저항은 투자율 μ에 반비례한다.
④ 자기저항은 자로의 길이 l에 비례한다.
⑤ 인덕턴스 $L=\frac{\mu S^2 N^2}{l}$[H]으로 나타낸다.

06

다음 중 전자계에서 파동임피던스(고유임피던스) Z_0를 나타낸 식으로 옳은 것을 고르면?(E: 전계의 세기, H: 자계의 세기, μ: 투자율, ε: 유전율)

① $Z_0=\frac{H}{E}[\Omega]$
② $Z_0=\sqrt{\frac{\mu_s}{\varepsilon}}[\Omega]$
③ $Z_0=\sqrt{\frac{\varepsilon_s}{\mu}}[\Omega]$
④ $Z_0=377\sqrt{\frac{\mu_s}{\varepsilon}}[\Omega]$
⑤ $Z_0=\frac{1}{120\pi}[\Omega]$

07

다음 중 $R-L-C$ 직렬 공진회로에서 양호도 Q에 대한 설명으로 옳지 않은 것을 고르면?

① 양호도 Q는 저항 R에 반비례한다.

② 양호도 Q는 인덕턴스 L에 반비례한다.

③ 양호도 Q는 캐패시턴스 C에 반비례한다.

④ 양호도 $Q=\frac{1}{wCR}$가 된다.

⑤ 양호도 $Q=\frac{1}{R}\sqrt{\frac{L}{C}}$가 된다.

08

다음 중 두 전하 Q_1, Q_2 사이에 작용하는 힘에 대한 설명으로 옳지 않은 것을 고르면?

① 두 전하 사이에 작용하는 힘을 쿨롱의 힘이라고 한다.

② 두 전하 사이에 작용하는 힘은 두 전하 사이의 거리의 제곱에 반비례한다.

③ Q_1은 양전하, Q_2는 음전하라 하면 두 전하 사이에는 반발력의 힘이 작용한다.

④ 두 전하 사이에 작용하는 힘은 두 전하의 곱에 비례한다.

⑤ 두 전하 사이에 작용하는 힘은 비유전율에 따라 달라진다.

09

어떤 회로에 전압 $V=2+j5$[V]를 가했을 때 전류 $I=3+j4$[A]가 흘렀다. 이때의 임피던스 Z[Ω]를 고르면?

① $\frac{1}{25}(26+j7)$[Ω]

② $\frac{1}{25}(26-j7)$[Ω]

③ $\frac{1}{25}(6+j27)$[Ω]

④ $25\left(\frac{1}{26}+j7\right)$[Ω]

⑤ $\frac{1}{25}\left(26+j\frac{7}{25}\right)$[Ω]

10

OSI 7계층에서 각 프로세서들의 유용한 정보를 교환이 가능한 층으로 최상위층에 해당하는 계층을 고르면?

① 물리 계층
② 데이터 링크 계층
③ 전송 계층
④ 세션 계층
⑤ 응용 계층

11

다음과 같은 $R-L$회로에서 전달함수 $\frac{V_0}{V_i}$를 고르면?

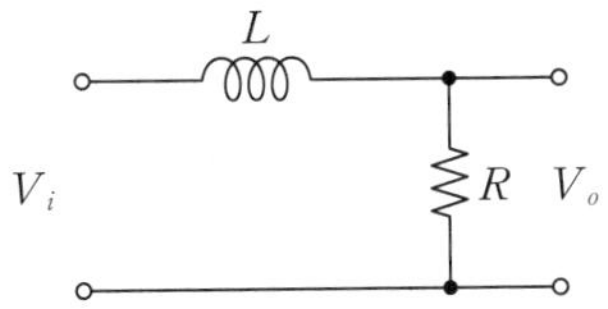

① $\frac{R}{Ls+R}$
② $\frac{R}{Ls-R}$
③ $\frac{R}{L+R}$
④ $\frac{R}{L+sR}$
⑤ $\frac{Rs}{Ls+R}$

12

다음 중 동기발전기의 병렬운전 조건으로 옳지 않은 것을 고르면?

① 기전력의 크기가 같아야 한다.
② 기전력의 위상이 같아야 한다.
③ 기전력의 주파수가 같아야 한다.
④ 기전력의 파형이 같아야 한다.
⑤ 상회전 방향은 반대 방향이어야 한다.

13

다음 중 직류발전기의 전기자 반작용의 방지책으로 옳지 않은 것을 고르면?

① 보상권선을 설치한다.
② 보극을 설치한다.
③ 계자기자력을 크게 한다.
④ 자기저항을 크게 한다.
⑤ 평균리액턴스 전압을 작게 한다.

14

전기쌍극자에 의한 전계의 세기 E와 쌍극자로부터 떨어진 거리 r[m]과의 관계로 옳은 것을 고르면?

① E는 r에 비례한다.
② E는 r에 반비례한다.
③ E는 r의 제곱에 비례한다.
④ E는 r의 제곱에 반비례한다.
⑤ E는 r의 세제곱에 반비례한다.

15

다음 중 표피효과에 관한 설명으로 옳지 않은 것을 고르면?

① 도선의 중심부로 갈수록 전류밀도가 적어지는 현상을 말한다.
② 표피효과는 주파수 f가 클수록 커진다.
③ 표피효과는 도전률 σ이 클수록 작아진다.
④ 표피효과는 투자율 μ이 클수록 작아진다.
⑤ 표피효과는 침투깊이 δ가 작을수록 커진다.

16

다음 중 자기회로에 이용되는 강자성체에 대한 설명으로 옳지 않은 것을 고르면?

① 고투자율의 특성을 나타낸다.
② 자구가 존재한다.
③ 포화 특성을 가지고 있다.
④ 히스테리시스 특징을 나타낸다.
⑤ 강자성체로는 공기, 알루미늄이 있다.

17

다음과 같은 회로에서 2[A]의 전류가 흐른다고 할 때, 인가된 전압이 몇 [V]인지 고르면?

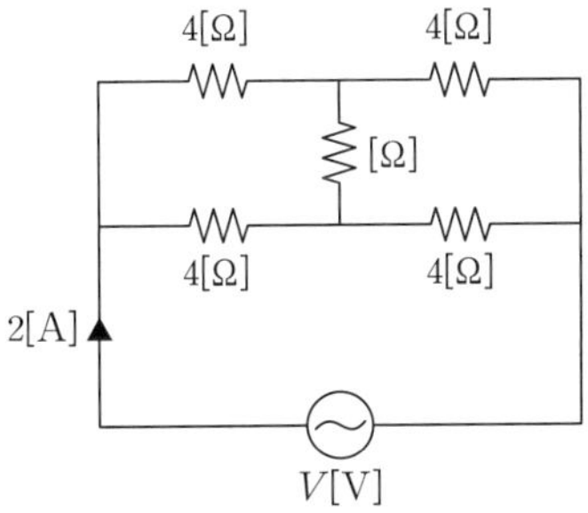

① 4[V]
② 6[V]
③ 8[V]
④ 10[V]
⑤ 12[V]

18

다음 반도체 소자 중 2단자이며 쌍방향성인 반도체를 고르면?

① SCR
② SCS
③ TRIAC
④ GTO
⑤ SSS

19

단상 전파 정류회로의 직류전압이 몇 [V]인지 고르면?(단, 변압기 2차권선의 상전압은 100[V]이며, 이때 소자의 전압 강하는 무시한다.)

① 45[V] ② 90[V] ③ 135[V]
④ 180[V] ⑤ 220[V]

20

다음 중 농형 유도전동기의 기동법이 아닌 것을 고르면?

① 전전압 기동법 ② Y－△ 기동법 ③ 리액터 기동법
④ 기동보상기 기동법 ⑤ 2차 저항 기동법

21

정교류를 직류로 변환하는 것을 정류라고 할 때, 정류 개선책으로 옳지 않은 것을 고르면?

① 정류주기를 길게 한다.
② 보극을 설치한다.
③ 평균리액턴스 전압을 적게 한다.
④ 전절권을 사용한다.
⑤ 인덕턴스를 적게 한다.

22
다음 중 직류전동기의 속도제어법에 대한 설명으로 옳지 <u>않은</u> 것을 고르면?

① 계자제어법은 정출력 제어가 가능하다.
② 효율이 가장 좋은 제어법은 전자제어법이다.
③ 워드레오나드 방식은 전압제어법에 해당한다.
④ 일그너 방식은 소형부하에 이용된다.
⑤ 저항제어법은 손실이 크므로 잘 사용하지 않는다.

23
다음 직류기의 손실 중 고정손이 <u>아닌</u> 것을 고르면?

① 철손　② 베어링손　③ 마찰손
④ 풍손　⑤ 표유부하손

24
다음 중 동기발전기의 반작용에 대한 설명으로 옳지 <u>않은</u> 것을 고르면?

① 횡축 반작용을 증자 작용이라 한다.
② 횡축 반작용 시 전기자전류와 유기기전력은 동위상 관계에 있다.
③ 직축 반작용에는 감자 작용과 증자 작용이 있다.
④ 감자 작용 시 전기자전류는 유기기전력보다 $\frac{\pi}{2}$만큼 위상이 늦은 관계에 있다.
⑤ 증자 작용 시 전기자전류는 유기기전력보다 $\frac{\pi}{2}$만큼 위상이 빠른 관계에 있다.

25

다음 중 근거리 통신에 이용되는 방식으로 주로 신용카드, 은행, 열쇠 등을 대체하는 기술로 이용되는 것을 고르면?

① 블루투스 ② 와이파이 ③ 지그비
④ NFC ⑤ ISDN

26

전위 분포 V가 다음과 같을 때, 점($x=4$, $z=6$)에서의 전계의 세기로 옳은 것을 고르면?

전위 $V=3x^2+4z$

① $-24i+8k$ ② $-24i+4k$ ③ $-4i-24k$
④ $-14i-4k$ ⑤ $-24i-4k$

27

다음 중 전도전류와 변위전류에 대한 설명으로 옳지 <u>않은</u> 것을 고르면?

① 전도전류는 도선을 따라 전하 Q가 이동하는 전류를 말한다.
② 전도전류는 도전률 σ에 비례한다.
③ 변위전류는 전속밀도 D의 변화에 의해서 발생한다.
④ 변위전류는 전계의 세기 E에 비례한다.
⑤ 전도전류 밀도는 $i=\frac{\sigma}{E}$이다.

28

다음 중 구형파의 파고율과 파형률 값이 옳은 것을 고르면?

① 파고율=1, 파형률=2

② 파고율=1, 파형률=1

③ 파고율=2, 파형률=$\sqrt{2}$

④ 파고율=1, 파형률=$\sqrt{2}$

⑤ 파고율=$\sqrt{2}$, 파형률=$\sqrt{2}$

29

전압 v[V]와 전류 i[A]가 다음과 같을 때, 전력은 몇 [W]인지 고르면?

$$v=100\sqrt{2}\sin\left(wt+\frac{\pi}{2}\right)[\mathrm{V}],\ i=10\sqrt{2}\sin\left(wt+\frac{\pi}{6}\right)[\mathrm{A}]$$

① 200[W] ② 300[W] ③ 400[W]

④ 500[W] ⑤ 600[W]

30

다음 중 저압 뱅킹 방식에 대한 설명으로 옳지 않은 것을 고르면?

① 고장 전류에 의해 캐스케이딩 현상이 나타난다.

② 무정전 공급이 가능하다.

③ 부하 증가에 대응할 수 있는 탄력성이 좋아진다.

④ 전압변동이 경감된다.

⑤ 변압기 용량을 줄일 수 있다.

KORAIL

코레일

실전모의고사

전공 실전모의고사

영역		문항 수	페이지	권장 풀이 시간
직무수행능력평가 전 직렬 2024년 기출 키워드 포함	경영학	30문항	P.314~327	30분
	기계일반	30문항	P.328~337	
	전기일반	30문항	P.338~347	
	토목일반	30문항	P.348~357	
	건축일반	30문항	P.358~369	
	건축설비	30문항	P.370~381	
	전기이론	30문항	P.382~393	

※ 경영학, 기계일반, 전기일반, 토목일반, 건축일반, 건축설비, 전기이론 과목의 2024년 기출 키워드를 바탕으로 재구성한 실전모의고사입니다.

※ 지원하시는 직렬에 따라 전공과목을 선택하여 풀이하시기 바랍니다.

eduwill

전공 실전모의고사(경영학)

정답과 해설 P.99

01

다음 중 제품설계의 방법에 대한 설명으로 옳지 않은 것을 고르면?

① 모듈화설계는 유사한 제품계열별로 설계 내용을 결정하여 보다 저렴하고 쉽게 생산하는 방식이다.
② 가치분석(Value Analysis)은 불필요하게 원가를 유발하는 요소를 제거하고자 하는 방법이다.
③ 동시공학(Concurrent Engineering)은 제품개발 속도를 줄이기 위해 각 분야의 전문가들이 기능식 팀(Functional Team)을 구성하고, 모든 업무를 각자 동시에 진행하는 제품개발 방식이다.
④ 품질기능전개(QFD)는 품질개선의 방법으로, 표준화된 의사소통을 통해 고객의 요구를 각 단계에서 전달하여 시행착오를 줄이는 데 그 목적이 있다.
⑤ 로버스트설계는 제품이 설계 단계에서부터 환경 변화에 영향을 덜 받도록 제품 또는 공정을 설계하는 방식이다.

02

다음 [보기]에서 설명하는 용어를 바르게 짝지은 것을 고르면?

보기

㉠ 원료 공급기업이 생산업체를 통합하거나, 유통기업이 생산기업을 합병하는 기업의 활동
㉡ 새로운 제품 및 서비스를 가지고 새로운 시장을 개척하는 형식의 경영전략

	㉠	㉡
①	수직적 통합	시장개발
②	수직적 통합	다각화
③	시장침투전략	제품개발
④	수평적 통합	시장개발
⑤	수평적 통합	다각화

03

다음 중 PERT와 CPM을 비교한 내용으로 가장 타당한 것을 고르면?

① PERT는 확정적 모형이고, CPM은 확률적 모형이다.
② PERT는 시간과 비용에 관한 문제이고, CPM은 시간에 관한 문제이다.
③ CPM의 주경로는 여유시간(TL－TS)의 차가 가장 최소인 단계를 연결한다.
④ CPM은 낙관적 시간과 비관적 시간을 이용하여 기대시간을 추정한다.
⑤ PERT와 CPM은 단계와 활동으로 구성된다.

04

다음 [보기]에서 개인 및 집단 성과배분제도에 대한 설명으로 옳은 것의 개수를 고르면?

보기

㉠ 임프로쉐어는 절약된 노동시간을 종업원 80%, 기업 20% 비율로 분배하는 제도이다.
㉡ 집단성과배분제도는 목표수준 이상의 이익이 발생했을 때 구성원에게 분배하는 제도이며, 이윤배분제도는 이익의 증가나 비용감소 등 경영성과를 구성원에게 배분하는 제도이다.
㉢ 메릭식은 상·중·하 3단계의 임률을 제시하여 미숙련자도 쉽게 달성 가능한 중간 임률을 두었다.
㉣ 스캔론플랜은 기업이 달성한 부가가치를 기준으로 임금분배액을 계산한다.
㉤ 맨체스터플랜은 최소한의 기본적인 임금을 보장하는 제도이다.

① 1개 ② 2개 ③ 3개
④ 4개 ⑤ 5개

05

다음 중 직무급에 대한 설명으로 옳지 않은 것을 고르면?

① 직무급은 직무 간 상대적 가치를 평가해서 도출되며 동일노동 동일임금의 원칙이 적용된다.
② 전문기술인력의 확보가 용이한 임금산정 방법이다.
③ 공정하고 철저한 직무분석과 직무평가의 실시가 곤란하다는 한계가 있다.
④ 직무수행능력에 따라 임금의 사내격차를 만드는 체계이며, 능력급 체계의 대표적인 제도로 당사자의 능력이 어떤 수준으로 평가되느냐에 따라 개인의 임금이 결정된다.
⑤ 직무급을 평가하는 방법으로는 서열법, 분류법, 점수법, 요소비교법이 있다.

06

다음 형태에 해당하는 조직구조를 고르면?

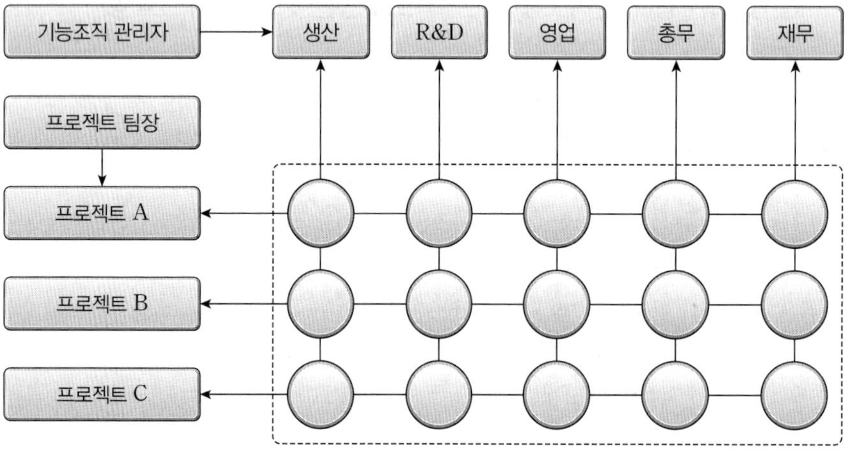

① 기능별 조직 ② 라인–스태프 조직 ③ 사업부제 조직
④ 프로젝트 조직 ⑤ 매트릭스 조직

07

다음 빈칸 ㉠, ㉡에 들어갈 내용을 바르게 짝지은 것을 고르면?

시장세분화는 연령, 성별, 소득, 직업 등을 포함하는 (㉠) 특성에 따라 구분할 수 있으며, 여러 개의 표적시장을 선정하고 각각의 표적시장에 적합하고 특화된 제품 및 마케팅믹스 전략을 개발하는 경우에는 (㉡) 마케팅을 수행하는 것이 유리하다.

	㉠	㉡
①	인구통계학적	집중적
②	인구통계학적	차별적
③	구매행동적	집중적
④	심리분석적	차별적
⑤	심리분석적	집중적

08

다음 [보기]에서 설명하는 경영혁신기법을 바르게 짝지은 것을 고르면?

보기

㉠ 시장의 선두 기업을 목표로 삼아 자신의 성과와 비교하고, 자기혁신을 추구하는 경영방식

㉡ 기업의 비용·품질·서비스와 같은 핵심적 분야에서 극적인 향상을 이루기 위해 기존의 업무수행 방식을 원점에서 재검토하여 업무처리 절차를 근본적으로 재설계하는 것

	㉠	㉡
①	리엔지니어링	전사적자원관리
②	다운사이징	블루오션
③	구조조정	다운사이징
④	벤치마킹	리엔지니어링
⑤	아웃소싱	아웃소싱

09

다음 [보기]에서 적시생산시스템(JIT)의 장점으로 옳은 것의 개수를 고르면?

보기

㉠ 소규모 로트 생산과 제조준비시간의 단축
㉡ 라인 작업자의 전문적 기능화
㉢ 품질분임조(Quality Circle)와 제안제도를 통한 철저한 품질관리
㉣ 다수 공급자와의 장기적 협력관계
㉤ Pull system에 의한 생산시간 단축

① 1개 ② 2개 ③ 3개 ④ 4개 ⑤ 5개

10

다음 [보기]에서 다양한 유통기업 집단 형태 중 카르텔의 특징에 해당하는 것을 모두 고르면?

보기

㉠ 생산 및 판매에 있어 경쟁을 방지하고 수익을 확보하기 위해 동종 상품이나 상품군을 독립기업 간에 수평적으로 결합하는 형태
㉡ 시장을 지배할 목적으로 동종 혹은 이종 기업이 자본적 결합에 의해 완전히 하나의 기업이 되는 형태
㉢ 일반적으로 대기업이 자본지배를 목적으로 여러 산업에 속한 중소기업의 주식을 보유하거나 이들에게 자금을 대여하여 금융적으로 결합한 형태
㉣ 참여기업들은 법적, 경제적 독립성을 유지할 때 경제적 효력 발생
㉤ 실질적으로는 독립성을 상실하게 되지만 외형상으로는 독립성이 유지되는 형태

① ㉠, ㉣ ② ㉠, ㉤ ③ ㉡, ㉤
④ ㉢, ㉣ ⑤ ㉢, ㉤

11

토마스(Kenneth W. Thomas)와 킬만(Ralph H. Kilmann)의 갈등해결모형을 바탕으로 할 때, 조직 내에서 발생할 수 있는 갈등에 대한 대응방식의 특징으로 옳지 않은 것을 고르면?

① 양보: 자신의 이해관계보다는 상대의 요구에 맞춰 갈등해결을 추구한다.
② 타협: 자신의 실익 및 상대와의 관계를 적절히 조화시키려 한다.
③ 경쟁: 자신의 입장을 고수하기 위해 자신의 능력을 사용한다.
④ 협력: 갈등에 대한 언급 자체를 피한다.
⑤ 회피: 갈등상태에 있는 자신의 목표 달성을 추구하지 않는다.

12

다음 중 마일즈&스노우가 제시한 환경적합적 대응 전략으로만 구성된 것을 고르면?

① 전방통합형 전략, 후방통합형 전략, 차별화 전략
② 집중화 전략, 방어형 전략, 반응형 전략
③ 원가우위 전략, 차별화 전략, 집중화 전략
④ 차별화 전략, 반응형 전략, 후방통합형 전략
⑤ 공격형 전략, 방어형 전략, 분석형 전략

13

다음 중 종합적 품질관리(TQM)에 대한 설명으로 옳지 않은 것을 고르면?

① 품질개선을 위해 장기적 전략과 예방적 통제가 중요하다.
② TQM은 개인의 동기 부여 및 성과 평가를 위한 도구로 도입되었다.
③ 고객만족을 우선가치로 하여 서비스의 질을 강조한다.
④ TQM의 운영에는 고객중심, 공정개선, 전원참가라는 원칙이 갖추어져야 한다.
⑤ 최고경영진의 지속적인 관심과 참여가 필요하다.

14

다음 중 기업의 혁신을 위한 조직의 구조조정과 관련된 설명으로 옳지 않은 것을 고르면?

① 벤치마킹은 기업의 지속적 개선을 위해 외부 기업과 비교하여 관리하고 평가하는 것이다.
② 아웃소싱은 조직의 비핵심역량 부분을 외부에 전부 또는 일부를 위탁하여 핵심적 역량 부분에 집중할 수 있도록 하는 전략이다.
③ 전략형 아웃소싱은 자사의 핵심 역량에 관련된 가치 활동은 철저히 내부화시키고 그렇지 않은 가치 활동은 분사, 외주 등의 방법을 통해 시장 거래에 의존한다.
④ 다운사이징은 조직의 슬림화를 통해 조직효율성의 증진을 추구한다.
⑤ BPR(Business Process Reengineering)은 경비 절약, 기업의 규모 축소, 전문화 등을 목적으로 기존의 프로세스를 점차 개선하는 기법이다.

15

다음 [보기]에서 설명하는 용어를 바르게 짝지은 것을 고르면?

보기

㉠ 높은 브랜드 가치를 갖는 기존 브랜드의 네임을, 다른 제품군에 속하는 신상품 브랜드에 적용하여 사용하는 전략
㉡ 편의점, 대형마트 등 유통업자가 생산자에게 제품생산을 의뢰하고 생산된 제품에는 유통업체의 상표를 부착하도록 하는 브랜드전략

	㉠	㉡
①	신규브랜드	PB전략
②	브랜드이미지	NB전략
③	브랜드	제네릭전략
④	복수브랜드	연합상표전략
⑤	브랜드확장	PB전략

16

다음 [보기]에서 시스템 이론의 특성에 대한 설명으로 옳은 것을 모두 고르면?

> 보기
>
> ㉠ 시스템이란 상호 관련 있는 몇 개의 부분으로 이루어진 유기적 실체를 말한다.
> ㉡ 하나의 시스템은 다수의 하위시스템으로 구성되며 전체성을 중시한다.
> ㉢ 시스템은 피드백을 통해 동적균형을 유지한다.
> ㉣ 시스템은 전체성, 결과지향성, 이인동과성, 개방성 등을 지닌다.

① ㉠, ㉢
② ㉠, ㉣
③ ㉡, ㉢
④ ㉡, ㉢, ㉣
⑤ ㉠, ㉡, ㉢, ㉣

17

다음에서 설명하는 기업전략 개념으로 옳은 것을 고르면?

> 마이클 포터(M. Porter)가 정립한 개념으로 부가가치 창출에 직접적 또는 간접적으로 관련된 일련의 활동·기능·프로세스의 연계를 의미한다. 즉, 기업이 원자재를 투입(Input)하여 완성품을 최종 소비자에게 전달하기까지 각 단계별로 부가가치를 발생하기 위한 내부역량 모형을 말한다.

① PERT－CPM 기법
② 가치사슬 분석
③ 마일즈와 스노우 전략모형
④ BCG모형
⑤ 컨조인트 분석

18

다음 [보기]에서 시장의 특징으로 옳지 않은 것을 모두 고르면?

보기

㉠ 상품차별화는 독점적 경쟁시장에서 효과적이다.
㉡ 완전경쟁시장에서 가격차별화는 효과적이다.
㉢ 과점시장에서 기업 수가 증가하면 기존 기업들은 전략적으로 시장가격을 인상시킨다.
㉣ 완전경쟁시장에서는 기업이 가격수용자라서 기업 간 전략적 상호작용이 필요하다.
㉤ 독점시장에서는 X－비효율성이 문제가 될 수 있다.

① ㉠, ㉣
② ㉡, ㉢
③ ㉠, ㉣, ㉤
④ ㉡, ㉢, ㉣
⑤ ㉢, ㉣, ㉤

19

다음 [보기]에서 설명하는 용어를 바르게 짝지은 것을 고르면?

보기

㉠ 모토로라에서 처음 도입한 제도로, 일반적으로 DMAIC라고 불리는 프로세스를 거쳐 3.4PPM이라는 기준에 도달하는 것을 목표로 한다.
㉡ 품질관리비용 중 생산이 되었지만 아직 고객에게 인도되지 않은 제품 가운데서 불량품을 제거하기 위해 검사하는 데 소요되는 비용이다.

	㉠	㉡
①	적시생산시스템	자재소요비용
②	MRP	예방비용
③	식스시그마	평가비용
④	적시생산시스템	평가비용
⑤	식스시그마	실패비용

20

민츠버그(H. Mintzberg)가 분류한 경영자의 역할 중 그 구분이 다른 하나를 고르면?

① 기업가의 역할
② 협상자의 역할
③ 자원 배분자의 역할
④ 정보의 원천
⑤ 분쟁 조정자의 역할

21

다음 사례에 해당하는 인사평가의 오류를 고르면?

- S대 출신들이 실적이 좋지. 김 대리는 S대 경영학과 출신이니까 업무능력이 출중할 거야.
- 박 과장님은 독신한 크리스천으로 늘 타의 모범이 되시는 것 같아.

① 지각방어
② 후광효과
③ 관대화 경향
④ 확증편향
⑤ 상동적 태도

22

다음 중 기계적 조직에 대비되는 유기적 조직의 특징으로 옳지 않은 것을 고르면?

① 전문화의 정도가 높다.
② 팀 위주로 운영된다.
③ 구성원에 대한 통제 범위가 넓다.
④ 권한의 위임이 많은 분권적 조직이다.
⑤ 수평적인 의사소통이 이루어진다.

23

다음 중 생계비에 대한 설명으로 옳지 않은 것을 고르면?

① 최저생계비 기준은 임금체계와 관련되는 개념이다.
② 생계비는 이론생계비와 실태생계비로 나뉜다.
③ 적정 임금수준은 기업의 지불능력을 상한선으로, 종업원의 생계비 수준을 하한선으로 한다.
④ 실태생계비는 일상생활에서 필요에 의해 지출한 실제 비용을 조사한 생계비를 뜻한다.
⑤ 종업원의 생계비에는 그 가족의 생계비 수준도 포함된다.

24

다음 중 재고관리기법에 대한 설명으로 적절하지 않은 것을 고르면?

① ABC 관리법은 재고자산의 수량과 크기 등으로 구분하여 관리하는 기법이다.
② EOQ와 EPQ모형은 재고 관련 비용의 최소화를 목적으로 하는 고정주문량모형에 속한다.
③ 재고품목의 안전재고 수준이 높은 경우에는 고정주문기간모형을 이용하는 것이 바람직하다.
④ MRP기법은 독립수요품의 재고가 확정되어 있을 때 종속수요품의 재고자산 관리 및 통제를 위한 기법이다.
⑤ 재고보유량이 가장 적은 재고자산관리기법은 JIT이다.

25

다음 [보기]에서 설명하는 용어를 바르게 짝지은 것을 고르면?

보기

㉠ 공급자 측면보다는 소비자의 욕구를 파악하고, 이를 충족시킬 제품을 생산 및 판매하는 선행적 마케팅
㉡ 모집단을 동질적인 여러 소그룹으로 나눈 다음 특정 소비 그룹을 표본으로 선택하고, 그 소그룹 전체를 조사하거나 일부를 표본추출하는 방식

	㉠	㉡
①	고압적 마케팅	무작위표본추출
②	고압적 마케팅	층화표본추출
③	저압적 마케팅	편의표본추출
④	저압적 마케팅	군집표본추출
⑤	저압적 마케팅	판단표본추출

26

다음 [보기]의 설명에 해당하는 숍(Shop)의 형태를 고르면?

보기

근로자 전원의 가입이 강제되는 것으로 노동조합의 조합원만이 사용자에게 고용될 수 있는 제도이다. 노조의 안정·독립의 성격이 가장 강한 형태의 노동조합 가입방식이다.

① 유니온 숍
② 에이전시 숍
③ 클로즈드 숍
④ 메인테넌스 숍
⑤ 오픈 숍

27

다음 [보기]에서 생산계획에 대한 설명으로 옳은 것을 모두 고르면?

보기

㉠ 총괄계획은 설비, 인력, 투입부품 등을 공통으로 사용하는 제품모델들로 구성된 제품군에 대한 생산계획으로, 이 단계에서는 제품모델별 생산계획은 도출하지 않는다.
㉡ 최적 총괄계획을 도출하는 과정은 수요 추종전략, 생산수준 평준화전략, 작업시간 조정전략을 각각 적용하고 여기서 얻어진 총괄계획 중 가장 우수한 것을 선택하는 것이다.
㉢ 주생산계획(Master production schedule)은 총괄계획보다 계획기간이 길지 않다.
㉣ 자재소요계획을 도출하기 위해서는 자재명세서, 재고기록철, 총괄계획이 필요하다.

① ㉠, ㉡　② ㉠, ㉢　③ ㉡, ㉢
④ ㉡, ㉣　⑤ ㉢, ㉣

28

다음 상황에서 영철이가 노트북을 구매하기 위해 사용한 대안평가 방법을 고르면?

영철이는 고가의 노트북을 구매할 때 가격을 가장 중요하게 생각하여, 여러 회사의 노트북 가격을 비교한 뒤 가장 가격이 저렴한 제품 2개를 선택했다. 영철이가 그 다음으로 중요하게 고려한 속성은 메모리 용량으로, 선택한 2개 제품 중 RAM 용량이 더 큰 A사의 노트북을 최종적으로 선택하였다.

① 다속성태도 모형　② 결합식 모형　③ 사전편집식 모형
④ 분리식 모형　⑤ 요소비교모형

29

다음 중 소비자의 부조화 감소 구매행동이 가장 크게 일어나는 마케팅 상황을 고르면?

① 고관여 제품이고 상표들 간 차이가 클 때
② 저관여 제품이고 상표들 간 차이가 작을 때
③ 고관여 제품이고 상표들 간 차이가 작을 때
④ 저관여 제품이고 상표들 간 차이가 클 때
⑤ 핵심제품이고 상표들 간 차이가 없을 때

30

다음 [보기]에서 균형성과표(Balanced Scorecard)에 대한 설명으로 옳지 않은 것을 모두 고르면?

보기

㉠ 학습과 성장, 재무적 관점, 내부프로세스 관점, 외부프로세스 관점으로 측정된다.
㉡ 고객측면의 외부 관점과 학습과 성장 및 내부프로세스 등과 같은 내부 관점 모두의 평가를 통해 균형을 이루어야 한다.
㉢ 과거 성과물인 결과측정치와 미래 성과 창출 간의 균형을 이루어야 한다.
㉣ 재무적 관점은 단기 성과지표이며, 학습과 성장은 장기 성과지표에 해당한다.
㉤ 계량적 지표와 비계량적 지표 간의 균형이 있는 경우 성과평가의 신뢰성이 높다.

① ㉠
② ㉣
③ ㉠, ㉡
④ ㉡, ㉢
⑤ ㉠, ㉡, ㉤

전공 실전모의고사(기계일반)

정답과 해설 P.108

01

선반가공에서 절삭속도 31.4[m/min], 공작물의 지름 40[mm], 원주율 3.14일 때, 주축의 회전수[rpm]를 고르면?

① 20　② 125　③ 250
④ 500　⑤ 550

02

다음 중 부력에 대한 설명으로 옳지 않은 것을 고르면?

① 물이나 공기 같은 유체에 잠긴 물체는 중력과 반대 방향인 윗방향으로 힘을 유체로부터 받게 되는데 이 힘을 부력이라고 한다.
② 유체 위에 떠 있는 물체에 작용하는 부력은 그 물체의 무게와 같다.
③ 부력은 배제된 유체의 무게중심을 통과하여 상향으로 작용한다.
④ 일정한 밀도를 갖는 유체 내에서의 부력은 자유표면으로부터 거리가 멀어질수록 증가한다.
⑤ 유체 내에 잠겨있는 물체에 작용하는 부력은 그 물체에 의해 배제된 유체의 무게와 같다.

03

다음 중 SI 단위가 옳지 않은 것을 고르면?

① 일: [J]　② 동력: [W]　③ 에너지: [N·m]
④ 힘: [N/m^2]　⑤ 압력: [Pa]

04

다음 중 용접이나 단조 시의 가공균열처럼 큰 덩어리 형태의 결함과 기계부품 제조 시에 형성되는 수축공, 기공 등의 주조결함이 속하는 결함으로 옳은 것을 고르면?

① 체적결함 ② 점결함 ③ 선결함
④ 적층결함 ⑤ 면결합

05

다음 치수 허용표기에 대한 설명으로 옳지 않은 것을 고르면?

- ϕ12H6
- 위 표기에 대한 기본 공차 수치는 11μm임

① IT공차는 6급이다.
② 직경이 12mm이다.
③ 헐거운 끼워맞춤으로 결합되는 상대 부품의 공차역은 g5이다.
④ ϕ12H6을 일반공차표기로 나타내면 $\phi 12^{0}_{-0.011}$이다.
⑤ 구멍의 공차표현이다.

06

다음 중 무차원 수 표현으로 옳지 않은 것을 고르면?

① $(\text{레이놀즈 수}) = \dfrac{(\text{관성력})}{(\text{점성력})}$
② $(\text{프르드 수}) = \dfrac{(\text{관성력})}{(\text{중력})}$
③ $(\text{웨버 수}) = \dfrac{(\text{관성력})}{(\text{표면장력})}$
④ $(\text{마하 수}) = \dfrac{(\text{관성력})}{(\text{탄성력})}$
⑤ $(\text{오일러 수}) = \dfrac{(\text{관성력})}{(\text{압축력})}$

07

다음 [보기]에서 등온과정에 대한 설명으로 옳은 것을 모두 고르면?

보기

㉠ 엔탈피의 변화가 없다.
㉡ 내부에너지의 변화가 없다.
㉢ 주위와 열량의 출입이 없다.
㉣ 기체에 가해준 열량 Q은 내부에너지의 변화량 ΔU이다.
㉤ 기체에 가해준 열량 Q은 모두 기체가 외부에 한 일 W이다.
㉥ 기체에 가해준 열량 Q은 내부에너지 변화량 ΔU과 외부에 한 일 W의 합이다.

① ㉠, ㉡, ㉢
② ㉠, ㉡, ㉤
③ ㉠, ㉢, ㉣
④ ㉡, ㉢, ㉤
⑤ ㉡, ㉤, ㉥

08

안지름 15[cm]의 원형관 속을 비중 0.9, 점성계수 5×10^{-3}[N·S/m^2]의 기름이 0.6[m/s]의 속도로 흐를 경우, 레이놀즈 수를 고르면?

① 16,200
② 18,200
③ 25,600
④ 27,200
⑤ 32,300

09

다음 중 등온하에서 열의 출입이 어려워 실현하기 힘든 사이클로 2개의 등온과정과 2개의 정압과정으로 구성된 사이클을 고르면?

① 르노아 사이클
② 에릭슨 사이클
③ 브레이톤 사이클
④ 아트킨슨 사이클
⑤ 스터어링 사이클

10

다음 중 클러치 설계 시 고려해야 하는 사항으로 옳지 않은 것을 고르면?

① 균형상태가 양호해야 한다.
② 마찰열에 대한 내열성이 뛰어나야 한다.
③ 관성 운전을 위해 엔진의 동력을 차단하지 않도록 해야 한다.
④ 변속할 때 큰 외력이 필요하지 않게 해 변속을 쉽게 하도록 해야 한다.
⑤ 자동차의 엔진과 변속기 사이에 설치되며 관성 운전을 위해 엔진의 동력을 일시 차단해야 한다.

11

열펌프와 냉동기가 있다. 열펌프의 성능계수가 3.5일 때, 냉동기의 성능계수를 구하면?

① 2.0　② 2.3　③ 2.5
④ 3.5　⑤ 4.5

12

다음 중 기계재료에 대한 설명으로 옳지 않은 것을 고르면?

① 초고장력합금은 로켓, 미사일 등의 구조재료로 개발된 것으로 우수한 인장강도와 인성을 갖는다.
② 비정질합금은 용융상태에서 급랭시켜 얻어진 무질서한 원자배열을 갖는다.
③ 형상기억합금은 소성변형을 하였더라도 재료의 온도를 낮추면 원래의 형상으로 되돌아가는 성질을 가진다.
④ 초소성합금은 재료가 파단에 이르기까지 수백 % 이상의 큰 신장률을 보이며 복잡한 형상의 성형이 가능하다.
⑤ 완전반자성은 자력선의 침입이 없으므로 자기부상, 자기흡인, 자기차폐의 특징이 있다.

13

다음 중 전단탄성계수와 세로탄성계수와의 관계로 옳은 것을 고르면?(단, E: 세로탄성계수, G: 전단탄성계수, K: 체적탄성계수, m: 푸아송 수, $\nu=\frac{1}{m}$이다.)

① $G=\frac{\nu+E}{2(m+1)}$
② $G=\frac{\nu+E}{3(m+1)}$
③ $G=\frac{mE}{K(m-1)}$
④ $G=\frac{mE}{2(m+1)}$
⑤ $G=\frac{mE}{3(m-2)}$

14

지름 10[cm]의 구가 공기 중에서 매초 40[m]의 속도로 날아갈 때, 항력이 1.8[N]인 경우 항력계수 C_D를 고르면?(단, 공기의 밀도 $\rho=1.2$[kg/m^3]이고, $\pi=3$으로 한다.)

① 0.25
② 1.50
③ 1.75
④ 2.00
⑤ 2.25

15

다음 중 2축 응력에서 공액응력의 성질에 대한 설명으로 옳은 것을 고르면?

① 두 공액 전단응력의 크기와 방향은 언제나 같다.
② 두 공액 법선응력의 합은 언제나 다르다.
③ 두 공액 법선응력의 차는 항상 같다.
④ 두 공액 전단응력은 크기는 같고 방향이 반대이다.
⑤ 공액 법선응력은 $\sigma_n'=\frac{\sigma_x+\sigma_y}{2}-\frac{\sigma_x-\sigma_y}{2}\cos\theta$로 표현된다.

16

다음 중 정정보로서 내다지보에 대한 설명으로 옳은 것을 고르면?

① 일단이 고정되어 있고 있고 타단이 자유로 되어 있는 보이며 반력의 수는 3개이다.
② 일단이 고정되어 타단이 가동 힌지점 위에 지지된 보이며 반력의 수는 4개이다.
③ 일단이 부동 힌지점 위에 지지되어 있고 타단이 가동 힌지점 위에 지지되어 있으며 반력의 수는 3개이다.
④ 1개의 부동 힌지점과 2개 이상의 가동 힌지점이 연속하여 지지되어 있는 보이며 미지의 반력수는 지점의 수보다 1개 많다.
⑤ 일단이 부동 힌지점 위에 지지되어 있고 보의 중앙 근방에 가동 힌지점이 지지되어 있어 보의 한 부분이 지점 밖으로 돌출되어 있으며 반력의 수는 3개이다.

17

다음 중 금속침투법 중 실리콘 피막 열처리하는 것을 고르면?

① Sheradizing ② Calorizing ③ Boronizing
④ Siliconizing ⑤ Chromizing

18

다음과 같이 길이가 L인 외팔보의 자유단에 집중하중 P를 가했을 경우, 자유단의 굽힘모멘트를 식으로 바르게 표현한 것을 고르면?

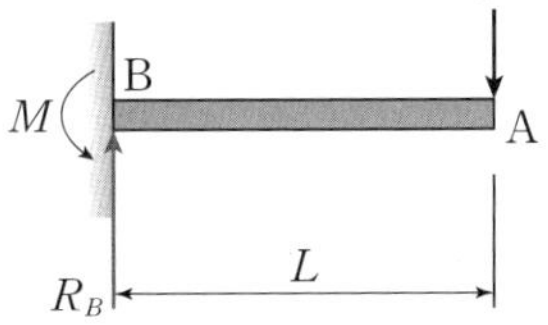

① $\frac{PL}{EI}$ ② PL ③ $\frac{PL}{4}$
④ $\frac{PL}{8}$ ⑤ $\frac{PL^3}{3EI}$

19

다음 중 진응력 σ_t과 진변형률 ε_t을 공칭응력 σ_n과 공칭변형률 ε_n로 바르게 나타낸 것을 고르면?

	진응력	진변형률
①	$\sigma_t=\sigma_n(0.5+\varepsilon_n)$	$\varepsilon_t=\ln(1+\varepsilon_n)$
②	$\sigma_t=\sigma_n(1+\varepsilon_n)$	$\varepsilon_t=\ln(1+\varepsilon_n)$
③	$\sigma_t=\sigma_n(1+\varepsilon_n)$	$\varepsilon_t=\ln(2+\varepsilon_n)$
④	$\sigma_t=\sigma_n(2+\varepsilon_n)$	$\varepsilon_t=\ln(1+\varepsilon_n)$
⑤	$\sigma_t=\sigma_n(2+\varepsilon_n)$	$\varepsilon_t=\ln(2+\varepsilon_n)$

20

다음 [보기]에서 미끄럼 베어링에 대한 설명으로 옳은 것을 모두 고르면?

보기

㉠ 자체 제작하는 경우가 많다.
㉡ 충격 흡수력이 우수하다.
㉢ 진동과 소음이 작다.
㉣ 보수가 어렵다.

① ㉠, ㉡ ② ㉠, ㉢ ③ ㉠, ㉡, ㉢
④ ㉠, ㉢, ㉣ ⑤ ㉠, ㉡, ㉢, ㉣

21

카르노 열기관이 일정한 온도의 열원 300[K]과 400[K] 사이에서 작동하는 경우, 400[K] 고온으로부터 사이클당 100[kJ]의 열을 받을 때 사이클당 생산하는 효율[%]을 고르면?

① 15[%] ② 20[%] ③ 25[%]
④ 30[%] ⑤ 35[%]

22

다음 중 증기압축식 냉동사이클에서 압력은 일정하고 엔탈피는 감소하는 과정이 나타나는 장치를 고르면?

① 팽창밸브 ② 응축기 ③ 압축기
④ 증발기 ⑤ 재생기

23

직경이 100[cm], 무게 W가 500[kg]인 부표에서 케이블의 장력 T를 고르면?

① 20.6[kg] ② 23.6[kg] ③ 26.4[kg]
④ 32.6[kg] ⑤ 52.7[kg]

24

다음과 같이 고정평판과 이동평판 사이에 점성계수가 1.5[N·s/m^2]인 유체에서 이동평판의 속도 V가 12[m/s]로 일정하고 평판 사이의 높이 H가 0.2[m]일 때, 이동평판 벽면에서의 전단응력[N/m^2]을 고르면?

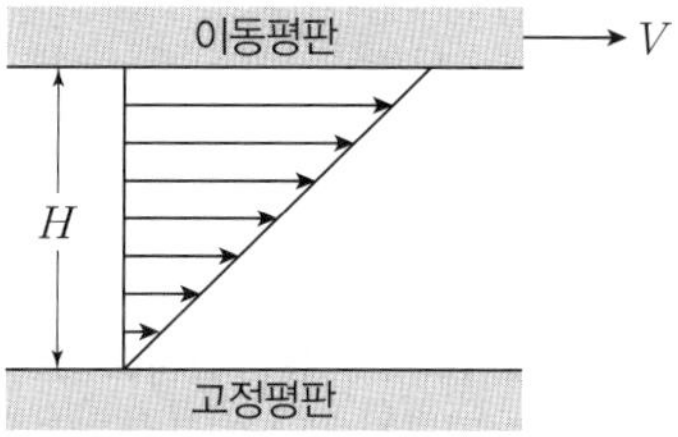

① 40[N/m^2] ② 60[N/m^2] ③ 75[N/m^2]
④ 87[N/m^2] ⑤ 90[N/m^2]

25

다음 중 금속의 파괴 형태에 대한 설명으로 옳은 것을 고르면?

① 취성파괴: 소성변형이 거의 없이 갑자기 발생되는 파괴
② 크리프파괴: 수소의 존재로 인해 연성이 저하되고 취성이 커져 발생되는 파괴
③ 연성파괴: 반복응력이 작용할 때 정하중하의 파단응력보다 낮은 응력에서 발생되는 파괴
④ 피로파괴: 주로 고온의 정하중하에서 시간의 경과에 따라 서서히 변형이 커지면서 발생되는 파괴
⑤ 충격파괴: 물체가 전단응력에 의해 미끄러져서 절단되는 파괴

26

다음 [보기]에서 랭킨사이클의 구성요소를 모두 고르면?

보기

㉠ 보일러　　㉡ 터빈　　㉢ 발전기
㉣ 복수기　　㉤ 급수펌프

① ㉠　　② ㉠, ㉡　　③ ㉠, ㉡, ㉢
④ ㉠, ㉡, ㉢, ㉣　　⑤ ㉠, ㉡, ㉢, ㉣, ㉤

27

공기 10[kg]을 20[℃]에서 800[℃]까지 일정한 압력에서 가열하는 경우 엔탈피의 변화량[kcal]을 고르면?(단, 공기를 완전가스로 보고 C_P=0.24[kcal/kg℃], C_v=0.17[kcal/kg℃]으로 한다.)

① 1,236[kcal]　　② 1,326[kcal]　　③ 1,782[kcal]
④ 1,872[kcal]　　⑤ 2,482[kcal]

28

다음에서 스프링 상수가 k_1=0.3[kgf/mm], k_2=0.5[kgf/mm]일 때, 합성(전체) 스프링 상수[kgf/mm]를 고르면?

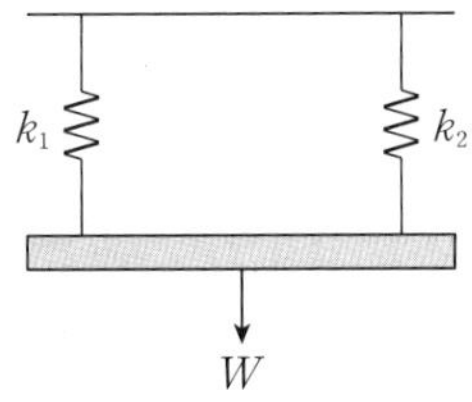

① 0.2 ② 0.4 ③ 0.6
④ 0.8 ⑤ 1.0

29

정압비열이 309.5[k/kg·K]이고, 정적비열이 160.4[k/kg·K]인 이상기체의 기체상수를 고르면?

① 149.1 ② 159.5 ③ 179.2
④ 180 ⑤ 189.5

30

다음 중 점성을 동반하는 유체 유동의 동점성계수에 대한 설명으로 옳은 것을 고르면?

① 단위는 Poise(P)이다.
② 유체의 밀도를 점성계수로 나눈 값이다.
③ 유체의 압력을 밀도로 나눈 값이다.
④ 유체의 점성계수를 밀도로 나눈 값이다.
⑤ 유체의 점성계수를 비중으로 나눈 값이다.

전공 실전모의고사(전기일반)

정답과 해설 P.113

01

전위함수 $V=2x^3z+y^2-2z^2$[V]일 때 점 (1, 3, −1)에서의 체적전하밀도 ρ[C/m³]를 고르면?

① $8\varepsilon_0$[C/m³]
② $10\varepsilon_0$[C/m³]
③ $12\varepsilon_0$[C/m³]
④ $14\varepsilon_0$[C/m³]
⑤ $16\varepsilon_0$[C/m³]

02

$R-X$직렬 회로에서 $X=\frac{R}{\sqrt{2}}$[Ω]일 때, 회로의 역률을 고르면?

① $\sqrt{\frac{2}{3}}$
② $\sqrt{\frac{3}{2}}$
③ $\frac{2}{\sqrt{3}}$
④ $\frac{\sqrt{3}}{2}$
⑤ $\frac{\sqrt{2}}{3}$

03

다음 [보기]에서 가공 지선의 사용 목적으로 옳은 것을 모두 고르면?

보기

㉠ 직격뢰 예방
㉡ 유도뢰 예방
㉢ 통신선 유도 장해의 경감
㉣ 탑각 접지 저항 감소

① ㉠, ㉡
② ㉠, ㉣
③ ㉠, ㉡, ㉢
④ ㉠, ㉢, ㉣
⑤ ㉠, ㉡, ㉢, ㉣

04

실횻값 24[A], 주파수 60[Hz], 위상 30° 뒤짐일 때, 순시전류[A]를 고르면?

① $24\sin(60\pi t)$[A]
② $24\sin(60\pi t+30°)$[A]
③ $24\sin(60\pi t-30°)$[A]
④ $24\sqrt{2}\sin(120\pi t+30°)$[A]
⑤ $24\sqrt{2}\sin(120\pi t-30°)$[A]

05

345[kV] 송전선로에서 송전거리가 345[km]라고 할 때, 송전용량계수법에 의한 송전용량은 몇 [MW]인지 고르면?(단, 송전용량계수는 500으로 한다.)

① 112[MW]
② 128[MW]
③ 132.5[MW]
④ 164[MW]
⑤ 172.5[MW]

06

다음과 같이 길이 l인 유한 직선도체에서, 전류 I[A]가 흐를 때 P점의 자계의 세기 H[AT/m]를 고르면?(단, $\theta=30°$, $r=1$[m]이다.)

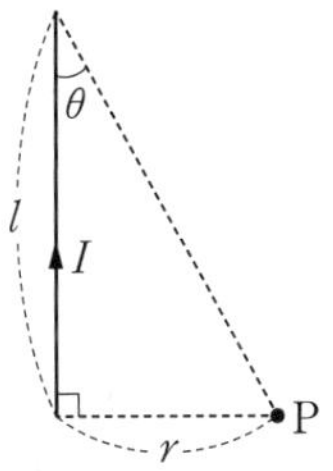

① $\dfrac{\sqrt{3}I}{\pi}$[AT/m]
② $\dfrac{2\sqrt{3}I}{\pi}$[AT/m]
③ $\dfrac{\sqrt{3}I}{4\pi}$[AT/m]
④ $\dfrac{\sqrt{3}I}{6\pi}$[AT/m]
⑤ $\dfrac{\sqrt{3}I}{8\pi}$[AT/m]

07

다음 회로에서 저항 8[Ω]에 흐르는 전류[A]를 고르면?

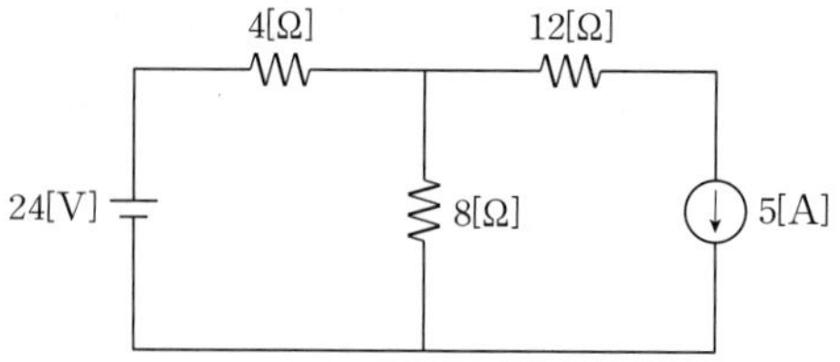

① $\frac{1}{3}$[A] ② $\frac{2}{3}$[A] ③ $\frac{5}{3}$[A]

④ 2[A] ⑤ $\frac{11}{3}$[A]

08

다음 중 비정현파의 성분을 나타낸 것으로 옳은 것을 고르면?

① (직류분)+(교류분)
② (직류분)+(기본파)
③ (직류분)+(고조파)
④ (직류분)+(기본파)+(고조파)
⑤ (교류분)+(기본파)+(고조파)

09

1차 전압이 $v_1=220\sqrt{2}\cos wt$[V]인 변압기가 있다. 여자전류의 순싯값이 $i_0=\sqrt{2}(2\sin wt-4\sin 3wt+2\cos wt-\cos 3wt)$[A]일 때, 여자전류[A]와 철손[W]을 고르면?

① 2[A], 220[W] ② 4[A], 220[W] ③ 5[A], 220[W]

④ 5[A], 440[W] ⑤ 5[A], 660[W]

10

다음 빈칸 ㉠, ㉡에 들어갈 내용을 바르게 짝지은 것을 고르면?

> 연가란 3상 송전 선로 배치 시 전체 길이를 (㉠)으로 등분한 송전 선로의 길이의 배치를 변경하여 (㉡)을/를 하기 위함이다.

	㉠	㉡
①	2의 정수배 구간	선로정수의 평형
②	3의 정수배 구간	전압강하의 방지
③	3의 정수배 구간	선로정수의 평형
④	6의 정수배 구간	전압강하의 방지
⑤	6의 정수배 구간	선로정수의 평형

11

다음과 같은 [조건]일 때, 주상변압기의 전압 변동률[%]을 고르면?

조건

- %저항강하: 7.5[%]
- %리액턴스강하: 9[%]
- 역률: 0.8(지상)

① 11.4[%] ② 12[%] ③ 12.8[%]
④ 13.2[%] ⑤ 14[%]

전공 실전모의고사

12

단면적 40[cm^2], 자기 통로의 평균 길이 40π[cm], 코일 감은 횟수 500[회], 비투자율 2,500인 환상 솔레노이드가 있다. 이 솔레노이드의 자기인덕턴스[H]를 고르면?

① 0.25[H] ② 2.5[H] ③ 25[H]
④ 250[H] ⑤ 2,500[H]

13

다음 [보기]에서 직류 직권 전동기에 대한 설명으로 옳은 것을 모두 고르면?

보기

㉠ 직류 직권 전동기의 토크는 부하 전류의 제곱에 비례하는 특성을 가진다.
㉡ 직류 직권 전동기는 부하 변동에 따라 속도 변화가 크다.
㉢ 직류 직권 전동기는 무여자로 운전할 시 위험 속도에 도달한다.
㉣ 직류 직권 전동기는 전동차, 크레인 등의 기동 토크가 큰 곳에서 사용된다.

① ㉠, ㉡　② ㉠, ㉢　③ ㉡, ㉢
④ ㉡, ㉢, ㉣　⑤ ㉠, ㉡, ㉣

14

다음과 같은 [조건]일 때, 유효전력[kW]을 고르면?

조건

- $V=150+j50$[V]
- $I=100-j40$[A]

① 9[kW]　② 11[kW]　③ 13[kW]
④ 15[kW]　⑤ 17[kW]

15

다음 중 정전계에 대한 설명으로 옳지 않은 것을 고르면?

① 일반적으로 대전된 도체의 전하는 도체 표면에만 분포한다.
② 도체의 내부에는 전하가 존재하지 않으므로 전계 또한 존재할 수 없다.
③ 도체 내부에 전계가 존재하지 않으면 전위의 경도가 0이므로 내부전위는 표면전위와 같다.
④ 구도체 내부에 공동(Cavity)을 뚫고 $+Q$의 전하를 놓으면, 공동에 해당하는 면에는 전하가 존재하지 않는다.
⑤ 단위 정전하를 지닌 도체에서는 $\frac{1}{\varepsilon_0}$개의 전기력선이 발산한다.

16

다음과 같은 [조건]일 때, 부하의 총설비용량[kW]을 고르면?

조건

- 변압기 용량: 980[kVA]
- 역률: 90[%]
- 수용률: 45[%]
- 부등률: 1.5

① 2,205[kW]
② 2,450[kW]
③ 2,646[kW]
④ 2,724[kW]
⑤ 2,940[kW]

17

다음 RL회로에서 흐를 수 있는 가장 큰 전류[A]를 고르면?

$V=400[\text{V}]$ $R=400[\Omega]$ $X_L=300[\Omega]$

① 0.6
② $0.6\sqrt{2}$
③ 0.8
④ $0.8\sqrt{2}$
⑤ 1

18

다음 전달함수 $G(s)H(s)$에서 근궤적의 개수를 고르면?

$$G(s)H(s)=\frac{K(s+1)(s-3)}{s(s-1)(s+4)}$$

① 0
② 1
③ 2
④ 3
⑤ 4

19

다음 [보기]에서 라플라스 함수의 성격이 같은 것을 고르면?

보기

㉠ 중량 함수
㉡ 단위 충격 함수
㉢ 단위 경사 함수
㉣ 단위 계단 함수

① ㉠, ㉡　② ㉠, ㉢　③ ㉠, ㉣
④ ㉡, ㉢　⑤ ㉡, ㉣

20

등가 선간 거리를 D, 전선의 반지름을 r이라 할 때, 송전선의 정전 용량과 $\log_{10}\frac{D}{r}$의 관계에 대한 설명으로 옳은 것을 고르면?

① $\log_{10}\frac{D}{r}$에 비례한다.
② $\log_{10}\frac{D}{r}$에 반비례한다.
③ $\log_{10}\frac{D}{r}$의 제곱에 비례한다.
④ $\log_{10}\frac{D}{r}$의 제곱에 반비례한다.
⑤ $\log_{10}\frac{D}{r}$의 세제곱에 비례한다.

21

경간 350[m], 전선의 수평장력 6,125[kg], 전선 1[m]당 무게가 2[kg/m]인 가공전선의 이도[m]를 고르면?

① 4.0[m]　② 4.5[m]　③ 5.0[m]
④ 5.5[m]　⑤ 6.0[m]

22

다음 회로에 대한 구동점 임피던스를 고르면?

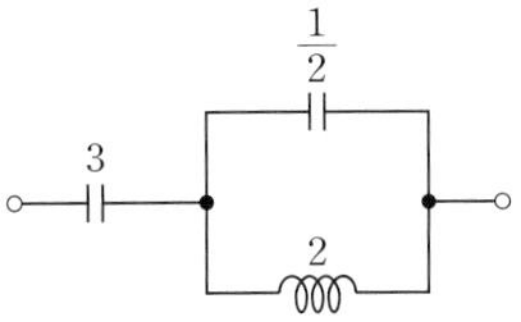

① $\dfrac{7s^2+1}{s(s^2+1)}$　② $\dfrac{7s^2}{3s(s^2+1)}$　③ $\dfrac{7s^2+1}{2s(s^2+1)}$

④ $\dfrac{7s^2-1}{3s(s^2+1)}$　⑤ $\dfrac{7s^2+1}{3s(s^2+1)}$

23

환상 솔레노이드의 평균 길이를 $\frac{1}{4}$로 하고 권수를 2배로 할 때, 인덕턴스는 몇 배가 되는지 고르면?

① 2　② 8　③ 16

④ 32　⑤ 64

24

다음과 같은 파형의 라플라스 변환을 고르면?

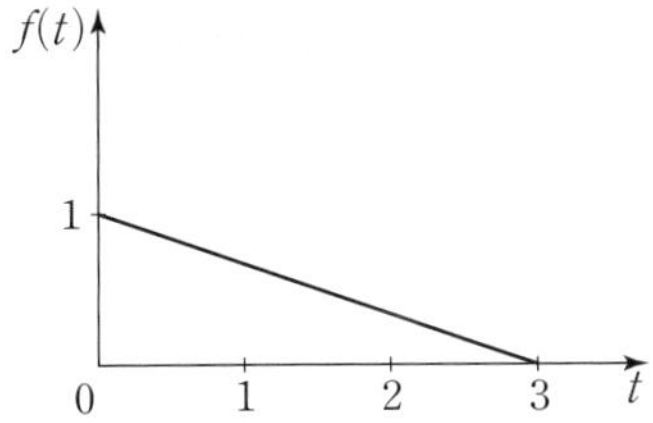

① $F(s)=\dfrac{3}{s^2}(e^{-3s}+3s-1)$　② $F(s)=\dfrac{3}{s^2}(e^{-s}+3s-1)$

③ $F(s)=\dfrac{1}{3s^2}(e^{-3s}+3s-1)$　④ $F(s)=\dfrac{1}{3s^2}(e^{-s}+3s-1)$

⑤ $F(s)=\dfrac{1}{3s^2}(e^{3s}+3s-1)$

25

다음과 같은 [조건]일 때, 변압기의 1차 전류[A]를 고르면?

조건

- 변압기는 단상이고, 권수비는 20이다.
- 변압기의 1차 측 전압은 3[kV]이다.
- 변압기의 2차 측 저항은 5[Ω]이다.

① 0.5[A] ② 1.5[A] ③ 2.5[A]
④ 3.5[A] ⑤ 4.5[A]

26

평형 상태일 때의 회로에서 3상 △부하의 각 선전류를 I_A, I_B, I_C라 할 때, 영상분 전류[A]를 고르면?

① 0[A] ② $\frac{1}{3}$[A] ③ $\frac{2}{3}$[A]
④ 1[A] ⑤ 3[A]

27

다음 [보기]에서 비유전율에 대한 설명으로 옳은 것을 모두 고르면?

보기

㉠ 비유전율의 단위는 [F/m]이다.
㉡ 공기 또는 진공 중의 비유전율은 1이다.
㉢ 매질에 따라서 비유전율은 다르게 나타난다.
㉣ 공기 또는 진공 중의 유전율을 기준으로 다른 물질의 유전율을 상대적인 비로 나타낸 것이다.

① ㉠, ㉡, ㉢ ② ㉠, ㉡, ㉣ ③ ㉠, ㉢, ㉣
④ ㉡, ㉢, ㉣ ⑤ ㉠, ㉡, ㉢, ㉣

28

2차 측 Y결선의 저항은 0.3[Ω]이며, 1차와 2차 측의 리액턴스 합은 2차 측에서 볼 때 1.5[Ω]인 3상 권선형 유도 전동기가 있다. 기동 시에 최대토크를 발생시키기 위해 삽입해야 할 외부저항[Ω]은 얼마인지 고르면?(단, 1차의 저항은 무시한다.)

① 1.0[Ω] ② 1.2[Ω] ③ 1.5[Ω]
④ 1.7[Ω] ⑤ 2.0[Ω]

29

다음 신호흐름선도의 전달함수를 고르면?

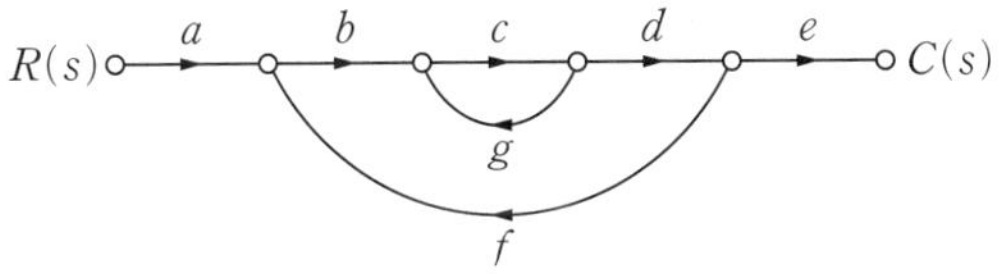

① $\dfrac{abcdg}{1-abcde}$ ② $\dfrac{abcdg}{1-cg-abcde}$ ③ $\dfrac{abcde}{1-cg-bcdf}$

④ $\dfrac{abcde}{1-cg+bcdf}$ ⑤ $\dfrac{abcde}{1+cg+bcdf}$

30

극수 6, 주파수 60[Hz], 슬립 6[%]인 유도 전동기의 회전자의 회전 속도[rpm]를 고르면?

① 1,128[rpm] ② 1,136[rpm] ③ 1,148[rpm]
④ 1,152[rpm] ⑤ 1,200[rpm]

전공 실전모의고사(토목일반)

정답과 해설 P.118

01

다음 흙 시료의 [조건]에서 간극률과 포화도의 합을 고르면?

조건

- 토립자의 부피: 50[cm^3]
- 공기의 부피: 10[cm^3]
- 물의 무게: 30[g]
- 흙의 비중: 2.6

① 44.4
② 55.5
③ 66.6
④ 77.7
⑤ 88.8

02

120[m]의 측선을 20[m] 줄자로 관측하였다. 1회의 관측에 +4[mm]의 정오차와 ±3[mm]의 부정오차가 있었다고 할 때, 이 측선의 거리[m]를 고르면?

① 120.024±0.01[m]
② 120.024±0.007[m]
③ 120.024±0.002[m]
④ 120.012±0.007[m]
⑤ 120.012±0.002[m]

03

다음 [조건]에서 단철근 직사각형 휨부재 단면의 균형철근비를 고르면?

조건

- 강도설계법
- $f_{ck}=35$[MPa]
- $f_y=400$[MPa]

① 0.021
② 0.036
③ 0.042
④ 0.047
⑤ 0.052

04

지반의 허용지지력이 0.4[MPa]일 때, 크기가 2[m]×2[m]인 사각형 확대기초가 받을 수 있는 하중의 크기[kN]를 고르면?

① 400[kN]　② 800[kN]　③ 1,200[kN]　④ 1,600[kN]　⑤ 1,800[kN]

05

다음 [보기]에서 한중콘크리트에 대한 설명으로 옳지 않은 것을 모두 고르면?

보기

㉠ 한중콘크리트는 조강 포틀랜드시멘트 사용을 표준으로 한다.
㉡ 골재는 시트 등으로 덮어 저장하는 것이 좋다.
㉢ 한중콘크리트 시공에서는 AE제 이용을 표준으로 하고 있다.
㉣ 먼저 더운 물과 시멘트를 넣고 잔골재, 굵은 골재 순으로 넣는 것이 좋다.
㉤ 양생 중 콘크리트의 온도는 약 10℃로 유지하는 것을 표준으로 한다.

① ㉠, ㉣　② ㉡, ㉤　③ ㉠, ㉡, ㉢　④ ㉢, ㉣, ㉤　⑤ ㉠, ㉡, ㉣, ㉤

06

길이 4[m]의 삼각형 단면 단순보 중앙에 3[t]의 집중하중이 작용할 때, 최대전단응력[kg/cm^2]을 고르면?(단, 삼각형 단면의 폭 b=30[cm], 높이 h=50[cm]이다.)

① 0.5[kg/cm^2]　② 1.5[kg/cm^2]　③ 3.0[kg/cm^2]　④ 4.5[kg/cm^2]　⑤ 5.0[kg/cm^2]

07

다음 [보기]에서 거푸집 측압에 영향을 미치는 요인을 모두 고르면?

보기

㉠ 콘크리트의 온도
㉡ 콘크리트의 배합
㉢ 콘크리트의 반죽질기
㉣ 콘크리트의 타설속도
㉤ 콘크리트의 타설높이

① ㉠, ㉣
② ㉡, ㉣, ㉤
③ ㉠, ㉡, ㉢, ㉤
④ ㉡, ㉢, ㉣, ㉤
⑤ ㉠, ㉡, ㉢, ㉣, ㉤

08

토립자가 모나고 입도분포가 좋은 모래지반에서 측정한 N치가 15였다. Dunham 공식에 의한 이 모래의 내부 마찰각을 고르면?

① 22°
② 27°
③ 30°
④ 38°
⑤ 42°

09

사암을 발파하기 위해 천공장 3[m]짜리 20공을 착암기 1대로 천공하고자 한다. 다음 [조건]을 고려하여 천공속도[cm/min]를 고르면?

조건

• 표준암 천공속도 $V=35$[cm/min]
• 작업시간율 $\alpha=0.65$
• 저항력계수 $C_1=1.35$
• 작업조건계수 $C_2=0.85$

① 15.36[cm/min]
② 26.11[cm/min]
③ 29.58[cm/min]
④ 31.67[cm/min]
⑤ 34.95[cm/min]

10

다음 [조건]에서 도로 포장설계를 위한 설계CBR을 고르면?

조건

- 6지점의 CBR : 4.5　　3.6　　5.8　　4.8　　6.0　　3.2
- 설계CBR 계산용 계수 $d_2=2.67$

① 3　② 4　③ 5
④ 6　⑤ 7

11

다음 [보기]에서 범지구 측위 제도(GPS)의 특징으로 옳은 것의 개수를 고르면?

보기

㉠ 고정밀도 측량이 가능하다.
㉡ 관측점 간 시통이 필요하다.
㉢ 날씨에 영향을 받지 않는다.
㉣ 야간 관측이 가능하다.
㉤ 3차원 공간계측이 가능하다.
㉥ 지구질량 중심을 원점으로 이용한다.
㉦ 우천 시에는 능률이 저하되는 경우도 있다.

① 2개　② 3개　③ 4개
④ 5개　⑤ 6개

12

페이퍼 드레인(Paper Drain)의 폭이 10[cm], 두께가 4[mm]일 때, 등치환산원의 지름[cm]을 고르면?(단, 형상계수는 0.75이다.)

① 5[cm]　② 7.5[cm]　③ 10[cm]
④ 12.5[cm]　⑤ 15[cm]

13

다음 [보기]에서 다짐에너지 계산에 필요한 것을 모두 고르면?

보기		
㉠ 래머의 무게	㉡ 래머의 낙하높이	㉢ 다짐몰드의 부피
㉣ 각 층의 다짐횟수	㉤ 흙의 허용최대입경	

① ㉡, ㉣
② ㉢, ㉤
③ ㉠, ㉡, ㉣
④ ㉡, ㉢, ㉤
⑤ ㉠, ㉡, ㉢, ㉣

14

길이 l[cm]인 줄자에 인장력을 작용시켰더니 원래 길이보다 2[mm] 길게 나왔다. 이 줄자의 실제 길이[cm]를 고르면?(단, 세로변형률 ε=0.008이고, 가로변형률은 무시한다.)

① 8[cm]
② 10[cm]
③ 16[cm]
④ 25[cm]
⑤ 28[cm]

15

다음과 같이 무게 W=40[kg]인 구가 벽면 사이에 놓여 있을 때, A점과 B점에 작용하는 힘의 합[kg]을 고르면?

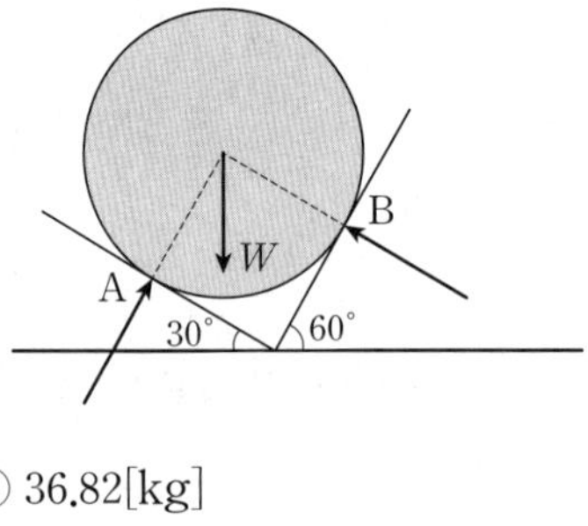

① 23.09[kg]
② 36.82[kg]
③ 40.35[kg]
④ 54.64[kg]
⑤ 69.28[kg]

16

다음 [보기]에서 콘크리트의 블리딩(Bleeding) 방지 대책으로 옳지 않은 것을 모두 고르면?

보기

㉠ 1회 타설높이를 크게 한다.
㉡ 단위수량을 감소시킨다.
㉢ 단위시멘트량을 감소시킨다.
㉣ 분말도가 작은 시멘트를 사용한다.
㉤ AE제, 감수제 등의 혼화제 사용을 자제한다.

① ㉠
② ㉡, ㉣
③ ㉢, ㉤
④ ㉠, ㉢, ㉣, ㉤
⑤ ㉡, ㉢, ㉣, ㉤

17

반지름 r인 1/4 원의 도심축에 대한 단면2차모멘트를 고르면?

① $\frac{\pi r^4}{16}-\frac{8r^4}{9\pi}$
② $\frac{\pi r^4}{16}-\frac{4r^4}{9\pi}$
③ $\frac{\pi r^4}{8}-\frac{8r^4}{9\pi}$
④ $\frac{\pi r^4}{8}-\frac{4r^4}{9\pi}$
⑤ $\frac{\pi r^4}{8}-\frac{4r^4}{3\pi}$

18

다음 [조건]에서 5년간의 총처짐[mm]을 고르면?(단, 5년 후의 장기처짐계수는 2.0이다.)

조건

- $b=200$[mm], $d=300$[mm]인 직사각형 단면의 보
- 지속하중에 의한 탄성처짐 20[mm]
- $A_s=2{,}246$[mm^2], $A_s'=1{,}284$[mm^2]

① 19.32[mm]
② 22.52[mm]
③ 26.52[mm]
④ 39.32[mm]
⑤ 42.12[mm]

전공 실전모의고사

19

다음 삼축압축시험 중 점토지반을 미리 압밀시킨 후 급격히 재하할 때의 안정을 검토하는 경우에 적합한 것을 고르면?

① CD시험　② CU시험　③ $\overline{\text{CU}}$시험
④ UU시험　⑤ CC시험

20

다음과 같은 3활절 아치에서 A점의 수평반력[t]을 고르면?

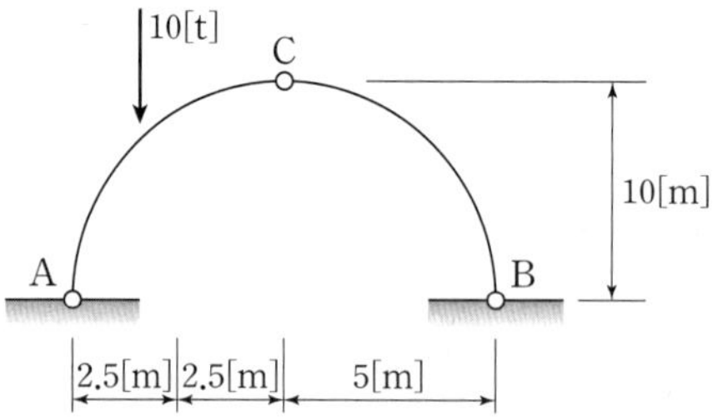

① 1.25[t]　② 2.5[t]　③ 3.75[t]
④ 5[t]　⑤ 7.5[t]

21

상류수심 $H=500$[m]의 흙댐에서 유선망을 그렸더니 유로의 수 $N_f=3$, 등수두면의 수 $N_d=13$이었을 때, 침투수량[cm³/sec/cm]을 고르면?(단, $k=1.3\times10^{-3}$[cm/sec]이다.)

① 10[cm³/sec/cm]　② 15[cm³/sec/cm]　③ 20[cm³/sec/cm]
④ 25[cm³/sec/cm]　⑤ 30[cm³/sec/cm]

22

다음 [보기]에서 등고선에 대한 설명으로 옳은 것의 개수를 고르면?

보기

㉠ 등고선 간격은 수평거리를 의미한다.
㉡ 등고선은 능선 또는 계곡선과 직교한다.
㉢ 높이가 다른 두 등고선은 산정이나 분지를 제외하고는 교차하지 않는다.
㉣ 등고선은 지표의 경사가 급할수록 간격이 좁다.
㉤ 동일 경사에서의 등고선 간의 간격은 높은 곳에서 좁아지고 낮은 곳에서는 넓어진다.

① 1개　② 2개　③ 3개
④ 4개　⑤ 5개

23

철근콘크리트 부재의 장기처짐량은 하중에 의한 탄성처짐에 계수 λ를 곱해서 구한다. 다음 [조건]에 대한 λ값을 고르면?

조건

- 압축철근비 $\rho'=0.01$
- 인장철근비 $\rho=0.02$
- 지속하중의 재하기간에 따른 계수 $\xi=1.4$

① 0.51　② 0.93　③ 1.22
④ 1.54　⑤ 1.85

24

젖은 흙의 무게 240[g], 함수비 20[%]인 흙을 함수비 30[%]로 조정하려고 한다. 이때, 추가해야 하는 물의 양[g]을 고르면?

① 10[g]　② 20[g]　③ 30[g]
④ 40[g]　⑤ 60[g]

25

다음과 같은 단순보에 집중하중 $P=10$[kN]이 작용하고 있다. 지점 반력의 비 $\frac{R_A}{R_B}$를 고르면?

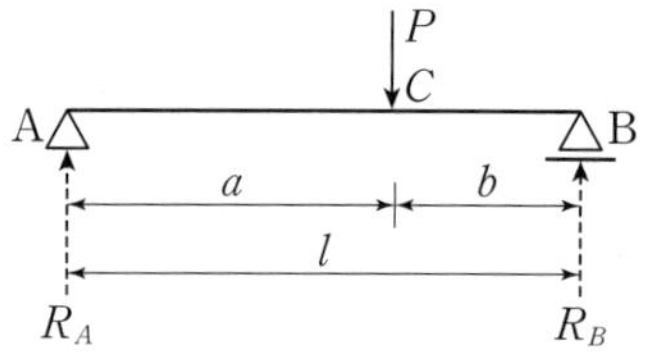

① $\frac{a}{b}$ ② $\frac{b}{a}$ ③ $\frac{10a}{b}$

④ $\frac{10b}{a}$ ⑤ $\frac{ab}{l}$

26

다음 중 삼변측량의 특징으로 옳지 않은 것을 고르면?

① 관측값에 비하여 조건식이 적은 단점이 있다.

② 삼변을 측정해서 삼각점의 위치를 결정한다.

③ 넓은 면적의 측량에 적합하다.

④ 기선장을 실측하므로 기선의 확대가 불필요하다.

⑤ 조정방법에는 조건방정식에 의한 조정과 관측방정식에 의한 조정이 있다.

27

길이 $L=20$[m]인 양단 고정보에 전 지간에 걸쳐 3[t/m^2]의 등분포하중이 작용할 때, 보 중앙에 작용하는 모멘트[t·m]를 고르면?

① 30[t·m] ② 40[t·m] ③ 50[t·m]

④ 60[t·m] ⑤ 70[t·m]

28

다음 [보기]에서 철근의 이음에 관한 사항으로 옳지 않은 것을 모두 고르면?

보기

㉠ 철근의 이음방법으로 용접이음이 가장 많이 사용된다.
㉡ D35를 초과하는 철근은 겹침이음을 하지 않아야 한다.
㉢ 압축철근의 겹침이음 길이는 인장철근의 겹침이음 길이보다 짧게 해야 한다.
㉣ 이음이 부재의 한 단면에 집중되지 않도록 해야 한다.
㉤ 인장 이형철근의 겹침이음 길이는 A급, B급, C급으로 분류한다.

① ㉠, ㉤
② ㉢, ㉣
③ ㉡, ㉢, ㉣
④ ㉡, ㉣, ㉤
⑤ ㉠, ㉡, ㉢, ㉣

29

다음 중 육상에서 제작한 함체를 가라앉혀 물속에서 연결시켜 나가는 터널공법으로 우리나라 거가대교에 적용했던 공법을 고르면?

① TBM
② NATM
③ 침매공법
④ 쉴드공법
⑤ 메서공법

30

다음 중 숏크리트 건식방법의 단점이 아닌 것을 모두 고르면?

보기

㉠ 반발량이 많다.
㉡ 분진 발생이 많다.
㉢ 장거리 압송에 부적합하다.
㉣ 장비가 대형이기 때문에 작업공간이 크다.
㉤ 작업원의 숙련도에 따라 품질이 좌우된다.

① ㉠, ㉡
② ㉢, ㉣
③ ㉠, ㉣, ㉤
④ ㉡, ㉢, ㉣
⑤ ㉠, ㉢, ㉣, ㉤

전공 실전모의고사(건축일반)

정답과 해설 P.122

01

다음 [보기]에서 건축법에 의한 과태료 부과 대상 중 200만 원 이하의 과태료 부과 대상으로 옳지 <u>않은</u> 것을 모두 고르면?

보기

㉠ 건축물대장 기재내용의 변경을 신청하지 아니한 자
㉡ 공사현장에 설계도서를 갖추어 두지 아니한 자
㉢ 건축허가 표지판을 설치하지 아니한 자
㉣ 공사시공자가 시정이나 재시공 요청을 받은 후 이에 따르지 아니하거나 공사중지 요청을 받고도 공사를 계속할 경우 보고를 하지 아니한 공사감리자
㉤ 공정 및 안전 관리 업무를 수행하지 아니하거나 공사 현장을 이탈한 현장관리인

① ㉡ ② ㉣ ③ ㉣, ㉤
④ ㉠, ㉢, ㉤ ⑤ ㉡, ㉢, ㉣, ㉤

02

다음 철근콘크리트 단순보에서 지지점 A로부터 유효깊이 d(1[m])만큼 떨어진 위험단면에서의 계수전단력[kN]을 고르면?(단, 경간은 10[m], w_D=5[kN/m], w_L=10[kN/m]이다.)

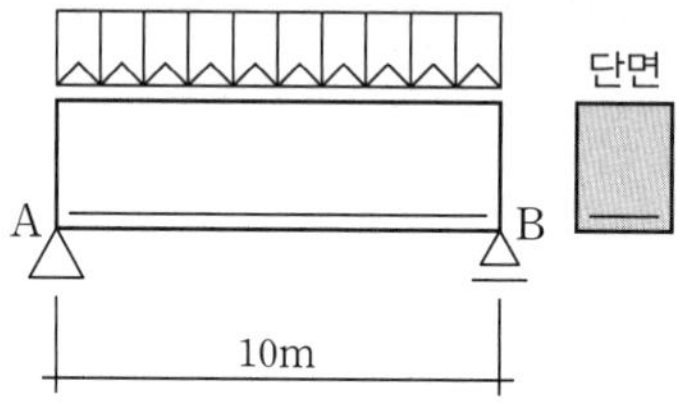

① 63[kN] ② 88[kN] ③ 98[kN]
④ 104[kN] ⑤ 110[kN]

03

다음 중 건축법령상 건축물의 용도변경 행위에 대한 허가 대상이 <u>아닌</u> 것을 고르면?

① 산업 등 시설군 : 운수시설 → 문화집회시설군 : 위락시설
② 주거업무시설군 : 업무시설 → 교육 및 복지시설군 : 교육연구시설
③ 주거업무시설군 : 단독주택 → 근린생활시설군 : 제1종 근린생활시설
④ 교육 및 복지시설군 : 의료시설 → 영업시설군 : 운동시설
⑤ 영업시설군 : 판매시설 → 산업 등 시설군 : 장례시설

04

다음 중 쇼핑센터의 몰에 대한 설명으로 옳은 것을 고르면?

① 폭은 3~4m가 일반적이다.
② 몰의 길이는 480m를 초과하지 않아야 한다.
③ 길이 50~100m마다 변화를 주어야 한다.
④ 태양광선은 적극적으로 차단하고 단차를 통해 변화를 유도한다.
⑤ 몰은 점포와 점포를 연결하고, 고객의 방향성과 동선을 유도하며, 공간의 식별성을 부여한다.

05

다음 중 학교건축계획에 대한 설명으로 옳은 것을 고르면?

① 달톤형은 학급 단위별 수업을 명확하게 구분하여, 학생들은 각자의 능력에 맞게 교과를 선택할 수 있고 일정한 교과가 끝나면 졸업한다.
② 체육관은 음악실과 이격하여 계획하는 것이 좋다.
③ 미술실은 학생들의 미술활동 지도에 있어 균일한 조도를 이루도록 남향으로 배치하는 것이 좋다.
④ 체육관은 강당의 기능과 겸용하지 않도록 해야 한다.
⑤ 일반교실은 출입구를 2곳 둔다.

06

다음 병원계획 중 각 과의 구성에 대한 설명으로 옳지 않은 것을 고르면?

① 소아과: 소아의 신체치수를 고려한 소규모로 배치하며, 면역성이 떨어지므로 전염 우려가 있는 환자를 위한 격리실을 별도로 인접하여 설치한다.

② 정형외과: 최하층에 두며, 미끄러질 염려가 있는 바닥 마무리를 피한다.

③ 내과: 진료검사에 시간이 걸리므로 소진료실을 다수 설치한다.

④ 외과: 진찰실과 처치실로 구분하며, 소수술실과 깁스실을 인접하여 설치하는 것이 좋다. 또한 외과 계통의 각 과는 1실에 여러 환자를 볼 수 있도록 대실로 한다.

⑤ 이비인후과: 남쪽 광선을 차단하고 북측 채광을 하되 소수술 후 휴양하는 침대와 청력검사용 방음실을 둔다.

07

다음 도형의 x축에 대한 단면2차모멘트[cm^4]를 고르면?

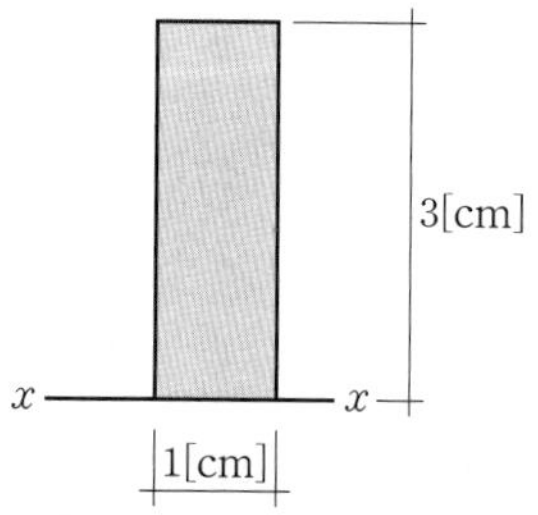

① 3[cm^4]　② 6[cm^4]　③ 9[cm^4]

④ 12[cm^4]　⑤ 18[cm^4]

08

다음 도료의 종류 중 유성 바니시에 페인트용 안료를 섞어서 만드는 것을 고르면?

① 수성 페인트
② 에멀젼 페인트
③ 에나멜 페인트
④ 유성 페인트
⑤ 휘발성 바니시

09

철근콘크리트 구조에서 처짐을 계산하지 않아도 되는 1방향 슬래브의 최소 두께[mm]를 고르면?(단, $f_y=400$ [MPa], 보통중량콘크리트이며, 단순지지로서 경간은 4,000[mm]이다.)

① 150[mm]
② 200[mm]
③ 300[mm]
④ 360[mm]
⑤ 480[mm]

10

다음 구조물의 부정정 차수를 고르면?

① 1차
② 2차
③ 3차
④ 4차
⑤ 5차

11

다음 중 할증률이 옳은 것을 고르면?

① 이형철근 3%　　② 유리 2%　　③ 도료 4%
④ 원형철근 7%　　⑤ 도기질 타일 5%

12

다음 설명에 해당하는 공사도급방식을 고르면?

- 실비여하를 막론하고 미리 계약된 일정액의 보수만을 지불하는 방식이다.
- 실비에 미리 계약된 정액보수를 지불하게 된다.
- 설계변경 등의 절차 시 변경 정도 또는 한계를 미리 정할 필요가 있다.

① 실비준동율방식　　② 실비정액방식　　③ 턴키방식
④ 실비한정비율방식　　⑤ 단가도급방식

13

설계도서 · 법령해석 · 감리자의 지시 등이 서로 일치하지 아니하는 경우에 있어 계약으로 그 적용의 우선순위를 정하지 아니한 때 적용 순서로서 [보기] 중 3번째로 적용하는 것을 고르면?

보기

전문시방서, 설계도면, 공사시방서, 표준시방서, 산출내역서

① 전문시방서　　② 설계도면　　③ 공사시방서
④ 표준시방서　　⑤ 산출내역서

14

다음 중 석공사에 사용되는 석재의 특징으로 옳지 않은 것을 고르면?

① 점판암은 열에 강하고 얇게 쪼개진다.
② 대리석은 산·화열에 약하고 내구성이 좋지 않아 외장재로는 사용이 곤란하다.
③ 화강암은 가공성이 풍부한 편이고 빛깔·광택이 우수하여 외장재로 사용할 수 있다.
④ 안산암은 화강암과 비교하여 내화력이 우수하나 갈아도 광택이 나지 않아 구조재로 사용한다.
⑤ 사암은 내화력이 우수하고 강도·내구성이 강하여 구조재로 주로 사용한다.

15

다음 중 타워크레인의 설치계획 및 설치 시 유의 사항으로 옳지 않은 것을 고르면?

① 철골부재의 중량을 반드시 검토해야 한다.
② 외부에 설치할 경우 별도로 기초를 만들어야 한다.
③ 마스트 상승방식은 건물의 외주부에 설치하는 것으로 외벽공사의 마감에 영향을 준다.
④ 작업구간이 회전반경 내에 있도록 하며, 공유 작업 면적은 없도록 한다.
⑤ 장애물이 많을 경우에는 T형 타입(Horizontal Type)보다 L형 타입(Luffing Type)이 유리하다.

16

다음 중 르네상스 건축가와 건축물을 바르게 짝지은 것을 고르면?

① 미켈로쪼(Michelozzo) – 피렌체(플로렌스) 성당의 돔
② 브루넬레스키(Filippo Brunelleschi) – 플로렌스의 리카르디궁
③ 브라만테(Bramante) – 성 안드레아 대성당
④ 미켈란젤로(Michelangelo) – 로마의 성 베드로 성당의 돔
⑤ 알베르티(Leon Battista Alberti) – 템피에토

17

다음 중 KCS 14 31 40 강구조 도장공사 표면처리 규정으로 옳지 않은 것을 고르면?

① 표면처리는 별도의 언급이 없는 한 반드시 블라스팅방법에 의해 처리한다.
② 용접과정에서 발생한 용접비드의 결함은 완전히 수정한 후에 표면처리를 한다.
③ 용접 시에 발생한 용접주위의 스패터 및 잔류물은 사전에 제거해야 한다.
④ 용접부 주위에 스패터의 부착을 방지하기 위해 처리약품 등이 사용되었을 경우에는 표면처리 작업 시에 이들을 제거해야 한다.
⑤ 용접부는 24시간 방치한 후 전처리 및 도장을 해야 한다.

18

다음 중 철근콘크리트 구조에서 철근의 부착강도에 대한 설명으로 옳은 것을 고르면?

① 원형철근이 이형철근보다 부착강도가 크다.
② 콘크리트의 압축강도나 인장강도가 클수록 부착강도가 크다.
③ 철근의 직경이 가는 것을 여러 개 사용하는 것보다 굵은 철근 한 개를 쓰는 것이 부착강도가 좋다.
④ 피복두께가 작을수록 부착강도가 좋아진다.
⑤ 다소 녹이 슨 철근은 녹이 없는 철근보다 부착강도가 작다.

19

다음 중 지진 관련 용어에 대한 설명으로 옳은 것을 고르면?

① 규모는 리히터 규모라고 하여 지진이 발생된 지점에서 지진의 크기를 정량적으로 표현한다.
② 진앙은 지진의 피해 정도에 대한 정성적 상황의 표현으로, 지진이 발생한 지점으로부터 각 지점에서 지진 피해 정도가 서로 다를 때 진앙으로 표현한다.
③ 진원은 지각변동이 되는 지점의 상부 지표면이다.
④ 진도는 지각변동이 되는 지점(깊이가 있는 지점)을 말한다.
⑤ 진앙거리는 관측지점에서 진원까지의 거리를 말한다.

20

다음 중 공연장(극장)의 건축계획에 대한 설명으로 옳은 것을 고르면?

① 좌석을 엇갈리게 배열(Stagger Seats)하는 방법은 객석의 바닥 구배가 급할 경우에 사용하는 방식이다.
② 최전열 좌석의 한도는 중심에서 60°, 좌우에서 90°를 한도로 한다.
③ 객석의 가시거리 한도로서 1차 허용한도는 22미터로 본다.
④ 극장의 바닥은 객석 길이의 1/3까지는 수평을 유지, 길이의 2/3 구간은 1/10~1/12 정도의 구배를 둔다.
⑤ 단면상 무대 상부공간(Fly Loft)의 높이는 프로시니엄 높이의 2배 이상으로 한다.

21

다음 중 평판재하시험 규정으로 옳은 것을 고르면?

① 재하시험 개소 수: 최소한 2개소에서 실시
② 시험개소 거리: 최대 재하판 지름의 3배 이상
③ 재하시간 간격: 각 단계별 하중을 증가한 후, 최소 1분 이상 하중을 유지해야 한다.
④ 침하를 정지로 보는 경우: 1분간 침하량이 0.01mm 이하
⑤ 침하측정장치 멈춤: 시험하중이 허용하중의 3배 이상이거나 누적 침하가 재하판 지름의 10%를 초과하는 경우

22

다음 중 건물 계획 시 모듈을 설정하여 척도를 조정함으로써 얻게 되는 이점과 가장 거리가 먼 것을 고르면?

① 현장가공이 축소된다.
② 미적 질서를 가질 수 있다.
③ 공사기간이 단축될 수 있다.
④ 건축구성재의 생산비용이 낮아질 수 있다.
⑤ 재료의 내구성이 향상된다.

23

다음 중 타일공사에 대한 설명으로 옳지 않은 것을 고르면?

① 줄눈나누기 및 타일 마름질은 도면 또는 담당원의 지시에 따라 수준기, 레벨 및 다림추 등을 사용하여 기준선을 정하고, 될 수 있는 대로 온장을 사용하도록 줄눈나누기 한다.
② 창문선, 문선 등 개구부 둘레와 설비기구류와의 마무리 줄눈 너비는 10mm 정도로 한다.
③ 벽체 타일이 시공되는 경우 바닥 타일은 벽체 타일을 먼저 붙이기 전에 시공한다.
④ 바닥면은 물고임이 없도록 구배를 유지하되, 1/100을 넘지 않도록 한다.
⑤ 타일을 붙인 후 3일간은 진동이나 보행을 금하되, 부득이한 경우에는 담당원의 승인을 받아 보행판을 깔고 보행할 수 있다.

24

철골공사 시공 중 가볼트에 대한 설명으로 옳지 않은 것을 고르면?

① 가볼트에는 손상이 없어야 하며, 기름 등의 불순물이 부착되지 않도록 청소해야 한다.
② 고장력볼트를 외부환경에 노출시키면 변질될 우려가 있으므로 본접합용 볼트를 가볼트로 겸용해서는 안 된다.
③ 용접이음에서 일렉션피스 등에 사용하는 가볼트는 모두 일반볼트로 체결한다.
④ 일반적인 고장력볼트 이음에서는 볼트를 이용하고, 볼트 1군에 대해 1/3 이상이며 2개 이상의 가볼트를 웨브와 플랜지에 적절하게 배치하여 조인다.
⑤ 혼용접합 혹은 병용이음에서는 일반볼트를 이용하고, 볼트 1군에 대해 1/2 이상이며 2개 이상의 가볼트를 적절하게 배치하여 조인다.

25

다음 중 건축법령상 관람실 등으로부터의 출구의 설치기준으로 옳은 것을 고르면?

① 건축물의 관람실 또는 집회실로부터 바깥쪽으로의 출구로 쓰이는 문은 안여닫이로 해야 한다.
② 문화 및 집회시설 중 공연장의 개별 관람실(바닥면적이 100제곱미터 이상)의 출구는 기준에 적합하게 설치하여야 한다.
③ 관람실별로 출구를 2개소 이상 설치해야 한다.
④ 각 출구의 유효너비는 1.2미터 이상이어야 한다.
⑤ 개별 관람실 출구의 유효너비의 합계는 개별 관람실의 바닥면적 100제곱미터마다 0.4미터의 비율로 산정한 너비 이상으로 한다.

26

다음 [보기]에서 건축공사 시방서에 대한 설명으로 옳은 것의 개수를 고르면?

보기

㉠ 공사전반에 걸쳐 기술적인 사항을 규정한 시방서를 기술시방서라고 한다.
㉡ 공사시방서에는 계약문서에 포함되는 설계도서의 하나이므로 법적 구속력을 갖는다.
㉢ 발주자의 의도를 설계자에게 전달하기 위하여 설계도면에 표시할 수 없는 사항을 나타낸다.
㉣ 공사시방서에서는 재료 검수기준 및 보관방법 등에 관한 내용을 포함한다.
㉤ 표준시방서와 공사시방서가 불일치한 경우 표준시방서를 우선으로 한다.

① 1개　② 2개　③ 3개
④ 4개　⑤ 5개

27

다음은 건축물의 피난 · 방화구조 등의 기준에 관한 규칙 제22조 '대규모 목조건축물의 외벽 등'에 대한 규정이다. 빈칸에 들어갈 숫자를 순서대로 바르게 나열한 것을 고르면?

"연소할 우려가 있는 부분"이라 함은 인접대지경계선·도로중심선 또는 동일한 대지 안에 있는 2동 이상의 건축물(연면적의 합계가 500제곱미터 이하인 건축물은 이를 하나의 건축물로 본다) 상호의 외벽 간의 중심선으로부터 1층에 있어서는 (　　　)미터 이내, 2층 이상에 있어서는 (　　　)미터 이내의 거리에 있는 건축물의 각 부분을 말한다. 다만, 공원·광장·하천의 공지나 수면 또는 내화구조의 벽, 기타 이와 유사한 것에 접하는 부분을 제외한다.

① 1, 2
② 2, 3
③ 3, 4
④ 3, 5
⑤ 4, 8

28

다음 [보기]에서 KDS 41 12 00 건축물설계하중에 따른 하중 조합의 유형으로 옳은 것을 고르면?(단, D: 고정하중, W: 풍하중, L: 활하중, E: 지진하중, S: 설하중이며, 이외 하중은 고려하지 않는다.)

보기

㉠ $1.4D$
㉡ $1.2D+1.6L+0.5S$
㉢ $0.9D+1.3W$
㉣ $0.9D+1.3E$
㉤ $1.2D+1.3E+1.0L+0.2S$

① ㉠, ㉡
② ㉠, ㉡, ㉢
③ ㉢, ㉣, ㉤
④ ㉠, ㉢, ㉣, ㉤
⑤ ㉠, ㉡, ㉢, ㉣, ㉤

29

다음 [보기]의 ㉠~㉣은 각 거푸집에 대한 설명이다. 이에 해당하지 않는 것을 고르면?

보기

㉠ 벽체 전용 거푸집으로 갱폼에 조합하여 비계틀을 일체로 조립하고 한꺼번에 인양시켜 설치하는 공법
㉡ 벽과 바닥을 동시에 타설하는 경우에 사용하는 공법
㉢ 사일로나 굴뚝 등의 공사에 사용되며, 단면변화가 없는 거푸집
㉣ 무량 슬래브에 사용되는 거푸집

① 플라잉 폼(Flying Form)
② 터널 폼(Tunnel Form)
③ 클라이밍 폼(Climbing Form)
④ 슬라이딩 폼(Sliding Form)
⑤ 와플 폼(Waffle Form)

30

다음 설명에 해당하는 공동주택의 단위주거 단면형식을 고르면?

- 복도가 있는 경우 단위주거의 규모가 크면 복도가 길어져 공용면적이 증가한다.
- 복도형식은 프라이버시에 있어 타 형식보다 불리하다.
- 단위주거가 1개 층에만 한정된 형식이다.
- 단위주거의 평면구성 제약이 작다.
- 소규모도 설계가 용이하다.

① 메조넷형 ② 스킵 메조넷형 ③ 트리플렉스형
④ 플랫형 ⑤ 취발형

전공 실전모의고사(건축설비)

정답과 해설 P.127

01

다음 중 건축물의 설비기준에 관한 규칙상 피뢰설비에 대한 규정으로 옳은 것을 고르면?

① 낙뢰의 우려가 있는 건축물, 높이 10미터 이상의 건축물 또는 공작물에는 피뢰설비를 설치해야 한다.

② 피뢰설비는 한국산업표준이 정하는 피뢰레벨 등급에 적합한 피뢰설비여야 하되, 위험물저장 및 처리시설에 설치하는 피뢰설비는 한국산업표준이 정하는 피뢰시스템레벨 Ⅱ 이상이어야 한다.

③ 피뢰설비의 재료는 최소 단면적이 피복이 없는 동선(銅線)을 기준으로 수뢰부, 인하도선 및 접지극은 20제곱밀리미터 이상이거나 이와 동등 이상의 성능을 갖추어야 한다.

④ 피뢰설비의 인하도선을 대신하여 철골조의 철골구조물과 철근콘크리트조의 철근구조체 등을 사용하는 경우 전기적 연속성을 보장하지 않아도 된다.

⑤ 측면 낙뢰를 방지하기 위하여 높이가 300미터 이하로서 60미터를 초과하는 건축물 등에는 지면에서 건축물 높이의 5분의 4가 되는 지점부터 최상단부분까지의 측면에 수뢰부를 설치하여야 한다.

02

다음 [보기]에서 건축물의 피난 · 방화구조 등의 기준에 관한 규칙 중 건축물의 바깥쪽에 설치하는 피난계단의 구조로서 옳은 것을 모두 고르면?

보기

㉠ 계단은 그 계단으로 통하는 출입구 외의 창문 등(망이 들어 있는 유리의 붙박이창으로서 그 면적이 각각 1제곱미터 이하인 것을 제외한다)으로부터 2미터 이상의 거리를 두고 설치할 것
㉡ 건축물의 내부에서 계단으로 통하는 출입구에는 30+방화문 또는 30분방화문을 설치할 것
㉢ 계단의 유효너비는 0.8미터 이상으로 할 것
㉣ 계단은 내화구조로 하고 지상까지 직접 연결되도록 할 것

① ㉠　② ㉠, ㉣　③ ㉡, ㉢
④ ㉠, ㉡, ㉣　⑤ ㉠, ㉢, ㉣

03

건축물의 피난 · 방화구조 등의 기준에 관한 규칙에 의해 방화지구 내 건축물의 인접대지경계선에 접하는 외벽에 설치하는 창문 등으로서 연소할 우려가 있는 부분에는 방화설비를 설치해야 한다. 이때, 설치해야 하는 방화설비로 옳지 않은 것을 [보기]에서 모두 고르면?

보기

㉠ 30+방화문 또는 30분방화문
㉡ 소방법령이 정하는 기준에 적합하게 창문 등에 설치하는 드렌처
㉢ 당해 창문 등과 연소할 우려가 있는 다른 건축물의 부분을 차단하는 불연재료나 난연재료로 된 벽·담장 기타 이와 유사한 방화설비
㉣ 환기구멍에 설치하는 불연재료로 된 방화커버 또는 그물눈이 10밀리미터 이하인 금속망

① ㉠ ② ㉠, ㉡ ③ ㉢, ㉣
④ ㉠, ㉡, ㉣ ⑤ ㉠, ㉢, ㉣

04

다음 중 상수도와 지하수 등을 이용하여 건물 내외부에 급수하는 급수방식에 대한 설명으로 옳지 않은 것을 고르면?

① 부스터방식은 저수조에 있는 물을 급수펌프만으로 건물 내의 소요개소에 급수하는 방식으로, 정속방식을 도입한 건물의 경우 급수 사용량에 따라 가동하는 펌프의 개수가 다르다.
② 옥상탱크방식은 어떤 위치에서의 압력은 일정한 편이라고 하지만, 실제로는 고가탱크의 수위에 따라 급수압력이 변동할 수 있으며, 감압밸브를 사용하지 않았다면 최상층과 최하층의 층간 압력은 다르다.
③ 압력탱크방식은 높은 압력을 견딜 수 있는 압력수조가 필요하므로 설치비와 유지보수비용도 고가이나, 국부적으로 높은 압력을 필요로 하는 곳에 사용이 가능하고 압력변동도 작아 광범위하게 적용된다.
④ 수도직결방식 중 증압방식을 도입하면 저수조에 펌프로 직송하는 방식에 비해 에너지 절감이 가능하며 중규모 건물에서도 이용할 수 있지만, 정전 시 단수가 될 수 있다.
⑤ 옥상탱크방식은 정전이 되거나 단수가 되더라도 옥상탱크에 물이 있는 동안에는 급수에 영향을 받지 않는 방식이다.

05

다음 중 베르누이의 정리에 대한 설명으로 옳은 것을 고르면?

① 에너지보존의 법칙을 유체의 흐름에 적용한 것으로서 유체가 갖고 있는 운동에너지, 중력에 의한 위치에너지 및 압력에너지의 총합은 흐름 내 어디에서나 일정하다.
② 발전기에 적용되는 법칙으로 유도기전력의 방향을 알기 위하여 사용되는 법칙이다.
③ 실의 흡음력이 높을수록 잔향시간은 짧아진다.
④ 유도 기전력 관계이론으로 자속의 변화와 유도 자기장의 관계를 정리한다.
⑤ 전류 방향 변화와 도체 방향을 찾을 때 이용된다.

06

1[Ω]의 저항 10개를 직렬로 접속할 때의 합성저항은 병렬로 접속할 때의 합성저항의 몇 배인지 고르면?

① 1배　② 2배　③ 5배
④ 10배　⑤ 100배

07

다음 [보기]에서 중앙식 급탕설비에 대한 설명으로 옳은 것을 모두 고르면?

보기
㉠ 고층건물에서 직접가열식은 고압에 견디는 보일러가 필요하다. ㉡ 열효율은 직접가열식이 간접가열식보다 높다. ㉢ 대규모 설비의 적용은 직접가열식이 간접가열식보다 적합하다. ㉣ 물처리는 직접가열식이 간접가열식보다 적게 한다.

① ㉠, ㉡　② ㉡, ㉣　③ ㉢, ㉣
④ ㉠, ㉡, ㉢　⑤ ㉠, ㉢, ㉣

08

다음 [보기]에서 건축물의 설비기준에 관한 규칙상 공동주택과 오피스텔의 난방설비를 개별난방방식으로 하는 경우에 대한 설명으로 옳은 것을 모두 고르면?

보기

㉠ 보일러는 거실 외의 곳에 설치하되, 보일러를 설치하는 곳과 거실 사이의 경계벽은 출입구를 제외하고는 내화구조의 벽으로 구획할 것
㉡ 보일러실의 윗부분에는 그 면적이 0.5제곱미터 이상인 환기창을 설치하고, 보일러실의 윗부분과 아랫부분에는 각각 지름 10센티미터 이상의 공기흡입구 및 배기구를 항상 열려있는 상태로 바깥공기에 접하도록 설치할 것(다만, 전기보일러의 경우에는 그러하지 아니함)
㉢ 기름보일러를 설치하는 경우에는 기름저장소를 보일러실에 설치할 것
㉣ 공동주택의 경우에는 난방구획을 방화구획으로 구획할 것

① ㉠
② ㉠, ㉡
③ ㉢, ㉣
④ ㉠, ㉡, ㉣
⑤ ㉠, ㉢, ㉣

09

다음 빈칸 ㉠, ㉡에 들어갈 숫자를 바르게 짝지은 것을 고르면?

- 가스계량기와 전기계량기 및 전기개폐기와의 거리는 (㉠)cm 이상이 필요하다.
- 가스계량기와 절연조치를 하지 아니한 전선과의 거리는 (㉡)cm 이상의 거리를 유지해야 한다.

	㉠	㉡
①	10	20
②	20	25
③	30	46
④	60	15
⑤	60	30

10

공기조화 방식 중 FCU(Fan Coil Unit) 방식에 대한 설명으로 옳지 않은 것을 고르면?

① 물 배관으로 인해 누수 염려가 발생한다.
② 유닛은 자동으로 부하에 따라 조절이 가능하다.
③ 외기 냉방은 곤란하다.
④ 열교환이 곤란한 방식이다.
⑤ 내부 오염이 지속적으로 발생하는 곳은 적용이 어렵다.

11

다음 중 건축법 시행규칙 별표2에 의해 건축허가 신청 시 제출할 설계도서로서 배치도에 표기하지 않아도 되는 것을 고르면?

① 축척 및 방위
② 대지에 접한 도로의 길이 및 너비
③ 대지의 종·횡단면도
④ 주차장 규모
⑤ 공개공지 및 조경계획

12

연속하는 배관에서 유체가 흐를 때 배관의 조건을 변경하였다. 다음 빈칸 ㉠, ㉡에 들어갈 숫자를 바르게 나열한 것을 고르면?

- 동일한 양의 물이 배관 내를 흐를 때, 배관의 단면적이 2배가 되면 물의 속도는 (㉠)배가 된다.
- 동일한 양의 물이 배관 내를 흐를 때, 배관의 지름이 2배가 되면 물의 속도는 (㉡)배가 된다.

① ㉠ $\frac{1}{2}$, ㉡ $\frac{1}{4}$
② ㉠ $\frac{1}{2}$, ㉡ $\frac{1}{3}$
③ ㉠ 1, ㉡ $\frac{1}{2}$
④ ㉠ 2, ㉡ $\frac{1}{4}$
⑤ ㉠ 2, ㉡ 4

13

다음 중 각종 난방방식에 대한 설명으로 옳은 것을 고르면?

① 증기난방은 현열을 이용한 난방으로 방열량 조절이 어렵다.
② 온풍난방은 직접 난방방식에 속하며, 지속난방보다 간헐난방에 적합하다.
③ 온수난방은 온수의 잠열을 이용한 난방으로 겨울철 동파가 우려된다.
④ 복사난방 매립방식은 바닥면의 활용도가 좋고 쾌적도가 높으나 설치비용 및 유지보수관리비가 고가이다.
⑤ 대류난방 중 고온수난방은 온수난방에 비해 방열기가 커져야 한다.

14

다음 중 배관재료 및 용도에 대한 설명으로 옳지 않은 것을 고르면?

① 동관은 극연수에 부식되나, 내식성은 우수하다.
② 배수용 주철관은 건축물의 오배수 배관으로 사용이 가능하다.
③ 강관에 도금하지 않은 흑관은 증기 또는 가스배관에 사용한다.
④ 강관에 아연도금한 백관은 물 수송뿐만 아니라 온수계통 사용에도 적합하다.
⑤ 주철관은 내식성 및 내구성이 우수하나, 인장강도가 작고 취성이 큰 단점이 있다.

15

송풍기의 회전속도를 200[rpm]에서 400[rpm]으로 변경할 경우 송풍기 축동력의 변화를 고르면?

① $\frac{1}{2}$배 감소　② $\frac{1}{4}$배 감소　③ 2배 증가
④ 4배 증가　⑤ 8배 증가

16

다음 [조건]에서 엘리베이터의 최소 대수가 가장 작은 경우를 고르면?

조건

- 6층 이상 바닥면적의 합계가 3천 제곱미터이다.
- 승강기는 15인승을 설치하였다.

① 병원
② 도매시장
③ 소매시장
④ 업무시설
⑤ 공연장

17

다음 중 2개 이상의 엘보를 사용하여 이음부의 나사 회전을 이용해서 배관의 신축을 흡수하는 이음쇠를 고르면?

① 스위블 조인트
② 벨로즈 조인트
③ 신축곡관 조인트
④ 슬리브 조인트
⑤ 볼 조인트

18

다음 [보기]에서 관류 보일러의 특징으로 옳은 것을 모두 고르면?

보기

㉠ 드럼과 물관을 이용하는 방식이다.
㉡ 주로 대규모에 사용된다.
㉢ 누수 등이 적고 효율이 좋은 편이다.
㉣ 가동시간이 짧고, 증발속도가 빠르다.
㉤ 물의 처리가 쉽고 간편하다.

① ㉠, ㉢
② ㉢, ㉣
③ ㉣, ㉤
④ ㉡, ㉢, ㉤
⑤ ㉠, ㉡, ㉣, ㉤

19

다음 중 급수설비와 펌프에 대한 설명으로 옳지 않은 것을 고르면?

① 펌프의 직송방식은 옥상탱크가 필요 없는 방식이다.
② 펌프의 공동현상은 배관 내의 압력이 증가할 때 발생한다.
③ 펌프의 공동현상은 배관 내의 유속이 증가할 때 발생한다.
④ 수도직결방식은 저렴한 방식이나 단수가 되면 사용이 어렵다.
⑤ 옥상에 물탱크를 설치하는 고층건물은 급수조닝을 위해 감압밸브를 설치하는 경우도 있다.

20

다음 중 소방시설과 세부 유형을 바르게 짝지은 것을 고르면?

① 소화활동설비 – 유도등
② 경보설비 – 통합감시시설
③ 소화설비 – 비상콘센트설비
④ 소화활동설비 – 자동소화장치
⑤ 피난구조설비 – 소화수조 · 저수조

21

다음 중 부패조의 구조에 대한 설명으로 옳지 않은 것을 고르면?

① 배기통을 설치한다.
② 2개 이상의 부패조와 예비 여과조로 구성한다.
③ 제1부패조 : 제2부패조 : 예비 여과조 = 4 : 2 : 1 또는 4 : 2 : 2이다.
④ 부패조는 밀폐구조로 해야 한다.
⑤ 침선작용과 혐기성균의 작용이 활발하여 소화작용을 한다.

22

다음 [보기]에서 전기설비 수용 공간 중 변전실의 면적에 영향을 주는 것이 아닌 것의 개수를 고르면?

보기

㉠ 수전전압 및 수전방식
㉡ 변전설비 변압방식, 변압기 용량, 수량 및 형식
㉢ 설치 기기와 큐비클의 종류 및 시방
㉣ 건축물의 구조적 여건

① 0개 ② 1개 ③ 2개 ④ 3개 ⑤ 4개

23

다음 중 급탕설비에 대한 설명으로 옳은 것을 고르면?

① 배관거리가 30m 이상인 중앙식 급탕방식의 경우 급탕온도 유지를 위해 환탕관과 급탕순환펌프를 설치하거나 급탕관 가열장치를 설치하여야 한다.
② 급탕탱크방식의 급탕배관에는 온도상승에 의한 압력을 도피시킬 수 있는 순환탱크를 설치하여야 한다.
③ 급탕수도꼭지는 위생기구의 오른쪽에 설치하여야 한다.
④ 급탕배관 내의 급탕온도는 레지오넬라균의 서식을 방지하기 위하여 60℃ 이상으로 유지할 수 있게 하여야 한다.
⑤ 급탕탱크의 급수관은 급탕이 급수관으로 역류하지 않도록 슬루스 밸브를 설치하여야 한다.

24

다음에서 설명하는 트랩을 고르면?

- 사이펀식 트랩이다.
- 시하수관에 접속하는 트랩이다.
- 옥내 수평주관 사이에 연결한다.
- 메인트랩이라고도 한다.

① P트랩 ② 그리스 트랩 ③ S트랩
④ U트랩 ⑤ 드럼트랩

25

다음 중 설비 관련 용어에 대한 설명으로 옳지 않은 것을 고르면?

① 현열비는 전열(엔탈피)에 대한 현열의 열량비를 말한다.
② ppm은 농도를 나타내는 단위로 1ppm은 100만분의 1이다(mg/L).
③ 노점온도는 어떤 공기의 상대습도가 100%가 되는 온도로, 공기의 절대습도가 낮을수록 노점온도는 낮아진다.
④ 수증기량의 변화 없이 실내공기가 가열되면 건구온도, 습구온도, 노점온도가 상승한다.
⑤ 크로스커넥션(Cross Connection)은 급수와 급수 이외의 배관을 교차연결하는 것이다.

26

다음 중 오수 정화 처리방식에 대한 설명으로 옳지 않은 것을 고르면?

① 스크린, 침전, 여과는 물리적 처리방식이다.
② 교반은 폭기조에서 공기를 기계적으로 혼입시키는 것이다.
③ 오수를 중화시키거나 소독하는 방식은 화학적 처리방식이다.
④ 부패탱크 방식의 처리과정은 부패조, 여과조, 산화조, 소독조의 순서이다.
⑤ 살수여상형, 평면산화형, 지하모래 여과형 방식은 혐기성 처리방식이다.

27

다음 중 배수트랩의 구비조건으로 옳지 않은 것을 고르면?

① 자기사이펀 작용에 의해 쉽게 봉수파괴가 발생되지 않아야 한다.
② 간단한 구조여야 하며 하수 가스, 냄새의 역류를 방지하여야 한다.
③ 포집기류를 제외하고는 오수에 포함된 오물 등이 부착 및 침전하기 어려워야 한다.
④ 벨트랩, 정부 통기트랩은 바닥용 트랩에 적용하여야 한다.
⑤ 봉수유지를 위해 가동 부분이 있는 트랩은 금지해야 한다.

28

다음 중 간선의 설계순서로 옳은 것을 고르면?

① 전기 및 배선 방식 결정 – 간선의 부하용량 산출 – 전선의 굵기 결정 – 배선 방법 결정
② 전기 및 배선 방식 결정 – 전선의 굵기 결정 – 배선 방법 결정 – 간선의 부하용량 산출
③ 간선의 부하용량 산출 – 전선의 굵기 결정 – 배선 방법 결정 – 전기 및 배선 방식 결정
④ 간선의 부하용량 산출 – 전기 및 배선 방식 결정 – 배선 방법 결정 – 전선의 굵기 결정
⑤ 전선의 굵기 결정 – 전기 및 배선 방식 결정 – 배선 방법 결정 – 간선의 부하용량 산출

29

다음 중 변풍량 덕트 방식과 비교한 정풍량 덕트 방식의 특징으로 옳지 않은 것을 고르면?

① 변풍량 방식에 비해 정풍량 방식은 에너지가 더 들어간다.
② 정풍량 방식은 기기 용량이 작고 단순하므로 설비비가 감소한다.
③ 정풍량 방식의 부하가 작은 방은 부하가 큰 방에 비해 불쾌감을 유발할 수 있다.
④ 정풍량 방식은 최대 부하에 맞게 송풍기의 풍량을 일정하게 보내므로 반송동력비용이 증가한다.
⑤ 정풍량 방식은 풍량을 조절하는 시스템이 없어 가변제어가 곤란하지만, 부하변동이 없고 일정한 풍량을 요구하는 곳에는 오히려 적합하다.

30

다음 중 전기설비에 대한 설명으로 옳은 것을 고르면?

① 신재생에너지 중 태양전지에 의해 발생되는 전력은 교류이다.
② 인버터는 전력용 반도체소자의 스위칭 작용을 이용하여 교류전력을 직류전력으로 변환하는 장치를 말한다.
③ 분산형전원이란 중앙급전 전원과 구분되는 것으로서 전력소비지역 부근에 분산하여 배치 가능한 전원을 말하며, 신·재생에너지 발전설비, 전기저장장치 등은 제외한다.
④ 계통연계는 분산형전원을 송전사업자나 배전사업자의 전력계통에 접속하는 것을 말한다.
⑤ 단순 병렬운전은 생산한 전력이 연계계통으로 유입되도록 한 것을 말한다.

전공 실전모의고사(전기이론)

정답과 해설 P.131

01

다음 회로에서 저항에 공급된 전력이 54[W]일 때, 회로의 저항[Ω]과 리액턴스[Ω]를 고르면?(단, 회로의 전체 임피던스는 10[Ω]이다.)

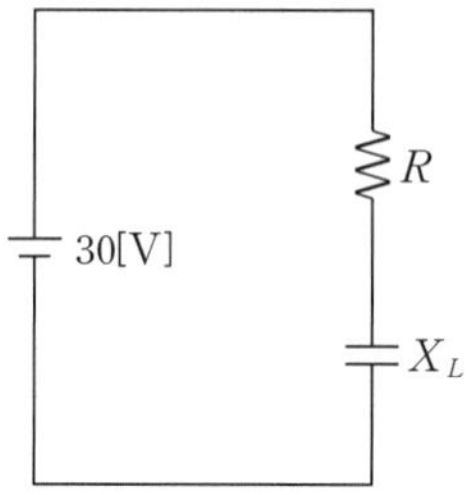

① $R=8[\Omega]$, $X=6[\Omega]$
② $R=6[\Omega]$, $X=8[\Omega]$
③ $R=6[\Omega]$, $X=4[\Omega]$
④ $R=8[\Omega]$, $X=4[\Omega]$
⑤ $R=3[\Omega]$, $X=4[\Omega]$

02

인덕턴스 L의 값을 9배로 할 때, 코일의 권수를 몇 배로 조정해야 하는지 고르면?

① 권선수를 $\frac{1}{9}$배로 감소시킨다.
② 권선수를 $\frac{1}{3}$배로 감소시킨다.
③ 권선수를 9배로 증가시킨다.
④ 권선수를 3배로 증가시킨다.
⑤ 권선수를 3배로 증가 또는 $\frac{1}{3}$배로 감소시킨다.

03

다음 [보기]에서 선로의 안정도 향상에 대한 대책으로 옳은 것을 모두 고르면?

보기

㉠ 리액턴스 증가
㉡ 복도체방식 채용
㉢ 속응여자방식 채택
㉣ 전압변동률을 크게 한다.

① ㉠, ㉡ ② ㉠, ㉢ ③ ㉡, ㉢
④ ㉠, ㉡, ㉢ ⑤ ㉠, ㉡, ㉢, ㉣

04

다음 [보기]에서 변압기의 철심의 구비조건으로 옳지 않은 것을 모두 고르면?

보기

㉠ 투자율이 커야 한다.
㉡ 자기저항이 커야 한다.
㉢ 히스테리시스계수가 작아야 한다.
㉣ 성층 철심구조이어야 한다.

① ㉡ ② ㉢ ③ ㉠, ㉡
④ ㉢, ㉣ ⑤ ㉡, ㉢, ㉣

05

다음 중 반송파 전력 P_c : 상측파 전력 P_U : 하측파 전력 P_L의 비를 바르게 나타낸 것을 고르면?(단, 변조도 100%이다.)

① $P_c : P_U : P_L = 1 : 2 : 4$

② $P_c : P_U : P_L = 1 : 2 : 2$

③ $P_c : P_U : P_L = 1 : \frac{1}{2} : \frac{1}{4}$

④ $P_c : P_U : P_L = 1 : \frac{1}{2} : \frac{1}{2}$

⑤ $P_c : P_U : P_L = 1 : \frac{1}{4} : \frac{1}{4}$

06

다음 [보기]에서 단락비 큰 동기기의 특징으로 옳은 것을 모두 고르면?

보기

㉠ 전기자반작용이 크다.
㉡ 과부하내량이 크다.
㉢ 전압변동률이 적다.
㉣ 전선로의 충전용량이 작다.

① ㉠, ㉡
② ㉡, ㉢
③ ㉠, ㉡, ㉢
④ ㉠, ㉢, ㉣
⑤ ㉠, ㉡, ㉢, ㉣

07

다음 중 쌍극자로부터 r[m]만큼 떨어진 점의 전위와 전계의 세기에 대한 설명으로 옳은 것을 고르면?

① 전계의 세기는 쌍극자 모멘트에 반비례한다.
② 전계의 세기는 거리 r에 비례한다.
③ 전계의 세기는 거리 r^3에 반비례한다.
④ 전위는 거리 r에 비례한다.
⑤ 전위는 거리 r^2에 비례한다.

08

자계의 세기가 250[AT/m], 투자율이 1×10^{-3}[H/m]일 때 자속밀도[Wb/m^2]를 고르면?

① 0.25[Wb/m^2] ② 0.5[Wb/m^2] ③ 0.75[Wb/m^2]
④ 1.0[Wb/m^2] ⑤ 1.5[Wb/m^2]

09

전하량 −2[C]의 전하가 a점에서 b점으로 이동할 때 전위차가 4[V]였다. 이때, 일은 몇 [J]인지 고르면?

① 2[J] ② 4[J] ③ 6[J]
④ 8[J] ⑤ 10[J]

10

자속밀도 $B=0.01[Wb/m^2]$의 자계 내에서 전하량 q의 크기가 10[C]인 전자가 20[m/s]의 속도로 이동할 때, 전자가 받는 힘 F는 몇 [N]인지 고르면?(단, 자기장과 전자의 운동 방향은 수직이다.)

① 1,000[N] ② 1,500[N] ③ 2,000[N]
④ 2,500[N] ⑤ 3,000[N]

11

원통 도체의 선전하 밀도가 18[C/m]이고 전하가 고르게 분포되어 있다. 원통 도체의 반지름이 18[m]일 때, 원통면상의 전계의 세기[V/m]를 고르면?

① 0.18×10^9[V/m] ② 1.8×10^9[V/m] ③ 18×10^9[V/m]
④ 180×10^9[V/m] ⑤ $1,800\times10^9$[V/m]

12

내구의 반지름이 a[m], 외구의 반지름이 b[m]인 동심 구도체에서 내구의 반지름과 외구의 반지름을 각각 5배씩 증가시키는 경우 정전용량은 몇 배가 되는지 고르면?

① 5배 ② 25배 ③ 변함이 없다.
④ $\frac{1}{5}$배 ⑤ $\frac{1}{25}$배

13

다음 회로의 부하에서 최대 전력이 되기 위한 임피던스 크기[Ω]를 고르면?

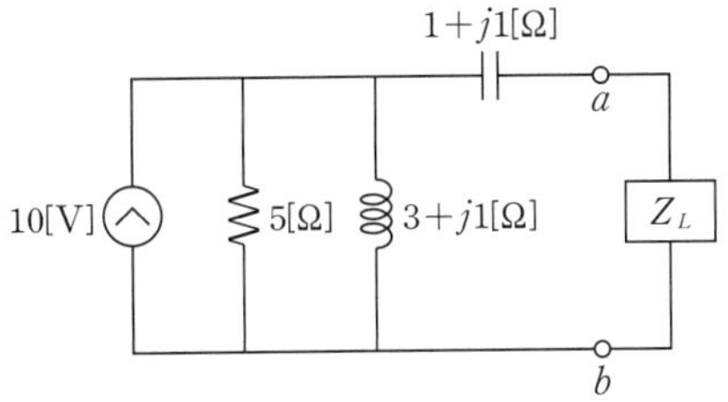

① 2[Ω]
② 3[Ω]
③ 1+j2[Ω]
④ $\sqrt{2}$[Ω]
⑤ $\sqrt{3}$[Ω]

14

다음에서 3[μF]에 300[μC]의 전하가 충전되어 있을 때 2[μF]의 양단전압[V]과, 1[μF]에 걸리는 전하량[μC]을 순서대로 바르게 나열한 것을 고르면?

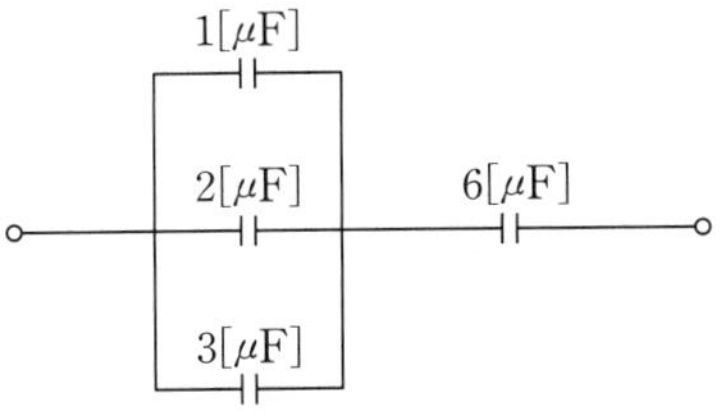

① 50[V], 50[μC]
② 50[V], 100[μC]
③ 100[V], 100[μC]
④ 100[V], 300[μC]
⑤ 300[V], 300[μC]

15

동기 발전기의 병렬운전 중 위상차가 있을 때의 현상으로 옳은 것을 고르면?

① 무효순환 전류가 흐른다.
② 동기화 전류가 흐른다.
③ 난조가 발생한다.
④ 고조파 순환전류가 흐른다.
⑤ 효율이 감소한다.

16

RLC 병렬 회로에서 공진 시 공진주파수는 몇 [Hz]인지 고르면?(단, $R=50[\Omega]$, $L=5[H]$, $C=20[\mu F]$이다.)

① $\frac{20}{\pi}$[Hz] ② $\frac{30}{\pi}$[Hz] ③ $\frac{40}{\pi}$[Hz]
④ $\frac{50}{\pi}$[Hz] ⑤ $\frac{60}{\pi}$[Hz]

17

다음과 같은 신호파형이 있다. 이 신호의 왜형률[%]을 고르면?

$$v(t)=100\sqrt{2}\sin wt+40\sqrt{2}\sin 5wt+30\sqrt{2}\sin 7wt$$

① 30[%] ② 40[%] ③ 50[%]
④ 60[%] ⑤ 70[%]

18

$R-C$ 직렬회로의 과도 특성에서 시정수 T[sec]를 고르면?(단, R=50[kΩ], C=20[μF]이다.)

① 0.1[sec]
② 0.3[sec]
③ 0.5[sec]
④ 0.8[sec]
⑤ 1.0[sec]

19

다음 중 연가를 하는 주된 목적으로 옳은 것을 고르면?

① 병렬 공진의 방지
② 통신선에 대한 정전 유도 장해 감소
③ 계전기의 확실한 동작의 확보
④ 전선의 절약
⑤ 패란티 현상을 방지하기 위해

20

AM변조(진폭변조)에서 변조도는 50[%]이며 반송파의 전력은 200[W]일 때, 피변조파의 출력 전력[W]을 고르면?

① 150[W]
② 175[W]
③ 200[W]
④ 225[W]
⑤ 500[W]

21

전압 $V(t)=100\sqrt{2}\sin\left(100t+\frac{\pi}{2}\right)$[V] 인가 시 흐르는 전류는 $I(t)=10\sqrt{2}\sin\left(100t+\frac{\pi}{6}\right)$[A]이다. 이때, 이 회로의 소자 값을 고르면?

① $R=5[\Omega]$, $L=\frac{\sqrt{3}}{20}$[H]

② $R=10[\Omega]$, $L=\frac{\sqrt{3}}{20}$[H]

③ $R=5[\Omega]$, $C=\frac{\sqrt{3}}{20}$[F]

④ $R=5\sqrt{3}[\Omega]$, $C=\frac{\sqrt{3}}{20}$[F]

⑤ $R=10\sqrt{3}[\Omega]$, $C=\frac{\sqrt{3}}{10}$[F]

22

전압과 전류의 순싯값이 $V(t)=100\sqrt{2}\sin(wt+\frac{\pi}{2})$[V], $I(t)=100\sqrt{2}\sin(wt+\frac{\pi}{3})$[A]이다. 이에 대한 설명으로 옳은 것을 고르면?

① 전압의 파형률은 1보다 작다.

② 전압의 실횻값은 $100\sqrt{2}$이다.

③ 전류의 파고율은 2이다.

④ 이 회로는 $R-L$ 회로이다.

⑤ 전압 위상은 전류의 위상보다 $\frac{\pi}{3}$만큼 앞선다.

23

코일과 쇄교하는 자속이 0.2초 동안에 1.0[Wb]에서 0.8[Wb]로 변경될 때, 유기되는 기전력은 몇 [V]인지 고르면?(단, 권선수는 50회이다.)

① 25[V] ② 50[V] ③ 75[V]
④ 100[V] ⑤ 150[V]

24

다음 중 전이중방식의 가장 큰 장점을 고르면?

① 2선식의 회선에 적합하다.
② 비동기식 전송에 적합하다.
③ 데이터 송·수신을 동시에 할 수 있다.
④ 데이터의 직렬 전송이 가능하다.
⑤ 데이터의 병렬 전송이 가능하다.

25

굵기가 일정한 원통형 도체가 있다. 이 도체의 반지름이 $\frac{1}{2}$이 되도록 일정한 굵기로 잡아 늘였을 때, 저항은 원래 도체의 저항값의 몇 배가 되는지 고르면?(단, 체적은 일정하다고 가정한다.)

① $\frac{1}{2}$배 ② $\frac{1}{4}$배 ③ 8배
④ 16배 ⑤ 24배

26

3상 권선형 유도 전동기의 전부하 시 2차 주파수가 4[Hz], 2차 동손이 200[W]일 때 발생하는 토크는 약 몇 [kg·m]인지 고르면?(단, 10극, 50[Hz]이다.)

① 4.06[kg·m] ② 6.24[kg·m] ③ 9.05[kg·m]
④ 10.5[kg·m] ⑤ 12.54[kg·m]

27

무한히 긴 직선 도체에 100π[A]의 전류가 흐르고 있을 때, 이 도선으로부터 2[m] 떨어진 P점에서의 자장의 세기 H[A/m]를 고르면?

① 5[A/m] ② 10[A/m] ③ 15[A/m]
④ 20[A/m] ⑤ 25[A/m]

28

액체 유전체를 넣은 콘덴서의 용량이 20[μF]이다. 여기에 전압 100[kV]를 가할 때, 누설전류[A]를 고르면?(단, 비유전율 $\varepsilon_s=2$, 고유저항 $\rho=10^{12}$[Ω·m]이다.)

① $\frac{10^{12}}{\varepsilon_0}$[A] ② $\frac{10^{-12}}{\varepsilon_0}$[A] ③ $\frac{10^{6}}{\varepsilon_0}$[A]
④ $\frac{10^{-6}}{\varepsilon_0}$[A] ⑤ $\frac{10^{-3}}{\varepsilon_0}$[A]

29

다음 단자 $a-b$에서 본 테브난 등가저항 $R_{ab}[\Omega]$를 고르면?

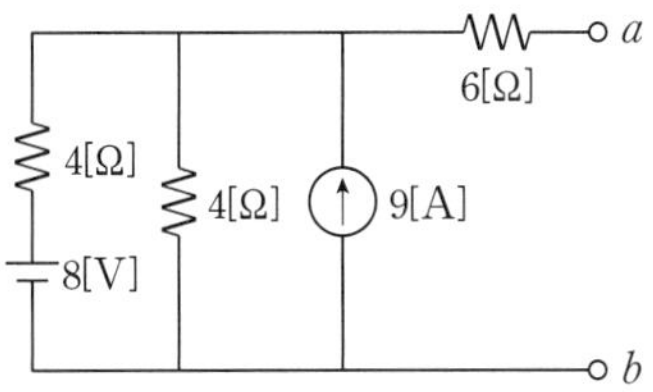

① 4[Ω] ② 5[Ω] ③ 6[Ω]
④ 7[Ω] ⑤ 8[Ω]

30

평형 3상 △결선 부하의 각 상의 임피던스가 $Z=4+j3[\Omega]$인 회로에 대칭 3상 전원 전압 100[V]를 가할 때, 무효율과 무효전력[Var]을 고르면?

① 무효율: 0.4, 무효전력: 2,400[Var]
② 무효율: 0.6, 무효전력: 2,400[Var]
③ 무효율: 0.6, 무효전력: 3,600[Var]
④ 무효율: 0.8, 무효전력: 1,200[Var]
⑤ 무효율: 0.8, 무효전력: 1,800[Var]

내가 꿈을 이루면
나는 누군가의 꿈이 된다.

– 이도준

여러분의 작은 소리
에듀윌은 크게 듣겠습니다.

본 교재에 대한 여러분의 목소리를 들려주세요.
공부하시면서 어려웠던 점, 궁금한 점,
칭찬하고 싶은 점, 개선할 점, 어떤 것이라도 좋습니다.

에듀윌은 여러분께서 나누어 주신 의견을
통해 끊임없이 발전하고 있습니다.

에듀윌 도서몰 book.eduwill.net
- 부가학습자료 및 정오표: 에듀윌 도서몰 → 도서자료실
- 교재 문의: 에듀윌 도서몰 → 문의하기 → 교재(내용, 출간) / 주문 및 배송

코레일 한국철도공사 NCS+전공+철도법 실전모의고사

발 행 일	2025년 1월 22일 초판
편 저 자	에듀윌 취업연구소
펴 낸 이	양형남
개발책임	김기철, 윤은영
개 발	이정은, 윤나라
펴 낸 곳	(주)에듀윌
I S B N	979-11-360-3626-1
등록번호	제25100-2002-000052호
주 소	08378 서울특별시 구로구 디지털로34길 55 코오롱싸이언스밸리 2차 3층

www.eduwill.net

대표전화 1600-6700

2025 최신판

에듀윌 공기업

코레일 한국철도공사

NCS+전공+철도법

실전모의고사

정답과 해설

eduwill

2025 최신판

에듀윌 공기업

코레일 한국철도공사

NCS+전공+철도법

실전모의고사

최신판

에듀윌 공기업

코레일 한국철도공사

NCS+전공+철도법

실전모의고사

정답과 해설

eduwill

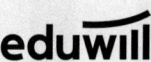

역대 출제대행사 기출복원 [한사능]

01	02	03	04	05	06	07	08	09	10
⑤	②	④	④	④	③	②	⑤	③	③
11	12	13	14	15	16	17	18	19	20
②	③	③	③	②	②	⑤	⑤	⑤	③
21	22	23	24	25					
④	④	③	④	⑤					

01 의사소통능력 정답 | ⑤

Quick해설 첫 번째 문단에 따르면, 최저기온이 0℃ 이하이면서 일교차가 9℃를 초과하는 일수와 결빙 교통사고의 상관관계가 높다고 하였다.

[오답풀이] ① 두 번째 문단에 따르면, 인천광역시의 결빙 교통사고율이 3.1%로 전국 평균보다 높다고 하였지만, 사망자 수에 대한 내용은 언급되어 있지 않다.

② 여섯 번째 문단에 따르면, 겨울철 새벽에는 노면 결빙에 주의하여 안전운전을 해야 한다는 연구원의 의견이 제시되어 있지만, 운전을 피해야 한다는 내용은 언급되어 있지 않다.

③ 두 번째 문단에 따르면, 통과 교통량이 많고, 통행속도가 높은 지역인 충남의 결빙 교통사고율이 3.9%로 가장 높다고 하였지만, 충남의 통과 교통량이 가장 많고 통행 속도도 가장 높은지는 알 수 없다.

④ 세 번째 문단에 따르면, 결빙 교통사고 100건당 사망자 수는 평균 3.0명이며, 1.9명은 전체 교통사고 기준이라고 하였다.

02 의사소통능력 정답 | ②

Quick해설 주어진 글은 신도시의 교통 문제를 해결하기 위해 정부에서 행하는 제도를 설명하고 있다. 따라서 '사회적 비용'은 이러한 제도의 핵심 단어로 보기 어렵다.

[상세해설] 주어진 글은 신도시의 교통 문제를 해결하기 위해 정부에서 시행하는 제도를 설명하고 있다. 우선 정부는 교통 분담금을 통해 광역 교통 시설을 확충하려 하고 있으며, 도로교통안전사업을 통해 교통사고량을 줄이고자 한다. 교통 분담금의 지불과 관련해서 사회적 비용을 개발 주체가 대신 지불하게 되는 장점이 있다고 하였지만, 사회적 비용을 주어진 글의 핵심 단어로 보기는 어렵다.

[오답풀이] ① 교통 분담금은 정부가 신도시 교통 문제를 해결하기 위한 대책 중 하나이다.

③ 주어진 글에서 언급하고 있는 다양한 신도시 교통 사업들은 신도시 교통 문제에서 야기되고 있다.

④ 도로교통안전사업은 신도시 교통 문제를 해결하기 위한 대책 중 하나이다.

⑤ 어린이 보호 구역 개선 사업은 도로교통안전사업의 대표적인 사례로 세 번째 문단의 중심 내용이다.

03 의사소통능력 정답 | ④

Quick해설 [라] 문단에 자본주의가 변화하고 있다는 자본주의 변이론이 제시되어 있지만, 그 한계를 지적하고 있지는 않다.

04 의사소통능력 정답 | ④

Quick해설 주어진 글은 도시철도 차량시스템의 설계 및 제작 단계에서 안전에 대한 내용들을 사전에 예측하여 위험요소를 제거하고 관리하는 방법에 대한 연구이다. 따라서 정답은 ④이다.

05 의사소통능력 정답 | ④

Quick해설 주어진 글에서 연구의 한계는 언급하고 있지 않다.

[오답풀이] ① 연구의 방법은 세 번째, 네 번째 문단에 나와 있다.

② 연구의 결론은 다섯 번째, 마지막 문단에 나와 있다.

③ 연구의 목적은 두 번째 문단에 나와 있다.

⑤ 연구의 배경은 첫 번째 문단에 나와 있다.

06 의사소통능력

정답 | ③

Quick해설 [지문2]는 항공산업 부문 혁신성장의 추진 방향을 설정하고, 그 전략을 도출하고 있으므로 '제4장 항공산업 부문 혁신성장 추진 방향 설정 및 전략 도출'에 해당하는 내용이다.

[상세해설] [지문2]의 첫 문장을 보면 항공산업의 혁신성장 목표, 방향 그리고 전략을 설정하였음을 짐작할 수 있다. 그리고 항공산업의 혁신성장 목표로 '항공산업 경쟁력 강화'를 제시하고, 혁신성장의 방향으로 산업환경의 조성과 정부의 대응 준비를 제시하였다. 마지막으로 혁신전략은 산업 부문과 정책 부문으로 나누어 총 8개를 제시하였다.

07 의사소통능력

정답 | ②

Quick해설 [지문1]의 서론 목차를 보면 '제1절 연구의 필요성 및 목적, 제2절 연구의 범위 및 방법, 제3절 선행연구 고찰 및 본 연구의 차별성' 순으로 되어 있음을 알 수 있다. 따라서 가장 먼저 연구의 필요성을 다룬 [다]가 가장 먼저 나와야 하고, 연구의 목적을 다룬 [라]가 이어서 와야 한다. 그다음 연구의 범위를 다룬 [가]가 오고 사례검토, 설문조사, 수용성 조사 등 [라]보다 더 구체적인 연구 방법을 다룬 [나]가 와야 자연스럽다.

08 의사소통능력

정답 | ⑤

Quick해설 네 번째 문단에 따르면, 액체식 평판형 PVT 집열기는 냉방을 생산한다고 하였으므로 복합패널 시스템 중 액체식 평판형 집열기를 가지고 있는 것은 냉방으로도 사용이 가능함을 알 수 있다.

[오답풀이] ① 복합패널 시스템의 집열기 중 액체식 평판형 집열기의 가격에 대해서는 언급되어 있지 않으므로 가장 비싼지는 알 수 없다.

② 네 번째 문단에 따르면, 복합패널 시스템의 구조 중 집광형 PVT 집열기에 태양 추적 장치가 달려 있다고 하였다.

③ 세 번째 문단에 따르면, PVT는 기본적으로 집열기, 인버터(Inverter), 축열 장치, 보조 가열기로 구성되어 있다고 하였지만 복합패널 시스템의 구조 중 인버터가 꼭 필요한지에 대해서는 언급되어 있지 않다.

④ 첫 번째 문단을 통해 해가 잘 드는 창문이나 벽면 등을 이용하여 태양열을 집열하는 것은 태양열 발전에서 사용하는 방법임을 알 수 있다.

09 의사소통능력

정답 | ③

Quick해설 '가정의'에서 '의'는 조사이므로 다만 4)에 의해 [ㅔ]로 발음하는 것을 허용한다. 따라서 [가정의] 또는 [가정에]로 발음한다.

[상세해설] 다만 3)은 자음을 첫소리로 가지고 있는 'ㅢ'의 발음에 관한 규정이다. 예를 들어 '희망'은 반드시 [히망]으로 발음해야 하는 것이다. 이와는 다르게 자음을 첫소리로 가지고 있지 않은, 즉 모음이 첫소리인 '의사'는 [의사]로 발음해야 한다. 한편, 다만 4)는 단어의 첫음절이 아닌 'ㅢ'의 발음에 대해 설명하고 있는데, '유의'와 같은 단어는 [유이] 또는 [유의]로 발음할 수 있으며, '의'가 조사로 오는 경우 또한 [ㅢ], [ㅔ] 모두 발음하는 것을 허용한다. 따라서 '가정의'에서 '의'는 조사로 사용되고 있으므로 [가정의]로 발음하는 것이 원칙이나 [가정에]로 발음하는 것도 허용된다.

[오답풀이] ① "만두를 쪄 먹다."에서 '쪄'는 '찌어'의 준말로, 용언의 활용형이 맞다. 따라서 다만 1)에 의해 [쩌]로 발음한다.

② "삶의 지혜가 필요하다."에서 '지혜'는 다만 2)에 의해 [지혜]로 발음해도 되고, [지헤]로 발음해도 된다.

④ "민주주의를 살려야 한다."에서 '민주주의'의 '의'는 단어의 4번째 음절이다. 즉, 첫음절이 아니므로 다만 4)에 의해 [민주주이]로도 발음할 수 있다.

⑤ "우리의 소원은 통일"에서 '우리의'의 '의'는 조사이다. 따라서 다만 4)에 의해 [우리에]로도 발음할 수 있다.

10 수리능력

정답 | ③

Quick해설 김 대리가 평균 80km/h의 속력으로 이동하였으므로 김 대리가 K지점에 도착한 시간은 출발 $\frac{200}{80}$ =2.5(시간) 후이다. 한편, 이 대리는 김 대리보다 30분 늦게 도착하였으므로 이 대리가 K지점에 도착한 시간은 출발 3시간 후이고, 이 대리가 이동한 거리는 $500-200=300$(km)이다. 따라서 이 대리가 이동한 평균 속력은 $\frac{300}{3}=100$(km/h)이다.

11 수리능력

정답 | ②

Quick해설 1,120km의 노선은 환승역을 기준으로 다음과 같이 나뉜다.

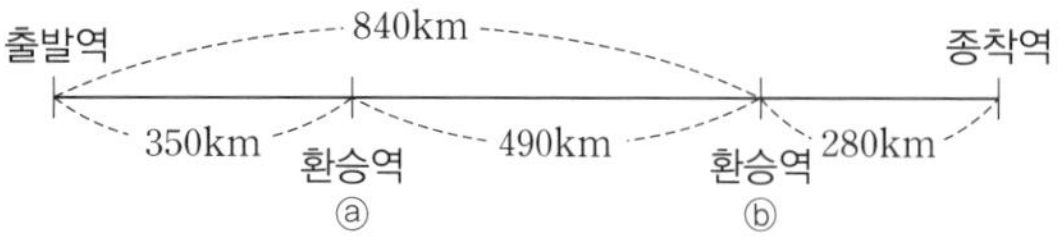

이때 출발역부터 종착역까지 모든 역의 간격이 일정하도록 역을 건설해야 하므로 최대공약수를 활용해야 하며, 350, 490, 280의 최대공약수를 구하면 70이다. 즉, 역은 출발역과 종착역에 각각 1개를 건설하고, 이후 최대 70km마다 역을 세워야 한다. 따라서 건설할 수 있는 역 개수의 최솟값은 $1+5+7+4=17$(개)이다.

12 수리능력

정답 | ③

Quick해설 수열2를 먼저 살펴보면 다음과 같은 규칙이 있음을 알 수 있다.

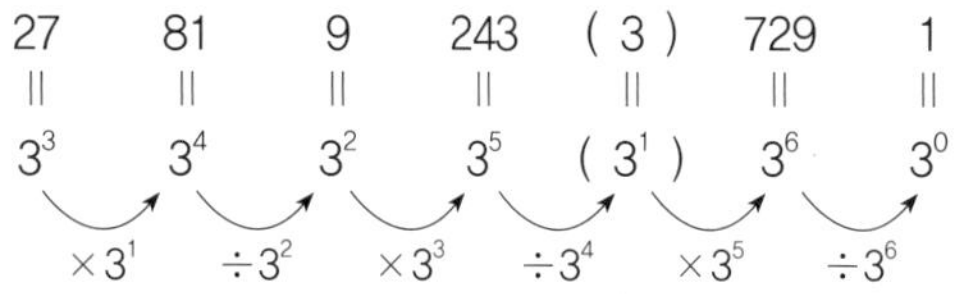

27 81 9 243 (3) 729 1
3^3 3^4 3^2 3^5 (3^1) 3^6 3^0
$\times 3^1$ $\div 3^2$ $\times 3^3$ $\div 3^4$ $\times 3^5$ $\div 3^6$

즉, 수열2의 빈칸에 들어갈 수는 3이다.
수열1의 빈칸에 3을 넣으면 수열1은
2, 5, 3, −2, −5, −3, 2로, 규칙은 첫 번째 항부터 네 번째 항까지는 뒤의 항에서 앞의 항을 뺐을 때 그 결과가 +3, −2, −5이고 그다음 네 번째 항부터 일곱 번째 항까지는 뒤의 항에서 앞의 항을 뺐을 때 그 결과가 앞의 결과와 부호가 다른 −3, +2, +5이다.
따라서 두 수열의 빈칸에 공통으로 들어갈 수는 3이다.

13 수리능력

정답 | ③

Quick해설 시침은 1분에 $\frac{360°}{12\times60}$, 즉 0.5°씩 이동하고, 분침은 1분에 $\frac{360°}{60}$, 즉 6°씩 이동한다.

1시 x분에 시침은 $(30+0.5x)°$만큼 이동해 있고, 분침은 x분 후에 $6x°$만큼 이동해 있으며, 시침과 분침이 서로 반대 방향으로 일직선을 이룬다면 시침과 분침이 이루는 각도는 180°이므로 다음과 같은 식이 성립한다.

$6x-(30+0.5x)=180$

$5.5x=210$

$\therefore x=\frac{210}{5.5}≒38.18$

따라서 시침과 분침이 서로 반대 방향으로 일직선에 가장 가까워지는 시각은 1시 38.18분이다.

14 수리능력

정답 | ③

Quick해설 동양역에서 서양역까지의 거리가 100km이고, 반대편 역까지 이동하는 데 1시간이 걸리므로 동양역에서 출발하는 열차와 서양역에서 출발하는 열차의 속력은 같다. 두 역에서 출발한 열차들이 50km 지점을 처음으로 동시에 지나는 때는 출발하고 30분이 지난 10시 30분이다. 이때, 20과 15의 최소공배수는 60이므로 60분마다 50km 지점을 동시에 지난다. 따라서 각 역에서 출발한 열차들이 두 번째로 만나는 시각은 10시 30분에서 60분이 지난 11시 30분이다.

[상세해설] i) 동양역에서 출발하는 열차는 1시간 동안 100km를 이동하고, 20분은 $\frac{1}{3}$시간$\left(=\frac{20}{60}\right)$이므로 20분 동안 이동하는 거리는 $100\times\frac{1}{3}=\frac{100}{3}$(km)이다. 동양역에서 10시에 출발한 열차가 50km 지점을 처음으로 통과할 때까지 걸리는 시간은 $\frac{50}{\frac{100}{3}}\times20=30$(분)이다.

즉, 동양역에서 출발한 열차는 10시 30분에 처음으로 50km 지점을 지난다.

ii) 서양역에서 출발하는 열차는 1시간 동안 100km를 이동하고, 15분은 $\frac{1}{4}$시간$\left(=\frac{15}{60}\right)$이므로 15분 동안 이동하는 거리는 $100\times\frac{1}{4}=25$(km)이다. 서양역에서

10시에 출발한 열차가 50km 지점을 처음으로 통과할 때까지 걸리는 시간은 $\frac{50}{25}\times 15=30$(분)이다. 즉, 서양역에서 출발한 열차는 10시 30분에 처음으로 50km 지점을 지난다.

i), ii) 에서 10시에 동양역과 서양역에서 각각 동시에 출발한 두 열차가 50km 지점에서 처음으로 만나는 시각은 10시 30분이다.

이때 20과 15의 최소공배수는 60이므로 두 열차가 50km 지점에서 두 번째로 만나는 시각은 60분 뒤인 11시 30분이다.

15 수리능력 정답 | ②

Quick해설 2월 9일에서 11일로 넘어갈 때 치료 중인 환자 수는 24명으로 그대로지만 누적 완치자 수가 1명 늘어났다. 이는 9일에 치료 중이었던 1명이 11일로 넘어가며 완치되었고, 신규 확진자가 1명 늘어난 것을 의미한다.

[오답풀이] ① 2월 13일에 치료 중인 환자 수는 21명이고 누적 완치자 수는 7명이므로 2월 13일까지 코로나19 누적 확진자 수는 $21+7=28$(명)이다.

③ 치료 중인 환자 수는 우상향을 하고 있으므로 증가 추세에 있다고 할 수 있다.

④ 2월 5일부터 2월 9일까지 누적 완치자 수가 3명으로 변함없으므로 추가 완치자는 없다.

⑤ 2월 13일 완치자 수는 2월 11일 대비 $7-4=3$(명) 증가하였다.

16 수리능력 정답 | ②

Quick해설 열병 방역을 하지 않은 경우 축산업자의 기대수익은 $2,000\times0.8+3,000\times0.2=2,200$(만 원)이다. 한편 열병 방역비가 500만 원이므로, 열병 방역을 한 경우 돼지 열병 발생 확률을 p라고 하면 기대수익은 $(2,500-500)p+(3,000-500)(1-p)=2,500-500p$(만 원)이다. 열병 방역을 한 경우 손해를 보지 않으려면 방역을 한 경우의 기대수익이 더 높거나 같아야 하므로 $2,500-500p\geq2,200$ → $p\leq0.6$이다. 즉, 확률이 60%이면 손해를 보지 않고, 확률이 60%보다 낮으면 이득을 본다. 따라서 열병 방역을 한 경우 돼지 열병 발생 확률이 최대 60%일 때 손해를 보지 않는다.

17 수리능력 정답 | ⑤

Quick해설 1월 9일 10% 상승 후 매도한 가격은 $100,000\times1.1\times1.2\times0.9\times0.8\times1.1=104,544$(원)이므로 $104,544-100,000=4,544$(원) 이익을 본다.

[상세해설] i) 1월 3일 전일 대비 10% 상승한 가격은 $100,000\times1.1=110,000$(원)이다. 1월 2일 대비 $110,000-100,000=10,000$(원) 이익이고, 수익률은 $\frac{110,000-100,000}{100,000}\times100=10(\%)$이다.

ii) 1월 4일 전일 대비 20% 상승한 가격은 $110,000\times1.2=132,000$(원)이다. 1월 2일 대비 $132,000-100,000=32,000$(원) 이익이고, 수익률은 $\frac{132,000-100,000}{100,000}\times100=32(\%)$이다.

iii) 1월 5일 전일 대비 10% 하락한 가격은 $132,000\times0.9=118,800$(원)이다. 1월 2일 대비 $118,800-100,000=18,800$(원) 이익이고, 수익률은 $\frac{118,800-100,000}{100,000}\times100=18.8(\%)$이다.

iv) 1월 6일 전일 대비 20% 하락한 가격은 $118,800\times0.8=95,040$(원)이다. 1월 2일 대비 $95,040-100,000=-4,960$(원), 즉 4,960원 손해이고, 수익률은 $\frac{95,040-100,000}{100,000}\times100=-4.96(\%)$이다.

v) 1월 9일 전일 대비 10% 상승한 가격은 $95,040\times1.1=95,040+9,504=104,544$(원)이다. 1월 2일 대비 $104,544-100,000=4,544$(원) 이익이고, 수익률은 $\frac{104,544-100,000}{100,000}\times100=4.544(\%)$이다.

18 문제해결능력 정답 | ⑤

Quick해설 [전제1]은 직원과 업무 능력이 좋은 사람 사이에 교집합이 존재함을 의미한다. [결론]은 업무 능력이 좋은 사람과 H대학교를 졸업한 사람 사이에도 교집합이 존재함을 의미한다. 따라서 [결론]이 성립하기 위해서는 모든 직원이 H대학교를 졸업한 사람이라는 전제가 필요하므로 [전제2]에는 '모든 직원은 H대학교를 졸업하였다.'가

들어가야 한다.

[오답풀이] ① [전제2]에 '어떤 직원은 H대학교를 졸업하였다.'가 들어갈 경우 반례는 다음과 같다.

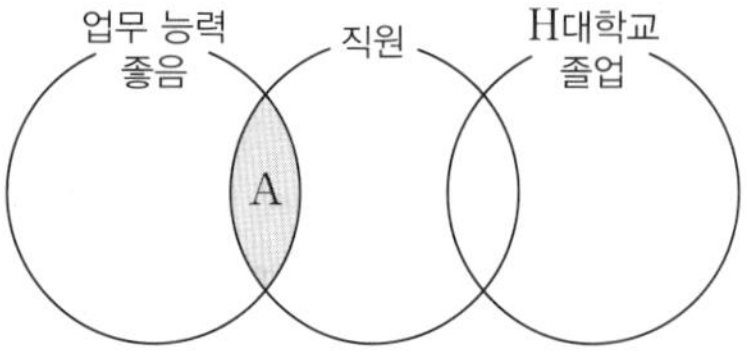

따라서 A에 속하는 직원들 중 H대학교를 졸업한 사람이 없으므로 [전제2]에 들어갈 내용으로 옳지 않다.

②, ③, ④ [결론]에서 'H대학교를 졸업한 사람'이 포함되어 있으므로 [전제2]에 반드시 해당 내용이 포함되어야 한다.

19 문제해결능력

정답 | ⑤

Quick해설 이사는 모든 면접자에게 사장이 준 점수보다 낮은 점수를 주었고 3명 전부 '하'를 주지 않았다고 하였으므로 사장은 모든 면접자에게 '상' 또는 '중'을 주었고, 이사는 모든 면접자에게 '중' 또는 '하'를 주었음을 알 수 있다. 이에 따라 사장은 2명에게 '중'을 주었다고 하였으므로 1명에게 '상'을 주었고, 김 씨에게 회장이 준 점수보다 낮은 점수를 주었다고 하였으므로 김 씨에게는 '중'을 주었다. 따라서 회장은 김 씨에게 '상'을 주었고 이사는 김 씨에게 '하'를 주었음을 알 수 있다.

이때 회장은 이 씨에게 '하'를 주었고 세 사람에게 '상', '중', '하'를 골고루 주었으므로 박 씨에게 '중'을 주었다. 3명의 면접자가 받을 수 있는 점수를 정리하면 다음과 같다.

구분	회장	사장	이사	인사팀장
김 씨	상	중	하	중 또는 하
이 씨	하	상 또는 중	중 또는 하	상 또는 중
박 씨	중	상 또는 중	중 또는 하	상 또는 하

i) 사장이 이 씨에게 '상'을 줄 경우

사장은 2명에게 '중'을 주었으므로 박 씨에게 '중'을 주었다. 이사는 모든 면접자에게 사장보다 낮은 점수를 주었지만 모두 '하'를 주지는 않았으므로 이 씨에게 '중', 박 씨에게 '하'를 주었다.

구분	회장	사장	이사	인사팀장
김 씨	상	중	하	중 또는 하
이 씨	하	상	중	상 또는 중
박 씨	중	중	하	상 또는 하

이때 인사팀장이 이 씨에게 '상'을 주면 이 씨는 자동 합격한다. 만약 박 씨에게 '상'을 주면 이 씨와 박 씨는 동점이 되어 회장의 점수가 높은 박 씨가 합격한다.

ii) 사장이 이 씨에게 '중'을 줄 경우

사장이 2명에게 '중'을 주었으므로 박 씨에게 '상'을 주었다. 이사는 모든 면접자에게 사장보다 낮은 점수를 주었지만 모두 '하'를 주지는 않았으므로 이 씨에게 '하', 박 씨에게 '중'을 주었다.

구분	회장	사장	이사	인사팀장
김 씨	상	중	하	중 또는 하
이 씨	하	중	하	상 또는 중
박 씨	중	상	중	상 또는 하

이때 인사팀장이 이 씨에게 '상'을 주면 김 씨와 박 씨가 동점이 되어 회장의 점수가 높은 김 씨가 합격한다. 만약 인사팀장이 박 씨에게 '상'을 주면 박 씨는 자동 합격한다.

따라서 합격자가 될 수 있는 사람은 김 씨, 이 씨, 박 씨이다.

20 문제해결능력

정답 | ③

Quick해설 5가지 항목의 점수가 각각 90점, 70점, 80점, 60점, 65점인 식당은 (90+70+80+60+65)×0.2=73(점)으로 ★등급을 받는다.

[오답풀이] ① 5가지 항목의 점수가 각각 90점, 95점, 95점, 85점, 90점인 식당은 (90×0.2)+(95×0.2)+(95×0.2)+(85×0.2)+(90×0.2)=91(점)으로 상금 7,000만 원을 받는다.

② 5가지 항목의 점수가 각각 85점, 75점, 70점, 90점, 85점인 식당은 (85×0.2)+(75×0.2)+(70×0.2)+(90×0.2)+(85×0.2)=81(점)으로 ★★등급을 받는다.

④ 서비스 항목의 가중치가 0.3, 인테리어 항목의 가중치가 0.1로 바뀌면 5가지 항목의 점수가 각각 90점,

70점, 85점, 75점, 95점인 식당은 $(90\times0.2)+(70\times0.3)+(85\times0.2)+(75\times0.1)+(95\times0.2)=82.5$(점)으로 상금 3,000만 원을 받는다.

⑤ 맛 항목의 가중치가 0.4, 가격과 꾸준함 항목의 가중치가 0.1로 바뀌면 5가지 항목의 점수가 각각 70점, 85점, 70점, 90점, 85점인 식당은 $(70\times0.4)+(85\times0.2)+(70\times0.1)+(90\times0.2)+(85\times0.1)=78.5$(점)으로 상금 1,000만 원을 받는다.

21 문제해결능력

정답 | ④

Quick해설 경우3의 총액이 82만 원이므로 경우5에서 B가게의 책상 가격은 127−82=45(만 원)이다. 따라서 B가게의 10% 할인 전 가격은 $\frac{45}{0.9}=50$(만 원)이다.

[오답풀이] ① A가게의 책상이 24만 원일 때, 경우1과 경우2를 비교해 보면 다음과 같다.

- 경우1: D가게 에어컨+E가게 컴퓨터=106−24=82(만 원)
- 경우2: D가게 에어컨+F가게 컴퓨터=56(만 원)

따라서 E가게 컴퓨터가 F가게 컴퓨터보다 82−56=26(만 원) 비싸다.

② D가게의 에어컨이 26만 원일 때, 경우2를 통해 F가게의 컴퓨터 가격이 56−26=30(만 원)임을 알 수 있다. 이때, 경우1과 경우4를 비교해 보면 다음과 같다.

- 경우1: A가게 책상+E가게 컴퓨터=106−26=80(만 원)
- 경우4: A가게 책상+C가게 에어컨=152−30=122(만 원)

따라서 E가게 컴퓨터가 C가게 에어컨보다 122−80=42(만 원) 저렴하다.

③ 경우1부터 경우4까지 구매하는 품목의 총액은 2×(A가게 책상+C가게 에어컨+D가게 에어컨+E가게 컴퓨터+F가게 컴퓨터)=106+56+82+152=396(만 원)이다. 이에 따라 A가게 책상+C가게 에어컨+D가게 에어컨+E가게 컴퓨터+F가게 컴퓨터=198(만 원)이다. 이때 경우2와 경우3에서 구매하는 품목의 총액은 C가게 에어컨+D가게 에어컨+E가게 컴퓨터+F가게 컴퓨터=56+82=138(만 원)이므로 A가게 책상의 가격은 198−138=60(만 원)이다.

⑤ D가게가 C가게보다 에어컨을 10만 원 더 저렴하게 팔 때, C가게 가격을 x만 원이라고 하면 D가게 가격은 $(x-10)$ 만 원이다. 이때 경우1과 경우5를 비교해 보면 다음과 같다.

- 경우1: A가게 책상+E가게 컴퓨터$=106-(x-10)=116-x$(만 원)
- 경우5: B가게 책상+E가게 컴퓨터$=127-x$(만 원)

따라서 A가게와 B가게 책상의 가격차는 $127-x-(116-x)=11$(만 원)이다.

22 문제해결능력

정답 | ④

Quick해설 첫 번째, 네 번째 [조건]에서 2층과 5층에는 각각 지운이와 소현이가 살고 있다. 두 번째 [조건]에서 지운이는 다은이보다 아래층에 살고 있고, 여섯 번째 [조건]에서 다은이는 성문이와 종현이보다 위층에 살고 있으며, 다은이랑 성문이 사이에 종현이가 살고 있다. 또한 다섯 번째 [조건]에서 성문이의 위층 또는 아래층은 비어 있다. 이때, 세 번째 [조건]에서 3층 또는 4층 중 하나는 비어 있으므로 성문이는 3층 또는 4층에 살고, 다은이는 7층 또는 8층에 살고 있음을 알 수 있다. 이에 따라 다음과 같은 경우가 가능하다.

i) 다은이가 7층에 살 경우

1층	2층	3층	4층	5층	6층	7층	8층
	지운	성문	/	소현	종현	다은	
	지운	/	성문	소현	종현	다은	

ii) 다은이가 8층에 살 경우

1층	2층	3층	4층	5층	6층	7층	8층
	지운	성문	/	소현	종현		다은
	지운	/	성문	소현	종현		다은
	지운	성문	/	소현		종현	다은
	지운	/	성문	소현		종현	다은

따라서 선유는 1층 또는 6층 또는 7층 또는 8층 중 한 곳에 살고 있으므로 지운이와 다은이 사이에는 성문, 소현, 종현 3명 또는 성문, 소현, 종현, 선유 4명이 살 수 있어 항상 옳은 설명이다.

[오답풀이] ① 성문이는 3층 또는 4층, 종현이는 6층 또는 7층에 살고 있으므로 항상 옳지 않은 것이다.

② 성문이는 3층 또는 4층에 살고 있으므로 항상 옳은

것은 아니다.

③ 선유가 6층 또는 7층 또는 8층에 살 경우 선유는 지운이보다 위층에 살게 되므로 항상 옳은 것은 아니다.

⑤ 선유는 1층 또는 6층 또는 7층 또는 8층 중 한 곳에 살고 있으므로 항상 옳은 것은 아니다.

23 문제해결능력

정답 | ③

Quick해설 A업무 회의를 가장 먼저 진행한다고 하면, 황 팀장, 함 대리, 오 대리가 회의에 참석한다. 이때 남는 서 대리와 홍 대리는 D업무 담당자이므로 D업무 회의도 동시에 진행할 수 있다. 1시간 후에 남은 업무는 다음과 같다.

구분	황 팀장	서 대리	함 대리	홍 대리	오 대리
B업무	○	○			
C업무			○	○	
E업무				○	○
F업무			○		○

다음으로 B업무 회의를 진행한다고 하면 함 대리, 홍 대리, 오 대리가 남게 된다. C, E, F업무 담당자가 함 대리, 홍 대리, 오 대리이므로 세 업무 회의 중 아무 회의나 진행이 가능하다. 어떤 회의를 진행하더라도 남은 두 회의는 담당자가 겹쳐 동시에 진행할 수 없다. 따라서 회의가 모두 끝날 때까지 최소 4시간이 걸린다.

24 문제해결능력

정답 | ④

Quick해설 4명이 갖고 있는 카드의 점수는 다음과 같다.

우영	4	14	36	16	16	12	8
은범	33	18	10	36	39	9	6
해수	32	6	5	4	8	26	9
대현	24	15	48	4	7	2	44

4명의 최종 점수는 다음과 같다.

우영=4+14+36+16+16+12+8=106(점)

은범=33+18+10+36+39+9+6=151(점)

해수=32+6+5+4+8+26+9=90(점)

대현=24+15+48+4+7+2+44=144(점)

따라서 대현의 점수보다 은범의 점수가 높다.

[오답풀이] ① (106+151+90+144)÷4=122.75(점)으로 130점 이하이다.

② 해수가 100점을 넘지 못했다.

③ 우영의 카드 중 점수가 가장 높은 카드는 36점이고 대현의 카드 중 점수가 가장 낮은 카드는 2점이므로 점수 차이는 34점이다.

⑤ 해수의 카드 중 점수가 가장 낮은 카드는 4점이다.

25 문제해결능력

정답 | ⑤

Quick해설 다섯 번째 [조건]에서 '마'는 지점4에 발령받았다. 두 번째 [조건]에서 '다'와 '마'는 서로 인접하지 않은 지점에 발령받으며, 2명 모두 '나'와는 인접한 지점으로 발령받았으므로 '지점2–지점3–지점4' 순으로 '다–나–마' 또는 '지점4–지점5–지점6' 순으로 '마–나–다'가 가능하다. 이때, 네 번째 [조건]에서 '바'보다 본사와 더 가까운 지점에 발령받은 임원은 1명이라고 했으므로 '바'가 지점2에 발령받았고, '지점4–지점5–지점6' 순으로 '마–나–다'임을 알 수 있다. 또한 세 번째 [조건]에서 '라'는 '가'보다 본사에 더 가까운 곳에 발령받는다고 했으므로 '라'가 지점1에, '가'가 지점3에 발령받는다.

따라서 임원 배치는 '라–바–가–마–나–다'이다.

역대 출제대행사 기출복원 [인크루트]

01	02	03	04	05	06	07	08	09	10
③	③	③	①	⑤	③	④	①	②	⑤
11	**12**	**13**	**14**	**15**	**16**	**17**	**18**	**19**	**20**
③	④	②	④	①	③	④	④	③	②
21	**22**	**23**	**24**	**25**					
②	④	②	④	③					

01 의사소통능력 정답 | ③

Quick해설 자동문은 1994년부터 설치하기 시작했다고 했으나 일반열차에 에어컨이 언제부터 설치되었는지는 알 수 없다.

[상세해설] 에어컨이 처음 도입된 것은 1939년이지만 이것은 특별한 급행열차인 '아카쓰키'에서만이었다. 일반 객차의 냉방은 선풍기가 맡았으며 1984년부터 비둘기호를 제외한 급행열차의 선풍기를 에어컨으로 교체했다고 했다. 즉, 급행열차에만 에어컨으로 냉방을 하고, 일반 열차는 이 이후에서야 에어컨이 설치되었음을 짐작만 할 수 있다.

[오답풀이] ① 승강대는 3단 정도의 계단과 객차 안쪽으로 열리는 문, 스프링 장치가 있는 발판으로 이루어져 있다고 하였다.

② 에어컨이 설치되면서 개방형 창문은 자연스럽게 밀폐형으로 바뀌었고, 그 후 통유리를 이용한 전망형 창문이 대중화되기 시작했다고 하였다.

④ 1984년 이전에는 겨울에 난방차를 연결하여 물을 끓여 발생한 뜨거운 수증기를 객실에 보내는 난방 방식을 썼다고 하였다.

⑤ 수동 출입문의 발판은 열차 이동 중에도 쉽게 고정 장치를 풀 수 있어서 문 밑으로 뚫린 공간이나 열린 문을 통해 이용객이 추락할 위험이 있다고 하였다.

02 의사소통능력 정답 | ③

Quick해설 ⓒ에 '그래도'가 들어가는 것은 어색하다. '그래도'는 앞뒤 문장이 상관이 없음을 나타내주는 접속어이다.

03 의사소통능력 정답 | ③

Quick해설 두 번째 문단에 따르면, 공사의 이번 정보화사업에서 두 번째로 많은 비용이 들어가는 분야는 PC 및 SW 구매이다.

[상세해설] 공사의 정보화사업에서 가장 많은 예산이 투입되는 분야는 '시스템 고도화(47억 원)'이며 그다음은 'PC 및 SW 구매(22억 9,300만 원)'이다. '정보화 컨설팅'은 13억 3,600만 원으로 세 번째로 많은 예산이 투입된다.

[오답풀이] ① 여덟 번째 문단에 따르면, CSU와, DSL은 부품이 단종되고 서비스가 종료된 제품이라고 하였다.

② 네 번째 문단에 따르면, 현재 코레일이 사용 중인 '표준기록관리시스템'은 2009년 정부로부터 무상으로 지원받아 사용하고 있다고 하였다. 따라서 2022년 기준 표준기록관리시스템은 10년 이상 사용되고 있음을 알 수 있다.

④ 다섯 번째 문단에 따르면, 코레일은 클라우드 기반의 차세대(지능형) 기록관리시스템을 구축할 예정이며 해당 사업에는 핵심 데이터 전자기록 선별 기준 수립, 업무별·조직별 기록물 검색 서비스 제공을 위한 기록물 분류체계 표준화도 포함돼 있다고 하였다.

⑤ 세 번째 문단에 따르면, 차세대 철도운영정보시스템(XROIS)과 고속철도 통합정보시스템(IRIS)을 클라우드 기반 시스템으로 통합·구축하는 고도화 사업은 열차 운영 빅데이터를 통해 정확하고 빠른 정보 제공을 목표로 추진된다고 하였다.

04 의사소통능력 정답 | ①

Quick해설 주어진 자료는 한국철도공사의 통합정보시스템 고도화, 차세대 기록관리시스템 구축 등이 포함된 2022년도 정보화사업 현황을 공개한 것이다. 따라서 제목으로 가장 적절한 것은 '한국철도공사, 정보화사업 운영 현황 공개'이다

[오답풀이] ② 한국철도공사의 2022년 전체 예산 사용처를 공개한 것은 아니다.

③ 한국철도공사가 낙후된 시스템 사용으로 위험에 노출되었다는 내용은 없다.

④ 한국철도공사가 클라우드 시스템을 활용한 지능형 서

비스를 개발할 것이라는 내용은 있지만 이를 전체 자료의 제목으로 보기에는 적절하지 않다.

⑤ 한국철도공사가 정보통신부와 협업한다는 내용은 없으며, 공사가 이번 사업을 통해 차세대 기록관리시스템을 구축한다고 할 수는 있지만 이를 전체 자료의 제목으로 보기에는 적절하지 않다.

05 의사소통능력 정답 | ⑤

Quick해설 차세대 기록관리시스템에 투입되는 예산은 17억 2,900만 원으로 전체 예산의 30%가 되지 않는다.

[상세해설] 전체 예산은 47+11.58+12+1.58+13.36+22.93=108.45(억 원)으로, 이 금액의 30%는 108.45×0.3=32.535(억 원)이다. 차세대 기록관리시스템에 투입되는 예산은 17억 2,900만 원이므로 전체 예산의 30% 미만이다.

[오답풀이] ① 이번 보도에서 운영관리와 소프트웨어에 관한 내용은 자세히 언급되지 않았다.

② 여덟 번째 문단에 따르면, 코레일은 인프라 구축·개량 사업의 일환으로 'L3 스위치 교체사업'을 올해 연말까지 추진한다는 계획도 밝혔다고 하였다.

③ 아홉 번째 문단에 따르면, 코레일은 업무용 PC 1,467대, 인터넷용 PC 1,445대, 보안장비 288대, 노트북 162대를 구매하겠다고 밝혔으므로 세 번째로 많이 구매하는 것은 보안장비이다.

④ 일곱 번째 문단에 따르면, 사이버 공격 형태가 단순 웹 해킹에서 교통·통신·전력 등 국가 기반시설에 대한 테러 성향의 사이버 공격으로 변화했다고 하였다.

06 의사소통능력 정답 | ③

Quick해설 두 번째 문단에 따르면, 전차선 전기회로 자동 개폐기(자동단로기 및 접지 장치)는 차량 정비 기지 안에서 이뤄지는 유지보수 작업의 안전성을 크게 높일 것으로 기대되는 제품이라고 하였다.

[오답풀이] ① 첫 번째 문단에 따르면, 수요자 제안형 혁신시제품 도전적 과제는 공기업 등이 필요한 혁신 아이디어를 먼저 제안하면, 민간 기업이 이에 부응하는 시제품을 개발한 다음 수요기관에 공급하는 방식으로 진행된다고 하였다.

② 세 번째 문단에 따르면, 한국철도공사는 지난해에도 혁신시제품 과제를 3건 제안해 모두 선정됐다고 하였다.

④ 네 번째 문단에 따르면, 혁신시제품은 민간 분야의 기술혁신과 성장을 지원하는 장점이 있음을 알 수 있다.

⑤ 네 번째 문단에 따르면, 한국철도공사 관계자는 "한정된 예산으로 맞춤형 고성능·고효율 제품을 구입할 수 있고, 민간 분야의 기술혁신과 성장을 지원하는 등 상생 협력할 수 있어 혁신시제품을 조달 업무에 적극적으로 활용하고 있다."라고 하였다.

07 의사소통능력 정답 | ④

Quick해설 네 번째 문단에서 "한정된 예산으로 맞춤형 고성능·고효율 제품을 구입할 수 있고, 민간 분야의 기술혁신과 성장을 지원하는 등 상생 협력할 수 있어 혁신시제품을 조달 업무에 적극적으로 활용하고 있다"라는 내용을 통해 혁신시제품 과제를 제안하는 이유를 알 수 있다.

[오답풀이] ① 전차선 전기회로 자동 개폐기가 차량 정비 작업이 진행되는 동안 작업자의 유무에 따라 해당 전차선의 전력 공급을 자동으로 제어하는 장치인 것은 맞으나, 혁신시제품 과제를 제안하는 이유로는 적절하지 않다.

② 전차선 전기회로 자동 개폐기의 특징에 관련한 내용이므로 혁신시제품 과제를 제안하는 이유로는 적절하지 않다.

③ 공공과 민간 분야의 상생 협력으로 철도 기술 혁신의 선순환을 이루는 시작이 되기를 바라고 있으므로 적절하지 않다.

⑤ 작업자 보호를 통해 철도 안전이 실질적으로 강화된 것이 아니라 강화될 수 있기를 기대한다고 하였으므로 적절하지 않다.

08 의사소통능력 정답 | ①

Quick해설 [b]의 첫 번째 문단에 따르면, 빙하특급은 그라우뷘덴주의 수도 쿠어를 지나, '스위스의 그랜드 캐니언'이라 불리는 라인 계곡을 지난 후에 오버알프 패스에 접어둔다고 하였다.

[오답풀이] ② [a]의 첫 번째 문단에 따르면, 알불라와 베르니나 라인이 유네스코 세계문화유산으로 등록된 이유는 철도가 자연환경, 사람들과 조화를 이루어 멋진 경관을 만들어냈기 때문이라고 하였다.

③ [a]의 첫 번째 문단에 따르면, 스위스 알프스 쪽에 속하는 알불라 라인은 산악철도 역사에 있어 클래식한 기술을 이용해 만든 철도라고 하였다.

④ [b]의 네 번째 문단에 따르면, 빙하특급은 단순한 관광열차가 아니며, 식사를 미리 주문하여 고급스러운 코스 식사를 좌석 전용 칸에서 맛볼 수 있었다고 하였다.

⑤ [a]의 세 번째 문단에 따르면, 유리창이 아래부터 천장까지 통으로 이어져 파노라믹 뷰를 제대로 감상할 수 있어 일반 열차와는 개방감이 다르다고 하였다.

09 의사소통능력

정답 | ②

Quick해설 [a]에서는 빙하특급으로 지날 수 있는 알불라 라인과 베르니나 라인에 대해 이야기한다. 알불라 라인과 베르니나 라인은 모두 철도가 자연환경, 사람들과 조화를 이루고 있어 유네스코 세계문화유산으로 등록되었다는 공통점이 있으나, 알불라 라인은 스위스 알프스 쪽에 속하며 산악철도 역사에 있어 클래식한 기술을 이용해 만들었고 베르니나 라인은 이탈리아에 가까우며 혁신적인 기술을 사용해 철도 역사에 한 획을 그었다는 차이가 있음을 보여준다. 따라서 [a]에서는 비교와 대조로 글을 전개하고 있다.

[b]에서는 빙하특급이 그라우뷘덴주의 수도 쿠어를 지나 라인 계곡을 지난 후 오버알프 패스에 접어들고, 론 빙하 지역을 지나 브리그로 향하는 진행 방향을 설명하고 있다. 또, 샴페인과 아뮈즈 부슈로 시작하는 고급스러운 코스 식사를 말하고 있으며 이를 이용하기 위해 식사를 미리 주문해야 한다는 방법도 알려주고 있다. 따라서 [b]에서는 방법과 순서를 서술하고 있으므로 글의 전개 방식 중 과정을 이용하고 있다.

10 수리능력

정답 | ⑤

Quick해설 2X22년 1월부터 10월까지 차량결함 운행장애 세부유형별 운행장애가 가장 많이 발생한 열차 종류의 경우 부품결함/노후화는 일반열차, 설계/제작결함은 일반열차, 정보소홀 등은 고속열차이다.

[오답풀이] ① 2X22년 1월부터 9월까지 시설결함 운행장애 발생건수는 부품결함/노후화가 11−0=11(건), 설계/시공결함이 4−1=3(건), 유지보수 미흡 등이 5−1=4(건)으로 2X22년 1월부터 9월까지 시설결함 운행장애 세부유형 모두 발생했다.

② 2X22년 1월부터 9월까지 발생한 철도준사고는 49−10=39(건)이다.

③ 2X22년 1월부터 10월까지 무정차 통과 발생 건수는 6건으로, 전년 동기간 대비 6−5=1(건) 증가했다.

④ 2X21년 1월부터 10월까지 발생하지 않은 운행장애 세부유형은 시설결함의 유지보수 미흡 등 1개이다.

11 수리능력

정답 | ③

Quick해설 전년 동기간 대비 2X22년 1~10월의 운행장애 발생 증가율은 다음과 같다.

ⓐ 차량결함: $\frac{52-65}{65}\times 100=-20(\%)$

ⓑ 시설결함: $\frac{20-16}{16}\times 100=25(\%)$

ⓒ 인적과실: $\frac{5-5}{5}\times 100=0(\%)$

따라서 크기가 큰 순서대로 나열하면 ⓑ>ⓒ>ⓐ이다.

12 수리능력

정답 | ④

Quick해설 2X22년 1~10월 철도준사고의 전년 동기간 대비 증가량은 미허가 구간 운행이 15−13=2(건), 정지신호 미준수가 18−26=−8(건), 차량 고장이 10−5=5(건), 보수작업 구간 열차 주행이 6−8=−2(건)이다. 따라서 적절하지 않은 그래프이다.

[오답풀이] ① 2X22년 10월 차량결함 운행장애 세부유형별 일반열차 발생건수 비중은 부품결함/노후화가 $\frac{4}{7}\times 100 \fallingdotseq 57.1(\%)$, 설계/제작결함이 $\frac{1}{1}\times 100=100(\%)$,

정보소홀 등이 $\frac{0}{1}\times100=0$(%)이다. 따라서 적절한 그래프이다.

② 2X21년 1월부터 10월까지 시설결함 운행장애 세부유형별 발생건수는 부품결함/노후화가 14건, 설계/시공결함이 2건, 유지보수 미흡 등이 0건이다. 따라서 적절한 그래프이다.

③ 2X22년 10월 철도별 운행장애 총발생건수는 고속열차가 2건, 일반열차가 5건, 도시열차가 6건이다. 따라서 적절한 그래프이다.

⑤ 2X22년 10월 열차별 운행장애 발생건수 중 운행지연 비중은 고속열차가 $\frac{2}{2}\times100=100$(%), 일반열차가 $\frac{5}{5}\times100=100$(%), 도시열차가 $\frac{5}{6}\times100\fallingdotseq83.3$(%)이다. 따라서 적절한 그래프이다.

13 수리능력 정답 | ②

Quick해설 2X21년 자체수입의 철도안전 투자 계획 비용 대비 철도안전 투자 실적 비용 비중은 $\frac{800,354}{869,950}\times100=92$(%)이다. 따라서 옳게 표기되어 있다.

[오답풀이] ① [표]와 [그래프B]를 비교해 볼 때, ㉡ 항목은 철도안전 투자 실적 비용 중 지방세이다.

③ [표]와 [그래프A]를 비교해 볼 때, ⓐ 항목은 철도안전 투자 계획 비용 중 지방세이고, ⓒ 항목은 철도안전 투자 계획 비용 중 국세이므로 매년 철도안전 투자 실적 비용은 ⓐ 항목이 ⓒ 항목보다 낮다.

④ [표]와 [그래프B]를 비교해 볼 때, ㉢ 항목은 철도안전 투자 실적 비용 중 국세이다.

⑤ 2X20년 철도안전 투자 계획 비용 대비 철도안전 투자 실적 비용 비중은 국세가 $\frac{991,881}{901,710}\times100=110$(%), 지방세가 $\frac{27,455}{72,250}\times100=38$(%), 자체수입이 $\frac{794,472}{709,350}\times100=112$(%)이다. 따라서 [그래프C]의 (나) 항목은 지방세이므로 [그래프A]의 ⓐ 항목과 같다.

14 수리능력 정답 | ④

Quick해설 2X24년 철도안전 투자 계획 비용은 2X20년 대비 $\frac{1,851,641-1,683,310}{1,683,310}\times100=10$(%) 증가했다.

[오답풀이] ① 조사 기간 동안 철도안전 투자 계획 비용 중 지속적으로 증가하는 항목은 없다.

② 철도안전 투자 계획 비용의 지방세 대비 국세 비중은 2X23년 $\frac{536,900}{20,650}\times100=2,600$(%), 2X24년 $\frac{727,600}{21,400}\times100=3,400$ (%), 2X25년 $\frac{663,000}{22,100}\times100=3,000$(%)이다. 따라서 비중이 가장 높은 해는 2X24년이다.

③ 2X20년, 2X21년 철도안전 투자 계획 비용과 철도안전 투자 실적 비용은 국세>자체수입>지방세 순으로 많고, 2X22년은 자체수입>국세>지방세 순으로 많다.

⑤ 자체수입의 철도안전 투자 실적 비용은 전년 대비 감소한 해가 없다.

15 수리능력 정답 | ①

Quick해설 전체 과업의 양을 1이라고 하면, 1일 동안 수행하는 과업의 양은 A가 $\frac{1}{10}$, B가 $\frac{1}{15}$, C가 $\frac{1}{12}$이다. C가 수행해야 하는 기간을 x일이라고 하면 다음과 같은 식이 성립한다.

$\left(\frac{1}{10}+\frac{1}{15}\right)\times5+\frac{1}{12}\times x=1$

$\frac{5}{6}+\frac{1}{12}x=1$

$\frac{1}{12}x=\frac{1}{6}$

$\therefore x=2$

따라서 직원 C는 2일 동안 과업 X를 수행해야 한다.

16 수리능력 정답 | ③

Quick해설 기타를 제외한 소계의 평균은 영업고시 기준이 $\frac{36+445+45}{3}\fallingdotseq175$(개), 사업본부별 편제 기준이 $\frac{316+272+81}{3}=223$(개)로 영업고시 기준이 더 낮다.

[오답풀이] ① 영업고시 기준과 사업본부별 편제 기준에서 신호소는 모두 기타에 속한다.

② 사업본부별 편제 기준의 화물에 속한 조차장 수는 2개, 영업고시 기준의 여객에 속한 역원배치 간이역 수도 2개로 서로 같다.

④ 영업고시 기준의 역원배치 간이역은 여객 또는 기타에 속하며, 사업본부별 편제 기준의 역원배치 간이역은 여객 및 화물 또는 화물에 속한다.

⑤ 영업고시 기준과 사업본부별 편제 기준의 역원무배치 간이역 수의 차이는 $(144+143+27)-(2+184+14+68)=46$(개)이고, 영업고시 기준 화물 합계는 45개이다.

17 수리능력

정답 | ④

Quick해설 영업고시 기준 여객 및 화물은 총 4개 역이 증가하였고, 화물은 총 5개 역이 증가하여 여객 및 화물이 $36+4=40$(개), 여객이 445개, 화물이 $45+5=50$(개), 기타가 165개이다. 영업고시 기준 전체 역 합계는 $40+445+50+165=700$(개)이므로 영업고시 기준 전체 역 합계 대비 여객 및 화물 비중은 $\frac{40}{700}\times100\fallingdotseq5.7$(%), 화물 비중은 $\frac{50}{700}\times100\fallingdotseq7.1$(%)이다. 따라서 ⓐ－ⓑ의 절댓값은 $|5.7-7.1|=1.4$(%p)이다.

18 문제해결능력

정답 | ④

Quick해설 구매 이력이 없는 프렌즈 등급의 경우 프로모션 참여가 불가하며, 프로모션 참여는 1번이라도 티켓 구매 이력이 있는 경우 중복 할인이 가능하다고 하였다.

[오답풀이] ① 열차를 한 번도 이용하지 않았어도 철도회원으로 가입을 했다면 프렌즈 등급으로 결정된다.

② 모든 등급에서 티켓 구매 시 적립되는 마일리지 비율은 결제 금액의 5%로 동일하다.

③ 티켓 자체에 할인 혜택이 적용되며, 등급에 따라 2매 이상의 할인 티켓을 구매할 수 있으므로 실제 이용자가 구매자 본인이 아니어도 할인 혜택을 받을 수 있다.

⑤ VIP 등급의 고객은 30%의 할인 혜택을 받을 수 있으며, 중증 장애로 50% 할인을 추가로 받을 수 있으므로 최대 $\{1-(0.7\times0.5)\}\times100=65$(%)의 할인 혜택을 받을 수 있다.

19 문제해결능력

정답 | ③

Quick해설 A씨의 7~12월 마일리지 적립금은 36,715원이다. 직전 반기 적립금이 4만 원 미만이며, 1년간 적립한 마일리지가 2만 원 이상 8만 원 미만이므로 2X23년 상반기 멤버십 등급은 비즈니스이다.

[상세해설] A씨는 2X22년 1월 1일에 철도회원으로 처음 가입하였으므로 직전 반기를 기준으로 멤버십 등급을 선정해야 한다. 마일리지 적립 금액이 42,000원이므로 A씨의 멤버십 등급은 VIP이다. VIP 등급의 경우 3매까지 30%의 할인 혜택을 받을 수 있다는 점을 고려하여 7~12월의 마일리지 적립 금액을 계산하면 다음과 같다.

- 7월: $(43,000\times0.7\times3+43,000\times3)\times0.05=10,965$(원)
- 8월: $(20,000\times5)\times0.05=5,000$(원)
- 9월: $(35,000\times9)\times0.05=15,750$(원)
- 10월: $(30,000\times2)\times0.05=3,000$(원)
- 12월: $40,000\times0.05=2,000$(원)

→ $10,965+5,000+15,750+3,000+2,000=36,715$(원)

A씨의 직전 반기 적립금은 4만 원 미만이며, 1년간 적립한 마일리지는 2만 원 이상 8만 원 미만이므로 2X23년 상반기 멤버십 등급은 비즈니스이다.

20 문제해결능력

정답 | ②

Quick해설 작년 7~12월의 마일리지 적립금이 총 85,000원이므로 2023년 상반기 B씨의 멤버십 등급은 VVIP이다. VVIP는 티켓 구매 시 30%의 할인을 받을 수 있으며, B씨는 장애 정도가 심하지 않은 장애인이므로 30%를 추가로 할인받을 수 있다. 부산행 티켓은 50,000원이므로 30% 할인되어 $50,000\times0.7=35,000$(원)이고, 여기에 30%를 추가로 할인받아 $35,000\times0.7=24,500$(원)이다.

21 문제해결능력

정답 | ②

Quick해설 철도회사는 화물 수송시점이 아니라, 수취시점으로부터 12시간 내에 발송해야 한다고 하였다.

[오답풀이] ① 일반 화물의 경우 임률이 고정되어 있지만 컨테이너 화물의 경우 규격에 따라 적용되는 임률이 다르다.

③ 하화 준비 및 인도 확인에 따르면 운송 중 화물 파손 등 이상 여부를 확인해야 한다고 하였다.

④ 화주는 적재 통지 후 5시간 이내에 적재하되, 화약류의 경우 3시간 이내에 적재해야 하며, 시간 내 적재가 완료되지 않으면 화차유치료를 수수한다고 하였다.

⑤ 철도회사는 운송 내역 확인 후 운송 가능 시 이후 계획을 수립하므로 화주가 먼저 화물운송장 제출 및 운송 내역 신고를 완료해야 한다.

22 문제해결능력

정답 | ④

Quick해설 컨테이너 화물 운임 방식은 '(운송 거리)×(규격별 임률)'로 계산하므로 1,200×800=960,000(원)이다.

23 문제해결능력

정답 | ②

Quick해설 전체 발행량인 21,000장 중 국외분이 2,100장이다. 세트 상품이 5,000세트이므로 그중 국외분은 10%인 500세트이고, 화종별로는 500장이다.

[오답풀이] ① 창구에서 접수할 때 대리 신청 시 대리인 신분증과 신청인 신분증(또는 가족관계증명서)을 확인한다고 하였다.

③ 비정상적인 경로(매크로 프로그램 등)나 방법으로 접수할 경우 예약 및 당첨이 취소될 수 있다고 하였다.

④ 신청 자격에서 대한민국 국민 및 출입국관리법에서 정한 외국인등록증을 소지한 외국인이 신청할 수 있다고 하였다.

⑤ 예약 접수 유의사항에서 1인당 화종별 최대 3장까지 신청이 허용된다고 하였으므로 1인당 최대 9장까지 예약할 수 있다.

24 문제해결능력

정답 | ④

Quick해설 대리인 수령 시 대리인 신분증과 신청인 신분증(또는 가족관계증명서)을 모두 제시해야 한다.

[오답풀이] ① 3월 9일에 예약 접수했고, 신청 완료 후 익일 23시까지 입금해야 하므로 3월 10일 23시까지 입금해야 하며, A종과 C종 각 1장씩 예약했으므로 62,500×2=125,000(원)을 입금해야 한다.

② 접수 방법에서 접수 방법에 관계없이 수량 변경 시에는 예약을 취소한 후 재신청해야 한다고 하였다.

③ 기념주화는 2023년 4월 28일부터 예약자가 신청한 방법으로 배부된다고 하였다.

⑤ 예약 접수량이 발행량을 초과하였을 경우, 무작위 추첨으로 당첨자를 결정한다고 하였으므로 고객 X는 기념주화를 받지 못할 수도 있다.

25 문제해결능력

정답 | ③

Quick해설 고객 Y는 수령 방법으로 우편 배송을 선택했으며, 우편 배송 시 착불 배송료는 본인이 부담해야 한다고 하였다.

[오답풀이] ① 가상계좌 입금은 한국△△공사 온라인 쇼핑몰 홈페이지에서 예약 접수한 경우에 가능하다.

② D종은 세트이고, 세트는 최대 3세트까지 예약이 허용된다.

④ 무작위 추첨 결과는 3월 30일에 발표된다.

⑤ 예약 접수량이 발행량에 미달할 경우, 고객 Y는 기념주화를 신청한 그대로 수령할 수 있다.

역대 출제대행사 기출복원 [휴노]

01	02	03	04	05	06	07	08	09	10
①	④	②	④	③	①	④	⑤	②	③
11	**12**	**13**	**14**	**15**	**16**	**17**	**18**	**19**	**20**
⑤	⑤	③	③	④	③	②	②	③	①
21	**22**	**23**	**24**	**25**					
③	③	④	④	⑤					

01 의사소통능력 정답 | ①

Quick해설 주어진 글은 대체의학의 의미와 특성에 대해 설명하는 글이다. 첫 번째, 두 번째 문단에서 대체의학이란 증명되지 않은 비정통적 · 보조적인 요법으로, 과학자나 임상의사의 평가에 근거하여 증명되지 않았거나 현재 권장되지 않는 예방 · 진단 · 치료에 사용되는 검사나 치료의 방침을 통틀어 지칭한다고 언급되어 있다. 세 번째, 네 번째 문단에서 대체의학은 엄격하게 통제된 실험으로 인해 검증이 어렵지만, 과학적 증명이 어려운 상황에서 대체의학의 효험에 대한 증언은 정통의학이 할 수 없는 특수한 경험으로서 대체의학의 효과를 증명하며 대체의학을 따르는 사람들이 늘어나고 있다고 언급되어 있다.

02 의사소통능력 정답 | ④

Quick해설 세 번째 문단에 따르면, 미래 도시에서는 디지털화로 노동시간과 근무시간의 구분이 어렵게 되고, 재택근무의 활성화로 집과 사무실의 구분이 어려워지면서 과거 도시계획의 십계명과 같은 엄격한 토지의 용도 구분의 의미를 상실하게 될 것이라고 하였다. 따라서 융합시대의 도시 계획은 토지의 용도 구분을 우선시할 것이 아님을 알 수 있다.

[오답풀이] ① 세 번째 문단에 따르면, 유연근무, 온라인 서비스 등은 어느 한 곳에서 거주, 노동, 소비, 여가 등 여러 활동을 가능하게 하므로 탈공간화를 가속시킬 것이라고 하였다.

② 두 번째 문단에 따르면, 글로벌 도시의 공간에서는 첨단융합산업을 수용하기 적합하도록 업무 및 제조업, 쇼핑 및 여가 문화, 의료 및 복지 등 기능 복합화와 함께 고층화 및 지하화와 같이 3차원 입체적 이용이 두드러지게 나타날 것이라고 하였다.

③ 마지막 문단에 따르면, 도시는 면적 확장에서 벗어나 기능 중심으로 초연계될 것이며, 초고속 ICT와 교통망으로 대도시 집중도가 완화되고 전국적으로 분산이 이루어질 것이라고 하였다.

⑤ 두 번째 문단에 따르면, 도시산업은 단순 제조업이나 서비스업 시대에서 디지털 기반의 첨단융합산업으로 재편될 것이라고 하였다.

03 의사소통능력 정답 | ②

Quick해설 주어진 글의 핵심 내용은 미디어가 단순히 메시지를 전달하는 매체를 뛰어넘어 우리의 사고방식, 문화의 내용마저 변질시키는 메타포적 성질을 지니고 있다는 것이다. 그리고 미디어로서 텔레비전의 부정적 측면을 설명하면서 올더스 헉슬리와 조지 오웰을 비교하고 있다. 조지 오웰은 우리가 외부의 압제와 감시에 지배당할 것을 경고했지만, 헉슬리는 우리가 테크놀로지를 떠받들며 그것이 우리의 사고력을 무력화시키리라 내다봤다. 필자는 헉슬리가 옳았을 가능성을 바탕으로 미디어가 어떻게 우리 시대를 바꿔놓았는지 서술하며 해결책을 찾고 있다.
정보가 소수에게 공개되고 권력자에게 독점되는 것은 조지 오웰이 말하는 '빅 브라더'의 개념으로, 헉슬리가 아닌 오웰의 주장을 강화하는 것이다.

[오답풀이] ①, ③, ④, ⑤는 정보가 너무 많기 때문에 즐거움에서 통제가 이루어지고, 그것이 우리의 사고력을 무력화시키리라 내다본 헉슬리의 주장을 강화하는 것이다.

04 의사소통능력 정답 | ④

Quick해설 첫 번째 문단에 따르면, 중세 신학에서 육체노동은 열등한 것이지만 종교적 의무로 간주되면서 종교적 의무의 수행이라는 절대 목적하에 일반 민중에게 노동이 부과되었고, 당시 부분 자립 도시에서 사는 일부 수공업자와 상인들이 근면함으로 막대한 부를 쌓으며 유럽 전역에서 끊임없이 농민 봉기가 일어나기 시작했다고 하였다. 또한 두 번째 문단에 따르면, 마르크스는 그동안 경시되어왔던 노동의 의미를 규명하고 왜 노동이 철학적으로 경시될 수밖에 없는가를 이론적으로 밝혀내고 있다고 하였다. 따라서 마르크스 이전에도 노동에 대한 '물리적인 투쟁'이 있었으나, 마르크스 시대가 도래하면서 마르크스는 노동에 대한 '이론적인 저항'을 시작한 것임을 알 수 있다.

05 의사소통능력 정답 | ③

Quick해설 마지막 문단에 따르면, 면 같은 천연섬유가 운동량이 약할 때에는 적합하지만, 운동량이 클 때는 합성섬유가 더 좋으며 그 이유는 합성섬유가 면보다 흡습성은 낮지만 오히려 모세관 현상으로 땀이 쉽게 제거되기 때문이라고 하였다.

[오답풀이] ① 다섯 번째 문단에 따르면, 고어-텍스는 적층 방수-통기성 천의 대표적 천으로서 얇은 막층이 천 가운데에 있으며, 이 적층이 방수-통기성을 컨트롤하고, 마이크로 세공막의 세공크기는 물방울은 통과하지 못하지만 수증기 분자는 쉽게 통과해서 방수성과 통기성을 지닌다고 하였다. 또한 마지막 문단에 따르면, 고어-텍스는 합성섬유로서 모양이 잘 변하지 않는다는 것을 알 수 있다.

② 첫 번째 문단에 따르면, 등산복은 특수한 처리가 된 천으로 만들어져 방수와 통기성이라는 모순적인 조건을 만족시킨다고 하였다.

④ 여섯 번째 문단에 따르면, 직물 내 수증기 이동은 모세관 현상과 같은 원리이며 모세관 내부 벽의 표면에너지는 화학구조가 결정하고, 친수성 섬유의 표면은 소수성 섬유 표면보다 표면에너지가 커 수분을 더 쉽게 흡수하지만, 반대로 소수성 섬유는 수분을 흡수하지 않는다고 하였다.

⑤ 두 번째 문단에 따르면, 방수와 수분 투과성을 동시에 지니는 직물의 종류로 고밀도 천, 수지 코팅된 천, 필름 적층 천이 있다고 하였다.

06 의사소통능력 정답 | ①

Quick해설 [가] 문단의 중심 내용이 원산지 표시제가 갖추어야 할 요소라면 표시제에 무엇을 적어야 하는지 항목을 설명하고 있어야 한다. 하지만 [가] 문단은 원산지 표시제의 정의를 언급하면서 원산지나 지리적 표시제품의 경우, 소비자 입장에서는 더 친근하게 여겨질 뿐만 아니라 품질에 대한 믿음 역시 강해져 구매로 이어질 가능성이 높다고 하며 원산지 표시제의 이점을 설명하고 있다. 따라서 [가] 문단의 중심 내용은 '원산지 표시제의 개념과 이점'으로 정리할 수 있다.

[오답풀이] ② [나] 문단은 소비자가 제품이나 서비스 구매를 위해 선택하는 과정에서 사용 가능한 정보가 부족하거나 정확하지 않을 때 발생하는 선택의 스트레스를 해결할 수 있는 원산지 표시제에 대해 설명하고 있다.

③ [다] 문단은 행동경제학의 '대표성 휴리스틱'의 한 예로, 원산지 표시를 통해 생산지에 대한 신뢰를 바탕으로 특정 제품군의 대표성 이미지를 구축함으로써 소비자로 하여금 손쉽게 선택할 수 있게 한다고 설명하고 있다.

④ [라] 문단은 이득보다 손실을 더 두려워하여 손실이 현실적으로 나타나지 않기를 바라는 심리인 '손실회피성향'의 관점에서, 일반 제품보다 더 비싸더라도 소비자가 손실을 회피하기 위해 가격을 감수하고 선호한다는 원산지 표시제에 대해 설명하고 있다.

⑤ [마] 문단은 생산자가 소비자의 신뢰를 얻고 유리한 브랜드 자산을 구축하기 위해서 원산지 표시제를 선택할 경우 이에 대한 막강한 책임감이 따른다고 설명하고 있다.

07 의사소통능력 정답 | ④

Quick해설 주어진 글은 자크 데리다의 해체주의에 대한 내용이다. 네 번째 문단에 따르면, 전통적인 책 읽기에서는 독자가 책을 통해 저자의 의도, 진리를 발견할 수 있다고 믿었지만, 데리다는 저자와 독자가 존재하지 않으므로 한 권의 책을 관통해 흐르는 일관된 내용, 진리, 전체 같은 것은 애초부터 없으며 독자는 단지 손에 들고 있는 책을 읽음으로써 직접 뭔가를 생산할 수 있을 뿐이라고 주장했다고 하였다. 따라서 데리다는 독자가 해체적 읽기를 통해 저자의 의도를 발견할 수 있다고 믿은 것은 아님을 알 수 있다.

[오답풀이] ① 두 번째 문단에 따르면, 소크라테스와 플라톤은 모두 말은 살아 있는 지식, 진리를 담아낼 수 있다고 믿었다고 언급되어 있다. 따라서 소크라테스와 플라톤은 글보다 말이 논리, 이성적인 것을 의미하는

로고스에 가깝다고 믿었음을 알 수 있다.

② 첫 번째 문단에 따르면, 서양 철학의 이원론적 체계에 대해 '이런 편협한 사고는 옳지 않을뿐더러 심지어 폭력적'이라는 데리다의 비판이 언급되어 있다.

③ 세 번째 문단에 따르면, 지방 관리는 왕의 권력을 대신하고, 말이 부재할 경우 문자가 말을 대신한다고 언급되어 있다. 이를 통해 대리 보충은 기원을 대신해 기원의 한계를 보완해주는 개념임을 알 수 있다.

⑤ 두 번째 문단에 따르면, 파르마콘은 치료제이지만 경우에 따라 독이 될 수도 있는 것을 가리키는데, 문자는 기록을 통해 우리의 기억을 보완하고 대신해 주지만 동시에 사람들의 기억력을 감퇴시키는 기능을 한다는 점에서 소크라테스는 문자의 양면성을 파르마콘에 비유했다고 언급되어 있다.

08 의사소통능력

정답 | ⑤

Quick해설 주어진 글은 2019년 철도종합시험선로 준공식에 대한 보도 자료이다. 다섯 번째 문단에 따르면, 철도종합시험선로에는 세계 최초로 고속 · 일반철도 차량용 교류전력(AC)과 도시철도 전동차용 직류전력(DC)을 모두 공급할 수 있도록 하고, 각종 철도신호 · 통신장치를 설치함으로써 KTX · 전동차 등 다양한 철도차량이 주행할 수 있다고 하였다.

[오답풀이] ① 마지막 문단에 따르면, 7월에는 철도종합시험선로에서 우리나라 기업이 호주에 수출할 전동차량에 대한 주행시험을 실시할 예정이라고 하였다. 따라서 3월 15일 준공식에서는 주행시험을 하지 않았음을 알 수 있다.

② 세 번째 문단에 따르면, 중국, 미국, 러시아, 영국, 독일, 프랑스 등 해외 철도 선진국에서는 시험용 철도선로를 구축·운영하고 있는 반면 우리나라는 개발품에 대한 성능시험을 시험용 철도선로가 아닌 영업선로에서 실시하여 사고 위험에 노출되어 있고, 시험시간 확보가 충분하지 않다는 문제가 있었다고 하였다.

③ 두 번째 문단에 따르면, 철도기술은 실제 현장과 동일한 조건에서 적용성·장기신뢰성을 검증받아야 하여 이를 위해 시험선로가 요구된다고 하였다. 따라서 철도종합시험선로 구축으로 실제 현장과 동일한 조건에서 철도기술을 검증할 수 있음을 추론할 수 있다.

④ 마지막 문단에 따르면, 기존에는 개발자가 해외 수출을 위해 현지에서 실시하던 성능시험을 앞으로는 철도종합시험선로에서 실시함으로써 성능시험에 소요되는 비용과 시간을 절감할 수 있다고 하였다.

09 의사소통능력

정답 | ②

Quick해설 주어진 글의 필자는 기본소득제의 도입에 대한 찬성 입장에 대해 반박하며 기본소득제 도입에 반대하는 자신의 견해를 밝히고 있다.

[오답풀이] ⑤ 필자는 기본소득제 도입에 대한 찬성과 반대의 관점을 객관적으로 소개하며 독자의 판단을 이끌어내는 것이 아니라, 찬성 입장에 대한 반대 의견을 제시해 기본소득제 도입에 반대하고 있다.

10 수리능력

정답 | ③

Quick해설 뻐꾸기 시계는 정시에 시침이 가리키는 수만큼 '뻐꾹' 소리를 내고, A씨는 오전에 출근하여 오후에 퇴근했으므로 12시 이전에 출근하여 12시 이후에 퇴근한 것이다. 이때 뻐꾸기가 총 54번 '뻐꾹' 소리를 냈고, $10+11+12+1+2+3+4+5+6=54$이므로 A씨는 오전 9시와 10시 사이에 출근하여 오후 6시와 7시 사이에 퇴근한 것이다. 따라서 A씨가 퇴근한 시간으로 가능한 것은 오후 6시 50분이다.

11 수리능력

정답 | ⑤

Quick해설 초록불이 켜지고, 다시 초록불이 켜질 때까지 총 $100+10+20=130$(초)가 걸린다. 오전 8시부터 9시까지는 3,600초이고, $3{,}600=130\times27+90$이므로 직진만 가능한 초록불이 켜진 상태로 90초가 지나고 있는 상황이다.

12 수리능력

정답 | ⑤

Quick해설 일주일은 7일이므로 3월 9일이 월요일이면 7일 후인 3월 16일도 월요일이다. 이와 같은 방법으로 월요일의 35일 후는 월요일이고, 36일 후는 화요일이다. H씨가 판매 첫 주 공적 마스크를 구입한 평일이 n요일이라고 하면 36일 후 공적 마스크를 구입한 것은 (n+1)요일이다. H씨가 평일인 n요일과 (n+1)요일 모두 공적 마스크를 구입할 수 있으려면 n요일은 금요일, (n+1)요일은 토요일이어야 한다. 즉, H씨가 첫 주 공적 마스크를 구입한 평일이 금요일이므로 H씨의 출생연도 끝자리는 5 또는 0이다. 또한 H씨는 금요일, 토요일, 일요일에 공적 마스크를 살 수 있다. 따라서 H씨는 금요일인 5월 15일에 공적 마스크 구입이 가능하다.

[오답풀이] ④ 5월 12일은 화요일이므로 H씨는 공적 마스크를 구입할 수 없다.

13 수리능력

정답 | ③

Quick해설 ㉢ 2016~2019년 중 공급액이 전년 대비 가장 많이 증가한 해는 29,991−22,720=7,271(억 원)인 2017년이다.

㉣ 2020년 공급액은 2016년 대비 $\frac{36,794-22,720}{22,720}\times 100≒62(\%)$ 증가하였다.

[오답풀이] ㉠ 공급액이 공급 목표액을 초과한 해는 2018년, 2019년, 2020년이고, 이때 초과 달성액은 각각 36,612−33,005=3,607(억 원), 37,563−33,010=4,553(억 원), 36,794−34,010=2,784(억 원)이므로 그 합은 3,607+4,553+2,784=10,944(억 원)이다.

㉡ 조사 기간에 서민 맞춤 대출 공급 목표액은 매년 증가하고 있지만 서민 맞춤 대출 공급액은 2020년에 전년 대비 감소하였다.

14 수리능력

정답 | ③

Quick해설 ㉠ 2015년 서민 맞춤 대출 하반기 공급액은 19,033−9,464=9,569(억 원)이다.

㉡ 하반기 공급액은 36,794−18,897=17,897(억 원)이고 2020년 공급 목표액은 34,010억 원이므로 하반기 공급액의 공급 목표액 달성률은 $\frac{17,897}{34,010}\times 100≒52.6$(%)이며 소수점 첫째 자리에서 버림을 하면 52%이다.

15 수리능력

정답 | ④

Quick해설 ㉠ 2018년 4분기 수출액은 10,626백만 달러이고, 수출 대수는 690천 대이다. 따라서 2018년 4분기 수출 대수 1대당 수출액은 $\frac{10,626백만}{690천}=15,400$(달러)이다.

㉢ 수입 대수 대비 수출 대수가 가장 적은 분기는 2020년 2분기이고, 이때 수입 대수 대비 수출 대수는 $\frac{352천}{80천}=4.4$(대)이다.

㉣ 2020년 2분기와 2019년 3분기 모두 수입 대수는 80천 대이다. 2020년 2분기 수입액은 2,929백만 달러, 2019년 3분기 수입액은 2,849백만 달러이므로 수입액은 2020년 2분기가 2019년 3분기보다 2,929−2,849=80(백만 달러) 더 많다. 이때 수입 대수 1대당 수입액은 $\frac{(수입액)}{(수입\ 대수)}$이고, 분모는 80천 대로 같으므로 수입 대수 1대당 수입액은 $\frac{80백만}{80천}=1,000$(달러) 많다. 따라서 900달러 이상 증가하였다.

[상세해설] ㉣ 2020년 2분기 수입 대수 1대당 수입액은 $\frac{2,929백만}{80천}=36,612.5$(달러)이고, 2019년 3분기 수입 대수 1대당 수입액은 $\frac{2,849백만}{80천}=35,612.5$(달러)이므로 36,612.5−35,612.5=1,000(달러) 증가하였다.

[오답풀이] ㉡ 2019년 1분기 수입 대수는 65천 대이고, 2분기 수입 대수는 78천 대이다. 따라서 수입 대수의 증가율은 $\frac{78-65}{65}\times 100=20(\%)$이다.

16 수리능력

정답 | ③

Quick해설 A: 2018년 1분기 수출액은 동년 3분기와 동일하므로 2018년 승용차 수출액은 (8,122×2)+9,622+10,626=36,492 (백만 달러)이다.

B: 2019년 승용차 수출 대수는 595+669+553+644=2,461(천 대)이다.

C: 2020년 3, 4분기는 동년의 각각 1, 2분기와 동일하므로 2020년 승용차 수입 대수는 (64+80)×2=288(천 대)이다.

따라서 A+B+C=36,492+2,461+288=39,241이다.

17 수리능력

정답 | ②

Quick해설 A: 2020년 50대 여성과 20대 여성의 1인 가구 비율의 차이는 44.9−15.5=29.4(%p)이고, 50대 남성과 20대 남성의 1인 가구 비율의 차이는 20.8−15.1=5.7(%p)이므로 그 차이는 $\frac{29.4}{5.7}$≒5.2(배)로 6배 미만이다.

[오답풀이] B: 2019년에 여성의 연령대가 20대에서 50대로 높아질수록 1인 가구의 비율도 4.2% → 13.9% → 29.5% → 45.1%로 높아진다.

C: 2020년에 2년 이내 1인 생활 종료가 예상된다고 응답한 사람의 비율은 전년 대비 17.3−16.0=1.3(%p) 감소하였다.

D: 2018~2020년에 1인 생활을 10년 이상 지속할 것이라고 예상하는 사람의 비율은 34.5% → 38.0% → 44.7%로 높아지고 있다.

18 문제해결능력

정답 | ②

Quick해설 약을 복용하는 순서를 정리하면 다음과 같다.

구분	아침		점심		저녁	
	식전	식후	식전	식후	식전	식후
1일	D	B, E	D	B, E	D	B, E
2일		B, E	C		C	
3일	C			A		A

따라서 약 복용을 완료하는 순서는 'D약, B약과 E약, C약, A약' 순이다.

[상세해설] 1일 차 아침 식후에 1순위인 B약을 복용한다. 2순위인 C약과 3순위인 A약은 B약과 함께 복용할 수 없으므로 4순위인 E약을 아침 식후에 B약과 함께 복용한다. 5순위인 D약은 B, E약과 함께 복용할 수 있으므로 아침 식전에 복용한다. 따라서 1일 차 아침, 점심, 저녁 식전에는 D약을, 식후에는 B, E약을 복용하고, D약은 복용 횟수가 3회이므로 1일 차 저녁 식전에 복용을 완료한다. 2일 차 아침 식전에는 복용할 수 있는 약이 없고, 아침 식후에 B, E약을 복용한다. B, E약은 복용 횟수가 4회이므로 2일 차 아침 식후에 복용을 완료한다. 남은 A약과 C약은 함께 복용할 수 없는 약이므로 우선순위가 더 높은 C약을 먼저 복용해야 한다. C약은 복용 횟수가 3회이므로 2일 차 점심 식전, 저녁 식전, 3일 차 아침 식전에 복용한다. 마지막으로 A약을 3일 차 점심 식후, 저녁 식후에 복용하여 모든 약의 복용을 완료한다.

[오답풀이] ① 약의 우선순위는 'B, C, A, E, D' 순이고, 복용을 완료하는 약의 순서는 'D, B=E, C, A' 순이다.

③ E약은 항상 B약과 같이 복용한다.

④ A약은 가장 마지막으로 3일 차 저녁 식후에 복용을 완료한다.

⑤ 3일 차 저녁 식후에 복용이 완료되므로 김 씨는 4일 안에 모든 약을 복용할 수 있다.

19 문제해결능력

정답 | ③

Quick해설 싱가포르, 베트남, 태국 중 한 곳으로 여행을 가야 한다. 싱가포르로 여행을 가는 대기 시간을 제외한 경우 직항이 없으므로 중국을 경유해서 가야 한다. 이때, 대기 시간을 제외한 왕복 항공 소요시간은 3시간 10분+2시간 30분+5시간 10분=10시간 50분이다.

베트남으로 여행을 가는 경우 직항은 있지만 2. 21. 23:20에 도착하므로 48시간 이상 여행지에서 머무른 후 돌아올 때의 항공편이 없다. 그러므로 인천−태국−베트남으로 경유하여 이동해야 한다. 이때 2. 20. 22:10에 도착하므로 48시간 동안 머무른 후 2. 23. 04:00에 베트남 A공항에서 인천 C공항 직항편을 탑승할 수 있다. 이때, 대기 시간을 제외한 왕복 항공 소요시간은 5시간 30분+2시간 10분+4시간 40분=12시간 20분이다.

태국으로 여행하는 경우 직항편이 존재하므로 왕복 항공 소요시간은 5시간 30분+5시간 40분=11시간 10분이다.

따라서 왕복 항공 소요시간이 가장 짧은 여행지는 싱가포르이다.

[오답풀이] ① 인천 C공항에서 2. 20. 03:00에 중국 A공항으로 출발하여 2. 20. 06:10에 도착하고, 2. 20. 08:00에 싱가포르 A공항으로 출발하여 2. 20. 10:30에 도착한다. 이후 2. 23. 20:00에 싱가포르 A공항에서 출발하여 2. 24. 01:10에 인천 C공항으로 돌아온다. 이때, 왕복 항공료는 (16+15)×0.8

+15=39.8(만 원)으로 40만 원을 초과하지 않으므로 김 대리는 싱가포르로 여행을 다녀올 수 있다.

② 인천 C공항에서 2. 20. 14:00에 태국 A공항으로 출발하여 2. 20. 19:30에 도착하고, 2. 20. 23:00에 중국 A공항으로 출발하여 2. 21. 02:30에 도착한다. 2. 21. 07:00에 베트남 A공항으로 출발하여 2. 21. 11:00에 도착한다. 이후 베트남에서 48시간 이상 여행 후 2. 23. 15:00에 출발하여 싱가포르 A공항에 2. 23. 16:40에 도착하고, 2. 23. 20:00에 출발하여 인천 C공항으로 돌아온다. 이때, 왕복 항공료는 0.8×(11+10+8+6+15)=40(만 원)이다. 따라서 김 대리는 모든 공항을 경유하여 여행을 다녀올 수 있다.

④ 여행지에 갈 때 한 번 경유하려면 인천 C공항 – 중국 A공항 – 싱가포르 A공항 또는 인천 C공항 – 태국 A공항 – 베트남 A공항이 가능하다. 인천 C공항 – 중국 A공항 – 싱가포르 A공항으로 여행하는 경우 2. 20. 03:00에 출발하여 중국 A공항을 경유한 뒤 싱가포르 A공항에 2. 20. 10:30에 도착한다. 이 경우 대기 시간을 포함한 이동 소요시간은 7시간 30분이다. 인천 C공항 – 태국 A공항 – 베트남 A공항으로 여행하는 경우 2. 20. 14:00에 출발하여 태국 A공항을 경유한 뒤 베트남 A공항에 2. 20. 22:10에 도착한다. 이 경우 대기 시간을 포함한 이동 소요시간은 8시간 10분이다. 따라서 여행지에 갈 때 한 번 경유하는 경우 대기시간을 포함하여 여행지에 가는 데 가장 오래 걸리는 시간은 8시간 10분이다.

⑤ 태국으로 여행을 가는 경우 직항으로 다녀올 수 있다. 이때, 왕복 항공료는 11+16=27(만 원)이다. 싱가포르로 여행을 가는 경우 중국 A공항을 경유하여 갈 수 있고, 돌아올 때 직항으로 돌아올 수 있다. 이때, 왕복 항공료는 (16+15)×0.8+15=39.8(만 원)이다. 베트남으로 여행을 가는 경우 태국 A공항을 경유하여 가고, 돌아올 때는 싱가포르 A공항을 경유해서 돌아온다면 이때, 왕복 항공료는 (11+6+6+15)×0.8=30.4(만 원)이다. 따라서 가장 저렴한 항공료로 다녀올 수 있는 여행지는 태국이다.

20 문제해결능력

정답 | ①

Quick해설 인천 C공항에서 베트남 A공항에 가기 위해서는 인천 C공항–태국 A공항–베트남 A공항으로 가거나 인천 C공항–중국 A공항–베트남 A공항으로 가거나 인천 C공항–베트남 A공항으로 가야 한다. 이때, 인천 C공항–중국 A공항–베트남 A공항의 경우 경유지에서 5시간 이상 체류하게 되므로 불가능하고, 인천 C공항–베트남 A공항의 경우 돌아올 때 항공편이 없으므로 불가능하다. 인천 C공항–태국 A공항–베트남 A공항의 경우 항공료가 (11+6)×0.8=13.6(만 원)이다. 오는 편은 베트남 A공항–인천 C공항으로 오거나 베트남 A공항–싱가포르 A공항–인천 C공항으로 올 수 있다. 베트남 A공항–인천 C공항으로 오는 경우 항공료가 17만 원이고, 베트남 A공항–싱가포르 A공항–인천 C공항으로 오는 경우 항공료가 (6+15)×0.8=16.8(만 원)이다. 따라서 가장 저렴한 항공료로 베트남을 여행할 경우 지출하는 항공료는 총 13.6+16.8=30.4(만 원)이다.

21 문제해결능력

정답 | ③

Quick해설 음료를 주문하지 못하고 간 일행은 12:40, 15:50, 19:40에 방문한 일행 세 팀이다.

[상세해설] 방문자 일행이 카페에 방문한 시간 순서대로 A~L팀이라고 하고 팀별로 앉을 수 있는 테이블을 생각해 본다.

09:20에 온 A팀은 2인용 테이블에 앉는다. 10:15에 기존 고객이 1명이므로 A팀이 남아 있고 B팀은 4인용 테이블에 앉는다. 10:50에 기존 고객이 3명이므로 A팀과 B팀이 남아 있고 C팀은 6인용 테이블에 앉는다. 11:30에 기존 고객 3명이므로 A팀과 B팀이 남아 있고, C팀은 카페를 나간 것이다. 이에 따라 D팀은 6인용 테이블에 앉는다. 12:40에 기존 고객 7명이므로 B팀과 D팀이 남아 있는데, E팀은 3명이므로 4인용 또는 6인용 테이블에 앉을 수 없어 음료를 주문하지 못하고 나간다. 14:00에 기존 고객이 5명이므로 D팀만 남아 있고 F팀은 2인용 테이블에 앉는다. 15:50에 기존 고객이 2명이므로 F팀만 남아 있고 G팀은 일행이 1명이므로 2인용 테이블에 앉아야 하는데, F팀이 2인용 테이블에 앉아 있으므로 음료를 주문하지 못하고 나간다. 16:40에 기존 고객이 없으므로 H팀은 6인용 테이블에 앉는다. 18:10에 기존 고객 H팀 5명이 남아 있고, I팀은 일행이 3명이므로 4인용 테이블에 앉는다. 19:00에 기존 고객이 8명이므로 H팀, I팀이 남아 있고, J팀은 1명이므로

2인용 테이블에 앉는다. 19:40에 기존 고객이 8명이므로 H팀, I팀이 남아 있고, 각각 4인용, 6인용 테이블에 앉아 있으므로 K팀은 음료를 주문하지 못하고 나간다. 20:30에 기존 고객이 8명이므로 H팀, I팀이 남아 있고, L팀은 2명이므로 2인용 테이블에 앉는다. 이를 정리하면 다음과 같다.

방문 일시	방문자 일행 수	기존 고객	기존 테이블	차지한 테이블
09:20	A 1명	0명	–	2인용
10:15	B 2명	1명 A	2인용 A	4인용
10:50	C 4명	3명 A+B	2인용 A, 4인용 B	6인용
11:30	D 5명	3명 A+B	2인용 A, 4인용 B	6인용
12:40	E 3명	7명 B+D	4인용 B, 6인용 D	나감
14:00	F 2명	5명 D	6인용 D	2인용
15:50	G 1명	2명 F	2인용 F	나감
16:40	H 5명	0명	–	6인용
18:10	I 3명	5명 H	6인용 H	4인용
19:00	J 1명	8명 H+I	4인용 I, 6인용 H	2인용
19:40	K 3명	8명 H+I	4인용 I, 6인용 H	나감
20:30	L 2명	8명 H+I	4인용 I, 6인용 H	2인용

따라서 음료를 주문하지 못하고 나간 일행은 E팀, G팀, K팀으로 총 세 팀이다.

[오답풀이] ① 09:20에 방문한 A팀은 D팀이 방문했을 때 남아 있었고 방문자 일행이 와서 음료를 주문하는 경우 기존 고객은 최소 10분 더 카페에 머무르므로 적어도 11:40까지 머무른 것이다. 따라서 가장 처음 방문한 손님은 2시간 이상 카페에 머물렀다.

② 20:30에 기존 고객이 8명이고, 2명이 방문하였으므로 영업시간 중 카페에 머물러 있는 최대 인원은 8+2=10(명)이다.

④ A팀과 B팀이 오전 10시 50분과 오전 11시 30분에 계속 남아 있고, 오전 10시 50분에 온 일행은 적어도 오전 11시까지 카페에 남아 있으므로 오전 10시 55분에 카페에 있는 인원은 1+2+4=7(명)이다.

⑤ 영업시간 동안 A, B, C, D, F, H, I, J, L팀에게 음료를 판매했으므로 판매한 음료의 개수는 1+2+4+5+2+5+3+1+2=25(개)로 홀수 개이다.

22 문제해결능력

정답 | ③

Quick해설 부중앙집행위원장이 될 수 있는 사람은 E, F, H 3명이다.

[상세해설] 사무홍보부처의 부장은 경영학과 출신이므로 사무부장과 홍보부장은 A, B, C 중 2명이다. 이때, B가 교육학과인 D와 같은 부처로 구성되므로 B는 사무홍보부처 부장이 아니다. 이에 따라 사무부장과 홍보부장은 각각 A 또는 C이다. 인권복지부처의 부장은 사회복지학과 출신이므로 B와 D는 교육행정부처 부장이다. 이때, 교육부장은 교육학과 출신이므로 D가 교육부장, B가 행정부장이다. 인권복지부처의 부장이 될 수 있는 사람은 F, G, H 중 2명인데 F와 H가 같은 부처로 구성될 수 없으므로 F와 G가 인권복지부처의 부장이거나 G와 H가 인권복지부처의 부장이 된다. 이를 정리하면 다음과 같다.

i) 인권복지부처의 부장이 F와 G일 경우

중앙 집행위원장	부중앙 집행위원장	사무부장	홍보부장
E 또는 H	E 또는 H	A 또는 C	A 또는 C
교육부장	행정부장	인권부장	복지부장
D	B	F 또는 G	F 또는 G

ii) 인권복지부처의 부장이 G와 H일 경우

중앙 집행위원장	부중앙 집행위원장	사무부장	홍보부장
E 또는 F	E 또는 F	A 또는 C	A 또는 C
교육부장	행정부장	인권부장	복지부장
D	B	G 또는 H	G 또는 H

따라서 부중앙집행위원장이 될 수 있는 사람은 E, F, H 3명이다.

[오답풀이] ① 경영학과 출신 B가 행정부장이 되므로 항상 옳은 것이다.

② F가 복지부장이 되지 않고, H가 복지부장이 되면 G가 인권부장이 될 수 있으므로 항상 옳지 않은 것은 아니다.

④ F가 복지부장이 된다면 G가 인권부장이 되고 H는 중앙집행위원장 또는 부중앙집행위원장이 되므로 항상 옳은 것이다.

⑤ B가 행정부장, D가 교육부장이고, 나머지 인원은 어

떤 부처의 국장인지 확실히 알 수 없으므로 항상 옳은 것이다.

23 문제해결능력

정답 | ④

Quick해설 마지막 문단에 따르면, 조상들은 빗물이 목탑에서와 같이 수직으로 떨어질 수 있도록 지붕 아래 물끊기 홈이라는 홈을 파서 빗물이 몸돌로 흐르지 않도록 하고, 이를 통해 빗물이 탑 안으로 스며들어 안치되어 있던 물품이 습기에 부식되는 것을 막았다고 하였다. 따라서 물끊기 홈의 목적은 빗물이 바닥으로 흐르는 것을 막는 것이 아니라 몸돌로 흐르지 않도록 하는 것이었음을 알 수 있다.

[오답풀이] ① 두 번째 문단을 통해 삼국시대, 남북국시대, 고려시대, 조선시대에 석탑의 규모와 형태가 달랐음을 알 수 있다.

② 아홉 번째 문단을 통해 귀솟음 기법은 중심 기둥과 모서리 기둥의 높이를 같게 할 경우 발생하는 양쪽 끝이 중심보다 낮게 보이는 착시 현상을 방지하기 위함이고, 안쏠림 기법은 기단과 탑신의 기둥을 수직으로 올렸을 때 착시 현상 때문에 윗부분이 넓게 보이는 것을 방지하기 위함임을 알 수 있다.

③ 여덟 번째 문단을 통해 탑 각 층의 너비와 높이, 사찰의 기본 배치가 탑의 지대석의 크기에 의해 결정됨을 알 수 있다.

⑤ 여섯 번째 문단을 통해 상륜의 장식들은 모두 극락세계의 법륜과 금은보화 등 진귀한 보물을 상징함을 알 수 있다.

24 문제해결능력

정답 | ④

Quick해설 멸균주사기는 박스당 2,500원이므로 전체 금액으로 구매할 수 있는 최대 수량은 $\frac{216,000}{2,500}=86.4$(박스)로 최대 86박스 살 수 있다.

[상세해설] 소독제를 x원이라 하면 청진기는 $2x$원이고, 멸균주사기 1박스는 $(x-1,500)$원이다. 종이컵 1박스의 가격을 y원이라 하면 알코올솜 9박스를 사는 금액으로 종이컵 2박스를 살 수 있으므로 $800\times9=2y$ → $y=3,600$이다. 또한 소독제 18개를 사는 금액으로 종이컵 20박스를 살 수 있으므로 $3,600\times20=18x$ → $x=4,000$이다. 따라서 소독제는 4,000원, 청진기는 8,000원, 멸균주사기 1박스는 2,500원, 종이컵 1박스는 3,600원이다.

청진기 구매수량을 k개라 하면 알코올솜 구매수량은 $5k$개이고, 종이컵 구매수량은 $2k$개이다. 청진기와 소독제 구매금액이 동일해야 하므로 소독제 구매수량은 $2k$개이다. 멸균주사기를 제외한 구매금액이 $216,000-80,000=136,000$(원)이므로 $4,000k+7,200k+8,000k+8,000k=136,000$ → $k=5$이다. 따라서 청진기 구매수량은 5개, 종이컵과 소독제 구매수량은 10개(박스), 알코올솜 구매수량은 25개이다. 멸균주사기는 1박스에 2,500원이고, 구매금액이 80,000원이므로 구매수량은 $\frac{80,000}{2,500}=32$(개)이다.

이를 정리하면 다음과 같다.

구분	수량	개(박스)당 가격	총합
알코올솜(박스)	25	800원	20,000원
종이컵(1,000개, 1박스)	10	3,600원	36,000원
멸균주사기(박스)	32	2,500원	80,000원
청진기(개)	5	8,000원	40,000원
소독제(개)	10	4,000원	40,000원
TOTAL 216,000원			

[오답풀이] ① 전체 금액으로 구매할 수 있는 청진기의 최대 개수는 $\frac{216,000}{8,000}=27$(개)이다.

② 알코올솜이 가장 저렴하므로 전체 금액으로 알코올솜을 가장 많이 살 수 있다.

③ 소독제 개당 가격은 4,000원으로 알코올솜 1박스 800원의 5배이다.

⑤ 전체 금액으로 구매할 수 있는 알코올솜의 최대 개수는 $\frac{216,000}{800}=270$(박스)이다.

25 문제해결능력

정답 | ⑤

Quick해설 3번 항목에 따르면 신청자가 법인 등인 경우 법인 대표이사 또는 직원 명의로 본인서명사실확인서를 제출하여야 하며 직원일 경우 재직증명서 및 대표이사 동의서의 제출이 필수라고 하였다. 이를 통해 법인 대표이사가 아닌 직원이 신청 가능함을 알 수 있다.

[오답풀이] ① 3번 항목에 따르면 대리인 신청이 가능함은 알 수 있지만, 대리인이 서명 가능한지는 알 수 없다.
② 주어진 자료에 첨부 서류 보내는 방법에 대해서는 나와 있지 않다.
③ 6번 항목에 따르면 태양광 및 연료전지 설치 시 한전 전기사용량을 제출해야 하지만, 어느 기간의 한전 전기사용량을 제출해야 하는지는 알 수 없다.
④ 1번 항목에서 공동지분인 경우 최대 지분 소유자가 신청자가 됨을 알 수 있지만, 나머지 지분 소유자에 대한 동의서가 필요한지는 알 수 없다.

2024년 4월 [오전] 시행 기출복원 모의고사

01	02	03	04	05	06	07	08	09	10
④	⑤	②	④	①	③	②	④	③	④
11	12	13	14	15	16	17	18	19	20
④	③	④	②	③	①	⑤	①	①	③
21	22	23	24	25					
②	④	②	③	④					

01 의사소통능력 정답 | ④

Quick해설 수레 탄 사람은 화자의 재능을 알아봐 줄 사람을 의미하는 것으로, 임금 또는 고관대작 등을 가리킨다.

[오답풀이] ① 촉규화가 피어있는 거친 밭 언덕 쓸쓸한 곳은 화자의 출신상의 한계를 보여주며, 화자의 상실감을 드러낸다.
②, ⑤ 탐스러운 꽃송이, 향기는 화자의 능력과 학문적 경지를 의미하는 것으로, 화자는 자연물에 자신을 대입하여 동일시하고 있다.
③ 수레 탄 사람은 자신을 보지 않고, 벌과 나비만 부질없이 찾아든다고 하였으므로, 벌과 나비는 화자가 벼슬에 진출하는 데 도움이 되지 않는 사람을 뜻한다.

02 의사소통능력 정답 | ⑤

Quick해설 사소한 일에 크게 화를 낸다는 의미의 사자성어는 '견문발검(見蚊拔劍)'이다. '각주구검(刻舟求劍)'은 융통성이 없어 낡은 생각을 고집하는 어리석음을 의미한다.

03 의사소통능력 정답 | ②

Quick해설 명사 뒤에 오는 '뿐'은 조사로 붙여 써야 한다. 따라서 '그 집은 아이가 셋뿐이다.'로 고쳐 써야 한다.

04 의사소통능력 정답 | ④

Quick해설 주어진 글에서 화폐 개혁의 필요성과 관련된 내용은 확인할 수 없다.

[오답풀이] ① 상업에 대해 부정적으로 생각하는 우리나라 사람의 통념을 비판하며, 상업의 중요성을 강조하고 있다.
② 네 번째 문단에서 확인할 수 있다. 유추는 둘 이상의 비슷한 속성을 가진다는 것을 근거로 다른 속성도 유사할 것이라고 추론하는 논증 방법으로 재물을 우물에 비유하여 논거를 강화하고 있다.
③ 시장, 우물 등과 관련하여 중국의 사례를 들어서 독자를 이해시키고 있다.
⑤ 중국과 우리나라를 비교, 대조하여 설득력을 높이고 있다.

05 의사소통능력

정답 | ①

Quick해설 1문단에서 인터넷 시대의 글쓰기와 관련한 화두를 던지고 있고, 이후 문단에서 글쓰기 플랫폼의 변화 등을 이야기하고 있다.

06 의사소통능력

정답 | ③

Quick해설 ㉠ 앞에서 '앞선 시대를 배척하는 것이 아니라 겹치고 포개지며 안정적인 형태를 잡아간다.'고 말하였으며, 이 속성과 관련한 이야기를 병렬적으로 구성하고 있기 때문에 ㉠에는 '그리고'가 적합하다. 또한 ㉡ 뒤에서 트위터에 대한 사례를 들고 있으므로 ㉡에는 '예를 들어'가 적합하다.

07 의사소통능력

정답 | ②

Quick해설 한라산을 등반하게 된 경위, 등반 과정, 백록담의 풍경, 정상에서의 감회, 한라산의 주변 풍경에 대한 묘사를 제시하였다. 또한, 최고봉에서 백록담으로 내려오는 과정을 간략히 설명하며 글을 마무리하고 있으므로 적절하지 않은 것은 ②이다.

08 의사소통능력

정답 | ④

Quick해설 ㉡과 ㉤은 다음과 같이 적어야 한다.
㉡ 독수리가 병아리를 채 갔다.
㉤ 친구의 얼굴이 핼쑥하다.

09 의사소통능력

정답 | ③

Quick해설 ㉡과 ㉤은 다음과 같이 발음해야 한다.
㉡ 몰상식[몰쌍식]
㉤ 옷맵시[온맵씨]

10 수리능력

정답 | ④

Quick해설 제시된 수의 연관성을 먼저 파악하여 식을 단순화한다.

[상세해설] 문제에 제시된 식을 다음과 같이 정리할 수 있다.
$865^2+865\times135\times2+135\times(135+3)$
위의 식에서 제시된 숫자들에서 다음과 같이 식을 정리할 수 있다.
$(865+135)^2+135\times3$
$=1,000^2+405$
$=1,000,405$

문제 풀이 Tip
보기에서 백의 자리 숫자만 다르게 제시되어 있다. 따라서 셋째 자리(백의 자리) 숫자까지만 계산을 하여 답을 선택할 수 있다.

11 수리능력

정답 | ④

Quick해설 첫 번째 수×(두 번째 수−세 번째 수)=네 번째 수

[상세해설] 제시된 수의 첫 번째 수×(두 번째 수−세 번째 수)=네 번째 수
$7\times(13-4)=63$
$6\times(29-13)=96$
$12\times(22-16)=72$
따라서 마지막 빈칸에 오는 수는 다음과 같다.
$9\times(16-9)=63$

12 수리능력

정답 | ③

Quick해설 A와 B가 결승에서 만나기 위해서는 서로 다른 조에서 경기를 하게 되며, 경기 상대는 나머지 팀들 중 한 팀이 된다.

[상세해설] A와 B가 결승에서 만나기 위해서는 A와 B는 아래와 같이 두 개의 조로 분할했을 때 서로 다른 조에서 경기를 진행하게 된다. 이 때 A와 B가 두 개의 조로 나뉘는 경우의 수 2가지가 발생한다.

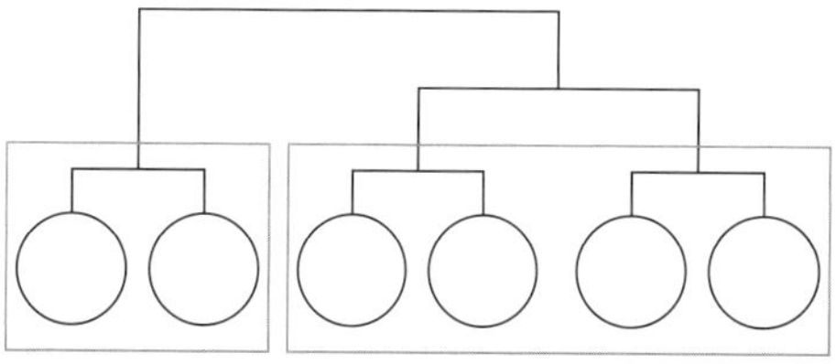

다음 A와 함께 경기할 팀은 B를 제외한 C, D, E, F인 4개 팀 중에서 1개 팀이 된다. 이에 해당하는 경우의 수는 ${}_4C_1=4$(가지)가 된다.
다음 B가 속한 조의 경기에서 B와 함께 경기할 팀은 A가 속한 조의 2개 팀이 제외된 나머지 3개 팀 중 1개 팀이므로 ${}_3C_1=3$(가지)이다.
그리고 남은 두 팀은 서로 경기를 하게 된다.
따라서 6개의 팀이 토너먼트로 게임을 진행할 때, A와 B가 결승에서 만나는 경우의 수는 $2\times4\times3=24$(가지)가 된다.

13 수리능력

정답 | ④

Quick해설 5부터 홀수를 차례로 더해가는 수의 배열이다.

1　6　13　22　33　46　61　78　97　(　)

+5　+7　+9　+11　+13　+15　+17　+19　?

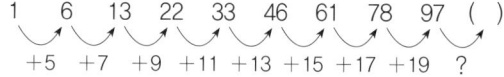

위 ?에 들어갈 것은 +21이다.
따라서 빈칸에는 97+21=118이 적절하다.

14 문제해결능력

정답 | ②

Quick해설 네 번째 문단에서 안전망을 사용할 경우 진행할 수 있는 작업 범위 등의 기준을 별도로 지정할 것이라 하였다. 이를 통해 안전망을 사용하더라도 모든 정비 작업이 안전하게 가능한 것은 아님을 알 수 있다.

15 수리능력

정답 | ③

Quick해설 주어진 [표]는 차량별 1일 평균 교통거리를 사업용, 비사업용으로 구분하여 정리한 자료로, 친환경 정책과의 연관성을 제시하지 않았다.

16 수리능력

정답 | ①

Quick해설 물건의 판매 금액 총액=물건 개당 판매가×물건 개당 판매 금액

[상세해설] 인상하려는 물건 개당 단가$=n$만
물건의 판매 금액 총액=물건 개당 판매가×물건 개당 판매 금액$=(50만+n만)\times(10,000-160n)$
따라서 물건 개당 단가 n만$=-50$, 62.5(이 때 물건의 판매 금액 총액은 최소가 된다.)
n의 두 값이 -50과 62.5의 중간 값에서 물건의 판매 금액 총액은 최대가 되며, 두 값의 중간 값은 6.25이다.
문제에서 만원 단위로 제시하였으므로 6만원이 된다.
따라서 최초 판매가 50만원+6만원=56만원일 때 판매 금액이 최대가 된다.

17 문제해결능력

정답 | ⑤

Quick해설 글에서는 도시와 농촌의 이민자에 대한 성향이 언급되지 않았다. 따라서 해당 선택지의 내용은 유추할 수 없다.

18 수리능력

정답 | ①

Quick해설 ①은 방사형 그래프로, 전체에서 여러 항목에 대한 장점과 단점을 한눈에 비교하고자 할 때 주로 쓰인다. 또한 [표]의 수치를 정확하게 반영하였다.

[오답풀이] ② A, B제품의 점수가 [표]와 다르다.
③, ④ A, B제품의 점수가 서로 바뀌었다.
⑤ A, B제품의 점수가 서로 바뀌었으며, 그래프의 모양도 옳지 않다.

19 문제해결능력

정답 | ①

Quick해설 주어진 [조건]을 정리하면 'B−A−D' 순과 'C−E' 순으로 도착한 것을 알 수 있다.

B 또는 C가 1등이 될 수 있는데 C는 1등이 아니라고 하였으므로, 1등은 B가 된다.

B가 1등인 경우를 정리하면 다음과 같다.

- B−A−C−E−D
- B−C−A−E−D
- B−C−E−A−D

따라서 B가 1등으로 도착하면 A가 2등인 경우가 있다.

20 문제해결능력

정답 | ③

Quick해설 '상대 논리의 구조화'에 대한 설명이다.

[오답풀이] ① 설득: 설득은 논쟁을 통해 이루어지는 것이 아닌 논증을 통해 이루어진다. 설득의 과정은 나의 주장을 다른 사람에게 이해시켜 공감시키고 그 사람이 내가 원하는 행동을 하게 만드는 것이다.

② 생각하는 습관: 논리적 사고의 가장 기본으로 일상적인 대화, 회사의 문서, 신문의 사설 등 접하는 모든 것들에 대해 늘 생각하는 자세가 필요하다.

④ 구체적인 생각: 상대가 말하는 것을 잘 알 수 없을 경우 구체적인 이미지를 떠올리거나, 숫자를 활용하여 표현하는 등 다양한 방법을 활용하여 생각해야 한다.

⑤ 타인에 대한 이해: 상대의 주장에 반박할 경우 상대 주장 전부를 부정하지 않고, 동시에 상대의 인격을 존중해야 한다.

21 수리능력

정답 | ②

Quick해설 ㉠ 다른 연령대와 비교하여 20대의 불만족 비율이 가장 낮다.

- 15~19세 불만족 비율=18.3(%)
- 20대 불만족 비율=0.3+㉠
- 30대 불만족 비율=1+8.2=9.2(%)
- 40대 불만족 비율=0.3+8.3=8.6(%)
- 50대 불만족 비율=0.6+7.9=8.5(%)
- 60대 불만족 비율=9(%)
- 70세 이상 불만족 비율=1+7.7=8.7(%)

20대의 불만족 비율이 가장 낮으려면 50대의 불만족 비율인 8.5% 미만이 되어야한다.

따라서 0.3+㉠=8.5(%) 미만이 되어야 하며 ㉠은 8.2% 미만이다.

㉡ 40대의 만족 비율은 70세 이상의 만족 비율보다 낮다.

- 40대의 만족 비율=(나)+4.2
- 70세 이상의 만족 비율=41.2+10.3=51.5(%)

따라서 ㉡+4.2=51.5(%) 미만이 되어야 하며 ㉡은 47.3% 미만이다.

㉢ 가구 중 1인 가구의 불만족 비율이 가장 낮다.

- 1인 가구의 불만족 비율=0.1+㉢
- 2인 가구의 불만족 비율=0.3+8.8=9.1(%)
- 3인 가구의 불만족 비율=0.6+8.8=9.4(%)

따라서 0.1+㉢=9.1(%) 미만이 되어야 하며 ㉢은 9.0% 미만이다.

㉣ 도시지역이 읍면지역보다 만족 비율이 높다.

- 도시지역의 만족 비율=㉣+7.1
- 읍면지역의 만족 비율=39.8+6.3=46.1(%)

따라서 도시지역의 만족 비율은 ㉣+7.1=46.1(%) 초과가 되어야 하며 ㉣은 39.0% 초과이다.

22 수리능력

정답 | ④

Quick해설 부산에 가장 빨리 도착하는 열차는 KTX101이며, 대전 도착 시각은 10:32이고 출발 시각은 10:42이다. 따라서 대전에서 11시에 탑승할 수 없다.

[오답풀이] ① ITX1005 열차가 서울에서 출발하여 오송에 도착하는 시간은 11:12이다. 해당 시간에 환승 가능한 열차는 오송에 11:27에 도착하여 오송에서 정차하는 KTX107이다.

② 무궁화호와 ITX는 모두 울산에서 정차하며 ITX는 13:27에 울산에 도착하고, 13:37에 출발한다. 하지만 무궁화호는 울산에 15:03에 도착하여 환승이 불가하다.

③ 가장 저렴한 요금은 무궁화1207 일반실을 예매하는 경우이다. 따라서 4명이 예약하면 운임은 총 30,000×4=120,000(원)이다.

⑤ KTX101은 부산에 12:12에 도착한다. 다음에 도착하는 열차는 KTX023으로 13:07에 부산에 도착한다. 따라서 오후 1시 전에 부산에 도착하기 위해 이용할 수 있는 기차는 KTX101이다.

23 수리능력

정답 | ②

Quick해설 무궁화1207이 16:23에 마지막으로 부산에 도착한다.

[상세해설] 역간 이동시간과 정차 역에서의 정차시간 10분을 고려해야 한다. 이에 따라 열차별 각 역에 도착하는 시간은 다음과 같다.

열차	출발 시간	오송	대전	동대구	울산	부산
KTX101 (동대구정차)	09:32	10:12	10:32	11:22	11:52	12:12
무궁화1207	09:53	11:13	12:03	13:43	15:03	16:23
ITX1005	10:22	11:12	11:52	12:52	13:27	14:02
KTX023 (동대구정차)	10:27	11:07	11:27	12:17	12:47	13:07
KTX107 (오송정차)	10:47	11:27	11:57	12:47	13:07	13:27

따라서 부산에 도착하는 순서는 'KTX101－KTX023－KTX107－ITX1005－무궁화1207'이다.

24 문제해결능력

정답 | ③

Quick해설 현재 제설 장비의 부족으로 제설 작업을 실시하지 못한 곳도 많다고 하였다. 따라서 관광지 제설은 최우선 순위가 아니다.

25 수리능력

정답 | ④

Quick해설 응급상황과 관련된 자료를 제시하지 않았기 때문에 유추할 수 없는 내용이다.

[오답풀이] ① 모든 시도에서 대중교통 접근 시간이 가장 짧은 5분 미만이 존재함과 동시에 대중교통 접근 시간이 가장 긴 30분 이상도 존재한다.

② 경기의 10분 이내 대중교통 접근 비율은 총 63.1%로 가장 높다.

③ 대중교통 접근 시간이 20분 이상일 경우 대중교통 취약 지역이라 할 때, 충북은 5.2%, 충남은 5.9%로 충남의 비율이 높다.

⑤ 경북의 10분 내 대중교통 접근 비율은 55.4%로 가장 낮다.

2024년 4월 [오후] 시행 기출복원 모의고사

01	02	03	04	05	06	07	08	09	10
④	③	③	⑤	①	④	①	②	③	⑤
11	**12**	**13**	**14**	**15**	**16**	**17**	**18**	**19**	**20**
④	②	④	⑤	③	④	③	①	④	②
21	**22**	**23**	**24**	**25**					
④	③	③	①	④					

01 의사소통능력 정답 | ④

Quick해설 '인면수심(人面獸心)'은 사람의 얼굴을 하고 있으나 마음은 짐승과 같다는 뜻으로, 마음이나 행동이 몹시 흉악함을 이르는 말이다. 모기를 보고 칼을 뺀다는 뜻으로, 사소한 일에 크게 성내어 덤빔을 이르는 말은 '견문발검(見蚊拔劍)'이다.

02 의사소통능력 정답 | ③

Quick해설 '눈살'은 '눈'과 '살'이 어울려 이루어진 말로, 원형을 밝히어 적는 것이 원칙이므로 '눈쌀'이 아닌 '눈살'로 표기하는 것이 옳다.

03 의사소통능력 정답 | ③

Quick해설 체언 뒤에 '뿐'이 붙어서 한정의 뜻을 나타내는 경우에는 조사로 다루어 붙여 쓰고, 용언의 관형사형 뒤에 '뿐'이 나타나는 경우에는 의존 명사이므로 띄어 쓴다. 용언의 관형사형 '-(으)ㄹ' 뒤에서 '그럴 따름'의 뜻을 나타내는 경우이므로 의존 명사로 다루어 '웃을 뿐이다'로 띄어 쓴다.

[오답풀이] ① 단위를 나타내는 명사는 띄어 쓰는 것이 원칙이므로 '집 두 채'로 적는다.

② 두 말을 이어주거나 열거할 적에 쓰이는 말들은 띄어 쓰므로 '국장 겸 과장'으로 적는다.

④ '은연중'과 같이 '한밤중', '무의식중' 등 하나의 단어로 굳어져 사전에 등재된 경우는 붙여 적으며, '명사'+'무엇을 하는 동안'의 의미를 가진 결합은 띄어 적는다.

⑤ '으로부터'는 어떤 행동의 출발점이나 비롯되는 대상임을 나타내는 격 조사로 앞말에 붙여 쓰므로 '두 시에서부터'로 적는다.

04 의사소통능력 정답 | ⑤

Quick해설 홑이불은 '홑'과 '이불'이 합쳐진 파생어로, 앞말에 받침이 있고 뒷말이 '이'로 시작하여 'ㄴ' 첨가 현상이 일어나 [홑니불] → 음절의 끝소리 규칙의 적용으로 'ㅌ'이 [ㄷ]으로 발음되어 [혿니불] → 'ㄷ'과 'ㄴ'이 만나 역행 비음화 현상이 발생하여 [혼니불]로 발음한다.

[오답풀이] ① '밭'+ 명사 '이랑'이 결합한 경우에는 '이랑'이 실질 형태소이기 때문에 음절의 끝소리 규칙의 적용으로 'ㅌ'이 'ㄷ'으로 발음되어 [받이랑] → 앞말에 받침이 있고 뒷말이 '이'로 시작하여 'ㄴ' 첨가 현상이 일어나 [받니랑] → 받침 'ㄷ'이 뒷말 'ㄴ'의 비음화 영향을 받아 [반니랑]으로 발음한다.

② '닭을'은 음운의 변동이 일어나는 환경이 아니기 때문에 겹받침의 뒤 자음을 다음 음절의 첫소리로 옮겨 발음해야 하므로 '닭을[달글]'로 발음한다.

③ 용언이 활용할 때, 어간의 받침 'ㄴ, ㅁ' 뒤에서 어미의 자음이 된소리로 소리나므로 [껴안꼬]로 발음한다.

④ '권리'는 받침 'ㄴ'이 뒷말 유음 'ㄹ'의 영향을 받아 [ㄹ]로 발음되므로 권리[궐리]로 발음한다.

05 의사소통능력 정답 | ①

Quick해설 2문단의 '붓은 결코 소리 내지 않습니다. 어머님의 약손같이 부드러운 감촉이, 수줍은 듯 은근한 그 묵향(墨香)이, 묵의 깊이가 좋습니다.'에서 붓은 소리가 나지 않는다는 것을 알 수 있다. 쓸 때 날카로운 소리가 나는 것은 매직펜에 대한 설명이다.

[오답풀이] ②, ③ 2문단의 '붓은 그 사용자에게 상당한 양의 노력과 수련을 요구하지만 그러기에 그만큼의 애착과 사랑을 갖게 해 줍니다. 붓은 좀체 호락호락하지 않은 매운 지조의 선비 같습니다.'를 통해 확인할 수 있다.

④ 2문단의 '추호(秋毫)처럼 가는 획에서 필관(筆管)보다 굵은 글자에 이르기까지 흡사 피리 소리처럼 이어지

는 그 폭과 유연성이 좋습니다.'에서 확인할 수 있다.

⑤ 2문단의 '어머님의 약손같이 부드러운 감촉이, 수줍은 듯 은근한 그 묵향(墨香)이, 묵의 깊이가 좋습니다.'에서 확인할 수 있다.

06 의사소통능력 정답 | ④

Quick해설 희화화된 여인의 모습을 통해 당대 시대의 변화를 우회적으로 표현하면서 바람직한 여인의 행실에 대해서 간접적으로 교훈을 주고자 하였다.

[오답풀이] ① 여인은 시집간 지 석 달 만에 시집살이 심하다고 친정에 편지를 보냈으며, 편지로 시집 흉을 보았다. 이를 통해 글의 제재가 시집살이임을 알 수 있다.

② '옳은 말을 들었거든 행하기를 위업(爲業)하소.'라고 하였으므로 개선에 대한 당부로 마무리하고 있음을 알 수 있다.

③ '조상은 안중에 없고 불공드리기로 일을 삼을 때, 무당, 소경을 불러다가 푸닥거리 하느라고 의복들을 다 내주어'라고 하였으므로 불교와 미신을 경시함을 알 수 있다.

⑤ '남녀 하인 들며나며 홈구덕에 남편이나 믿었더니 열 번 찍은 나무가 되었구나.'라고 하였으므로 하인을 들일 수 있는 계층임을 알 수 있으며 이를 통해 양반의 생활상을 비판하는 작품임을 알 수 있다.

07 의사소통능력 정답 | ①

Quick해설 주어진 글에서 글쓴이는 갓의 형태로 인한 불편함, 제작상의 문제점, 비싼 가격 등을 제시하며 갓을 비판하고 있을 뿐, 신분제를 폐지해야 한다고 주장하고 있지는 않다.

08 의사소통능력 정답 | ②

Quick해설 ㉠ 앞 문장에서는 독서의 다양한 경험을 언급하였으며, 뒤 문장에서는 이러한 경험들을 통해 얻을 수 있는 이점을 제시하였으므로 문장을 병렬적으로 연결할 때 쓰는 접속사 '그리고'가 들어가야 한다.

㉡ 뒤 문장에서 저자의 발신 없이 독자는 존재하지 않는다고 하였으나 바로 앞 문장에서 독자의 중요성을 언급하고 있으므로, 두 문장 사이에는 역접의 접속사 '그러나'가 들어가야 한다.

09 의사소통능력 정답 | ③

Quick해설 첫 번째 문단에서 독자가 텍스트의 저작자를 완전히 망각한다고 하였다. 이를 통해 독자의 해석이 작가의 의도와 다를 수 있음을 알 수 있다.

[오답풀이] ① 첫 번째 문단에서 구조주의의 관점에서는 독서의 문제를 문자로 된 텍스트 요인에서 찾아왔다고 하였다.

② 첫 번째 문단에서 독자는 공동창작자이지 수신자가 아니라고 정의하기도 하고, 독자는 생산에 참여하는 소비자(Prosumer)의 입장이 된 것이라고 하였다.

④ 세 번째 문단에서 사회의 영향에 대한 구성주의의 시각은 보다 유연하며, 독자가 타인들과의 상호작용으로 의미를 구성한다고 보는데, 사회적 참여가 이러한 상호작용을 제공한다는 것이라고 하였다.

⑤ 네 번째 문단에서 독자는 개인의 능동적 활동으로 사고를 하나, 사회적 맥락의 영향을 받는다고 하였다.

10 수리능력 정답 | ⑤

Quick해설 주어진 분수를 통분하여 계산한다.

[상세해설] $\frac{1}{2}+\frac{1}{8}+\frac{1}{24}+\frac{1}{48}+\frac{1}{60}+\frac{1}{120}$

$=\frac{60+15+5+2+1}{120}+\frac{1}{48}$

$=\frac{166+5}{240}=\frac{171}{240}=\frac{57}{80}$

11 수리능력 정답 | ④

Quick해설 첫 번째 수$^{\text{두 번째 수}}$÷세 번째 수=네 번째 수

[상세해설] $2^8 \div 8=32$

12 수리능력

정답 | ②

Quick해설 홀수 번째 항은 다음과 같은 규칙이 있다.

30 → 39 → 57 → 84 → ( )

+(9×1) +(9×2) +(9×3) +(9×4)

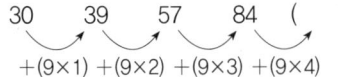

따라서 빈칸에 들어갈 수는 84+(9×4)=120이다.

13 수리능력

정답 | ④

Quick해설 A와 B가 서로 이웃하게 앉을 수 있는 경우를 나누어서 생각한다.

1) A와 B가 나란히 앉을 경우와 C가 앉을 수 있는 자리

C		A	B
C	C		

A	B		C
		C	C

		C	C
A	B		C

C	C		
C		A	B

- A와 B가 서로 이웃하게 앉는 경우는 4가지, A와 B가 순서를 바꾸는 경우는 2가지이다. 이때, C가 앉을 수 있는 경우는 3가지이므로 경우의 수는 4×2×3=24(가지)이다.
- D, E는 남은 5자리 중에서 2자리에 앉을 수 있으므로 경우의 수는 $_5P_2=5\times4=20$(가지)이다.

따라서 1)의 경우의 수는 24×20=480(가지)이다.

2) A와 B가 가운데에 앉을 경우와 C가 앉을 수 있는 자리

	A	B	
C			C

C			C
	A	B	

- A와 B가 서로 이웃하게 앉을 수 있는 경우는 2가지, A와 B가 순서를 바꾸는 경우는 2가지이다. 이때, C가 앉을 수 있는 경우는 2가지이므로 경우의 수는 2×2×2=8(가지)이다.
- D, E는 남은 5자리 중에서 2자리에 앉을 수 있으므로 경우의 수는 $_5P_2=5\times4=20$(가지)이다.

따라서 2)의 경우의 수는 8×20=160(가지)이다.

3) A와 B가 가장자리에 앉을 경우와 C가 앉을 수 있는 자리

A		C	C
B		C	C

C	C		A
C	C		B

- A와 B가 서로 이웃하게 앉을 수 있는 경우는 2가지, A와 B가 순서를 바꾸는 경우는 2가지이다. 이때, C가 앉을 수 있는 경우는 4가지이므로 경우의 수는 2×2×4=16(가지)이다.
- D, E는 남은 5자리 중에서 2자리에 앉을 수 있으므로 경우의 수는 $_5P_2=5\times4=20$(가지)이다.

따라서 3)의 경우의 수는 16×20=320(가지)이다.

4) A와 B가 2열, 3열에 앉을 경우의 수와 C가 앉을 수 있는 자리

	A		C
	B		C

C		A	
C		B	

- A와 B가 앉을 수 있는 경우는 2가지, A와 B가 순서를 바꾸는 경우는 2가지이다. 이때, C가 앉을 수 있는 경우는 2가지이므로 경우의 수는 2×2×2=8(가지)이다.
- D, E는 남은 5자리 중에서 2자리에 앉을 수 있으므로 경우의 수는 $_5P_2=5\times4=20$(가지)이다.

따라서 4)의 경우의 수는 8×20=160(가지)이다.

1)~4)의 경우의 수를 모두 더하면 480+160+320+160=1,120(가지)이다.

14 수리능력

정답 | ⑤

Quick해설 KTX107은 13:27에 세 번째로 부산에 도착한다.

[상세해설] 소요시간과 정차시간 10분을 고려하여 열차별로 역에 도착하는 시간을 계산하면 다음과 같다.

열차	출발 시간	오송 도착 시간	대전 도착 시간	동대구 도착 시간	울산 도착 시간	부산 도착 시간
KTX101 (동대구 정차)	09:32	10:12	10:32	11:22	11:52	12:12
무궁화1207	09:53	11:13	12:03	13:43	15:03	16:23
ITX1005	10:22	11:12	11:52	12:52	13:27	14:02
KTX023 (동대구 정차)	10:27	11:07	11:27	12:17	12:47	13:07
KTX107 (오송정차)	10:47	11:27	11:57	12:47	13:07	13:27

따라서 부산에 도착하는 순서는, 'KTX101－KTX023－KTX107－ITX1005－무궁화1207' 순이다.

15 수리능력

정답 | ③

Quick해설 내일로 패스는 연속 7일권과 선택 3일권 두 종류가 있으며 두 종류 모두 이용 횟수는 KTX는 1일 1회, 총 2회, 일반열차는 1일 2회이다.

[상세해설] 회사원 A는 1박 2일 일정으로 3월 3, 7, 28일에 출발하여 다음 날 복귀하게 된다.

KTX 일반석을 따로 예매하는 경우 1회 출장에 편도 요금은 6만 원이며, 왕복 12만 원이다. 출장은 총 3일이므로 요금은 총 $120,000\times3=360,000$(원)이다.

내일로 두 번째 이야기 패스를 이용할 경우 연속 7일권과 선택 3일권 중에서 선택할 수 있다. 또한 각 권종별 연간 4회까지 구매 가능하므로 세 번의 출장 모두 내일로 패스를 구매하여 사용할 수 있다. 내일로 패스는 KTX의 경우 1일 1회 이용, 총 2회까지 사용 가능하므로 1회 출장의 출발과 복귀에 내일로 패스 하나를 사용하게 된다.

따라서 연속 7일권과 선택 3일권 중에서 저렴한 선택 3일권을 매 출장마다 구매하여 사용하면 된다. 선택 3일권을 3회 구매하는 경우 요금은 총 $100,000\times3=300,000$(원)이다.

16 수리능력

정답 | ④

Quick해설 주어진 [표]는 차량을 사업용, 비사업용으로 구분하고, 그에 따라 1일 평균 교통거리를 제시한 것이다. 해당 자료에서는 환경오염, 도로의 확장, 친환경 정책, 노후 경유차 폐지 계획 등의 내용은 확인할 수 없다.

17 수리능력

정답 | ③

Quick해설 기차가 터널을 완전히 통과하는 거리는 (터널 길이)+(기차 길이)이다.

터널의 길이는 $x$km, 각 기차가 터널을 완전히 통과하는 거리는 A기차$=(0.2+x)$km, B기차$=(0.3+x)$km이고, 시간의 비는 10:7이므로 시간에 대해 식을 정리하면 다음과 같다.

$$\frac{(0.2+x)}{60}:\frac{(0.3+x)}{90}=10:7$$

$$\frac{10(0.3+x)}{90}=\frac{7(0.2+x)}{60}$$

$3x=5.4$

$x=1.8$

따라서 터널의 길이는 1.8km이다.

18 문제해결능력

정답 | ①

Quick해설 주어진 조건에 따라 정리하면 'E−A−D−B−C', 'E−A−D−C−B' 순으로 도착하는 두 가지 경우가 있다. 따라서 A는 항상 C보다 먼저 도착한다.

[오답풀이] ② 'B−C', 'C−B' 순으로 도착하는 두 가지 경우가 있으므로, B가 항상 C보다 먼저 도착한다는 것은 옳지 않다.

③ D보다 먼저 도착한 사람이 2명이라는 조건에 따라 D는 항상 세 번째에 위치해야 한다. 남은 순서는 첫 번째, 두 번째, 네 번째, 다섯 번째이다. C는 항상 D보다 늦기 때문에 네 번째 또는 다섯 번째로 도착하며, B는 A보다 늦게, E는 A보다 먼저 도착한다고 하였으므로 'E−A−B' 순이 되어 B는 네 번째 또는 다섯 번째로 도착한다. 따라서 D가 A보다 먼저 도착할 수 없다.

④ 'E−A−D−B−C' 순의 경우 C는 마지막에 도착한다.

⑤ A는 항상 두 번째에 도착하며, B는 네 번째 또는 다섯 번째에 도착할 수 있다. 따라서 B가 항상 네 번째에 도착한다는 것은 옳지 않다.

19 수리능력

정답 | ④

Quick해설 전체 항목 중에서 각 수송수단이 차지하는 백분율을 비교할 수 있는 그래프이다.

[상세해설] ①, ⑤은 철도와 버스의 수치가 바뀌어 있다.

②, ③은 제시된 연도에 오류가 있다.

20 문제해결능력

정답 | ②

Quick해설 텍스트 맥락과 독자의 맥락은 서로 상호작용하며 중요한 역할을 한다.

[상세해설] 마지막 문단에서 텍스트 맥락과 독자의 맥락은 함께 작용하여 텍스트를 이해하는데 중요한 역할을 한다고 제시되어 있다.

21 문제해결능력 정답 | ④

Quick해설 WT 전략에 해당하는 내용이다. 이는 내부적인 약점인 정치적 영향과 외부적인 위협인 정치적, 사회적 변화 및 재정 제약과 같은 요소에 대비하여 대응 능력을 향상시키는 것을 언급하고 있다. 따라서 내부적인 약점을 극복하여 위협에 대응하는 WT 전략을 나타낸다.

22 문제해결능력 정답 | ③

Quick해설 식물이 정서적 안정과 생산성을 높일 수 있는 요소로 작용한다는 것을 강조하였다.

23 문제해결능력 정답 | ③

Quick해설 출퇴근 시간 조절은 개인 또는 기업 차원에서 시행할 수 있는 대책으로, 정부 차원의 교통 대책 마련 이후에 추가로 생각할 수 있는 대책에 해당한다.

24 문제해결능력 정답 | ①

Quick해설 주어진 내용과 ①은 성급한 일반화의 오류의 사례이다. 이는 일부 사실을 통해 성급한 결론을 내리는 것으로, 당분 섭취가 당뇨병 발생의 주요 원인 중 하나임을 전제하고 있다. 하지만 당뇨병은 다양한 원인과 복잡한 요인들로 인해 발생할 수 있다. 따라서 영희가 당분이 많이 들어간 음식을 자주 먹는다고 해서 반드시 당뇨병에 걸릴 것이라는 결론은 지나치게 성급하며, 다른 요인을 고려하지 않고 단순히 일반화한 추론에 해당한다.

[오답풀이] ② 논점 일탈의 오류이다. 이는 주장이나 논리적 추론 과정에서 주된 주제나 논점을 일반적으로 벗어나는 경우에 발생한다. 비가 오는 상황과 사고의 발생 여부를 논의하는 대신, 비가 오는 상황과 사고 발생의 관계에 대한 논점을 벗어나서 비가 오지 않았을 때의 사고 발생 여부를 말하고 있다.

③ 인신공격의 오류이다. 특정한 특성을 일반화하여 그 특성이나 상황으로부터 다른 특성이나 상황을 결론짓는 것이다. 이러한 일반화는 부정확하고 공격적인 평가로 이어질 수 있다.

④ 순환 논리의 오류이다. 논리적 추론에서 논증의 전제가 결론에 이미 내포되어 있는 경우이다.

⑤ 재서술에 그치는 오류이다. 논리적으로 새로운 정보나 논리적 근거를 제시하지 않고, 단순히 이미 주장한 내용을 되풀이하고 있다. 이는 주장의 타당성을 높이거나 논리적 설득력을 강화하는 데 도움이 되지 않는다.

25 수리능력 정답 | ④

Quick해설 한 달 평균 대중교통비용이 가장 높은 지역은 대전이며, 대전의 환승 횟수는 1.49회이다.

[오답풀이] ① 교통카드 이용률이 가장 낮은 지역은 전남이며, 전남의 환승서비스 이용률은 20.5%로 가장 낮지 않은 것을 확인할 수 있다.

② 도시철도 이용률이 0인 지역은 도시철도를 이용할 수 없다는 것을 의미하기 때문에 해당 수치와 환승 횟수의 수치를 비교하여 확인 할 수 있다. 예를 들어 울산의 경우 도시철도 이용이 0%이고, 환승 횟수는 1.53회이다. 하지만 도시철도를 이용하는 다른 지역의 환승 횟수와 비교하였을 때 오히려 환승 횟수가 많다. 따라서 도시철도를 이용할 수 없다고 해서 환승 횟수가 적다는 것은 옳지 않다.

③ 세종의 환승 횟수가 가장 많으나, 한 달 평균 대중교통비용이 가장 적은 지역은 부산이다.

⑤ 환승서비스 이용률과 대중교통 접근성의 연관성에 대한 내용은 제시되어 있지 않다.

2024년 10월 시행 기출복원 모의고사 [NCS]

01	02	03	04	05	06	07	08	09	10
①	①	⑤	②	③	④	③	④	③	③
11	**12**	**13**	**14**	**15**	**16**	**17**	**18**	**19**	**20**
①	③	④	③	②	④	③	③	⑤	②
21	**22**	**23**	**24**	**25**	**26**	**27**	**28**	**29**	**30**
⑤	④	④	②	⑤	③	③	⑤	④	①

01 의사소통능력 정답 | ①

Quick해설 하향식 읽기 모형은 텍스트를 읽으면서 전체적인 맥락이나 주제를 먼저 파악하려고 하며, 텍스트의 개별적인 문자나 단어의 분석에 치중하지 않으므로 글의 신뢰성을 검증한다고 할 수 없다.

[오답풀이] ② 하향식 읽기 모형은 의미의 원천이 독자의 지적 배경이므로 의미 지향적이며, 창의적이고 직관적인 해석을 도출한다고 하였다.

③ 하향식 읽기 모형은 전체적인 내용에 더 집중하므로 독자는 텍스트의 일부 정보만 가지고 전체 내용을 추론한다고 하였다.

④ 하향식 읽기 모형은 독자가 텍스트와 관련된 자신의 배경지식을 떠올리며 이를 바탕으로 텍스트를 읽는다고 하였다.

⑤ 하향식 읽기 모형은 텍스트의 정보가 부족하더라도 독자가 지식과 경험을 더해 전체 의미를 형성한다고 하였다.

02 의사소통능력 정답 | ①

Quick해설 ○○카드는 '고객의 소리'를 경청하며 고객의 의견을 청취하고 고객의 요구에 실시간으로 대응하고 있다. 따라서 의사소통능력 중 '경청능력'을 강조하고자 함을 알 수 있다.

[오답풀이] ② 의사소통능력 중 문서이해능력은 다양한 종류의 문서에서 전달하고자 하는 핵심 내용을 요약 및 정리하여 이해하고, 전달하려는 정보의 출처를 파악하고 옳고 그름을 판단하는 능력이다.

③ 의사소통능력 중 문서작성능력은 업무의 목적과 상황에 적합한 아이디어나 정보를 전달할 수 있도록 문서로 작성할 수 있는 능력이다.

④ 수리능력은 업무를 수행함에 있어 사칙연산, 통계, 확률의 의미를 정확하게 이해하고, 이를 업무에 적용하는 능력이다.

⑤ 문제해결능력은 업무를 수행함에 있어 문제 상황이 발생하였을 경우, 창조적이고 논리적인 사고를 통하여 이를 올바르게 인식하고 적절히 해결하는 능력이다.

03 의사소통능력 정답 | ⑤

Quick해설 기획서는 아이디어의 설득을 위한 문서가 맞지만, 인용한 자료의 정확한 출처를 밝혀 독자에게 신뢰감을 주어야 한다.

[오답풀이] ① 기획서는 상대방을 설득하는 글인 만큼 상대가 요구하는 것이 무엇인지 고려하여 작성해야 한다.

② 기획서에는 내용의 핵심 사항이 정확하게 기입되어야 기획서를 작성한 목적을 달성할 수 있다.

③ 기획서는 기획 내용이 쉽게 파악되도록 체계적인 목차를 구성하여 작성해야 한다.

④ 기획서의 내용을 효과적으로 전달하기 위하여 내용에 적합한 표나 그래프를 활용하면 상대방이 더 쉽게 이해할 수 있다.

04 의사소통능력 정답 | ②

Quick해설 주어진 사례에서 도요타 자동차 CEO인 도요타 에이지는 기존 소형차 시장에서 이미 1위를 기록한 상태로, 현재의 상태를 유지해도 되었으나, 고급차 시장을 장악하고자 하는 원대한 목표를 수립하여 이를 위해 수년간 노력하여 결국 고급차 시장에서도 1위를 달성하였음을 보여주고 있다. 해당 사례에서 CEO는 미래 가치, 즉 소형차 시장뿐만 아니라 고급차 시장에도 진출하여 성과를 보이는 것에 투자하였지만, 이를 통해 현재 가진 성과를 포기한 것은 아니다. 따라서 ㉣의 내용은 CEO의 자질로 적절하지 않으므로 옳지 않은 것은 1개이다.

05 의사소통능력
정답 | ③

Quick해설 상황과 대상에 따른 의사표현법 중 '샌드위치 화법'의 사례이다. 샌드위치 화법이란 질책을 가운데 두고 칭찬을 먼저 한 다음, 격려의 말로 마무리하는 의사표현법이다. 주로 상대방의 잘못을 지적할 때 사용하는 의사표현법이다. S부장은 먼저 L대리의 장점을 이야기한 후 단점에 대해서 이야기하였으며, 격려로 마무리했다.

06 의사소통능력
정답 | ④

Quick해설 공문서를 작성할 때는 전문성을 유지하기 위해 통일된 양식을 사용해야 한다. 따라서 공문서 작성 시에 전문성 유지를 위해 다양한 종류의 양식을 사용한다는 것은 유의 사항으로 적절하지 않다.

07 의사소통능력
정답 | ③

Quick해설 의사표현에 영향을 미치는 비언어적 요소의 종류에는 연단공포증, 말, 몸짓, 유머 등이 있다. 이 중 쉼은 말의 종류 중 하나이다. 따라서 '연단 공포증일 경우'는 쉼을 사용하는 경우에 해당하지 않는다.

[상세해설] 연단 공포증이란 청중 앞에서 이야기를 해야 하는 상황일 때 가슴이 두근거리고 입술이 타고 식은땀이 나고 얼굴이 달아오르는 생리적인 현상이므로, 말의 종류에 속하지 않는다.

08 의사소통능력
정답 | ④

Quick해설 동료들의 평가를 종합해 보면 지안이는 따뜻하고 인정이 많고 자기희생적이며, 타인의 요구를 거절하지 못하는 성격임을 알 수 있다. 따라서 키슬러의 대인관계 방식 유형 중 '친화형'에 해당한다.

[오답풀이] ① 지배형: 자신감이 있고 지도력이 높으며 논쟁적이고 독단이 강한 유형이다.
② 복종형: 수동적이고 의존적이며 자신감이 없고 자기주장성이 떨어지는 유형이다.
③ 사교형: 외향적이고 인정을 받고 싶은 욕구가 강하며 흥분을 잘하고 충동적인 유형이다.
⑤ 실리형: 이해관계에 예민하고 성취지향적이며 자기중심적이고 타인에 대한 관심과 배려가 부족한 유형이다.

09 의사소통능력
정답 | ③

Quick해설 사고 원인으로 건널목 통과 지체를 확인할 수 있는 만큼, 불필요한 대기에 해당하여 지체를 유발하여 사고 위험을 발생시킬 수 있다.

[오답풀이] ① 사고 원인으로 일단 정지 신호를 언급하고 있으며, 일단 정지 후 좌우를 살피는 것은 안전 수칙의 핵심이다.
②, ⑤ 사고 원인으로 차단기 돌파·우회를 언급하고 있으므로 사고 시 대처 방안으로 적합하다.
④ 지문에서 교통안전공단은 철도 유관기관과 협력하여 현장 조사와 시설 개선, 합동 캠페인을 진행했다고 명시하고 있으므로 예방법으로 적합하다.

10 의사소통능력
정답 | ③

Quick해설 ㉠ '물에 젖어서 부피가 커지다.'라는 뜻의 동사는 '붇다'이다.
㉡ '얻다 대고'가 올바른 표기법으로 '얻다'는 '어디에다'의 줄임말이다.

[오답풀이] ㉢ '남에게 입은 은혜나 당한 원한을 그대로 갚음'을 뜻하는 단어는 '대갚음'이다.
㉣ '너무 적거나 하찮아서 시시하고 신통치 않다.', '사람이 잘고 인색하다.'를 뜻하는 형용사는 '쩨쩨하다'이다.
㉤ '예'는 명사이고, '옛'은 관형사이며 조사 '부터'가 결합할 수 있는 말은 명사이므로 '예부터'이다.

11 수리능력
정답 | ①

Quick해설 D, E, F가 서로 이웃하지 않게 앉으므로 다음과 같이 세 사람을 배치한다.

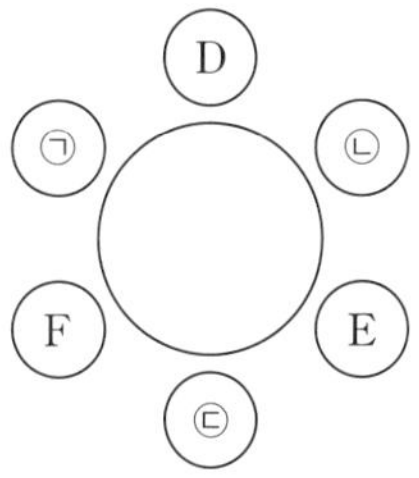

그리고 A는 D와 이웃하게 앉아야 하므로 ㉠ 또는 ㉡에 앉아야 한다. 먼저 ㉠에 앉는다고 하면 ㉡, ㉢에 B, C를 배치하는 경우의 수가 2가지이고, 동시에 E와 F가 자리를 바꾸는 경우가 2가지이므로 경우의 수는 2×2=4(가지)이다.
A가 ㉡에 앉을 때도 마찬가지이므로 가능한 경우의 수는 2×2=4(가지)이다.
따라서 6명이 원탁에 둘러앉는 경우의 수는 4+4=8(가지)이다.

12 수리능력 정답 | ③

Quick해설 농도가 15%인 소금물 200g에 들어 있는 소금의 양은 200×0.15=30(g)이고, 농도가 20%인 소금물 300g에 들어 있는 소금의 양은 300×0.2=60(g)이다. 따라서 두 소금물을 섞은 소금물의 농도는 $\frac{30+60}{200+300}\times100=\frac{90}{500}\times100=18$(%)이다.

13 수리능력 정답 | ④

Quick해설 홀수 번째 항은 다음과 같은 규칙이 있다.

12 → 14 → 18 → 26 → (A)
(각각 $+2^1$, $+2^2$, $+2^3$, $+2^4$)

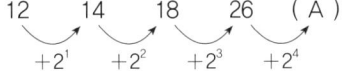

A에 들어갈 수는 26+16=42이다.
짝수 번째 항은 다음과 같은 규칙이 있다.

−34 → −14 → 6 → 26 → (B)
(각각 +20, +20, +20, +20)

B에 들어갈 수는 26+20=46이다.
따라서 B−A=46−42=4이다.

14 수리능력 정답 | ③

Quick해설
- A열차의 이동거리=80×6=480(km)
- B열차의 이동거리=2×150=300(km)
- C열차의 이동거리=25×12,600=315,000(m)=315(km)
- D열차의 이동거리=100×4=400(km)
- E열차의 이동거리=1.5×120=180(km)

이동거리가 긴 순서로 나열하면 'A−D−C−B−E'이다.
따라서 C열차는 3위이다.

15 수리능력 정답 | ②

Quick해설 각 열을 기준으로 다음과 같은 규칙이 있다.
(1열의 수×3+3열의 수×3)−(2열의 수)=4열의 수

3	10	14	( )
2	7	18	(2×3)+(18×3)−7=53
1	62	34	(1×3)+(34×3)−62=43
2	48	46	(2×3)+(46×3)−48=96

따라서 빈칸에 들어갈 수는 (3×3)+(14×3)−10=41이다.

16 수리능력 정답 | ④

Quick해설 5명이 5일 동안 파는 땅의 깊이는 4+1.5+3+5+2.5=16(m)이다. 땅의 깊이가 300m이므로 300=16×18+12, 즉 5명이 16m씩 18번 땅을 파고 남은 12m를 더 파야 한다. 이때, 'C−E−A'가 4+1.5+3=8.5(m)의 땅을 파고, 이후에 D가 5m의 땅을 팔 때 300m 깊이가 되므로 마지막으로 땅을 파는 사람은 D이다.

17 수리능력 정답 | ③

Quick해설 ㉢ 5년간 철도안전사상사고의 항목별 건수는 다음과 같다.
- 여객: 3+10+1+2+1=17(건)

• 공중: 1+2+5+3+0=11(건)
• 직원: 6+7+10+7+10=40(건)

따라서 5년간 철도안전사상사고 중 가장 큰 비중을 차지하는 항목은 '직원'임을 알 수 있다.

㉣ 건널목 사고가 두 번째로 많았던 해는 13건의 2022년이다. 이 해의 철도교통사고 건수는 67건으로 가장 많다.

[오답풀이] ㉠ 2020년 열차 탈선 사고는 3건으로 전년 대비 3건 감소하였다.

㉡ 2021년 철도안전사고는 20건이고 2022년에는 15건이다. 따라서 2022년 철도안전사고는 전년 대비 $\frac{15-20}{20}\times100=-25(\%)$이므로, 30% 미만으로 감소하였다.

18 수리능력

정답 | ③

Quick해설 철도교통사건 건수가 아닌 전체 철도 건수를 제시하고 있으므로 옳지 않은 그래프이다.

19 수리능력

정답 | ⑤

Quick해설 2022~2023년 고등교육기관 진학률은 72.5%, 73.7%, 73.3%, 72.8%로, 2021년에만 전년보다 증가하였고 다른 연도에는 감소하고 있다.

[오답풀이] ①, ② 매해 초등학교 졸업자의 중학교 진학률은 100%, 중학교 졸업자의 고등학교 진학률은 99% 이상이다.

③ 초등학교 진학률은 모든 해가 100%이다. 진학률은 $\frac{(\text{해당연도 졸업자 중 진학자})}{(\text{해당연도 졸업자})}\times100$로 계산한다. 따라서 진학자 수=졸업자 수이며, 진학자 수가 가장 많았던 해는 2020년이다.

④ 2023년 고등학교 → 고등교육기관 진학자는 313,012명이며 진학률은 72.8%이다. 진학률 계산식을 활용하여 계산하면 다음과 같다.

2023년 고등학교 졸업자$=\frac{313,012}{72.8}\times100=429,961$(명)

따라서 2023년 고등학교 졸업자는 420,000명이 넘는다.

20 수리능력

정답 | ②

Quick해설 2020년과 2023년 전체 기관 정원을 구하면 다음과 같다.

• 2020년: 30,990+17,069+4,025+2,954+1,534=56,572
• 2023년: 31,014+17,228+4,606+2,993+1,931=57,772

따라서 2023년 전체 기관 정원은 3년 전 대비 57,772−56,572=1,200(명) 증가하였다.

[오답풀이] ① 주어진 자료에서 인원이 꾸준히 감소하는 기관은 없다.

③ 인천교통공사 정원은 2020년에 1,534명이고, 2024년에 1,969명이다. 따라서 2024년 인천교통공사 정원은 4년 전 대비 1,969−1,534=435(명) 증가하였다.

④ 부산교통공사 정원은 2022년 4,025명에서 2023년 4,606명으로 증가하였다. 따라서 전년 대비 $\frac{4,606-4,025}{4,025}\times100\fallingdotseq14.4(\%)$ 증가하였으므로, 14% 이상 증가하였다.

⑤ 2024년 한국철도공사를 제외한 나머지 네 기관의 정원을 더하면 17,228+4,606+3,100+1,969=26,903(명)이다. 한국철도공사 정원이 30,908명이므로 2024년 전체 기관 정원 중 한국철도공사가 차지하는 비중은 50% 이상이다.

21 문제해결능력

정답 | ⑤

Quick해설 SWOT 분석에서 강점(Strengths)과 약점(Weaknesses)은 내부 분석에 해당하고, 기회(Opportunities)와 위협(Threats)은 외부 분석에 해당한다. 따라서 ㉠, ㉡, ㉢, ㉣ 모두 옳은 분석이다.

22 문제해결능력

정답 | ④

Quick해설 주어진 명제를 도식화하면 다음과 같다.

• 사과 → 배 (대우: ~배 → ~사과)
• 바나나 → 파인애플 (대우: ~파인애플 → ~바나나)
• ~사과 → 파인애플 (대우: ~파인애플 → 사과)

이를 정리하면 ~파인애플 → 사과 → 배, ~배 → ~사과 → 파인애플이다.

그리고 '파인애플을 좋아하지 않으면 바나나를 좋아하지 않는다.'와 '파인애플을 좋아하지 않으면 사과를 좋아한다.'에서 바나나와 사과에 대한 관계는 명시되지 않았기 때문에 알 수 없다.
따라서 항상 참인 명제 ④이다.

23 문제해결능력 정답 | ④

Quick해설 C가 거짓말을 하고 있다는 E의 진술을 참, 거짓으로 나누어 생각한다.

1) E의 진술이 참인 경우

C는 거짓을 말하고 있으므로 금요일에 연차를 사용하였다. 그리고 C가 거짓을 말하고 있으므로 B는 월요일에 연차를 사용하였고, 참을 말하고 있다. B가 참을 말하고 있으므로 D 또한 월요일에 연차를 사용하였고, D의 진술도 참이다. 즉, A와 C는 같은 요일에 연차를 사용하였으므로 A는 금요일에 연차를 사용하였고, 거짓을 말하고 있다. 이를 정리하면 다음과 같다.

A	B	C	D	E
거짓	참	거짓	참	참
금요일	월요일	금요일	월요일	월요일

2) E의 진술이 거짓인 경우

C는 참을 말하고 있으므로 월요일에 연차를 사용하였다. 그리고 C가 참을 말하고 있으므로 B는 금요일에 연차를 사용하였고, 거짓을 말하고 있다. B가 거짓을 말하고 있으므로 D는 월요일에 연차를 사용하였고, D의 진술은 참이다. 즉, A와 C는 같은 요일에 연차를 사용하였으므로 A는 월요일에 연차를 사용하였고, 참을 말하고 있다. 이를 정리하면 다음과 같다.

A	B	C	D	E
참	거짓	참	참	거짓
월요일	금요일	월요일	월요일	금요일

따라서 항상 참을 말한 사람은 D이다.

24 문제해결능력 정답 | ②

Quick해설 B팀의 순위는 짝수이고, 6위가 아니므로 2위 또는 4위이다. F팀의 순위는 홀수이고, 1위가 아니므로 3위 또는 5위이다. 그리고 D팀의 순위는 B팀의 순위 바로 다음이라고 하였으므로 B팀이 2위일 때, D팀이 3위이고 F팀은 5위이다. 반면 B팀이 4위일 때, D팀이 5위이고 F팀은 3위이다.
B팀의 순위에 따라 두 가지 경우를 나타내면 다음과 같다.

1위	2위	3위	4위	5위	6위
	B	D		F	
		F	B	D	

한편, A팀의 순위는 F팀의 순위보다 높고, C팀의 순위는 E팀의 순위보다 낮다고 하였으므로, 두 가지 경우에 대하여 남은 세 칸을 다음과 같이 채울 수 있다.

1위	2위	3위	4위	5위	6위
A 또는 E	B	D	E 또는 A	F	C
A 또는 E	E 또는 A	F	B	D	C

따라서 1위를 차지할 가능성이 있는 팀은 A팀과 E팀이다.

문제 풀이 Tip

제시된 내용 중 C팀의 순위는 E팀의 순위보다 낮다고 하였으므로 C팀이 1위가 될 가능성은 없다. 그리고 D팀의 순위는 B팀의 순위 바로 다음이라고 하였으므로 D팀 또한 1위가 될 가능성은 없다. 따라서 정답은 ②이다.

25 문제해결능력 정답 | ⑤

Quick해설 B사원은 서산으로 출장을 가며, 직급이 대리인 직원은 서산으로 출장을 가지 않는다고 하였으므로 B사원은 직급이 과장인 직원과 한 조이다. 이때, B사원은 인천이나 평택으로는 출장을 가지 않는다고 하였는데, E과장이 인천으로 출장을 간다고 하였으므로 B사원은 F과장과 한 조이다.
D대리는 평택과 대구로 출장을 가고, 직급이 사원인 직원은 전주로 출장을 가지 않는다고 하였다. 따라서 C대리가 E과장과 전주로 출장을 간다. 이에 따라 D대리는 A사원과 같은 조이며, B사원이 출장을 가지 않는 인천에는 C대리와 E과장이 출장을 간다. 그리고 B사원과 F과장이 충주로 출장을 간다.
이를 정리하여 나타내면 다음과 같다.

서산	인천	평택	충주	대구	전주
B, F	C, E	A, D	B, F	A, D	C, E

따라서 충주로 출장을 가는 직원은 B사원과 F과장이므로 옳지 않다.

[오답풀이] ① E과장은 전주로 출장을 가므로 옳다.
② C대리는 인천으로 출장을 가므로 옳다.
③ F과장은 인천과 대구로 출장을 가지 않으므로 옳다.
④ 충주와 전주에는 서로 다른 조가 출장을 가므로 옳다.

26 문제해결능력

정답 | ③

Quick해설 ㉠ 문제 도출: 선정된 문제를 분석하여 해결해야 할 것이 무엇인지를 명확히 하는 단계
㉡ 문제 인식: 해결해야 할 전체 문제를 파악하여 우선순위를 정하고, 선정문제에 대한 목표를 명확히 하는 단계
㉢ 실행 및 평가: 해결안 개발을 통해 만들어진 실행계획을 실제 상황에 적용하는 활동으로 당초 장애가 되는 문제의 원인들의 해결안을 사용하여 제거하는 단계
㉣ 해결안 개발: 문제로부터 도출된 근본원인을 효과적으로 해결할 수 있는 최적의 해결방안을 수립하는 단계
따라서 문제해결 절차를 바르게 짝지은 것은 ③이다.

27 문제해결능력

정답 | ③

Quick해설 문제해결 방법 중 '퍼실리테이션'에 대한 설명이다. 퍼실리테이션이란 '촉진'을 의미하며, 어떤 그룹이나 집단이 의사결정을 잘하도록 도와주는 일을 가리킨다.

[오답풀이] ① 소프트 어프로치: 대부분의 기업에서 볼 수 있는 전형적인 스타일로 조직 구성원들은 같은 문화적 토양을 가지고 이심전심으로 서로를 이해하는 상황을 가정한다. 시사 또는 암시를 통해 의사를 전달하고 감정을 통함으로써 문제해결을 도모한다.
② 하드 어프로치: 상이한 문화적 토양을 가지고 있는 구성원을 가정하여 서로의 생각을 직설적으로 주장하고 논쟁이나 협상을 통해 의견을 조정해 가는 방법이다. 이때 중심적 역할을 하는 것이 논리, 즉 사실과 원칙에 근거한 토론이다. 제3자는 이것을 기반으로 구성원에게 지도와 설득을 하고 전원이 합의하는 일치점을 찾아내려고 한다.
④ 코디네이터: 소프트 어프로치에 개입하는 역할로서 결론으로 끌고 갈 지점을 미리 머릿속에 그려가면서 권위나 공감에 의지하여 의견을 중재하고, 타협과 조정을 통하여 해결을 도모한다.
⑤ 브레인스토밍: 창의적 사고와 관련한 개념으로 집단의 효과를 살려서 아이디어의 연쇄반응을 일으켜 자유분방한 아이디어를 이끌어 내는 것이다.

28 문제해결능력

정답 | ⑤

Quick해설 A기업은 현재 친환경 소재와 고품질을 기반으로 시장 경쟁력을 강화하려는 상황이다. 품질을 낮추게 되면 새로운 소재에 대한 성능과 내구성에 대한 고객의 신뢰가 낮아질 가능성이 있으며, 경쟁사와의 경쟁에서 뒤처질 수 있기 때문에 전략 과제로 적절하지 않다.

29 문제해결능력

정답 | ④

Quick해설 금요일, 토요일 이틀간 기린 주차장에 주차하면 주중 1일, 주말 1일이므로 주차 요금은 9,500+11,000=20,500(원)이다. 따라서 적절하지 않은 답변이다.

[오답풀이] ① 목요일에 토끼 주차장을 3시간 이용하면 1,000+(500×4)=3,000(원)이다.
② 기린 주차장의 금요일 하루 주차 요금은 9,500원이다.
③ 토요일에 토끼 주차장을 40분 이용하면 1시간 이내이므로 1,000원이다.
⑤ 주말 이틀 주차 요금을 비교해 보면, 토끼 주차장은 22,000원이고 기린 주차장은 21,000원이므로 기린 주차장을 안내하는 것이 적절하다.

30 문제해결능력

정답 | ①

Quick해설 '허수아비의 오류(Straw Man Fallacy)'는 논리적 오류 중 하나로, 논쟁 상대방의 주장을 왜곡하여 그것을 더 취약하게 만들어서 공격하는 논쟁 방법이다. B는 A의 주장에서 일부 내용만을 확대하여 왜곡해 주장을 취약하게 만들고 있다.

[오답풀이] ② 복합질문의 오류는 한 문장에 상반된 두개 이상의 주장이나 질문을 포함시켜 반드시 한 가지 주장을 받아들이지 않는다면 그 문장에 찬성하거나 반대하지 못하게 하는 것이다.

③ 과대해석의 오류란 문맥은 무시한 채 과도하게 문구에만 집착하여 오류에 빠지는 것이다.

④ 순환논증의 오류는 전제와 결론이 같아 논증의 결론 자체를 전제의 일부로 사용하는 오류이다.

⑤ 성급한 일반화의 오류란 몇 개의 사례나 경험으로 전체 또는 전체의 속성을 단정 짓고 판단하는 데서 발생하는 오류이다.

2024년 10월 시행 기출복원 모의고사 [철도법]

01	02	03	04	05	06	07	08	09	10
②	②	①	⑤	④	④	③	②	①	②

01

정답 | ②

Quick해설 [철도산업발전기본법 제3조(정의)]

'철도차량'이라 함은 선로를 운행할 목적으로 제작된 동력차·객차·화차 및 특수차를 말한다.(철도산업발전기본법 제3조 제4호) 따라서 철도차량에 특수차는 제외되는 것이 아니라 포함된다.

[오답풀이] ① '철도'라 함은 여객 또는 화물을 운송하는데 필요한 철도시설과 철도차량 및 이와 관련된 운영·지원체계가 유기적으로 구성된 운송체계를 말한다.(철도산업발전기본법 제3조 제1호)

③ '선로'라 함은 철도차량을 운행하기 위한 궤도와 이를 받치는 노반 또는 공작물로 구성된 시설을 말한다.(철도산업발전기본법 제3조 제5호)

④ '철도시설의 유지보수'라 함은 기존 철도시설의 현상유지 및 성능향상을 위한 점검·보수·교체·개량 등 일상적인 활동을 말한다.(철도산업발전기본법 제3조 제7호)

⑤ '철도산업'이라 함은 철도운송·철도시설·철도차량 관련 산업과 철도기술개발 관련 산업 그 밖에 철도의 개발·이용·관리와 관련된 산업을 말한다.(철도산업발전기본법 제3조 제8호)

02

정답 | ②

Quick해설 [철도산업발전기본법 시행령 제4조(철도산업발전기본계획의 경미한 변경)]

철도산업발전기본법 제5조 제4항 후단에서 '대통령령이 정하는 경미한 변경'이라 함은 다음 각호의 변경을 말한다.

1. 철도시설투자사업 규모의 100분의 1의 범위 안에서의 변경
2. 철도시설투자사업 총투자비용의 100분의 1의 범위 안에서의 변경
3. 철도시설투자사업 기간의 2년의 기간 내에서의 변경

따라서 빈칸에 들어갈 내용은 '2년'이다.

03

정답 | ①

Quick해설 [철도산업발전기본법 제22조(철도자산의 구분 등)]

① 국토교통부장관은 철도산업의 구조개혁을 추진하는 경우 철도청과 고속철도건설공단의 철도자산을 다음 각호와 같이 구분하여야 한다.

1. 운영자산: 철도청과 고속철도건설공단이 철도운영 등을 주된 목적으로 취득하였거나 관련 법령 및 계약 등에 의하여 취득하기로 한 재산·시설 및 그에 관한 권리
2. 시설자산: 철도청과 고속철도건설공단이 철도의 기반이 되는 시설의 건설 및 관리를 주된 목적으로 취득하였거나 관련 법령 및 계약 등에 의하여 취득하기로 한 재산·시설 및 그에 관한 권리
3. 기타자산: 제1호 및 제2호의 철도자산을 제외한 자산

따라서 ㉠에는 '운영자산', ㉡에는 '시설자산'이 들어가야 한다.

04

정답 | ⑤

Quick해설 [한국철도공사법 제7조(대리·대행]

정관으로 정하는 바에 따라 사장이 지정한 공사의 직원은 사장을 대신하여 공사의 업무에 관한 재판상 또는 재판 외의 모든 행위를 할 수 있다. 따라서 직원은 재판상 행위 또한 사장 대신 할 수 있다.

[오답풀이] ① 공사의 주된 사무소 소재지는 정관으로 한다.(한국철도공사법 제3조 제1항)

② 공사의 자본금은 22조원으로 하고, 그 전부를 정부가 출자한다.(한국철도공사법 제4조 제1항)

③ 공사는 주된 사무소의 소재지에서 설립등기를 함으로써 성립한다.(한국철도공사법 제5조 제1항)

④ 공사는 등기가 필요한 사항에 관하여는 등기하기 전에는 제3자에게 대항하지 못한다.(한국철도공사법 제5조 제3항)

05

정답 | ④

Quick해설 [한국철도공사법 제10조(손익금의 처리)]

① 공사는 매 사업연도 결산 결과 이익금이 생기면 다음 각 호의 순서로 처리하여야 한다.

1. 이월결손금의 보전(補塡)
2. 자본금의 2분의 1이 될 때까지 이익금의 10분의 2 이상을 이익준비금으로 적립
3. 자본금과 같은 액수가 될 때까지 이익금의 10분의 2 이상을 사업확장적립금으로 적립
4. 국고에 납입

따라서 손익금의 처리 순서는 'ㄱ－ㄴ－ㄷ－ㄹ'이다.

06

정답 | ④

Quick해설 [한국철도공사법 제11조(사채의 발행 등)]

② 사채의 발행액은 공사의 자본금과 적립금을 합한 금액의 5배를 초과하지 못한다.

따라서 ㉠에 들어갈 내용은 '5배'이다.

07

정답 | ③

Quick해설 [철도사업법 제 12조(사업계획의 변경)]

② 국토교통부장관은 철도사업자가 다음 각 호의 어느 하나에 해당하는 경우에는 제1항에 따른 사업계획의 변경을 제한할 수 있다.

1. 제8조에 따라 국토교통부장관이 지정한 날 또는 기간에 운송을 시작하지 아니한 경우
2. 제16조에 따라 노선 운행중지, 운행제한, 감차(減車) 등을 수반하는 사업계획 변경명령을 받은 후 1년이 지나지 아니한 경우
3. 제21조에 따른 개선명령을 받고 이행하지 아니한 경우
4. 철도사고(「철도안전법」 제2조 제11호에 따른 철도사고를 말한다. 이하 같다)의 규모 또는 발생 빈도가 대통령령으로 정하는 기준 이상인 경우

따라서 빈칸에 들어갈 내용은 '1년'이다.

08

정답 | ②

Quick해설 [철도사업법 제5조(면허 등)]

철도사업의 면허를 받을 수 있는 자는 법인으로 한다.(철도사업법 제5조 제3항) 따라서 자연인은 면허를 받을 수 있는 자가 아니다.

[오답풀이] [철도사업법 제7조(결격사유)]
다음 각 호의 어느 하나에 해당하는 법인은 철도사업의 면허를 받을 수 없다.

1. 법인의 임원 중 다음 각 목의 어느 하나에 해당하는 사람이 있는 법인
   가. 피성년후견인 또는 피한정후견인
   나. 파산선고를 받고 복권되지 아니한 사람
2. 제16조제1항에 따라 철도사업의 면허가 취소된 후 그 취소일부터 2년이 지나지 아니한 법인. 다만, 제1호 가목 또는 나목에 해당하여 철도사업의 면허가 취소된 경우는 제외한다.

> **제16조(면허취소 등)**
> ① 국토교통부장관은 철도사업자가 다음 각 호의 어느 하나에 해당하는 경우에는 면허를 취소하거나, 6개월 이내의 기간을 정하여 사업의 전부 또는 일부의 정지를 명하거나, 노선 운행중지·운행제한·감차 등을 수반하는 사업계획의 변경을 명할 수 있다. 다만, 제4호 및 제7호의 경우에는 면허를 취소하여야 한다.
> 3. 고의 또는 중대한 과실에 의한 철도사고로 대통령령으로 정하는 다수의 사상자(死傷者)가 발생한 경우
> 5. 제5조제1항 후단에 따라 면허에 붙인 부담을 위반한 경우

①, ③ 법인의 임원에 해당한다는 말이 없으므로 면허발급이 가능하다.
④, ⑤ 해당일로 면허가 취소되지 않았으므로 면허발급이 가능하다.

09

정답 | ①

Quick해설 [철도사업법 제49조(벌칙)]
면허를 받지 아니하고 철도사업을 경영한 자에 해당하는 자는 2년 이하의 징역 또는 2천만 원 이하의 벌금에 처한다. 따라서 면허를 받지 아니하고 철도사업을 경영한 자는 벌칙(형벌) 부과대상이다.

[오답풀이] [철도사업법 제51조(과태료)]
① 다음 각 호의 어느 하나에 해당하는 자에게는 1천만 원 이하의 과태료를 부과한다.
   1. 제9조제1항에 따른 여객 운임·요금의 신고를 하지 아니한 자
   2. 제11조제1항에 따른 철도사업약관을 신고하지 아니하거나 신고한 철도사업약관을 이행하지 아니한 자
   3. 제12조에 따른 인가를 받지 아니하거나 신고를 하지 아니하고 사업계획을 변경한 자
② 다음 각 호의 어느 하나에 해당하는 자에게는 500만 원 이하의 과태료를 부과한다.
   1. 제18조에 따른 사업용철도차량의 표시를 하지 아니한 철도사업자

②, ③, ④ 1천만 원 이하의 과태료 부과대상이다.
⑤ 500만 원 이하의 과태료 부과대상이다.

10

정답 | ②

Quick해설 [철도사업법 제2조(정의)]
'사업용 철도'란 철도사업을 목적으로 설치하거나 운영하는 철도를 말한다.(철도사업법 제2조 제4호) 따라서 설명에 해당하는 용어는 '사업용 철도'이다.

실전모의고사 1회

01	02	03	04	05	06	07	08	09	10
④	⑤	③	④	②	②	③	⑤	②	③
11	**12**	**13**	**14**	**15**	**16**	**17**	**18**	**19**	**20**
③	⑤	③	②	①	④	③	④	①	④
21	**22**	**23**	**24**	**25**					
③	④	⑤	①	②					

01 의사소통능력 정답 | ④

Quick해설 '지금까지 아무도 손을 대거나 발을 디딘 일이 없음'을 뜻하는 사자성어는 '전인미답(全人未踏)'이다. '후안무치(厚顔無恥)'란 뻔뻔스러워 부끄러워 할 줄을 모른다는 뜻이다.

02 의사소통능력 정답 | ⑤

Quick해설 명사 '때'에 조사 '만큼', 조사 '은'이 결합된 것이므로 모두 붙여 쓴다.

[오답풀이] ① 소년이 빵을 집었고, 소년이 빵을 먹었다고 할 수 있으므로 각각의 용언이 주어와 호응하는 본용언+본용언의 구성이다. 본용언+보조용언의 경우 붙여 쓰는 것도 허용하지만, 본용언+본용언은 반드시 띄어 쓴다.

② '같다'는 '다른 것과 비교하여 그것과 다르지 않다'의 의미를 지니는 형용사이므로 명사 '형'과 띄어 쓴다.

③ '뿐'은 조사 혹은 의존명사로 사용된다. '않았다'라는 용언 뒤에 쓰인 '뿐'은 의존명사이므로 띄어 쓴다.

④ 단위를 나타내는 명사는 띄어 쓰는 것이 원칙이므로 '한 자루'로 띄어 쓴다. 그 뒤에 '만'은 조사이므로 붙여 쓴다.

03 의사소통능력 정답 | ③

Quick해설 어간 끝이 'ㄹ'인 용언 '시들-'은 관형사형 어미 '-ㄴ'과 결합하면 'ㄹ'이 탈락한다. 따라서 '시들은'이 아니라 '시든'으로 적는다.

[오답풀이] ① 종결형에서 사용되는 어미 '-오'는 '-요'로 소리 나는 경우가 있더라도 그 원형을 밝혀 적는다.

② '하얘'의 기본형은 '하얗다'인데 모음으로 시작하는 어미 '-아'와 결합하면 어간과 어미의 형태가 모두 바뀌는 불규칙활용을 한다.

④ 어간 '쐬-' 뒤에 어미 '-어라'가 결합하였으므로 '쐬어라' 또는 줄여서 '쐐라'로 적는다.

⑤ '납작'은 [납짝]으로 발음되지만 'ㅂ' 받침 뒤에서 된소리가 나며, 같은 음절이나 비슷한 음절이 겹쳐 나는 경우가 아니므로 '납짝'이 아닌 '납작'으로 적는다.

04 의사소통능력 정답 | ④

Quick해설 '색연필'은 '색'+'연필'의 합성어로, 앞말의 받침이 자음이고 뒷말이 반모음 'ㅣ'로 시작하는 이중모음 'ㅕ'이므로 'ㄴ'이 첨가된다. 그 후 앞말의 받침 'ㄱ'이 첨가된 뒷말의 첫소리 'ㄴ'에 영향을 받아 비음화 현상에 의해 'ㅇ'로 교체된다. 따라서 [생년필]로 발음된다.

[오답풀이] ① '맑네'는 자음군 단순화에 의해서 받침이 'ㄱ'으로 단순화되고, 받침 'ㄱ' 뒤의 첫소리 'ㄴ'에 의해 비음화되어 'ㅇ'으로 교체된다. 따라서 [망네]로 발음된다.

② '꽃말'은 음절의 끝소리 규칙에 의해 받침 'ㅊ'이 'ㄷ'으로 교체되고, 뒷말의 첫소리 'ㅁ'애 의해 받침 'ㄷ'이 비음화되어 'ㄴ'으로 교체된다. 따라서 [꼰말]로 발음된다.

③ '긁고'는 자음군 단순화에 의해서 받침이 'ㄹ'로 단순화되고, 받침 'ㄹ' 뒤의 'ㄱ'이 된소리 되기에 의해 'ㄲ'가 된다. 따라서 [글꼬]로 발음된다.

⑤ '풀잎'은 먼저 음절의 끝소리 규칙에 의해 받침 'ㅍ'이 'ㅂ'으로 교체된다. 그리고 앞말의 받침이 자음이고 뒷말이 모음 'ㅣ'로 시작하는 합성어이므로 'ㄴ'이 첨가된다. 그 후 받침 'ㄹ'의 영향을 받아 첨가된 'ㄴ'이 'ㄹ'로 교체되는 유음화 현상이 일어난다. 따라서 [풀립]으로 발음한다.

05 의사소통능력 정답 | ②

Quick해설 속세에서 벗어나서 산속에 은거하고 싶은 마음이 드러난 시로 현실 세계에 대한 화자의 기대감은 드러나지 않는다.

[오답풀이] ① 자연물인 흐르는 물로 온 산을 둘러싸게 하고 싶다며 자연물을 주관적으로 변용하고 있다.

③ 첩첩한 돌 사이로 미친 듯이 내뿜는다고 표현하며 물을 마치 생명이 있는 것처럼 표현하고 있다.

④ 먼저 외부 상황인 강렬한 물소리를 제시한 후 세상과 단절하고 싶은 화자의 내면 세계를 드러내고 있다.

⑤ 세상의 시비하는 소리와 물소리를 대비하여 세상과 단절하고 산속에 은거하고 싶다는 작품의 주제를 형상화하고 있다.

06 의사소통능력

정답 | ②

Quick해설 주어진 글에서 전문가가 특정 개념을 규정하는 부분은 나타나고 있지 않다.

[오답풀이] ① 글의 마지막에서 느낀 바가 있어서 차마설을 지어 그 뜻을 넓힌다며 글을 쓰는 동기를 말하고 있다.

③ 말을 빌려서 타는 경험을 제시하며 친근한 일상적 소재를 사용하였다.

④ 말을 빌려서 타는 경험에서 느낀 인생의 도리, 삶의 이치에 대한 깨달음을 담고 있다.

⑤ 사람이 가진 모든 것은 잠깐 빌린 것이며 사람들은 이를 모르고 있다며, 일반적인 통념의 오류를 지적하고 있다.

07 의사소통능력

정답 | ③

Quick해설 두 번째 문단에서 '포졸란'은 로마 콘크리트 제조 당시 이탈리아의 포주올리 지역의 화산재를 부르는 말이었지만, 이후 물과 반응해 물에 녹지 않는 화합물을 만드는 물질을 한데 이르는 말로 쓰인다고 하였으므로 옳지 않다.

[오답풀이] ① 세 번째 문단에서 생석회를 사용하여 콘크리트를 제조하는 과정에서 고온에서만 만들어지는 화합물을 생성할 수 있는데 그중 하나가 석회 쇄설암이라고 하였다.

② 마지막 문단에서 콘크리트 내부로 흘러 들어온 물과 석회 쇄설암 속 칼슘이 만나 새로운 결정이 형성되면서 콘크리트의 균열이 복구되었다고 하였다.

④ 세 번째 문단에서 석회 쇄설암은 이전까지 재료가 충분하게 섞이지 못하거나 제조 과정에서 들어간 흰색 덩어리 이물질로 여겨졌다고 하였다.

⑤ 첫 번째 문단에서 해양 콘크리트는 바닷물에 의한 화학적 작용과 파도에 의한 물리적 작용으로 육상 콘크리트보다 더 쉽게 손상된다고 하였다.

08 의사소통능력

정답 | ⑤

Quick해설 자연물에 인격을 부여하는 의인법은 나타나지 않는다.

[오답풀이] ① 작품 후반에 낙원이 먼 곳에 있지 않고 벼슬길(세속적인 욕망)을 헤맬 필요가 없다는 부분에서 화자의 깨달음과 반성이 나타난다.

② 보리타작에 열중하는 농민들의 모습을 바라보며 자신의 삶을 성찰하는 선경후정의 시상 전개 방식을 보이고 있다.

③ 막걸리, 보리밥, 도리깨, 보리 낟알 등 실생활에서 흔히 볼 수 있는 시어들을 사용하여 사실감을 높이고 있다.

④ 시각적 심상으로는 젖빛처럼 뿌연 막걸리, 검게 탄 두 어깨 햇볕 받아 번쩍이는 부분을 들 수 있고 청각적 심상으로는 옹헤야 소리를 들 수 있다.

09 의사소통능력

정답 | ②

Quick해설 ㉠ 농업용 창고가 농업용 시설이 아니기 때문에 태양광 전수조사의 대상에 포함되지 않는다는 말을 이어주고 있으므로 '그래서' 혹은 '따라서'가 적절하다.

㉡ 정부의 발표에도 불구하고 전수조사가 이루어지지 않는다는 내용이 이어지고 있으므로 '그러나' 혹은 '하지만'이 적절하다.

㉢ 논란이 수그러들기 어려울 것으로 전망되기 때문에 농민들이 절차를 더 강화해야 한다는 주장으로 이어지고 있으므로 '그래서' 혹은 '따라서'가 적절하다.

10 수리능력

정답 | ③

Quick해설 적어도 하나는 불량품일 확률은 전체 사건에서 2개 모두 불량품이 아닐 확률을 빼면 된다.

적어도 하나는 불량품일 확률=(1−2개 모두 불량품이 아닌 확률)

$=1-\left(\frac{16}{20}\times\frac{15}{19}\right)$

$=1-\frac{12}{19}$

$=\frac{7}{19}$

11 수리능력

정답 | ③

Quick해설 전체 일의 양=1, A가 한 시간 동안 하는 일의 양=x, B가 한 시간 동안 하는 일의 양=y라고 하면 다음과 같다.

- $10x+4y=1$
- $3y+5(x+y)=1$

두 식을 정리하여 계산하면 $x=\frac{1}{15}$, $y=\frac{1}{12}$로, 이는 각각 한 시간 동안 하는 일의 양이다. 따라서 이 일을 B가 혼자 할 때 걸리는 시간은 12시간이다.

12 수리능력

정답 | ⑤

Quick해설 두 번째 항부터 이전 항에 2^1, 2^2, 2^3, … 을 더하는 규칙이다.

1 → 3 → 7 → 15 → 31 → 63 → 127 → ( )

$+2^1$, $+2^2$, $+2^3$, $+2^4$, $+2^5$, $+2^6$, $+2^7$

따라서 빈칸에 들어갈 수는 127+128=255이다.

13 수리능력

정답 | ③

Quick해설 보고서에 제시된 용어를 정리하면 다음과 같다.

- 경제활동가능인구: 15세 이상 인구
- 경제활동인구: 15세 이상 인구 중 취업자 또는 실업자
- 경제활동참가율: 경제활동가능인구에 대한 경제활동인구의 비율($=\frac{\text{경제활동인구}}{\text{경제활동가능인구}}\times 100$)

2018년 프랑스의 경제활동참가율은 $\frac{29,700}{53,395}\times 100 ≒ 55.6$(%)이고, 독일의 경제활동참가율은 $\frac{43,382}{70,790}\times 100 ≒ 61.3$(%)로 프랑스가 독일보다 61.3−55.6=5.7(%p) 낮으므로 옳지 않다.

[오답풀이] ① 2020년 한국의 경제활동참가율은 $\frac{28,012}{44,785}\times 100 ≒ 62.5$(%)이고, 미국의 경제활동참가율은 $\frac{160,742}{260,329}\times 100 ≒ 61.7$(%)로 한국이 미국보다 더 높다.

② 매년 캐나다의 만 15세 이상 인구, 즉 경제활동가능인구가 가장 적다.

④ 2017~2020년 미국의 경제활동인구 증감 추이는 증가, 증가, 증가, 감소이고, 증감 추이가 미국과 동일한 국가는 한국, 일본, 캐나다, 독일로 총 4개이다.

⑤ 이탈리아의 경제활동참가율은 2018년이 $\frac{25,970}{52,027}\times 100 ≒ 49.9$(%), 2019년이 $\frac{25,941}{51,993}\times 100 ≒ 49.9$(%)로 각각 52% 미만이다.

14 수리능력

정답 | ②

Quick해설 [그래프2]의 주민등록번호 변경 의결 결과는 전체 기간에 해당하는 것이다. 따라서 2023년 주민등록번호 변경 의결 결과에서의 인용 비율은 알 수 없다.

[오답풀이] ① 주민등록번호 변경 의결 전체 건수는 5,361+1,673+44=7,078(건)이므로, 기각 비율은 $\frac{1,673}{7,078}\times 100 ≒ 23.6$(%)이다. 따라서 25% 미만이다.

③ 전체 기간의 생명·신체에 관한 주민등록번호 변경 건수는 206+195+215+259+197+224+223=1,519(건)이므로 한 해 평균 1,519÷7=217(건)이다. 따라서 220건 미만이다.

④ 2020년 주민등록번호 변경 신청 전체 건수는 259+868=1,127(건)이다. 이는 주민등록번호 변경 신청 전체 건수가 처음으로 1,000건을 넘긴 것이다.

⑤ 재신에 관한 주민등록번호 변경 신청 건수는 2021년에 1,147건, 2023년에 1,719건이므로 2023년 재산에 관한 주민등록번호 변경 신청 건수는 2년 전 대비 1,719−1,147=572(건) 증가하였다.

15 수리능력

정답 | ①

Quick해설 ㉠ 2019년 전체 주민등록번호 변경 건수가 215+426=641(건)이므로 생명 · 신체에 관한 건수의 비중은 $\frac{215}{641}\times100≒33.5(\%)$이다.

㉡ 2020년 전체 주민등록번호 변경 건수가 259+868=1,127(건)이므로 생명 · 신체에 관한 건수의 비중은 $\frac{259}{1,127}\times100≒23.0(\%)$이다.

따라서 ㉠에는 33.5, ㉡에는 23.0이 들어가야 한다.

16 수리능력

정답 | ④

Quick해설 ㉡ 2016~2019년 동안 통신 및 방송기기 생산액은 516,795억 원 → 442,646억 원 → 415,747억 원 → 396,963 억 원으로 감소하고 있다.

㉣ 2017~2019년 동안 전자부품 수출액의 증감률은 다음과 같다.

- 2017년: $\frac{1,403-990}{990}\times100≒41.7(\%)$
- 2018년: $\frac{1,660-1,403}{1,403}\times100≒18.3(\%)$
- 2019년: $\left|\frac{1,268-1,660}{1,660}\right|\times100≒23.6(\%)$

따라서 전자부품 수출액의 증감률이 가장 큰 해는 2017년이다.

[오답풀이] ㉠ 2016년 ICT 산업 생산액 중 정보통신 방송서비스의 비중은 $\frac{726,886}{4,335,333}\times100≒16.8(\%)$로 15% 이상이다.

㉢ 전년 대비 2019년의 전체 산업의 수입액 증감률은 $\frac{5,033-5,352}{5,352}\times100≒-6.0(\%)$이다.

문제 풀이 Tip

증감률의 대소를 판별하는 문제는 증감률을 절댓값으로 구하여 그 크기를 비교하면 되고, 증감률의 수치를 구하는 문제는 (+), (−) 기호를 표기하여 증감 여부를 정확히 나타내면 된다.

17 수리능력

정답 | ③

Quick해설 2016~2019년 전체 산업 중 ICT 산업의 수출입 비중은 다음과 같다.

구분	2016년	2017년	2018년	2019년
ICT 산업 수출 비중	32.80%	34.43%	36.44%	32.60%
ICT 산업 수입 비중	22.11%	21.36%	20.01%	21.54%

그래프 ③은 수출과 수입의 비중이 바뀌어 표시되었으므로 옳지 않다.

[오답풀이] ① 영상 및 음향기기 수입액 추이는 다음과 같다.

구분	2016년	2017년	2018년	2019년
수입액	27억 달러	29억 달러	30억 달러	46억 달러

② 2018년 ICT 산업 매출액의 정보통신 방송서비스의 항목별 비중은 다음과 같다.

구분	통신서비스	방송서비스	정보서비스
비중	$\frac{372,784}{766,746}\times100≒48.6(\%)$	$\frac{187,090}{766,746}\times100≒24.4(\%)$	$\frac{206,872}{766,746}\times100≒27.0(\%)$

④ ICT 산업 수출액의 증가율은 다음과 같다.

구분	2017년	2018년	2019년
증가율	$\frac{1,975-1,625}{1,625}\times100≒21.54(\%)$	$\frac{2,204-1,975}{1,975}\times100≒11.59(\%)$	$\frac{1,768-2,204}{2,204}\times100≒-19.78(\%)$

⑤ ICT 산업 생산액 추이는 다음과 같다.

구분	2016년	2017년	2018년	2019년
정보통신 방송기기	3,090,158 억 원	3,427,550 억 원	3,679,382 억 원	3,218,685 억 원
정보통신 방송서비스	726,886 억 원	748,828 억 원	766,746 억 원	770,022 억 원
소프트웨어 및 디지털콘텐츠	518,289 억 원	566,851 억 원	599,373 억 원	583,342 억 원
합계	4,335,333 억 원	4,743,229 억 원	5,045,501 억 원	4,572,049 억 원

18 문제해결능력 정답 | ④

Quick해설 (가)의 A사원은 광고와 매출의 관계를 인과 관계로 착각한 인과 관계의 오류를 범하고 있다. (나)의 B사원은 ○○회사에서 성희롱이나 남녀 차별이 없다는 것을 주장하기 위해 성희롱이나 남녀 차별이 있다고 증명된 바 없다는 것을 근거로 들고 있으므로 무지에의 호소 논증 오류를 범하고 있다.

[상세해설] (가)의 A사원은 2016년에 아이스크림의 매출이 오른 이유를 광고 때문이라고 보고 있는데, 이는 광고와 아이스크림 매출의 상관관계를 인과 관계로 착각한 인과 관계의 오류를 범하고 있는 것이다. 인과 관계의 오류란 두 사건이 동시에 발생했을 때 그중 한 사건이 다른 사건의 원인이라고 잘못 추론하거나 한 사건이 다른 사건보다 단지 먼저 발생한 것을 가지고 전자가 후자의 원인이라고 잘못 추론하는 오류이다. 즉 광고가 '원인이 되어' 아이스크림 매출이 늘었다고 보기는 조금 어려움이 있다. 왜냐하면 2016년 여름이 유난히 더웠다거나 경기가 좋았다거나 신제품의 반응이 좋았다거나 하는 다양한 원인이 있었을 가능성을 배제할 수 없기 때문이다. 즉 광고와 아이스크림 매출이 인과 관계가 있다고 판단하는 것은 이르다.

한편 (나)의 B사원은 무지에의 호소 논증 오류를 범하고 있다. 무지에의 호소 논증 오류란 어떤 명제가 참이라고 주장하면서 그 이유로 그것이 거짓임이 증명된 바 없다는 것을 제시하거나 반대로 어떤 명제가 거짓이라고 주장하면서 그 이유로 그것이 참임이 증명된 바 없다는 것을 제시하는 것이다. 대표적인 예로 "신은 존재한다. 왜냐하면 신이 존재하지 않는다는 것을 증명한 바 없기 때문이다." 등의 주장을 들 수 있다. 즉 B사원이 "우리 회사에 성희롱이나 남녀 차별은 없다. 왜냐하면 우리 회사에 성희롱이나 남녀 차별이 있다는 것을 증명한 바 없기 때문이다."라고 주장한 것은 이와 같은 맥락으로 볼 수 있다.

[오답풀이]
- '거짓 딜레마의 오류'는 어떠한 문제 상황에서 제3의 선택지가 존재함에도 불구하고 상호배타적인 둘 중에서 하나를 선택해야 한다고 생각하기 때문에 생기는 오류이다. 예를 들어 "의학은 사람들이 어떻게 치료됐는지 설명 가능해야 하고, 설명할 수 없는 치료는 기적이다. 따라서 환자가 어떻게 치료됐는지 의학으로 설명할 수 없다면 기적이라고밖에 할 수 없다." 등이 있다.
- '애매어의 오류'란 어떤 상황에서 두 가지 이상의 의미로 이해될 수 있는 낱말을, 그중 하나의 의미로 부당하게 해석한 다음 추론하는 과정에서 생기는 오류이다. 예를 들어 "죄인은 감옥에 가야 한다. 목사님은 모든 인간이 죄인이라고 하셨다. 따라서 모든 인간은 감옥에 가야 한다." 등이 있다.

19 문제해결능력 정답 | ①

Quick해설 누수 구역을 철저하게 분석하지 않아 누락 구역이 생겨 발생한 문제 상황이다. 문제해결의 장애요인은 다음과 같다.

- 문제 분석 부족: 심층적 분석 없이 직관적으로 문제를 판단해 근본적인 해결에 실패하거나 새로운 문제를 초래할 수 있다.
- 고정관념: 개인의 편견이나 기존 규정에 얽매여 창의적 접근을 막는다.
- 단순 정보 의존: 표면적인 정보에만 의지하면 오류를 범하거나 해결이 어렵다.
- 과도한 자료 수집: 계획 없이 많은 자료를 수집하려다 정작 필요한 정보를 선별하지 못할 수 있다.

20 문제해결능력 정답 | ④

Quick해설 A는 혼자 점심을 먹으므로, E는 B와 함께 점심을 먹는다. 또한 C가 햄버거를 선택하였고, 제육덮밥은 2명이 선택하므로 혼자 점심을 먹는 A는 쌀국수 또는 돈가스를 선택해야 하는데, 돈가스를 선택하지 않았다고 하였으므로 A는 쌀국수를 선택한다.

F는 같은 메뉴를 선택하는 사람이 있는데, B는 E와 같은 메뉴를 선택하고, D와 F는 다른 메뉴를 선택하므로 남은 C와 같은 메뉴를 선택한다. C는 햄버거를 선택한다고 하였으므로 C와 F는 햄버거를 선택한다. 이에 E와 B는 제육덮밥을 선택한다.

따라서 A는 쌀국수, B는 제육덮밥, C는 햄버거, D는 돈가스, E는 제육덮밥, F는 햄버거를 선택한다.

21 문제해결능력

정답 | ③

Quick해설 회차별 A~E의 마니또를 정리하면 다음과 같다.

구분	뽑은 제비에 적힌 이름	
	1차	2차
A	B	C
B	A	D
C	D	B
D	E	E
E	C	A

A는 2차에서 E의 마니또가 아닌 C의 마니또가 되었고, 2차에서 E의 마니또는 D이다.

[상세해설] 2차에서 C는 B의 마니또이고, 1차에서 C의 마니또였던 사람이 2차에는 A의 마니또이므로 D는 1차와 2차 모두 A, B, C의 마니또일 수 없다. 또한 자기 자신의 마니또도 될 수 없으므로 D는 1차와 2차 모두 E의 마니또이다. A와 B는 서로 다른 사람의 마니또이므로 A, B, C, D 중 각각 2명의 마니또가 되었다. 자기 자신은 될 수 없고, A는 D의 마니또가 된 적이 없으므로 A는 B, C의 마니또가 되고, B는 A, D의 마니또가 된다. B는 1차에서 D의 마니또가 되지 않았으므로 2차에서 D의 마니또가 되었고, 1차에서 A의 마니또가 되었다. 만약 A가 1차에서 C의 마니또였다면 2차에서 B의 마니또가 되어야 하는데 2차에서 C는 B의 마니또이므로 모순이다. 이에 따라 A는 1차에서 B의 마니또이고, 2차에서 C의 마니또이다. 따라서 E가 2차에서 A의 마니또, 1차에서 C의 마니또이고, C는 1차에서 D의 마니또이다.

22 문제해결능력

정답 | ④

Quick해설 2023년 재정 상태 예상을 '매우 좋아질 것'이라고 답한 비율과 '매우 나빠질 것'이라고 답한 비율이 가장 낮은 혼인상태는 모두 사별임을 알 수 있다.

[오답풀이] ① 재정 상태 예상을 부정적으로 답한 비율은 '약간 나빠질 것'과 '매우 나빠질 것'이라고 답한 것으로, 남자가 $17.5+4.3=21.8$(%), 여자가 $16.4+4.2=20.6$(%)이므로 남자보다 여자가 더 낮다.

② 가구원수에서 2023년 재정 상태 예상을 긍정적으로 답한 비율은 '매우 좋아질 것'과 '약간 좋아질 것'이라고 답한 것으로, 가구원수가 4인 이상일 때 $3.3+26.5=29.8$(%)로 가장 높다.

③ 미혼일 경우 2023년 재정 상태 예상을 '변화 없을 것'이라고 답한 비율은 '매우 나빠질 것'이라고 답한 비율의 $\frac{53.3}{4.2}\fallingdotseq 12.7$(배)이다.

⑤ 2인 가구의 조사인원이 5천 명일 때 '약간 나빠질 것'이라고 답한 사람은 $5,000\times 0.191=955$(명)이고, '약간 좋아질 것'이라고 답한 사람은 $5,000\times 0.179=895$(명)이므로 약간 나빠질 것이라고 답한 사람이 $955-895=60$(명) 더 많다.

23 문제해결능력

정답 | ⑤

Quick해설 설문조사 전체 인원 중 남자가 2만 명이고, 남자와 여자의 설문조사 인원이 같으므로 설문조사 전체 인원은 4만 명이다. 그중 미혼인 사람은 $40,000\times 0.23=9,200$(명)이므로 미혼인 경우에서 '변화 없을 것'을 답한 사람의 인원은 $9,200\times 0.533=4,903.6$(명)으로 약 4,903명이다.

24 문제해결능력

정답 | ①

Quick해설 • A: 성수기이며, 숙박 예정일이 주말이고 5일 전 환급 요청이므로 60%가 환급된다.
• B: 성수기이며, 숙박 예정일이 주중이고 5일 전 환급 요청이므로 70%가 환급된다.
• C: 비수기이며, 숙박 예정일이 주말이고 1일 전 환급 요청이므로 80%가 환급된다.

따라서 환급액이 가장 적은 사람부터 차례로 나열하면 A, B, C이다.

25 문제해결능력

정답 | ②

Quick해설 숙박비는 $18\times 3=54$(만 원)이다. 환급 요청일인 8월 6일이 수요일이므로 숙박 예정일인 8월 9일은 토요일(주말)이다. 숙박 예정일이 성수기이고, 주말 숙박에 대한 3일 전 환급 요청이므로 40%가 환급된다. 따라서 환급액은 54×0.4=216,000(원)이다.

실전모의고사 2회 [NCS]

01	02	03	04	05	06	07	08	09	10
①	①	④	③	③	②	①	②	⑤	④
11	**12**	**13**	**14**	**15**	**16**	**17**	**18**	**19**	**20**
⑤	①	②	①	⑤	②	③	④	②	③
21	**22**	**23**	**24**	**25**	**26**	**27**	**28**	**29**	**30**
⑤	③	⑤	②	①	②	②	③	③	②

01 의사소통능력 정답 | ①

Quick해설 첫 번째 문단에서 하향식 모형에서 읽기는 수동적인 언어 해석의 과정이 아니고 독자가 가정하고 유추하는 능동적인 과정이라고 하였다.

[오답풀이] ② 세 번째 문단에서 하향식 모형의 읽기 과정은 읽는 사람이 사전에 가지고 있는 배경 정보를 활용하여 읽기의 내용을 추론하고 이해하는 활동이라고 하였다.

③ 첫 번째 문단에서 하향식 모형은 상향식 모형에 대한 비판으로, 인지 심리학으로부터 읽기에 관한 새로운 관점으로 등장한 모형이라고 하였다.

④ 첫 번째 문단에서 하향식 모형은 의미가 텍스트에 고정된 것이 아니고, 독자에 의해 재구성되는 것으로 보았으며 의미의 원천은 글이 아닌 독자의 지적 배경이라고 하였다.

⑤ 두 번째 문단에서 하향식 모형에서의 듣기 과정은 담화가 발생하는 상황이나 문맥, 그리고 화제에 대한 청자의 배경지식, 화자의 의도된 의미를 파악하는 것으로 본다고 하였다.

02 의사소통능력 정답 | ①

Quick해설 사내 게시판에 '고객의 소리함'을 신설하여 고객의 피드백을 공유하고 부족한 내용에 대해서는 더 적극적으로 반영하려는 태도를 보였으므로 '경청능력'을 강화한 것으로 볼 수 있다.

03 의사소통능력 정답 | ④

Quick해설 공문서는 최종 결재권자의 결재가 있어야 문서로서의 기능이 성립된다.

[오답풀이] ① 공문서에서는 부정문이나 의문문의 형식은 피하고 간결한 평서문으로 작성한다.

② 공문서의 마지막에는 반드시 '끝'자로 마무리하여 타인이 읽을 때 혼동이 없도록 한다.

③ 날짜 다음에 괄호를 사용할 경우에는 마침표를 찍지 않는다는 양식을 지켜 작성해야 한다.

⑤ 정부 행정기관에서 대내적, 대외적 공무를 집행하기 위해 작성하는 문서이므로 엄격한 규격과 양식에 따라 정당한 권리를 가진 사람이 작성해야 한다.

04 의사소통능력 정답 | ③

Quick해설 상황과 대상에 따른 의사 표현법 중 샌드위치 화법에 대한 설명이다. 샌드위치 화법이란 질책을 가운데 두고 칭찬을 먼저 한 다음, 격려의 말로 마무리하는 의사 표현법이다. 주로 상대방의 잘못을 지적할 때 사용하는 의사 표현법이다. 김 과장의 사례는 신입 사원인 박사원에 대해 질책을 해야 하는 상황이므로 샌드위치 화법을 사용하는 것이 적절하다. 따라서 샌드위치 화법을 권한 C사원이 적절한 대안을 제시한 사람이다.

[오답풀이] ①, ⑤ 직설적인 표현은 상대방에 대한 반감을 줄 수 있으므로 적절한 방법이 아니다.

②, ④ 지나친 칭찬과 회유는 오히려 일의 효율성을 떨어뜨릴 수 있으므로 적절한 방법이 아니다.

05 의사소통능력 정답 | ③

Quick해설 을은 갑의 주장을 왜곡하여 자신의 주장을 펼치고 있다. 이와 같이 상대가 의도하지 않은 것을 강조하거나 허점을 비판하여 자신의 주장을 내세움으로써 발생하는 오류를 '허수아비의 오류'라 한다.

[오답풀이] ① 과대 해석의 오류: "퇴근길 외에는 조심하지 말아라."와 같이 문맥을 무시하고 과도하게 문구에 집착하여 발생하는 오류이다.

② 애매성의 오류: "아직도 우리는 배가 고프다."와 같이 여러 가지 의미로 해석될 수 있는 용어를 사용하여 혼란을 일으켜서 발생하는 오류이다.

④ 성급한 일반화의 오류: "그 사람이랑 하루 지내보았는데 믿을 만한 사람이에요."와 같이 적절한 증거가 부족했음에도 불구하고 성급하게 결론을 내려서 발생하는 오류이다.

⑤ 분할의 오류: "얼굴이 예쁘니까 코도 예쁘겠지?"와 같이 전체가 참이므로 부분도 참이라고 여겨 발생하는 오류이다.

06 의사소통능력 정답 | ②

Quick해설 ㉣ 스크린 도어가 열리지 않는 경우 스크린 도어에 설치된 빨간색의 패닉 바를 밀고 나가야 한다.

㉥ 지상으로 대피가 여의치 않을 때는 전동차 진행 방향 터널로 대피해야 한다.

따라서 옳지 않은 것은 ㉣, ㉥ 2개이다.

07 의사소통능력 정답 | ①

Quick해설 김사원은 외향적이며 회사에서 인정받고 싶은 욕구가 강하고 흥분을 잘하는 것으로 보아 키슬러의 대인관계 의사소통 유형 중 '사교형'이다.

[오답풀이] ② 친화형: 따뜻하고 인정이 많고 자기희생적이며 타인의 요구를 거절하지 못하는 유형이다.

③ 실리형: 이해관계에 예민하고 성취지향적이며 자기중심적이고 타인에 대한 관심과 배려가 부족한 유형이다.

④ 지배형: 자신감이 있고 지도력이 높으며 논쟁적이고 독단이 강한 유형이다.

⑤ 복종형: 수동적이고 의존적이며 자신감이 없고 자기주장성이 떨어지는 유형이다.

08 의사소통능력 정답 | ②

Quick해설 의사표현 기법 중 효과적인 설득 기법에 대한 것이다. '얼굴 부딪히기 기법'은 처음 상대방에게 대단히 큰 요구를 해서 일단 거절을 당한 후, 처음보다 작은 요구를 연달아 하여 상대방의 미안한 마음을 자극해 수락하게 하는 기법이다.

[오답풀이] ① 문 안에 한 발 들여놓기 기법: 처음에는 아주 작은 요구를 해서 상대방이 수락하게 하고 시간이 지난 뒤, 처음보다 큰 요구를 해 거부하지 못하게 하는 기법이다.

③ 낮은 공 기법: 불완전한 정보를 제시하여 동의를 얻은 다음 완전한 정보를 알려주는 기법이다.

④ 환심 사기 기법: 자신에게 더 호감을 가지도록 만들기 위해 수행하는 전략이다.

⑤ 관심 끌기 기법: 상대방의 거부감을 해소하고 주의를 사로잡는 독특한 요청을 하는 기법이다.

09 의사소통능력 정답 | ⑤

Quick해설 문서 이해의 절차는 다음과 같다.

1. 문서의 목적을 이해하기
2. 문서가 작성되게 된 배경과 주제를 파악하기
3. 문서에 쓰여진 정보를 밝혀내고, 문서가 제시하고 있는 현안 문제를 파악하기
4. 문서를 통해 상대방의 욕구와 의도 및 내게 요구되는 행동에 관한 내용을 분석하기
5. 문서에서 이해한 목적 달성을 위해 취해야 할 행동을 생각하고 결정하기
6. 상대방의 의도를 도표나 그림 등으로 메모하여 요약, 정리하기

따라서 문서 이해의 절차를 순서대로 바르게 나열하면 'ⓛ–㉠–㉤–㉥–㉣–㉢'이다.

10 의사소통능력 정답 | ④

Quick해설 기획서는 제출하기 전 충분한 검토가 필요한 문서이다. 따라서 기획서 내용에 문제가 없다면 제출 전 검토는 생략해도 무관하다는 것은 적절하지 않다.

11 수리능력 정답 | ⑤

Quick해설 선수 6명 모두를 대상으로 계주 순서를 결정하는 경우의 수는 $6!=6\times5\times4\times3\times2\times1=720$(가지)이다.
여자 선수가 두 번 연속으로 뛰는 경우의 수는 여자 선수 2명을 한 묶음으로 생각하고 5명에 대하여 계주 순서를 결정하는 것과 같다. 이때, 여자 선수끼리 순서를 바꾸는 것을 포함하여 경우의 수를 구하면 $5!\times2=(5\times4\times3\times2\times1)\times2=240$(가지)이다.
따라서 경우의 수는 $720-240=480$(가지)이다.

[다른풀이] 남자 선수 4명을 먼저 배치하고 여자 선수가 두 번 연속 뛰지 않도록 남자 선수들 사이에 여자 선수 2명을 배치하면 된다. 이때, 남자 선수 4명을 배치하는 방법은 $4!=4\times3\times2\times1=24$(가지)이고, 남자 선수들 사이에 여자 선수 2명을 배치하는 방법을 나타내면 다음과 같다.
○ 남1 ○ 남2 ○ 남3 ○ 남4 ○
이에 따라 남자 선수 사이에 여자 선수 2명을 배치하는 경우의 수는 ${}_5P_2=5\times4=20$(가지)이다.
따라서 경우의 수는 $24\times20=480$(가지)이다.

12 수리능력 정답 | ①

Quick해설 다음과 같이 한 열에서 1행부터 4행까지의 수를 차례대로 a, b, c, d라고 하면 $a-(b+c)=d$의 규칙이다.

a
b
c
d

즉, $11-(4+8)=-1$, $4-(5+(-3))=2$, $6-(0+(-10))=16$이다.
따라서 빈칸에 들어갈 수를 x라고 하면 $x-((-4)+5)=-2$이므로 $x=-1$이다.

13 수리능력 정답 | ②

Quick해설 (n−1)번째 항에서 (n번째 항×2)를 뺀 것이 (n+1)번째 항인 규칙이다.

7 −1 9 −19 47 −113 ( )

7−(−1)×2 −1−9×2 9−(−19)×2 19−47×2 47−(−113)×2

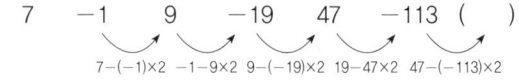

따라서 빈칸에 들어갈 수는 $47-(-113)\times2=273$이다.

14 수리능력 정답 | ①

Quick해설 판매한 사과가 x개이면 가격을 50원 인하할 때마다 판매량이 10개씩 증가한다고 하였으므로, 사과 x개를 판매하였을 때 할인된 금액은 $50x$원이고 판매량은 $10x$개이다. 총판매금액을 y원이라고 하면 $y=(3,000-50x)(100+10x)$이다.

이때, $y=(3,000-50x)(100+10x)=-500(x^2-50x-600)=-500(x-25)^2+612,500$이므로 사과 25개를 판매할 때 총판매금액이 최대이다. 따라서 사과 1개의 판매 가격은 $3,000-50\times25=1,750$(원)이다.

[다른풀이] $y=(3,000-50x)(100+10x)$의 두 근이 60, -10이므로 대칭축은 $x=\frac{60-10}{2}=25$이다. 이 대칭축에 해당하는 x의 값이 총판매금액을 최대로 하므로 사과 1개의 판매 가격은 $3,000-50\times25=1,750$(원)이다.

15 수리능력 정답 | ⑤

Quick해설 힘의 크기는 무게와 가속도의 곱으로 계산되고, 지구의 중력가속도는 9.8m/s^2이므로 가 팀에 작용하는 중력의 크기는 $120\times9.8=1,176$(N), 나 팀에 작용하는 중력의 크기는 $145\times9.8=1,421$(N)이다. 따라서 두 팀에 작용하는 중력의 크기의 차는 $1,421-1,176=245$(N)이다.

16 수리능력 정답 | ②

Quick해설 자동차 등록 수는 2019년에 2,367만 대이고, 2023년에 2,594만 대이다. 따라서 2023년 자동차 등록 수는 2019년 대비 $\frac{2,594-2,367}{2,367}\times100\fallingdotseq9.6$(%) 증가하였으므로 10% 미만으로 증가하였다.

[오답풀이] ① 2019년 교통사고 사망자는 3,349명이고 2022년에는 2,735명이다. 따라서 2022년 교통사고 사망자는 3년 전 대비 $3,349-2,735=614$(명) 감소하였다.

③ [표1]에서 운전면허 소지자 및 자동차 등록 수는 해마다 꾸준히 증가한다는 것을 알 수 있다.

④ 5년간 교통사고 사망자는 $3,349+3,081+2,916+2,735+2,551=14,632$(명)이다. 따라서 2020년이 차지하는 비중은 $\frac{3,081}{14,632}\times100\fallingdotseq21.1$(%)이므로 20% 이상이다.

⑤ 교통경찰관이 가장 많은 해는 2021년이다. 이 해의 자동차 등록 수는 2,491만 대이므로 2,500만 대 미만이다.

17 수리능력 정답 | ③

Quick해설 ㉡ 2023년 출입항 항공기는 $284+171=455$(천 대)이다. 따라서 한국적 항공기가 차지하는 비중은 $\frac{284}{455}\times100\fallingdotseq62.4$(%)이므로 60% 이상이다.

㉣ 5년간 외국적 출입항 선박 수의 평균은 $(122+116+112+113+117)\div5=116$(천 척)이고, 한국적 출입항 선박 수의 평균은 $(42+37+37+35+36)\div5=37.4$(천 척)이다. 따라서 $116\div37.4\fallingdotseq3.1$이므로 3배 이상이다.

[오답풀이] ㉠ 주어진 자료에는 COVID−19와 관련한 내용이 제시되어 있지 않다.

㉢ 선박의 경우 외국적 선박의 입출항이 항상 한국적 선박보다 많지만, 항공기의 경우 2021년에 외국적 항공기가 한국적 항공기보다 출입항이 더 많다.

18 수리능력 정답 | ④

Quick해설 ㉠ 2015년과 2016년의 외국인 주민 수 비율은 3.4%로 똑같다. 그런데 외국인 주민 수는 171만 명에서 176만 명으로 증가하였으므로, A국가의 전체 인구수가 2015년 대비 2016년에 증가하였음을 알 수 있다.

㉢ 2015년과 2019년의 2년 전 대비 외국인 주민 수 증가량은 다음과 같다.

- 2015년: $171-145=26$(만 명)
- 2019년: $222-186=36$(만 명)

따라서 2년 전 대비 외국인 주민 수의 증가량은 2015년이 2019년보다 낮다.

㉣ 2018년에는 전년 대비 외국인 주민 수 비율이 0.4%p 변화하였다. 이는 2014년부터 2022년까지의 기간 중 가장 크게 변화한 것이다.

[오답풀이] ㉡ 2022년 외국인 주민 수는 2013년 대비

$\frac{226-145}{145}\times 100 \fallingdotseq 55.9(\%)$ 증가하였으므로 58% 미만으로 증가하였다.

19 수리능력 정답 | ②

Quick해설 2014년과 2021년 A국가의 전체 인구수는 다음과 같다.

- 2014년: $157 \div 0.031 \fallingdotseq 5{,}065$(만 명)
- 2021년: $213 \div 0.041 \fallingdotseq 5{,}195$(만 명)

따라서 A 국가의 2014년 대비 2021년의 전체 인구수 증가율은 $\frac{5{,}195-5{,}065}{5{,}065}\times 100 \fallingdotseq 2.6(\%)$이다.

20 수리능력 정답 | ③

Quick해설 [표1] 5대 도시 방문자 연령대는 각 도시별로 방문한 방문객의 연령대를 조사한 것으로, 해당 장소를 어떤 연령대가 선호하는지 알 수 있다.

[오답풀이] ① 강릉에 방문한 방문자 중 20대의 비율이 가장 높지만 다른 모든 지역에서 20대의 방문자 비율이 가장 높으므로 강릉을 가장 선호한다고 할 수 없다.

② 5대 도시 방문자 연령대 중에서 30대와 40대 비율의 합은 다음과 같다.
- 강릉 $=19.4+16.9=36.3(\%)$
- 경주 $=24.4+21.6=46(\%)$
- 부산 $=20.78+16.58=37.36(\%)$
- 여수 $=23.2+19.0=42.2(\%)$
- 전주 $=19.5+16.3=35.8(\%)$

이에 따라 5대 도시 모두 30~40대 방문자는 과반수가 아니다.

④ 가장 많은 방문객이 방문하는 도시는 전체 비율로 확인할 수 있으며 50%를 넘는 도시는 없다.

⑤ 60대 이상의 비율이 낮은 것을 나타내는 것이지 관광에 대한 선호도는 자료에 제시되어 있지 않다.

21 문제해결능력 정답 | ⑤

Quick해설 전제 1과 전제 2를 고려하면 다음과 같이 벤다이어그램을 그릴 수 있다.

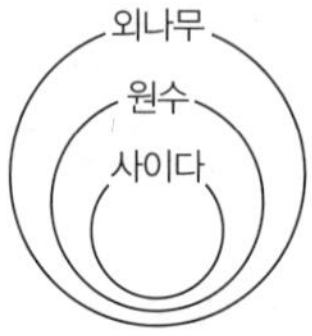

'외나무'가 '사이다'를 포함하고 있으므로 '사이다→외나무'가 항상 성립하지만, 선택지에는 이와 관련된 문장이 없다. 따라서 대우 명제인 '~외나무 → ~사이다'에 해당하는 ⑤가 항상 옳은 결론이다.

[오답풀이] ①, ② 옳은지 아닌지 알 수 없다.

③ 벤다이어그램을 참고할 때 모든 원수는 사이다를 마실 수도 있고 마시지 않을 수도 있다. 따라서 '모든 원수는 사이다를 마시지 않는다.'는 항상 옳은 결론이 아니다.

④ '~외나무 → ~사이다'가 항상 참이므로 '~외나무 → 사이다'는 항상 옳지 않다.

문제 풀이 Tip

전제 2와 ①~⑤에 '모든'이 없더라도 '어떤'과 같은 some 개념의 수식어가 없다면 all 개념으로 해석해야 한다는 것에 주의해야 한다.

22 문제해결능력 정답 | ③

Quick해설 네트워크와 유통망이 다양하다는 자사의 강점을 활용하여 심화되고 있는 일본 업체와의 경쟁을 우회하여 돌파하는 전략은 주어진 환경에서 적절한 ST전략이라고 볼 수 있다.

[오답풀이] ① 세제 혜택(O)을 통하여 환차손 리스크 회피 모색(T)

② 타 해외 조직의 운영 경험(S)을 살려 업무 효율성 벤치마킹(W)

④ 해외 진출 경험으로 축적된 우수 인력(S) 투입으로 업무 누수 방지(W)

⑤ 자사의 우수한 이미지(O)를 내세워 경쟁 우위 선점(T)

23 문제해결능력 정답 | ⑤

Quick해설 첫 번째 조건에 따라 사장이 출장을 가면 박 대리와 이 대리를 제외한 김 팀장 또는 김 사원이 함께 갈 수 있다. (사장+김 팀장/사장+김 사원)
사장이 출장을 가지 않으면 박 대리와 이 대리 중에서 반드시 한 명은 간다고 하였으며, 세 번째 조건에서 대리가 출장을 가면 사원은 항상 함께 출장을 간다고 하였으므로 (박 대리+김 사원/이 대리+김 사원)의 경우가 가능하다. 그리고 두 번째 조건에서 김 팀장이 출장을 가면 김 사원은 출장을 가지 않는다고 하였으므로 (사장+김 사원)의 경우는 제외된다.
따라서 함께 출장을 가는 직원을 짝지으면 (사장+김 팀장), (이 대리+김 사원), (박 대리+김 사원)이다.

24 문제해결능력 정답 | ②

Quick해설 주어진 [조건]을 식으로 나열하면 다음과 같다.

- D>A
- A>B
- G=E+F
- F>A+D
- C>E+F+G
- F>A+D+E

첫 번째, 두 번째 조건에 의해 D>A>B가 되고, 세 번째 조건에 의해 G>F, 다섯 번째 조건에 의해 C>G>F가 된다. 또한, 네 번째 조건에 의해 F>D가 되고, 마지막 조건에 의해 E는 F보다 동수가 적음을 알 수 있다. 따라서 이 조건을 모두 만족하는 것은 'C>G>F>D>A>E>B'이다.

25 문제해결능력 정답 | ①

Quick해설 실수와 실패를 포용하는 맥나이트(William L. McKnight)의 경영철학은 '구성원의 창의성을 바탕으로 한 기술개발'이라는 3M의 독특한 혁신 문화를 낳았다.

[오답풀이] ② 비판적 사고는 어떤 주제나 주장 등에 대해서 적극적으로 분석하고 종합하며 평가하는 능동적인 사고이다. 이러한 비판적 사고는 어떤 논증, 추론, 증거, 가치를 표현한 사례를 타당한 것으로 수용할 것인가 아니면 불합리한 것으로 거절할 것인가에 대한 결정에 필요한 사고이다.
③ 분석적 사고는 문제해결을 위한 기본적인 사고 능력 중 하나이며, 문제의 성격에 따라 성과 지향의 문제, 가설 지향의 문제, 사실 지향의 문제에 관한 사고가 요구된다.
④ 논리적 사고는 사고의 전개에서 전후 관계가 일치하고 있는지 살피고, 아이디어를 평가하는 능력을 의미한다. 이러한 논리적 사고는 다른 사람을 공감시켜 움직일 수 있게 하며, 짧은 시간에 헤매지 않고 사고할 수 있게 하고, 행동하기 전 생각하게 함으로써 설득을 쉽게 할 수 있게 한다.
⑤ 관료적 사고는 관료들이 하는 방식과 같이 획일적이고 형식적인 태도나 경향이 있는 사고를 의미한다.

26 문제해결능력 정답 | ②

Quick해설 영수는 겨울왕국2가 1,000만 관객 수를 돌파했다는 논리로 영화를 같이 보자고 하고 있다. 이는 많은 사람이 그렇게 한다는 것을 내세워 대중을 선동하는 오류인 '대중에 호소하는 오류'의 사례에 해당한다.

27 문제해결능력 정답 | ②

Quick해설 주어진 [그림]의 규칙을 파악하면 다음과 같다.
첫 번째 ★에 대응하는 칸에는 1, 9, 17, 25, …가 나열되고 있으므로 $8x+1$ 꼴의 수가 위치한다는 것을 알 수 있다.
두 번째 ●에 대응하는 칸에는 2, 8, 10, 16, 18, 24, …가 나열되고 있으므로 $8x+2$와 $8x+8$ 꼴의 수가 번갈아 가면서 위치한다는 것을 알 수 있다.
세 번째 ◆에 대응하는 칸에는 3, 7, 11, 15, 19, 23, …가 나열되고 있으므로 $8x+3$과 $8x+7$ 꼴의 수가 번갈아 가면서 위치한다는 것을 알 수 있다.
네 번째 ■에 대응하는 칸에는 4, 6, 12, 14, 20, 22, …가 나열되고 있으므로 $8x+4$와 $8x+6$ 꼴의 수가 번갈아 가면서 위치한다는 것을 알 수 있다.
다섯 번째 ▲에 대응하는 칸에는 5, 13, 21, …가 나열되고 있으므로 $8x+5$ 꼴의 수가 위치한다는 것을 알 수 있다.
따라서 2024=253×8이므로 $8x+8$ 꼴의 수이며 ●에 대응한다.

28 문제해결능력

정답 | ③

Quick해설 창의적 사고를 개발하는 방법에는 자유연상법, 강제연상법, 비교발상법 등이 있다. ㉠은 자유연상법, ㉢은 비교발상법, ㉣은 강제연상법에 대한 내용이다.

29 문제해결능력

정답 | ③

Quick해설 [표2]를 통해 파리와 인천 사이에는 7시간의 시차가 있음을 알 수 있다. 이때, 인천의 시각이 빠르므로 파리 도착 시각에서 출발 시각을 뺀 시간에 7시간을 더해서 이동 시간을 구할 수 있다. 이에 따라 각 항공편의 이동 시간을 구하면 다음과 같다.

- A12: 17시간 10분
- B263: 17시간
- C4867: 14시간 45분
- D83Z: 16시간 45분
- E485: 16시간 30분

따라서 오 과장이 이용할 항공편은 C4867이다.

30 문제해결능력

정답 | ②

Quick해설 항공편에 따른 파리 도착 시각과 그때의 서울 시각은 다음과 같다.

항공편	파리 도착 시각(파리)	파리 도착 시각(서울)
A12	2024. 05. 12. 04:05	2024. 05. 12. 11:05
B263	2024. 05. 13. 05:45	2024. 05. 13. 12:45
C4867	2024. 05. 13. 03:45	2024. 05. 13. 10:45
D83Z	2024. 05. 14. 07:15	2024. 05. 14. 14:15
E485	2024. 05. 14. 09:00	2024. 05. 14. 16:00

각 항공편을 이용했을 때 회의 시간은 1시간 뒤이므로

항공편	회의 시간(파리)	회의 시간(서울)
A12	2024. 05. 12. 05:05	2024. 05. 12. 12:05
B263	2024. 05. 13. 06:45	2024. 05. 13. 13:45
C4867	2024. 05. 13. 04:45	2024. 05. 13. 11:45
D83Z	2024. 05. 14. 08:15	2024. 05. 14. 15:15
E485	2024. 05. 14. 10:00	2024. 05. 14. 17:00

이때, 하 부장의 일정이 비어 있는 시간에 화상회의가 진행되어야 한다. 따라서 오 과장은 B263을 타고 서울 시각 기준 13일 12:45에 파리에 도착한 후 하 부장과 13:45분부터 14:15분까지 화상회의를 진행하였음을 알 수 있다.

실전모의고사 2회 [철도법]

01	02	03	04	05	06	07	08	09	10
②	②	①	④	③	④	①	①	③	⑤

01

정답 | ②

Quick해설 [한국철도공사법 시행령 제2조(설립등기)]
한국철도공사법 제5조 제2항의 규정에 의한 한국철도공사의 설립등기사항은 다음 각호와 같다.
1. 설립목적
2. 명칭
3. 주된 사무소 및 하부조직의 소재지
4. 자본금
5. 임원의 성명 및 주소
6. 공고의 방법

'대리 · 대행인의 권한을 제한한 때에는 그 제한의 내용'은 설립등기사항이 아닌 대리 · 대행인의 선임등기사항이다.

02

정답 | ②

Quick해설 [한국철도공사법 시행령 제21조(국유재산의 전대의 절차 등)]
공사는 한국철도공사법 제14조 제1항의 규정에 의하여 대부받거나 사용 · 수익의 허가를 받은 국유재산을 한국철도공사법 제15조 제1항의 규정에 의하여 전대(轉貸)하고자 하는 경우에는 다음 각호의 사항이 기재된 승인신청서를 국토교통부장관에게 제출하여야 한다.
1. 전대재산의 표시(도면을 포함한다)
2. 전대를 받을 자의 전대재산 사용목적
3. 전대기간
4. 사용료 및 그 산출근거
5. 전대를 받을 자의 사업계획서

전대를 받을 자의 납부계획서가 아닌 사업계획서가 기재사항이다.

03

정답 | ①

Quick해설 [한국철도공사법 시행령 제15조(채권의 발행 및 기재사항)]

① 채권은 사채의 인수가액 전액이 납입된 후가 아니면 이를 발행하지 못한다.

② 채권에는 다음 각호의 사항을 기재하고, 사장이 기명날인하여야 한다. 다만, 매출의 방법에 의하여 사채를 발행하는 경우에는 제10조 제2항 제2호의 사항은 이를 기재하지 아니한다.
  1. 제10조 제2항 제1호 내지 제6호의 사항
  2. 채권번호
  3. 채권의 발행연월일

> **제10조(사채의 응모 등)** ② 사채청약서는 사장이 이를 작성하고 다음 각 호의 사항을 기재해야 한다.
> 1. 공사의 명칭
> 2. 사채의 발행총액
> 3. 사채의 종류별 액면금액
> 4. 사채의 이율
> 5. 사채상환의 방법 및 시기
> 6. 이자지급의 방법 및 시기
> 7. 사채의 발행가액 또는 그 최저가액
> 8. 이미 발행한 사채중 상환되지 아니한 사채가 있는 때에는 그 총액
> 9. 사채모집의 위탁을 받은 회사가 있을 때에는 그 상호 및 주소

따라서 옳은 것을 모두 고르면 ㉠, ㉡이다.

[오답풀이] ㉢은 제9호, ㉣은 제7호의 사항이므로 채권기재사항에 해당되지 않는다.

> **문제 풀이 Tip**
> A 내지 B는 A부터 B까지에 해당한다. 예를 들어, 1호 내지 3호는 1호, 2호, 3호를 뜻한다.

04

정답 | ④

Quick해설 [철도사업법 제6조(면허의 기준)]
철도사업의 면허기준은 다음 각 호와 같다.
1. 해당 사업의 시작으로 철도교통의 안전에 지장을 줄 염려가 없을 것
2. 해당 사업의 운행계획이 그 운행 구간의 철도 수송 수요와 수송력 공급 및 이용자의 편의에 적합할 것
3. 신청자가 해당 사업을 수행할 수 있는 재정적 능력이 있을 것
4. 해당 사업에 사용할 철도차량의 대수(臺數), 사용연한 및 규격이 국토교통부령으로 정하는 기준에 맞을 것

따라서 옳은 것을 모두 고르면 ㉠, ㉡, ㉣이다.

05

정답 | ③

Quick해설 [철도사업법 제16조(면허취소 등)]

① 국토교통부장관은 철도사업자가 다음 각 호의 어느 하나에 해당하는 경우에는 면허를 취소하거나, 6개월 이내의 기간을 정하여 사업의 전부 또는 일부의 정지를 명하거나, 노선 운행중지 · 운행제한 · 감차 등을 수반하는 사업계획의 변경을 명할 수 있다. 다만, 제4호 및 제7호의 경우에는 면허를 취소하여야 한다.

따라서 빈칸에는 '6개월'이 들어가야 한다.

06

정답 | ④

Quick해설 [철도사업법 제49조(벌칙)]

① 다음 각 호의 어느 하나에 해당하는 자는 2년 이하의 징역 또는 2천만 원 이하의 벌금에 처한다.
  1. 제5조 제1항에 따른 면허를 받지 아니하고 철도사업을 경영한 자
  2. 거짓이나 그 밖의 부정한 방법으로 제5조 제1항에 따른 철도사업의 면허를 받은 자
  3. 제16조 제1항에 따른 사업정지처분기간 중에 철도사업을 경영한 자
  4. 제16조 제1항에 따른 사업계획의 변경명령을 위반한 자
  5. 제23조(제41조에서 준용하는 경우를 포함한다)를 위반하여 타인에게 자기의 성명 또는 상호를 대여하여 철도사업을 경영하게 한 자
  6. 제31조를 위반하여 철도사업자의 공동 활용에 관한 요청을 정당한 사유 없이 거부한 자

② 다음 각 호의 어느 하나에 해당하는 자는 1년 이하의 징역 또는 1천만 원 이하의 벌금에 처한다.
  1. 제34조 제1항을 위반하여 등록을 하지 아니하고 전용철도를 운영한 자
  2. 거짓이나 그 밖의 부정한 방법으로 제34조 제1항에 따른 전용철도의 등록을 한 자

③ 다음 각 호의 어느 하나에 해당하는 자는 1천만 원 이하의 벌금에 처한다.
  1. 제13조를 위반하여 국토교통부장관의 인가를 받지 아니하고 공동운수협정을 체결하거나 변경한 자
  2. 삭제〈2013. 3. 22.〉
  3. 제28조 제3항을 위반하여 우수서비스마크 또는 이와 유사한 표지를 철도차량 등에 붙이거나 인증 사실을 홍보한 자

'여객 운임 · 요금의 신고를 하지 아니한 자'는 과태료 부과대상이다.

07

정답 | ①

Quick해설 [철도사업법 시행령[별표1]]

위반행위	근거 법조문	과징금 금액
라. 법 제5조 제1항 후단에 따라 면허에 붙인 부담을 위반한 경우	법 제16조 제1항 제5호	1,000만 원

따라서 주어진 경우에 대한 과징금은 1,000만 원이다.

08

정답 | ①

Quick해설 [철도산업발전기본법 시행령 제10조(실무위원회의 구성 등)]

① 위원회의 심의 · 조정사항과 위원회에서 위임한 사항의 실무적인 검토를 위하여 위원회에 실무위원회를 둔다.

② 실무위원회는 위원장을 포함한 20인 이내의 위원으로 구성한다.

[철도산업발전기본법 제6조(철도산업위원회)]

① 철도산업에 관한 기본계획 및 중요정책 등을 심의 · 조정하기 위하여 국토교통부에 철도산업위원회를 둔다.

② 위원회는 다음 각호의 사항을 심의 · 조정한다.
  1. 철도산업의 육성 · 발전에 관한 중요정책 사항
  2. 철도산업구조개혁에 관한 중요정책 사항
  3. 철도시설의 건설 및 관리 등 철도시설에 관한 중요정책 사항
  4. 철도안전과 철도운영에 관한 중요정책 사항
  5. 철도시설관리자와 철도운영자간 상호협력 및 조정에 관한 사항
  6. 이 법 또는 다른 법률에서 위원회의 심의를 거치도록 한 사항

7. 그 밖에 철도산업에 관한 중요한 사항으로서 위원장이 회의에 부치는 사항

③ 위원회는 위원장을 포함한 25인 이내의 위원으로 구성한다.

따라서 ㉠에는 '20', ㉡에는 '25'가 들어가야 한다.

09

정답 | ③

Quick해설 [철도산업발전기본법 시행령 제34조의 2(사용허가에 따른 철도시설의 사용료 등)]

① 철도시설을 사용하려는 자가 법 제31조 제1항에 따라 관리청의 허가를 받아 철도시설을 사용하는 경우 같은 조 제2항 본문에 따라 관리청이 징수할 수 있는 철도시설의 사용료는 「국유재산법」 제32조에 따른다.

② 관리청은 법 제31조 제2항 단서에 따라 지방자치단체가 직접 공용 · 공공용 또는 비영리 공익사업용으로 철도시설을 사용하려는 경우에는 다음 각 호의 구분에 따른 기준에 따라 사용료를 면제할 수 있다.

1. 철도시설을 취득하는 조건으로 사용하려는 경우로서 사용허가기간이 1년 이내인 사용허가의 경우: 사용료의 전부
2. 제1호에서 정한 사용허가 외의 사용허가의 경우: 사용료의 100분의 60

따라서 빈칸에는 '사용료의 100분의 60'이 들어가야 한다.

10

정답 | ⑤

Quick해설 [철도산업발전기본법 제40조(벌칙)]

① 제34조의 규정을 위반하여 국토교통부장관의 승인을 얻지 아니하고 특정 노선 및 역을 폐지하거나 철도서비스를 제한 또는 중지한 자는 3년 이하의 징역 또는 5천만 원 이하의 벌금에 처한다.

② 다음 각 호의 어느 하나에 해당하는 자는 2년 이하의 징역 또는 3천만 원 이하의 벌금에 처한다.

1. 거짓이나 그 밖의 부정한 방법으로 제31조 제1항에 따른 허가를 받은 자
2. 제31조 제1항에 따른 허가를 받지 아니하고 철도시설을 사용한 자
3. 제36조 제1항 제1호부터 제5호까지 또는 제7호에 따른 조정 · 명령 등의 조치를 위반한 자

제36조(비상사태시 처분)

① 국토교통부장관은 천재 · 지변 · 전시 · 사변, 철도교통의 심각한 장애 그 밖에 이에 준하는 사태의 발생으로 인하여 철도서비스에 중대한 차질이 발생하거나 발생할 우려가 있다고 인정하는 경우에는 필요한 범위 안에서 철도시설관리자 · 철도운영자 또는 철도이용자에게 다음 각호의 사항에 관한 조정 · 명령 그 밖의 필요한 조치를 할 수 있다.

1. 지역별 · 노선별 · 수송대상별 수송 우선순위 부여 등 수송통제
2. 철도시설 · 철도차량 또는 설비의 가동 및 조업
3. 대체수송수단 및 수송로의 확보
4. 임시열차의 편성 및 운행
5. 철도서비스 인력의 투입
6. 철도이용의 제한 또는 금지
7. 그 밖에 철도서비스의 수급안정을 위하여 대통령령으로 정하는 사항

따라서 3년 이하의 징역 또는 5천만 원 이하의 벌금에 처하는 경우는 ⑤이다.

[오답풀이] ①, ②, ③, ④ 2년 이하의 징역 또는 3천만 원 이하의 벌금에 처하는 자이다.

실전모의고사 3회 [NCS]

01	02	03	04	05	06	07	08	09	10
①	②	②	①	②	③	⑤	⑤	②	①
11	12	13	14	15	16	17	18	19	20
④	⑤	②	④	③	①	⑤	②	②	③
21	22	23	24	25	26	27	28	29	30
④	⑤	③	③	③	①	⑤	③	③	①

01 의사소통능력 정답 | ①

Quick해설 '번번'은 겹쳐 쓰는 말이므로 이것 뒤에 접미사 '이'가 결합된 단어의 경우 '번번이'로 적는다.

[오답풀이] ② 'ㄱ, ㅂ'의 받침 뒤에서 나는 된소리는, 같은 음절이나 비슷한 음절이 겹쳐 나는 경우가 아니면 된소리로 적지 아니하므로 '짭잘하다'가 아니라 '짭짤하다'로 적는다.

③ 연결형에서 사용되는 '이요'는 '이오'가 아니라 '이요'로 적는다.

④ 'ㄱ' 받침 뒤에서 된소리로 발음되지만 '깍'과 '뚜'는 비슷한 음절이 겹쳐 나는 것이 아니므로, '깍뚜기'가 아니라 '깍두기'로 적는다.

⑤ '잠가'의 기본형은 '잠그다'로 어간이 모음 'ㅡ'로 끝나는 용언이다. 어간 '잠그-'에 어미 '-어/아'가 결합하면 'ㅡ'가 탈락하여 '잠궈'가 아니라 '잠가'로 적는다.

02 의사소통능력 정답 | ②

Quick해설 기획서는 '기획 목적 → 내용 → 기대 효과'로 구성되어야 한다. 따라서 주어진 문서 작성법에 해당하는 문서의 종류는 '기획서'이다.

03 의사소통능력 정답 | ②

Quick해설 주어진 글은 교통서비스의 영향에 대해 설명하고 있다. 교통서비스가 경제·사회 발전에 이바지했으나 이 과정에서 발생하는 사회적 비용을 고려해야 한다고 언급하며, 사회적 비용을 줄이기 위해 이용자가 부담하도록 하는 방안이 필요하다고 하였다. 따라서 주어진 글은 교통서비스가 발생시키는 사회적 비용을 내재화하는 방안에 대한 언급을 하고 있다.

04 의사소통능력 정답 | ①

Quick해설 B은 A의 호의적인 태도를 받아들이기보다는 자신의 생각에 맞는 단서를 찾아 자신의 생각을 확인하고 있다. 이러한 경청의 방해 요인을 '짐작하기'라고 한다.

[오답풀이] ② 대답할 말 준비하기: 상대의 말을 들은 뒤 자신이 다음에 할 말을 생각하는 데 집중해 상대방이 말하는 것을 잘 듣지 않는 행동이다.

③ 걸러내기: 상대의 말을 듣긴 듣지만 온전하게 받아들이지 않고 듣고 싶지 않은 것은 회피하는 행동이다.

④ 판단하기: 상대에 대한 부정적인 판단 때문에 상대를 비판하기 위해 제대로 듣지 않는 행동이다.

⑤ 다른 생각하기: 대화 도중 상대에게 관심을 기울이지 않고 다른 생각을 하는 행동이다.

05 의사소통능력 정답 | ②

Quick해설 마지막 문단에서 사회학습 이론에서 만족지연 능력은 개인의 직접적 경험과 또래나 부모, 교사 등 사회적 모델들의 행동을 관찰함으로써 학습된다고 하였으므로 옳지 않은 추론이다.

[오답풀이] ①, ③ 첫 번째 문단에서 마시멜로 실험에 참여한 아동들 중 마시멜로 먹기를 오래 참은 아동일수록 높은 학업 성취도를 보였으며, 삶의 만족도도 높게 나타났다고 하였으므로 한 개인의 학문적 성취와 사회적 적응을 위한 발달의 기초가 어릴 때부터 형성되며 만족지연 능력은 아동기에 핵심적으로 계발해야 하는 발달 과업이라고 추론할 수 있다.

④ 세 번째 문단에서 인지발달 이론에서는 아동이 만족지연 능력이 낮은 것은 가치적 측면을 고려하지 못하였지만 사건을 구조화하고 현실을 이해하는 능력이 향상되면 만족지연 능력도 향상된다고 본다고 하였으므로 만족지연 능력이 강해지는 것을 아동의 인지적 성장이 반영된 것임을 추론할 수 있다.

⑤ 두 번째 문단에서 정신분석 이론에서는 발달 과정에서

만족지연 능력은 문화적 영향력보다 충동을 억제하려는 자아의 강도에 의해 형성된다고 하였으므로 충동을 억제하려는 자아의 강도가 강한 사람일수록 높은 성취도를 보일 것임을 추론할 수 있다.

06 의사소통능력 정답 | ③

Quick해설 환자는 의사가 술, 담배를 한다는 잘못을 들어 자신의 잘못을 정당화하려고 한다. 이는 '피장파장의 오류'이다.

07 의사소통능력 정답 | ⑤

Quick해설 ㉠이 포함된 문장에서는 ㉠의 앞 문장에서 제시된 고사의 의미를 설명하고 있으므로 '이처럼'이 들어가야 한다.

㉡의 앞 문장에서는 언어의 한계를 이야기하고, ㉠의 뒤 문장에서는 언어의 한계에 따라 '불립문자'를 주장한 경우를 제시하고 있으므로 '그래서'가 들어가야 한다.

㉢의 앞 문장은 '불립문자'를 주장한 경우이고, 뒤 문장은 '불립문자'를 주장했음에도 문자를 사용한 경우이므로 '그런데'가 들어가야 한다.

08 의사소통능력 정답 | ⑤

Quick해설 4문단에서 인간은 쥐의 꼬리만 봐도 벽 뒤에 숨은 쥐 전체의 모습을 파악할 수 있다고 하였지만, 이것은 때와 장소, 현재의 관심 대상과 그 수준에 따라 달라진다고 하였으며 하나에 집중하면 다른 것은 눈에 뻔히 보여도 인식하지 못하고 지나칠 수 있다고 하였으므로 시각적 정보의 다층적 의미를 언제나 이해할 수 있다고 보기 어렵다.

[오답풀이] ① 1문단에서 눈 자체가 세상을 인식하는 것이 아니고, 눈동자를 통해 들어온 전기적 신호가 뇌의 시각 피질로 들어감으로써 이를 인식할 수 있음을 알 수 있으므로 시각 정보를 인식하는 것은 뇌의 역할이라 볼 수 있다.

② 1문단에서 눈동자, 망막, 시신경, 시각 피질을 거쳐 들어온 자극을 통해 세상을 '본다'고 느낀다고 하였으므로 복합적인 행위라 볼 수 있다.

③ 2문단에서 시각 피질은 복합적인 영역이지만 이들이 따로따로 의미 있는 존재가 아니라고 하였으므로 따라 분리되어 기능하는 것은 아님을 알 수 있다.

④ 4문단에서 뇌의 많은 영역이 오로지 시각이라는 감각 하나에 배정되어 있어 눈으로 들어오는 모든 정보를 처리하기 어려움을 알 수 있다.

09 의사소통능력 정답 | ②

Quick해설 두 번째 문단의 '일방적 기부나 단순 일회성 봉사 활동을 넘어서 기업이 추구하는 사익과 사회가 추구하는 공익을 연계하려는 기업들이 증가하고 있다.'를 통해 사익과 공익을 연계하려는 기업들이 증가하고 있다는 것을 알 수 있다.

[오답풀이] ① 첫 번째 문단에서 '환경, 빈곤, 보건, 복지, 식수, 일자리, 고령화 등 사회적으로 산적한 문제를 해결하기 위해 기업이 좀 더 적극적으로 참여하고 사회적 기여를 하도록 요구하는 정부와 국민의 기대치도 그만큼 높아졌다.'를 통해 알 수 있다.

③ 첫 번째 문단에서 '주요 기관의 투자자 등이 경제적 의사 결정을 할 때, 기업의 사회적·환경적 성과에 가치를 두는 사회책임투자(Socially Responsible Investment)를 활성화하고 있는 것도 기업이 사회적책임 이행을 외면할 수 없는 강력한 요인이 되었다.'를 통해 알 수 있다.

④ 세 번째 문단에서 "아메리칸익스프레스의 '자유의 여신상 복원 프로젝트', 코카콜라의 '북극곰 돕기 캠페인' 등이 대표적 사례이다. (중략) 기업의 핵심 비즈니스 역량과 농촌 고령화, 주택 노후화 등의 농촌 사회문제를 연계하여 매월 실시하고 있는 '농가 노후 주택 주거 환경 개선 사업'도 그 예다."를 통해 알 수 있다.

⑤ 첫 번째 문단에서 '조금 더 가격이 비싸더라도 사회적, 윤리적 상품을 구매하려는 윤리적 소비가 증가하고'를 통해 알 수 있다.

10 의사소통능력 정답 | ①

Quick해설 계층적 구조 내에서 '사람'은 '남자'에 비해 상위어에 해당한다. 하위어가 상위어보다 더 많은 수의 의미

자질을 가진다. 따라서 상위어인 '사람'이 하위어인 '남자'에 비해 더 많은 수의 의미 자질을 가진다는 내용은 적절하지 않다.

[오답풀이] ② 생물이라면 모두 사람인 것은 아니지만 남자라면 모두 사람이다. 상하 관계를 맺고 있는 단어들은 하위어가 상위어를 함의하지만 그 역은 성립하지 않는다.

③ '차가운 바람', '뜨거운 바람', '시원한 바람'이 모두 가능하므로, 이를 통해 '차가운', '뜨거운', '시원한'은 서로 계열 관계를 맺고 있다고 할 수 있다.

④ '거대함'과 '작음'은 결합 관계를 맺고 있는 표현으로, 두 단어는 의미상 모순된다. 따라서 공기 제약을 위반한 표현으로 두 단어의 결합 관계가 자연스럽지 않은 예이다.

⑤ '적은 온도'는 공기 제약을 위반한 경우로, 이를 '낮은 온도'로 바꿀 경우 공기 제약의 위반에서 벗어나게 된다.

11 수리능력

정답 | ④

Quick해설 연산의 우선순위에 따라 ÷, ×, +, − 순으로 계산해야 한다.

따라서 다음과 같이 계산하여 최댓값을 구할 수 있다.

$5+(-5)\div4-(-4)\times6=27.75$

27.75를 분수로 나타내면 $\frac{111}{4}$이다.

문제 풀이 Tip

−, ÷는 수의 크기를 작게 하고 +, ×은 수의 크기를 크게 한다.

12 수리능력

정답 | ⑤

Quick해설 주어진 식은 $(a+b)^2=a^2+2ab+b^2$의 형태로 정리하여 계산할 수 있다.

$275^2+275\times250+125\times130$

$=275^2+275\times125\times2+125\times(125+5)$

$=275^2+275\times125\times2+125\times125+125\times5$

$=(275+125)^2+125\times5$

$=400^2+625$

$=160,625$

문제 풀이 Tip

선택지들이 백의 자리 숫자만 다르게 제시되어 있다. 따라서 백의 자리까지만 계산을 하여 답을 선택할 수 있다.

13 수리능력

정답 | ②

Quick해설 주어진 정보를 식으로 정리하면 다음과 같다.

- 물건의 원가$=x$
- 물건의 정가$=1.5x$
- 할인 판매가$=1.5x\times0.8=x+600$

$0.2x=600$

$\therefore x=3,000$

따라서 물건의 원가는 3,000원이다.

14 수리능력

정답 | ④

Quick해설 터널의 길이를 $h$km라고 하면 터널을 완전히 통과할 때까지 A기차가 움직인 거리는 $(h+0.25)$km, B기차가 움직인 거리는 $(h+0.2)$km이다. 두 열차가 어느 터널을 완전히 통과하는 데 걸린 시간의 비가 5:4이므로 식으로 정리하면 다음과 같다.

$\frac{h+0.25}{200}:\frac{h+0.2}{245}=5:4$

$\frac{h+0.2}{49}=\frac{h+0.25}{50}$

$50h+10=49h+12.25$

$\therefore h=2.25$

따라서 터널의 길이는 2.25km이므로 2,250m이다.

15 수리능력

정답 | ③

Quick해설 A팀은 1조에 배치되어야 하고, A팀을 제외한 나머지 5개 팀 중 하나를 선정해야 하므로 5가지의 경우가 있다. 나머지 4개 팀을 2조와 3조에 배치해야 하는데, 4개 팀 중에서 2개 팀을 선정하면 되므로 경우의 수는 ${}_4C_2=\frac{4\times3}{2}=6$(가지)이다.

따라서 A팀이 1조에 배정되어 우승하는 경우의 수는 $5\times6=30$(가지)이다.

16 수리능력 정답 | ①

Quick해설 ㉠ 창농 1건 당 평균 지원 금액(금액÷건수)은 2018년에 $\frac{3,100}{129}$≒24.0(백만 원), 2019년에 $\frac{3,100}{132}$≒23.5(백만 원)이다. 따라서 2019년에 전년 대비 감소한 것을 알 수 있다.

㉡ 지원 금액의 증가율은 (4,600−2,800)÷2,800×100≒64.3(%)이며, 창농 건수의 증가율은 (159−120)÷120×100=32.5(%)이다.

[오답풀이] ㉢ 2017년 창농 건수 상위 3개 지역은 강원, 충남, 경북이다. 강원은 2018년과 2019년 상위 3개 지역 밖에 있으며, 충남은 4개 연도 모두 상위 3개 지역에 속한다. 경북은 2019년까지 상위 3개 지역에 속하지만, 2020년에는 충남, 전남, 강원에 이어 네 번째로 창농 건수가 많은 지역이 된다.

㉣ 인천과 광주 2곳이 해당되며, 나머지 지역은 모두 증가하였다.

17 수리능력 정답 | ⑤

Quick해설 연도별 평균 창농 건수와 지원 금액을 계산하면 다음과 같다.

구분	2017년	2018년	2019년	2020년
창농 건수(건)	7.1	7.6	7.8	9.4
지원 금액 (백만 원)	164.7	182.4	182.4	270.6

따라서 옳게 나타낸 그래프는 ⑤이다.

[오답풀이] ① 창농 건수와 지원 금액이 서로 뒤바뀌어 있다.

② 창농 건수의 연도별 수치가 모두 뒤바뀌어 있다.

③ 2020년의 지원 금액이 올바르지 않게 기재되어 있다.

④ 2019년을 제외한 나머지 해의 지원 금액이 올바르지 않게 기재되어 있다.

18 수리능력 정답 | ②

Quick해설 ㉡ 2020년에는 초 · 중 · 고 모두에서 학생 수가 2년 전 대비 감소하였고, 학교 수는 증가하였다. 따라서 학교급별 학생 수는 줄었음을 알 수 있다. 그러나 학교별 학급 수에 관한 정보가 없으므로 학교급별로 학급당 학생 수가 감소하였는지는 알 수 없다.

따라서 알 수 없는 것은 ㉡ 1개이다.

[오답풀이] ㉠ [그래프1]에서 초 · 중 · 고 모두 학교 수가 항상 증가하였음을 알 수 있다.

㉢ 2024년 고등학생 수는 2016년 대비 $\frac{1,752-1,304}{1,752}$×100≒25.6(%) 감소하였으므로 25% 이상 감소하였다.

㉣ 2024년 초등학생은 2022년 대비 2,664−2,495=169(천 명) 감소하였으므로 16만 명 이상 감소하였다.

19 수리능력 정답 | ②

Quick해설 2018년부터 2024년까지 전체 학생 수를 구하면 다음과 같다.

- 2018년: 2,711+1,334+1,539=5,584(천 명)
- 2020년: 2,694+1,316+1,337=5,347(천 명)
- 2022년: 2,664+1,348+1,262=5,274(천 명)
- 2024년: 2,495+1,333+1,304=5,132(천 명)

이에 따라 연도별로 2년 전 대비 전체 학생 수의 감소율을 구하면 다음과 같다.

- 2020년: $\frac{5,347-5,584}{5,584}$×100≒−4.2(%)
- 2022년: $\frac{5,274-5,347}{5,347}$×100≒−1.4(%)
- 2024년: $\frac{5,132-5,274}{5,274}$×100≒−2.7(%)

따라서 2년 전 대비 전체 학생 수의 감소율이 높은 순서대로 연도를 나열하면 '2020년, 2024년, 2022년'이다.

20 수리능력 정답 | ③

Quick해설 2023년 심혈관 환자 이송 건수는 2020년 대비 $\frac{211,880-122,997}{122,997}$×100≒72.3(%) 증가하였으므로 70% 이상 증가하였다.

[오답풀이] ① 2023년 심정지 환자 이송 건수는 전년 대비 감소하였다.

② 2021년 심정지, 뇌혈관, 중증외상 환자 이송 건수는 33,225+97,847+13,884=144,956(건)으로, 심혈관 환자 이송 건수인 166,866건보다 적다. 따라서

2021년 심혈관 환자 이송 건수는 전체 이송 건수의 50% 이상이다.

④ 중증외상 환자 이송 건수는 2019년 대비 2023년에 18,073−13,382=4,691(건) 감소하였으므로 5,000건 미만으로 감소하였다.

⑤ 2019년 4대 중증환자 이송 건수는 30,786+132,854+85,985+18,073=267,698(건)으로, 뇌혈관 환자 이송 건수는 전체 이송 건수의 $\frac{85,985}{267,698}\times 100 ≒ 32.1(\%)$이므로 35% 미만이다.

문제 풀이 Tip

심혈관 환자 이송 건수를 2020년에는 123건, 2023년에는 211건으로 계산하였을 때 $\frac{212-123}{123}\times 100 ≒ 72.4(\%)$이므로 원래 수치대로 계산하였을 때에도 대략 70% 이상임을 알 수 있다.

21 문제해결능력 정답 | ④

Quick해설 주어진 사례에서 A기업은 수집한 소비자 피드백(데이터)을 바탕으로 초기 가설의 유효성을 판단하고, 문제의 원인을 분석해 결론을 도출하고 있다. 이는 맥킨지 문제 분석 4단계 중 'Interpreting' 단계에 해당한다.

22 문제해결능력 정답 | ⑤

Quick해설 자유 연상법(브레인스토밍)은 창의적 사고 훈련이 아닌 논리적 사고 훈련에 도움이 된다.

23 문제해결능력 정답 | ③

Quick해설 Logic Tree는 전체 문제를 세부 문제로 쪼개는 과정을 통해 문제의 구조를 파악하는 방법이다. Logic Tree의 기본 원칙은 문제 해결에 필요한 요소만 포함하는 것이다. 균형을 맞추는 것이 중요하지만, 논리적으로 연결되지 않은 요소나 불필요한 항목을 포함하면 분석의 초점이 흐려지고 효율성이 떨어진다.

[오답풀이] ① MECE 사고는 상호 간에 중복되지 않고 전체로서 누락 없이 생각하는 맥킨지식 문제해결 기법으로 Logic Tree의 핵심 원칙이다.

② 지나친 세분화는 분석을 복잡하게 만들어 비효율적으로 변할 수 있다.

④ 핵심 문제에서 시작해 세부 원인까지 논리적으로 연결되는 구조여야 하며, 연결이 없으면 분석 결과가 무의미해 진다.

⑤ 결과가 실행 가능해야 실제 문제 해결에 적용할 수 있으므로 비현실적인 요소는 제외해야 한다.

24 문제해결능력 정답 | ③

Quick해설 네 번째 조건에서 튤립만으로 구성된 꽃다발은 3개이고, 두 번째 조건에서 국화만으로 구성된 꽃다발이 튤립만으로 구성된 꽃다발의 3배이므로 국화만으로 구성된 꽃다발은 9개이다. 세 번째 조건에서 장미만으로 구성된 꽃다발이 국화만으로 구성된 꽃다발보다 2개 더 적으므로 장미만으로 구성된 꽃다발은 7개이다. 이때 다섯 번째 조건에서 장미만으로 구성된 꽃다발이 국화와 튤립으로만 구성된 꽃다발의 개수와 같다고 하였으므로 국화와 튤립으로만 구성된 꽃다발의 개수는 7개이다. 여기까지의 내용을 정리하면 다음과 같다.

장미	국화	튤립	(장미)+(국화)	(장미)+(튤립)	(국화)+(튤립)	(장미)+(국화)+(튤립)
7개	9개	3개			7개	

네 번째 조건에서 튤립이 포함되지 않은 꽃다발은 22개이므로 장미 꽃다발, 국화 꽃다발, (장미)+(국화) 꽃다발의 개수의 합이 22개이어야 한다. 이에 따라 (장미)+(국화) 꽃다발의 개수는 22−(7+9)=6(개)이다. 마지막 조건에서 세 종류의 꽃으로 구성된 꽃다발은 장미와 국화로만 구성된 꽃다발보다 4개 더 많으므로 (장미)+(국화)+(튤립)으로 구성된 꽃다발의 개수는 10개임을 알 수 있다. 첫 번째 조건에서 장미, 국화, 튤립을 조합하여 구성할 수 있는 꽃다발의 전체 개수는 58개이므로 (장미)+(튤립)으로 구성된 꽃다발의 개수는 58−(7+9+3+6+7+10)=16(개)이다. 이를 정리하면 다음과 같다.

장미	국화	튤립	장미+국화	장미+튤립	국화+튤립	장미+국화+튤립
7개	9개	3개	6개	16개	7개	10개

따라서 세 종류의 꽃으로 이루어진 꽃다발 개수는 10개이다.

25 문제해결능력 정답 | ③

Quick해설 [조건]의 명제를 대우 명제와 함께 나타내면 다음과 같다.

- 여성 → 건강 (≡~건강 → ~여성)
- 운동 → 부지런함 (≡~부지런함 → ~운동)
- ~부지런함 → ~건강 (≡건강 → 부지런함)
- ~업무능력 → ~운동 (≡운동 → 업무능력)

이에 따라 [여성 → 건강 → 부지런함]이 성립하므로 '여성 직원은 부지런하다.'가 항상 참이고, 대우 명제인 '부지런하지 않은 직원은 여성 직원이 아니다.'도 항상 참이다. 따라서 ③은 참인 명제의 부정이므로 항상 거짓이다.

26 문제해결능력 정답 | ①

Quick해설 가영이가 말한 내용 중 앞부분이 참이면 뒷부분은 거짓이다. 이에 따라 나은이는 총무부에 배치되지 않았다. 다미는 가영이가 기획부에 배치되었다고 하였으므로 앞부분이 거짓이고 뒷부분이 참이다. 이에 따라 다미는 인사부에 배치되었다. 이때, 미애가 말한 내용 중 뒷부분이 거짓임을 알 수 있고, 앞부분이 참이므로 미애는 영업부에 배치되었다. 이에 따라 라희가 말한 내용 중 뒷부분이 참이므로 앞부분이 거짓이고, 라희는 총무부에 배치되지 않았다.

이를 정리하면 다음과 같다.

- 가영: 재무부
- 다미: 인사부
- 미애: 영업부

그런데 나은이와 라희가 모두 총무부에 배치되지 않았으므로 모순이다.

따라서 가영이가 말한 내용 중 앞부분이 거짓이고 뒷부분이 참이다. 그리고 이에 따라 5명이 말한 내용을 참/거짓으로 구분하여 정리하면 다음과 같다.

- 가영: 나는 재무부에 배치되었고(거짓), 나은이는 총무부에 배치되었다.(참)
- 나은: 라희는 인사부에 배치되었고(참), 나는 기획부에 배치되었다.(거짓)
- 다미: 가영은 기획부에 배치되었고(참), 나는 인사부에 배치되었다.(거짓)
- 라희: 나는 총무부에 배치되었고(거짓), 미애는 영업부에 배치되었다.(참)
- 미애: 나는 영업부에 배치되었고(참), 다미는 기획부에 배치되었다.(거짓)

따라서 가영이는 기획부, 나은이는 총무부, 다미는 재무부, 라희는 인사부, 미애는 영업부이다.

27 문제해결능력 정답 | ⑤

Quick해설 화요일 주간 근무의 경우 전날 무, 다음 날 갑이고 야간 근무는 병이므로 반드시 기여야 한다.

월요일 야간 근무의 경우 주간 근무는 무, 다음날 병이 근무하므로 기, 을이 올 수 있는데 이미 기는 일주일에 야간 근무를 두번 하므로 을이 근무하여야 한다.

금요일 야간 근무의 경우 전날은 무, 다음 날은 기이고 을은 야간 근무를 두 번 하므로 반드시 병이 근무해야 한다.

목요일 주간 근무의 경우 전날 갑이 근무했고 무가 야간에 근무하므로 병 또는 기이다. 금요일 주간 근무의 경우 야간은 병이 근무하고 무는 주간에 2번 근무하므로 기 또는 갑이 근무해야 한다.

토요일 주간의 경우 야간에 기, 다음 날 무가 근무하므로 갑 또는 병이 근무해야 한다.

이에 따라 [표]를 채우면 다음과 같다.

구분	월요일	화요일	수요일	목요일	금요일	토요일	일요일
주간	무	기	갑	병/기	기/갑	갑/병	무
야간	을	병	기	무	병	기	을

따라서 옳은 것을 모두 고르면 ㉡, ㉢, ㉣이다.

28 문제해결능력 정답 | ③

Quick해설 인구는 등비급수적으로 증가하고, 식량은 등차급수적으로 증가한다고 하였다. 이를 그래프로 나타내면 ③이다.

[상세해설] 인구가 등비급수적으로 증가함을 암수 두 마리의 동물로 설명하였다. 처음 2마리 → 4마리 → 8마리 → 16마리가 되며, 식량은 등차급수적으로 늘어나 올해 수확량이 100톤이었다면 내년에는 120톤, 내후년에는 130톤으로 등차급수적으로 늘어난다고 하였다. 또한 특정 시점 이후에는 인구의 증가가 식량의 증가량보다 월등히 높아진다고 설명하였다.

29 문제해결능력

정답 | ③

Quick해설 A는 문제해결 능력 점수가 40점이므로 불합격이다. 나머지 4명을 대상으로 평가 항목별로 가중치를 적용하여 평가 총점을 계산하면 다음과 같다.

- B: 100×0.3+100×0.5+150×0.2=110(점)
- C: 80×0.3+140×0.5+80×0.2=110(점)
- D: 80×0.3+100×0.5+140×0.2=102(점)
- E: 60×0.3+120×0.5+50×0.2=88(점)

이때, B와 C의 평가 총점이 같으므로 성실성 점수가 높은 C가 최종 선발된다.

30 문제해결능력

정답 | ①

Quick해설
- A: 타율이 가장 높은 선수인 심창용 선수에게 투표하였다.
- B: 홈런을 가장 많이 친 선수는 마병호 또는 박대호이므로 둘 중 한 명에게 투표하였다.
- C: 출루율이 가장 높은 선수는 왕현진 또는 박대호이므로 둘 중 한 명에게 투표하였다.
- D: 타점 수가 가장 많은 선수는 심창용 또는 박대호인데, A가 심창용 선수에게 투표했으므로 박대호 선수에게 투표하였다.
- E: 안타 수가 가장 많은 선수는 심창용 또는 박대호인데, 마찬가지로 심창용 선수에게 투표할 수 없으므로 박대호 선수에게 투표하였다.

따라서 박대호 선수가 D와 E에게 표를 얻었으므로 홈런을 가장 많이 친 선수는 마병호이고, 출루율이 가장 높은 선수는 왕현진이다. 그리고 이 모든 조건을 만족시킬 수 있는 박대호의 성적으로 가능한 것은 ①이다.

실전모의고사 3회 [철도법]

01	02	03	04	05	06	07	08	09	10
⑤	①	③	⑤	①	③	③	④	②	④

01

정답 | ⑤

Quick해설 [한국철도공사법 제1조(목적)]

이 법은 한국철도공사를 설립하여 철도 운영의 전문성과 효율성을 높임으로써 철도산업과 국민경제의 발전에 이바지함을 목적으로 한다.

따라서 ㉠에는 '효율성', ㉡에는 '국민경제'가 들어가야 한다.

02

정답 | ①

Quick해설 [한국철도공사법 제11조(사채의 발행 등)]

① 공사는 이사회의 의결을 거쳐 사채를 발행할 수 있다.
② 사채의 발행액은 공사의 자본금과 적립금을 합한 금액의 5배를 초과하지 못한다.
③ 국가는 공사가 발행하는 사채의 원리금 상환을 보증할 수 있다.
④ 사채의 소멸시효는 원금은 5년, 이자는 2년이 지나면 완성한다.
⑤ 공사는 「공공기관의 운영에 관한 법률」 제40조 제3항에 따라 예산이 확정되면 2개월 이내에 해당 연도에 발행할 사채의 목적 · 규모 · 용도 등이 포함된 사채발행 운용계획을 수립하여 이사회의 의결을 거쳐 국토교통부장관의 승인을 받아야 한다. 운용계획을 변경하려는 경우에도 또한 같다.

따라서 사채의 발행은 기획재정부장관의 승인이 아닌 이사회의 의결을 거쳐야 한다.

03

정답 | ③

Quick해설 [철도사업법 시행령[별표1]]

(단위: 만 원)

위반행위	근거 법조문	과징금 금액
다. 철도사업자 또는 그 소속 종사자의 고의 또는 중대한 과실에 의하여 다음 각목의 사고가 발생한 경우	법 제16조 제1항 제3호	
1) 1회의 철도사고로 인한 사망자가 40명 이상인 경우		5,000
2) 1회의 철도사고로 인한 사망자가 20명 이상 40명 미만인 경우		2,000
3) 1회의 철도사고로 인한 사망자가 10명 이상 20명 미만인 경우		1,000
4) 1회의 철도사고로 인한 사망자가 5명 이상 10명 미만인 경우		500

따라서 1회의 철도사고로 25명의 사망자가 발생한 경우이므로 과징금은 2,000만 원이다.

04

정답 | ⑤

Quick해설 [한국철도공사법 제16조(지도 · 감독)]

국토교통부장관은 공사의 업무 중 다음 각 호의 사항과 그와 관련되는 업무에 대하여 지도 · 감독한다.

1. 연도별 사업계획 및 예산에 관한 사항
2. 철도서비스 품질 개선에 관한 사항
3. 철도사업계획의 이행에 관한 사항
4. 철도시설 · 철도차량 · 열차운행 등 철도의 안전을 확보하기 위한 사항
5. 그 밖에 다른 법령에서 정하는 사항

따라서 철도안전계획의 이행이 아닌 철도사업계획의 이행이 지도 · 감독 사항이다.

05

정답 | ①

Quick해설 [철도산업발전기본법 시행령 제46조(특정노선 폐지 등의 공고)]

국토교통부장관은 법 제34조 제3항의 규정에 의하여 승인을 한 때에는 그 승인이 있은 날부터 1월 이내에 폐지되는 특정노선 및 역 또는 제한 · 중지되는 철도서비스의 내용과 그 사유를 국토교통부령이 정하는 바에 따라 공고하여야 한다.

따라서 빈칸에는 '1월'이 들어가야 한다.

06

정답 | ③

Quick해설 [철도사업법 제24조(철도화물 운송에 관한 책임)]

① 철도사업자의 화물의 멸실 · 훼손 또는 인도(引導)의 지연에 대한 손해배상책임에 관하여는 「상법」 제135조를 준용한다.

② 제1항을 적용할 때에 화물이 인도 기한을 지난 후 3개월 이내에 인도되지 아니한 경우에는 그 화물은 멸실된 것으로 본다.

따라서 빈칸에는 '3개월'이 들어가야 한다.

07

정답 | ③

Quick해설 [철도사업법 제48조의 2(규제의 재검토)]

국토교통부장관은 다음 각 호의 사항에 대하여 2014년 1월 1일을 기준으로 3년마다(매 3년이 되는 해의 기준일과 같은 날 전까지를 말한다) 그 타당성을 검토하여 개선 등의 조치를 하여야 한다.

1. 제9조에 따른 여객 운임 · 요금의 신고 등
2. 제10조 제1항 및 제2항에 따른 부가 운임의 상한
3. 제21조에 따른 사업의 개선명령
4. 제39조에 따른 전용철도 운영의 개선명령

따라서 옳은 것을 모두 고르면 ㉠, ㉡, ㉢이다.

[오답풀이] [철도사업법 시행령 제11조(평가결과의 공표)]

① 국토교통부장관이 법 제27조의 규정에 의하여 철도서비스의 품질평가결과를 공표하는 경우에는 다음 각 호의 사항을 포함하여야 한다.

1. 평가지표별 평가결과
2. 철도서비스의 품질 향상도

3. 철도사업자별 평가순위
4. 그 밖에 철도서비스에 대한 품질평가결과 국토교통부장관이 공표가 필요하다고 인정하는 사항

㉣ 철도서비스의 품질 향상도는 철도서비스의 품질평가 결과를 공표하는 경우에 필요한 사항으로 규제의 재검토 사항에는 속하지 않는다.

08

정답 | ④

Quick해설 [철도사업법 제15조(사업의 휴업 · 폐업)]

① 철도사업자가 그 사업의 전부 또는 일부를 휴업 또는 폐업하려는 경우에는 국토교통부령으로 정하는 바에 따라 국토교통부장관의 허가를 받아야 한다. 다만, 선로 또는 교량의 파괴, 철도시설의 개량, 그 밖의 정당한 사유로 휴업하는 경우에는 국토교통부령으로 정하는 바에 따라 국토교통부장관에게 신고하여야 한다.

② 제1항에 따른 휴업기간은 6개월을 넘을 수 없다. 다만, 제1항 단서에 따른 휴업의 경우에는 예외로 한다.

따라서 빈칸에는 '6개월'이 들어가야 한다.

09

정답 | ②

Quick해설 [철도산업발전기본법 시행령 제27조(철도산업구조개혁시행계획의 수립절차 등)]

① 관계행정기관의 장은 법 제18조 제5항의 규정에 의한 당해 연도의 시행계획을 전년도 11월말까지 국토교통부장관에게 제출하여야 한다.

② 관계행정기관의 장은 전년도 시행계획의 추진실적을 매년 2월말까지 국토교통부장관에게 제출하여야 한다.

따라서 ㉠에는 '전년도 11월말', ㉡에는 '매년 2월말'이 들어가야 한다.

10

정답 | ④

Quick해설 [철도산업발전기본법 시행령 제42조(국가부담비용의 정산)]

① 제41조 제2항의 규정에 의하여 국가부담비용을 지급받은 철도운영자는 당해 반기가 끝난 후 30일 이내에 국가부담비용정산서에 다음 각호의 서류를 첨부하여 국토교통부장관에게 제출하여야 한다.

1. 수입 · 지출명세서
2. 수입 · 지출증빙서류
3. 그 밖에 현금흐름표 등 회계관련 서류

따라서 빈칸에는 '30일'이 들어가야 한다.

전공 기출복원 모의고사(경영학)

01	02	03	04	05	06	07	08	09	10
②	③	④	④	⑤	②	②	③	⑤	④
11	12	13	14	15	16	17	18	19	20
⑤	①	④	③	⑤	②	④	①	②	①
21	22	23	24	25	26	27	28	29	30
③	③	④	④	⑤	④	②	①	⑤	①

01 정답 | ②

[상세해설] 과정이론은 사람들이 어떤 과정을 거쳐서 동기 부여가 되는지 연구한 이론이다. 대표적인 이론으로는 기대이론, 공정성이론, 목표설정이론 등이 있다.

[오답풀이] ①, ③, ④, ⑤ 내용이론으로, 무엇이 사람들을 동기 부여를 시키는지에 대해 연구한 이론이다. 욕구단계이론, ERG이론, 2요인이론, X－Y이론, 성취동기이론 등이 있다.

02 정답 | ③

[상세해설] 전환적 마케팅은 부정적 수요 상태에서 실제 수요를 (－)로부터 (＋)로 전환시켜 이상적인 수요와의 격차를 줄이기 위한 마케팅 활동이다. 특정 제품이나 서비스에 관한 소비자들의 관심이 줄어들 때, 전환적 마케팅을 통해 새로운 관심을 유도하거나, 다양한 마케팅 활동을 통해 소비를 촉진하는 데 집중한다.

[오답풀이] ① 디마케팅(Demarketing): 자사의 상품에 대한 구매를 의도적으로 줄이기 위한 마케팅 활동이다.

② 리마케팅(Remarketing): 방문한 적이 있는 잠재 고객을 대상으로 다시 마케팅을 진행하여 고객의 재방문 및 재구매를 촉진하는 효과를 위한 마케팅 활동이다.

④ 신제품 개발(Product Development): 기존 시장을 대상으로 새로운 제품을 제공하는 것으로 소비 정체라는 특정 상황보다는 더 광범위한 의미로 사용될 수 있다.

⑤ 다각화(Diversification): 새로운 제품을 개발하여 새로운 고객에게 판매하는 방법이다.

03 정답 | ④

[상세해설] 워크샘플링법은 전체 작업과정 동안 무작위로 많은 관찰을 해서 직무행동에 대한 정보를 얻는 방법이다. 따라서 직무성과가 외부에서 관찰되기 쉬운 경우에 효과적이다.

[오답풀이] ① 관찰법: 직무분석자가 직무담당자의 직무수행 장면을 관찰하고 관찰 결과를 기록함으로써 직무정보를 얻는 방법이다.

② 면접법: 면접을 통해 직무정보를 획득하는 방법이다.

③ 종업원 기록법: 종업원의 작업활동을 작업일지에 기록하게 하여 그것으로부터 직무정보를 얻는 방법이다.

⑤ 경험법: 직접 일을 체험해 보고 직무정보를 얻는 방법이다.

모두 외형적으로 직무성과가 드러나기 어려운 경우에 사용하는 방법들이다.

04 정답 | ④

[상세해설] 개별화는 각 요소를 독립적으로 구분하여 인식하는 방식으로, 지각 정보 처리 모형의 조직화 원리에 해당하지 않는다.

[오답풀이] ① 폐쇄성: 불완전한 정보를 완전하게 보려는 경향으로 조직화 원리에 해당한다.

② 단순성: 복잡하거나 많은 양의 정보가 들어왔을 때 단순하게 인식하려는 경향으로 조직화 원리에 해당한다.

③ 근접성: 가까이 있는 정보끼리 패턴이나 그룹으로 무리 지어 인식하는 경향으로 조직화 원리에 해당한다.

⑤ 전경과 배경: 어떤 정보에 대하여 임의로 가중치를 부여하여 중요한 요소인 전경과 부수적인 요소인 배경으로 구분하는 경향으로 조직화 원리에 해당한다.

05 정답 | ⑤

[상세해설] 기능목록제도는 직원의 보유 기술과 기능을 목록화하여, 종업원의 직무수행 능력을 평가하는 데 도움을 준다. 이를 통해 조직은 인재를 효과적으로 관리하고 적합한 직무에 배치할 수 있으며, 인재 개발이나 경력 개발 프로그램을 계획하는 데도 유용하게 활용할 수 있다.

[오답풀이] ① 직능자격제도: 직무수행 능력을 단계적으로 구분하여 직능의 자격 기준을 정하고, 종업원이 기준

에 맞는지 확인하여 승진과 승급을 결정하는 제도이다.
② 자기신고제도: 직원이 자신의 경력 목표와 현 상황을 보고하는 제도이다.
③ 직무순환제: 다양한 직무경험을 통해 직무능력을 향상시키는 제도이다.
④ 평가센터제도: 다양한 방법을 통하여 관리자로서 능력이 있는지를 평가하는 제도이다.

06

정답 | ②

[상세해설] 전문가들의 경험과 판단에 기초하여 예측하는 것은 인적자원의 수요예측 기법이다.

핵심이론 TIP

[인적자원의 공급예측]
인적자원의 내부 공급예측 기법으로는 기능목록, 대체도, 마코프 분석이 있으며, 외부 공급예측 기법으로는 고용 관련 DB, 노동시장 분석 등이 있다.

07

정답 | ②

[상세해설] 예의적 행동은 자기로 인해 다른 조직구성원이 피해를 보지 않게 하는 사려 깊은 행동을 말한다. 이를 통해 불필요한 갈등을 줄이고 조직 내 협력적 분위기를 조성한다.

[오답풀이] ① 이타적 행동: 자신의 이익보다는 타인을 위한 도움에 중점을 둔다. 예를 들어 동료가 마감일을 맞추는 데 필요한 자료를 제공하거나, 새로운 직원이 업무에 빠르게 적응할 수 있도록 도와주는 것 등이 있다.
③ 시민의식: 조직 내 활동에 적극적으로 참여하는 것에 중점을 둔다. 예를 들어 회의에서 적극적으로 의견을 개진하는 것 등이 있다.
④ 스포츠맨십: 직장 내 불편하거나 불리한 상황에서도 긍정적인 태도를 유지하려는 행동이다.
⑤ 성실성: 조직이 요구하는 수준 이상의 임무를 수행하는 행동으로, 규칙을 준수하고 업무 책임감을 보여준다.

08

정답 | ③

[상세해설] 무검사는 제품의 품질에 대한 충분한 신뢰가 쌓여 별도의 검사가 필요하지 않은 경우에 검사를 생략하고 품질을 보증하는 방법이다.

[오답풀이] ①, ② 샘플 검사와 전수 검사는 일부 또는 전체에 대하여 검사하는 방법으로 품질을 보증하는 방법이 아니다.
④ 품질 인증: 다른 기관 등으로부터 제품을 공식적으로 인증받는 방법으로 간접적으로 보증한다고 볼 수 없다. 품질 국제표준으로는 ISO 9000, ISO 14000 등이 있다.
⑤ 싱고 시스템: 통계적 품질관리 기법과는 달리 실수를 사전에 방지하고 불량품의 발생을 줄이는 데 중점을 둔 시스템이다.

09

정답 | ⑤

[상세해설] JIT 시스템은 소규모 로트(Lot)로 운영되는데, 로트 크기가 줄어들면 가동준비 횟수 증가라는 문제가 발생한다. 따라서 가동준비(Set-up)시간의 최소화가 핵심이다.

[오답풀이] ① 소규모 로트로 운영되기 위해서는 적은 품종의 제품이 효과적이다.
② 안돈은 JIT 시스템의 주요 도구로, 생산 현장에서 문제를 즉각적으로 알리고 대응할 수 있도록 돕는 시각적 경고 시스템이다.
③ JIT 시스템의 철학은 낭비를 제거하는 것이다.
④ JIT 시스템은 매우 적은 재고로 운영되므로 공급업체와 긴밀한 관계를 유지하는 것이 필수적이다.

10

정답 | ④

[상세해설] 설비의 유연성이 높은 프로세스부터 나열하면 '개별 작업 프로세스-뱃치 프로세스-라인 프로세스-연속 프로세스' 순이다. 특히 연속 프로세스는 매우 효율적이고 생산량이 많은 대신 프로세스를 바꾸는 데 비용이 많이 든다.

11

정답 | ⑤

[상세해설] 조직의 업무가 그 내용이 유사하고, 관련성이 높은 경우 이러한 업무들을 결합하여 효율성을 극대화하고자 한다. 이에 따라 엄격한 부서화와 전문화 수준 향상이 이루지는데, 이는 기계적 조직의 특성에 가깝다.

[오답풀이] ① 기계적 조직은 절차와 규칙이 명확하게 정의되어 안정적인 환경에서 효과적이다.

② 기계적 조직은 의사결정이 중앙집권화되어, 상층부에서 주로 결정을 내린다.

③ 기계적 조직은 공식화 수준이 높다.

④ 유기적 조직은 수평적 소통을 통해 빠르게 변화하는 환경에 적합하다.

12

정답 | ①

[상세해설] 차별적 성과급을 통해 과업에 따라 임금을 다르게 지급하는 것은 맞으나, 작업자의 동기 부여에 관한 내용은 다루지 않았다. 단지, 생산량에 따른 차등적인 임금 지급이 일률적인 임금 지급보다 능률적이라는 점을 주장한 것이다.

[오답풀이] ②, ③, ④, ⑤ 테일러는 조직적 태업의 근본적 문제를 표준 작업량의 불명확성이라고 생각하였기 때문에 표준 작업량을 통해 업무를 분업하였다. 관리활동 또한 한 감독자가 모든 근로자를 관리하는 것이 아니라 분업화를 통해 기능별로 나누어 맡겼다.

13

정답 | ④

[상세해설] 과업정체성은 직무가 요구하는 전체 작업의 완성과 식별 가능한 업무 분화 정도를 말한다. 따라서 과업의 분화가 많이 될수록 과업정체성은 낮아진다.

[오답풀이] ① 2요인이론에서 작업환경은 위생요인에 해당하므로 종업원의 '만족'에는 변화가 없고, '불만족'만 줄어든다.

② 공정성이론의 경우 임금 수준 그 자체보다는 투입과 산출의 비율을 준거인과 비교했을 때 개인이 불공정한지 혹은 공정한지를 어떻게 지각하느냐가 더 중요하다.

③ 기대이론에 의하면 종업원이 선호하는 보상 수단을 제공하면 유의성이 높아진다.

⑤ 욕구의 좌절-퇴행을 긍정하는 이론은 ERG이론이다.

14

정답 | ③

[상세해설] 외부 집단과의 경쟁으로 구성원들은 단결하고 협력할 수 있으므로 집단의 응집성을 강화한다.

15

정답 | ⑤

[상세해설] 분배적 협상에서 분배 가능한 자원의 양은 고정되어 있으나, 통합적 협상에서 분배 가능한 자원의 양은 변동 가능하다.

[오답풀이] ①, ②, ③ 분배적 협상은 고정된 크기의 몫에서 서로의 양이 정해지므로 제로섬 게임의 형태이고, 통합적 협상은 쌍방에게 모두 유리한 해결책을 만들어낼 수 있다고 본다.

④ 통합적 협상은 장기적인 관계를 수립시켜준다.

16

정답 | ②

[상세해설] 통계적 품질관리 기법 중 관리도는 생산공정의 변동 여부를 알아보기 위해 작성한다. 품질 문제의 직접적인 원인을 파악하기 위해서는 인과분석도를 그려보아야 한다.

[오답풀이] ① 관리도는 시간의 경과에 따라 발생하는 이상변동에 의한 공정상 변화를 찾아내는 데 목적을 두는 통계기법이다.

③, ④ 관리한계의 폭을 넓히면 타점이 관리한계 바깥쪽으로 벗어날 가능성이 줄어든다. 이에 따라 정상품으로 받아들여지는 불량품의 수가 증가하게 되므로 소비자 위험이 커진다.

⑤ 안정 상태를 유지하게 되면, 우연변동만이 남게 된다.

17

정답 | ④

[상세해설] e-비즈니스는 온라인 플랫폼을 통해 운영되므로 실시간 고객 피드백을 받더라도 대면 의사결정은 어렵다. 대면 접촉이 필요한 즉각적인 의사결정은 전통적인 오프라인 비즈니스에서 더 유리하게 작용한다.

18

정답 | ①

[상세해설] 직무평가의 평가 요소로서 도전성은 직무평가에서 요구되는 책임 요소보다는 노력 요소와 관련 있다.

[오답풀이] ②, ④, ⑤ 평가 요소 중 책임 요소는 지도감독 책임, 타인의 위험 등과 관련이 있다. 따라서 관리감독, 직무개선은 책임의 일환으로 평가될 수 있다.

③ 기계설비의 경우 대물적 책임으로 설비책임과 관련 있다.

19

정답 | ②

[상세해설] 성장기 시장에서는 제품의 수요가 급격히 증가하면서 매출액도 많이 증가한다. 따라서 매출액 대비 판매촉진 비중이 감소한다.

[오답풀이] ① 고객의 다수가 혁신자인 시장은 도입기이다.

③ 성숙기의 시장에서는 제품수정 전략을 통해 품질, 특징 스타일 등을 개선하고, 판매를 자극하고자 노력한다.

④ 기업의 투자를 수확하는 시장은 쇠퇴기이다.

⑤ 시장 점유율을 유지하는 시장은 성숙기이다.

20

정답 | ①

[상세해설] 스캘론 플랜(Scalon Plan)은 생산의 판매가치에 대한 인건비 비율이 사전에 설정한 표준 이하인 경우 종업원에게 보너스를 주는 제도이다.

[오답풀이] ② 럭커 플랜(Rucker Plan): 총노무비 중 부가가치의 비율을 기준으로 보너스를 지급하는 제도이다.

③ 임프로셰어(Improshare): 표준작업시간과 비교하여 절약된 노동시간을 기준으로 보너스를 지급하는 제도이다.

④ 프로핏 셰어링(Profit Sharing): 기업이 달성한 순이익의 일정 비율을 근로자들에게 배분하는 제도이다.

⑤ 종업원 지주제(ESOP): 기업이 특별한 조건으로 종업원에게 주식 일부를 분배하는 제도이다.

21

정답 | ③

[상세해설] 안전재고가 전혀 없다고 해서 항상 품절이 되는 것은 아니다. 안전재고는 예기치 못한 수요에 대비한 재고이므로 수요가 과다하지 않으면 품절되지 않을 수도 있다.

[오답풀이] ① 안전재고는 예상하지 못한 수요에 대비한 재고이다.

② 예상재고는 예상되는 수요나 계절적 수요에 대응하기 위한 재고이다.

④ 로트(Lot) 생산이나 구매는 주기적으로 발생하기 때문에 주기재고가 발생하게 된다. 하지만 오늘날 산업계에서는 가동준비시간과 준비비용을 줄이면서 로트 크기와 재고를 줄여나가는 것이 추세가 되고 있다.

⑤ 불확실한 상황에 대비하기 위한 안전재고를 감소시키기 위해서는 불확실한 상황이 발생하더라도 이른 시일 안에 물건을 확보할 수 있게 해야 한다.

22

정답 | ③

[상세해설] 아웃바운드 텔레마케팅에 관한 설명이다. 인바운드 텔레마케팅은 Pull 방식으로 고객의 행동과 반응이 선제적이다.

23

정답 | ④

[상세해설] 데이터베이스 마케팅은 고객 개개인에 맞춘 개인화된 메시지와 타겟팅에 중점을 둔다.

[오답풀이] ① 개별 고객 맞춤형 제안을 통해 구매 전환율을 높일 수 있다.

② 충성도 높은 고객을 대상으로 맞춤형 로열티 프로그램을 운영하여 이탈을 방지할 수 있다.

③ 고객 데이터를 대량으로 수집하고 활용하기 때문에 개인정보 유출의 우려가 존재한다.

⑤ 고객 데이터를 활용하여 시장 기회와 신제품 개발 전략을 수립하는 데 도움을 준다.

24

정답 | ④

[상세해설] 구성원들이 의사결정에 참여함으로써 책임감을 분산시키는 경향이 있으며, 책임이 명확하게 집중되지 않아 오히려 책임감이 약화할 가능성이 존재한다.

[오답풀이] ① 위원회 구성원들은 다양한 전문 지식을 활용하여 문제 해결에 도움 줄 수 있다.

③ 여러 구성원의 의견을 수렴함으로써 창의적이고 혁신적인 문제 해결책을 도출할 수 있다.

25

정답 | ⑤

[상세해설] 종합센터평가에 대한 설명이다.

[오답풀이] ① 360도 피드백: 상사, 동료, 부하 직원 등 다각도의 평가자로부터 피드백을 받아 개인의 역량을 평가한다.

② 패널면접: 여러 명의 면접관이 한 명의 지원자를 면접하는 방식이다.

③ 중요사건법: 평가기간에 일어난 효과적 또는 비효과적 성공 등 중요사건을 관찰 및 기록해 두었다가 이를 토대로 평가하는 방법이다.

④ 쌍대비교법: 순위를 매기기 위해 종업원들을 서로 짝지워 평가하는 방법이다.

26

정답 | ④

[상세해설] 제품별 배치의 작업 흐름은 보통 미리 정해진 패턴을 따라가며, 각 작업장은 전문화된 하나의 작업만을 수행하므로 작업 흐름이 원활하다. 이로 인해 설비의 활용률이 공정별 배치보다 상대적으로 높다.

[오답풀이] ① 제품별 배치에서 작업장 배치는 제품의 공정순서에 따른다.

② 공정별 배치는 다양한 제품이 소량으로 생산되고 각 제품의 작업 흐름이 서로 다른 경우에 적합하다. 따라서 원가의 효율성이 상대적으로 낮다.

③ 제품별 배치는 반복적으로 대량생산하는 프로세스에 적합한 설비배치 형태이다. 따라서 제품에 변화가 있을 때마다 배치를 변경해야 하므로 공정별 배치보다 유연성이 떨어진다.

⑤ 다품종 소량생산의 경우 제품별 배치는 과잉 생산능력을 초래한다.

27

정답 | ②

[상세해설] 지각적 범주화는 소비자가 자극에 노출되면 자극을 기억 속에 가지고 있던 스키마와 관련 지음으로써 자신의 방식으로 그것을 이해하도록 노력하는 현상이다.

[오답풀이] ① 지각적 균형은 외부로부터 얻는 정보와 자신의 기존 가치관, 신념 등 사이에서 일관성을 유지하려고 하는 현상이다.

③ 지각적 방어는 자신에게 위협이 되는 자극이나 불편한 정보를 무의식적으로 차단함으로써 그것에 대해 덜 인식하거나 덜 민감하게 반응하려고 하는 현상이다.

④ 지각적 조직화는 외부 정보를 수용할 때 의미 있는 형태로 통합하고 정리하는 과정을 말한다.

⑤ 지각적 경계는 각 개인이 주관적으로 외부 자극을 인식하여 같은 정보라도 사람에 따라 같은 자극을 다르게 받아들이는 현상이다.

28

정답 | ①

[상세해설] 단기적으로는 대응할 수 있으나, 장기적으로는 결국 재고가 쌓이는 현상이므로 공급사슬망 채찍효과를 감소시키기에는 어렵다.

[오답풀이] ②, ③ 공급사슬망 참여자 간 정보 공유를 통해 재고에 대한 예측이 정확해져 채찍효과를 감소시킬 수 있다.

④ 리드타임을 줄이면 재고를 많이 확보할 필요가 없으므로 채찍효과를 감소시킬 수 있다.

29

정답 | ⑤

[상세해설] 프로스펙트 이론에 따르면 혜택은 분리하여 제시할 때 소비자가 더 큰 가치를 느끼고, 손실은 통합하여 제시할 때 소비자가 덜 부정적으로 받아들인다.

[오답풀이] ① 포획제품 가격전략(Captive Product Pricing)의 사례이다.

② 유보가격은 소비자가 특정 제품이나 서비스에 대해 기꺼이 지급할 수 있는 최대금액을 의미하며, 가격차별전략은 유보가격이 높은 세분시장에서는 높은 가격을 받는다.

③ 웨버의 법칙에 대한 설명으로, JND는 가격변화를 느끼게 만드는 최소의 가격변화 폭을 의미한다.

④ 묶음 가격은 상품들이 상호 보완적일 때 효과적이다.

30

정답 | ①

[상세해설] Hall이 주장한 국가 간 문화 분류 차원이다.

전공 기출복원 모의고사(기계일반)

01	02	03	04	05	06	07	08	09	10
④	①	②	①	②	③	③	②	④	③
11	12	13	14	15	16	17	18	19	20
④	①	②	②	④	④	③	②	③	④
21	22	23	24	25	26	27	28	29	30
②	③	⑤	④	②	⑤	③	⑤	④	⑤

01

정답 | ④

[상세해설] $VT^n=C$

$n=0.5$일 때, $VT^{0.5}=C$

절삭 속도가 2배가 되면 $(2V)T'^{0.5}=C$

(T'=새로운 공구 수명)

$VT^{0.5}=(2V)T'^{0.5}$

$T^{0.5}=2T'^{0.5}$

$T=4T'$

$T'=\frac{T}{4}$

따라서 절삭 속도가 2배가 되면 공구 수명은 $\frac{1}{4}$배로 감소한다.

[오답풀이] ⑤ n값은 고속도강 0.05~0.2, 초경합금 0.125~0.25, 세라믹 0.4~0.55, 일반적 1/10~1/5이다.

02

정답 | ①

[상세해설] 동력=힘×속도=$\mathrm{N \cdot m/s=(kg \cdot m/s^2)m/s}$
$\mathrm{=kg \cdot m^2/s^3=kg \cdot m^2 \cdot s^{-3}}$

[오답풀이] ② 응력=$\mathrm{N/m^2=(kg \cdot m/s^2)/m^2=kg/m \cdot s^2}$
$\mathrm{=kg \cdot m^{-1} \cdot s^{-2}}$

③ 힘=$\mathrm{N=kg \cdot m/s^2=kg \cdot m \cdot s^{-2}}$

④ 에너지=힘×거리=$\mathrm{N \cdot m=(kg \cdot m/s^2) \cdot m}$
$\mathrm{=kg \cdot m^2 \cdot s^{-2}}$

⑤ 압력=$\mathrm{N/m^2=(kg \cdot m/s^2)/m^2=kg/m \cdot s^2}$
$\mathrm{=kg \cdot m^{-1} \cdot s^{-2}}$

03

정답 | ②

[상세해설]

- 운동량 보존의 법칙: $m_1V_1+m_2V_2=m_1V_1'+m_2V_2'$

$V_1+V_2=V'_1+V'_2$

$2+0=V'_1+V'_2$

- 반발계수 $e=-\dfrac{V'_{A/B}}{V_{A/B}}=-\dfrac{V'_A-V'_B}{V_A-V_B}=\dfrac{V'_2-V'_1}{V_1-V_2}$

$=\sqrt{\dfrac{h'}{h}}$

$0.8=\dfrac{V'_2-V'_1}{2-0}$

$1.6=V'_2-V'_1$

$V'_1=V'_2-1.6$

위의 식을 $2+0=V'_1+V'_2$에 대입하면 다음과 같다.

$2=-(V'_2-1.6)+V'_2$

$2V'_2=3.6 \quad \therefore V'_2=1.8[\text{m/s}]$

04

정답 | ①

[상세해설] • 각가속도 $\alpha=\dfrac{\omega}{t}$(ω: 각속도, t: 시간)

$\dfrac{200-50}{10}$

$=15[\text{rad/s}^2]$

05

정답 | ②

[상세해설] • 정압과정 $P=C$

$\dfrac{V_1}{T_1}=\dfrac{V_2}{T_2}$

$\dfrac{V_1}{10+273}=\dfrac{2V_2}{T_2}$

$\therefore T_2=566[\text{K}]=293[℃]$

06

정답 | ③

[상세해설] $\mu=\dfrac{\varepsilon'}{\varepsilon}=\dfrac{\dfrac{\delta}{d}}{\dfrac{P}{AE}}=\dfrac{AE\delta}{dP}=\dfrac{\pi dE\delta}{4P}$

$\therefore \delta=\dfrac{4P\mu}{\pi dE}$

07

정답 | ③

[상세해설] 정압과정이므로 $p=c$이다.

$WLSUB1_2=\int_1^2 PdV$

$=P(V_2-V_1)$

$=150(0.3-0.1)$

$=30[\text{kJ}]$

08

정답 | ②

[상세해설] 심냉 처리(Sub-Zero Treatment)에 대한 설명이다.

09

정답 | ④

[상세해설] • $Q=A\times V$

- $V=\dfrac{Q}{A}\left(A=\dfrac{\pi d^2}{4}\right)$

$V=\dfrac{1}{\left(\dfrac{1}{3}\right)^2}=9$배 (유속은 관경의 제곱에 반비례한다.)

10

정답 | ③

[상세해설] • 레이놀즈 수 $Re=\dfrac{\rho Vd}{\mu}=\dfrac{1,000\times0.5\times0.4}{2}$

$=100$

- 수평 원관 유동에서 $Re<2,100$이므로 이 흐름은 층류이다. 층류이므로 관 마찰계수 $f=\dfrac{64}{100}=0.64$이다.

11

정답 | ④

[상세해설] 고유진동수 $f_n=\dfrac{\omega_n}{2\pi}=\dfrac{1}{2\pi}\sqrt{\dfrac{k}{m}}=\dfrac{1}{2\pi}\sqrt{\dfrac{g}{\delta_{st}}}$

- ω_n: 고유각진동수(=고유원진동수)
- m: 질량
- k: 스프링 상수
- g: 중력가속도
- δ_{st}: 정적처짐량

관성과 탄성은 진동계의 2대 요소로서 탄성이 없으면 복원할 수 없고, 탄성이 클수록 진동수가 크다. 즉, 관성이 작을수록 진동수가 큰 빠른 진동이 되고, 관성이 클수록 진동수가 작은 느린 진동이 된다.

따라서 계의 고유진동수에 영향을 미치는 것은 ㉡, ㉢, ㉣이다.

[오답풀이] ㉠ 계의 초기조건은 고유진동수에 영향을 미치는 요소가 아니다.

12

정답 | ①

[상세해설] • 원통 길이(L): 40mm

원통 지름(D): 20mm

길이 변화(δ): -0.04mm(압축으로 줄어들었으므로 음수)

지름 변화(δ'): 0.06mm(늘어났으므로 양수)

$$\text{푸아송 비}(\nu) = -\frac{(\text{원주방향 변형률})}{(\text{축 방향 변형률})} = -\frac{\varepsilon'}{\varepsilon}$$

• 축방향 변형률 $\varepsilon = \frac{\delta}{L} = \frac{-0.04}{40} = -0.001$

• 원주방향 변형률 $\varepsilon' = \frac{\delta'}{D} = \frac{0.06}{20} = 0.003$

$$\therefore \nu = -\frac{\varepsilon'}{\varepsilon} = \frac{0.003}{-0.001} = 3$$

13

정답 | ②

[상세해설] 배럴가공(Barrel Finishing)은 회전 또는 진동하는 다각형의 상자 속에 공작물과 연마제 및 가공액 등을 넣고 서로 충돌시켜 매끈한 가공면을 얻는 방법이다.

14

정답 | ②

$\delta = \frac{Pl}{AE}$에 $E = 2.1 \times 10^7$를 대입하면 다음과 같다.

$$\delta = \frac{40 \times 1{,}000 \times 300}{\frac{\pi}{4} \times (2)^2 \times 2.1 \times 10^7}$$

$= 0.18[\text{cm}]$

핵심이론 TIP

[보 처짐량 δ]

W: 중앙집중하중, l: 회전축의 길이, E: 탄성계수, I: 단면 2차 모멘트

• 외팔보의 자유단에 집중하중이 작용할 때의 최대 처짐량

$$\delta_{max} = \frac{Wl^3}{3EI}$$

• 외팔보에 균일분포하중이 작용할 때의 최대 처짐량

$$\delta_{max} = \frac{Wl^4}{8EI}$$

• 단순지지보에 집중하중이 작용할 때의 최대 처짐량

$$\delta_{max} = \frac{Wl^3}{48EI}$$

• 양단 고정보의 중앙에 집중하중이 작용할 때의 최대 처짐량

$$\delta_{max} = \frac{Wl^3}{192EI}$$

15

정답 | ④

[상세해설] • 질량(m) $= \frac{W}{g} = \frac{20N}{10\text{m/s}^2} = 2\text{kg}$

• 스프링 정수(K) $= 0.3\text{N/cm} = 30\text{N/m}$

• 댐핑 계수(C) $= 0.05\text{N} \cdot \text{s/cm} = 5\text{N} \cdot \text{s/m}$

• 감쇠비(ζ) $= \frac{C}{2\sqrt{(m \times K)}} = \frac{5}{2\sqrt{2 \times 30}} = \frac{5}{2\sqrt{60}}$

16

정답 | ④

[상세해설] 내연기관에 사용되는 윤활유 점도에 대한 설명으로 옳은 것은 ㉠, ㉡, ㉣, ㉤이다.

[오답풀이] ㉢ 점도지수 번호가 높을수록 온도변화에 대한 점도변화가 작다.

17

정답 | ③

[상세해설] 아크 용접 결함인 언더컷의 주요 발생원인은 다음과 같다.

• 아크 길이가 너무 길 때

• 용접봉 선택이 부적당할 때

• 용접 속도가 너무 빠를 때

• 용접 전류가 높을 때

18

정답 | ②

[상세해설] 총배기량은 다음과 같다.

$V_S = A \times S \times N$($S$: 행정 길이, N: 실린더 수)

$$=\frac{\pi D^2}{4}\times S\times N$$

$$=\frac{\pi[4cm]^2}{4}\times 3[cm]\times 6$$

$$=72\pi[cm^3]$$

$$=72\pi[cc]$$

19

정답 | ③

[상세해설] • 마찰력 $f=\mu W=\mu mg$

$$=0.2\times 50\times 10$$

$$=100[N]$$

• $F=ma=m\frac{V}{t}$

$$Ft=mV$$

$$(P-f)t=mV$$

$$V=\frac{(P-f)t}{m}=\frac{(500-100)\times 5}{50}=40[m/sec]$$

20

정답 | ④

[상세해설] 카르노사이클 열효율은 다음과 같다.

$$\eta=1-\frac{T_2}{T_1}=1-\frac{30+273}{500+273}=1-0.391=0.608(60.8\%)$$

핵심이론 TIP

• 카르노사이클 열효율 $\eta=\frac{\text{유효열량}}{\text{공급열량}}=\frac{W}{Q_1}=\frac{Q_1-Q_2}{Q_1}$

$$=1-\frac{Q_2}{Q_1}=1-\frac{T_2}{T_1}$$

• 오토사이클 열효율 $\eta_O=1-\frac{T_4-T_1}{T_3-T_2}=1-\left(\frac{1}{\varepsilon}\right)^{k-1}$

• 디젤사이클 열효율 $\eta_D=1-\left(\frac{1}{\varepsilon}\right)^{k-1}\times\frac{\sigma^k-1}{k(\sigma-1)}$

• 사바테사이클 열효율

$$\eta_S=1-\left(\frac{1}{\varepsilon}\right)^{k-1}\times\frac{\rho\sigma^k-1}{(\rho-1)+k\rho(\sigma-1)}$$

• 브레이튼사이클 열효율 $\eta_B=1-\frac{T_4-T_1}{T_3-T_2}=1-\left(\frac{1}{\gamma}\right)^{\frac{k-1}{k}}$

21

정답 | ②

[상세해설] 가솔린기관과 디젤기관의 특징을 비교하면 다음과 같다.

구분	가솔린 기관	디젤기관
연료	가솔린(가격↑)	경유(고속디젤), 중유(그외)(가격↓)
점화방식	전기불꽃점화	(자연)착화
기본사이클	오토사이클	사바테 사이클(고속디젤) 디젤 사이클(저·중속 디젤)
압축비	낮다	높다
열효율	↓	↑
연료소비율	↑	↓

• 가솔린 기관

옥탄가(ON)는 가솔린이 연소할 때 이상폭발을 일으키지 않는 정도를 나타내는 성질이며, 관련 식은 다음과 같다.

$$ON=\frac{\text{이소옥탄}(C_8H_{18})}{\text{이소옥탄}(C_8H_{18})+\text{정헵탄}(C_7H_{16})}\times 100$$

• 디젤기관

세탄가(CN)는 디젤기관연료의 착화성을 나타내는 수치이며, 관련 식은 다음과 같다.

$$CN=\frac{\text{세탄}(C_{16}H_{34})}{\text{세탄}(C_{16}H_{34})+\alpha\text{메틸나프탈린}(C_9H_{10})}\times 100$$

따라서 디젤기관 연료의 착화성을 나타내는 것은 세탄가이다.

22

정답 | ③

[상세해설] • $T=PR$

$$=\mu W\frac{D}{2}$$

$$=\mu W\frac{\frac{D_1+D_2}{2}}{2}$$

$$=\mu W\frac{D_1+D_2}{4}$$

$$14.7\times 10^3=0.2\times W\times\frac{60+80}{4}$$

• $W=\frac{14.7\times 10^3\times 4}{0.2\times 140}$

$$=2,100[N]$$

23

정답 | ⑤

[상세해설] • 절삭속도 $v=\frac{\pi dn}{1,000}=\frac{3\times100\times1,000}{1,000}$

$=300[\text{m/min}]$

$=30,000[\text{cm/min}]$

• 회전당 이송량 $f_r=0.4[\text{mm/rev}]=0.04[\text{cm/rev}]$

• 절입깊이 $t=1[\text{mm}]=0.1[\text{cm}]$

• 재료제거율 $V=v\times f_r\times t=30,000\times0.04\times0.1$

$=120[\text{cm}^3/\text{min}]$

24

정답 | ④

[상세해설] • $T=PR$

$=f\frac{D}{2}$

• 제동력 $f=\frac{2T}{D}$

• 조작력 $F=\frac{f}{l}\times\frac{a}{e^{\mu\theta}-1}$

$$F=\frac{\frac{2T}{D}}{l}\times\frac{a}{e^{\mu\theta}-1}$$

$$=\frac{2T}{lD}\times\frac{a}{e^{\mu\theta}-1}$$

$$=\frac{2\times300,000}{500\times200}\times\frac{50}{4-1}$$

$=100[\text{N}]$

25

정답 | ②

[상세해설] • $a_n=r\omega^2$

• $V=r\omega$

$\omega=\frac{V}{r}$

• $a_n=r\omega^2=r\left(\frac{V}{r}\right)^2=\frac{V^2}{r}=\frac{30^2}{50}=18[\text{m/s}^2]$

26

정답 | ⑤

[상세해설] ㉠, ㉡, ㉢, ㉣, ㉤ 모두 옳은 설명이다.

27

정답 | ③

[상세해설]

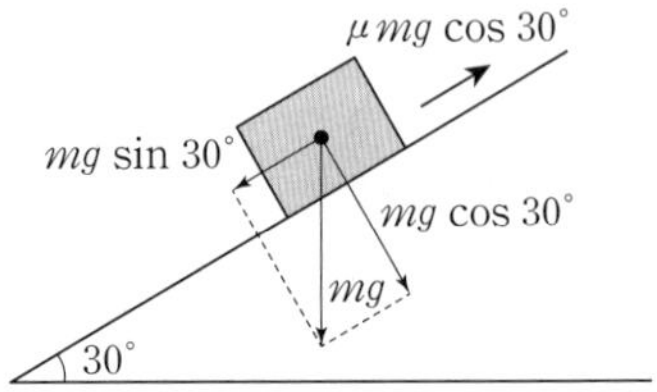

물체가 미끄러지지 않기 위해서는 다음과 같아야 한다.

$\mu mg\cos30^\circ\geq mg\sin30^\circ$

$\mu\geq\frac{\text{SIN}30^\circ}{\text{COS}30^\circ}$

28

정답 | ⑤

[상세해설] ㉠ 송출량 및 송출압력이 주기적으로 변화하는 현상은 백동과 서징으로 구분되며 펌프 자체의 작동으로 인한 주기적인 변화는 맥동, 시스템의 불안정으로 인한 주기적인 변화는 서징이라 한다.

㉡ 공동현상(캐비테이션)은 고속 회전하는 임펠러 끝단에서의 유체의 속도가 고속이 될 경우에 발생할 수 있다.

㉢ 원심펌프의 회전수와 양정의 관계는 제곱에 비례하므로 회전수가 3배 증가하면 양정은 9배 증가한다.

㉣ 축류 펌프는 유량이 크고 저양정인 경우에 적합하다.

㉤ 벌류트 펌프는 맴돌이형 실이 아닌 맴돌이형 통로인 벌류트 케이싱을 가지고 있다.

핵심이론 TIP

[펌프 분류]

용적형 펌프는 공간용적을 주기적으로 변화시켜 액체를 흡입 배출하는 펌프로 다음과 같이 분류할 수 있다.

- 왕복 펌프
  - 피스톤 펌프: 유량↑, 저압
  - 플런저 펌프: 유량↓, 고압
  - 라인 펌프
  - 버킷 펌프: 가정용 수동펌프(피스톤 중앙에 구멍 뚫어 밸브 설치)
- 회전 펌프
  - 기어 펌프
  - 나사 펌프
  - 베인 펌프
  - 캠 펌프

비용적형 펌프(터보형)는 흡입관과 배출관을 가진 용기 안에서 날개를 회전시켜 액체에 에너지를 부여하는 펌프(물을 다루는 펌프가 대부분)로 다음과 같이 분류할 수 있다.

- 원심 펌프
  - 벌류트 펌프: 축, 임펠라 – 저양정
  - 터빈 펌프: 축, 임펠라, 가이드베인 – 고양정
- 축류 펌프(프로펠러펌프): 유량↑, 저양정
- 사류 펌프(혼류펌프)

29

정답 | ④

[상세해설]

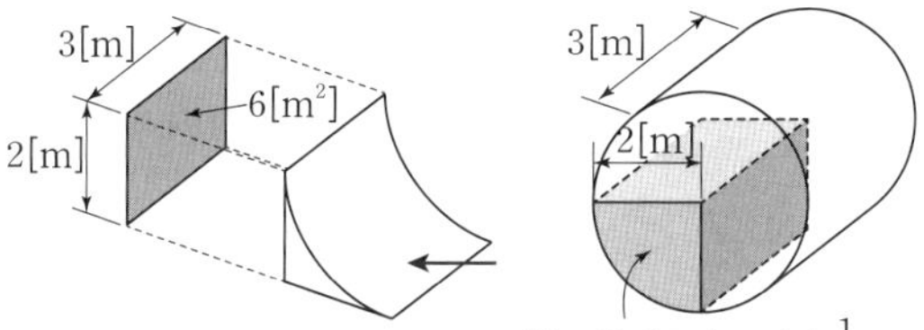

$V=$원기둥의 부피의 $\frac{1}{4}$
$=\frac{1}{4}\pi r^2 b$

- 수평분력 $F_H=\gamma hA$
  $=9.8\times1\times(2\times3)$
  $=58.8$[kN]
- 수직분력 $F_V=\gamma V=\gamma\left(\frac{1}{4}\pi r^2 b\right)$
  $=9.8\left(\frac{1}{4}\pi\times2^2\times3\right)$
  $\fallingdotseq 92.4$[kN]

30

정답 | ⑤

[상세해설] 각운동량은 한 원점에 대해 선운동량이 돌고 있는 정도를 나타내는 물리량을 의미한다.
$L=I\omega$(L: 각운동량, I: 관성모멘트, ω: 각속도[rad/s])

전공 기출복원 모의고사(전기일반)

01	02	03	04	05	06	07	08	09	10
②	①	③	⑤	⑤	②	③	②	①	②
11	**12**	**13**	**14**	**15**	**16**	**17**	**18**	**19**	**20**
③	①	④	②	④	②	①	②	④	②
21	**22**	**23**	**24**	**25**	**26**	**27**	**28**	**29**	**30**
④	②	⑤	①	③	①	①	②	②	⑤

01

정답 | ②

[상세해설] 평행한 두 도선 사이의 힘

$F=\frac{2I_1I_2}{r}\times10^{-7}$[N/m]($r$은 두 도선 사이의 거리)이다.

따라서 $F=\frac{2\times2\times2}{1}\times10^{-7}=8\times10^{-7}$[N/m]이며, 반대 방향의 전류가 흐르므로 반발력이 작용한다.

02

정답 | ①

[상세해설] 히스테리시스 곡선의 특징은 다음과 같다.

- 히스테리시스 루프 면적이 클수록 손실은 커진다.
- 히스테리시스 곡선에서 종축은 자속밀도를 나타낸다.
- 영구자석에 쓰이는 철의 특징으로 히스테리시스 루프 면적은 커야 한다.
- 히스테리시스 곡선의 종축과 만나는 점은 잔류자기이다.
- 히스테리시스 곡선의 횡축과 만나는 점은 보자력이다.
- 강자성체는 히스테리시스 특성을 갖는다.
- 히스테리시스 손실 $P_h=kfB_m^{1.6}$이다.($k=$상수, $f=$주파수, $B_m=$최대자속밀도)

따라서 히스테리시스 루프 면적이 클수록 손실이 작아지는 것은 아니므로 정답은 ①이다.

03

정답 | ③

[상세해설] 무한장 직선 도체로부터 r[m]만큼 떨어진 점에서의 자장의 세기 H는 다음과 같다.

$H=\frac{I}{2\pi r}$[AT/m]

$H=\frac{3}{2\pi\times5}=\frac{3}{10\pi}=\frac{0.3}{\pi}$[AT/m]

04

정답 | ⑤

[상세해설] 비례 적분 미분 제어(PID) 방식의 특징은 다음과 같다.

- PI 동작에 미분 동작을 추가한 제어 방식이다.
- 전달함수는 $G(s)=K\left(1+\frac{1}{T_i s}+T_D s\right)$이다.
- 제어 장치의 정확도를 개선시킬 수 있다.
- 제어 장치의 속응성도 개선시킬 수 있다.

잔류편차는 비례 제어(P제어)에서 발생하므로 정답은 ⑤이다.

05

정답 | ⑤

[상세해설] 무부하 시험으로 구할 수 있는 것은 다음과 같다.

- 철손
- 여자전류
- 여자어드미턴스
- 자화전류

단락 시험으로 구할 수 있는 것은 다음과 같다.

- 동손
- 임피던스 전압

따라서 동손은 무부하 시험으로 구할 수 없으므로 정답은 ⑤이다.

06

정답 | ②

[상세해설] 함수 $f(t)=e^{-2t}\sin 2t$을 라플라스 변환을 하기 위해 복소추이 정리를 이용한다.
라플라스 변환은 $\mathcal{L}[e^{-at}\sin wt]=F(s\mp a)$이므로,

$\mathcal{L}[e^{-at}\sin wt]=\frac{w}{s^2+w^2}|_{s=s+a}=\frac{w}{(s+a)^2+w^2}$를 이용하여 주어진 함수를 라플라스 변환을 하면 다음과 같다.

$$\mathcal{L}[e^{-2t}\sin 2t]=\frac{2}{s^2+2^2}|_{s=s+2}=\frac{2}{(s+2)^2+2^2}$$

07

정답 | ③

[상세해설] 동기 속도 $N_s=\frac{120f}{p}=\frac{120\times60}{4}=1{,}800$[rpm]이므로 유도전동기의 회전자 속도 $N=(1-s)N_s=(1-0.04)\times1{,}800=1{,}728$[rpm]이다.

핵심이론 TIP

[슬립]

슬립 $s=\frac{N_s-N}{N_s}$

08

정답 | ②

[상세해설] 처짐의 정도(이도) $D=\frac{WS^2}{8T}$[m]이므로 주어진 조건을 대입하면 다음과 같다.(T: 수평장력[kg/m], W: 전선의 무게[kg], S: 지지물의 간격[m])

$$D=\frac{4\times100^2}{8\times500}=10[\text{m}]$$

09

정답 | ①

[상세해설] 병렬연결 시 합성정전용량 $C_4=C_2+C_3=4.5+1.5=6[\mu\text{F}]$이며, C_1과 C_4는 직렬연결이므로 합성정전용량 $C=\frac{C_1\times C_4}{C_1+C_4}=\frac{3\times6}{3+6}=2[\mu\text{F}]$이다.

10

정답 | ②

[상세해설] $\mathcal{L}[\cos wt]=\frac{s}{s^2+w^2}$이므로 주어진 함수를 라플라스 변환하면 다음과 같다.

$$\mathcal{L}[2\cos 3t]=2\frac{s}{s^2+3^2}=\frac{2s}{s^2+9}$$

핵심이론 TIP

[라플라스 변환]

$\mathcal{L}[\sin wt]=\frac{w}{s^2+w^2}$

11

정답 | ③

[상세해설] 시간이 T만큼 지연된 함수의 라플라스 변환은 시간추이 정리를 활용하여 계산한다.

$\mathcal{L}[f(t-a)]=F(s)e^{-as}$이므로 T만큼 지연된 함수를 적용하면

$\mathcal{L}[u(t-T)]=U(s)e^{-Ts}$

$=\frac{1}{s}e^{-Ts}$

12

정답 | ①

[상세해설] 전기부식(전식)의 방지 대책은 다음과 같다.

- 변전소 간의 간격을 좁힌다.
- 레일본드의 양호한 시공을 한다.
- 레일과 침목 사이에 절연층을 설치한다.
- 장대레일을 채택한다.
- 배류장치를 설치한다.
- 궤도와의 이격거리를 넓힌다.
- 궤도와의 이격거리를 증대시킨다.

따라서 변전소 간의 간격을 넓히는 것은 아니므로 정답은 ①이다.

13

정답 | ④

[상세해설] 동기발전기에서 병렬운전 시 기전력의 파형이 다를 때는 고조파 순환전류가 흐른다. 동기발전기의 병렬운전 조건은 다음과 같다.

- 기전력의 크기가 같아야 한다.
- 기전력의 위상이 같아야 한다.
- 기전력의 주파수가 같아야 한다.
- 기전력의 파형이 같아야 한다.
- 기전력의 상회전 방향이 같아야 한다.

14

정답 | ②

[상세해설] 중성점 직접 접지방식의 특징은 다음과 같다.

- 보호 계전기 동작이 가장 확실하다.
- 지락전류가 크다.
- 통신선에 대한 유도장해가 가장 크다.
- 저감절연이 가능하다.
- 지락 사고 시 건전상 전위 상승이 매우 작다.
- 과도 안정도가 나쁘다.

15

정답 | ④

[상세해설] • 직류송전 방식의 장점
  - 전력 손실이 적다.
  - 계통의 안정도가 매우 높다.
  - 표피효과가 발생하지 않는다.
  - 코로나 손실이 작다.
  - 주파수가 다른 계통 간 연계가 가능하다.
  - 교류방식 보다 절연비가 적게 든다.

• 직류송전 방식의 단점
  - 전압의 승압과 강압이 어렵다.
  - 변환장치 설치에 드는 비용이 매우 크다.
  - 고장전류 차단이 어렵다.

따라서 코로나 손실이 매우 큰 것은 아니므로 정답은 ④이다.

16

정답 | ②

[상세해설] 회생 제동에 대한 설명이다.

[오답풀이] ① 발전 제동: 전동기를 전원에서 분리하여 단자에 저항을 연결함으로써 이때 발생하는 열에 의해서 제동하는 방식이다.

③ 역상(역전) 제동: 3상 중 2상의 접속을 반대로 바꾸어 회전 방향과 반대 방향의 토크를 발생시킴으로써 제동하는 방식으로 급정지 시 이용한다.

17

정답 | ①

[상세해설] △전선연결(결선)의 상전류와 선전류는 다음과 같이 구할 수 있다.

- 상전류 $I_p=\frac{V_p}{Z}=\frac{100}{\sqrt{3^2+4^2}}=20[\mathrm{A}]$(선간전압($V_l$)=상전압($V_p$))
- 선전류 $I_l=\sqrt{3}I_p[\mathrm{A}]$이므로 $I_l=20\sqrt{3}[\mathrm{A}]$

18

정답 | ②

[상세해설] 3[Ω]에 4[A]의 전류가 흐르므로 양단 전압은 12[V]가 된다. 또한 저항 R과 3[Ω]은 병렬이므로 같은 크기의 전압이 R 양단에 걸린다.

이에 따라 $R=\frac{12}{I_1}=\frac{12}{2}=6[\Omega]$이며,

전체 전류는 $I=I_1+I_2=2+4=6[\text{A}]$이다.

이때, 앞단의 저항 6[Ω]에 6[A]가 흐르게 되므로 양단 전압은 36[V]이다. 따라서 전체 전압 $V=36+12=48$ [V]이다.

19

정답 | ④

[상세해설] 네트워크 시스템의 경우 여러 대가 연결된 통신 시스템에서 서로 데이터를 주고받기 위한 프로토콜로써 OSI 7계층 레이어를 이용한다. OSI 7계층은 다음과 같다.

1층－물리 계층, 2층－데이터링크 계층, 3층－네트워크 계층, 4층－전송 계층, 5층－세션 계층, 6층－표현 계층, 7층－응용 계층이다.

20

정답 | ②

[상세해설] 전력 $P=VI\cos\theta=I^2R[\text{W}]$이므로 $P=I^2R=\left(\frac{V}{Z}\right)^2R[\text{W}]$이고, 전압은 실횻값을 적용해야 하므로 다음과 같다.

$V=\frac{\text{최댓값}}{\sqrt{2}}=\frac{100\sqrt{2}}{\sqrt{2}}=100[\text{V}]$

전류 $I=\frac{V}{Z}=\frac{100}{\sqrt{3^2+4^2}}=20[\text{A}]$

따라서 전력 $P=20^2\times3=1{,}200[\text{W}]$이다.

21

정답 | ④

[상세해설] 5[Ω] 양단 전압이 10[V]이므로 전류 $I=\frac{V}{R}=\frac{10}{5}=2[\text{A}]$이다. 5[Ω]과 직렬로 연결된 4[Ω]에도 2[A]의 전류가 흐르므로 4[Ω]의 양단 전압은 8[V]이다.

따라서 전체 전압 $V=8+10=18[\text{V}]$가 된다.

핵심이론 TIP

2[Ω]과 3[Ω]에 흐르는 전류를 구하는 경우 먼저 전체 전압을 구해서 저항으로 나누면 된다.

즉, $I=\frac{18}{(2+3)}=3.6[\text{A}]$이다.

22

정답 | ②

[상세해설] PB_1, PB_2에 병렬로 연결되어 있는 X_1, X_2의 a접점은 자기유지 접점을 나타내며, 실선으로 표시되어 있는 X_1, X_2의 b접점은 인터록 접점을 의미한다. 즉, X_1이 동작을 하면 실선 안에 있는 X_1접점이 떨어져서 X_2가 소자가 되며, 이와 반대로 X_2가 동작을 하면 실선 안에 있는 X_2접점이 떨어져서 X_1이 소자가 된다.

따라서 동시에 동작을 하는 것을 방지하는 접점을 인터록이라 하며, 실선은 인터록 회로를 의미한다.

23

정답 | ⑤

[상세해설] 이 브리지는 평형 상태가 되므로 전체 저항 $R=1+\frac{(4+4)\times(4+4)}{(4+4)+(4+4)}=5[\Omega]$이다.

전체 전류 $I[\text{A}]=\frac{V}{R}$이므로 $I[\text{A}]=\frac{25}{5}=5[\text{A}]$이다.

24

정답 | ①

[상세해설] 테브난 정리를 이용하여 (a)회로를 변환한 회로가 (b)회로이므로, 등가 저항 $R_{ab}[\Omega]$를 구하기 위해서는 50[V] 전압원을 단락한 후 $a-b$단자에서 저항을 구해야 한다.

따라서 $R_{ab}=\frac{4\times6}{4+6}+7=9.4[\Omega]$이다.

또한, $V_{ab}[\text{V}]$는 50[V]가 6[Ω]에 분배된 전압과 같으므로 분배법칙을 이용하여 구하면

$V_{ab}=V_{6\Omega}=\frac{6}{4+6}\times50=30[\text{V}]$이다.

25

정답 | ③

[상세해설] • 단상 2선식의 1선당 작용 정전 용량

$C=C_s+2C_m$[F]

• 3상 3선식의 1선당 작용 정전 용량 $C=C_s+3C_m$[F]

26

정답 | ①

[상세해설] • Q_A, Q_B 두 전하의 극성은 같으므로, 이때 작용하는 힘은 Q_B 쪽으로 작용하는 힘으로 F_1이다.

• Q_B, Q_C 두 전하의 극성도 같으므로, 이때 작용하는 힘은 Q_C 쪽으로 작용하는 힘으로 F_2이다.

힘의 방향이 반대이므로 F_1, F_2를 각각 구해서 빼면 된다.

$$F_1=9\times10^9\times\frac{6\times10^{-6}\times3\times10^{-6}}{2^2}[\text{N}]$$

$$F_2=9\times10^9\times\frac{3\times10^{-6}\times5\times10^{-6}}{3^2}[\text{N}]$$

따라서 $F_1-F_2=9\times10^9\times3\times10^{-6}\times10^{-6}\left(\frac{6}{2^2}-\frac{5}{3^2}\right)$

$=25.5\times10^{-3}$[N]이다.

27

정답 | ①

[상세해설] 부하 전류 $I=\frac{V_{ab}}{R_{ab}+R_L}$[A]이므로 먼저 부하 R_L에 흐르는 전류를 구하기 위해서는 전압 V_{ab}와 저항 R_{ab}[Ω]을 구해야 하며, 이때 테브난 정리를 활용한다.

이에 따라 $V_{ab}=\frac{8}{2+8}\times10=8$[V], $R_{ab}=3+\frac{2\times8}{2+8}$ $=4.6$[Ω]이며 등가회로는 다음과 같다.

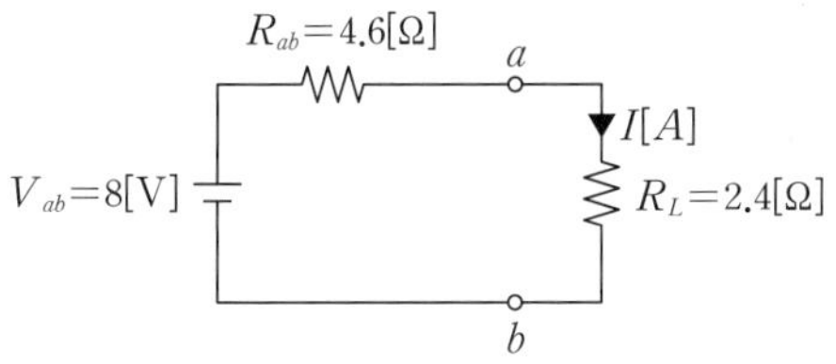

따라서 $I=\frac{8}{4.6+2.4}=\frac{8}{7}$[A]이다.

28

정답 | ②

[상세해설] 유도전동기의 회전자 속도가 N일 때, $N=(1-s)N_s$[rpm]이므로 고정자 속도 N_s를 먼저 구해야 한다.

$N_s=\frac{120f}{p}=\frac{120\times60}{4}=1,800$[rpm]이므로

$N=(1-0.08)\times1,800=1,656$[rpm]이다.

29

정답 | ②

[상세해설] 플리커 현상이란 부하 변동에 따라 전압이 변동하며 이에 따른 깜박 거리는 현상을 말하며 사람의 눈에 많은 피로감을 주므로 다음과 같은 대책이 필요하다.

• 직렬콘덴서를 설치한다.

• 승압기를 사용한다. 즉, 공급전압을 높임으로써 전압강하를 줄일 수 있다

• 굵은 배전선을 사용한다.

• 루프배전방식을 채택한다.

• 전용선으로 공급을 한다.

따라서 강압기를 사용하는 것은 아니므로 정답은 ②이다.

30

정답 | ⑤

[상세해설] 전력 원선도란 송수전 전력을 계산이 아닌 그림을 그려서 해석하는 기법을 말한다. 전력 원선도에서 알 수 있는 사항은 다음과 같다.

• 전력 손실

• 송전 효율

• 송·수전단 전압 사이의 상차각

• 수전단측 역률

• 송·수전 할수 있는 최대전력

• 가로축: 유효전력 P[W], 세로축: 무효전력 Q[Var]

전력 원선도에서 알 수 없는 사항은 다음과 같다.

• 코로나 손실

• 과도안정 상태의 극한전력

전공 기출복원 모의고사(토목일반)

01	02	03	04	05	06	07	08	09	10
③	④	①	④	②	③	⑤	①	②	①
11	12	13	14	15	16	17	18	19	20
⑤	④	③	⑤	②	②	⑤	③	③	②
21	22	23	24	25	26	27	28	29	30
①	⑤	③	④	④	②	⑤	②	③	⑤

01

정답 | ③

[상세해설] MSS는 가설 중의 상부구조 중량을 이동식 비계를 통해서 지반에 직접 전달하는 공법이 아니라 교각 위에서 거푸집, 비계를 이동해 가는 공법이다.

02

정답 | ④

[상세해설] 모멘트 분배법은 부재의 양단이 고정된 경우를 기준하여 상대부재의 강비를 결정하는데, 다음 표의 부재 상태에 대하여 그 부재의 강비에 적당한 계수를 곱하여 다른 부재와 같게 하는 방식으로 분배율을 계산한다. 이 수정된 강비를 유효강비 또는 등가강비라고 한다. 유효강비는 다음과 같다.

부재 상태	유효강비
양단고정	$1.0k$
1단고정 타단활절	$\frac{3}{4}k$
대칭변형 부재	$\frac{1}{2}k$
역대칭변형 부재	$\frac{3}{2}k$

03

정답 | ①

[상세해설] 양단고정 기둥이므로 유효길이계수 $k=0.5$이다.

따라서 세장비 $\lambda=\frac{kL}{r}=\frac{0.5\times5\times10^2}{4}=62.5$이다.

04

정답 | ④

[상세해설] 탄성변형률 ε_e은 다음과 같다.

$$\varepsilon_e=\frac{\Delta L}{L}=\frac{P}{EA}=\frac{75\times10^3}{20,000\times\frac{3\times25^2}{4}}=8\times10^{-3}$$

기둥이 옥외에 있으므로 크리프계수는 2.0이다.

따라서 크리프변형률 $\varepsilon_c=C_u\varepsilon_e=2.0\times8\times10^{-3}=0.016$이다.

05

정답 | ②

[상세해설] 레이몬드 말뚝은 현장콘크리트 말뚝으로, 외관과 내관을 동시에 지반 속으로 관입한 후에 내관을 빼내고 외관 속에 콘크리트를 쳐넣어 말뚝을 만드는 방법이다.

[오답풀이] ① 프렌키 말뚝(Franky Pile): 콘크리트를 외관 속에 채워서 드롭 해머(Drop Hammer)로 콘크리트를 타격하여 소정의 깊이까지 관입한 다음에 콘크리트를 타격하여 구근을 형성하고 외관을 뽑아내고 콘크리트를 다져서 말뚝을 만드는 방법이다.

③ 페데스탈 말뚝(Pedestal Pile): 케이싱을 직접 타격하여 외관과 내관을 지반 속으로 관입한 후 선단에 구근을 만들고 콘크리트 투입, 케이싱 인상, 다짐을 되풀이하여 말뚝을 만드는 방법이다.

④ 심플렉스 말뚝(Simplex Pile): 외관을 소정의 위치까지 관입한 후 그 속에 콘크리트를 투입하고 추로 다지면서 외관을 들어 올리는 방법이다. 외관 선단부 마개가 남겨지게 되는 것과, 덮개를 박을 때는 닫히고 들어 올릴 때는 열리는 것이 있다.

⑤ 프리팩트 콘크리트 말뚝(Prepact Concrete Pile): 어스오거 등으로 소정의 깊이까지 말뚝 구멍을 굴삭하여 자갈을 채운 후에 미리 관입해둔 주입관으로 모르터를 주입하여 만드는 방법이다.

06

정답 | ③

[상세해설] 바이브로플로테이션 공법은 느슨한 모래지반에 노즐로 물을 분산하면서 수평방향의 진동을 일으켜 모래를 채우고 다지는 공법으로, 그 특성은 다음과 같다.

- 지반전체를 균일하게 다질 수 있다.
- 깊은 위치의 다짐도 지표면에서 가능하다.

• 지하수위의 영향을 받지 않는다.
• 공사진행 속도가 빠르다.

[오답풀이] ① 폭파다짐 공법에 대한 설명이다.
② 다짐모래말뚝 공법에 대한 설명이다.
④ 전기충격 공법에 대한 설명이다.
⑤ 약액주입 공법에 대한 설명이다.

07

정답 | ⑤

[상세해설] 모멘트분배법과 3연모멘트법으로 구할 수 있다.

• 모멘트분배법
AB부재와 BC부재의 길이, 단부조건, 단면2차모멘트가 모두 같기 때문에 강비는 $k_{ab}=k_{bc}=1$이고, 유효강비계수 각각 $\frac{3}{4}$을 적용하더라도 유효강비 역시 두 부재 모두 1이 되어서 AB부재와 BC부재 모두 분배율은 $\frac{1}{2}$이 된다. B점의 휨모멘트는 AB부재의 B단의 휨모멘트 또는 BC부재의 B단의 휨모멘트를 이용하여 구할 수 있다. 여기서는 BC부재의 B단의 휨모멘트를 구하는 것이 편리하다. 구속모멘트는 B단을 구속시켰을 때 AB부재의 B단의 재단모멘트가 된다. 즉, 구속모멘트는 $C_{BA}-\frac{1}{2}C_{AB}$가 된다. 여기서 C_{BA}는 AB부재의 B단의 하중항, C_{AB}는 A단의 하중항이다.

$$M_B=M_{BC}=[-(\text{구속모멘트})]\times\text{분배율}$$
$$=\left[-\left(C_{BA}-\frac{1}{2}C_{AB}\right)\right]\times\mu_{BC}$$
$$=\left[-\left(\frac{Pa^2b}{L^2}-\left(-\frac{1}{2}\times\frac{Pab^2}{L^2}\right)\right)\right]\times\frac{k_{bc}}{k_{ab}+k_{bc}}$$
$$=\left[-\left(\frac{50\times4^2\times6}{10^2}-\left(-\frac{1}{2}\times\frac{50\times4\times6^2}{10^2}\right)\right)\right]\times\frac{1}{1+1}$$
$$=[-(48+36)]\times\frac{1}{2}$$
$$=-42[\text{kN}\cdot\text{m}]$$

• 3연모멘트법
3연모멘트법 일반식에서 단면2차모멘트는 $I_1=I_2=I$로 일정하고, 지간 길이도 $L_1=L_2=L$로 일정하고, A단과 C단은 힌지단과 롤러단이므로 $M_A=M_C=0$이다.

$$M_A\left(\frac{L_1}{I_1}\right)+2M_B\left(\frac{L_1}{I_1}+\frac{L_2}{I_2}\right)+M_C\left(\frac{L_2}{I_2}\right)$$
$$=6E(\theta_{BA}-\theta_{BC})$$
$$\therefore M_B=\frac{3EI}{2L}(\theta_{BA}-\theta_{BC})$$
$$=\frac{3EI}{2L}\left[-\frac{Pab(L+a)}{6LEI}-0\right.$$
$$=-\frac{Pab(L+a)}{4L^2}$$
$$=-\frac{50\times4\times6(10+4)}{4\times10^2}$$
$$=-42[\text{kN}\cdot\text{m}]$$

08

정답 | ①

[상세해설] 등가압축응력깊이를 이용하여 중립축 위치를 구할 수 있다.

• 등가압축응력깊이
$f_{ck}=20[\text{MPa}]$은 $f_{ck}\le40[\text{MPa}]$이므로 $\eta=1.0$, $\beta_1=0.8$이다.

$$a=\frac{A_s\cdot f_y}{\eta0.85f_{ck}\cdot b}=\frac{1,360\times400}{1.0\times0.85\times20\times400}=80[\text{mm}]$$

따라서 중립축 위치 $c=\frac{a}{\beta_1}=\frac{80}{0.8}=100[\text{mm}]$이다.

09

정답 | ②

[상세해설] 전단강도에 관한 식 $\tau=c+\sigma'\tan\phi$을 적용하여 두 식을 연립하는 방식으로 점착력을 구할 수 있다.

• $100=c+120\tan\phi$ ……㉠
• $180=c+240\tan\phi$ ……㉡

㉠에 2를 곱한 후에 ㉡을 빼면 점착력을 구할 수 있다.
따라서 점착력 $c=20[\text{kN/m}^2]$이다.

10

정답 | ①

[상세해설] 도로 또는 철도와 같은 긴 노선을 측량하는 것을 노선측량이라고 한다.

[오답풀이] ② 하천측량은 하천의 형상, 수위, 심천, 단면, 구배 등을 측정하는 것이다.
③ 터널측량은 도로상 또는 철도상에 있는 수평에 가까운 가늘고 긴 통로인 터널을 측정하는 것이다.
④ 수준측량은 지구상에 있는 점들의 고저차를 측정하는 것이다.

⑤ 각측량은 임의점에서 시준한 두 점 사이에 끼인 각을 측정하는 것이다.

11

정답 | ⑤

[상세해설] 이중층 내에 있는 흡착수는 110℃이상으로 끓이더라도 쉽게 증발되지 않는다.

12

정답 | ④

[상세해설] 액성한계와 소성한계의 차이가 소성지수이며 다음과 같이 계산한다.

$PI = w_l - w_p = 30 - 12 = 18[\%]$이다.

13

정답 | ③

[상세해설] 주변 진동으로 인한 오차는 오차에 해당되지 않는다. 만약 지진 등으로 주변 진동 시에는 측정을 멈추어야 한다.

[오답풀이] ① 기계의 눈금 오차: 정오차

② 온도나 습도 변화로 인한 오차: 자연적 오차

④ 관측자가 눈금을 잘못 읽은 오차: 착오

⑤ 경사지 측정에서 줄자가 수평으로 안 된 오차: 정오차

14

정답 | ⑤

[상세해설] 종곡선장 길이 L 공식을 적용하여 구할 수 있다.

$$L = R\left(\frac{m}{1{,}000} - \frac{n}{1{,}000}\right) = 2{,}000 \times \left(\frac{5}{1{,}000} - \frac{(-50)}{1{,}000}\right)$$

$= 110[\text{m}]$ (단, m과 n은 경사도이다.)

15

정답 | ②

[상세해설] Sine 체감곡선은 캔트(Cant)의 체감에 반파장정현곡선을 이용한 완화곡선으로 도로에 많이 이용되는 것이 아니라 고속철도에 많이 이용된다.

16

정답 | ②

[상세해설] 등고선법은 높이가 같은 점들을 이은 등고선으로 지형을 표시하는 방법으로, 같은 등고선 위의 모든 점들은 높이가 같다.

[오답풀이]

① 점고법은 하천, 항만, 해양 등의 측량에서 수행하는 심천측량에서 점에 수치를 기입하여 표시하는 방법이다.

③ 채색법은 색채의 농도를 변화시켜 지표면의 높이차를 표시하는 방법이다.

④ 음영법은 특정한 한 방향에서 빛을 비추어 생기는 그림자로 지표면의 높이차를 표시하는 방법이다.

⑤ 우모법은 소의 털 모양으로 지형을 표시하는 방법으로 급경사지는 굵고 짧은 선으로 표시하고 완경사지는 가늘고 긴 선으로 표시한다.

17

정답 | ⑤

[상세해설] 구조해석 시 필요한 방정식은 힘의 평형조건식 3개이며, 부정정차수가 4차 부정정이므로 변위의 적합조건식 등 4개가 추가적으로 필요하다. 따라서 필요한 방정식의 개수는 총 3+4=7(개)이다.

18

정답 | ③

[상세해설] 3축응력상태의 체적변형률

$\varepsilon_v = \dfrac{(1-2\nu)}{E}(\sigma_x + \sigma_y + \sigma_z)$에서 $\sigma_z = 0$인 2축응력상태이다.

이때, σ_y는 압축응력이므로 식에 대입할 때 (−)를 붙여야 한다.

$$\varepsilon_v = \frac{(1-2\nu)}{E}(\sigma_x + \sigma_y) = \frac{(1-2\times 0.3)}{2\times 10^5}(120-100)$$

$= 4\times 10^{-5}$

19

정답 | ③

[상세해설] 긴장재를 도심에 직선 배치하였을 때, 인장하연(단면 하단부)에서 응력이 0이 되는 긴장력은 다음과 같다.

$$f = \frac{P}{A} - \frac{M}{I}y = 0$$

$$\frac{P}{A}-\frac{M}{Z}=0$$

$$\frac{P}{A}-\frac{6M}{A\cdot h}=0$$

$$\therefore\ P=\frac{6M}{h}=\frac{6\times\frac{30\times10^2}{8}\times10^6}{500}=4,500\times10^3[\mathrm{N}]$$

$$=4,500[\mathrm{kN}]$$

20

정답 | ②

[상세해설] 기본공식을 적용하여 구할 수 있다.

$Se=wG_s$

$S\times0.9=30\times2.7$

$\therefore\ S=90[\%]$

21

정답 | ①

[상세해설] 푸아송 비 공식을 적용하여 구할 수 있다.

$$\nu=-\frac{\frac{\triangle D}{D}}{\frac{\triangle L}{L}}=-\frac{-\frac{0.001}{50}}{\frac{0.1}{500}}=0.1$$

22

정답 | ⑤

[상세해설] 부마찰력은 하향으로 작용하는 힘이므로 말뚝의 지지력이 크게 감소시키며, 이에 말뚝의 허용지지력을 결정할 때 세심하게 고려해야 한다.

23

정답 | ③

[상세해설] 압축철근은 보의 취성을 약화시키므로 보의 연성거동이 증가된다.

24

정답 | ④

[상세해설] 부벽식 옹벽의 저판은 부벽 간의 거리를 경간으로 가정한 고정보 또는 연속보로 설계할 수 있다.

25

정답 | ④

[상세해설] 지오이드는 평균해수면을 육지까지 연장한 가상적인 곡면으로, 평균해수면으로부터 높이를 결정할 때 그 기준이 된다. 지오이드면에서 높이는 0이 된다.

26

정답 | ②

[상세해설] 우연오차는 일어나는 원인이 불분명하여 주의하여도 제거할 수 없으나, 최소자승법에 의하여 소거할 수 있다.

[오답풀이]

① 정오차: 오차가 일어나는 원인이 명백하고, 오차의 방향이 일정하여 제거할 수 있다.

③ 개인오차: 개인적 습관에 따라 발생한다.

④ 기계오차: 기계의 불완전조정에 따라 발생한다.

⑤ 누적오차: 정오차와 같은 의미이다.

27

정답 | ⑤

[상세해설] 요(凹) 선은 합수선이라고도 하며 지표면이 낮은 점을 연결한 선으로 빗물이 합쳐지는 선이다. 유하선은 최대경사선을 의미한다.

28

정답 | ②

[상세해설] 유효응력은 다음과 같이 구할 수 있다.

- 전응력 $\sigma=10\times10+18\times5=190[\mathrm{kN/m^2}]$
- 간극수압 $u=10\times(10+5)=150[\mathrm{kN/m^2}]$
- 유효응력 $\overline{\sigma}=\sigma-u=190-150=40[\mathrm{kN/m^2}]$

29

정답 | ③

압축강도 시험횟수 14회이기 때문에 표준편차를 이용하지 않고 배합강도를 결정한다. $f_{ck}=28[\mathrm{MPa}]$은 $21[\mathrm{MPa}]\le f_{ck}\le35[\mathrm{MPa}]$에 해당되므로 배합강도는 다음과 같다.

$f_{cr}=f_{ck}+8.5=28+8.5=36.5[\mathrm{MPa}]$

30

정답 | ⑤

[상세해설] 일반식을 이용하면 다음과 같이 구할 수 있다.

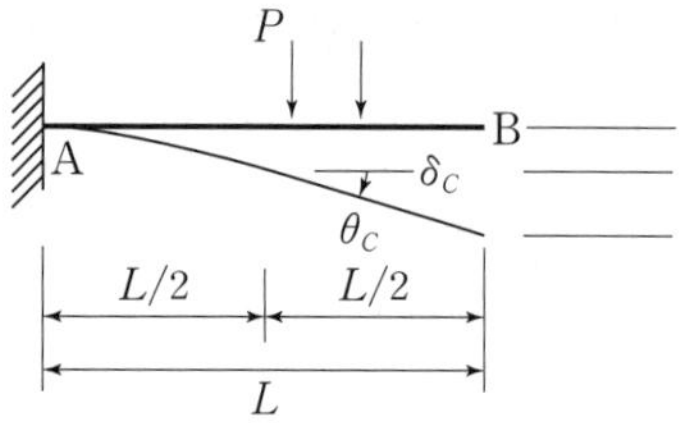

$$\delta_B=\delta_C+\theta_C\times\frac{L}{2}=\frac{P\left(\frac{L}{2}\right)^3}{3EI}+\frac{P\left(\frac{L}{2}\right)^2}{2EI}\times\frac{L}{2}=\frac{5PL^3}{48EI}$$

[다른풀이] 공액보법을 이용하면 다음과 같이 구할 수 있다.

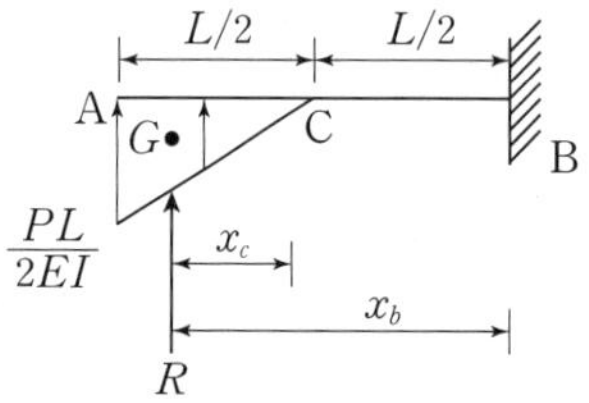

- 탄성하중의 합력 $R=\frac{1}{2}\times\frac{L}{2}\times\frac{PL}{2EI}=\frac{PL^2}{8EI}(\uparrow)$
- B점에서 합력 작용점까지 거리

  $x_b=\frac{L}{2}+x_c=\frac{L}{2}+\frac{2}{3}\times\frac{L}{2}=\frac{5L}{6}$

합력은 도심 G에 작용하므로 B단으로부터 도심까지의 거리 x_b는 $\frac{L}{2}$에 삼각형의 탄성하중 꼭지점에서 도심까지의 거리 $\frac{2h}{3}$의 일반식을 이용하는데, 여기서 삼각형 높이 $h=\frac{L}{2}$이다.

공액보법에서 B점에서의 처짐은 B점에서의 휨모멘트와 같다.

$\therefore\ \delta_B=M_B=R\times x_b=\frac{PL^2}{8EI}\times\frac{5L}{6}=\frac{5PL^3}{48EI}(\downarrow)$

전공 기출복원 모의고사(건축일반)

01	02	03	04	05	06	07	08	09	10
③	④	③	⑤	④	②	②	③	②	③
11	**12**	**13**	**14**	**15**	**16**	**17**	**18**	**19**	**20**
②	⑤	⑤	②	⑤	②	①	④	③	④
21	**22**	**23**	**24**	**25**	**26**	**27**	**28**	**29**	**30**
②	②	④	④	③	②	④	①	⑤	④

01

정답 | ③

[상세해설] 고대 그리스의 아고라는 광장의 기능을 하였으며 이와 유사한 로마 시대의 건축물은 포럼이다.

[오답풀이] ① 도무스(Domus): 단독주택

② 인슐라(Insula): 서민 또는 하층민의 다층주택

④ 판테온(Pantheon): 신전

⑤ 콜로세움(Colosseum): 원형 투기장

02

정답 | ④

[상세해설] C. A 페리의 근린주구 이론에서는 간선도로 경계를 두고, 간선도로가 내부로 통과하지 못하도록 한다.

[오답풀이]

① 초등학교, 교회 등 커뮤니티 센터를 마을의 중심부에 둔다.

② 주구 중심에 있는 초등학교와 반경 400m 보행거리를 제시하였다.

③ 초등학교 한 개를 운영할 수 있는 인구를 제안하였다.

⑤ 상가 등은 주구 교차(단지의 외곽부) 지점에 두도록 한다.

03

정답 | ③

[상세해설] 사무소 건물 내에 다소의 용도 변경이 있을 때 가변적으로 활용될 수 있도록 전기배선 공간은 코어 내에서 처리한다.

04

정답 | ⑤

[상세해설] 24시간 간호와 처치에 주의를 요하는 중환자실의 간호단위는 병동부에 속한다.

05

정답 | ④

[상세해설] 『건축4서』는 안드레아 팔라디오의 저서이다.

[오답풀이] ① 미켈란젤로의 건축물

② 브라만테의 건축물

③ 쟈코모 바로찌 다 비뇰라의 저서

⑤ 알베르티의 저서

06

정답 | ②

[상세해설] 규정에 따르면 성능기반설계법은 규정된 시스템 계수를 적용하기 어려운 구조물과 다양한 성능수준을 만족하고자 하는 구조물의 내진설계에 적용할 수 있다. 건축물의 성능수준과, 구조요소 및 비구조요소의 성능수준 사이의 관계는 다음과 같다.

건축물의 성능수준	구조요소의 성능수준	비구조요소의 성능수준
기능수행	거주가능	기능수행
즉시복구	거주가능	위치유지
인명보호	인명안전	인명안전
붕괴방지	붕괴방지	–

[오답풀이] ① 성능기반설계법은 비선형해석법을 사용하여 설계하는 기법이다.

③ 건축물의 성능수준을 기능수행, 즉시복구, 인명보호, 붕괴방지로 구분하고 있다.

④ 구조요소의 성능수준을 거주가능, 인명안전, 붕괴방지 수준으로 구분하고 있다.

⑤ 비구조요소의 성능수준을 기능수행, 위치유지, 인명안전으로 구분하고 있다.

07

정답 | ②

[상세해설] ㉠, ㉡ 제강과정에 대한 설명이다.

[오답풀이] ㉢, ㉣, ㉤ 압연과정에 대한 설명이다.

08

정답 | ③

[상세해설] 강원북부(횡성, 평창, 춘천), 제주 지역은 모두 지진구역 Ⅱ구역에 속한다.

[오답풀이] 지진구역 Ⅱ구역은 강원북부와 제주지역이며, 강원북부지역(군, 시)에는 홍천, 철원, 화천, 횡성, 평창, 양구, 인제, 고성, 양양, 춘천, 속초 등이 있다.

09

정답 | ②

[상세해설] 주축과 압축재 설계에서 주축에 대한 단면 2차모멘트를 주단면 2차모멘트라고 한다.

[오답풀이] ① 단면 내에서 임의 방향의 도심축에 대한 단면 2차모멘트가 최대 또는 최소가 되는 한 쌍의 직교축을 주축(Principal Axis)이라 한다.

③ 대칭인 단면의 주축에 대한 단면 상승모멘트 I_{xy}는 0이다.

④ 주축에 대한 단면 2차모멘트는 도심을 지나는 다른 어떤 축에 대한 그것보다 최대 또는 최소가 된다.

⑤ 단면이 대칭인 경우 그 대칭축에 대한 단면 상승모멘트는 0이므로 대칭축은 그 단면의 주축이 하나이며, 정다각형 또는 원형단면에 대해서는 대칭축이 여럿이므로 여러 개의 주축을 갖는다.

10

정답 | ③

[상세해설] 포아송 수 $=\dfrac{d\times\Delta L}{L\times\Delta d}=\dfrac{2\times0.05}{50\times0.0005}=4$

11

정답 | ②

[상세해설] 복합기초는 두 개 이상의 기둥으로부터의 하중을 하나의 기초판을 통하여 지반으로 전달하는 구조체이다.

[오답풀이] ① 확대기초에 대한 설명이다.

③ 전면기초에 대한 설명이다.

④ 줄기초에 대한 설명이다.

⑤ 연속기초에 대한 설명이다.

12

정답 | ⑤

[상세해설] 합성구조용은 650MPa 이하이다. 단, 매입형 합성기둥의 강도산정은 매입형 합성부재 제한사항을 따른다.

13

정답 | ⑤

[상세해설] 콘크리트 압축응력의 분포와 콘크리트변형률 사이의 관계는 직사각형, 사다리꼴, 포물선형 또는 강도의 예측에서 광범위한 실험의 결과와 실질적으로 일치하는 어떤 형상으로도 가정할 수 있다.

14

정답 | ②

[상세해설] 띠철근을 따라 횡지지된 인접한 축방향철근의 순간격이 150mm 이상 떨어진 경우에 추가 띠철근을 배치하여야 한다. 또한, 축방향철근이 원형으로 배치된 경우에는 원형띠철근을 사용할 수 있다.

15

정답 | ⑤

[상세해설] 기둥이음부의 고장력볼트 및 용접이음은 이음부의 응력을 전달함과 동시에 이들 인장내력은 피접합재 압축강도의 1/2 이상이 되도록 한다.

16

정답 | ②

[상세해설] 크레오소트유는 목재 방부제로 사용되며, 녹막이 칠에는 적합하지 않다. 녹막이(방청) 페인트로 철재에는 광명단이 주로 사용되고, 알루미늄재는 징크로메이트가 사용된다.

17

정답 | ①

[상세해설] 아스팔트 방수공사에서 아스팔트의 용융 중에는 최소한 30분에 1회 정도로 온도를 측정하며, 접착력 저하 방지를 위하여 200℃ 이하가 되지 않도록 해야 한다.

[오답풀이] ② 아스팔트 프라이머의 품질로서 건조시간은 8시간 이내로 하고, 비중은 용제계는 1 미만, 에멀션계는 1.05 미만으로 유지해야 한다.

③ 지붕방수에는 침입도가 크고 연화점(軟火点)이 높은 것을 사용한다.

④ 아스팔트 용융 솥은 가능한 한 시공장소와 근접한 곳에 설치한다.

⑤ 방수용 아스팔트의 종별 용융온도는 1종일 경우 220~230℃ 정도로 유지한다.

18

정답 | ④

[상세해설] 안방수는 수압이 작은 곳에 이용된다.

19

정답 | ③

[상세해설] 굵은 골재의 최대 치수는 작업성이나 건조수축 등을 고려하여 되도록 큰 값을 사용하여야 한다.

20

정답 | ④

[상세해설] 단위수량과 수화열 모두 감소한다.

21

정답 | ②

[상세해설] 용접부의 균열 및 슬래그 혼입이 없어야 한다.

[오답풀이] ① 용접덧살은 높이 1mm, 폭 0.5mm 이상으로 한다.

③ 깊이 0.5mm 이상의 언더컷은 없어야 한다.

④ 스터드의 마무리 높이는 설계 치수의 ±2mm 이내로 한다.

⑤ 스터드의 기울기는 5° 이내로 한다.

22

정답 | ②

[상세해설] 미장면의 균열 발생을 방지하기 위해서는 경화 시 물 뿌리기를 적절하게 해야 한다.

23

정답 | ④

[상세해설] 타일 종류별 줄눈 폭은 다음과 같다.

대형 벽돌형 (외부)	대형 (내부일반)	소형	모자이크
9mm	5~6mm	3mm	2mm

24

정답 | ④

[상세해설] 승용승강기의 설치기준은 다음과 같다.

건축물의 용도 \ 6층 이상의 거실 면적의 합계	$3{,}000m^2$ 이하	$3{,}000m^2$ 초과
문화 및 집회시설(공연장·집회장 및 관람장에 한한다) 판매 및 영업시설(도매시장·소매시장 및 상점에 한한다) 의료시설(병원 및 격리병원에 한한다)	2대	$2+\frac{A-3{,}000}{2{,}000}$
문화 및 집회시설(전시장 및 동·식물원에 한한다) 업무시설 숙박시설 위락시설	1대	$1+\frac{A-3{,}000}{2{,}000}$
공동주택 교육연구 및 복지시설 기타 시설	1대	$1+\frac{A-3{,}000}{3{,}000}$

※ A는 6층 이상의 거실 바닥면적의 합계를 말한다.

※ 승강기의 대수기준을 산정함에 있어 8인승 이상 15인승 이하 승강기는 위 표에 의한 1대의 승강기로 보고, 16인승 이상의 승강기는 위 표에 의한 2대의 승강기로 본다.

따라서 $2+\frac{9{,}000-3{,}000}{2{,}000}=2+3=5$(대)이다.

25

정답 | ③

[상세해설] 주차형식에 따른 차로의 너비는 다음과 같다.

주차형식	차로의 너비 (일반규정은 소규모특례가 아닌 원칙적 규정)
직각주차	일반규정 6.0m → 완화규정 없음, 6.0m
60° 대향주차	일반규정 4.5m → 완화 4.0m
45° 대향주차 교차주차	일반규정 3.5m → 완화규정 없음, 3.5m
평행주차	일반규정 3.3m → 완화 3.0m

따라서 직각주차형식은 차로의 너비가 6m 이상이므로 허용할 수 없다.

26

정답 | ②

[상세해설] 허가권자는 위락시설 또는 숙박시설에 해당하는 건축물의 건축을 허가하는 경우 당해 대지에 건축하고자 하는 건축물의 용도·규모 또는 형태가 주거환경 또는 교육환경 등 주변 환경을 감안할 때 부적합하다고 인정하는 경우에는 이 법 또는 다른 법률의 규정에 불구하고 건축위원회의 심의를 거쳐 건축허가를 하지 아니할 수 있다.

따라서 ㉠에는 '위락', ㉡에는 '숙박', ㉢에는 '주거', ㉣에는 '교육'이 들어가야 한다.

27

정답 | ④

[상세해설] 특별건축구역 대상 용도와 적용규모는 다음과 같다.

특별건축구역 대상에 대한 용도	적용 규모
① 문화 및 집회시설, 판매시설, 운수시설, 의료시설, 교육연구시설, 수련시설	$2{,}000m^2$ 이상
② 운동시설, 업무시설, 숙박시설, 관광휴게시설, 방송통신시설	$3{,}000m^2$ 이상
③ 종교시설	–
④ 노유자시설	$500m^2$ 이상
⑤ 공동주택(주거동 외의 용도와 복합된 건축물을 포함한다.)	100세대 이상
⑥ 단독주택 가. 한옥 등 건축자산의 진행에 관한 법률 제2조 제2호 또는 제3호의 한옥 또는 한옥건축양식의 단독주택 나. 그 밖의 단독주택	가. 10동 나. 30동이상
⑦ 그 밖의 용도	$1{,}000m^2$ 이상

따라서 공동주택은 100세대 이상이어야 한다.

28

정답 | ①

[상세해설] ㉠에는 '전용', ㉡에는 '일반', ㉢에는 '정북', ㉣에는 '10', ㉤에는 '1.5'가 들어가야 한다.

29

정답 | ⑤

[상세해설] 단열재를 외벽의 외측에 설치하는 공법을 적용한 건물은 외벽 중 내측 내력벽의 중심선을 기준으로 산정한 면적을 바닥면적으로 한다.

30

정답 | ④

[상세해설] 주요구조부가 내화구조 또는 불연재료의 건축물인 경우 가장 먼 거실에서 계단실까지 보행거리가 50m 이하가 되어야 한다.

전공 기출복원 모의고사(건축설비)

01	02	03	04	05	06	07	08	09	10
③	⑤	③	④	③	③	②	④	②	⑤
11	**12**	**13**	**14**	**15**	**16**	**17**	**18**	**19**	**20**
④	③	①	④	①	⑤	③	④	⑤	③
21	**22**	**23**	**24**	**25**	**26**	**27**	**28**	**29**	**30**
②	④	④	⑤	④	⑤	④	③	③	①

01

정답 | ③

[상세해설] ㉡ 중앙식 급탕방식은 초기에 설비비가 많이 소요되나, 기구의 동시이용률을 고려하여 가열장치의 총용량을 작게 할 수 있다.

㉢ 개별식 급탕방식은 긴 배관이 필요 없으므로 배관에서의 열손실이 적다.

㉣ 급탕설비에서 단관식을 설치하면 설비비용은 저렴하나 즉시 뜨거운 물이 나오기 어렵다.

02

정답 | ⑤

[상세해설] 파스칼의 원리에 대한 설명이다. 이는 밀폐가 된 용기에 있는 비압축성 유체에 힘을 가할 때 압력은 유체의 모든 지점에 같은 크기의 압력으로 전달된다는 원리이다. 이를 통해 압력은 '힘/단위면적'이므로 압력 '1/1'=다른 쪽의 압력 '10/10'이 된다. 즉, 유체의 압력은 어느 방향이나 동일하므로, 작은 힘을 가해 무거운 물체를 올릴 수 있게 해준다는 유압 장치의 원리로 작용한다.

[오답풀이] ② 베르누이의 정리: 에너지보존의 법칙을 유체의 흐름에 적용한 것이다. 유체가 갖고 있는 운동에너지, 중력에 의한 위치에너지와 압력에너지의 총합은 흐름 내 어디에서나 일정하다는 이론이다.

03

정답 | ③

[상세해설] 펌프의 축동력은 $\frac{WQH}{6,120E}$[kW]이다.

이때, W는 단위 중량[kg/m^3]=1,000[kg/m^3]이고, Q는 양수량[m^3/min]=60[m^3/h]=1[m^3/min]이다.

이를 축동력 식에 대입하면

$\frac{1,000\times1\times61.2}{6,120\times0.5}=20[\text{kW}]$이다.

04
정답 | ④

[상세해설] 오피스텔의 경우에는 난방구획을 방화구획으로 구획해야 하며, 공동주택은 해당 규정을 적용받지 않는다.

05
정답 | ③

[상세해설] 증기난방은 스팀해머가 발생할 수 있지만 배관 지름이 작아도 무방하고 전체 설비 비용은 낮은 편이다.

[오답풀이] ① 온도가 높고 열 이동이 빨라서 예열시간이 짧다.

② 온수난방에 필요한 리턴 콕은 필요 없지만 증기트랩은 필수적이다.

④ 표준방열량이 높아서 상당 방열면적은 작아진다.

⑤ 열용량이 작아서 간헐난방에 적합하다.

06
정답 | ③

[상세해설] 볼 조인트(Ball Joint)는 내관과 외관이 볼(Ball) 형식으로 구성되어 회전을 쉽게 하도록 만들어진 것이다. 반면 스위블 조인트(Swivel Joint)는 2개 이상의 엘보(Elbow)를 이용하여 접합부의 회전으로 신축을 흡수한다.

07
정답 | ②

[상세해설] 부속류의 종류와 기능은 다음과 같다.

- 플러그, 캡: 말단부 폐쇄
- 엘보, 벤드: 휘거나 구부릴 경우
- 크로스, 티: 분기를 할 경우
- 소켓, 플랜지: 직선방향으로 연결할 경우
- 크로스: 분기

08
정답 | ④

[상세해설] 청소구의 위치로 적절하지 않은 곳은 배수관이 45°를 넘는 각도로 방향을 변경한 개소이다.

09
정답 | ②

[상세해설] 배관의 종류는 다음과 같다.

- SPP(Steel Pipe Piping): 배관용 탄소강관
- SPPW(Steel Pipe Piping Water): 수도용 아연도금 강관
- SPPS(Steel Pipe Pressure Service): 압력배관용 탄소강관
- SPS(Steel Pipe Structure): 일반 구조용 탄소강관
- STH(Steel Tube Heat): 보일러 열교환기용 탄소강관

10
정답 | ⑤

[상세해설] [옥내소화전설비의 화재안전성능기준(NFPC 102) 제6조(배관 등)]

① 배관과 배관이음쇠는 배관 내 사용압력에 따라 다음 각 호의 어느 하나에 해당하는 것을 사용해야 한다.

1. 배관 내 사용압력이 1.2메가파스칼 미만일 경우에는 다음 각 목의 어느 하나에 해당하는 것
   가. 배관용 탄소 강관(KS D 3507)
   나. 이음매 없는 구리 및 구리합금관(KS D 5301). 다만, 습식의 배관에 한한다.
   다. 배관용 Sts(스테인리스) 강관(KS D 3576) 또는 일반 배관용 Sts(스테인리스) 강관(KS D 3595)
   라. 덕타일 주철관(KS D 4311)
2. 배관 내 사용압력이 1.2메가파스칼 이상일 경우에는 다음 각 목의 어느 하나에 해당하는 것
   가. 압력 배관용 탄소 강관(KS D 3562)
   나. 배관용 아크 용접 탄소강 강관(KS D 3583)

② 제1항에도 불구하고 화재 등의 재해로 인하여 배관의 성능에 영향을 받을 우려가 적은 경우에는 소방청장이 정하여 고시한 「소방용합성수지배관의 성능인증 및 제품검사의 기술기준」에 적합한 소방용 합성수지배관으로 설치할 수 있다.

③ 급수배관은 전용으로 하여야 한다.
따라서 압력 배관용 탄소 강관(KS D 3562) 또는 배관용 아크 용접 탄소강 강관(KS D 3583)을 사용할 수 있다.

11

정답 | ④

[상세해설] 급탕배관의 경우 신축·팽창을 흡수 처리하기 위해 강관은 30m, 동관은 20m마다 신축이음을 1개씩 설치하는 것이 좋다.

12

정답 | ③

[상세해설] • 변화된 양정=종전 양정×(회전수비)^2
따라서 양정의 변화는 $(2)^2=4$(배) 증가이다.

핵심이론 TIP

[회전수비]
회전수비(변화/종전)=n
• 변화된 양수량=종전 양수량×n
• 변화된 양정=종전 양정×n^2
• 변화된 축동력=종전 축동력×n^3

13

정답 | ①

[상세해설] 변전실은 부하의 중심에 설치하는 것이 좋다.

14

정답 | ④

[상세해설] 양정곡선은 대체로 양정과 유량이 반비례하는 것으로 곡선으로 표현된다.

15

정답 | ①

[상세해설] • 열전도저항$=\frac{\text{단열재의 두께}}{\text{열전도율}}=1.5=\frac{x}{0.01}$
따라서 단열재의 두께 $x=1.5\times0.01=0.015[\text{m}]=15[\text{mm}]$이다.

16

정답 | ⑤

[상세해설] 정전 시 별도의 예비전원 설비는 초고층 건축물의 경우에는 2시간 이상, 준초고층 건축물의 경우에는 1시간 이상 작동이 가능한 용량이어야 한다.
[오답풀이] ① 승강장의 출입구를 제외한 부분은 해당 건축물의 다른 부분과 내화구조의 바닥 및 벽으로 구획해야 한다.
② 승강장은 각 층의 내부와 연결될 수 있도록 하되, 그 출입구에는 60+방화문 또는 60분방화문을 설치해야 한다. 이 경우 방화문은 언제나 닫힌 상태를 유지할 수 있는 구조여야 한다.
③ 실내에 접하는 부분의 마감은 불연재료로 해야 한다.
④ 배연설비 또는 제연설비를 갖추어야 한다.

17

정답 | ③

[상세해설] 송수구에는 그 가까운 곳의 보기 쉬운 곳에 송수압력범위를 표시한 표지를 한다.
[오답풀이] ① 진공계란 대기압 이하의 압력을 측정하는 계측기를 말하며, 연성계란 대기압 이상의 압력과 대기압 이하의 압력을 측정할 수 있는 계측기를 말한다.
② 연결송수관설비의 송수구는 지면으로부터 높이가 0.5m 이상 1m 이하의 위치에 설치한다.
④ 송수구는 연결송수관의 수직배관마다 1개 이상을 설치한다. 다만, 하나의 건축물에 설치된 각 수직배관이 중간에 개폐밸브가 설치되지 아니한 배관으로 상호 연결되어 있는 경우에는 건축물마다 1개씩 설치할 수 있다.
⑤ 주 배관의 구경은 100mm 이상의 것으로 하되, 주 배관의 구경이 100mm 이상인 옥내소화전설비의 배관과는 겸용할 수 있다.

18

정답 | ④

[상세해설] 펌프의 토출 측에는 압력계를 체크밸브 이전에 펌프 토출 측 플랜지에서 가까운 곳에 설치하고, 흡입 측에는 연성계 또는 진공계를 설치한다. 다만, 수원의 수위가 펌프의 위치보다 높거나 수직회전축펌프의 경우에는 연성계 또는 진공계를 설치하지 않을 수 있다.

19

정답 | ⑤

[상세해설] 호텔 객실, 아파트, 주택, 사무소 등 실(Room)이 구획된 장소에 적합하고, 극장이나 방송국 스튜디오 등 실용적이 큰 실에는 부적합하다.

20

정답 | ③

[상세해설] 송수구는 구경 65mm의 쌍구형으로 설치하고, 지면으로부터 높이가 0.5m 이상 1m 이하의 위치에 설치한다.

21

정답 | ②

[상세해설] ㉠, ㉢은 모두 신에너지이다.

[오답풀이] ㉡ 폐기물에너지는 재생에너지이다.

㉣ 원자력에너지는 신재생에너지가 아니다.

㉤ 바이오에너지는 재생에너지이다.

22

정답 | ④

[상세해설] 등온가습이 될 경우 건구온도, 포화수증기압, 포화수증기량은 일정하다. 가습은 잠열량의 증가이므로 비체적 증가, 현재수증기량(절대습도) 증가, 노점온도 증가, 습구온도 증가, 상대습도 증가가 나타난다.

23

정답 | ④

[상세해설] 과속도에 대한 정지장치는 비상정지장치이다.

[오답풀이] ① 조속기: 규정 속도보다 승강기 속도가 지나치게 높아지면 전원을 차단하고 로프에 브레이커를 작동시켜 감속시키는 장치이다.

② 상하 리미트 스위치: 승강기는 일정한도 구간을 운행해야 하는데 한도를 초과하는 운행, 즉 과승강을 방지하기 위해 설치하는 것이다.

③ 도어 인터록 스위치: 승강기가 정지하지 않은 층에는 전용열쇠를 사용하지 않으면 출입문이 열리지 않도록 잠금장치를 하는 기계적 안전장치이다.

⑤ 세이프티 슈(Safety Shoe): 도어 접촉식 반전장치로, 도어의 끝에 설치하여 이물체가 접촉하면 도어의 닫힘을 중지하며 도어를 반전시키는 접촉식 보호장치이다.

24

정답 | ⑤

[상세해설] 지진구역은 다음과 같다.

지진구역	행정구역	
I	시	서울, 인천, 대전, 부산, 대구, 울산, 광주, 세종
	도	경기, 충북, 충남, 경북, 경남, 전북, 전남, 강원 남부(주1)
II	도	강원 북부(주2), 제주

※ (주1) 강원 남부(군, 시): 영월, 정선, 삼척, 강릉, 동해, 원주, 태백

※ (주2) 강원 북부(군, 시): 홍천, 철원, 화천, 횡성, 평창, 양구, 인제, 고성, 양양, 춘천, 속초

지진구역계수(평균재현주기 500년에 해당)는 다음과 같다.

지진구역	I	II
지진구역계수(Z)	0.11	0.07

따라서 지진구역계수 0.07을 사용하는 경우는 '제주'이다.

[오답풀이] ①, ②, ③, ④ 서울, 인천, 원주, 동해는 지진구역계수 0.11을 사용한다.

25

정답 | ④

[상세해설] 교육연구시설 중에는 연구소가 해당하며, 학교는 해당하지 않는다.

26

정답 | ⑤

[상세해설] 일반음식점은 제2종 근린생활시설에 속한다.

27

정답 | ④

[상세해설] 공동주택의 용도로 쓰는 층으로서 그 층의 해당 용도로 쓰는 거실의 바닥면적의 합계가 200m^2 이상인 경우는 해당한다. 다만, 층당 4세대 이하의 경우는 제외한다.

28

정답 | ③

[상세해설] 주어진 규정에서 30m 이하로 하는 경우의 용도는 공연장, 집회장, 관람장 및 전시장을 의미한다.

29

정답 | ③

[상세해설] • 유효너비의 합계=1000×0.6÷100=6(m)

• 출입구 개소=(출입구 합계÷유효너비 폭)=6÷1.8 ≒3.3(개)

따라서 출입구는 최소 4개 이상 필요하다.

핵심이론 TIP

[공연장의 개별 관람실 출구 설치]

문화 및 집회시설 중 공연장의 개별 관람실(바닥면적이 $300m^2$ 이상인 것만 해당한다)의 출구는 다음 각 호의 기준에 적합하게 설치해야 한다.

1. 관람실별로 2개소 이상 설치할 것
2. 각 출구의 유효너비는 1.5m 이상일 것
3. 개별 관람실 출구의 유효너비의 합계는 개별 관람실의 바닥면적 $100m^2$마다 0.6m의 비율로 산정한 너비 이상으로 할 것

30

정답 | ①

[상세해설] 공관(公館)은 단독주택에 속한다.

[오답풀이] ②, ③, ④, ⑤ 공동주택에 속한다.

전공 기출복원 모의고사(전기이론)

01	02	03	04	05	06	07	08	09	10
③	③	③	⑤	⑤	④	②	③	①	⑤
11	12	13	14	15	16	17	18	19	20
①	⑤	⑤	⑤	②	⑤	③	⑤	②	⑤
21	22	23	24	25	26	27	28	29	30
④	④	⑤	①	④	⑤	⑤	②	④	②

01

정답 | ③

[상세해설] • 유기기전력 $E=\frac{Z}{a}p\phi\frac{N}{60}$[V] ($Z$: 도체수, p:극수, N: 분당 회전수[rpm], ϕ: 자속수[wb])

단중 파권이므로 $a=2$이며, 주어진 조건을 식에 대입하면 다음과 같다.

$E=\frac{60}{2}\times10\times0.01\times\frac{600}{60}=30$[V]

02

정답 | ③

[상세해설] $R-L-C$ 직렬 회로의 임피던스 $Z=R+j\left(wL-\frac{1}{wC}\right)$이며, 이때의 공진 조건은 허수부가 '0'이어야 하므로 $wL=\frac{1}{wC}$이면 된다. 또한 $R-L-C$ 직렬 공진회로는 다음과 같은 특징이 있다.

• 직렬공진 주파수 $f=\frac{1}{2\pi\sqrt{LC}}$[Hz]이다.

• 직렬공진에서의 어드미턴스 $Y=\frac{CR}{L}$이다.

• 직렬공진에서의 전류는 최대가 된다.

• 직렬공진에서의 첨예도(=양호도) $Q=\frac{1}{R}\sqrt{\frac{L}{C}}$이다.

따라서 직렬공진에서의 어드미턴스 $Y=\frac{L}{CR}$이 아닌 $Y=\frac{CR}{L}$이므로 정답은 ③이다.

03

정답 | ③

[상세해설] 전압과 전류가 복소수 형태로 주어질 때는 복소 전력을 이용하여 계산한다.

복소 전력 $S=\overline{V}I=P\pm jQ$이고, 실수 부분은 유효전력 P[W], 허수 부분은 무효전력 Q[Var]이다. 주어진 전압과 전류를 대입하면 다음과 같다.

$S=\overline{V}I=(40-j30)(30+j10)=1,500-j500$

따라서 유효전력 $P=1,500$[W]이다.

04

정답 | ⑤

[상세해설] 전기력선의 특징은 다음과 같다.

- 전기력선은 양전하에서 시작해서 음전하에서 끝난다.
- 두 개의 전기력선은 서로 교차하지 않는다.
- 전기력선은 등전위면과 수직으로 교차한다.
- 임의의 점에서의 전계의 세기는 전기력선의 밀도와 같다.
- 전기력선은 자신만으로 폐곡선이 되지 않는다.(불연속을 의미한다.)
- 임의점에서 전계의 방향은 전기력선의 접선방향이다.
- 임의점에서 전계의 세기는 전기력선 밀도와 같다.

따라서 전기력선이 자신만으로 폐곡선을 이루는 것은 아니므로 정답은 ⑤이다.

05

정답 | ⑤

[상세해설] • 인덕턴스 $L=\dfrac{\mu SN^2}{l}$[H]

- 인덕턴스는 권수 N의 제곱에 비례한다.
- 인덕턴스는 자기저항 R_m에 반비례한다.

• $L=\dfrac{N^2}{R_m}$[H]

자기저항은 투자율 μ에 반비례한다.

• $R_m=\dfrac{l}{\mu S}$

자기저항은 자로의 길이 l에 비례한다.

06

정답 | ④

[상세해설] • 전자계에서의 파동임피던스(고유임피던스)

$$Z_0=\frac{E}{H}=\sqrt{\frac{\mu}{\varepsilon}}=377\sqrt{\frac{\mu_s}{\varepsilon_s}}[\Omega]$$

• 자유 공간에서의 파동임피던스(고유임피던스)

$Z_0=\sqrt{\dfrac{\mu_0}{\varepsilon_0}}=120\pi=377[\Omega]$(자유공간에서의 μ_s, ε_s는 '1'이다)

07

정답 | ②

[상세해설] • $R-L-C$ 직렬 공진회로에서 양호도

$$Q=\frac{wL}{R}=\frac{1}{wCR}=\frac{1}{R}\sqrt{\frac{C}{L}}$$

- 양호도 Q는 저항 R에 반비례한다.
- 양호도 Q는 인덕턴스 L에 비례한다.
- 양호도 Q는 캐패시턴스 C에 반비례한다.

• LC 병렬 공진회로에서 양호도

$$Q=\frac{R}{wL}=wCR=R\sqrt{\frac{C}{L}}$$

따라서 양호도 Q는 인덕턴스 L에 비례하므로 정답은 ② 이다.

08

정답 | ③

[상세해설] 두 전하 사이에 작용하는 힘을 쿨롱의 힘이라고 한다. 이때의 힘은 $F=9\times10^9\times\dfrac{Q_1Q_2}{\varepsilon_s r^2}$[N]이다. 두 전하 사이에 작용하는 힘은 비유전율에 따라 달라진다. 즉, 힘 F는 비유전율 ε_s에 반비례한다.

09

정답 | ①

[상세해설] 전압과 전류가 주어졌으며, 임피던스 $Z=\dfrac{V}{I}=\dfrac{2+j5}{3+j4}$이다. 이에 따라 분모를 실수화하기 위해 공액복소수를 곱해서 정리하면 다음과 같다.

$Z=\dfrac{2+j5}{3+j4}\times\dfrac{3-j4}{3-j4}=\dfrac{1}{25}(6-j8+j15+20)=\dfrac{1}{25}(26+j7)[\Omega]$이다.

한편 주어진 임피던스에서 R과 X를 구하면

$Z=R+jX$이므로 $R=\dfrac{26}{25}$, $X=\dfrac{7}{25}$이다.

10

정답 | ⑤

[상세해설] OSI 7계층은 프로토콜의 일종으로 서로의 정보를 공유하며 데이터를 안전하게 주고받을 수 있게 한다.

- 1계층: 물리 계층(최하위층)
- 2계층: 데이터 링크 계층
- 3계층: 네트워크 계층
- 4계층: 전송 계층
- 5계층: 세션 계층
- 6계층: 표현 계층
- 7계층: 응용 계층(최상위 계층)

11

정답 | ①

[상세해설] 전달함수 $G(s)=\frac{V_0}{V_i}$를 구할 경우 먼저 전압 분배를 이용하면 매우 간단해진다.

$V_0=\frac{R}{Ls+R}V_i$가 되므로 이 식에서 $\frac{V_0}{V_i}$를 구하면 된다.

따라서 전달함수 $G(s)=\frac{V_0}{V_i}=\frac{R}{Ls+R}$이다.

12

정답 | ⑤

[상세해설] 동기발전기의 병렬운전 조건은 다음과 같다.

- 기전력의 크기가 같아야 한다. → 다를 때는 무효 순환 전류가 흐른다.
- 기전력의 위상이 같아야 한다. → 다를 때는 유효 순환 전류가 흐른다.
- 기전력의 주파수가 같아야 한다. → 다를 때는 난조현상이 발생한다.
- 기전력의 파형이 같아야 한다. → 다를 때는 고조파 순환전류가 흐른다.
- 상회전 방향은 같은 방향이어야 한다.

따라서 상회전 방향은 반대 방향이어야 하는 것이 아니므로 정답은 ⑤이다.

13

정답 | ⑤

[상세해설] 전기자 반작용이란 전기자전류에 의한 전기자 기자력이 계자기자력에 영향을 미쳐서 주자속이 감소하는 현상을 말한다. 전기자 반작용의 방지책은 다음과 같다.

- 보상권선을 설치한다.
- 보극을 설치한다.
- 계자기자력을 크게 한다.
- 자기저항을 크게 한다.

평균리액턴스 전압을 작게 하는 경우는 정류개선책에 해당하므로 정답은 ⑤이다.

14

정답 | ⑤

[상세해설] 전기쌍극자의 전계의 세기

$E=\frac{M}{4\pi\varepsilon_0 r^3}\sqrt{1+3\cos^2\theta}$[V/m]($M$: 쌍극자 모멘트)는 거리의 세제곱에 반비례한다.$\left(E\propto\frac{1}{r^3}\right)$

전기쌍극자의 전위 $V_p=\frac{M}{4\pi\varepsilon_0 r^2}\cos\theta$[V]($M$: 쌍극자 모멘트)는 거리의 제곱에 반비례한다.$\left(V_p\propto\frac{1}{r^2}\right)$

15

정답 | ②

[상세해설] 침투깊이 $\delta=\sqrt{\frac{2}{w\mu\sigma}}=\frac{1}{\sqrt{\pi f\mu\sigma}}$이다.

표피효과는 주파수 f가 클수록 작아지므로 정답은 ②이다.

16

정답 | ⑤

[상세해설] 자석이 될 수 있는 물체를 자성체라고 하며, 그 종류에는 강자성체, 상자성체, 역자성체가 있다. 강자성체의 특징은 다음과 같다.

- 고투자율의 특성을 나타낸다.($\mu_s\gg1$)
- 자구가 존재한다.
- 포화 특성을 가지고 있다.
- 히스테리시스 특징을 나타낸다.
- 강자성체로는 철, 니켈, 코발트 등이 있다.

따라서 공기, 알루미늄은 강자성체가 아니므로 정답은 ⑤이다.

17

정답 | ③

[상세해설] 주어진 회로는 브리지의 평형조건을 만족하는 상태이므로 3[Ω] 저항은 생략이 된다. 따라서 전체 저항 R은 다음과 같이 구할 수 있다.

$$R=\frac{8\times8}{8+8}=4[\Omega]$$

또는 같은 크기의 저항이 병렬일 때는 병렬 개수로 나누어서 간단히 구할 수 있다.

$$R=\frac{8}{2}=4[\Omega]$$

따라서 전압 $V=IR=2\times4=8[V]$이다.

18

정답 | ⑤

[상세해설] • 단자별 소자
- 2단자 소자: SSS, DIAC
- 3단자 소자: SCR, LASCR, GTO, TRIAC
- 4단자 소자: SCS

• 방향별 소자
- 단방향 소자: SCR, LASCR, GTO, SCS
- 3단자 소자: TRIAC, SSS, DIAC

19

정답 | ②

[상세해설] 단상 전파 정류회로의 직류전압은 다음과 같다.

$E_d=\frac{2E_m}{\pi}-e=\frac{2\sqrt{2}E}{\pi}-e=0.9E-e[V]$($e$: 소자의 전압강하[V])

따라서 전압강하는 무시한다는 조건에 따라 $e=0$ 상태이므로, $E_d=0.9\times100=90[V]$이다.

핵심이론 TIP

[단상 반파 정류회로의 직류전압]

$$E_d=\frac{E_m}{\pi}-e=\frac{\sqrt{2}E}{\pi}-e=0.45E-e[V]$$

20

정답 | ⑤

[상세해설] 농형 유도전동기의 기동법은 다음과 같다.
• 전전압 기동법
• $Y-\Delta$ 기동법
• 리액터 기동법
• 기동보상기 기동법

따라서 2차 저항 기동법은 농형 유도전동기의 기동법이 아니므로 정답은 ⑤이다.

핵심이론 TIP

[권선형 유도전동기의 기동법]
• 2차 저항 기동법
• 게르게스법

21

정답 | ④

[상세해설] 정류 개선책은 다음과 같다.
• 정류주기를 길게 한다.
• 보극을 설치한다.
• 평균리액턴스 전압을 적게 한다.
• 단절권을 사용한다.
• 인덕턴스를 적게 한다.
• 회전속도를 적게 한다.
• 탄소브러시를 사용한다.

따라서 전절권을 사용하는 것은 정류 개선책이 아니므로 정답은 ④이다.

22

정답 | ④

[상세해설] 직류전동기의 속도제어는 다음과 같다.
• 저항제어
  저항제어법은 손실이 크므로 잘 사용하지 않는다.
• 계자제어
  - 계자제어법은 정출력 제어가 가능하다.
  - 광범위한 속도 제어가 가능하다.
• 전압제어
  - 효율이 가장 좋은 방식이다.
  - 광범위한 속도 제어가 가능하다.
  - 워드레오나드 방식은 소형부하에 이용한다.
  - 일그너 방식은 대형부하(압연, 제강)에 이용된다.

따라서 일그너 방식은 소형부하가 아닌대형부하에 이용되므로 정답은 ④이다.

23

정답 | ⑤

[상세해설] 직류기의 손실은 다음과 같다.

- 고정손(무부하손)
  - 철손
  - 기계손(베어링손, 마찰손, 풍손)
- 가변손(부하손)
  - 동손
  - 표유부하손

따라서 표유부하손은 가변손이므로 정답은 ⑤이다.

24

정답 | ①

[상세해설] 동기발전기의 반작용은 다음과 같다.

- 횡축 반작용
  - 교차자화 작용이라 한다.
  - 전기자전류와 유기기전력은 동위상 관계에 있다.
- 직축 반작용
  - 감자 작용과 증자 작용이 있다.
  - 감자 작용 시 전기자전류는 유기기전력보다 $\frac{\pi}{2}$만큼 위상이 늦은 관계에 있다.
  - 증자 작용 시 전기자전류는 유기기전력보다 $\frac{\pi}{2}$만큼 위상이 빠른 관계에 있다.

따라서 증자 작용은 직축 반작용에 해당하므로 정답은 ①이다.

25

정답 | ④

[상세해설] 최근에는 근거리 무선 통신 방식의 일종으로 와이파이와 블루투스 방식 등이 널리 사용되고 있다. 특히 지그비 방식은 적은 전력으로 장기간 사용할 수 있는 장점이 있다.

또한 근거리 통신에 이용되는 방식으로서 주로 신용카드, 은행, 열쇠 등을 대체하는 기술로 NFC가 많이 이용된다.

26

정답 | ⑤

[상세해설] 전계의 세기(전위 경도)

$E=-gradV=-\left(i\frac{\partial}{\partial x}V+j\frac{\partial}{\partial y}V+k\frac{\partial}{\partial z}V\right)$이므로 전위 V를 대입하여 미분을 하면 다음과 같다.

$$E=-\left(i\frac{\partial}{\partial x}V+j\frac{\partial}{\partial y}V+k\frac{\partial}{\partial z}V\right)$$
$$=-\left(i\frac{\partial}{\partial x}+j\frac{\partial}{\partial y}+k\frac{\partial}{\partial z}\right)(3x^2+4z)$$
$$=-6xi-4k$$

점 $(x=4,\ z=6)$을 대입하면 $-24i-4k$이다.

27

정답 | ⑤

[상세해설] • 전도전류

- 전도전류는 도선을 따라 전하 Q가 이동하는 전류를 말한다.
- 전도전류 밀도는 도전률 σ와 전계의 세기 E에 비례한다. 즉, $i=\sigma E$이다.

• 변위전류

- 변위전류는 전속밀도 D의 변화에 의해서 발생한다.

$$I_d=jwCV=jw\frac{\varepsilon S}{d}V$$
$$=jwS\varepsilon E=jwSD$$

- 변위전류는 전계의 세기 E에 비례한다. 즉, 변위전류 밀도는 $i_D=jw\varepsilon E$이다.

따라서 전도전류 밀도는 $i=\sigma E$이므로 정답은 ⑤이다.

28

정답 | ②

[상세해설] 평균값$=V_m$(최댓값), 실횻값$=V_m$(최댓값)이므로, 파형률과 파고율은 다음과 같다.

- 파고율$=\frac{\text{최댓값}}{\text{실횻값}}=\frac{V_m}{V_m}=1$
- 파형율$=\frac{\text{실횻값}}{\text{평균값}}=\frac{V_m}{V_m}=1$

29

정답 | ④

[상세해설] 유효전력 $P=VI\cos\theta$[W](V, I는 실횻값, θ는 $V-I$ 사이의 위상차)이다.

$100\sqrt{2}$, $10\sqrt{2}$는 최댓값을 의미하므로 실횻값으로 변환하기 위해 $\sqrt{2}$로 나눈다.

따라서 $P=100\times10\times\cos\left(\frac{\pi}{2}-\frac{\pi}{6}\right)=500[\mathrm{W}]$이다.

핵심이론 TIP

[무효전력과 피상전력]
- 무효전력 $Q=VI\sin\theta[\mathrm{Var}]$
- 피상전력 $P_a=VI[\mathrm{VA}]$

30

정답 | ②

[상세해설] 저압 뱅킹 방식의 특징은 다음과 같다.
- 고장 전류에 의해 캐스케이딩 현상이 나타난다. 케스케이딩에 대한 대책으로 뱅킹퓨즈나 구분퓨즈를 설치한다.
- 전력손실이 줄어든다.
- 부하 증가에 대응할 수 있는 탄력성이 좋아진다.
- 전압변동이 경감된다.
- 변압기 용량을 줄일 수 있다.

저압 네트워크 방식의 특징은 다음과 같다.
- 무정전 공급이 가능하다.
- 중소도시, 대도시에서 주로 이용된다.
- 부하 증가에 대한 적응성이 우수하다.
- 공사비가 많이 든다.
- 고장전류에 의해 역류하는 것을 막기 위해 네트워크 프로텍터가 필요하다.

전공 실전모의고사(경영학)

01	02	03	04	05	06	07	08	09	10
③	②	⑤	②	④	⑤	②	④	③	①
11	**12**	**13**	**14**	**15**	**16**	**17**	**18**	**19**	**20**
④	⑤	②	⑤	⑤	⑤	②	④	③	④
21	**22**	**23**	**24**	**25**	**26**	**27**	**28**	**29**	**30**
⑤	①	①	①	④	③	②	③	③	①

01

정답 | ③

[상세해설] 동시공학(Concurrent Engineering)은 제품 개발 속도를 높이고 부서 간 불일치를 감소시키기 위해 제품 디자인에서부터 생산에 이르기까지 각 과정을 동시에 진행하는 제품개발 방식이다. 따라서 분업화, 전문화를 중시하는 기능식 조직보다는 부서 간 협업이 강조되는 팀 조직에 더 적합하다.

핵심이론 TIP

[제품설계 관련 중요 개념]

가치공학(VE)	• 특정 제품의 기능을 규정하고 최소의 원가로 제공할 수 있는 방안을 연구하는 것 • 기능효율성 향상과 원가절감을 동시에 추구 • 제품이나 공정의 설계분석에 치중
가치분석(VA)	• 구매 원재료나 부분품 등의 원가분석에 집중 • 제품의 가치에 공헌하지 않는 불필요한 기능을 제거하기 위한 것
동시공학(CE)	• 제품개발의 초기 과정에서부터 관련된 모든 부서가 참여 • 제품개발 과정에서 제품설계와 공정설계를 동시에 고려 • 제품설계에 필요한 시간과 비용을 줄이고자 하는 방식
로버스트설계(다구치설계)	• Robust는 '강인한, 튼튼한'을 의미 • 제품이 설계 단계에서부터 환경변화에 영향을 덜 받도록 제품 또는 공정을 설계하는 방식
모듈화설계	• 복잡하나 다양하게 결합될 수 있는 부품 및 서비스를 설계하는 것 • 유사한 제품계열별로 설계 내용을 결정, 보다 저렴하고 쉽게 생산

품질기능전개 (QFD)	소비자가 원하는 제품개념(Voice of Customers)을 설계와 생산을 담당하는 부서원들에게 보다 효과적으로 전달하고자 하는 것

02

정답 | ②

[상세해설] ㉠ 수직적 통합(Vertical Integration)은 유통경로에 있어서 상류에 있는 기업이 하류에 있는 기업을 통합하는 전방통합과, 하류에 있는 기업이 상류에 있는 기업을 통합하는 후방통합을 통칭하는 개념이다. 한편 수평적 통합은 동일한 수준 또는 단계에 있는 기업 간 시너지효과를 높이기 위해 통합하는 것이다.

㉡ 다각화 전략은 신제품을 가지고 신시장을 개척하는 전략이다.

핵심이론 TIP

[앤소프(I. Ansoff)의 제품·시장 확장 그리드]

	기존제품	신제품
기존시장	시장침투	제품개발
신시장	시장개발	다각화

시장침투 전략	기존시장에서 기존제품의 시장점유율을 증가시키는 전략, 기존고객의 구매빈도를 높이고 경쟁사 고객 유인 및 미사용 고객층을 설득
시장개발 전략	기존제품으로 충족시킬 수 있는 욕구를 가진 신시장을 개발하는 전략
제품개발 전략	기존시장에서 신제품의 개발가능성을 고려
다각화 전략	신제품을 가지고 신시장을 개척하는 전략

03

정답 | ⑤

[상세해설] ⑤ 공정관리란 공장에서 일정한 시간 내에 일정한 수량의 제품을 일정한 가격으로 효율적으로 생산하기 위해 공장의 모든 활동을 관리하는 것을 말한다. 공정관리 방식 중 PERT는 작업의 순서나 진행상황을 한눈에 파악할 수 있도록 작성하면서 시간단축이 주목적이고 CPM은 PERT가 프로젝트 완료까지 소요시간만 고려하는데 CPM에서는 시간과 더불어 비용측면이 함께 고려된다. PERT와 CPM을 비교하면 다음과 같다.

PERT (Program Evaluation Review Technique)	CPM (Critical Path Method)
시간의 계획과 통제를 위한 방법	시간과 비용을 통제하기 위한 방법
미 해군의 미사일 사업계획 및 통제 목적으로 개발(1957년)	미국 Dupont사에서 설비보존시간 단축을 위해 개발(1957년)
경험이 없는 새로운 프로젝트에 이용하기 위해 개발	과거의 충분한 경험과 자료가 있는 프로젝트를 위해 개발
완료시간의 불확실성을 타개하기 위해 확률적 모형을 도입	활동의 완료시간이 하나의 추정치로 부여되는 확정적 모형을 도입

[오답풀이] ① PERT는 확률적 모형이고, CPM은 확정적 모형이다.

② 일반적으로 PERT는 시간의 통제에 관한 문제이고, CPM은 시간과 비용의 통제에 관한 문제이다.

③ CPM의 주경로는 여유시간(TL−TS)의 차가 0인 점들을 연결하여 구하며, 가장 긴 시간이 걸리는 경로이다.

④ PERT는 낙관적 시간과 비관적 시간을 이용하여 기대시간을 추정한다.

04

정답 | ②

[상세해설] 개인 및 집단 성과배분제도에 대한 설명으로 옳은 것은 ㉢, ㉤으로 총 2개이다.

[오답풀이] ㉠ 임프로쉐어는 절약된 노동시간을 종업원 50%, 기업 50% 비율로 분배하는 제도이다.

㉡ 이윤배분제도는 목표수준 이상의 이익이 발생했을 때 구성원에게 분배하는 제도이며, 집단성과배분제도는 이익의 증가나 비용감소 등 경영성과를 구성원에게 배분하는 제도이다.

㉣ 스캔론플랜은 생산의 판매가치를 기초로 한 성과배분제도이며, 반면 럭커 플랜은 부가가치를 기초로 한 성과배분제도이다.

05

정답 | ④

[상세해설] 직무수행능력에 따라 임금의 사내격차를 만드는 체계이며, 능력급 체계의 대표적인 제도로 당사자의 능력이 어떤 수준으로 평가되느냐에 따라 개인의 임금이 결정되는 임금체계는 직능급이다.

핵심이론 TIP

[임금체계]

연공급	개념	임금이 개인의 근속연수·학력·연령 등 인적요소를 중심으로 변화하는 제도로 종신고용을 전제로 함
	장점	• 고용의 안정화 및 노동력의 정착화 • 노동자의 생활보장으로 기업에 대한 귀속의식 제고
	단점	• 동일직무에 대한 동일임금의 지급이 불가능 • 전문기술인력의 확보가 곤란, 기업의 인건비 부담이 높아짐 • 종업원들의 소극적·무사안일주의적인 근무태도 야기
직능급	개념	• 직무수행능력에 따라 임금의 사내격차를 만드는 체계이며, 능력급 체계의 대표적인 제도 • 당사자의 능력이 어떤 수준으로 평가되느냐에 따라 개인의 임금이 결정
	장점	• 능력에 따른 임금결정으로 종업원의 불평 해소 • 능력자극으로 유능한 인재 확보 • 완전한 직무급 도입이 어려운 동양적 기업풍토에 적합
	단점	• 직무수행능력이 떨어지는 노동자의 근로의욕 상실 • 직무수행에 치우쳐 노동자가 일상업무를 소홀히 하는 경향
직무급	개념	직무의 중요성과 곤란도 등에 따라서 각 직무의 상대적 가치를 평가하고, 그 결과에 의거하여 임금액을 결정하는 체계
	장점	• 동일직무에 동일임금을 지급 • 개인별 임금격차에 대한 불만 해소 • 전문기술인력의 확보가 용이, 능력 위주의 인사풍토 조성
	단점	• 공정하고 철저한 직무분석과 직무평가의 실시가 곤란 • 임금수준이 종업원의 생활을 보장할 수 있을 만큼 높지 않을 때는 실시 곤란 • 연공중심의 풍토에서 오는 저항감이 강한 경우에는 적용 곤란

06

정답 | ⑤

[상세해설] 주어진 형태의 조직구조는 매트릭스 조직이다. 행렬 조직 또는 매트릭스 조직은 급변하는 새로운 환경변화에 적극적으로 대처하기 위해 시도된 조직이다. 이 조직은 전통적인 기능식 조직(수직적)과 프로젝트 조직(수평적)의 장점, 즉 전문성과 제품혁신과 같은 목표를 동시에 달성하고자 하는 의도에서 발생하였다.

[오답풀이] ① 기능별 조직(=직능별 조직)은 부문화의 가장 기본적인 형태로 전체 조직을 인사·생산·재무·회계·마케팅 등의 공통된 경영기능을 중심으로 부문화한 것이다.

② 라인-스태프 조직은 조직에서 주된 역할을 수행하는 라인과, 라인을 지원하고 최고경영자를 보좌하는 스태프를 결합한 조직형태이다.

③ 사업부제 조직은 제품별·시장별·지역별로 사업부를 분화하여, 각 사업부별로 독립된 경영을 하도록 하는 조직구조이다. 부문별, 제품별 또는 지역별로 제조 및 판매에 따르는 책임 및 권한을 사업부에 부여하여 경영상의 독립성을 인정해 줌으로써 책임소재를 명확히 할 수 있다.

④ 프로젝트 조직은 기업환경의 동태적 변화, 기술혁신의 급격한 진행에 따라 구체적인 특정 프로젝트별로 형성된 조직형태이다.

07

정답 | ②

[상세해설] 시장세분화는 이질적인 시장을 몇 개의 동질적인 시장으로 구분하는 과정으로 인구통계학적, 심리분석적, 구매행동적 변수로 구분할 수 있다.

표적시장 선정(Targeting)은 여러 개 세분시장들 중 경쟁제품보다 고객의 욕구를 더 잘 충족시킬 수 있는 세분시장을 선정하는 과정이다. 이는 기업의 자원과 역량이 한정되어 있는 경우에 하나 또는 소수의 작은 시장에서 높은 시장점유율을 늘리기 위해 핵심역량을 하나의 카테고리에 집중하는 집중적 마케팅과, 여러 개의 표적시장을 선정하고 각각의 표적시장에 적합하고 차별화된 제품 및 마케팅믹스 전략을 개발하는 형태의 차별적 마케팅, 규모의 경제를 통한 원가우위를 바탕으로 세분시장 간의 차이를 무시하고 하나의 제품으로 전체시장을 무차별적으로 공략하는 무차별적 마케팅으로 구분한다.

따라서 ㉠에는 '인구통계학적', ㉡에는 '차별적'이 들어가야 한다.

08 정답 | ④

[상세해설] ㉠ 벤치마킹은 경쟁우위를 쟁취하기 위해서 선도적 기업들의 기술 혹은 업무방식(프로세스)을 지속적으로 측정하고 비교함으로써 얻어진 유용한 정보를 자사의 성과 향상을 위한 업무개선 수행에 반영하는 것이다.

㉡ 리엔지니어링은 BPR이라고도 하며, 기업의 업무수행 방식을 근본적으로 Zero-Base에서 재설계하는 것이다.

핵심이론 TIP

[경영혁신기법 관련 개념]

리엔지니어링 (BPR)	기업의 비용·품질·서비스·속도와 같은 핵심적 분야에서 극적인 향상을 이루기 위해 기존의 업무수행방식을 원점에서 재검토하여 업무처리절차를 근본적으로 재설계하는 것
아웃소싱 (Outsourcing)	• 기업 내부의 프로젝트 활동을 기업 외부의 제3자에게 위탁해 처리하거나, 외부 정보통신 전문업체가 고객의 정보처리 업무의 일부 또는 전부를 장기간 운영·관리하는 것 • 경비절약, 기업의 규모축소, 전문화 등이 목적
다운사이징 (Downsizing)	• 조직의 효율, 생산성, 경쟁력을 높이기 위해서 비용구조나 업무 흐름을 개선하는 일련의 조치 • 필요 없는 인원이나 경비를 줄여 낭비적인 조직을 개선하는 것
전사적 자원관리 (ERP)	기업이 구매, 생산, 물류, 판매, 인사, 회계 등 별도의 시스템으로 운영되던 것을 하나의 통합적인 시스템으로 구축하여 경영자원을 효율적으로 관리하는 것
블루오션 전략 (Blue Ocean Strategy)	기존의 경쟁시장에서 예전의 업종, 고객 개념에 얽매이지 말고 경쟁이 없는 새로운 시장을 개척하고자 하는 전략

09 정답 | ③

[상세해설] JIT는 제품생산에 요구되는 부품 등 자재를 필요한 시기에 필요한 수량만큼 조달하여 낭비적 요소를 근본적으로 제거하려는 무재고 생산시스템으로, 1950년대 중반 일본의 도요타(Toyota)자동차 회사에서 개발되었다. 이는 재고의 감소, 제조준비시간의 단축, 리드타임의 단축, 불량품의 최소화, 자재취급노력의 경감을 목표로 한다.

㉠ JIT(Just In Time) 시스템은 불필요한 부품이나 재공품 등 자재의 재고를 없애도록 설계된 시스템으로 당장 필요한 수량만 소규모 로트 생산과 제조준비시간의 단축이 장점이다.

㉢ 품질분임조(Quality Circle)와 제안제도를 통한 철저한 품질관리로 무결점 품질유지가 장점이다.

㉤ Pull system은 재고 최소화를 위해 고객 주문에 따라 생산과 분배를 결정하는 시스템으로 최소의 재고로 빠르게 고객의 다양한 니즈를 충족한다.

따라서 JIT의 장점은 ㉠, ㉢, ㉤ 3개이다.

[오답풀이] ㉡ JIT가 원활히 운영되기 위해서는 작업자가 작업과 동시에 품질활동도 담당해야 하므로 다기능공 작업자가 요구된다.

㉣ 단일 또는 소수의 공급자와 장기적 협력관계를 맺고 상호이익을 보장할 수 있는 관계이어야 한다.

10 정답 | ①

[상세해설] 카르텔(Cartel)은 기업 간의 카르텔 협정에 의하여 성립되는 것으로 참여기업은 이 협정에 의해 일부 경제적 활동은 제약을 받지만 기업의 법률적 독립성은 잃지 않는 기업결합의 유형이다. 일반적으로 카르텔은 참여기업의 자유의사에 의하여 결성되나, 국가에 의해 강제적으로 결성되는 경우도 있다. 협정내용이 어떤 부문에 관한 것인가에 따라 구매카르텔·생산카르텔·판매카르텔로 구분되며, 구체적으로는 판매가격·생산수량·판매지역 분할·조업단축·설비투자제한·과잉설비 폐기·재고동결 등에 관해 협정을 맺게 된다.

㉠ 카르텔(연합형태)은 생산 및 판매에 있어 경쟁을 방지하고 수익을 확보하기 위해 동종 상품이나 상품군을 독립기업 간에 수평적으로 결합하는 형태를 특징으로 한다.

㉣ 카르텔은 참여기업이 법률적·경제적 독립성을 유지할 때 경제적 효력이 발생하는 특징이 있다.

따라서 카르텔의 특징에 해당하는 것은 ㉠, ㉣이다.

[오답풀이] ㉡ 카르텔은 법률적, 경제적 독립성을 상호유지하면서 결합하므로 기업의 자유로운 활동이 보장된다는 장점이 있는 반면에 결합력이 약하다는 단점이 있다.

㉢ 금융적으로 결합한 형태는 콘체른의 특징이다.

㉤ 카르텔은 법률적·경제적으로 완전히 독립되어 협정에 구속력이 없다. 이에 비해 콘체른은 외형상으로는 독립성을 유지하지만 실질적으로 독립성을 잃고 대규모 기업에 종속되는 특징이 있다.

핵심이론 TIP

기업결합의 기본형태: 집중방법에 따라 카르텔, 트러스트, 콘체른 등으로 나눌 수 있다. 3가지를 비교하면 다음과 같다.

구분	카르텔	트러스트	콘체른
성격	기업연합	합병	기업연맹
법률적	독립	종속	독립
경제적	독립	종속	종속
특징	• 시장 통제 목적 • 법적&경제적 독립성 유지 • 동종/유사 업종 간의 수평적 협정	• 시장 독점 목적 • 법적&경제적 독립성 상실 • 카르텔보다 강력한 기업 집중화 형태	• 금융적 결합 형태 • 지배되는 기업의 경우 법적 독립성 유지, 자본적 독립성 상실 • 자본에 의해 결합하는 기업 집단화 형태

11

정답 | ④

[상세해설] '협력'은 경로구성원이 자신의 목적달성을 중시하지만, 동시에 다른 경로구성원의 입장을 충분히 이해하기 위해 노력하는 것이다. 갈등에 대한 언급 자체를 피하는 것은 '회피'이다.

12

정답 | ⑤

[상세해설] 마일즈(Miles)와 스노우(Snow)는 자신들이 '외적 적합화의 방식'으로 부르는 시장 환경에의 대응 방식, 즉 고객의 욕구를 파악하고 충족시키는 방식에 따라 다음과 같이 전략을 분류하였다.

공격형 전략 (Prospector)	적극적인 위험 감수, 새로운 기회에 대한 탐색과 성장을 추구하는 전략
방어형 전략 (Defender)	공격형 전략과는 반대되는 전략으로, 위험을 추구하거나 새로운 기회를 탐색하기보다는 안정성을 중요시하는 전략
분석형 전략 (Analyzer)	부분적으로 혁신을 추구하는 한편 안정성을 유지하는 전략으로 공격형 전략과 방어형 전략의 중간에 있는 것
반응형 전략 (Reactor) =낙오형	실제로는 전략이라고 할 수 없는 것으로, 환경의 기회와 위협에 대해 임시방편적으로 대응하는 것

13

정답 | ②

[상세해설] 종합적 품질관리(TQM)는 동기 부여 및 성과 평가를 위해 도입된 개념이 아니라, 고객지향적인 품질 향상을 목적으로 하여 전사적인 참여와 예방을 통한 공정개선을 도모하기 위한 개념이다.

14

정답 | ⑤

[상세해설] 경비 절약, 기업의 규모 축소, 전문화 등을 목적으로 하는 것은 아웃소싱에 대한 설명이고, 기존의 프로세스를 점점 개선하는 기법은 Restructure의 특징이다.

15

정답 | ⑤

[상세해설] ㉠ 브랜드확장은 높은 브랜드 가치를 갖는 특정 브랜드의 네임을, 다른 제품군에 속하는 신제품 브랜드에 확장하여 사용하는 전략이다. 예컨대 애플사가 브랜드 아이덴티티와 혁신적인 디자인을 아이맥, 아이패드, 아이폰에 이르기까지 적용하여 다른 범주의 제품군에 브랜드 제품계열을 확장한 것이 대표적이다.

㉡ PB(Private Brand)전략은 편의점, 대형마트 등 유통업자가 생산자에게 제품생산을 의뢰하고 생산된 제품에는 유통업체의 상표를 부착하는 전략이다. 한편,

NB(National Brand)전략은 제조업체 상표전략을 의미한다.

16

정답 | ⑤

[상세해설] 시스템(System)이란 '상호 관련 있는 몇 개의 부분으로 이루어진 유기적 실체'로 정의할 수 있다. 이 개념을 좀 더 정확히 정의하면 '시스템은 기능적 단위로 이루어진 여러 개의 독립된 구성인자 또는 요소가 전체적 목표를 달성하기 위해 유기적으로 연결되어 상호작용하는 전일체(Holism)'라 할 수 있다.

시스템의 특성	• 하나의 시스템은 다수의 하위시스템으로 구성되며 전체성을 중시함 • 일반적으로 기업환경은 상호작용에 의한 개방시스템에 해당함 • 시스템은 피드백을 통해 동적균형을 유지함 • 시스템은 전체성, 결과지향성, 이인동과성, 개방성, 상호작용성을 지님 • 전체의 가치=∑구성요소 가치+시너지효과 • 시스템은 엔트로피(무질서)를 줄이기 위해 노력하며, 잘 조직된 시스템은 부(−)의 엔트로피를 통해 안정화됨

따라서 시스템 이론의 특성에 대한 설명으로 옳은 것은 ㉠, ㉡, ㉢, ㉣이다.

17

정답 | ②

[상세해설] 가치사슬 분석(Value Chainanalysis)은 기업활동에서 부가가치(Value Added)가 생성되는 과정을 의미한다. 이는 비용우위를 확보하기 위한 시장기회를 파악하고, 경쟁우위 구축 및 기업의 내부역량 분석을 위한 도구로 활용할 수 있다.

[오답풀이] ① PERT−CPM 기법은 네트워크를 이용하여 대규모 1회성 프로젝트 일정을 합리적으로 계획하고 통제하기 위한 기법이다.

③ 마일즈와 스노우 전략모형은 기업이 시장 환경에 따른 대응방식, 즉 고객의 욕구를 파악하고 충족시키는 방식에 따라 공격형, 방어형, 분석형, 반응형 전략으로 분류한 것을 뜻한다.

④ BCG모형은 BCG매트릭스를 말하며, 시장성장률과 상대적 시장점유율을 통해 기업의 사업부가 속하는 단계의 전략을 분석하는 모형이다.

⑤ 컨조인트 분석은 마케팅에서 제품 속성의 중요도 파악 및 시장세분화에 의한 고객 특성 파악 등 신제품 아이디어를 도출하기 위해 실시하는 분석을 의미한다.

18

정답 | ④

[상세해설] ㉡ 완전경쟁시장에서는 수요와 공급에 의해 가격이 결정되므로 가격차별화는 있을 수 없다. 가격차별화는 독점적 경쟁시장에서 일반적으로 발생한다.

㉢ 과점시장에 신규 기업들이 진입하게 되는 경우 기존 기업들은 담합을 통해 일제히 가격을 인하하여 진입장벽을 형성하게 된다.

㉣ 기업 간 전략적 상호작용이 필요한 시장은 과점시장에 해당한다.

19

정답 | ③

[상세해설] ㉠ 식스시그마에 대한 설명이다. 경영혁신 수단으로서의 식스시그마 운동은 제품의 설계, 제조, 그리고 서비스의 품질편차를 최소화해 그 상한과 하한이 품질 중심으로부터 6σ 이내에 있도록 한다는 것이다. 이 경우 품질규격을 벗어날 확률은 1백만 개 중 3.4개(3.4PPM) 수준이 된다.

㉡ 평가비용(Appraisal Cost)에 대한 설명이다. 이는 예방원가 이후 생산공정 중에 발생하는 비용으로 원자재 검사, 공정검사, 완제품검사 등에 소요되는 비용을 의미한다.

[오답풀이] • 적시생산시스템(JIT): 제품생산에 요구되는 부품 등 자재를 필요한 시기에 필요한 수량만큼 조달하여 낭비적 요소를 근본적으로 제거하려는 무재고 생산시스템

• 자재소요계획(MRP): 자재소요계획을 중심으로 한 일정계획 및 재고통제기법

• 예방비용: 실제로 제품이 생산되기 전에 불량품질의 발생을 미연에 방지하기 위한 비용으로, 품질계획, 품질교육, 신제품 설계의 검토 등에 소요되는 비용

• 실패비용: 품질이 일정수준에 미달하여 발생하는 비용으로, 내적 실패비용은 폐기물이나 등외품 등 생산공정상에서 발생하는 비용을 가리킴

20

정답 | ④

[상세해설] 민츠버그(H. Mintzberg)는 여러 조직에서 경영자의 활동을 체계적으로 연구한 뒤 다음과 같이 경영자의 역할을 10가지로 요약하여 제시하였다.

경영자의 역할	역할 내용
인간관계 역할 (Interpersonal Roles)	상징적 대표자의 역할, 지도자(리더)의 역할, 연락자의 역할
정보전달 역할 (Informational Roles)	정보 수집자(정보의 원천)의 역할, 전파자의 역할, 대변자의 역할
의사결정 역할 (Decisional Roles)	기업가의 역할, 분쟁 조정자(문제해결자)의 역할, 자원 배분자의 역할, 협상자(교섭자)의 역할

따라서 ①, ②, ③, ⑤는 의사결정 역할, ④는 정보전달 역할이다.

21

정답 | ⑤

[상세해설] 주어진 사례는 상동적 태도의 사례이다. 이는 일종의 고정관념으로 특정인에 대한 평가가 그가 속한 사회적 집단에 대한 지각을 기초로 해서 이루어지는 것을 말한다. 즉, 특정인에 대한 평가를 그가 속한 집단을 통해 일반화시키는 경향으로 대표적인 지각적 오류에 해당한다.

[오답풀이] ① 지각방어는 개인에게 불유쾌하거나 위협을 주는 자극이나, 개인의 관습적 고정관념에 어긋나는 불안한 사건을 회피함으로써 자신을 방어하려는 경향이다.

② 후광효과는 어떤 한 분야에 있어서의 어떤 사람에 대한 호의적 또는 비호의적인 인상이 다른 분야에 있어서의 그 사람에 대한 평가에 영향을 주는 경향이다.

③ 관대화 경향은 개인을 평가할 때 가급적이면 후하게 평가하려는 경향이다.

④ 확증편향은 실체적 진실을 외면하면서 보고 싶은 것만 보고, 듣고 싶은 것만 듣겠다는 심리적 현상이다.

22

정답 | ①

[상세해설] 기계적 조직구조와 유기적 조직구조의 특징은 다음과 같다.

구분	기계적 조직구조	유기적 조직구조
업무 처리	문서화된 규칙, 절차에 의존	문서화된 규칙, 절차 덜 중요
권한 위임	집권적	분권적
갈등 해결 방법	상급자의 의사결정	토론이나 상호작용
관리의 폭	좁음	넓음
공식화	높음	낮음(유연성 높음)
의사소통	수직적 의사소통	수평적 의사소통
적용	정부의 행정조직	프로젝트 조직

따라서 전문화 정도가 높은 것은 기계적 조직의 특징이므로 정답은 ①이다.

23

정답 | ①

[상세해설] 생계비는 이론생계비와 실태생계비로 나눌 수 있다.

이론생계비는 생계비 계측 기준모형에 따라 표준생계비와 최저생계비로 구분된다. 소득에 의해 지출이 파악되는 문제점을 해소할 수 있다는 장점이 있지만, 연구자의 자의성이 개입될 수 있다는 단점이 있다.

실태생계비(실제생계비)는 일상생활에서 필요에 의해 지출한 실제 비용을 조사한 생계비이다. 현실에 필요한 생활비를 조사하여 그 평균치를 연구자가 품목에 자의성 개입이 방지하는 장점이 있지만, 소득에 준하여 지출을 예상할 수밖에 없는 이유로 노동자들의 현실을 전부 반영하기 어렵다는 단점이 존재한다.

생계비는 임금수준과 관련된 개념이며, 임금체계는 임금의 구성 내용과 관련된 것으로 연공급, 직무급, 직능급 등이 이에 해당된다.

24

정답 | ①

[상세해설] ABC 관리법은 재고자산의 가치나 중요도(기여도), 매출액 정도에 따라 A, B, C 등급으로 구분하고 차별적으로 관리하는 기법이다.

핵심이론 TIP

[고정주문량모형과 고정주문주기모형]

구분	고정주문량모형 (Q시스템)	고정주문기간모형 (P시스템)
주문시기	재고수준이 재주문점에 도달 시(부정기적)	미리 정해진 주문시기(정기적)
주문량	일정	변함
수요정보	과거의 실적에 의존	장래의 예측정보에 의존
재고조사	계속실사(재고의 출고가 있을 때마다 실시)	정기실사(재주문기간이 되었을 때 실시)
특징	• 안전재고가 적음 • 품절 가능성이 낮음 • 수요변동이 적은 품목	• 안전재고가 많음 • 운영비용이 낮음 • 수요변동이 큰 품목

25

정답 | ④

[상세해설] 마케팅 유형은 다음과 같다.

구분	고압적 마케팅	저압적 마케팅	전사적 마케팅
의미	소비자의 욕구에 관계 없이 기업 입장에서 생산 가능한 제품을 생산하여 시장에 내밀어 판매하는 마케팅	소비자의 욕구를 파악하고, 이를 충족시킬 제품을 생산하고 판매하는 마케팅	마케팅을 중심으로 기업의 모든 활동을 전사적으로 통합·조정하는 마케팅으로서, 소비자의 욕구, 복지 및 기업의 장기적 이익의 관점에서 마케팅을 행함
중점활동	• 후행적 마케팅 활동 • 주로 광고를 통하여 이루어짐	• 선행적 마케팅 활동 • 인적판매를 중심으로 이루어짐	모든 마케팅 활동

표본추출방식은 다음과 같다.

• 비확률 표본추출

표본추출방법	내용
판단표본추출	표본의 조사목적에 가장 적합하다고 판단되는 특정집단을 표본으로 선정하는 방법
편의표본추출	조사자의 편의 또는 임의대로 표본을 선정하는 방법
할당표본추출	모집단의 특성(나이, 성별 등)을 기준으로 이에 비례하여 표본을 추출함으로써 모집단의 구성원들을 대표하도록 하는 추출방법으로, 비확률 표본추출방법 중 가장 정교한 기법

• 확률 표본추출

표본추출방법	내용
단순무작위 표본추출	일정수의 표본을 난수표를 이용해 무작위 추출
층화표본추출	모집단을 통제변수에 의해 배타적이고 포괄적인 소그룹으로 구분한 다음 각 소그룹별로 단순무작위로 추출하는 방식
군집표본추출	모집단을 동질적인 여러 소그룹으로 나눈 다음 특정 소비 그룹을 표본으로 선택하고, 그 소그룹 전체를 조사하거나 일부를 표본으로 추출하는 방식

따라서 ㉠은 '저압적 마케팅', ㉡은 '군집표본추출'이다.

26

정답 | ③

[상세해설] 숍제도는 노동조합의 조직강화를 목적으로, 노동조합의 노조원으로의 가입조건(자격)과 취업여부를 연관시키는 제도를 말한다. 숍제도의 특징은 다음과 같다.

노동조합 가입방식 (숍제도)	클로즈드 숍 (Closed shop)	근로자 전원의 가입이 강제되는 것으로 노동조합의 조합원만이 사용자에게 고용될 수 있는 제도, 노조의 안정·독립의 성격이 가장 강함
	유니온 숍 (Union shop)	• 사용자가 비조합원을 일단 자유로 채용할 수는 있지만 채용 후 일정기간 안에 조합에 가입해야 하는 제도 • Open shop과 Closed shop의 중간 형태
	오픈 숍 (Open shop)	기업이 근로자를 채용할 때 조합가입의 여부가 문제시되지 않는 제도
	에이전시 숍 (Agency shop)	조합원이 아니더라도 모든 종업원에게 조합회비를 징수

	메인테넌스 숍	조합원이 되면 일정기간 조합원으로 머물러 있어야 하는 제도
	프리퍼런셜 숍	채용에 있어서 조합원에게 우선순위를 주는 제도

따라서 주어진 설명은 클로즈드 숍에 대한 것이므로 정답은 ③이다.

27

정답 | ②

[상세해설] 생산계획(Production planning)이란 수요예측을 기초로 어떤 제품을 언제 얼마나 생산할 것인가를 결정하는 과정이다. 이를 통해 효율적으로 수립된 생산계획은 생산에 필요한 인적·물적 자원의 확보에 관한 정보와 생산할 수 있는 물량에 관한 정보를 제공함으로써 재무계획과 마케팅계획의 수립을 용이하게 한다.

㉠ 총괄계획은 설비, 인력, 투입부품 등을 공통으로 사용하는 제품모델들로 구성된 제품군에 대한 생산계획으로, 이 단계에서는 제품모델별 생산계획은 도출하지 않는다. 제품모델별 생산계획은 주생산계획에서 도출한다.

㉢ 총괄생산계획(APP, 총괄계획)은 1년 정도의 중기 생산계획이고, 주생산계획(MPS)은 총괄생산계획을 구체적인 생산 실행 계획으로 전환한 계획으로 향후 수개월을 목표 대상기간으로 하여 주 단위로 수립된다. 따라서 주생산계획(MPS)은 총괄계획(APP)보다 계획기간이 길지 않다.

따라서 생산계획에 대한 설명으로 옳은 것은 ㉠, ㉢이다.

[오답풀이] ㉡ 최적 총괄계획을 도출하는 과정은 수요 추종전략, 생산수준 평준화전략, 작업시간 조정전략을 각각 적용할 수도 있지만 통상적으로 이들을 혼합하여 여러 가지 대안을 적용하여 가장 우수한 것을 선택한다. 소개된 전략 중 하나만 택하여 적용하는 순수전략과 소개된 전략 중 둘 이상을 혼합하여 사용하는 혼합전략이 있으며, 기업에 가장 적합한 전략을 선택하는 과정이다.

㉣ 자재소요계획을 도출하기 위해서는 자재명세서, 재고기록철, 주생산계획(MPS)이 필요하다.

28

정답 | ③

[상세해설] 사전편집식(Lexicographic Rule)은 대표적인 비보상적 모형의 하나이다. 이는 가장 중요하다고 생각되는 속성에서 가장 점수가 높은 것을 대안으로 선택하고, 성적이 비슷한 대안들이 있다면 그다음 중요한 속성에서 점수가 높은 대안을 선택하는 방식이다. 따라서 주어진 상황은 '사전편집식 모형'에 대한 것이므로 정답은 ③이다.

29

정답 | ③

[상세해설] 소비자 행동 모형은 다음과 같다.

구분	고관여 수준	저관여 수준
상표들 간에 큰 차이가 있는 경우	복잡한 구매행동	다양성 추구 구매행동
상표들 간에 차이가 별로 없는 경우	부조화 감소 구매행동	습관적 구매행동

따라서 소비자의 부조화 감소 구매행동이 가장 크게 일어나는 마케팅 상황은 고관여 제품이고 상표들 간 차이가 작을 때이다.

30

정답 | ①

[상세해설] 균형성과표(BSC)의 구성 내용은 다음과 같다.

재무적 측면	경영활동을 통해 영업이익, 당기순이익 등이 개선되었는지 측정
고객 측면	고객만족도 지표, CRM등을 통해 고객 관련한 개선여부 측정
내부프로세스 측면	가치사슬분석 통해 내부의 가치창출 프로세스의 개선 여부 점검
학습과 성장 측면	기업의 장기적 발전을 위해 인적자원개발에 노력했는지 점검

BSC와 전통적 성과측정을 비교한 내용은 다음과 같다.

구분	전통적 성과평가 기준	BSC
재무적 관점	재무적 관점에 집중	재무적 관점 및 비재무적 관점 고려

성과의 측정자	내부에서 측정	내부/고객 관점의 측정
정량적/정성적	재무적 관점 → 정량적 지표	정량적 지표+정성적 지표
성과의 장단기	단기적 성과 측정	장기적 성과 측정

㉠ 균형성과표는 캐플란과 노톤에 의해 조직의 목표와 전략을 효율적으로 실행 및 관리하기 위한 경영관리 기법으로 제시되었고, 그 구성요소는 학습과 성장, 재무적 관점, 내부프로세스 관점, 고객 관점의 4가지로 구성되어 있다.

전공 실전모의고사(기계일반)

01	02	03	04	05	06	07	08	09	10
③	④	④	①	④	⑤	⑤	①	②	③
11	12	13	14	15	16	17	18	19	20
③	③	④	①	④	⑤	④	②	②	③
21	22	23	24	25	26	27	28	29	30
③	②	②	⑤	①	⑤	④	④	①	④

01

정답 | ③

[상세해설] $V=\frac{\pi dN}{1,000}$이므로

$N=\frac{1,000V}{\pi d}=\frac{1,000\times 31.4}{3.14\times 40}=250[\text{rpm}]$이다.

02

정답 | ④

[상세해설] 일정한 밀도를 갖는 유체 내에서의 부력은 자유표면으로부터의 거리와 관계없으며, 물체의 부피가 클수록 증가한다.

03

정답 | ④

[상세해설] 힘의 SI 단위는 [N]이다.

04

정답 | ①

[상세해설] 금속의 결정 내에 존재하는 격자결함은 다음과 같다.

- 점결함: 공공(Vacancy)
- 선결함: 전위(Dislocation), 미끄럼(Slip)
- 면결함: 결정입계, 상경계, 쌍정(Twin)
- 부피결함(체적결함): 미세균열, 개재물 편석, 수축공, 기공(Void)

05

정답 | ④

[상세해설] ϕ12H6을 일반공차표기로 나타내면 $\phi 12^{+0.011}_{0}$이다.

06

정답 | ⑤

[상세해설] (오일러 수)$=\frac{(\text{압축력})}{(\text{관성력})}$이다.

07

정답 | ⑤

[상세해설] ㉡ 이상 기체의 경우 내부에너지는 온도에만 비례하므로 등온과정에서는 내부에너지의 변화가 없다.

㉤ 등온과정에서는 내부에너지 변화가 0이므로 열역학 제1법칙에 따라 $Q=W$가 성립한다.

㉥ 열역학 제1법칙에 해당하는 내용으로, 등온과정에서는 $\Delta U=0$이므로 $Q=W$가 된다.

[오답풀이] ㉠ 엔탈피는 온도와 압력에 영향을 받으므로 등온과정에서 변화가 있을 수 있다.

㉢ 등온과정은 온도를 일정하게 유지하는 과정이므로 열의 출입이 있다. 만약 열의 출입이 없다면 단열과정이 된다.

㉣ 열역학 제1법칙에 따르면 가해준 열량은 내부에너지 변화량과 외부에 한 일의 합과 같다. 등온과정에서는 내부에너지 변화가 0이므로 가해준 열량은 모두 외부에 한 일이 된다.

핵심이론 TIP

등온과정은 열역학에서 계의 온도가 일정하게 유지되는 상태 변화 과정을 말한다. 즉, 과정이 진행되는 동안 계의 온도가 변하지 않는 것이 핵심이다.

08

정답 | ①

[상세해설]

- 물의 밀도 $\rho_w=1{,}000[\text{kg/m}^3]=1{,}000[\text{N}\cdot\text{S}^2/\text{m}^4]$
- 비중 $S=\frac{\gamma}{\gamma_w}=\frac{\rho}{\rho_w}$
- 기름의 밀도 $\rho=S\rho_w=0.9\times1{,}000=900$
- 레이놀즈 수 $R_e=\frac{\rho VD}{\mu}=\frac{VD}{\nu}=\frac{(\text{관성력})}{(\text{점성력})}$

$$=\frac{900\times0.6\times0.15}{5\times10^{-3}}$$
$$=16{,}200$$

09

정답 | ②

[상세해설] 에릭슨 사이클은 2개의 등온과정과 2개의 정압과정으로 구성된다.

[오답풀이] ① 르노아 사이클: 1개의 정적, 단열, 정압과정으로 구성된다.

③ 브레이톤 사이클: 2개의 단열과정과 2개의 정압과정으로 구성된다.

④ 아트킨슨 사이클: 1개의 정압과정과 정적과정 그리고 2개의 단열과정으로 구성된다.

⑤ 스터어링 사이클: 2개의 정적과정과 2개의 등온과정으로 구성된다.

10

정답 | ③

[상세해설] 클러치는 엔진과 변속기 사이에 위치하여 엔진의 동력을 전달하거나 차단하는 역할을 한다. 관성 운전(탄력 주행) 시에는 엔진의 동력을 차단하여 연료 소비를 줄이는 것이 목적이므로 엔진의 동력을 차단해야 한다.

[오답풀이] ① 클러치는 회전하는 부품이므로 균형이 잘 맞아야 진동이나 소음을 줄일 수 있다.

② 클러치는 동력을 전달할 때 마찰을 이용하므로 마찰열이 발생한다. 따라서 높은 온도에서도 변형이나 손상이 적어야 한다.

④ 클러치는 변속 시 동력을 끊어주어 기어 변속을 용이하게 한다. 조작이 쉽도록 설계되어야 한다.

⑤ 클러치의 위치와 역할에 대한 올바른 설명이다.

핵심이론 TIP

클러치는 자동차의 엔진과 변속기 사이에 설치되어 엔진의 동력을 변속기로 전달하거나 차단하는 장치로 엔진의 회전력을 바퀴에 전달할지 말지를 결정하는 스위치와 같은 역할을 한다.

11

정답 | ③

[상세해설] 열펌프는 고열원에 열을 공급해주는 것이 목적이고, 냉동기는 저열원으로부터 열을 빼앗는 것이 목적이다.

열펌프의 성능계수 $\varepsilon_h=\frac{Q_1}{Q_1-Q_2}$로 표현할 수 있고,

냉동기의 성능계수 $\varepsilon_r = \frac{Q_2}{Q_1 - Q_2}$로 표현할 수 있다.

이에 따라 열펌프와 냉동기 사이에 다음과 같은 관계가 성립한다.

$\varepsilon_h - \varepsilon_r = 1 \rightarrow \varepsilon_r = \varepsilon_h - 1$

따라서 냉동기의 성능계수 $\varepsilon_r = \varepsilon_h - 1 = 3.5 - 1 = 2.5$이다.

12

정답 | ③

[상세해설] 형상기억합금은 소성변형을 하였더라도 재료의 온도를 올리면 원래의 형상으로 되돌아가는 성질을 가진다.

13

정답 | ④

[상세해설] 수직응력과 변형률 사이에 비례관계가 나타나는 것처럼 전단응력과 전단변형률 사이에도 비례관계가 성립하여, Hooke의 법칙에 의해 $\tau = G\gamma$로 표현할 수 있다. 여기서 G로 표현되는 값을 전단탄성계수라한다.

$\tau = G\gamma$로부터 전단탄성계수 $G = \frac{\tau}{\gamma} = \frac{mE}{2(m+1)}$이다.

또한 체적탄성계수 $K = \frac{mE}{3(m-2)}$이다.

14

정답 | ①

[상세해설] 항력 $D = C_D \times \frac{1}{2}\rho V^2 A$이므로 이를 이용하여 항력계수 C_D를 구할 수 있다.

$$C_D = \frac{D}{\frac{1}{2}\rho V^2 A} = \frac{D}{\frac{1}{2}\rho V^2 \frac{\pi d^2}{4}} = \frac{8D}{\rho V^2 \pi d^2}$$

$$= \frac{8 \times 1.8}{1.2 \times 40^2 \times 3 \times 0.1^2} = 0.25$$

15

정답 | ④

[상세해설] 서로 직교하는 단면상에 작용하는 두 응력은 90°의 위상차를 가지므로 경사각 θ대신 $\theta + 90°$를 대입하면 다음과 같다.

$$\sigma_n' = \frac{\sigma_x + \sigma_y}{2} - \frac{\sigma_x - \sigma_y}{2}\cos 2\theta$$

$$\tau' = -\frac{\sigma_x - \sigma_y}{2}\sin 2\theta$$

공액 법선응력의 합은 $\sigma_n + \sigma_n' = \sigma_x + \sigma_y$이며 공액 전단응력의 합은 $\tau + \tau' = 0$이다.

따라서 공액전단응력 $\tau' = -\tau$로 크기만 같고 방향이 반대이다.

16

정답 | ⑤

[상세해설] 내다지보는 다음과 같이 보의 한 부분이 지점 밖으로 돌출되어 있는 보를 말한다. 돌출보라고도 하며, 다음에서처럼 반력은 3개이다.

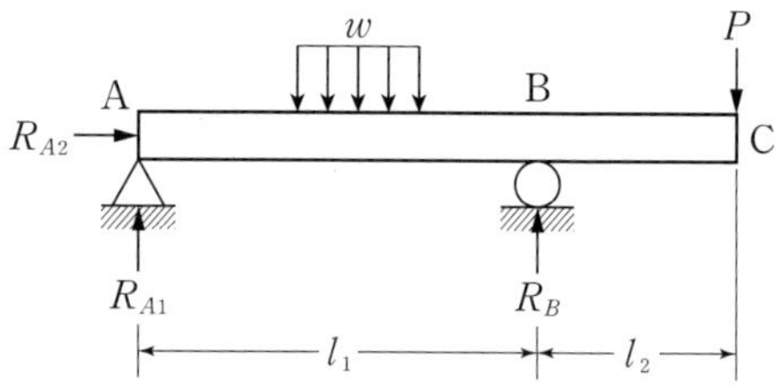

[오답풀이] ① 외팔보에 대한 설명이다.

② 고정지지보에 대한 설명이다.

③ 단순보에 대한 설명이다.

④ 연속보에 대한 설명이다.

17

정답 | ④

[상세해설] 금속침투법은 다음과 같다.

- 세라다이징(Sheradizing): 아연(Zn) 침투법
- 칼로라이징(Calorizing): 알루미늄(Al) 침투법
- 보로나이징(Boronizing): 붕소(B) 침투법
- 실리코나이징(Siliconizing): 규소(Si) 침투법
- 크로마이징(Chromizing): 크롬(Cr) 침투법

따라서 실리콘 피막 열처리 하는 것은 'Siliconizing'이다.

18

정답 | ②

[상세해설] 굽힘 모멘트는 힘과 그 힘이 작용하는 지점까지의 수직 거리의 곱으로 정의한다. 자유단 A에서의 굽힘 모멘트는 하중 P와 고정단 B까지의 거리 L의 곱으로 계산하면 자유단 A에서의 굽힘 모멘트 $M = P \times L$이다.

[오답풀이] ① EI는 굽힘 강성(flexural rigidity)으로, 보의 재료와 단면 형상에 따라 결정되는 값이다. 굽힘 모멘트 자체는 EI로 나누지 않으며, PL/EI는 보의 처짐(deflection)을 계산할 때 사용되는 항이다.

③, ④ 이러한 형태의 식은 단순 지지보(simply supported beam) 또는 다른 하중 조건에서 발생할 수 있는 굽힘 모멘트와 관련 있다. 외팔보의 자유단에 집중 하중이 가해지는 경우에는 해당되지 않는다.

⑤ 외팔보의 자유단에서의 처짐을 계산할 때 사용되는 식으로 굽힘 모멘트와는 다른 개념이다.

핵심이론 TIP

굽힘 모멘트(Bending Moment)는 보에 외력이 작용할 때 보를 굽히려는 경향을 나타내는 척도로 보의 단면에 발생하는 내부 응력과 관련 있다.
외팔보의 자유단에 집중 하중이 가해질 때 자유단의 굽힘 모멘트는 하중과 고정단까지의 거리의 곱으로 간단하게 계산할 수 있다.

19

정답 | ②

[상세해설] 진응력 σ_t는 실제 단면적을 기반으로 계산한다.

$\sigma_t = \sigma_n(1+\varepsilon_n)$

σ_n은 공칭응력, ε_n은 공칭변형률이다.

따라서 $\sigma_t = \sigma_n(1+\varepsilon_n)$을 만족하는 것은 ②이다.

[오답풀이] ① 진응력 $\sigma_t = \sigma_n(1+\varepsilon_n)$

③ 진변형률 $\varepsilon_t = \ln(1+\varepsilon_n)$

④ 진응력 $\sigma_t = \sigma_n(1+\varepsilon_n)$

⑤ 진응력, 진변형률 모두 옳지 않다.

핵심이론 TIP

진응력은 실제 단면적을 기준으로 계산한 응력으로 $\sigma_t = \dfrac{F}{A_t}$이다. A_t는 변형 후 단면적이며, 이를 공칭응력과 연결하면 $\sigma_t = \sigma_n(1+\varepsilon_n)$이다.
진변형률은 로그를 이용해 변형률을 누적하여 계산한 값으로 $\varepsilon_t = \ln(1+\varepsilon_n) = \ln\left(\dfrac{\sigma_t}{\sigma_n}\right)$이다.
공칭변형률보다 진변형률을 사용하면 더 정확한 변형률을 계산할 수 있다.

20

정답 | ③

[상세해설] 미끄럼 베어링과 구름 베어링의 특징은 다음과 같다.

구분	미끄럼 베어링	구름 베어링
구조	간단, 보수 용이	복잡, 보수 어려움
충격 흡수력	유막에 의한 감쇠력이 크므로 충격 흡수력이 우수함	유막에 의한 감쇠력이 작아 충격 흡수력이 작음
소음과 진동	작음	큼
회전속도	고속	저속
소요 동력	큼	작음
규격화	자체 제작하는 경우가 많음	표준형 양산품으로 호환성이 우수함

따라서 미끄럼 베어링에 대한 설명으로 옳은 것은 ㉠, ㉡, ㉢이다.

[오답풀이] ㉣ 미끄럼 베어링은 구조가 간단하여 보수가 용이하다.

21

정답 | ③

[상세해설] 효율 $\eta = 1-\dfrac{T_2}{T_1} = \left(1-\dfrac{300}{400}\right)\times 100 = 25[\%]$이다.

22

정답 | ②

[상세해설] 이상적인 증기압축식 냉동사이클에서 압력이 일정하고 엔탈피가 감소하는 과정이 나타나는 장치는 '응축기'이다.

23

정답 | ②

[상세해설] $\Sigma F_x = 0$; $F_B - W - T = 0$으로부터 케이블의 장력 $T = F_B - W$이다.

$F_B = \gamma V$

$= \gamma \times \dfrac{\pi d^3}{6}$

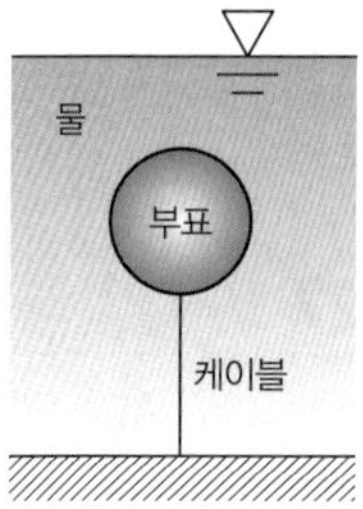

$=1,000[kg/m^3]\times\frac{\pi\cdot 1[m^3]}{6}$

$=523.6[kg]$

따라서 케이블의 장력

$T=F_B-W=523.6-500=23.6[kg]$이다.

24

정답 | ⑤

[상세해설] 뉴턴의 점성법칙으로부터 전단응력

$\tau=\mu\frac{du}{dy}=1.5\times\frac{12}{0.2}=90[N/m^2]$이다.

(단, μ: 점성계수, $\frac{du}{dy}$: 속도구배)

25

정답 | ①

[상세해설] 소성변형이 거의 없이 갑자기 발생되는 파괴는 취성파괴이다.

[오답풀이] ② 수소의 존재로 인해 연성이 저하되고 취성이 커져 발생되는 파괴는 연성파괴이다.

③ 반복응력이 작용할 때 정하중하의 파단응력보다 낮은 응력에서 발생되는 파괴는 피로파괴이다.

④ 주로 고온의 정하중하에서 시간의 경과에 따라 서서히 변형이 커지면서 발생되는 파괴는 크리프파괴이다.

⑤ 물체가 전단응력에 의해 미끄러져서 절단되는 파괴는 전단파괴이다.

26

정답 | ⑤

[상세해설] 랭킨사이클의 구성요소는 다음과 같다.

- 보일러
- 터빈
- 발전기
- 복수기(응축기)
- 급수펌프

따라서 랭킨사이클의 구성요소는 ㉠, ㉡, ㉢, ㉣, ㉤이다.

27

정답 | ④

[상세해설] 엔탈피의 변화 $dh=C_PdT$, 공기 $G[kg_f]$에 대해서는 $dH=GC_PdT$이다.

따라서 $H_2-H_1=GC_P(T_2-T_1)=10\times0.24\times(273+800-(273+20))=1,872[kcal]$이다.

28

정답 | ④

[상세해설] 병렬 스프링의 합성 스프링 상수 $K=k_1+k_2$이다. 따라서 $K=0.3+0.5=0.8$이다.

29

정답 | ①

[상세해설] 기체상수 $R=$정압비열 C_P-정적비열 C_V이다. 따라서 $309.5-160.4=149.1$이다.

30

정답 | ④

[상세해설] • 동점성계수 ν

- 점성계수를 밀도로 나눈 것

  $\nu=\frac{\mu}{\rho}$

- 단위: stoke(st), m^2/s

• 점성계수 μ의 단위: $Pa\cdot S$, Poise(P), $N\cdot S/m^2$, $kg/m\cdot s$

전공 실전모의고사(전기일반)

01	02	03	04	05	06	07	08	09	10
④	①	③	⑤	⑤	⑤	①	④	④	③
11	**12**	**13**	**14**	**15**	**16**	**17**	**18**	**19**	**20**
①	②	⑤	③	④	⑤	④	④	①	②
21	**22**	**23**	**24**	**25**	**26**	**27**	**28**	**29**	**30**
③	⑤	③	③	②	①	④	②	③	①

01

정답 | ④

[상세해설] 푸아송 방정식 $\nabla^2 V = -\frac{\rho}{\varepsilon_0}$($\rho$: 체적전하밀도 [C/m^3])이다. 이를 체적전하밀도 ρ의 식으로 바꾸면,

$\rho = (\nabla^2 V)\cdot(-\varepsilon_0) = \left(\frac{\partial^2 V}{\partial x^2} + \frac{\partial^2 V}{\partial y^2} + \frac{\partial^2 V}{\partial z^2}\right)\cdot(-\varepsilon_0)$이다.

주어진 조건에 대하여 계산하면 다음과 같다.

$\rho = (12xz + 2 - 4)\cdot(-\varepsilon_0)$

따라서 점 (1, 3, -1)에서의 체적전하밀도는

$\rho = (-12 + 2 - 4)\cdot(-\varepsilon_0) = 14\varepsilon_0$[C/m^3]이다.

핵심이론 TIP

[푸아송 방정식]

$\nabla^2 V = -\frac{\rho}{\varepsilon_0}$ (ρ: 체적전하밀도[C/m^3])

[라플라스 방정식]

푸아송 방정식에서 $\rho = 0$, 즉 전하가 분포되어 있지 않는 곳을 뜻한다.

$\nabla^2 V = 0$

02

정답 | ①

[상세해설] 역률 $\cos\theta = \frac{R}{Z} = \frac{R}{\sqrt{R^2 + X^2}}$이다.

주어진 조건에 대하여 계산하면 다음과 같다.

$$\cos\theta = \frac{R}{Z} = \frac{R}{\sqrt{R^2 + X^2}} = \frac{R}{\sqrt{R^2 + \left(\frac{R}{\sqrt{2}}\right)^2}} = \frac{R}{\sqrt{R^2 + \frac{R^2}{2}}}$$

$$= \frac{R}{\sqrt{\frac{3}{2}R^2}} = \frac{R}{R\sqrt{\frac{3}{2}}} = \sqrt{\frac{2}{3}}$$

03

정답 | ③

[상세해설] 가공 지선의 역할은 다음과 같다.

- 직격뢰에 대한 직격 차폐
- 유도뢰에 의한 정전 차폐
- 전자 유도 장해 경감(차폐선 역할)

따라서 가공 지선의 사용 목적으로 옳은 것은 ㉠, ㉡, ㉢이다.

[오답풀이] ㉣ 탑각 접지 저항 감소는 매설 지선의 사용 목적이다.

04

정답 | ⑤

[상세해설] 순시전류 $i(t) = I_m \sin(2\pi ft \pm \theta)$[V]

(I_m: 전류의 최댓값[V], f: 주파수[Hz], θ: 위상[°](단, 위상 θ의 경우 앞설 때 +, 뒤질 때 −)이다.

실횻값으로 전류의 최댓값을 구하면

$I_m = \sqrt{2} \times I = 24\sqrt{2}$[A]이다.($I$: 전류의 실횻값[A])

주어진 조건에 대하여 계산하면 다음과 같다.

순시전류 $i(t) = 24\sqrt{2}\sin(120\pi t - 30°)$[A]이다.

05

정답 | ⑤

[상세해설] 송전용량계수법 $P = k\frac{V^2}{l}$[kW]

(k: 송전 용량 계수, l: 송전 거리[km])이다.

따라서 $P = 500 \times \frac{345^2}{345} = 172{,}500$[kW]$= 172.5$[MW]이다.

06

정답 | ⑤

[상세해설] 다음과 같이 유한장 직선도선이 주어졌을 때, 임의의 점 P의 자계의 세기는 다음과 같다.

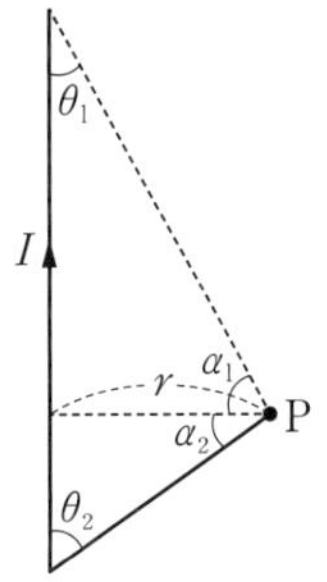

$$H = \frac{I}{4\pi r}(\sin\alpha_1 + \sin\alpha_2)$$
$$= \frac{I}{4\pi r}(\cos\theta_1 + \cos\theta_2)$$

문제에서 θ 값이 주어졌으므로 $H=\frac{I}{4\pi r}(\cos\theta_1+\cos\theta_2)$의 관계식을 이용하여 도출할 수 있다.
위의 그림과 문제를 비교하면 $\theta_1=30^\circ$, $\theta_2=90^\circ$이므로, 이 값과 주어진 조건을 자계 관계식에 대입한다.
따라서 $H=\frac{I}{4\pi r}(\cos\theta_1+\cos\theta_2)=\frac{I}{4\pi}(\cos30^\circ+\cos90^\circ)$
$=\frac{I}{4\pi}\times\frac{\sqrt{3}}{2}=\frac{\sqrt{3}I}{8\pi}$[AT/m]이다.

07

정답 | ①

[상세해설] 중첩의 원리를 이용하여 전압원은 단락하고 전류원은 개방하면 다음과 같다.

• 전압원 24[V] 단락 시

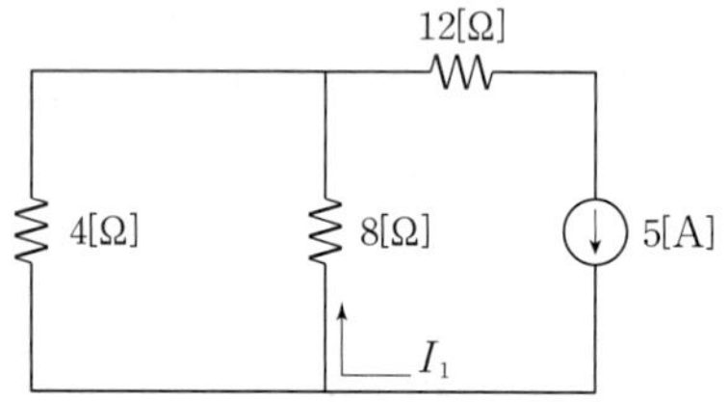

병렬 회로에서 전류 분배의 법칙에 의해 8[Ω]에 흐르는 전류 $I_1=5\times\frac{4}{4+8}=\frac{5}{3}$[A]이다.

• 전류원 5[A] 개방 시

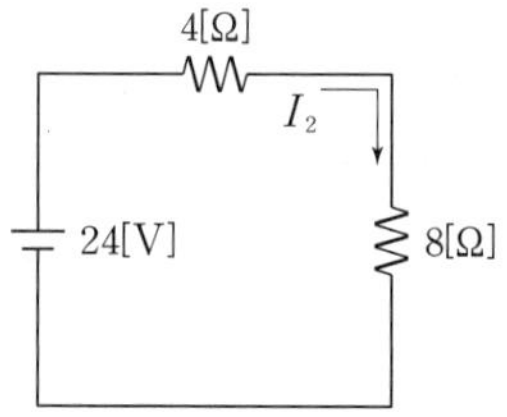

직렬 회로에서 각 저항에 흐르는 전류는 같으므로 8[Ω]에 흐르는 전류 $I_2=\frac{24}{12}=2$[A]이다.

따라서 두 전류를 중첩하여 계산하는데 전류 방향이 다르므로 $I_2-I_1=2-\frac{5}{3}=\frac{1}{3}$[A]이다.

08

정답 | ④

[상세해설] 비정현파는 정현파가 여러 가지 원인으로 인하여 일그러진 파형을 뜻하며 푸리에 급수로 표현할 수 있다. 푸리에 급수는 직류 성분, 정현파(기본파) 및 수많은 고조파가 포함되어 있는 비정현파를 수학적으로 표현한 함수를 말한다. 이는 '(비정현파 교류)=(직류분)+(기본파)+(고조파)'로 표현할 수 있다.

핵심이론 TIP

[푸리에 급수]
$f(t)=a_0+\sum_{n=1}^{\infty}a_n\cos nwt+\sum_{n=1}^{\infty}b_n\sin nwt$

09

정답 | ④

[상세해설] • 여자전류 $I_0=\sqrt{2^2+4^2+2^2+1^2}=5$[A]이다.

• 철손은 전력의 유효분이며 전력은 주파수가 다르면 존재하지 않는다. 그러므로 제3고조파분은 무시한다. 기본파만 고려하면 여자전류는 다음과 같다.

$i_0=\sqrt{2}(2\sin wt+2\cos wt)$
$=(\sqrt{2}(2\sin wt+2\sin(wt+90^\circ))$
$=\sqrt{2}(\sqrt{2^2+2^2}\sin(wt+45^\circ))$
$=2\sqrt{2}\cdot\sqrt{2}\sin(wt+45^\circ)$[A]

1차 전압은 $v_1=220\sqrt{2}\sin(wt+90^\circ)$로 표현되며, 이때 전압과 전류 간에 45°의 위상차가 발생한다.

철손 $P_0=V_1I_0\cos\theta$이므로 각 전압, 전류의 실홋값과 위상차를 고려하면

$P_0=220\times2\sqrt{2}\times\cos45^\circ$
$=220\times2\sqrt{2}\times\frac{\sqrt{2}}{2}=440$[W]이다.

10

정답 | ③

[상세해설] 연가란 3상 송전 선로 배치 시 전체 길이를 3의 정수배 구간으로 등분한 송전 선로의 길이의 배치를 변경하여 선로정수의 평형을 하기 위함이다.
따라서 ㉠에는 '3의 정수배 구간', ㉡에는 '선로정수의 평형'이 들어가야 한다.

핵심이론 TIP

[연가의 효과]
• 선로정수의 평형
• 통신선에 대한 정전 유도 장해 감소
• 중성점 잔류 전압의 감소
• 직렬 공진 방지

11

정답 | ①

[상세해설] 전압 변동률 $\varepsilon = p\cos\theta \pm q\sin\theta[\%]$
(+부호: 지상역률, −부호: 진상역률)
(p: %저항강하[%], q: %리액턴스강하[%], $\cos\theta$: 역률, $\sin\theta$: 무효율)이다.
따라서 $\varepsilon = 7.5\times0.8+9\times0.6=11.4[\%]$이다.

12

정답 | ②

[상세해설] 환상 솔레노이드의 자기인덕턴스 $L=\frac{\mu SN^2}{l}$[H]
(μ: 투자율(H/m), S: 단면적[m^2], N: 권수[회], l: 평균 길이[m])이다.
따라서

$$L=\frac{\mu SN^2}{l}=\frac{(4\pi\times10^{-7}\times2{,}500)\times(40\times(10^{-2})^2)\times500^2}{40\pi\times10^{-2}}$$
$=2.5$[H]이다.

13

정답 | ⑤

[상세해설] ㉠ 직류 직권 전동기 토크 관계식 $T\propto I_a^2\propto\frac{1}{N^2}$
($I_a=I=I_s$, I_a: 부하 전류, N: 권수)이다. 따라서 직류 직권 전동기의 토크는 부하 전류의 제곱에 비례한다.
㉡ 토크에 따라 전기자 전류 제곱에 비례, 권수 제곱에 반비례하므로 부하 변동에 따라 속도 변화가 크다.
㉣ 권상기, 전동차(전철), 크레인 등 매우 큰 기동 토크가 필요한 곳에서 사용된다.

[오답풀이] ㉢ 직류 분권 전동기에 해당하는 내용이며, 직류 직권 전동기는 무부하 시 위험 속도에 도달한다.

핵심이론 TIP

[직류 직권 전동기]
- 특징
  - 계자와 전기자가 직렬로 연결되어 있으며 부하가 증가할 때 부하 전류와 계자 전류의 크기가 동일($I_a=I=I_s\propto\phi$)하므로, 기동 토크가 크며 이에 따라 속도 변동도 크기 때문에 가변 속도의 특징을 지닌다.
  - 정격 전압 상태에서 무부하 운전 시 위험 속도에 도달하여 원심력에 의한 기계 파손 우려가 있다. 이를 방지하려면 벨트 운전을 금지하고 톱니 바퀴식으로 부하를 직결해야 한다.
- 용도
  - 전동차(전철)
  - 권상기, 크레인 등 매우 큰 기동 토크가 필요한 곳

14

정답 | ③

[상세해설] 복소전력 $\dot{P}_r=V\bar{I}$[VA]이다.
복소전력을 계산할 때에는 위상값의 오류를 방지하기 위해 공액을 취하여 계산한다. 이때, $\bar{I}$는 전류의 공액이며, 전류 I의 공액 복소수는 $\bar{I}=100+j40$ 이다.
주어진 조건에 대하여 계산하면 다음과 같다.
$\dot{P}_r=(150+j50)\cdot(100+j40)=13{,}000+j11{,}000$
여기서 실수부는 유효전력이고 허수부는 무효전력이므로 유효전력 $P=13$[kW]이다.

15

정답 | ④

[상세해설]

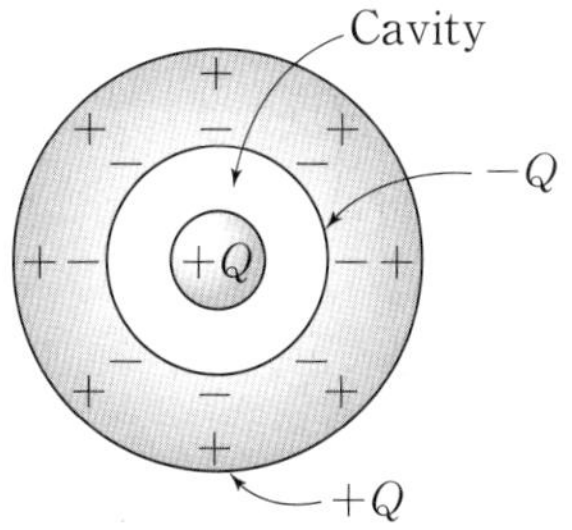

공동(Cavity)이란 물체 내의 비어있는 부분, 즉 구멍을 의미한다. 공동에 $+Q$의 전하가 존재하는 경우 공동에 해당하는 도체면에는 공동상에 존재하는 전하의 반대 부호의 전하만큼 유도전하 $-Q$가 형성되며, 전하량 보존에 의해 외부표면에는 $+Q$의 전하가 분포하게 된다.

16

정답 | ⑤

[상세해설] 변압기 용량[kVA]$=\frac{\text{합성최대전력[kW]}}{\text{역률}}$
$=\frac{\text{총설비용량[kW]}\times\text{수용률}}{\text{부등률}\times\text{역률}}$이다.
이를 총설비용량의 식으로 바꾸면 다음과 같다.
총설비용량[kW]
$=\frac{\text{변압기 용량[kVA]}\times\text{역률}\times\text{부등률}}{\text{수용률}}$

따라서 총설비용량$=\frac{980\times0.9\times1.5}{0.45}=2,940$[kW]이다.

핵심이론 TIP

[수용률]

전력소비기기(부하)가 동시에 사용되는 정도를 나타내는 계수

$$\text{수용률}=\frac{\text{최대수용전력[kW]}}{\text{설비용량[kW]}}\times100[\%]$$

[부하율]

일정 기간 부하 변동 정보를 나타내는 계수

$$\text{부하율}=\frac{\text{평균수용전력[kW]}}{\text{최대수용전력[kW]}}\times100[\%]$$

[부등률]

최대 수요 전력의 발생 시각이나 발생 시기의 분산을 나타내는 계수

$$\text{부등률}=\frac{\text{각 부하의 최대 전력의 합[kW]}}{\text{합성 최대 전력[kW]}}\geq1$$

17

정답 | ④

[상세해설] RL회로 전류의 실홋값

$I=\frac{V}{\sqrt{R^2+X_L^2}}=\frac{400}{\sqrt{400^2+300^2}}=0.8$[A]이다.

이때, 가장 큰 전류를 구하는 것이므로 전류의 최댓값으로 나타낼 수 있다.

따라서 전류의 최댓값 $I_m=\sqrt{2}\times I=0.8\sqrt{2}$[A]이다.

18

정답 | ④

[상세해설] 근궤적의 개수는 영점의 개수와 극점의 개수 중 큰 것과 일치한다. 영점은 분자의 값을 0으로 만드는 값을 의미하며, 극점은 분모의 값을 0으로 만드는 값을 의미한다.

따라서 전달함수 $G(s)H(s)=\frac{K(s+1)(s-3)}{s(s-1)(s+4)}$에서 영점은 -1, 3이며 극점은 -4, 0, 1이므로 근궤적의 개수는 3개이다.

19

정답 | ①

[상세해설] 중량 함수는 단위 충격(임펄스) 함수라고 불린다. 따라서 라플라스 함수의 성격이 같은 것은 ㉠, ㉡이다.

20

정답 | ②

[상세해설] 송전 선로의 정전 용량 $C=\frac{0.02413}{\log_{10}\frac{D}{r}}$[$\mu$F/km]

(D: 등가 선간 거리[m], r: 전선의 반지름[m])이다.

따라서 정전 용량 C는 $\log_{10}\frac{D}{r}$에 반비례한다.

21

정답 | ③

[상세해설] 전선의 이도 $D=\frac{WS^2}{8T}$[m]

(W: 전선 1[m]당 무게[kg/m], S: 철탑과 철탑 간의 경간[m], T: 전선의 수평장력[kg])이다.

따라서 $D=\frac{2\times350^2}{8\times6,125}=5$[m]이다.

22

정답 | ⑤

[상세해설] 구동점 임피던스의 표기법은 다음과 같다.

저항 성분		$Z(S)$표기
R	→	R
$X_L=jwL$	→	SL
$X_C=\frac{1}{jwC}$	→	$\frac{1}{SC}$

주어진 회로의 L, C 성분의 저항을 X_1, X_2, X_3로 표현하면 다음과 같다.

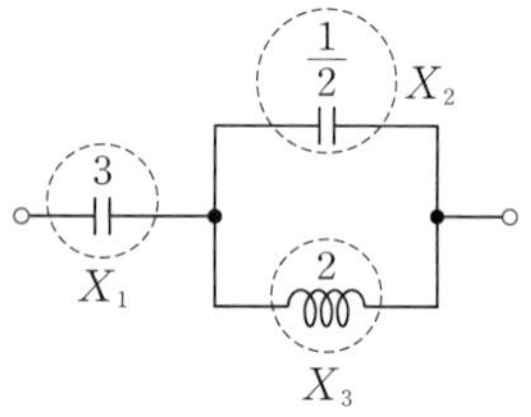

따라서 $X_1=\frac{1}{3s}$, $X_2=\frac{1}{\frac{1}{2}s}=\frac{2}{s}$, $X_3=2s$이며,

합성 임피던스

$$Z(s)=\frac{1}{3s}+\frac{\frac{2}{s}\times2s}{\frac{2}{s}+2s}=\frac{1}{3s}+\frac{4}{\frac{2}{s}+2s}=\frac{1}{3s}+\frac{4}{\frac{2s^2+2}{s}}$$

$$=\frac{1}{3s}+\frac{2s}{s^2+1}=\frac{7s^2+1}{3s(s^2+1)}\text{이다.}$$

23

정답 | ③

[상세해설] 환상 솔레노이드 인덕턴스 $L=\frac{\mu SN^2}{l}$[H]

(μ: 투자율(H/m), S: 단면적[m^2], N: 권수[회], l: 평균 길이[m])이다.

주어진 조건에 대하여 계산하면 다음과 같다.

$$L'=\frac{\mu S(2N)^2}{\frac{1}{4}l}=16\frac{\mu SN^2}{l}=16L$$

따라서 인덕턴스는 원래의 16배가 된다.

24

정답 | ③

[상세해설] 주어진 그래프는 다음과 같이 ⓐ, ⓑ 그래프의 차로 표현할 수 있다.

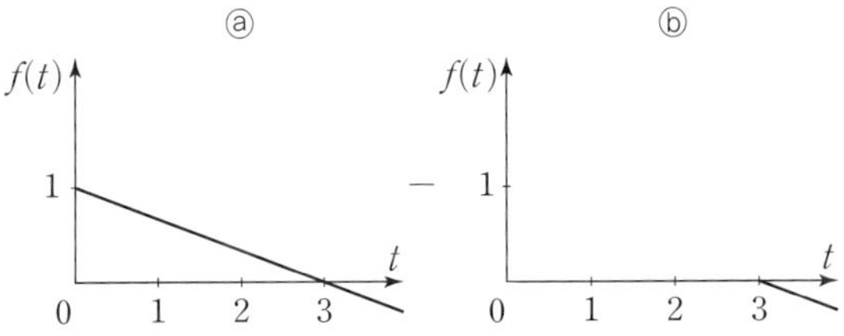

각 그래프의 함수는

ⓐ$=\left(-\frac{1}{3}t+1\right)u(t)$, ⓑ$=-\frac{1}{3}(t-3)u(t-3)$이므로 주어진 함수는 다음과 같이 나타난다.

$$f(t)=ⓐ-ⓑ=\left(-\frac{1}{3}t+1\right)u(t)-\left\{-\frac{1}{3}(t-3)u(t-3)\right\}$$

$$=-\frac{1}{3}tu(t)+u(t)+\frac{1}{3}(t-3)u(t-3)$$

해당 함수를 라플라스 변환하면 다음과 같이 나타난다.

$$F(s)=-\frac{1}{3s^2}+\frac{1}{s}+\frac{1}{3s^2}e^{-3s}=\frac{1}{3s^2}(e^{-3s}+3s-1)$$

25

정답 | ②

[상세해설] 권수비 $a=\frac{N_1}{N_2}=\frac{E_1}{E_2}=\frac{V_1}{V_2}=\frac{I_2}{I_1}=\sqrt{\frac{Z_1}{Z_2}}$이다.

2차 측의 저항이 5[Ω]이므로 1차 측의 저항은 권수비 관계로부터

$a^2=\frac{Z_1}{Z_2} \rightarrow Z_1=a^2Z_2=20^2\times5=400\times5=2{,}000$[Ω]이다.

따라서 1차 측의 전류는 $I_1=\frac{V_1}{Z_1}=\frac{3{,}000}{2{,}000}=1.5$[A]이다.

26

정답 | ①

[상세해설] 영상분 전류 $I_0=\frac{1}{3}(I_a+I_b+I_c)$이다.

평형 상태일 때 $I_a+I_b+I_c=0$이므로 영상분 전류 $I_0=\frac{1}{3}\times0=0$[A]이다.

27

정답 | ④

[상세해설] 비유전율 ε_s의 특징은 다음과 같다.

- 공기 또는 진공 중의 유전율을 기준으로 다른 물질의 유전율을 상대적인 비로 나타낸 것이다.
- '상대 유전율'이라고도 하며 공기 또는 진공에서의 값은 1이며, 그 외 물질의 값은 1보다 크며 매질에 따라 다른 값을 갖는다.
- 상대적인 비를 나타내므로 단위는 없다.

따라서 비유전율에 대한 설명으로 옳은 것은 ㉡, ㉢, ㉣이다.

28

정답 | ②

[상세해설] 각 저항과 리액턴스의 값이 주어졌을 때, 기동 시 최대토크를 발생시키기 위한 외부저항의 관계식은 다음과 같다.

$$R=\sqrt{r_1^2+(x_1+x_2)^2}-r_2$$

1차 저항 r_1은 무시한다고 하였으므로 r_1을 제외하고 문제에서 주어진 조건을 해당 관계식에 대입하면 다음과 같다.

$$R=\sqrt{(1.5)^2}-0.3=1.2[\Omega]$$

29

정답 | ③

[상세해설] 주어진 신호흐름선도에서 메이슨 공식을 적용하여 전달함수를 구하면 다음과 같다.

$$\frac{C(s)}{R(s)}=\frac{\text{경로}}{1-\text{폐루프}}=\frac{a\times b\times c\times d\times e}{1-(c\times g)-(b\times c\times d\times f)}$$

$$=\frac{abcde}{1-cg-bcdf}$$

30

정답 | ①

[상세해설] 회전자의 회전 속도 관계식 $N=(1-s)\times\frac{120f}{p}$ [rpm](s: 슬립[%], f: 주파수[Hz], p: 극수)이다.

따라서 $N=(1-0.06)\times\frac{120\times60}{6}=1,128$[rpm]이다.

전공 실전모의고사(토목일반)

01	02	03	04	05	06	07	08	09	10
④	②	②	④	①	③	⑤	④	②	①
11	**12**	**13**	**14**	**15**	**16**	**17**	**18**	**19**	**20**
④	①	⑤	④	④	④	②	④	②	①
21	**22**	**23**	**24**	**25**	**26**	**27**	**28**	**29**	**30**
②	②	②	②	②	③	③	①	③	②

01

정답 | ④

[상세해설] 물의 단위중량은 1[g/cm[3]]이므로 물의 무게 30[g]에 해당하는 물의 부피 V_w는 30[cm[3]]이다.

이에 따라 $V_s=50$, $V_w=30$, $V_a=10$이다.

전체 흙 시료의 부피 $V=V_s+V_w+V_a=90$이고,

간극의 부피 $V_v=V_a+V_w=10+30=40$이다.

- 간극률 $n=\frac{V_v}{V}\times100=\frac{40}{90}\times100=44.4$[%]
- 포화도 $S=\frac{V_w}{V}\times100=\frac{30}{90}\times100=33.3$[%]

따라서 $n+S=44.4+33.3=77.7$이다.

02

정답 | ②

[상세해설] • 관측횟수 $n=\frac{120}{20}=6$[회]

- 정오차$=a\times n=4\times6=24$[mm]
- 부정오차$=a\sqrt{n}=3\sqrt{6}\fallingdotseq7$[mm]

따라서 측선의 거리=관측거리+정오차±부정오차=120 $+0.024\pm0.007=120.024\pm0.007$[m]이다.

03

정답 | ②

[상세해설] $\beta_1=0.85-0.007(f_{ck}-28)=0.85-0.007\times(35-28)=0.801>0.65$이다.

따라서 균형철근비 $\rho_b=0.85\beta_1\frac{f_{ck}}{f_y}\times\frac{600}{600+f_y}=0.85\times0.801\times\frac{35}{400}\times\frac{600}{600+400}\fallingdotseq0.036$이다.

04

정답 | ④

[상세해설] $q=\frac{P}{A}\le q_a$ (q_a: 지반의 허용지지력)이므로,

$\frac{P}{2\times 2}=0.4\times 10^3$[kPa]이다.

따라서 $P=1,600$[kN]이다.

05

정답 | ①

[상세해설] ㉠ 한중콘크리트는 포틀랜드시멘트 사용을 표준으로 한다.

㉣ 먼저 더운 물과 굵은 골재, 다음에 잔골재를 넣어서 믹서 안의 재료 온도가 40℃ 이하로 되고 나서 최후에 시멘트를 넣는 것이 좋다.

06

정답 | ③

[상세해설] 최대전단력은 지점반력과 같으므로 $S_{\max}=\frac{P}{2}=\frac{3,000}{2}=1,500$[kg]이다.

삼각형 단면에서 최대전단응력 $\tau_{\max}=\frac{3}{2}\times\frac{S}{A}$이다.

따라서 $\tau_{\max}=\frac{3}{2}\times\frac{1,500}{0.5\times 30\times 50}=3$[kg/cm²]이다.

07

정답 | ⑤

[상세해설] 거푸집은 굳지 않은 콘크리트의 측압을 고려해야 한다.

- 콘크리트의 온도: 온도가 높으면 경화가 빠르므로 측압이 작아진다.
- 콘크리트의 배합: 슬럼프가 클수록 측압이 크다.
- 콘크리트의 반죽질기: 묽은 콘크리트일수록 측압이 크다.
- 콘크리트의 타설속도: 속도가 빠를수록 측압이 크다.
- 콘크리트의 타설높이: 타설높이가 높을수록 측압이 크다.
- 콘크리트의 다짐과다: 다짐이 많을수록 측압이 크다.

따라서 거푸집 측압에 영향을 미치는 요인은 ㉠, ㉡, ㉢, ㉣, ㉤이다.

08

정답 | ④

[상세해설] 토립자가 모나고 입도분포가 좋은 모래지반이므로 $\phi=\sqrt{12N}+25$이다.

따라서 $\sqrt{12\times 15}+25\fallingdotseq 38^\circ$이다.

09

정답 | ②

[상세해설] 천공속도 $V_T=\alpha(C_1\times C_2)V$이다.

따라서 $0.65\times(1.35\times 0.85)\times 35=26.11$[cm/min]이다.

10

정답 | ①

[상세해설] 평균CBR은 다음과 같다.

$\frac{4.5+3.6+5.8+4.8+6.0+3.2}{6}=4.65$

설계CBR = 평균CBR $-\frac{\text{CBR}_{\max}-\text{CBR}_{\min}}{d_2}$이다.

따라서 $4.65-\frac{6.0-3.2}{2.67}\fallingdotseq 3.60$ → 설계CBR = 3이다.

11

정답 | ④

[상세해설] 범지구 측위 제도의 특징은 다음과 같다.

- 고정밀도 측량이 가능하다.
- 장거리 측량 이용이 가능하다.
- 관측점 간 시통이 불필요하다.
- 날씨에 영향을 받지 않는다.
- 야간 관측이 가능하다.
- 3차원 공간계측이 가능하다.
- 지구질량 중심을 원점으로 이용한다.

따라서 범지구 측위 제도의 특징으로 옳은 것은 ㉠, ㉢, ㉣, ㉤, ㉥ 총 5개이다.

[오답풀이] ㉡ 관측점 간 시통이 불필요하다.

㉦ 날씨에 영향을 받지 않으므로 우천 시에 능률이 저하되지 않는다.

12

정답 | ①

[상세해설] 환산 직경 $D=\alpha\frac{2(t+b)}{\pi}$이다.

따라서 $0.75\times\frac{2\times(0.4+10)}{\pi}=4.97[cm]\fallingdotseq 5[cm]$이다.

13

정답 | ⑤

[상세해설] 단위체적당 흙에 가해지는 에너지를 다짐에너지라고 한다.

다짐에너지 $E=\frac{W_r\cdot H\cdot N_B\cdot N_L}{V}$

(W_r: 래머의 무게, H: 낙하높이, N_B: 각 층의 다짐횟수, N_L: 다짐층수, V: 몰드의 체적(부피))이다.

[오답풀이] ⓜ 흙의 허용최대입경은 다짐에너지 계산에는 사용되지 않으나, 다짐방법의 종류(A, B, C, D, E)에 따라 달리 적용된다. A, C, D 다짐의 경우 허용최대입경은 19[mm]이고, B, E 다짐의 경우에는 37.5[mm]이다.

14

정답 | ④

[상세해설] 세로변형률 $\varepsilon=\frac{\triangle l}{l}=\frac{0.2}{l}=0.008$이다.

따라서 $l=\frac{0.2}{0.008}=25[cm]$이다.

15

정답 | ④

[상세해설]

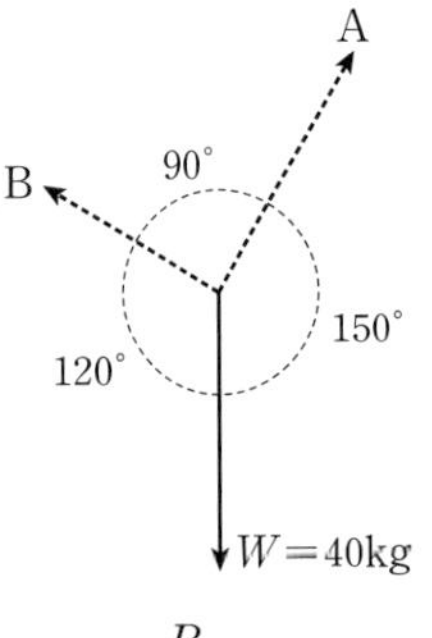

$\frac{40}{\sin 90^\circ}=\frac{A}{\sin 120^\circ}=\frac{B}{\sin 150^\circ}$이다.

이에 따라 $A=\frac{40}{\sin 90^\circ}\times\sin 120^\circ=34.64[kg]$이고,

$B=\frac{40}{\sin 90^\circ}\times\sin 150^\circ=20[kg]$이다.

따라서 $A+B=54.64[kg]$이다.

16

정답 | ④

[상세해설] 콘크리트를 타설한 후 시멘트와 골재가 가라앉으면서 물이 올라와 콘크리트 표면에 떠오르는 현상을 블리딩(Bleeding)이라고 한다. 블리딩 방지 대책은 다음과 같다.

- 1회 타설높이를 작게 한다.
- 단위수량을 감소시킨다.
- 단위시멘트량을 증가시킨다.
- 분말도가 높은 시멘트를 사용한다.
- 적당한 혼화제(AE제, 감수제 등)를 사용한다.

따라서 블리딩 방지 대책으로 옳지 않은 것은 ㉠, ㉢, ㉣, ㉤이다.

17

정답 | ②

[상세해설] 원의 도심축에 대한 단면2차모멘트

$I_x=\frac{\pi D^4}{64}=\frac{\pi}{64}\cdot(2r)^4=\frac{\pi r^4}{4}$이다.

$\frac{1}{4}$ 원의 단면2차모멘트는 원의 단면2차모멘트의 $\frac{1}{4}$이므로

$I_x=\frac{\pi r^4}{4}\times\frac{1}{4}=\frac{\pi r^4}{16}$이다.

$\frac{1}{4}$ 원의 도심축으로의 이동, e는 $\frac{1}{4}$ 원의 도심거리이므로

$I_{xo}=I_x-Ae^2=\frac{\pi r^4}{16}-\left(\frac{\pi r^2}{4}\right)\left(\frac{4r}{3\pi}\right)^2=\frac{\pi r^4}{16}-\frac{4r^4}{9\pi}$이다.

18

정답 | ④

[상세해설] • 압축철근비 $\rho'=\frac{A_s'}{b_w d}=\frac{1,284}{200\times 300}=0.0214$

- 장기처짐$=$탄성처짐$\times\frac{\xi}{1+50\rho'}$

$=20\times\frac{2.0}{1+50\times 0.0214}=19.32[mm]$

따라서 총처짐$=$탄성처짐$+$장기처짐이므로

$20+19.32=39.32[mm]$이다.

19

정답 | ②

[상세해설] 배수방법에 따른 삼축압축시험의 구분은 다음과 같다.

- CD시험(압밀배수시험): 성토 하중에 의해 압밀이 서

서히 진행되고 파괴도 천천히 일어나는 경우
- CU시험(압밀비배수시험): 성토 하중으로 어느 정도 압밀이 진행된 후 급속한 파괴가 예상되는 경우
- UU시험(비압밀비배수시험): 압밀이나 함수비의 변화 없이 급속한 파괴가 예상되는 경우

따라서 주어진 경우에 적합한 것은 'CU시험'이다.

20

정답 | ①

[상세해설] $\sum M_B=0$: $V_A\times10-10\times7.5=0$이므로 $V_A=7.5[t]$이다.

$\sum M_{C,\text{ 왼쪽}}=0$: $V_A\times5-H_A\times10-10\times2.5=0$이므로 $H_A=1.25[t]$이다.

21

정답 | ②

[상세해설] 유선망에서 유로의 수 $N_f=3$, 등수두면의 수 $N_d=13$이므로

침투수량 $q=kh\frac{N_f}{N_d}=1.3\times10^{-3}[cm/sec]\times50,000[cm]\times\frac{3}{13}=15[cm^3/sec/cm]$이다.

22

정답 | ②

[상세해설] 등고선에 대한 설명으로 옳은 것은 ㉡, ㉣ 2개이다.

[오답풀이] ㉠ 등고선 간격은 연직거리, 높이를 의미한다.

㉢ 높이가 다른 두 등고선은 절벽이나 동굴을 제외하고는 교차하지 않는다.

㉤ 동일 경사에서 등고선의 간격은 같고 평행한다.

23

정답 | ②

[상세해설] $\lambda=\frac{\xi}{1+50\rho'}$이다.

따라서 $\frac{1.4}{1+(50\times0.01)}\fallingdotseq0.93$이다.

24

정답 | ②

[상세해설] 함수비 $w=\frac{W_w}{W_s}=\frac{W-W_s}{W_s}$이다.

- 함수비 20%

$0.2=\frac{240-W_s}{W_s}\rightarrow0.2W_s=240-W_s\rightarrow1.2W_s=240$

$\therefore W_s=200g,\ W_{w1}=240-200=40[g]$

- 함수비 30%

$0.3=\frac{W_{w2}}{W_s}=\frac{W_{w2}}{200}\quad\therefore W_{w2}=60[g]$

따라서 추가해야 하는 물의 양 $\Delta W_w=W_{w2}-W_{w1}=60-40=20[g]$이다.

25

정답 | ②

[상세해설] • $\Sigma M_B=0;\ R_A\times l-P\times b=0\ \therefore R_A=\frac{P\cdot b}{l}$

• $\Sigma M_A=0;\ -R_B\times l+P\times a=0\quad\therefore R_B=\frac{P\cdot a}{l}$

따라서 $\frac{R_A}{R_B}=\frac{P\cdot b}{l}\div\frac{P\cdot a}{l}=\frac{P\cdot b}{P\cdot a}=\frac{b}{a}$이다.

26

정답 | ③

[상세해설] 넓은 면적의 측량에 적합한 것은 삼각측량이다.

핵심이론 TIP

[삼각측량과 삼변측량의 원리 및 특징]

구분	삼각측량	삼변측량
원리	$\frac{a}{\sin A}=\frac{c}{\sin C}$ $\therefore a=\frac{c}{\sin C}\times\sin A$	$a^2=b^2+c^2-2bc\cos A$ $\therefore \angle A=\cos^{-1}\left(\frac{b^2+c^2-a^2}{2bc}\right)$
특징	• 원리: sine 법칙 • 넓은 면적의 측량에 적합 • 각 단계에서 정확도 점검 가능 • 삼각점 간 거리 길게 할 수 있음 • 산림지역은 부적합(벌목)	• 원리: cosine 법칙, 반각 공식 • 삼변을 측정해서 삼각점의 위치를 결정 • 기선장을 실측하므로 기선의 확대가 불필요함 • 관측값에 비하여 조건식이 적은 단점 • 반각 공식을 이용하여 변으로부터 각을 구함 • 조정방법에는 조건방정식에 의한 조정과 관측방정식에 의한 조정이 있음

27

정답 | ③

[상세해설] 길이 L인 양단 고정보에 등분포하중 w가 작용하는 경우 다음과 같다.

- 양단부의 반력 $R_A = R_B = \frac{wL}{2}$
- 양단부의 모멘트 $M_A = M_B = \frac{wL^2}{12}$
- 보 중앙에 작용하는 모멘트 $M_C = \frac{wL^2}{24}$

따라서 $M_C = \frac{wL^2}{24} = \frac{3 \times 20^2}{24} = 50[\text{t} \cdot \text{m}]$이다.

28

정답 | ①

[상세해설] ㉠ 철근의 이음방법으로는 겹침이음이 가장 많이 사용된다.

㉤ 인장 이형철근의 겹침이음은 A급 이음, B급 이음의 2종류가 있다.

29

정답 | ③

[상세해설] '침매공법'은 육상에서 제작한 각 구조물을 가라앉혀 물속에서 연결시켜 나가는 터널공법이다. 우리나라 거가대교에 적용해 잘 알려진 공법으로 주로 해저터널 공사에 활용된다. 깊은 곳에 터널을 시공하는 것이 가능하며 함체를 육상에서 제작하므로 신뢰성이 높다.

30

정답 | ②

[상세해설] ㉢, ㉣은 숏크리트 습식방법의 단점이다.

핵심이론 TIP

[숏크리트 습식법의 단점]
- 장거리 압송에 부적합하다
- 재료의 공급에 제한을 받는다.
- 장비가 대형이기 때문에 작업공간이 크다.

[숏크리트 건식법의 단점]
- 반발량이 많다.
- 분진 발생이 많다.
- 작업원의 숙련도에 따라 품질이 좌우된다.

전공 실전모의고사(건축일반)

01	02	03	04	05	06	07	08	09	10
③	②	①	⑤	⑤	①	③	③	②	③
11	**12**	**13**	**14**	**15**	**16**	**17**	**18**	**19**	**20**
①	②	①	⑤	④	④	⑤	②	①	④
21	**22**	**23**	**24**	**25**	**26**	**27**	**28**	**29**	**30**
⑤	⑤	③	③	③	③	④	①	①	④

01

정답 | ③

[상세해설] ㉣ 공사시공자가 시정이나 재시공 요청을 받은 후 이에 따르지 아니하거나 공사중지 요청을 받고도 공사를 계속할 경우 보고를 하지 아니한 공사감리자의 경우 100만 원 이하 과태료 부과 대상이다.

㉤ 공정 및 안전 관리 업무를 수행하지 아니하거나 공사현장을 이탈한 현장관리인의 경우 50만 원 이하 과태료 부과 대상이다.

02

정답 | ②

[상세해설] $W = 1.2D + 1.6L = 1.2 \times 5 + 1.6 \times 10 = 22[\text{kN/m}]$이다.

집중하중으로 환산하면,

$22 \times 10 = 220[\text{kN}]$

$R_a = 220 \div 2 = 110[\text{kN}]$이다.

전단력은 삼각 형태이므로, 중심에서 4.0m 떨어진 지점의 전단력을 산정한다.

따라서 $110 \times \frac{4}{5} = 88[\text{kN}]$이다.

03

정답 | ①

[상세해설] 건축물의 용도를 하위군에 해당하는 용도로 변경하는 경우이므로 신고 대상이다.

[오답풀이] ②, ③, ④, ⑤ 건축물의 용도를 상위군에 해당하는 용도로 변경하는 경우이므로 허가 대상이다.

04 정답 | ⑤

[상세해설] 몰은 점포와 점포를 연결하고, 고객의 방향성과 동선을 유도하며, 공간의 식별성을 부여한다. 또한 몰은 쇼핑센터 내의 주요 보행동선이며, 고객을 각 상점으로 고르게 유도하는 쇼핑거리인 동시에 고객의 휴식처로서의 기능도 갖고 있다.

[오답풀이] ① 폭은 6~12m가 일반적이다.

② 몰의 길이는 240m를 초과하지 않아야 한다.

③ 길이 20~30m마다 변화를 주어야 한다.

④ 태양광선은 적극적으로 유도하고 단차는 없어야 한다.

05 정답 | ⑤

[상세해설] 일반교실은 출입구를 2곳에 둠으로써 피난 시 보행거리를 짧게 하고 양방향 피난을 쉽게 할 수 있도록 고려한다.

[오답풀이] ① 달톤형은 학급, 학생의 구분을 없앤 것으로, 학생들은 각자의 능력에 맞게 교과를 선택할 수 있고 일정한 교과가 끝나면 졸업한다.

② 체육관은 음악실과 인접하여 계획하는 것이 좋다.

③ 미술실은 학생들의 미술활동 지도에 있어 균일한 조도를 이루도록 북향으로 배치하는 것이 좋다.

④ 체육관은 강당의 기능과 겸용하여 이용률을 높이도록 한다.

06 정답 | ①

[상세해설] 소아과는 부모가 동반하므로 충분한 넓이가 필요하며, 면역성이 떨어지므로 전염 우려가 있는 환자를 위한 격리실을 별도로 인접하여 설치한다.

07 정답 | ③

[상세해설] 밑변에 대한 단면2차모멘트는 $\frac{1}{3}bh^3$이다.

따라서 $\frac{1}{3}bh^3=\frac{1}{3}\times 1\times 3^3=9[\text{cm}^4]$이다.

08 정답 | ③

[상세해설] 유성 바니시에 페인트용 안료를 섞어서 만드는 것은 '에나멜 페인트'이다.

핵심이론 TIP

[페인트 유형별 재료의 구성]

수용성	수성 페인트: 아교 또는 카세인+물+안료
	에멀전 페인트: 합성수지+유화제+물+안료
유성 페인트	보일드유(건성유)+안료+희석제+건조제
에나멜 페인트	유성 바니시+페인트용 안료
바니시(니스)	유성 바니시: 수지+건성유+희석제
	휘발성 바니시: 수지+휘발성용제

09 정답 | ②

[상세해설] $\frac{l}{20}$이므로 $\frac{4,000}{20}=200[\text{mm}]$이다.

핵심이론 TIP

[처짐을 고려하지 않아도 되는 부재의 최소 두께]

부재	최소두께 h			
	단순지지	1단 연속	양단 연속	캔틸레버
	큰 처짐에 의해 손상되기 쉬운 경계벽이나 기타 구조물을 지지 또는 부착하지 않은 부재			
• 1방향 슬래브	$l/20$	$l/24$	$l/28$	$l/10$
• 보 • 리브가 달린 1방향 슬래브	$l/16$	$l/18.5$	$l/21$	$l/8$

10 정답 | ③

[상세해설] (단층구조물의 부정정 차수)$=n-3-h$

(n: 반력 수, h: 관통 힌지 수)이다.

따라서 (부정정 차수)$=7-3-1=3$(차)이다.

11

정답 | ①

[상세해설] 이형철근의 할증률은 3%이다.

[오답풀이] 바르게 할증률을 표기하면 다음과 같다.

② 유리 1%

③ 도료 2%

④ 원형철근 5%

⑤ 도기질 타일 3%

12

정답 | ②

[상세해설] '실비정액방식'에 대한 설명이다.

[오답풀이] ① 실비준동율방식은 공사실비를 미리 여러 단계로 분할하여, 각 단계에서 미리 정한 공사비보다 증가 시 비율보수 혹은 정액보수를 체감하는 방식이다.

③ 턴키방식은 설계 및 시공을 일괄하여 수행하는 방식이다.

④ 실비한정비율방식은 '실비한정+실비한정×비율'로 지불하는 방식이다. 실비에 제한을 두고 시공자에게 제한된 금액 내에서 공사를 완성시키는 방식이다.

⑤ 단가도급방식은 단가만을 확정하여 계약하는 방식이다.

13

정답 | ①

[상세해설] 설계도서·법령해석·감리자의 지시 등이 서로 일치하지 아니하는 경우에 있어 계약으로 그 적용의 우선순위를 정하지 아니한 때에는 다음의 순서를 원칙으로 한다.

1. 공사시방서 → 2. 설계도면 → 3. 전문시방서 → 4. 표준시방서 → 5. 산출내역서 → 6. 승인된 상세시공도면 → 7. 관계법령의 유권해석 → 8. 감리자의 지시사항

따라서 3번째로 적용하는 것은 '전문시방서'이다.

14

정답 | ⑤

[상세해설] 석재 종류별 특징은 다음과 같다.

구분		특징	용도
화성암	화강암	• 경도·강도·내마모성·내구성·빛깔·광택이 우수함 • 가공성이 풍부한 편임 • 안산암에 비해 내화성이 부족함	구조재, 장식재
	안산암	• 화강암에 비해 내화력이 우수 • 갈아도 광택이 나지 않음	구조재
수성암	응회암	• 강도가 약하고 흡수율이 높아 풍화 변색이 쉽고 외관이 좋지 않음 • 채석·가공이 용이함	내장용, 경량골재용
	사암	• 내화력이 우수함 • 강도·내구성이 약함	장식재
	점판암	• 진흙이 큰 압력을 받아 변질·경화된 것 • 열에 강하고 얇게 쪼개짐	지붕재
변성암	대리석	• 빛깔과 광택이 미려함 • 산·화열에 약하고 내구성이 적음 • 외장재로는 사용이 곤란함	내부 장식용

따라서 사암은 내화력이 우수하나 강도·내구성이 약하여 장식재로 주로 사용하므로 정답은 ⑤이다.

15

정답 | ④

[상세해설] 작업구간이 회전반경 내에 있도록 하며, 공유 작업 면적을 갖게 한다.

[오답풀이] ③ 마스트 상승방식이란 텔레스코프 케이지와 유압상승장치로 올리고, 상승높이에 필요한 마스트를 끼워 넣는 방식을 말한다. 건물의 외주부에 기계가 설치되므로 외벽공사의 마감에 영향을 준다.

16

정답 | ④

[상세해설] 로마의 성 베드로 성당의 경우 불탄 성당을 재건하기 위하여 르네상스의 많은 건축가가 건축에 참여하였다. 이 중 현재 남아 있는 돔은 미켈란젤로의 설계안을 구현한 것이다.

[오답풀이] ① 피렌체(플로렌스) 성당의 돔은 브루넬레스키(Filippo Brunelleschi)의 건축물이다.
② 플로렌스의 리카르디궁은 미켈로쪼(Michelozzo)의 건축물이다.
③ 성 안드레아 대성당은 알베르티(Leon Battista Alberti)의 건축물이다.
⑤ 템피에토는 브라만테(Bramante)의 건축물이다.

17

정답 | ⑤

[상세해설] 용접부는 72시간 방치한 후 전처리 및 도장을 해야 한다.

18

정답 | ②

[상세해설] 콘크리트의 압축강도나 인장강도가 클수록 부착강도가 크다. 특히 콘크리트의 인장강도가 부착과 밀접한 관계가 있다.

[오답풀이] ① 이형철근이 원형철근보다 부착강도가 크다.
③ 철근의 직경이 굵은 것보다 가는 철근을 여러 개 쓰는 것이 부착강도가 좋다. 즉, 동일 단면적일 때 주장(=둘레길이)을 증가시키는 것이 보다 효과적이다.
④ 피복두께가 클수록 부착강도가 좋아진다.
⑤ 녹이 많이 슨 철근은 녹을 제거해야 하지만 다소 녹이 슨 철근은 녹이 없는 철근보다 부착강도가 크다.

19

정답 | ①

[상세해설] 규모는 리히터 규모라고 하여 지진이 발생된 지점에서 지진의 크기를 정량적으로 표현한다. 지진계에 기록된 진폭을 진원의 깊이와 진앙까지의 거리 등을 고려하여 지수로 나타낸 것으로 장소에 관계없는 절대적 개념의 지진 크기를 말한다.

[오답풀이] ② 진도는 지진의 피해 정도에 대한 정성적 상황을 표현하며, 지진이 발생한 지점으로부터 각 지점에서 지진 피해 정도가 서로 다를 때 진도로 표현한다. 1~12를 로마숫자로 표현하며, 지역에 따라 다르다.
③ 진앙은 지각변동이 되는 지점의 상부 지표면이다.
④ 진원은 지각변동이 되는 지점(깊이가 있는 지점)을 말한다.
⑤ 진원거리는 관측지점에서 진원까지의 거리를 말한다.

20

정답 | ④

[상세해설] 극장의 바닥은 객석 길이의 1/3까지는 수평을 유지, 길이의 2/3 구간은 1/10~1/12 정도의 구배를 둔다. 어느 정도 구배가 있어야만 객석에서 무대를 바라볼 수 있다.

[오답풀이] ① 좌석을 엇갈리게 배열(Stagger seats)하는 방법은 객석의 바닥 구배가 완만할 경우에 사용하는 방식이다.
② 최전열 좌석의 한도는 중심에서 90°, 좌우에서 60°를 한도로 한다.
③ 객석의 가시거리 한도로서 1차 허용한도는 15미터로 본다.
⑤ 단면상 무대 상부공간(fly loft)의 높이는 프로시니엄 높이의 4배 이상으로 한다.

21

정답 | ⑤

[오답풀이] ① 재하시험 개소 수: 최소한 3개소에서 실시
② 시험개소 거리: 최대 재하판 지름의 5배 이상
③ 재하시간 간격: 각 단계별 하중을 증가한 후, 최소 15분 이상 하중을 유지해야 한다.
④ 침하를 정지로 보는 경우: 15분간 침하량이 0.01mm 이하

22

정답 | ⑤

[상세해설] 내구성은 재료의 수명을 말한다. 동일한 재질에 모듈조정을 한다고 하여 내구성(수명)이 길어지는 것은 아니다.

23

정답 | ③

[상세해설] 벽체 타일이 시공되는 경우 바닥 타일은 벽체 타일을 먼저 붙인 후 시공한다. 즉, 벽체를 먼저 시공하고 나중에 바닥 타일을 시공하는 순서로 한다.

24

정답 | ③

[상세해설] 용접이음은 용접 중 움직이거나 흔들리지 않도록 먼저 임시 고정용 일렉션피스 등을 사용할 수 있다. 이때 사용하는 가볼트는 모두 고장력볼트로 체결한다.

25

정답 | ③

[상세해설] 관람실별로 출구를 2개소 이상 설치하여 피난 시 분산이 가능하도록 고려한다.

[오답풀이] ① 건축물의 관람실 또는 집회실로부터 바깥쪽으로의 출구로 쓰이는 문은 안여닫이로 해서는 안 된다.

② 문화 및 집회시설 중 공연장의 개별 관람실(바닥면적이 300제곱미터 이상)의 출구는 기준에 적합하게 설치하여야 한다.

④ 각 출구의 유효너비는 1.5미터 이상이어야 한다.

⑤ 개별 관람실 출구의 유효너비의 합계는 개별 관람실의 바닥면적 100제곱미터마다 0.6미터의 비율로 산정한 너비 이상으로 한다.

26

정답 | ③

[상세해설] 건축공사 시방서에 대한 설명으로 옳은 것은 ㉠, ㉡, ㉣ 3개이다.

[오답풀이] ㉢ 발주자의 의도를 시공자에게 전달하기 위하여 실세도면에 표시할 수 없는 사항을 나타낸다.

㉤ 표준시방서와 공사시방서가 불일치한 경우 공사시방서를 우선으로 한다.

27

정답 | ④

[상세해설] "연소할 우려가 있는 부분"이라 함은 인접대지경계선·도로중심선 또는 동일한 대지 안에 있는 2동 이상의 건축물(연면적의 합계가 500제곱미터 이하인 건축물은 이를 하나의 건축물로 본다) 상호의 외벽 간의 중심선으로부터 1층에 있어서는 3미터 이내, 2층 이상에 있어서는 5미터 이내의 거리에 있는 건축물의 각 부분을 말한다. 다만, 공원·광장·하천의 공지나 수면 또는 내화구조의 벽, 기타 이와 유사한 것에 접하는 부분을 제외한다. 따라서 빈칸에는 3, 5가 순서대로 들어가야 한다.

28

정답 | ①

[오답풀이] ㉢ $0.9D+1.0W$

㉣ $0.9D+1.0E$

㉤ $1.2D+1.0E+1.0L+0.2S$

29

정답 | ①

[상세해설] '플라잉 폼(Flying Form)'은 어디에도 해당하지 않는다. 플라잉 폼은 테이블 거푸집이라 하여 바닥 적용 거푸집이다.

[오답풀이] ㉠ 클라이밍 폼, ㉡ 터널 폼, ㉢ 슬라이딩 폼, ㉣ 와플 폼에 대한 설명이다.

30

정답 | ④

[상세해설] 1개 층만 구성한 것은 플랫 타입이다. 주어진 설명은 '플랫형'에 해당한다.

전공 실전모의고사(건축설비)

01	02	03	04	05	06	07	08	09	10
②	②	⑤	③	①	⑤	①	②	④	②
11	**12**	**13**	**14**	**15**	**16**	**17**	**18**	**19**	**20**
④	①	④	④	⑤	④	①	②	②	②
21	**22**	**23**	**24**	**25**	**26**	**27**	**28**	**29**	**30**
①	①	①	④	④	⑤	④	④	②	④

01

정답 | ②

[오답풀이] ① 낙뢰의 우려가 있는 건축물, 높이 20미터 이상의 건축물 또는 공작물에는 피뢰설비를 설치해야 한다.

③ 피뢰설비의 재료는 최소 단면적이 피복이 없는 동선(銅線)을 기준으로 수뢰부, 인하도선 및 접지극은 50제곱밀리미터 이상이거나 이와 동등 이상의 성능을 갖추어야 한다.

④ 피뢰설비의 인하도선을 대신하여 철골조의 철골구조물과 철근콘크리트조의 철근구조체 등을 사용하는 경우에는 전기적 연속성이 보장될 수 있어야 한다.

⑤ 측면 낙뢰를 방지하기 위하여 높이가 150미터 이하로서 60미터를 초과하는 건축물 등에는 지면에서 건축물 높이의 5분의 4가 되는 지점부터 최상단부분까지의 측면에 수뢰부를 설치하여야 한다.

02

정답 | ②

[상세해설] 피난계단의 구조로서 옳은 것은 ㉠, ㉣이다.

[오답풀이] ㉡ 건축물의 내부에서 계단으로 통하는 출입구에는 60+방화문 또는 60분방화문을 설치할 것

㉢ 계단의 유효너비는 0.9미터 이상으로 할 것

03

정답 | ⑤

[상세해설] ㉠ 60+방화문 또는 60분방화문

㉢ 당해 창문 등과 연소할 우려가 있는 다른 건축물의 부분을 차단하는 내화구조나 불연재료로 된 벽·담장 기타 이와 유사한 방화설비

㉣ 환기구멍에 설치하는 불연재료로 된 방화커버 또는 그물눈이 2밀리미터 이하인 금속망

04

정답 | ③

[상세해설] 압력탱크 방식은 압력의 변동이 큰 편이다.

05

정답 | ①

[오답풀이] ② 플레밍의 오른손의 법칙에 대한 설명이다.

③ 사빈네의 잔향시간에 대한 설명이다.

④ 렌츠의 법칙에 대한 설명이다.

⑤ 플레밍의 왼손법칙에 대한 설명이다.

06

정답 | ⑤

[상세해설] • 직렬로 접속할 때의 합성저항$=1\times10=10[\Omega]$

• 병렬로 접속할 때의 합성저항$=\dfrac{1}{\dfrac{1}{1}\times\dfrac{10}{1}}=0.1[\Omega]$

따라서 $\dfrac{10}{0.1}=100$(배)이다.

07

정답 | ①

[상세해설] ㉠ 고층건물에서 직접가열식은 보일러에 걸리는 수압이 높아지게 되므로 고압에 견디는 보일러가 필요하다.

㉡ 열효율은 보일러에서 끓인 물을 직접 저탕조에 공급하는 직접가열식이 저탕조에서 코일을 통해 열을 간접적으로 전달하는 간접가열식보다 높다.

[오답풀이] ㉢ 직접가열식은 간접가열식보다 소규모 설비에 적합하다.

㉣ 직접가열식은 보일러에 지속적으로 급수를 공급해야 하므로, 간접가열식보다 물처리를 많이 해야 한다.

08

정답 | ②

[오답풀이] ㉢ 기름보일러를 설치하는 경우에는 기름저장소를 보일러실 외의 다른 곳에 설치할 것

㉣ 오피스텔의 경우에는 난방구획을 방화구획으로 구획할 것

09

정답 | ④

[상세해설] ㉠ 가스계량기와 전기계량기 및 전기개폐기와의 거리는 60cm 이상이 필요하다.

㉡ 가스계량기와 절연조치를 하지 아니한 전선과의 거리는 15cm 이상의 거리를 유지해야 한다.

따라서 ㉠에는 60, ㉡에는 15가 들어가야 한다.

10

정답 | ②

[상세해설] FCU(Fan Coil Unit) 방식은 철제 유닛 안에 물이 흐르는 코일과 소형 송풍기를 전기적 장치로 연결하여 팬의 회전수를 변화시켜 수동으로 부하조절이 가능하다. 그러나 부하조절을 자동으로 하는 방식은 아니다.

11

정답 | ④

[상세해설] 주차장의 규모는 건축계획서에 표기하는 것이다.

핵심이론 TIP

[건축법 시행규칙 별표2 건축허가신청에 필요한 설계도서]

도서의 종류	도서의 축척	표시하여야 할 사항
건축계획서	임의	1. 개요(위치·대지면적 등) 2. 지역·지구 및 도시계획사항 3. 건축물의 규모(건축면적·연면적·높이·층수 등) 4. 건축물의 용도별 면적 5. 주차장규모 6. 에너지절약계획서(해당건축물에 한한다) 7. 노인 및 장애인 등을 위한 편의시설 설치계획서(관계법령에 의하여 설치의무가 있는 경우에 한한다)
배치도	임의	1. 축척 및 방위 2. 대지에 접한 도로의 길이 및 너비 3. 대지의 종·횡단면도 4. 건축선 및 대지경계선으로부터 건축물까지의 거리 5. 주차동선 및 옥외주차계획 6. 공개공지 및 조경계획

12

정답 | ①

[상세해설] (유량)=(단면적)×(유속)이고, 연속의 법칙에 의해 지름이나 단면적이 변화해도 유량은 일정하므로 다음과 같은 식이 성립한다.

㉠ $A_1 \times V_1 = 2A_1 \times V_2$

$\therefore V_2 = \frac{1}{2}V_1$

㉡ $\frac{\pi d_1^2}{4} \times V_1 = \frac{\pi (2d_1)^2}{4} \times V_2$

$\therefore V_2 = \frac{1}{4}V_1$

따라서 ㉠에는 $\frac{1}{2}$, ㉡에는 $\frac{1}{4}$이 들어가야 한다.

13

정답 | ④

[상세해설] 복사난방은 바닥에 배관을 매립하여 설치하면 바닥면의 활용도가 좋고 쾌적도가 높은 방식이다. 다만, 단열층, 축열층, 배관층, 마감층으로 구성되는 설치비용이 고가이고, 배관이 막히거나 또는 손상될 경우의 유지보수관리비도 고가이다.

[오답풀이] ① 증기난방은 잠열을 이용한 난방으로 방열량 조절이 어렵다.

② 온풍난방은 간접 난방방식에 속하며, 지속난방보다 간헐난방에 적합하다.

③ 온수난방은 온수의 현열을 이용한 난방으로 겨울철 동파가 우려된다.

⑤ 대류난방 중 고온수난방은 온수난방에 비해 방열기가 작아도 무방하다.

14

정답 | ④

[상세해설] 강관에 아연도금한 백관은 물 수송에 주로 사용하나 온수계통에는 사용이 불가하다.

15

정답 | ⑤

[상세해설] • 회전수비 $n=\frac{400}{200}=2$

• (변화 축동력)=(원래 축동력)×(회전수비)^3

=(원래 축동력)×2^3=(원래 축동력)×8

따라서 송풍기 축동력은 8배 증가된다.

16

정답 | ④

[상세해설] 제시된 경우의 엘리베이터 최소 대수를 구하면 다음과 같다.

① 병원: 의료시설로서 최소 2대 필요

② 도매시장: 판매시설로서 최소 2대 필요

③ 소매시장: 판매시설로서 최소 2대 필요

④ 업무시설: 최소 1대 필요

⑤ 공연장: 문화 및 집회시설에 속하며 최소 2대 필요

따라서 엘리베이터의 최소 대수가 가장 작은 경우는 '업무시설'이다.

핵심이론 TIP

[승강기 설치 대수]

건축물의 용도	6층 이상 거실바닥면적의 합계	
	3,000m^2 이하	3,000m^2 초과
• 문화 및 집회시설(공연장·집회장 및 관람장에 한함) • 판매시설(도매시장·소매시장 및 상점에 한함) • 의료시설(병원 및 격리병원에 한함)	2대	2대에 3,000m^{2}를 초과하는 경우에는 그 초과하는 매 2,000m^2 이내마다 1대의 비율로 가산한 대수
• 문화 및 집회시설(전시장 및 동·식물원에 한함) • 업무시설 • 숙박시설 • 위락시설	1대	1대에 3,000m^{2}를 초과하는 경우에는 그 초과하는 매 2,000m^2 이내마다 1대의 비율로 가산한 대수
• 공동주택 • 교육연구시설 • 기타 시설	1대	1대에 3,000m^{2}를 초과하는 경우에는 그 초과하는 매 3,000m^2 이내마다 1대의 비율로 가산한 대수

승강기의 대수 기준을 산정함에 있어 8인승 이상 15인승 이하 승강기는 위 표에 의한 1대의 승강기로 보고, 16인승 이상의 승강기는 위 표에 의한 2대의 승강기로 본다.

17

정답 | ①

[상세해설] '스위블 조인트'에 대한 설명이다. 스위블 조인트는 보통 방열기 연결 배관에 많이 사용되며, 엘보 2개 이상을 연결하여 신축하는 형식이다.

[오답풀이] ② 벨로즈 조인트는 주름관을 이용한 신축 방식이다.

③ 신축곡관 조인트는 관을 루프 형태로 구부려서 만드는 형식으로 고장이 거의 나지 않으나 설치공간을 많이 차지하는 형식이다. 주로 옥외관에 많이 이용된다.

④ 슬리브 조인트는 배관보다 약간 큰 직경의 배관을 겹침 이음하여 신축을 하는 방식이다.

⑤ 볼 조인트는 내관과 외관을 볼 형식으로 만들어 회전이 가능하도록 만든 신축 방식이다.

18

정답 | ②

[상세해설] 관류식은 드럼 없이 관만 있는 소규모 적용보일러이고, 수관식은 드럼과 수관이 모두 있는 초대규모 적용 보일러이다. 관류식 보일러의 특징으로 옳은 것은 ㉢, ㉣이다.

[오답풀이] ㉠ 드럼이 없는 방식이다.

㉡ 주로 소규모에 사용된다.

㉤ 물의 처리가 복잡한 편이다.

19

정답 | ②

[상세해설] 펌프의 공동현상은 배관 내에 빈 공간이 생기는 현상이다. 이는 배관 내의 압력이 감소할 때, 회전수 증가로 유속이 빨라질 때, 지나치게 흡입배관이 복잡하여 관내마찰저항이 커질 때, 물의 온도가 급격하게 높아질 때 발생할 수 있다.

20

정답 | ②

[오답풀이] ① 피난구조설비 – 유도등
③ 소화활동설비 – 비상콘센트설비
④ 소화설비 – 자동소화장치
⑤ 소화용수설비 – 소화수조·저수조

21

정답 | ①

[상세해설] 부패조는 혐기성균의 작용을 위해 밀폐구조로 한다.

22

정답 | ①

[상세해설] 변전실 면적은 계획 시 다음을 고려한다.

- 수전전압 및 수전방식
- 변전설비 변압방식, 변압기 용량, 수량 및 형식
- 설치 기기와 큐비클의 종류 및 시방
- 기기의 배치방법 및 유지보수 필요면적
- 건축물의 구조적 여건

23

정답 | ①

[오답풀이] ② 급탕탱크방식의 급탕배관에는 온도상승에 의한 압력을 도피시킬 수 있는 팽창탱크를 설치하여야 한다.
③ 급탕수도꼭지는 위생기구의 왼쪽에 설치하여야 한다.
④ 급탕배관 내의 급탕온도는 레지오넬라균의 서식을 방지하기 위하여 55~60℃로 유지할 수 있게 하여야 한다.
⑤ 급탕탱크의 급수관에는 급탕이 급수관으로 역류하지 않도록 체크 밸브를 설치하여야 한다.

24

정답 | ④

[상세해설] 'U트랩'에 대한 설명이다. U트랩은 사이펀식 트랩으로 시하수관에 접속하는 메인트랩으로 사용된다.

[오답풀이] ① P트랩은 사이펀식 트랩으로 위생기구에 많이 사용된다.
② 그리스 트랩은 대형 식당의 주방에서 기름기를 분리 제거하기 위해 설치하는 트랩이다.
③ S트랩은 대변기, 소변기 등 위생기구에 사용되는 트랩으로 사이펀 파괴가 가장 심한 트랩이다.
⑤ 드럼트랩은 비사이펀식 트랩으로 주방의 싱크대에 많이 이용된다.

25

정답 | ④

[상세해설] 수증기량의 변화 없이 실내공기가 가열되면 건구온도와 습구온도가 상승하나 노점온도는 일정하다.

26

정답 | ⑤

[상세해설] 오수 정화 처리방식의 유형은 다음과 같다.

유형	세부 유형
물리적 처리방식	스크린, 여과, 부상, 침전 등
화학적 처리방식	응집, 중화, 소독
생물학적 처리방식	• 혐기성(임호프방식 등) • 호기성(살수여상형, 평면산화형, 지하모래 여과형 등)

살수여상형, 평면산화형, 지하모래 여과형 방식은 호기성 처리방식에 속한다.

27

정답 | ④

[상세해설] 벨트랩, 정부통기트랩은 금지용 트랩이다. 벨트랩은 과거 바닥용 트랩으로 적용되어 왔으나, 최근 KDS 설비설계기준에서 금지용 트랩으로 정한 것이다. 아울러 정부통기란 트랩 웨어에서 배수관 직경의 2배 이내에 통기관을 접속하는 것을 말하는데, 정부통기도 금지용 트랩이다.

28

정답 | ④

[상세해설] 간선의 설계순서는 우선적으로 부하용량을 산출하고, 그다음 전기 및 배선 방식을 결정한 후 배선 방법을 결정한다. 이후 전선의 굵기를 결정한다.

29

정답 | ②

[상세해설] 정풍량 방식은 기기 용량이 크지만, 변풍량 방식에 비해 풍량을 조절하는 제어 시스템이 없다. 즉, 시스템이 단순하므로 전체 설비비가 감소한다.

30

정답 | ④

[상세해설] 계통연계는 분산형전원을 송전사업자나 배전사업자의 전력계통에 접속하는 것을 말한다. 즉, 태양광 등을 통해 자가발전된 전원 중 잉여분을 송전사업자 또는 배전사업자에게 공급이 가능도록 전력 계통이 연계된 방식을 말한다.

[오답풀이] ① 신재생에너지 중 태양전지에 의해 발생되는 전력은 직류이다.

② 인버터는 전력용 반도체소자의 스위칭 작용을 이용하여 직류전력을 교류전력으로 변환하는 장치를 말한다. 반면 콘버터(정류기)는 교류전력을 직류전력으로 변환할 때 사용하며, 직류 승강기에는 콘버터(정류기 또는 정류자)를 설치하여 교류전력을 직류로 변환시킨다.

③ 분산형전원이란 중앙급전 전원과 구분되는 것으로서 전력소비지역 부근에 분산하여 배치 가능한 전원(상용전원의 정전 시에만 사용하는 비상용 예비전원을 제외한다)을 말하며, 신·재생에너지 발전설비, 전기저장장치 등을 포함한다.

⑤ 단순 병렬운전이란 자가용 발전설비를 배전계통에 연계하여 운전하되 생산한 전력의 전부를 자체적으로 소비하기 위한 것으로서, 생산한 전력이 연계계통으로 유입되지 않는 병렬 형태를 말한다.

전공 실전모의고사(전기이론)

01	02	03	04	05	06	07	08	09	10
②	④	③	①	⑤	②	③	①	④	③
11	12	13	14	15	16	17	18	19	20
③	①	④	③	②	④	③	⑤	②	④
21	22	23	24	25	26	27	28	29	30
①	④	②	③	④	①	⑤	②	⑤	③

01

정답 | ②

[상세해설] 저항 R에 공급된 유효전력 $P=I^2R$[W]이므로 $P=I^2R=\left(\frac{V}{Z}\right)^2R=54$[W]이다.

이에 따라 $\left(\frac{30}{10}\right)^2R=54$[W]이므로 $R=\frac{54}{9}=6[\Omega]$이다.

$Z=\sqrt{R^2+X^2}=10[\Omega]$에서 X를 구하면

$X=\sqrt{Z^2-R^2}=\sqrt{10^2-6^2}=8[\Omega]$이다.

따라서 $R=6[\Omega]$, $X=8[\Omega]$이다.

02

정답 | ④

[상세해설] 인덕턴스 $L=\frac{\mu SN^2}{l}$[H]이므로 $L'=9L$[H]이 되기 위해서는 권수를 $3N$(3배) 해야 한다.

$$L'=\frac{\mu S(3N)^2}{l}[\text{H}]$$
$$=\frac{\mu S9N^2}{l}=9\frac{\mu SN^2}{l}[\text{H}]$$
$$=9L[\text{H}]$$

03

정답 | ③

[상세해설] 선로의 안정도 향상에 대한 대책은 다음과 같다.

- 리액턴스를 감소시킨다.
- 복도체방식을 채용한다.
- 속응여자방식을 채택한다.
- 전압변동률을 작게 한다.
- 전력계통을 승압한다.
- 단락비가 큰 발전기를 사용한다.
- 보호계전기를 사용한다.

• 직렬 콘덴서를 설치한다.

따라서 선로의 안정도 향상 대책으로 옳은 것은 ㉡, ㉢이다.

04

정답 | ①

[상세해설] 철심의 구비조건은 다음과 같다.

- 투자율이 커야 한다.
- 자기저항이 작아야 한다.
- 히스테리시스계수가 작아야 한다.
- 성층 철심구조이어야 한다.
- 철심의 구조에는 내철형, 외철형 등이 있다.

따라서 철심의 구비조건으로 옳지 않은 것은 ㉡이다.

05

정답 | ⑤

[상세해설] • 상측파 전력 $P_U=\frac{m^2}{4}P_c[\mathrm{W}]$

- 하측파 전력 $P_L=\frac{m^2}{4}P_c[\mathrm{W}]$
- 반송파 전력 : 상측파 전력 : 하측파 전력

$=P_c : \frac{m^2}{4}P_c : \frac{m^2}{4}P_c$

$=1 : \frac{m^2}{4} : \frac{m^2}{4}$

$=1 : \frac{1^2}{4} : \frac{1^2}{4}$

$=1 : \frac{1}{4} : \frac{1}{4}$

06

정답 | ②

[상세해설] 단락비 큰 동기기의 특징은 다음과 같다.

- 전기자반작용이 작다.
- 과부하내량이 크다.
- 전압변동률이 적다.
- 전선로의 충전용량이 크다.
- 중량이 무겁고, 비싸다.
- 안정도가 우수하다.
- 저속기(수차형)에 이용된다.

따라서 단락비 큰 동기기의 특징으로 옳은 것은 ㉡, ㉢이다.

07

정답 | ③

[상세해설] 전계의 세기 $E=\frac{M}{4\pi\varepsilon_0 r^3}\sqrt{1+3\cos^2\theta}$이다.

이에 따라 전계의 세기는 거리 r^3에 반비례한다.

전위 $V=\frac{M}{4\pi\varepsilon_0 r^2}\cos\theta$이다.

이에 따라 전위는 거리 r^2에 반비례한다.

08

정답 | ①

[상세해설] 자속밀도 $B[\mathrm{Wb/m^2}]$, 자계의 세기 $H[\mathrm{AT/m}]$, 투자율 $\mu[\mathrm{H/m}]$의 관계는 다음과 같다.

$B=\mu H=1\times10^{-3}\times250$

$=0.25[\mathrm{Wb/m^2}]$

핵심이론 TIP

[자속밀도와 투자율]

- 자속밀도 $B=\mu H=\mu_0\mu_s H[\mathrm{Wb/m^2}]$
- 투자율 $\mu=\mu_0\mu_s[\mathrm{H/m}]$

(μ_0: 진공상태에서의 투자율 $4\pi\times10^{-7}$, μ_s: 비투자율)

09

정답 | ④

[상세해설] 전위차 $V=\frac{W}{Q}[\mathrm{J/C}]$이다.

따라서 $W=V\times Q=4\times2=8[\mathrm{J}]$이다.

10

정답 | ③

[상세해설] 자계 내에서 전하량의 크기가 $q[\mathrm{C}]$인 전자가 $v[\mathrm{m/s}]$의 속도로 이동할 때 전자가 받는 힘 $F[\mathrm{N}]$는 다음과 같다.

$F=qvB\sin\theta$

$=10\times20\times10\times\sin90^\circ$

$=2,000[\mathrm{N}]$

핵심이론 TIP

[자기장과 전자의 운동 방향]

- 자기장과 전자의 운동 방향이 같을 때: 아무런 영향을 받지 않는다.
- 자기장과 전자의 운동 방향이 수직일 때: 원운동을 한다.
  - 원운동의 반경 $r=\frac{mv}{qv}$
  - 원운동의 각속도 $\omega=\frac{v}{r}=\frac{qB}{m}$
  - 원운동의 주기 $T=\frac{1}{f}=\frac{2\pi m}{qB}$
- 그 외의 방향일 때: 나선형 운동을 한다.

11

정답 | ③

[상세해설] 원통면상의 전계의 세기

$E=\frac{\lambda}{2\pi\varepsilon_0 r}=18\times10^9\times\frac{\lambda}{r}$ (λ: 선전하밀도, $\frac{1}{4\pi\varepsilon_0}=9\times10^9$)이다.

따라서 $E=18\times10^9\times\frac{18}{18}=18\times10^9$[V/m]이다.

12

정답 | ①

[상세해설] 동심 구도체 정전용량

$C=\frac{4\pi\varepsilon_0}{\frac{1}{a}-\frac{1}{b}}=\frac{4\pi\varepsilon_0 ab}{b-a}$[F]이다.

$a'=5a$, $b'=5b$이므로 이때의 정전용량

$C'=\frac{4\pi\varepsilon_0\cdot5a\cdot5b}{5b-5a}=\frac{4\pi\varepsilon_0\cdot25ab}{5(b-a)}=5C$[F]이다.

따라서 정전용량은 5배가 된다.

13

정답 | ④

[상세해설] $a-b$에서 바라본 임피던스 Z_{ab}를 먼저 구하기 위해 전압원 10[V]을 단락하고 변형을 하면 다음과 같다.

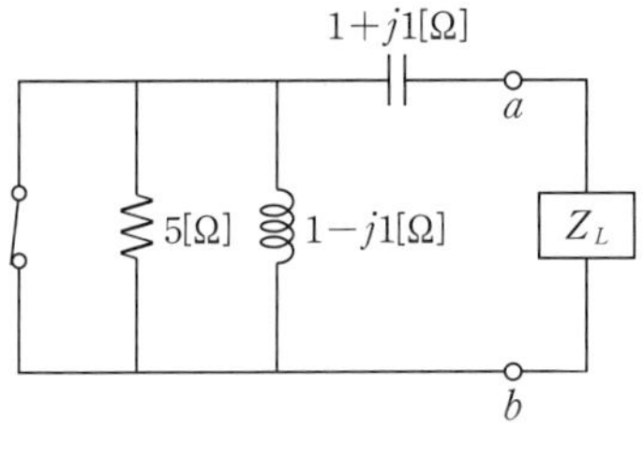

임피던스 Z_{ab}를 구하면 10[V]가 단락 상태가 되며, 저항 R과 인덕턴스 L 성분은 서로 병렬이 되어 생략되므로 C 성분 $1+j1$[Ω]만 남게 된다. $Z_{ab}=1+j1$[Ω]이 되며 최대전력 전달 조건은 Z_{ab}의 공액이어야 하므로 $Z_{ab}=1-j1$[Ω]이 된다.

따라서 Z_{ab}의 크기를 구하면 $|Z_{ab}|=\sqrt{1^2+1^2}=\sqrt{2}$[Ω]이다.

14

정답 | ③

[상세해설] 3[μF]의 양단에 걸리는 전압

$V_3=\frac{Q_3}{C_3}=\frac{300\times10^{-6}}{3\times10^{-6}}=100$[V]이다. 병렬의 경우 일정한 전압이 걸리게 되므로 1[μF], 2[μF]의 양단에도 모두 전압 100[V]가 걸린다.

1[μF]에 걸리는 전하량 $Q_1=C_1V_1=1\times10^{-6}\times100$[V] $=100$[μC]이다.

15

정답 | ②

[오답풀이] ① 기전력의 크기가 다를 때의 현상이다.

③ 기전력의 주파수가 다를 때의 현상이다.

④ 기전력의 파형이 다를 때의 현상이다.

⑤ 효율과는 무관하다.

16

정답 | ④

[상세해설] RLC 병렬 회로에서 공진 시 주파수 f[Hz]는 다음과 같다.

$f=\frac{1}{2\pi\sqrt{LC}}$[Hz]$=\frac{1}{2\pi\sqrt{5\times20\times10^{-6}}}=\frac{100}{2\pi}=\frac{50}{\pi}$[Hz]

핵심이론 TIP

[RLC 직렬 회로에서 공진 시 주파수]

RLC 직렬 회로에서 공진 시 주파수 f[Hz]는 병렬 회로 공진 시의 주파수와 같으므로 $f=\frac{1}{2\pi\sqrt{LC}}$[Hz]이다.

17 정답 | ③

[상세해설] 왜형률 K는 다음과 같다.

$$K=\frac{\text{전고조파의 실횻값}}{\text{기본파의 실횻값}}=\frac{\sqrt{V_2^2+V_3^2+V_4^2+\cdots}}{V_1}$$
$$=\frac{\sqrt{40^2+30^2}}{100}=0.5$$

따라서 왜형률은 50[%]이다.

18 정답 | ⑤

[상세해설] $R-C$ 직렬회로에서 시정수 T는 다음과 같다.

$$T=R\times C=50\times10^3\times20\times10^{-6}$$
$$=1[\text{sec}]$$

핵심이론 TIP

[시정수]

- 시정수의 정의는 정상값의 63.2[%]까지 도달하는 데 걸리는 시간을 말한다.
- 시정수 값이 클수록 과도 현상이 길게 나타난다.
- $R-L$ 직렬회로에서 시정수 T

$$T=\frac{L}{R}[\text{sec}]$$

19 정답 | ②

[상세해설] 연가의 목적은 다음과 같다.

- 직렬 공진에 의한 이상전압 방지
- 통신선에 대한 정전 유도 장해 감소
- 선로 정수의 평형(각 상의 전압, 전류 평형)

20 정답 | ④

[상세해설] 피변조파 전력 $P_m=P_c\left(1+\frac{m^2}{2}\right)[\text{W}]$

(m: 변조도, P_c: 반송파 전력)이다.

따라서 $P_m=200\times\left(1+\frac{0.5^2}{2}\right)=225[\text{W}]$이다.

핵심이론 TIP

[피변조파 전력 P_m]

$$P_m=P_c+P_L+P_L=P_c\left(1+\frac{m^2}{2}\right)[\text{W}]$$

21 정답 | ①

[상세해설] $V=\frac{100\sqrt{2}}{\sqrt{2}}\angle90°$, $I=\frac{10\sqrt{2}}{\sqrt{2}}\angle30°$이므로,

$$Z=\frac{V}{I}=\frac{100\angle90°}{10\angle30°}=10\angle60°$$
$$=10(\cos60°+j\sin60°)$$
$$=10\left(\frac{1}{2}+j\frac{\sqrt{3}}{2}\right)=5+j5\sqrt{3}\text{이다.}$$

전류의 위상이 60° 뒤져있으므로 $R-L$ 회로가 된다.

$Z=5+j5\sqrt{3}=R+jX_L$이므로

$R=5[\Omega]$, $X_L=5\sqrt{3}=wL$이며,

$L=\frac{X_L}{w}=\frac{5\sqrt{3}}{100}=\frac{\sqrt{3}}{20}[\text{H}]$이다.

22 정답 | ④

[상세해설] 전압의 위상이 $\frac{\pi}{6}$만큼 진상이므로 $R-L$ 회로이다.

[오답풀이] ① 전압의 파형률은 1보다 크다.

$$(\text{파형률})=\frac{(\text{실횻값})}{(\text{평균값})}=\frac{100}{\frac{2}{\pi}(100\sqrt{2})}=\frac{\pi}{2\sqrt{2}}>1$$

② 전압의 실횻값은 100[V], 전압의 최댓값은 $100\sqrt{2}$[V]이다.

③ $(\text{전류의 파고율})=\frac{(\text{최댓값})}{(\text{실횻값})}=\frac{100\sqrt{2}}{100}=\sqrt{2}$이다.

⑤ 전압 위상은 전류의 위상보다 $\frac{\pi}{6}$만큼 앞선다.

위상차 $\theta=\frac{\pi}{2}-\frac{\pi}{3}=\frac{\pi}{6}$만큼 진상 회로이다.

23 정답 | ②

[상세해설] 유기 기전력 $e=-N\frac{d\phi}{dt}$이다.

따라서 $e=-50\times\frac{0.8-1.0}{0.2}=50[\text{V}]$이다.

24 정답 | ③

[상세해설] 전이중방식(Full-duplex)이란 양쪽으로 동시에 데이터 전송을 정할 수 있는 방식이다.

핵심이론 TIP

[전이중방식]
- 양측이 시간에 구애없이 데이터를 송·수신할 수 있다.
- 전송회선의 용량이 크거나 전송데이터 양이 많을 때 사용한다.
- 유선인 경우 4선식 회선으로 구성된다.

25

정답 | ④

[상세해설] • 도체의 저항

$R=\rho\frac{l}{A}[\Omega],\ A=\pi r^2$

• 반지름이 $\frac{1}{2}$일 때의 도체의 저항 R'

$A'=\pi\left(\frac{1}{2}r\right)^2=\frac{1}{4}\pi r^2=\frac{1}{4}A$

체적 V가 일정하므로 길이는 4배가 되어야 한다.

$V=Al=\left(\frac{1}{4}A\right)(4l)$

이때, 저항 $R'=\rho\frac{4l}{\frac{1}{4}A}=16\rho\frac{l}{A}=16R[\Omega]$이다.

따라서 처음 저항의 16배가 된다.

26

정답 | ①

[상세해설] 토크를 구하기 위해서는 슬립, 2차 입력, 고정자 속도를 구하여야 한다.

• 슬립

$s=\frac{f_2}{f_1}=\frac{4}{50}=0.08$

• 2차 입력

$P_2=\frac{P_{c2}}{s}=\frac{200}{0.08}=2,500[W]$

• 고정자 속도

$N_s=\frac{120f}{p}=\frac{120\times50}{10}=600$

• 토크

$T=0.975\frac{P_2}{N_s}=0.975\times\frac{2,500}{600}\fallingdotseq4.06[kg\cdot m]$

27

정답 | ⑤

[상세해설] 무한히 긴 직선 도체의 자장의 세기 H는 다음과 같다.

$H=\frac{I}{2\pi r}=\frac{100\pi}{2\pi\times2}=25[A/m]$

핵심이론 TIP

[자장의 세기]
- 원형코일 중심 자장의 세기 H

  $H=\frac{NI}{2r}$[AT/m]
- 환상 솔레노이드에서의 자장의 세기 H

  $H=\frac{NI}{2\pi r}$[AT/m]
- 무한장 솔레노이드에 의한 자장의 세기 H

  $H=N_0I$ [A/m] (N_0 : 단위길이당 코일 권수)

28

정답 | ②

[상세해설] $RC=\varepsilon\rho$이므로 $R=\frac{\varepsilon\rho}{C}$이다.

따라서 누설전류 $I=\frac{V}{R}=\frac{V}{\frac{\varepsilon\rho}{C}}=\frac{CV}{\varepsilon\rho}$

$=\frac{20\times10^{-6}\times100\times10^3}{\varepsilon_0\varepsilon_s\times10^{12}}$

$=\frac{20\times10^{-6}\times100\times10^3}{\varepsilon_0\times2\times10^{12}}$

$=\frac{10^{-12}}{\varepsilon_0}$[A]이다.

29

정답 | ⑤

[상세해설] 테브난 등가저항 R_{ab}를 구하기 위해서는 전압원은 단락, 전류원은 개방 상태여야 한다. 전압원은 단락, 전류원은 개방 상태를 적용하여 회로를 변형하면 다음과 같다.

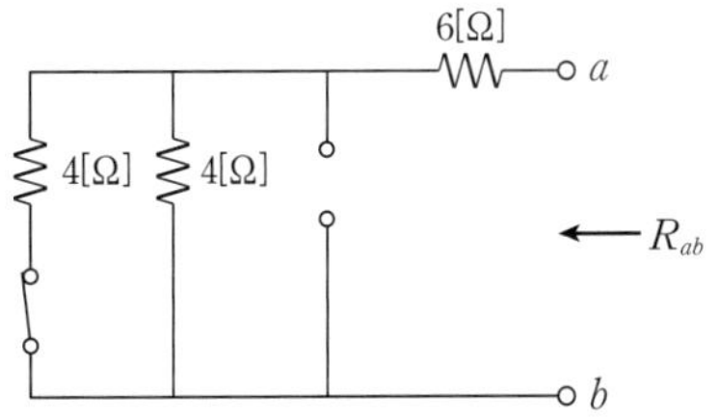

따라서 합성저항 $R_{ab}=6+\frac{4\times4}{4+4}=8[\Omega]$이다.

30

정답 | ③

[상세해설] • 무효율: $\sin\theta = \frac{X}{Z} = \frac{3}{\sqrt{4^2+3^2}} = 0.6$

• 무효전력: $Q = 3I^2X = 3\left(\frac{V_p}{Z_p}\right)^2 X$

$= 3 \times \left(\frac{100}{\sqrt{4^2+3^2}}\right)^2 \times 3$

$= 3{,}600[\mathrm{Var}]$

정답과 해설

2025 최신판

에듀윌 공기업 코레일 한국철도공사 NCS+전공+철도법 실전모의고사

고객의 꿈, 직원의 꿈, 지역사회의 꿈을 실현한다

에듀윌 도서몰 book.eduwill.net	• 부가학습자료 및 정오표: 에듀윌 도서몰 > 도서자료실 • 교재 문의: 에듀윌 도서몰 > 문의하기 > 교재(내용, 출간) / 주문 및 배송